湛庐文化
Cheers Publishing
a mindstyle business
与思想有关

2017年

中国资产管理行业发展报告

监管革新背景下的行业再调整

巴曙松　杨倞　等◎著

浙江人民出版社
ZHEJIANG PEOPLE'S PUBLISHING HOUSE

中国资产管理行业发展报告课题组简介

课题主持人

巴曙松　研究员　中国银行业协会首席经济学家，博士生导师
香港交易所首席中国经济学家

课题协调人

杨　倞　申万宏源证券有限公司资产管理事业部

合作的金融机构

挖财网络技术有限公司　王志峰　方　竞　舒天之　罗迪平
陶力辉　李玉良

中银国际期货有限责任公司　沈长征　狄伟超

百瑞信托有限责任公司　石笑东　罗　靖　高志杰　陶　斐

清科集团　符星华　房　瞻　邢珊珊

北京源乐晟资产管理有限公司　李　心　张玫妮

诺亚控股有限公司　李要深

安徽兆尹信息科技有限责任公司　尹留志　吴　杰　田　晶
张飞飞

课题组成员

王宇杰　广州农村商业银行股份有限公司

高　扬　兴业证券股份有限公司债券与衍生品业务部

黄文礼　浙江财经大学中国金融研究院

周冠南　华创证券股份有限公司研究所
李　科　招商证券资产管理有限公司量化投资部
范　硕　中国华融资产管理股份有限公司研究发展部
刘蕾蕾　中国人民银行西安分行营业管理部
张　悦　招商银行股份有限公司私人银行部
孙　娴　中国人寿养老保险股份有限公司投资中心
何芸芸　信达证券股份有限公司固定收益部
禹　路　华泰证券股份有限公司资本市场部
黄泽娟　广州证券股份有限公司战略管理总部
马文霄　中信证券股份有限公司资产管理业务委员会
郭兴邦　海通证券股份有限公司基金托管部
陶小敏　银河达华低碳产业（天津）基金管理有限公司
何雅婷　成都农村商业银行股份有限公司
朱茜月　广东南粤银行股份有限公司
夏碧莹　中国东方资产管理股份有限公司
余　淼　深圳市龙华区财政局
汪修宇　中国工商银行股份有限公司资产管理部
王晓萌　招商银行股份有限公司北京分行
杨延平　海通国际证券集团有限公司资产管理部
邵杨楠　中南财经政法大学
杨洲清　中央财经大学
薛　瑶　中央财经大学
牛淑雅　中央财经大学
彭佳婕　中央财经大学
谢婧娴　浙江大学
杨　敏　重庆工商大学

统一严监管驱使中国资产管理行业回归资产管理的本源

巴曙松
中国银行业协会首席经济学家
香港交易所首席中国经济学家

在央行主导、三个监管部门的共同协调下，资产管理行业的监管框架开始着手统一起来，监管要求也更趋严格。这种统一的资产管理监管框架和趋于严格的监管导向，正在促使中国的资产管理行业在经历前几年的快速扩张之后，开始回归资产管理行业的本源。

过去几年中，资产管理行业伴随着市场化程度的提升和创新的加速，爆发出了让人惊叹的活力；但与此同时，也让人清晰地感受到了快速扩张中存在着隐忧。

从数量上看，截至 2017 年年初，中国资产管理行业规模已经突破了 110 万亿元，和中国一般性存款的规模已经相距不远。但是，中国资产管理行业庞大的规模中有较高的占比为通道类业务或“影子银行”类业务，业务模式有一定比例实际上并不能说是站在投资者的立场管理好受托资产，而是利用监管框架的一些不足，进行活跃的监管套利。虽然从国内外金融市场的发展历程看，回避监管往往是金融创新的动力之一，但是有一些规避监管的金融创新在规模迅速扩张之后，已经形成不容忽视的风险隐患。资产管理行业的迅速发展，一方面是资产管理规模迅速扩张，另一方面则确实存在一些资产管理机构不注重培育资产管理核心能力的趋势。

在中国资产管理行业快速发展的过程中，大资管的快速推进，使得连接各类市场主体的交易结构和业务模式也变得日益复杂。在此背景下，旧的基于分业监管、机构监管的金融监管框架、模式和方法，在应对快速发展变化中的金融创新时，可能会存在着滞后和空白。

2017 年第五次全国金融工作会议，进一步对强化资产管理领域的监管进行了系统的部署。在这些政策的驱动下，中国的资产管理行业正在出现新的变化。

在严监管的驱动下，中国资产管理行业正在更多地关注回归资产管理的本源。资产管理行业存在的价值正在于可以更有效率地为社会进行金融资源配置并促进实体经济的健康、快速发展。同时，风险控制正在资产管理行业发展的过程中扮演更为重要的角色，占据更为重要的地位。在此基础上，资产管理行业的发展还将继续深化，但将更为重视“质”的提升而非仅仅只是简单的“量”的积累。前一阶段，在市场快速扩张期广泛活跃的监管套利等业务模式将迅速减少甚至逐渐走向消亡，对委托人资产进行精耕细作式的主动管理和配置，将会成为资产管理行业产生附加值的专业价值所在。未来，我们可以期待资产管理行业在监管框架更为清晰之后，资产管理行业回归本源，会促使新一轮的资产管理行业发展大潮，给投资者带来更为丰富和多样的产品与策略，为融资主体提供更为合理而充分的社会资源配置选择。

在这样迅速变化的政策与市场环境下，我们继续开展 2017 年度的中国资产管理行业的跟踪研究。作为十余年持续研究的延续，我们继续在前期的基础上关注行业的进一步发展动向；同时结合全年监管革新的动态，对于行业进一步的发展之路进行了探索和思考。在 2017 年的报告里，我们继续采用行业格局篇、机构专题篇和全球资产管理篇的全书结构。在第一部分的行业格局篇之中，我们提出了对贯穿全年的金融去杠杆和监管革新的跟踪与思考，并高度关注金融与科技结合的动向。此外，我们站在产业链的视角，对资管投行类业务、资产证券化、不良资产处置业务以及投资者群体研究进行了分析。

在第二部分机构专题篇中，我们继续采用此前对资管行业各个子版块的研究框架。在第三部分全球资产管理篇里，我们对 2016 年海外资产管理市场进行了回顾，并对一些国家和地区的资产管理行业的发展状况进行了跟踪和记录。

本年度报告是由我和杨倞负责整体协调组织以及全书的统稿、修订、讨论、出版等事宜，最后由我和陈华良、王超对全书进行全面的修订统稿。各章起草人员包括：巴曙松、杨倞、马文霄起草第一章；巴曙松、范硕、何雅婷起草第二章；王志峰、方竞起草第三章；高扬、禹路、王晓萌起草第四章；周冠南、陶小敏起草第五章；周冠南、夏碧莹起草第六章；刘蕾蕾、张悦起草第七章；王宇杰起草第八章；李科、黄泽娟起草第九章；陶斐起草第十章；沈长征、狄伟超起草第十一章；房瞻起草第十二章；谢婧娴、黄泽娟起草第十三章；张玫妮起草第十四章；孙娴、何芸芸起草第十五章；李要深起草第十六章；黄文礼、邵杨楠、汪修宇起草第十七章；杨洲清、牛淑雅起草第十八章；杨敏、彭佳婕、杨延平起草第十九章；朱茜月、薛瑶起草第二十章。除了章节作者之外，郭兴邦、余淼对于本书组织、修订、校对亦做出了积极贡献。

同时，我们也感谢湛庐文化的编辑团队为本书的出版所付出的持续而专业的努力，以及感谢挖财、诺亚财富、中银期货、源乐晟基金、清科、兆尹科技、百瑞信托，和刘冬、刘新禹（排名不分先后）等活跃在资产管理业务一线的资深专家的帮助和支持。文中引用他们的观点，仅仅是代表他们个人的看法，并不代表任何机构，另外，文中采用的一些文字记录，未经他们本人审定，因此难免会有一些错漏，也请读者见谅。另外，在写作过程中，张博、张旭、廖慧、牛博坤、刘润佐、苏立早、白铂、李琦、曾智、白海峰、张信军、李羽翔、赵勇、杨安琪、储怀英、毛奔、朱灿、谭迎庆、殷铭、杜渡、刘先丰、季勇、王菁、徐小乐、栾雪剑、陈洁、唐时达、陆琪、冯超、曹云祥等活跃在业界和学界的资深专家和从业人员对于本书也提出了诸多修改意见，在些一并表示感谢。

在本书付梓之际，中国资产管理行业在监管的驱动下，正处于迅速的变化之中。我们欣慰地看到，我们在几年前的年度资产管理行业发展报告中所指出的行业中存在的突出问题，在严监管的驱动下，正在一个个地被正视和逐步改进。我们期望，当前正在进行的监管驱动的资产管理行业变革，可以为下一阶段中国资产管理行业更可持续、更健康的发展，奠定坚实的基础。

是为序。

想听巴曙松教授亲自讲述资产报告的故事吗?
扫码获取“湛庐阅读”APP，
搜索“2017 年中国资产管理行业发展报告”，
收听巴曙松教授的音频，查看其他丰富内容!

2017
目录

前言

PART 1

行业格局篇

PART 2

机构专题篇

PART 3

全球资产管理篇

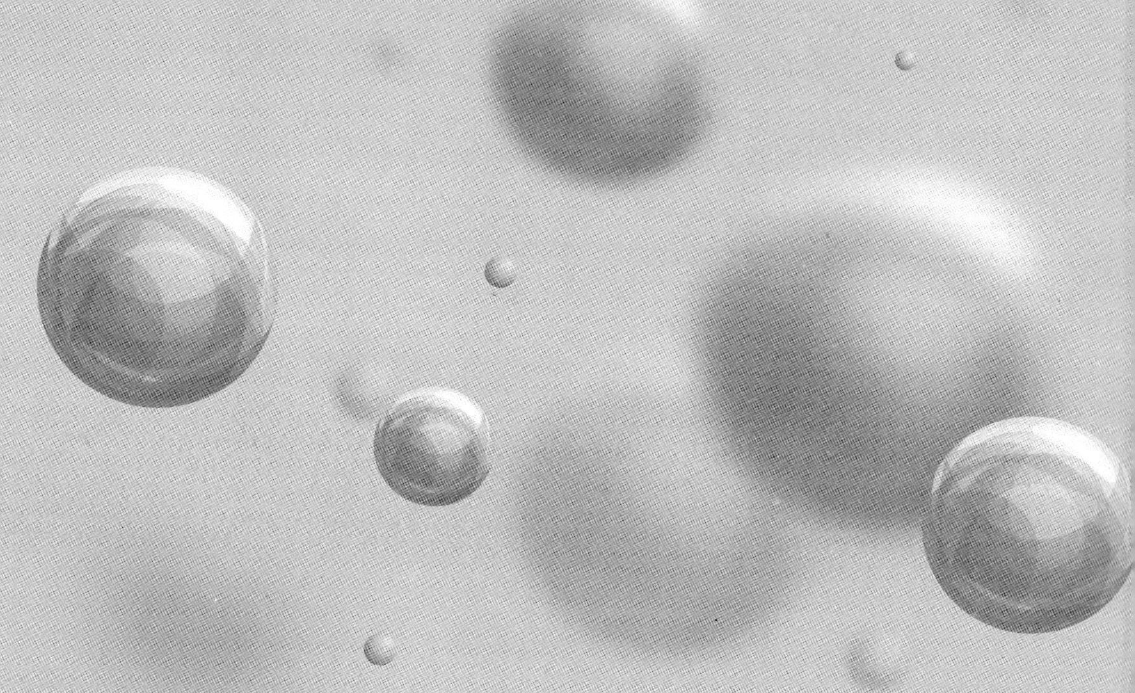

◎中国资产管理行业的快速发展带动了中国金融体系的效率提升，同时，也蕴含着风险隐患。特别是随着影子银行的扩张，部分金融机构利用监管体制机制的不协调之处，在资产管理产业链风险收益传递的过程中过多地加上了自身的信用。

◎2016年以来，互金行业连续出台网贷新规和互金整治方案等一系列监管政策，对网络借贷行业进行了清晰的规范，在互联网资产管理方面也有了原则性规范。从监管角度看，互联网金融监管框架初具雏形，规范发展成为监管与业界共识。

2017

PART 1

行业格局篇

快速扩张之后，中国资产管理行业进入新周期

中国资产管理行业在扩张周期中带动中国金融行业深刻变化

中国资产管理行业的发展，直接推动着中国金融结构中“市场主导型”因素日益增多，并且带动中国金融结构的变迁。

（一）中国资产管理行业扩张周期中的产业链演变

中国资产管理行业的发展是中国金融体系几十年来不断朝市场化方向改革深化的结果，体制的转型也是一个渐进而缓慢的过程。从产业链视角来看，中国资产管理行业发展至今，由微而著的过程大致可以被划分为四个阶段；这四个阶段并非是按照规划好的路线图按部就班式地演进，而是宏观和政策环境的影响、资产管理类机构自身逐利精神推动和技术革新的快速运用等因素共同作用使然。

表 1-1　　中国资产管理行业的发展迄今大致经历了四个阶段

<table>
<tr><td rowspan="6">第一阶段：2007年之前，资产管理行业以基金业为主导，受权益牛市影响较大。</td><td>利率市场化改革稳步推进，对机构间利率和外币存贷款利率率先放开和浮动；本币存贷款利率方面则先放开贷款利率上限，并未放开居民存款利率浮动。</td><td rowspan="6">总体而言，该阶段内，资产管理行业在投融资体系中占比较小（2007年年底，3.2万亿基金行业规模VS约38万亿存款余额），功能发挥不明显；行业竞争充分程度不高；但权益类牛市催生了中国资产管理行业发展的第一次浪潮。</td></tr>
<tr><td>基础资产方面，作为标准化资产的股票市场和债券市场均稳步发展。股票市场方面，股权分置改革完成，完善资本市场资源配置功能，“财富效应”吸引较多普通投资者关注。债券市场方面，规模虽然迅速扩大，但是信用债市场占比较小，依旧以机构间市场为主，同资产管理行业联系不如股票市场紧密。</td></tr>
<tr><td>行业结构方面，资产管理类金融中介主要以公募基金公司为主，产品结构以股票型基金和偏股混合型基金为主（截至2007年12月底，股票型基金与偏股混合型基金规模之和约为2.59万亿，占基金行业总体规模之比为79.29%），资产管理行业规模受权益牛市影响较大，2006—2007年间权益牛市带动基金行业迅猛发展。</td></tr>
<tr><td>销售渠道方面，以银行分支机构、券商营业部为主；受益于资产管理产品供需较为失衡，权益牛市时基金产品销售甚至需要摇号/抽签才可获得。</td></tr>
<tr><td>从投资者角度看，绝大部分普通投资者投资渠道有限，除了直接参与资本市场或基金投资之外，只能被动接受存款利率。</td></tr>
<tr><td>从宏观经济的角度看，该阶段中国经济和投资增速保持在较高水平之上，2005年汇改之后人民币大幅升值，提升了人民币资产的吸引力，是中国2006—2007年权益牛市重要的基本面基础。</td></tr>
</table>

续前表

	从行业监管和顶层设计的角度看，对资产管理机构主要施行的是牌照管理制度；对不同类型的基金产品也做了严格的规范和限制。该阶段金融中介创新不活跃。技术创新对该阶段资产管理行业影响不算显著。	
第二阶段：2008年至2012年前后，信托类业务快速扩张，推动资产管理行业在融资端功能替代。	利率市场化改革加速推进，利率浮动由贷款领域推进至存款领域。	总结而言，大量表外融资需求的产生是推动该时期资产管理行业快速发展的推动力，资产管理行业在金融行业中占比迅速提升，其投融资功能也得到了较为显著的发挥。但是，这部分以“影子银行”形式存在的资产管理行业业务模式中，大量使用了类资金池模式并具备刚性兑付属性，这一点可以说违背了资产管理行业“信托”属性，也使得大量风险集中在金融中介之中，给金融市场造成了一定的扭曲和潜在的风险。
	基础资产方面，股票市场方面，受政策及财富效应等因素影响，此阶段内IPO企业数量相较于此前有显著提高，同时2009年创业板正式开启，完善多层次资本市场建设，股指期货和融资融券等工具被陆续推出；债券市场方面，信用债市场发展迅速，在债券存量之中占比快速提升。同时，随着银行信贷业务对于地产和政府融资平台收紧，银行大量表内信贷资产具有出表需求，形成业内所称的“非标”资产。	
	行业结构方面，资产管理各子行业在该阶段都逐渐兴起并发展。例如，受益于类信托业务的快速扩张，银行理财和信托规模扩张较快；IPO财富效应催生大量PE基金入股拟上市公司等。从产品结构看，具有刚兑性质的固收和类固收产品在该阶段发展较快，基金产品中股票及偏股混合型基金资产净值占全部基金规模之比也显著下降（截至2012年12月，股票及偏股混合型产品净值合计约为1.3万亿，基金净值为2.55万亿，占比约50.9%，较2007年八成左右大幅下降），行业发展不再单纯受权益市场波动影响。	

续前表

	销售渠道方面，银行网店和券商营业部依旧是资管产品销售的主要渠道，但是诺亚等第三方财富管理机构快速发展。	
	从投资者视角来看，投资者可选择的投资渠道被大大拓宽，银行理财产品及信托产品等类固收产品因其刚性兑付的属性有较强的存款替代功能；受高“无风险利率”约束，公募基金规模在这 5 年里基本可以说是止步不前，规模一直没有超过 2007 年。	
	从宏观经济视角来看，在国际金融危机之后，曾作为中国经济发展重要支撑的外需大幅减少，4 万亿等政策催生了全社会固定资产投资增幅的大幅提升，地产和基建的融资需求较大。	
	从监管视角看，该时期内主要还延续此前牌照管理的思路，但 2012 年下半年开始，监管开始主动陆续打破不同类型牌照之间的壁垒，此后券商资管和基金子公司陆续获准介入类信托业务。	
	该阶段内，技术创新对推动支付类企业快速发展起了较大作用；虽然暂时没有对资产管理行业起到直接作用，但是对后来技术创新快速冲击并主动影响资产管理行业埋下了伏笔。	
第三阶段：2013—2015 年，“大资管”快速发展，技术创新主动影响资产管理行业	该阶段下，利率市场化进程接近完成；资产管理行业的快速扩张、在金融行业中占比的不断提升反过来也有助于市场化利率的发现和形成。	

续前表

<table>
<tr><td rowspan="3"></td><td>基础资产方面，股票市场和债券市场规模均保持较快速度的增长。新三板的推出进一步丰富了多层次资本市场；衍生品发展继续推进，国债期货再度重启。2013 年起，“非标”资产投资开始陆续受到限制，“非标”转“标”成为趋势，资产证券化成为该时期的重要手段</td><td rowspan="3">总结而言，该阶段资管行业处于爆发式增长阶段，动能主要来自于制度变革和技术创新。牌照垄断的逐步打破释放了行业活力；互联网的深度介入则减少了信息不对称并降低了交易成本，拓宽了各类金融中介可能服务群体的深度和广度。但快速发展过程中风险因素的积累不容忽视。</td></tr>
<tr><td>行业结构方面，不同类型的资产管理机构蓬勃发展，机构数量也大大增加。截至 2015 年年底，资产管理行业总规模已近百万亿（含通道）。受监管政策放宽的影响，不同类型资产管理机构纷纷“跨界”，行业竞争开始变得更为激烈，机构内部劳资关系有所变化（股权激励），不同机构之间原有的竞合关系也开始有所改变。从产品结构来看，不同类型、策略、标的和“风险 - 收益”特征的产品蓬勃发展，资产管理行业供给端从数量到质量均有显著提升。</td></tr>
<tr><td>销售渠道方面，技术创新开始主动快速冲击资产管理行业，2013 年余额宝上线带动货币基金的快速发展，使得不同类型资产管理机构看到互联网金融在销售渠道方面的巨大潜力。此后，互联网金融在金融产品销售领域深度渗透，较大改变原有的银行网点 / 券商营业部模式。另外，在该阶段里，银行资管和保险资管等机构委托人已经超越个人投资者成为公募基金 / 券商资管的主要委托人，“普通投资者 - 银行理财 - 公募基金 / 券商资管产品”的链条出现并形成，机构销售在部分资产管理机构重要性日渐凸显。</td></tr>
</table>

续前表

	从投资者视角来看，“大资管”时代极度丰富了可供选择的产品类型，金融脱媒速度被加快。	
	从宏观经济视角看，中国经济增速逐渐步入换挡期，“转型”和“调结构”成为了中国经济在该时期的主线。实体经济回报率下降，与此同时，中国金融体系内资产预期回报率仍处在较高的水平上。在货币政策不紧张的大背景下，金融体系资金空转加剧，金融行业杠杆水平攀升。	
	从监管视角和顶层设计角度看，一方面，该时期资产管理行业朝着更为市场化的角度演进：2012 年年底开始，不同资产管理行业牌照的差异被逐渐降低，通过政策松绑的形式初步打破牌照垄断，行业呈现出“大资管”式的蓬勃发展状态；不仅参与各类资产管理业务的机构数量增加，以各类私募形式存在的行业主体也迅速提升；不同类型的资产管理机构之间的合作也更为紧密。另一方面，行业迅速、蓬勃发展的同时，分业监管的体系同日益融合的资产管理行业之间存在的不协调性日益凸显，一些机制层面因素下默许的刚性兑付、资金池等资产管理模式也使得行业在“带病”快速前行的过程中，加速积累了金融风险。2015 年权益市场大波动是资产管理行业快速发展扩张同监管体系不协调问题的一次集中体现。	

续前表

	从技术创新角度来看，除了深度介入销售渠道领域外，一些互联网金融企业也尝试“全产业链”地涉足资产管理行业；以P2P为首的业务模式在该阶段快速发展，但是在资产管理端缺乏传统金融企业的风险控制能力/资产管理能力成为了部分互联网金融行业最大的短板。互联网金融的快速发展不仅带动了传统的金融企业开始涉足互金领域，一些科技类企业也开始跨界涉足。	
第四阶段：2016年至今，以规范行业和防范风险为主线推动金融去杠杆、统一监管框架，为资产管理行业下一次腾飞奠定基础	中国资产管理行业已日渐具有“系统重要性”，截至2017年上半年，中国资产管理行业规模已约为110万亿（含通道），同期中国存款类金融机构各类存款总数约为140万亿；资产管理行业已经成长为中国金融体系中举足轻重的组成部分。 金融行业内部运行机制的改变，全面影响了中国金融体系的运作模式，风险产生、积累和扩散方式，货币政策及财政政策的传导机制。国际经验上看，实体经济增速下降过程中金融行业可能会持续以超出实体经济的增速增长，这种现象会在经济金融体系中积累较大的风险。而资产管理行业中不合理的结构则会加剧此类风险。 监管层主动对资产管理行业中的不协调、不合理之处进行反思和整顿，统一监管框架，为行业下一次腾飞奠定基础。	

如今，我们正处于以规范行业和防范风险为主基调的第四阶段之中。相较于此前几个阶段资产管理行业的快速发展，本时期内的侧重点有了明显的变化。

资产管理行业快速发展影响中国金融业的结构

快速发展的资产管理行业对中国金融业影响是深远的。从宏观上看，如上文所述，中国资产管理行业目前规模（含通道）约为110万亿左右，在整个金融系统之中已经颇具系统重要性。与此同时，中国资产管理行业的发展对中国金融业的微观结构和生态的改变影响巨大。这种微观结构的影响主要表现在以下几个方面。

其一，中国金融市场参与主体的数量和种类极大增长。从横向上看，中国金融业曾是商业银行“一家独大”，一些参与主体如信托、保险、券商等机构虽然很早就有，但与银行体量相比也差之甚远。如今，不仅中国金融市场参与机构的类型变得更为的丰富，公私募基金、公募基金子公司、期货、第三方理财等机构陆续出现并快速发展；一些类型的金融机构资产管理规模也突破十万亿级别，在整个金融系统之中具备了较为明显的重要性。

从纵向上看，伴随着资产管理行业的发展，中国一些金融机构的业务类型也变得更为多样化。例如，近年来商业银行表外业务和同业业务快速发展，对于部分中小商业银行而言重要性甚至超过了传统的表内存贷款业务；商业银行业务不仅其种类更为多样，其资金来源和资产投向也较此前更为多元。保险资管亦然，保险类机构资金的资产配置比例、资产配置种类等的变化，使得近年来保险资管对于资本市场的影响力也日渐提升。

其二，中国金融市场上的金融产品种类和数量均有极大增长。从大的趋势上看，资产管理行业的发展历程可以理解为是金融深化过程的一个侧面，更为丰富的投融资金融产品可供选择是金融资源能被市场化定价的机制基础之一。可以说，这与利率市场化进程是一枚硬币的正反面；在这个过程中，资产证券化和金融脱媒的趋势不可避免。在此过程中，大量投资方的资金和融资方的需求离开了银行体系，以各类资产管理行业机构为中介进行市场化对接。

其三,中国金融市场交易结构变得更为丰富和复杂。相对于“银行主导型”的金融体系，资产管理行业所具备的非常显著的一个特征，即在整个资产管理行业产业链中，各式业务链条的各个环节的运转大都是建立在市场化的询价和交易的基础之上的，这也使得其具备了更为强烈的“市场主导型”的特性。一方面，市场化的询价和交易给予了各类金融机构更为广阔的业务发挥空间，金融机构逐利的天性被更大地激发出来，提升了各类资产管理机构的活力和业务的敏感性；另一方面，在顶层设计的不断进化、总体“法不禁止即可为”的政策环境下，金融创新得到快速的发展，中国金融市场的交易结构也变得更为丰富和复杂。

其四，中国资产管理行业中供需关系的几度变化，带动中国金融机构间竞合关系几度调整。眼下，中国资产管理竞合关系主要还是以银行 / 保险为主导的、渠道 / 机构委托人占据更大话语权的关系结构；总体而言，是普通投资者以银行理财 / 保费的形式进入到资产管理体系中，再由银行 / 保险将这部分资金委托分配到其他类型的资产管理机构之中。

在这个关系网络中，银行理财占据了绝对主导的地位；这主要是基于商业银行具备网点和渠道优势、品牌优势和一定的制度优势所带来的，部分具有刚性兑付的银行理财产品更容易将散户资金吸纳到银行体系之中。银行在占据了较高的话语权之后，也更容易驱使其他类型的金融机构围绕着商业银行业务需要去转：例如在资产管理行业中占据较大比重的通道业务，很大一部分就是商业银行将部分不符合监管规定和指标的资产连带资金分配到其他类型资产管理机构的业务。

资产管理行业快速发展中的隐忧

影子银行规模的快速扩张，是其中最为关注的现象。“影子银行”的链条总体上在银行的主导下推动形成，资产管理行业在此后快速发展很大程度上也是基于“影子银行”链条的快速发展：部分银行为了规避监管将这部分资金和资产分配到其他资产管理类机构之中，带动“类信贷”业务向资产管理业务形式上转化，这个转化过程带来了资产管理行业体量的迅速扩张和发展。在许多资产管理类机构眼中，这类“风险可控”且“上量容易”的“类信贷”式的资产管理业务，相较于“具有投资风险”且“量小、客户资金不稳定”的资产管理业务而言要更为优质。

因此，中国资产管理行业快速发展在此前一段时期内同时指代两类实质上不同的业务类型的发展：一种是具有较为完整的信托特性的、资产管理机构进行主动管理的、投资者自负盈亏的资产管理类业务，一种是具有较为明显影子银行特征的、形式上是资产管理业务的“类信贷”式的业务。

两类业务之间很难划分出一个明确的界限，但从理论上说，真正的资产管理类业务应当合理匹配风险收益，资产管理类资本市场中介应当顺畅地将等同于收益的风险在产业链上的不同环节传递，而产业链上的不同的主体应该根据自己面临的风险程度准确地给风险进行定价。但是，在眼下中国资产管理行业中的两种类型里，主动管理型的资产管理业务可以更为准确地将适量的风险收益由资产端传递到投资者这一方，而另一种则无法准确地做到这一点；在资产管理产业链上传递收益和风险的匹配程度越差，则偏离资产管理业务本质越远。

在这个过程中，值得关注的是，有的金融机构往往利用监管体制机制的不协调之处，在资产管理产业链风险收益传递的过程中过多地加上了自身的信用。“刚性兑付”和“资金池”等运作模式便是此例，对于投资者而言，购买此类报价式的、刚性兑付类的产品和在银行储蓄并没有什么实质上的区别；但对于资产管理机构而言，表外的具备刚性兑付和资金池属性的产品所投资的资产标的由于很多是表内资金无法投资的，因此实际风险水平可能相较于表内资产而言要高。在这个过程中，具有刚性兑付性质的、或者兼带资金池性质的资产管理产品，实际上都附带了金融机构的信用在其中。

监管政策趋严驱使中国资产管理行业进入调整周期

中国资产管理行业在快速扩张之后，随着经济的转型和监管政策的趋严，在快速扩张期累积的一些风险隐患开始逐步暴露，需要在调整期相应进行改进。

监管政策趋严是针对我国资产管理行业现存的问题进行的一次主动反思和调整

眼下，我国资产管理行业所积累的问题包括但不限于以下几个方面：

其一，“预期收益型”产品普遍，“资金池运作”与“刚性兑付特征”隐成行业惯例；“类信贷”业务普遍存在，却并未参照信贷业务要求对风险进行准备或者管控。“风险 - 收益”水平在资产管理链条传递不畅，金融风险过度在金融机构内集聚、且难以计量其真实水平。

其二，行业创新“效率提升”与“规避监管”并存，以规避监管为目的的“通道业务”挤占大量金融资源，“牌照价值”而非资产管理能力依旧是部分类型的资产管理机构赖以生存之本。

其三，经济结构调整、增速换挡时期，金融机构资产负债表中部分资产可能会存在风险水平和估值水平发生较快变化的情况。我国一些资产管理机构由于并未经历过完整的经济和金融周期，内部风险控制水平存在着缺陷和不足，其经验和能力或许不足以完全抵御市场波动和变化所带来的风险。

其四，我国资产管理行业各类主体之间，存在着为规避监管而刻意复杂化交易结构、抽屉协议普遍导致交易主体之间权责不清等现象。这直接影响了我国各类资产管理机构直接风险权责归属划分，以及监管部门对于风险传递链条的把握与估计。

其五，伴随着技术的发展和行业的创新，我国资产管理行业外延扩张迅速，但不少普通投资者对行业的认识增长却相对滞后。部分金融机构在金融产品销售中缺乏规范，对个人投资者风险揭示、权益保护不足；甚至有不法机构利用行业发展与普通投资者认知之间的差距，假借“资产管理”之名行金融欺诈之实，危害广大普通投资者财产安全。

以上我国资产管理行业所存在的问题，部分基于行业转型发展过程中体制机制还存在着不适应和不协调之处；但一定程度上也与现行的监管体系和法律法规之间存在着漏洞和不足有关。伴随着我国资产管理行业在金融体系中占比提升、重要性提高，资产管理行业中所暴露出来的问题会给经济和金融体系造成的影响也日益提升；叠加经济大背景下我国金融风险水平和杠杆水平本身有所上行，放任资产管理行业“带病前行”可能会给行业甚至经济金融体系带来更大的危害。基于此，近年来，尤其是2017年，监管层主动检视和调整我国资产管理行业中所存在的各类问题，遏制行业在不规范中盲目扩张的趋势；在防范金融风险的同时，以期捋顺我国资产管理行业中的各项体制机制，为资产管理行业进入下一个快速发展通道奠定基础。

资产管理行业发展新周期下新特征

监管的趋严，并非是要全盘否定或者打断此前我国资产管理行业快速发展的进程，而是在继续坚持市场化原则的基础之上，对于我国资产管理行业进行一次较为系统地梳理和思考，纠正行业中所存在的不合理的弊病的同时，推动我国资产管理行业朝着更为健康的方向发展。

叠加行业自身发展的趋势，以及监管趋严过程对于行业发展的“引导”和“纠偏”，资产管理行业发展的新周期下大致呈现出如下新特征：

其一，伴随“金融脱媒”过程的继续，资产证券化过程得到持续的发展。一方面，广义的“证券化”过程是资本市场不断建设完善过程的一个侧面，另一方面，资产证券化过程对于盘活各类存量资产、处置不良资产有着非常现实的意义。自2016年1月初到2017年8月，我国资产支持证券存量余额（包括交易商协会ABN、证监会ABS和银监会ABS）由6 500亿元，迅速攀升至12 900多亿元，发展非常迅速。

在资产证券化迅速发展的同时，“资管投行”类业务也有所丰富和完善。“资管投行”类业务是资管机构向上游资产端延伸的结果，其核心思想在于，资产管理机构深度参与到融资需求的证券化的过程之中，并试图在这个过程里形成闭环，最终以定制化的形态打造更匹配资金需求的合意资产。一方面，“资管投行”类业务的发展，有助于匹配资产和资金之间的“风险 - 收益”需求偏好；另外一方面，“资管投行”类业务由于存在比较强烈的闭环特征，定价过程中询价容易不充分，在证券化后资产形成的过程中易于产生一定的溢价。

“资管投行”类业务与资产证券化业务之间存在的关系在于，一方面，“资管投行”类业务，多数情况下，是资产管理机构参与到融资方广义“证券化”

的一个过程；而另一方面，正是因为我国广义“证券化”的程度还不足，也给予了个性化较强的“资管投行”类业务发展的空间。在 2015—2017 年，可交换私募债、或“可交换债 + 定增”等资管投行类业务受到市场的高度关注，与此同时，部分资管投行类业务流程的规范性、以及不充分询价导致溢价的合理性也值得探讨，也是眼下和未来一段时间监管层重点关注和规范的领域之一。

其二，伴随技术进步，资产管理行业具备更强的能力和意愿去挖掘“长尾”客户。此前，高净值客户是各类资产管理机构关注和营销的重点，“长尾”客户由于数量较大、单笔资产委托数量偏低，对一些资产管理机构而言，提供更为精致的、多元的资产管理服务，从“成本 - 收益”角度看，性价比偏低。但是，伴随着金融与科技的结合日益加深，互联网、大数据等在资产管理产业链的支付、销售，甚至投资、风险控制等领域逐步渗透，降低了资产管理机构对于更为广大的普通投资者进行更为精细化服务的成本，从技术上为资产管理机构挖掘和服务“长尾”客户提供了的可能性。

我们可以看到，互联网、大数据等对于资产管理产业链上的渗透的趋势已经持续了几年，一方面，在此基础上的金融创新、带来的资管产品的多元化也丰富了市场；另外一方面，互联网金融发展过于迅速、以至于规范性上存在着不足和漏洞，也造成了一些金融风险事件，给市场部分投资者造成了一定的财产和其他方面损失。下一阶段，互联网、大数据等给资产管理带来的助力推动资产管理行业对于“长尾”投资者的挖掘还将继续，另一方面，对于资产管理行业的规范化、对互联网金融机构的风险控制能力的建设，以及对于金融消费者权益的保护等也将是监管下一阶段关注和纠偏的重点。

其三，从资产管理机构视角看，监管层对于资产管理行业回归本源的要求、对于资产管理产品统一监管标准的举措和对于各类资产管理机构产品“打破刚兑”、去除“监管套利”行为的严格要求，给不同类型的资产管理机构造成了一定的压力和冲击，促使各类资产管理机构更为切实地思考如何提升自身资产管理能力，进行转型。

从各子行业的角度来看，银行理财作为眼下我国资产管理行业之中的核心环节，如何“打破刚兑”、“走向净值化”的过程最受市场关注。眼下，转型的方向已经更多地被各方所接受和认可，但是转型的路径和方式仍有待市场的探讨和摸索。另外，基于银行资产管理巨大的体量，转型过程中的影响、以及对风险的把控也是一个颇受关注和重要的议题。

券商资管、信托、基金子公司等资产管理机构，由于此前长期较大比重依赖于融资类的“类信贷”业务和通道类业务，转型过程也任重而道远。眼下，此类资产管理机构的普遍共识是拓展资产管理能力、摆脱对于通道业务的依赖，但是资产管理能力的培育并非朝夕之功，如何在培育资产管理能力的同时，维持已有的规模和业绩收入成了此类资产管理机构所急需面对的较为现实的问题。另外，券商资管和信托中报价式的集合类产品也是监管当下关注的重点，如何向净值化转型并化解掉转型过程中所潜在的风险，也是市场关注的重要议题。

公私募基金类资产管理机构，由于此前产品线基本上均为净值型，在“打破刚性兑付”等监管要求下受到的产品改造、业务转型的压力较小。然而，尽管此类资产管理机构在投研建设上相较于其他类型的资产管理机构或有所领先，但是由于在监管思路推动下，行业供给也持续增加，此类资产管理机构依旧面临着如何进一步提升资产管理能力、丰富产品线、提升收入等问题。2016年底到2017年年初，监管层对于公募基金产品“通道化”作出了限制，并鼓励FOF型产品的发展，也体现了监管层对于弱化公募基金公司牌照价值、提升资产管理能力和丰富产品线的政策思路导向；同时，监管层对于私募基金公司一方面鼓励发展、另一方面严格监管，也体现出了监管层在加大市场供给和竞争的同时，对于基金投资行业规范化发展的要求。

对于期货、保险、第三方财富管理类机构等，一方面监管层对于行业也进行了一些整顿与规范；另一方面，此类资产管理机构在发展的过程中依旧存在着较大的“蓝海”空间和潜力。资产管理行业未来的发展过程中，此类机构的“后劲”或会持续释放，在资产管理行业中扮演益发重要的角色。

/ 访谈手记一 /

银行资产管理系统建设历史及思路

总结近几年的监管要求，主要有以下关键词："打破刚性兑付"、"三个单独"、"主动管理"、"穿透管理"以及"三去一降一补"。监管的核心是要求资管业务回归资产管理本质，同时杜绝监管套利，防止风险在金融体系内流转。监管的要求与规范，对银行理财业务形成挑战的同时，也驱动机构创新发展。业务发展和监管要求促进资管系统建设，有竞争力的 IT 系统应能适应并引领业务发展。

据此，我们邀请了安徽兆尹信息科技有限责任公司尹留志等对银行资产管理系统建设的历史及思路进行介绍

一、业务和监管驱动的系统变革

近十几年，中国银行理财业务经历了快速发展的历程，伴随银行理财业务发展和监管要求，理财业务系统建设需求在不断变化，在不同时期呈现出不同的特征。系统建设历程可以归纳为四个阶段：萌芽阶段、发展阶段、规范阶段和转型阶段。

（一）第一阶段：萌芽阶段（2004—2008）

2004 年，光大银行推出了国内首款投资于银行间债券市场的"阳光理财 B 计划"，揭开了我国人民币银行理财产品的发行序幕。该阶段理财业务重销售轻管理，发展与扩大业务规模为第一要务。因此，系统建设重心在理财销售系统的搭建，主要通过手工方式管理。具有一定规模的银行参考自营业务租赁外商系统。但是，国内理财业务与国外资管业务的差异明显，外商系统的标准化产品实施模

式无法满足业务发展。2008 年招商银行在业内率先与兆尹科技达成合作，共同研发了银行理财资产管理系统，开启国内厂商的银行理财资产管理系统建设之路。

（二）第二阶段：发展阶段（2009—2012）

随着利率市场化改革的深入，国内商业银行面临业务转型，发展理财业务成为转型的重要手段。随理财规模的快速增加，产品数量增加，短期限理财产品占比越来越高，频繁的发行和兑付给理财部门带来大量的管理工作，促使银行迫切需要系统来支撑理财业务的管理工作。此时对系统的建设诉求集中在产品端管理，脱离手工借助系统进行产品的全生命周期管理，完成业务发生信息的簿记，并生成相应提醒信息及日常管理报表。

（三）第三阶段：规范阶段（2013—2014）

2013 年起，监管的引导和规范在银行理财业务中起到关键作用，影响最大的是“8 号文”和“35 号文”。根据监管要求，过往在金融市场部资金交易系统下运行的理财业务将不符合监管要求。同时，“资金池—资产池”运作模式下，若要实现“三个单独”，并且及时、准确、完整地完成中债登记报备工作，必须建设具有理财业务特殊管理诉求的系统。自此开始，银行理财资管系统的建设除受业务创新发展影响外，增加了监管适应性要求。该阶段系统建设重点体现为满足“三个单独”和“监管报送”。

（四）第四阶段：转型阶段（2015 年至今）

2015 年起，打破“刚性兑付”，回归代客理财业务本质，积极谋求转型，成为资产管理业务发展重心。监管促进的业务转型代表着系统需求的重大改变，未来系统应能辅助投资和管理，包含投资分析、资产配置、组合管理、绩效评估和风险管理，以及前中后直通式交易处理，对包括利率、信用、权益、外汇、大宗各类资产在内的多资产覆盖，支持本外币跨币种资产，对结构性产品具有“穿透式”交易表达和定价功能，等等。此阶段的系统建设定位是为银行资产管理提供投前、投中、投后一体化全面服务，辅助业务转型。

二、当前资管系统建设内容简介

传统资产管理系统重点解决理财业务的基础运营问题，主要提供业务数据信息化、前中后台一体化、满足监管要求的服务。

（一）数据信息化

1. 数据集中化，实现理财业务集中管理

银行的资管业务呈现一定的分散化特征，带来管理成本的加大和运营效率的瓶颈。如设立海外分支机构的银行通过其境外机构参与外币市场业务、分行独立开展业务、资产管理部门设立在北京、上海等。通过建设集中经营的统一平台实现业务的强化集中管理，提升业务的综合运营能力。

2. 流程系统化，实现无纸化办公，提高运营效率

通过理财资产管理系统的建设完成业务信息记录、传递，减少手工和纸质文件数据，确保业务数据的一致性，降低操作风险。另一方面，实现线上流程运转，对接移动 OA 实现移动设备上的流程审批，为业务管理带来流程上的时间价值。

3. 业务操作留痕，有效控制操作风险

监管和风险管理的相关审计要求日趋严格，要求信息发生变更时需记录变更履历，并可追溯。建设理财资产管理系统，通过设置各类检查项，建立提醒触发机制，记录用户在系统中的每一步操作，形成履历信息，为后续跟踪分析提供依据。

（二）前中后台一体化

一般商业银行开展理财业务多是由资产管理部、零售银行部、风险管理部、运营管理部等多部门共同承担，其中既有不同职能间的相互制衡，也有大量的部门间协作。基于部门级的业务构建和作业存在一定的业务灵活度不足、管控不及时、运行效率不高等问题。建设前中后台一体化理财资产管理系统，集前台投资、中台风控、后台运营于一体，实现全行理财业务高效经营管理。

1. 发行销售渠道与投资管理一体化

实现产品销售与投资管理环节直通，产品经理和投资经理可以更为实时地获取客户的交易情况，及时进行相应的资产和资金头寸的准备，从而提升客户需求满足程度和资金利用效率。

2. 前台交易与后台清结算一体化

实现交易指令自动生成、信息不落地传输、凭证自动比对。降低因手工作业引入的操作风险，大幅提升前后台间信息传递和交易达成的效率。

3. 风险管理与业务运营一体化

实现风险管理在业务运营各个环节中的内嵌，将风险管控主要着力点由传统的“交易后监督”逐步提升至“交易前监控”，有效提升风险管控能力。

（三）满足监管需求

银监会通过发布各类监管文件、引导和规范理财业务发展，同时监管机构在全国范围内用计算机等手段对金融机构实施非现场稽核监督，主要包括：银监会要求报送理财数据至全国银行业理财信息登记系统；人民银行要求理财产品作为特定目的载体，建立登记机制，逐产品报送统计信息，逐资产池报送资产负债信息。当前系统建设首先满足了监管非现场监督要求，做到报送真实、完整、准确、及时：一是统一规则，根据实际发生的业务数据生成报送数据，确保真实、完整；二是数据自检及预警：检查报送数据，确保数据准确；三是主动提醒，生成每日报送提醒，确保数据报送及时；四是快捷报送，按照标准报送模板自动生成数据，提高报送便捷性。

三、强监管下银行资管系统发展

强监管下银行理财业务转型的核心是提升客户财富管理服务水平、增强主动管理能力和风险控制能力。在业务转型的需要下，相较于传统的资管系统建设，系统如能辅助理财业务转型，引领业务发展，应主要增强在投资决策环节、风控环节的支持与应用，从而助力银行主动管理水平的进一步提升，使得银行资管领域内的系统建设更加完善。未来几年内，银行资管的系统建设应主要关注以下几点：

（一）资产配置

银行资管细分领域内，资产配置方案多由投资决策委员会产生，方案的形成过度依赖于委员会成员的个人从业经验，且不可追踪，部分中小行的大类资产配置环节甚至缺位。资产配置系统能改变当前粗放型资产配置决策过程，为投资过程提供更好的量化支撑。系统在资产配置管理中的支撑应包含：定义投资目标和投资限制；大类资产收益率、风险、相关系数中长期变化趋势预估与分析；基于收益、风险、相关系数，通过常用的资产配置模型验算，形成资产配置方案。

（二）机构遴选

2014 年开始快速增长的银行委外业务、以及银行逐步开始布局的 FOF/MOM 业务都涉及对机构的遴选。对于大部分刚开始做委托投资的机构投资者来说，如何筛选外部管理人是最大的难点，且管理人的筛选、评价存在于委外、FOF/MOM 业务的全生命周期，尤其是投后阶段，管理人评价是下一步投资决策的重要依据。系统建设主要针对当前机构遴选中的两大问题提供支撑：一是借助券商、信托、大型商业银行等在机构选择过程中的经验积累，形成较为完善有效的判断体系内置到系统，为中小银行的准入和筛选制度建设提供参考，快速做到行业内经验传输；二是接入第三方数据提供商的数据服务、监管报送数据等，丰富数据范围，增强数据权威，提高准确性。基于大量的基础数据从管理人历史投资业绩中挖掘有效信息用于机构的定量评价。

（三）投资信用评级

在目前的理财资管业务的信用风险管理中，采用的还是以人工为主的监督模式，对个案风险控制和全流程管控，组合风险量化测算和风险计提等多方面都难以满足业务精细化管理的要求。信用评级系统建设应支持系统化、多样化的数据采集分析，构建专业化模型和全面性预警机制，用于改善目前资管信用风险分析和管理上的不足，满足业务增长和市场变化对信用风险管理的精细化要求，为资产管理业务提供投资决策和交易支持，增强信用风险投后管理。

（四）投资评价

银行资管中对投资评价的关注始于委外业务。当前的委外业务中进行投后管理的主要手段有两种：一是通过和管理人约定的信息披露进行管理，双方约定按固定频率提供委托人关心的投资运行情况，该种模式隐藏道德风险，数据准确性难以验证；二是委托人根据管理人提供的交易流水、估值表等基础数据，自行加工报表，分析账户的收益和风险，该模式下委托人需要做大量数据的整理加工，耗费人力巨大。委外业务管理系统的建设可以辅助银行建立账户级和管理人级的评价体系，做到全面的专业化管理：穿透嵌套的交易结构和通道安排，看投资的底层资产以及最终的资金流向，满足监管要求；全面投后监督，风险实时预警；建立投资评价体系，推动优胜劣汰机制的形成，加强主动管理。

（五）大数据应用

金融大数据的应用和发展分为基于数据存储、分布式计算、大数据挖掘与分析和数据服务四个阶段。目前大部分银行还处在第一阶段，以系统存储的各类数据为基础，根据不同数据主题统一定义主题数据模型，配合严谨的数据提取、转换、加载控制来保障数据质量，为业务分析提供有效的数据支持。大数据挖掘技术和云计算的发展，可以帮助金融机构从海量数据金矿中找到有价值的信息，提高数据处理效率。基于多角度的客户行为分析，设计多元化的资产管理产品满足不同的客户需求，精准分析各类产品的需求量，为客户提供差异化专业服务；从历史的投资行为中总结投资经验，辅助投资决策；开展大数据挖掘和风险量化分析，增强风险管理。

02

资产管理行业监管革新及其影响

如果从规模角度考察，过去几年中国资产管理行业经历了爆发式的增长。在此期间，中国经济也开始进入到转型阶段，金融创新与利率市场化改革步伐开始加快，与之相伴的还有金融市场波动的加剧。从 2013 年的“钱荒”到 2015 年的股市异常波动，2014 年信用债违约开始频发，P2P 从爆发式发展到出现跑路，2015 年至 2016 年间的险资举牌风潮、部分城市房地产价格大幅上涨等，都与资管行业有着密切的关系。在近几年宏观经济增速下行的背景下，资管行业却在追求与经济周期看起来并不十分一致的高收益率，市场风险、信用风险未能充分体现在产品的定价中。实体经济回报率在调整中有所降低，汇率市场化程度不断提高，利率逐渐实现市场化，都为资产管理行业的发展提供了更大的空间，也带来新的风险隐患，需要监管框架的跟进。

2017 年第五次全国金融工作会议更为强化了统一监管和监管协调，这与此前市场上预期的统一资产管理行业监管框架的预期总体一致，即由央行牵头对资产管理行业进行统一监管，抑制监管套利的空间。2017 年 4 月银监会连发多份强化监管的文件、禁止券商资管设立资金池、针对保险资管频出新政之后，2017 年“严监管”无疑将成为席卷银行理财、信托、券商资管和基金子公司的政策基调，“去杠杆、严监管、防风险、重协调”成为2017年金融监管主基调。随着防范金融风险上升到国家战略层面，监管的实质性趋严和监管革新会成为贯穿全年甚至更长时间的政策因素。

资产管理行业发展新阶段强化监管的主要背景

金融去杠杆：资产管理行业发展的转折点

在本轮供给侧结构性改革中，“三去一降一补”成为中国经济政策的主要抓手。在全球宽松的货币环境推动下，中国为应对金融危机，也采取了较为宽松的货币政策，低利率的环境为金融加杠杆提供了现实基础。同时，货币派生的途径发生变化，通过银行信贷扩张而带动的传统货币派生占比下降，同业业务与影子银行体系的货币派生能力增强。金融机构通过较低的融资成本从市场获得流动性，并通过质押和期限错配实现套利，然而这种流动性的套利在终端需要实体经济有较高的回报率作为支撑。从宏观视角看，一旦资本回报率低于融资成本，就意味着金融机构加杠杆是不可持续性的。

限制资金空转：抑制监管套利和资金套利

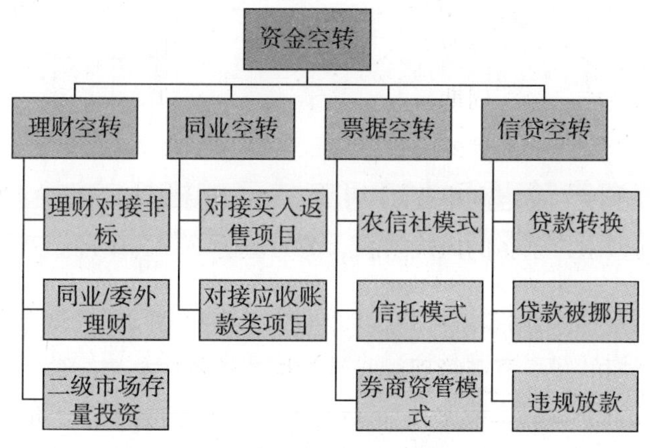

图2-1 资金空转主要模式

资料来源：课题组整理。

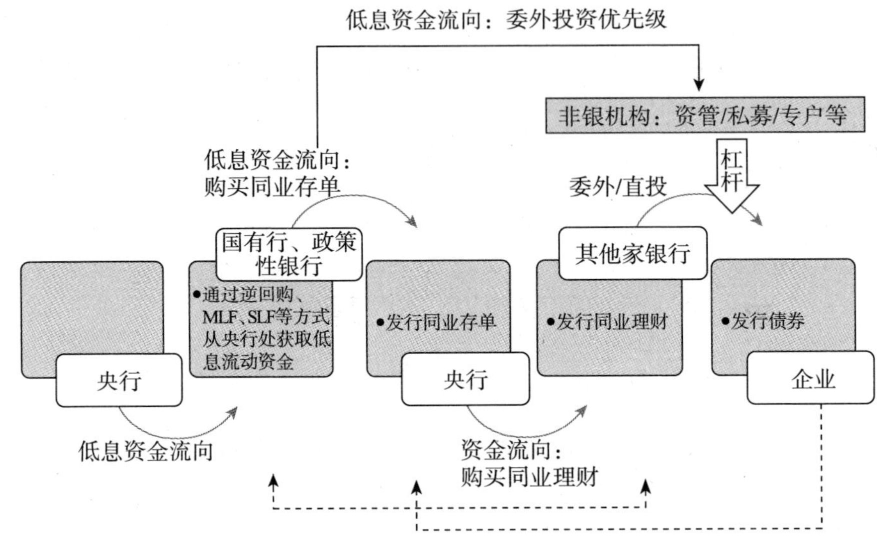

图 2-2　同业资金空转的运行模式

资料来源：安信证券。

近年来，资金脱实向虚的情况备受关注。追求监管套利和资金套利的影子银行，为了维持高回报出现空转。资金空转就是资金在金融体系内流转而不流向实体经济，或是资金已转化为产业资本但流转链条过长，表现在资金通过层层嵌套过手多家机构才流向实体。资金在流向实体之前，空转会加速金融机构扩表，形成金融业繁荣的假象，链条过多将导致资金运行不畅以及成本抬升。

资产管理行业如何支持了加杠杆的过程

无论是险资在权益市场的激进投资，还是债券市场的高杠杆博弈，资本市场巨幅波动的根源在于过高的杠杆。近年来银行表外业务扩张、同业链条过长、资管产品嵌套过多等都是金融高杠杆的重要推手。资管产品嵌套，尤其是规避监管的资管嵌套，将使监管政策效果大打折扣，而很多资管嵌套更是游离于各监管无法覆盖的灰色中间地带；同时，资管嵌套看似作为通道业务一方没有任何风险，但是实际上近年来，很多此类业务发生风险后，常常是金融机构之间相互推诿，嵌套环节越多，风险处置难度越大，也越快将风险进行传递和传染；而且资管嵌套在一定程度上也增加了中间环节的费用，提高了资金成本。除此之外，复杂的流转过程导致金融机构对资金把控能力降低，增强了流动性风险。且其中涉及多家同业机构，如果都以同业信用作为担保，只要一端发生问题，容易牵涉多个金融机构，产生交叉传染风险。

金融监管如何塑造资产管理的行业业态

资产管理行业监管的框架与基调演变

1. 一行三会监管目标一致：强调统一监管与协调监管

当前，与资产管理相关的监管架构，是“一行三会”的模式，中国人民银行作为中央银行，负责制定和执行货币政策、维护金融稳定和提供金融服务，更为关注的是系统性金融风险，强调的是宏观审慎管理。银监会、证监会和保监会作为行业监管部门，对各自行业实行统一监管，关注的是本行业的金融风险，强调的是微观审慎监管。国际经验表明，强化监管的协调，统一对同一业务的监管框架，防止监管套利，已经成为强化金融监管的主要方向。第五次全国金融工作会议宣布设立国务院金融稳定发展委员会，由中国人民银行作为该委员会的办公室负责具体工作的展开。

2.“去杠杆、去嵌套、去通道、防风险”奠定监管基调

目前中国一行三会主要是基于“去杠杆、去嵌套、去通道、防风险”的监管基调，具体来看：(1）去杠杆：金融机构通过层层加杠杆以及期限错配获取超额利差，使得资金在金融体系内空转，委外非标配置更加大了金融风险，金融监管部门为加强银行风险防控，对同业业务、投资业务、理财业务中存在的杠杆高、嵌套多、链条长、套利多的问题开展治理。(2）去嵌套：禁止多层嵌套，要求穿透至底层基础资产进行认定，明确谁出的资金谁就要承担管理责任及出风险的责任，禁止设立资金池。资金池最早的定义是“期限错配、滚动发售、混合运作、分离定价”，当前已明令禁止，券商资管及银行理财不得设立资金池。(3）去通道：通道业务目前没有统一定义，但具有一些共同特

征，比如对于通道方而言资产和资金都在外部，通道方按照委托方意愿开展业务，不承担主动管理，通常收取的管理费也较低，主要是出于规避监管以便开展业务的目的设立，“不能让渡管理责任”与通道方的责任相悖。（4）防风险：2017 年 4 月 25 日习近平总书记在主持中共中央政治局会议上强调，要把防控金融风险放到更加重要的位置，强调统筹协调，及时弥补监管短板，牢牢守住不发生系统性风险的底线，切实把维护金融安全上升到国家安全层面。2017 年一季度货币政策执行报告也指出：“高度重视防控金融风险，加强金融监管协调。”这些都反映出强化金融监管、防范金融市场风险仍是未来一段时间一行三会的工作重心。

3. 从机构监管向功能监管转变，不再仅仅局限于“谁的孩子谁抱”的机构分工

当前，中国实行的分业监管模式主要是，银监会、证监会、保监会分别对银行、证券、保险这三大核心金融领域实施监督管理，三会管理的主要对象是按照机构牌照确定的，主要从机构角度对资管产品进行监管，难以避免“铁路警察，各管一段”的局面，对于已经广泛跨行业经营的许多资产管理机构来说，容易造成对跨行业、跨市场的风险缺乏整体监管。分业监管也可能会导致“地盘意识”，过分强调把所批准的机构当成自己管理的对象，并可能导致金融市场在一定程度上被人为割裂。当前强调从机构监管转向功能监管，功能监管是指对资管产品不再按机构类型来划分，而是按照产品的功能和特性进行划分，同类产品适用同等规则，能够弥补交叉性金融业务的监管漏洞。

4. 打破刚性兑付，促进对资产和风险的市场化定价

长期以来，在我国信托、债券等金融领域广泛和普遍地存在刚性兑付问题。刚性兑付的存在，容易造成金融监管部门不愿意风险暴露，愿意配合地方政府、金融机构、国有企业等通过多种方式进行过度救助和风险兜底。在多方共同配合下，如果不能正确引导，政府兜底的刚性兑付可能就逐步会成为一种惯例和全民普遍预期的潜规则。刚性兑付此事也可能就成为一种自我实现的心理预期。本轮监管新政从多个角度明确不得承诺“保本、保收益”的描述，鼓励

有序打破刚性兑付才能真正暴露风险，减少风险积累以及出现系统性风险的可能。

促进资产管理信息透明度的提高，改善监管协调

在资产管理领域，跨部门监管协调困难主要体现在以下几个方面：一是监管信息割裂，难以形成监管合力。如中国金融行业信用信息数据库的建设是社会信用体系建设的重要基础和关键环节，但由于银行、证券、保险行业分属三会主管，信息整合难度大。另一方面，金融基础设施割裂，缺乏金融综合统计和统一的金融权益登记、结算系统，导致了监管部门无法有效实现对体制外风险源、风险演化和损失程度的识别与估计。二是跨部门监管标准口径不一致。三是监管对金融信息化和数字化发展的管理手段滞后。随着互联网、大数据等信息技术的快速发展，各金融市场和不同金融业态之间的关联性更加紧密，呈现出更加复杂的交叉联动关系。当金融信息在不同市场间快速传递时，穿透式金融监管对信息捕捉与信息全面的要求大大提高。由于现行监管的数据库和信息系统相互分割，信息共享、综合统计和大数据分析建设滞后，导致监管体系缺乏对全面数据的支持与信息化监管手段的运用。

资管行业统一监管框架：从设想到实施

资产管理行业监管框架应当统一，已经是市场在强化监管的趋势下的一个市场共识，关键是如何从设想变为现实。2017 年 2 月，市场上开始流传一份名为《关于规范金融机构资产管理业务的指导意见》(下称《意见》)，实际上这并不是一份正式发布的文件。一份流传的非正式文件之所以引起广泛关注，主要就是因为这是市场关注的资产管理行业统一监管框架的实施问题。如果经过修订之后顺利出台，资产管理行业有望迎来统一监管，即在不改变分业监管格局基础上，促进机构监管与功能监管相结合，按照产品类型而不是机构类型实施功能监管。

设想中的资产管理统一监管框架

表 2-1 对资管产品的共性要求

资管业务性质	资管业务是金融机构受投资者委托，对投资者财产进行投资和管理的金融服务。投资者自担投资风险并获得收益，金融机构收取相应管理费，资管业务是金融机构的表外业务，金融机构不得承诺保本、保收益，出现风险时，不得以自有资本进行兑付。
资管产品类型	包括但不限于：银行理财产品，资金信托计划，证券公司、基金公司、基金子公司、期货公司和保险资管公司发行的资管产品，公募证券投资基金、私募投资基金等。
可能的合格投资者界定	不特定社会公众投资对应的是公募资管产品，合格投资者对应的则是私募资管产品。合格个人投资者的标准为：（a）具备相应的风险识别能力和风险承担能力，投资于单只产品的金额不低于 100 万元；且（b）家庭金融净资产不低于 100 万元或者近 3 年个人年均收入不低于 30 万元，且具有 2 年以上投资经历（金融机构高管、获得职业资格认证的从事金融相关业务的注册会计师和律师不受 2 年投资经历限制）。
投资者适当性管理	根据投资者的风险识别能力和风险承担能力向其销售相适应的资管产品。
投资范围	（a）固定收益类资产；（b）非标准化债权类资产；（c）公开发行并上市交易的股票；（d）未上市股权；（e）具备衍生品产品交易资格的金融机构可以按照相关规定投资金融衍生品；（f）具备代客境外资产管理业务资格的金融机构可以按照相关规定投资境外资产。
投资限制	资管产品投资非标准化债权类资产存在限制，非标准化债权类资产是指未在银行间市场或者证券交易所交易的债权性资产，包括信托贷款、委托债权、承兑汇票、信用证、应收账款、以债权融资为目的的各类收益权、带回购条款的股权性融资。金融机构投资非标准化债权类资产需要具有评估和管控非标债权资产信用风险能力；要符合监管部门的限额管理；禁止期限错配。
投资禁止	资管产品不得直接或间接投资：（a）非标准化商业银行信贷资产及其受益权；（b）非金融机构发行的资产管理产品或者管理的金融资产；（c）法律法规和国家政策禁止进行债权和股权投资的行业和领域。

资料来源：课题组整理。

表 2-2　　资管产品按募集方式分类监管

公募产品	不得投资未上市股权和金融衍生品（但以套期保值、对冲风险为目的除外）。
私募产品	私募产品的投资范围按照投资者适当性原则由合同约定。
“小公募产品”	如果发行对象全部是合格投资者且 12 个月内发行募集的资金规模不高于 3 000 万元的条件下，可以公开向不特定多数投资者募集资金。

资料来源：课题组整理。

表 2-3　　资管产品管理人及产品的特别规定

公司治理	金融机构应设立专门的资管业务部门或有独立法人地位的资管子公司。金融机构不得使用自有资金购买本机构或资管子公司发行的资管产品，不得为资管产品投资的非标准化债权类资产或股权类资产提供任何直接或间接、显性或隐性的担保或回购承诺。
风险隔离	金融机构应确保资管业务与其他业务、自营业务与代客业务、资管产品与其他金融产品、资管产品之间、资管业务与操作与其他业务操作相分离。金融机构发行的资管产品应当由第三方独立托管。
禁止资金池	每只资管产品与所投资资产要相对应，单只产品单独管理、单独建账、单独核算，不得开展或参与有滚动发行、集合运作、期限错配、分离定价特征的资金池业务。同时，禁止期限错配，要求根据产品期限和投资范围，合理确定所投资资产的期限，或者根据拟投资产期限，合理确定资管产品期限，使产品期限与所投资产存续期相匹配。
建立资本约束与风险准备金	金融机构对实际承担兑付责任的资管业务应当计提风险准备金。计提标准为管理费收入的 10%，在计提余额达到产品余额的 1% 时可以不再提取。风险准备金的用途为：弥补因金融机构违法违规、违反资管产品协议、操作错误或技术故障等原因给资管产品财产或客户造成的损失。
统一杠杆管理	资管产品应当设定总资产 / 净资产比例上限。公募资管产品的杠杆不超过 140%，即不超过 1.4 倍，私募资管产品的杠杆不得超过 200%，即不超过 2 倍。

续前表

统一结构化分级杠杆	结构化资管产品按所投资资产的风险程度设定杠杆倍数即优先级份额 / 劣后级份额。投资于固定收益类资产或债券型基金的比例不低于 80%，但不得超过 3 倍；投资于股票或股票型基金等股票类资产比例不低于 20%，但不得超过 1 倍；其他类的杠杆倍数不得超过 2 倍。
禁止产品多层嵌套	禁止资管产品投资其他资管产品，但 FOF、MOM，委外投资例外。委外投资被委托机构不得再投资其他资管产品。
限制通道业务	金融机构应当承担主动管理职责，不得为其他行业金融机构发行的资管产品提供扩大投资范围、规避监管要求的通道服务。
禁止的关联交易	金融机构不得以资管产品的资金与关联方进行不正当交易、利益输送、内幕交易和操纵市场，包括但不限于投资于关联方虚假项目、与关联方共同收购上市公司、向本机构注资等。关联方按照财政部《企业会计准则》的规定确定。
风险集中度控制	单只资管产品投资单只证券或证券投资基金的市值不得超过该资管产品净资产的 10%，私募产品除外；全部资管产品投资单只证券或证券投资基金的市值不得超过该证券或证券投资基金市值的 10%。

资料来源：课题组整理。

可以预计，与目前传言中的统一资管监管框架的各种建议相比，最终正式的实施还将经历大量修订过程，上述方案只是众多讨论中的备选方案中的一种而已，但是，从趋势来看，推动资产管理框架的统一，应当已经是大方向。在这个趋势下，为了更好地支持资产管理监管框架的统一，同样需要关注如下两个方向：

一是建立有效的资产管理金融信息搜集、分析与共享机制。而详细的统计数据恰恰是监管穿透必不可少的参考资料。具体流传的各种方案还没有要求央行对资管产品的运作进行动态统计，而只是事后信息统计；各部门监管动态信息的主动披露与分享也缺少制度性的机制，因此需要关注建立调取非本部门信息的有效机制（张远忠，2017）。

二是明确资产管理不同领域、不同环节的基础概念，让基层监管执行人员统一理解，以促进公平执法（孙海波，2017）。例如，对于所谓的“资产管理业务”，其实一直没有进行统一的定义；流传讨论中提及的资金池监管，也没有明确定义“资金池”;对于期限错配、杠杆投资、多层嵌套资金通道的监管，也没有见到给出确切定义。在缺少明确定义情形下，大量监管文件的意思表达将会导致各地、各监管机构在执行时可能出现大相径庭的情况。

统筹监管重要金融基础设施

美联储前主席伯南克认为，金融市场基础设施是“金融的管道”，用以支持交易、支付、清算和结算，实现金融机构间的相互联系和相互作用，金融市场基础设施主要包括五类机构，分别是支付系统、中央证券存管、证券结算系统、中央对手以及交易数据库。金融市场基础设施集中了金融市场中的风险，如果缺乏适当的监管，会成为流动性错配和信用风险等金融冲击的源头或传播的主要渠道，特别是成为系统性风险的源头及扩散渠道。这在次贷危机中表现得尤为明显。金融危机后，支付结算体系委员会和国际证监会组织联合发布了《金融市场基础设施原则》，旨在全面加强各国对金融市场基础设施的管理。

中国政府近年来开始日益重视支付清算对于金融系统的重要性，逐步认识到支付清算体系不仅仅是现代设备与技术，更与金融系统的风险管理机制密切相关，也是促进各类金融活动稳定运行、效率提升以及持续创新的基础。因此中国也积极推进落实《金融市场基础设施原则》。2013 年 11 月发布的《中共中央关于全面深化改革若干重大问题的决定》明确指出，要“加强金融基础设施建设，保障金融市场安全高效运行和整体稳定”。

不过，当前中国金融基础设施的协调仍然需要加强，特别是市场互联互通和信息透明度有待加强，例如，一些场外市场信息透明度不高，例如区域股权市场的割裂不仅会降低市场的流动性与效率，也导致交易数据库缺失。

统筹负责金融业综合统计

中国当前的金融综合统计的不足在于：一是金融统计的覆盖范围不全，大量的新兴金融机构，以及结构性金融产品的金融统计信息缺失；二是分业监管和机构监管体系下信息共享激励不足，基础薄弱；三是金融统计体系的标准、方法不同，导致缺乏良好的信息关联度，无法形成协调统计信息体系。因此中国的金融业综合统计难以为资产管理监管的风险评估判断、决策提供系统性的良好支持，需要强化。

资产管理细分市场监管：同样的方向，不同的关注重点

银行理财：同业理财及委外受限，寻求业务增长新动力

1. 82 号文和银行理财新规

2016 年 4 月 28 日中国银监会印发《关于规范银行业金融机构信贷资产收益权转让业务的通知》规定信贷资产收益权转让业务要按照原信贷资产全额计提资本，并且要走信托通道。2016 年 7 月 27 日银监会发布《商业银行理财业务监督管理办法（征求意见稿）》，对银行理财业务进行重点监管，包括：对银行理财业务分类管理；禁止发行分级产品；对银行理财规定限制性投资条款，不得直接或间接投资于本行信贷资产及其受（收）益权、本行发行的理财产品、除货币市场基金和债券型基金之外的证券投资基金、境内上市公司公开或非公开发行或交易的股票及其受（收）益权、非上市企业股权及其受（收）益权等，并限制产品杠杆，明确限定银行理财对接非标债权资产的通道为信托。

2. 中国银监会密集出台多份强化监管的系列文件

2017 年 3 月以来中国银监会密集出台 8 份文件，分别是 43、45、46、53 号文以及 4、5、6、7 号文，这可以用“一个中心、两个基本点”来概括。其中，一个中心是指围绕服务实体经济的需要，包括 4 号文（服务实体）和 46 号文（三套利）。两个基本点是指：一是两个坚决整治，坚决治理市场乱象（5 号文），

坚决打击违法套利，包括45号文（三违反）、46号文（三套利）、53号文（四不当）、43号文（两会一层）；二是弥补监管短板，包括7号文（补监管短板）、6号文（防控十大风险）。

4号文是本次监管的核心，强调以供给侧改革为主线，深化改革、积极创新、回归本源、专注主业，从提高服务实体经济能力的方面进行纲领性规定。5号文禁治十大乱象，主要是从组织架构和人员管理角度切入对银行市场乱象的集中梳理，审查银行内部控制体系完备性。6号文对风险防控工作提出原则性意见，在业务层面进行严格监管落实，不被具体创新模式牵着鼻子走，而是按照银行面临的风险梳理监管思路。43号文指出查源头，适查管理层，主要针对两会一层治理，即董事会、监事会、高管层存在的问题，包括授权体系、信息报告以及履职情况的检查。45号文以“三违反”强基础，要求银行自查对法律规章制度的遵守情况，核心内容包括制度建设、合规管理、风险管理、流程及系统控制、整改问责落实情况，突出的业务问题主要是乱办业务、乱设机构、不当利益输送、信贷业务、票据业务、同业业务和理财业务、信用卡业务等。46号文“三套利”要求回本源，三套利包括监管套利、空转套利、关联套利，总原则是针对交叉性金融，要明确资金方是谁谁就要承担责任，要求银行全面自查是否存在各种套利手段，对银行假出表、调节监管指标、信贷与票据中绕道监管、理财及同业进行规范，禁止非持牌金融机构作为合作对象。46号文强调了同业融入资金余额占比负债总额比例不得超过三分之一，但并未明确同业存单是否会被纳入到银行同业融入资金余额中。53号文强调专主业，对于资金池产品定义“期限错配、滚动发售、混合运作、分离定价”，但现实中如何认定一直没有统一标准，对于目前大量的资产池银行理财产品，定期或不定期开放募集，资产池虽然有单独建账但仍然是混同运作，申购赎回价格大多数仍然不是按照净值处理而是按照预期收益率。部分净值型银行理财产品也很可能是按照历史成本法估值并不反映资产真实价值。在弥补监管短板上，6号文对风险防控工作提出原则性意见，在业务层面进行严格监管落实，不被具体创新模式牵着鼻子走，而是按照银行面临的风险梳理监管思路。6号文严格规范同业业务和交叉金融业务的监管，新增同业投资不能多层嵌套，按照基础资产进行拨备和资本计提，属于较新的内容和一行三会的资管新规指导意见一脉相承。在《关于提升银行业服务实体经济质效的指导意见》(简称《意见》)中，明确资产管理计划不能嵌套其他资产管理计划，但 FOF 和委外可以例外，但也只能进行一层嵌套，银行自营资金通过通道参与 LP 份额投资，通过券商参与资本市场业务比如定向增发和场内股票质押式回购业务都将受到限制。7 号文对监管提出应对解决方案，弥补监管短板提升监管效能，包括强化监管制度建设、强化风险源头遏制，强化非现场和现场监管、强化监管套利等。而这些规定如果严格执行，可能会导致银行间同业业务及相关影子信贷快速且无序地收缩，减少或调整委外业务规模，并可能伴随着对底层的债券等资产提出更高的评级要求，进而导致市场流动性严重紧缩，事实上截至 2017 年 5 月，同业理财规模已出现大幅下降，同比增速跌至 9%，这种冲击在中小银行中表现更为突出，可以预见银行理财短期内仍面临调整。

表 2-4　　2017 年 3 月以来银监会密集出台政策文件

颁布机构	文件名称	颁布时间	主要内容
银监办	4 号文《关于提升银行业服务实体经济质效的指导意见》	2017.4.7	围绕“三去一降一补”提升银行业服务实体经济水平，包括实施差异化信贷政策和债权人委员会制度、盘活信贷资源处置不良资产、开展市场化债转股；推进体制机制改革创新；强化重点领域监管约束；推动优化外部环境；加强组织领导和评估交流。
银监办	5 号文《关于集中开展银行业市场乱象整治工作的通知》	2017.4.7	明确十项整治重点，即股权和对外投资、机构及高管、规章制度、业务、产品、人员行为、行业廉洁风险、监管履职、内外勾结违法、涉及非法金融活动等方面，有什么排查什么，查实什么整治什么，有什么问题解决什么问题，在全面排查基础上，严格责任追究、强化整改建制。

续前表

颁布机构	文件名称	颁布时间	主要内容
银监办	6号文《关于银行业风险防控工作的指导意见》	2017.4.7	切实防范化解突出风险，严守不发生系统性风险底线，加强信用风险、流动性风险管控，加强债券投资业务管理，整治同业业务，加强交叉金融管控，做实穿透管理，规范理财和代销，加强金融消费者保护，稳妥推进互联网金融风险治理。
银监办	7号文《关于切实弥补监管短板提升监管效能的通知》	2017.4.10	深入排查监管制度漏洞，弥补监管短板，坚持问题导向、急用现行、协调配套，健全内部管理制度，强化风险源头遏制，强化非现场和现场监管、强化信息披露、强化监管处罚和责任追究。
银监办	43号文《关于开展商业银行“两会一层”风控责任落实情况专项检查的通知》	2017.3.23	自查与检查相结合，针对商业银行风险控制存在缺陷、“两会一层”整体履职不到位问题、“两会一层”个人履职不到位问题进行整改问责。
银监办	45号文《关于开展银行业“违法、违规、违章”行为专项治理工作的通知》	2017.3.29	针对三违反突出领域，即乱办业务、乱设机构行为、不当利益输送行为、信贷业务、票据业务、同业及理财、信用卡业务、信息披露问题，监管检查应形成“1+N”份检查报告，机构自查+上对下抽查相结合，严格整改问责，落实“三铁三见”要求。
银监办	46号文《关于开展银行业“监管套利、空转套利、关联套利”专项治理工作的通知》	2017.3.29	引导银行回归本源、专注主业，针对同业业务、投资业务、理财业务等跨市场、跨行业交叉性金融业务中存在的杠杆高、嵌套多、链条长、套利多的现象开展专项治理，具体包括规避监管指标套利、空转套利及关联套利，对于交叉性金融产品总体原则是资金来源于谁谁就要承担管理及出风险的责任。

续前表

颁布机构	文件名称	颁布时间	主要内容
银监办	47 号文《关于开展销售专区“双录”实施情况专项评估检查的通知》	2017.3.30	规范银行自有理财及代销业务行为，有效治理误导销售、私售“飞单”问题，对银行销售专区“双录”实施情况开展专项评估检查，切实保护消费者利益，主要从产品销售专区管理、录音录像设备铺设、内部管理制度建设等方面对其进行评估。
银监办	53 号文《关于开展银行业“不当创新、不当交易、不当激励、不当收费”专项治理工作的通知》	2017.4.6	不当创新（治理机制、管理制度和流程）、不当交易（同业、理财和信托）、不当激励（考评指标设置、考评机制管理、薪酬支付管理）、不当收费（收费行为规范、价格信息披露、内部管理程序）。
银监办	16 号文《关于印发商业银行押品管理指引的通知》	2017.4.26	将押品管理纳入全面风险管理体系，对押品进行科学分类，抵质押率动态调整，将押品动态重估纳入强制要求，押品随债权转让有助于洁净出表。

资料来源：课题组整理。

信托：加强行业制度和基础设施建设，通道和房地产业务成为排查重点

1. 加强信托行业制度和基础设施建设

在严监管的背景下，信托行业的监管趋势并没有放在对具体业务的监管上，而是注重从行业制度和基础设施建设方面革新监管。一是升级监管评级：2017 年 1 月银监会发布《信托公司监管评级办法》，通过对资本要求、资产质量、风险治理、盈利能力、跨业纪律、从属关系、投资者关系和外部评价等内容评级，将信托公司分为创新类（A+、A-）、发展类（B+、B-）、成长类（C+、C-）三大类六个级别，监管评级将直接挂钩信托公司业务开展，并作为监管部门确定

监管收费风险调整系数的主要依据。监管评级升级带来的影响主要有以下三个方面：（1）将监管评级与业务范围挂钩，低评级公司业务发展受到限制需要创新转型；（2）监管评级会成为同业合作的重要参考，实现信托公司的优胜劣汰；（3）监管评价体系为行业提供了未来的发展方向，由于监管评级由定性和定量两大因素决定，信托公司需要提升净资本并减少风险项目以获得较高评级。二是加强行业基础设施建设：2017 年 5 月信托登记公司公布《信托登记管理规则暂行细则（征求意见稿）》对信托登记细则进行规定，登记内容包括信托产品信息、信托受益权信息等，信托登记作为行业重要的基础设施组成部分，有利于实现信托业务监管信息化。

2. 通道和房地产业务成为排查重点

信托的通道优势减弱，通道规模将受到一定程度的压缩。此前监管规定银行投资非标必须走信托通道，而《意见》限制非标信贷资产投资，非标投资需求向信托回流产生的利润增量将有所折扣。银监会在“四不当”中对信托公司业务的监管进行了规定，但总体来看信托更多是受到银行监管收紧带来的通道业务下滑，随着信托公司回归“受人之托，代人理财”的主动管理本质，通道业务限制带来的业绩压力有望得到缓解。

银监会针对房地产信托业务提出加强现场检查力度，关注是否采取股债结合、应收账款收益权等模式变相向房地产企业融资以规避监管，对房地产信托业务占比较高的信托公司进行窗口指导，带来的影响主要是房地产融资逐渐回归银行开发贷和信托融资，信托公司要严格按照“4、3、2”的要求开展房地产信托贷款，加快房地产信托业务转型升级，不断加强需求预测，将市场需求与产品设计相结合，建立更加稳定的资金渠道。

券商资管：双重约束鼓励去通道，严控资金池风险

1. 杠杆率约束以及提高风险准备资本计提，双重约束鼓励去通道

2016 年 6 月 16 日，证监会颁布新版的《证券公司风险控制指标管理办法》，并于 10 月 1 日正式实施。**新办法通过杠杆率约束以及提高风险准备资本**

计提，鼓励证券公司去通道，向主动管理转型。**首先，将券商资管纳入表外业务，通道业务计入杠杆率约束。**新版的管理办法将旧版两个杠杆率指标（净资本/负债、净资产/负债）合并为资本杠杆率指标（资本杠杆率=核心净资本/表内外资产总额），并规定资本杠杆率不能低于8%。根据新的管理办法，证券公司表外资产分为三个部分：一是证券衍生产品，包括国债期货、利率远期、股指期货、权益互换和大宗商品衍生品等。二是资产管理业务，其中包括直投等非牌照类子公司业务。三是其他表外项目，如证券公司转融通业务。**其次，资产管理业务规模计入风险资本，定向资管计提比例大幅增加。**在证券公司风险准备计提方面，相对于旧版，新版的管理办法提高了各类资产管理计划计提的风险准备资本，其中非结构化集合资管不再计提风险准备，而定向资管（尤其是投资于非标的定向资管）计提比例大幅提高。

2. 加强流动性管理，严控资金池风险

2017年4月份以来，多地证监会向券商传达整改要求，表明禁止开展资金池业务。资金池业务是市场中对具备借新还旧、混同运作、募短投长、脱离标的资产的实际收益率进行分离定价、非公平交易等操作特征的各类资管产品的通称。券商资金池业务模式实际上是复制银行的资金池模式，在特定的市场环境下赚取利差，考验的是流动性风险管理能力。该操作模式背离了资产管理产品独立运作、风险自担的基本特征，容易积累流动性风险，形成刚性兑付的误导性信息，实质上损害了投资者利益。目前，券商资管业务涉及的资金池产品主要有三大类：大集合资金池产品、结构化资金池产品、私募资金池产品。

公募基金：发行规模和委外业务下滑，聚焦客户需求设计开发新产品

1. 监管升级导致发行规模和委外业务下滑

2017年公募基金针对不同环节强化监管，从发行到销售等环节都提出了更多、更高的要求。一是新产品发行审批环节，为避免盲目申报新产品，加强对超期未募集产品的监管。二是在销售环节采取新的投资者适当性管理要求，在双录及风险测评方面提出更高要求。三是产品运行环节，对浮动管理费收取

和委外定制基金进行规定。2017 年 6 月颁布的《公开募集证券投资基金收取浮动管理费指引》从发起方式、计提要求及基金经理资质等方面对浮动管理费收取的问题进行规定。2017 年 3 月颁布的《委外定制基金实施新规》规定当单一投资者持有新发行的基金份额的 50% 时，应采取发起式基金形式，并进行封闭式运作或定期开放运作，这使得在委外赎回压力较大情况下发展委外业务变得更加困难。

2. 未来需聚焦客户需求，提升设计发行新产品的核心管理能力

受严监管和流动性收紧影响，公募基金发行量有所下滑，货币基金收益率明显上升。公募基金具备较强的投研能力，目前对公募基金的监管主要是针对通道业务和委外业务，以及盲目申报产品等同质化竞争问题。未来应着重针对不同客户的投资需求，设计和发行新产品，例如 2017 年 5 月颁布的《养老型公开募集证券投资基金指引》提出在中国老龄化趋势下要着力发展养老基金产品。除此之外，公募基金要不断提升资产配置能力，通过发展 FOF、加强对国际市场的投研能力建设，实现投资回报与风险控制的平衡。

基金子公司：增强资本实力成首要任务，结合母公司优势差异化经营

1. 严监管下增强资本实力成首要任务

证监会大幅提高基金管理公司设立基金子公司的门槛，并首次提出了针对开展基金管理公司特定客户资产管理业务的基金子公司的风险控制指标要求和净资本为核心的风控体系。一是净资本约束，《基金管理公司特定客户资产管理子公司风险控制指标管理暂行规定》构建以净资本为核心的风险控制指标体系，明确了专户子公司开展的特定客户资产管理业务、资产证券化业务和其他业务，应纳入风险资本计算范围。由于 2016 年 1 月 1 日之前开展的资管计划存续期到期后要符合新的风险资本要求。净资本 / 风险资本≥ 100% 的约束条件要求基金子公司要么增加注册资本，要么控制资管规模来降低风险，而多数基金子公司的注册资本金和净资本都不合规，严监管背景下基金子公司提升资本实力成为首要任务。二是计提风险准备金。《基金管理公司特定客户资

产管理子公司风险控制指标管理暂行规定》要求专户子公司按照管理费收入的10% 计提风险准备金，编制风险控制指标监管报表，并建立动态的压力测试机制、风险控制指标监控机制和资本补足机制，确保各项风险控制指标持续符合规定标准。

2. 结合母公司优势开展差异化经营，谋求主动管理转型

自 2016 年 9 月开始，基金子公司资产规模开始出现大幅下滑，基金子公司正处于艰难的发展境地，原来依靠通道和非标的套利模式难以持续，基金子公司应结合母公司优势开展差异化经营，谋求主动管理转型。《基金管理公司子公司管理规定》系统性规制基金子公司组织架构和利益冲突，强化“子”公司定位和母公司管控责任；分类处理基金管理公司子公司现有业务，引导行业回归资产管理业务本源，支持基金管理公司子公司依法合规进行专业化、特色化、差异化经营，培育核心竞争力，促进业务有序规范发展。未来基金子公司应该在明晰母公司和子公司的发展定位和业务分类问题的基础上，结合母公司的比较优势开展差异化经营，回归资管本质，由“被动”的通道业务转向“主动”的资产管理，加强在资产证券化、证券投资等业务的发展，不断完善风险和内控机制。

期货资管：结构化模式难以持续，第三方投顾要求高通道业务难以备案

1. 对结构化资管计划的监管要求进行重新界定

2016 年 10 月 24 日中国证券投资基金业协会下发《证券期货经营机构私募资产管理计划备案管理规范第 1—3 号》，对资管计划的产品备案环节进行规范。对市场影响最为直接的是《备案管理规范第 3 号—结构化资产管理计划》，要求优先级与劣后级共同承担收益和亏损，并且禁止劣后级单方面提供增强资金，并禁止管理人通过合同约定将结构化资管异化为“类借贷”产品，这使得期货资管的结构化模式难以持续。

2. 提升第三方投顾要求，通道业务难以备案

中国证券投资基金业协会规定投资建议的第三方机构，必须是持牌的资产管理机构或私募证券投资基金管理人，但后者需要同时具备以下条件：一是在基金业协会登记满一年、无重大违法违规记录的会员；二是拥有三年以上连续可追溯证券、期货投资管理业绩的投资管理人员不少于三人且无不良从业记录，同时规定私募资管不得为所谓的“违法证券期货业务活动”提供交易便利。由于私募投顾要求提高，大量期货资管的通道业务难以备案。2017 年 4 月 18 日，证监会发布修订后的《期货公司风险监管指标管理办法》，要求提高最低净资本标准，加强对结算风险的防范，同时调整资产管理业务风险资本准备计提范围与计提标准，提升风险覆盖全面性。未来期货公司应该立足期货本源业务，增强产品创新能力，促进资管策略多元化，不断提升主动管理能力。

保险资管：坚持“严”字当头，加强风险防控

1. 保险资管八条底线

2016 年 6 月 22 日，保监会出台《关于加强组合类保险资产管理产品业务监管的通知》，提出保险资管八条底线，标志着保险资管业务正式启动强化监管，新规有四点重要的监管升级：第一是对于权益类投资，排除了新三板和其他未上市股权；第二是对于固定收益类，约束了投资期限和具体券种；第三是首次提出了组合类保险资管产品的业务的八条底线。第四是规定产品发行前管理人应当向平台申请产品登记，而之前是备案制，考虑到保监会对险资运用一直存在较为严格的监管要求，保险资管计划监管套利空间比较小，因此《意见》对资产管理业务的统一性监管规定，对保险资管业务开展的影响远不如对于其他类型的资管产品的影响大。

2. 保险资管 2017 年频出新政

2017 年以来保监会频出新政，提出始终坚持“保险业姓保、保监会姓监”原则，坚持“严”字当头，强监管、补短板、治乱象、防风险，发挥保险业支持实体经济质效。4 月 20 日，保监会印发《关于进一步加强保险监管维护保险业稳定健康发展的通知》。针对保险业少数公司发展模式激进、治理结构不

完善、偿付能力下降和盲目跨领域并购等“乱象”，保监会首次提出“严”字当头，更要求监管系统勇于担当、落地见效和强化问责。一是严防严管严控保险市场违法违规行为，二是系统梳理政策制度和流程，深入排查监管漏洞，尽快补齐制度短板；加强各领域监管制度的协调统一，防止监管套利。三是提出防控风险的重要性，努力减少存量风险，控制增量风险。4月23日，保监会发布《中国保监会关于进一步加强保险业风险防控工作的通知》要求全行业进一步加强风险防控工作，强化各保险公司在风险防控工作中的主体责任和一线责任，切实加强保险业风险防范的前瞻性、有效性和针对性，严守不发生系统性风险底线，维护保险业稳定健康发展，重点防控流动性风险、资金运用风险、底数不清风险。5月4日，《关于保险支持实体经济发展的指导意见》提出严格规范和治理违规开展关联交易、利益输送等行为，坚持去杠杆、去嵌套、去通道导向，将从构筑实体经济风险保障体系、引导保险资金服务国家发展战略、创新保险服务实体经济形式、持续改进保险监管四方面重点发力支持实体经济发展。

表2-5　　保险资管2017年新政频出

时间	政策	主要内容
2017.4.20	34号《关于进一步加强保险监管 维护保险业稳定健康发展的通知》	要始终坚持“保险业姓保、保监会姓监”原则，坚持严字当头，做好制度监管漏洞排查，加快补足制度短板，全面强化审慎监管，清理整顿保险市场秩序。
2017.4.21	35号《关于进一步加强保险业风险防控工作的通知》	增强保险业风险防范的前瞻性、有效性、针对性，完善流动性风险管理体系，加强保险资金运用管理，完善公司治理管理体系，切实防范新业务风险，加强外部风险排查和管理，加强声誉风险防范，切实增强舆情应对能力，健全风险防控工作机制。
2017.4.28	40号《关于强化保险监管 打击违法违规行为 整治市场乱象的通知》	从八个方面进行着力整治，一是虚假出资、资本不实；二是公司治理乱象；三是违规投资、激进投资为代表的资金运用乱象；四是产品不当创新；五是销售误导；六是理赔难、理赔服务质量和效率差；七是违规套取费用；八是数据造假。

续前表

时间	政策	主要内容
2017.5.4	42 号《关于保险支持实体经济发展的指导意见》	积极构筑实体经济风险管理保障体系，完善社会风险保障机制、完善农业风险管理机制、增强保险增信，大力引导保险资金服务于支持供给侧改革、一带一路、区域经济发展等国家战略，不断创新保险业服务实体经济的形式。
2017.5.5	44 号《关于弥补监管短板构建严密有效保险监管体系的通知》	针对保险监管制度和实践中存在的短板，抓住重点领域（公司治理、保险资金运用、偿付能力监管、保险产品管理、保险中介市场监管、消费者权益保护、新型业务），堵塞制度漏洞，完善监管机制，强化薄弱环节。
2017.5.9	128 号《关于开展保险资金运用风险排查专项整治工作的通知》	开展保险资金运用风险排查专项工作，对合规风险、监管套利、利益输送、资产质量、资产负债错配情况“公司自查 + 现场检查”结合调查，实施穿透式检查，摸清并处置存量风险，严格控制增量风险。
2017.5.10	133 号《关于 2017 年继续开展打击损害保险消费者合法权益行为“亮剑行动”的通知》	继续深入推进“亮剑行动”，持续保持对损害保险消费者合法权益行为监管的高压态势，对保险销售欺骗隐瞒行为、客户信息真实性、小额理赔服务落实情况开展专项检查，同时开展个案检查及回头看检查。
2017.5.11	23 号《关于进一步加强新闻发言人制度建设的通知》	强化声誉风险管理，提升保险监管和行业透明度，维护保险行业形象和市场稳定，不断加强新闻发言人制度建设。
2017.5.15	24 号《关于加强中国保险业保单登记管理信息平台数据报送和质量管理工作的通知》	各保险公司要高度重视保单登记平台数据保送工作，开展相应业务应该提前与保单登记平台对接，并建立数据报送系统的业务连续性和容灾备份机制，严格按照 T+1 报送数据，开展定期不定期检查。

资料来源：课题组整理。

03

互联网资管：监管框架初具雏形，发展路径分化

用户需求持续旺盛，客群规模不断扩张

得益于网络技术、移动互联等技术的飞速发展，使得原本无法实现或实现难度较大、实现成本较高的设想有了变为现实的可能。更大的客户覆盖率、更深入的客户触达深度、更便捷的信息获取、更低廉的客户服务成本，这一切的变化都决定了资产管理可以借由技术进步覆盖更大的大众市场以及服务更多的普通客户。

不过，如同所有其他技术一样，互联网技术的发展也是一把双刃剑。一方面互联网技术有效缓和了金融排斥，让更多的客户享受到了金融服务；另一方面，互联网技术也为循规蹈矩发展的金融业带来了不小的风险，客户隐私、资金安全等话题不断敲打着借助互联网分享金融红利的用户紧绷的神经。跑马圈地、烧钱营销的方式已不再那么有效，收益下降、风控趋紧，各平台纷纷晒出合规举措来为自己增信，互联网金融企业的金融属性愈加突出。用户的感受与留存成为互联网金融企业在后续业务发展中关注的焦点。

客群扩大：用户人群向两端拓展

互联网金融经历了由金融机构将业务搬至互联网的“技术领域融合阶段”；到第三方支付出现，互联网与金融融合的“金融领域融合阶段”；再到P2P网贷平台、众筹融资平台、网络保险公司等新兴机构纷纷获批开立的“互联网金融独立快速发展阶段”(《中国金融稳定报告2014》)。互联网金融从为传统金融企业提供互联网服务，变为独立的金融业态。互联网的便捷性、创新性在与金融的结合过程中创造了大量财富，也扩大了金融业务的服务范围。在技术的创新中，最先被服务到的往往是对技术和创新接受度较高的年轻人；在后续发展过程中呈现出用户人群向两端拓展的特点，即年龄更大和年龄更小的两端客户会迅速成长。

北京大学互联网金融研究中心发布了《北京大学互联网金融发展指数》。其中的数据证明了这一特点。图3-1中显示了2014年1月不同年龄段的客户在不同业务上的发展指数。可以看出，在2014年1月，无论是互联网金融发展总指数还是各典型业务的发展指数，80后的指数均远高于其他年龄段的客户。这显示出，在2014年1月，80后对于互联网金融的接受与应用程度均优于其他年龄段客户，且呈现出较为明显的年龄差距越大、接受程度越低的特点。同时可以看出90后在互联网支付方面使用程度要好于70后，而70后在互联网投资上的使用度要优于90后。

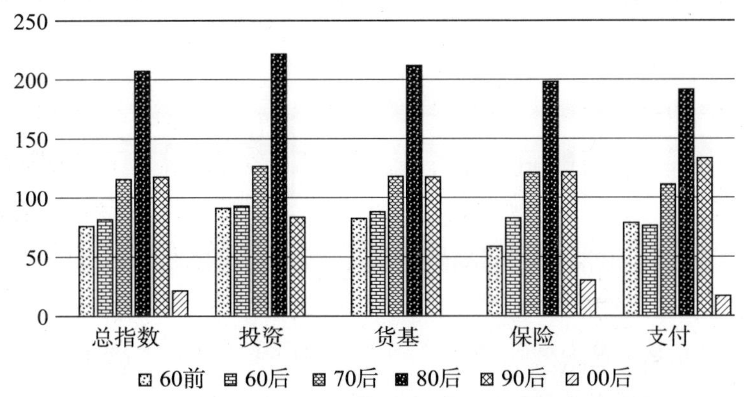

图3-1 2014年1月不同年龄不同业务互联网金融发展指数

资料来源：北京大学互联网金融发展指数。

图3-2中显示了2016年3月不同年龄段的客户在不同业务上的发展指数。可以看出，较2014年1月，90后在互联网金融总指数及除投资以外的其他各典型业务上均超越80后，成为对互联网金融接受程度最高的人群。这或与90后新鲜事物接受能力强且逐步走向社会，开始独立管理财务有关。

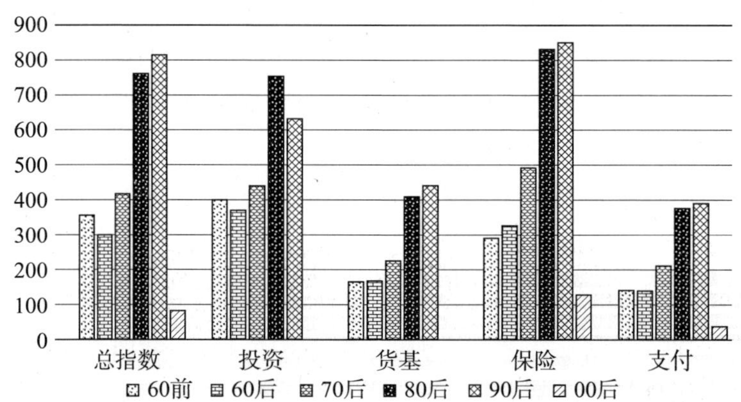

图3-2　2016年3月不同年龄不同业务互联网金融发展指数

资料来源：北京大学互联网金融发展指数。

图3-3显示了2016年3月与2014年1月不同年龄段客户在不同业务上的发展指数的倍数关系。可以看出，在2014年1月的基础上，90后各业务指数的提升速度均位居第一，而60前在支付以外的业务上，指数增速均位居第二。显示出较为明显的用户人群向两端拓展的特点。

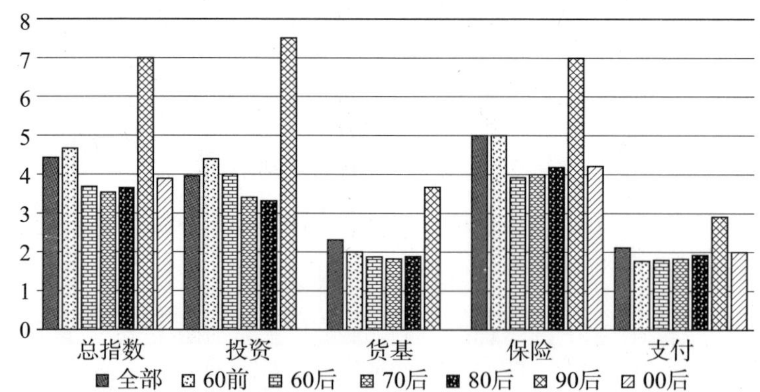

图3-3　2016年3月各年龄各业务指数/2014年1月各年龄各业务指数

资料来源：北京大学互联网金融发展指数。

地域渗透：一线渗透率高，三线潜力巨大

互联网金融发迹于金融业务发达，互联网技术领先的一线城市。得益于较为成熟的金融投资理念，配合以高度发达互联网技术，使得投资理财的理念和移动金融的便捷迅速被一线城市的用户所接受。

图 3-4 显示了移动网民及移动理财用户的区域分布对比情况。可以看出，三线城市的移动网民数量占据全国移动网民总数的一半以上，而一线城市和二线城市的移动网民占比分别为 16.8% 和 30.0%。就移动理财用户分布来看，一线、二线、三线城市的移动理财用户分别占全国移动理财用户总数的 24.8%、29.8% 和 45.4%。两组数据对比后可以看出，一线城市只占全国移动网民用户总数的 16.8%，但是却有 24.8% 的移动理财用户分布在一线城市。这说明，移动理财在一线城市的渗透率显著高于二三线城市。但是就长远来看，三线城市的移动理财用户开发还远未达到一线城市的水平，市场潜力巨大。随着财商教育普及，理财意识提升以及互联网技术覆盖范围的扩大，三线城市将为移动理财的发展提供持续的发展空间。

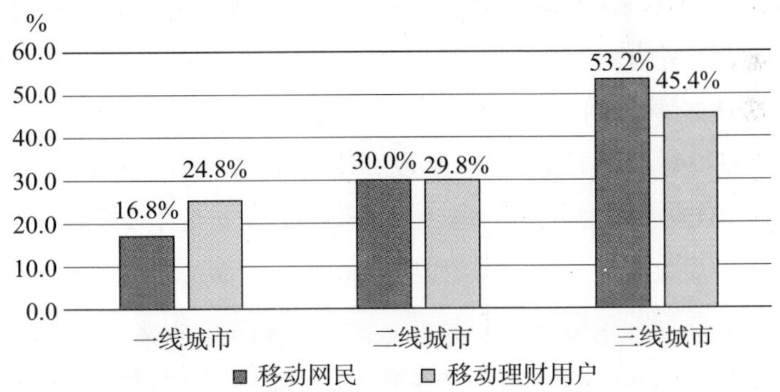

图 3-4 移动网民及移动理财用户区域分布

资料来源：零壹研究院、小赢理财。

规模扩张：各业态规模进一步扩大

自 2013 年 6 月余额宝上线，至 2014 年 1 月 15 日，余额宝规模已超过 2 500 亿，用户数超过 4 900 万人。截至 2017 年 1 月，余额宝总规模已突破 8 000 亿，用户数突破 3 亿人。而余额宝这一现象级金融产品的产生，激发了国内百姓的理财意识与理财需求，引爆了国内网络理财市场，同时倒逼银行采取各类防御措施，被动应战。可以说余额宝不仅为自己创造了一个业务奇迹，同时也打破了原有的金融格局。2013 年以后，互联网金融的各业态均有了巨大的发展，从客户数量到资金规模都有了长足的进步。

1. 互联网第三方支付

互联网第三方支付为中国互联网金融业奠定了客户基础，便捷的互联网第三方支付为互联网金融业的其他业态导入了天量流量。图 3-5 显示了 2013 至 2016 年中国网络支付用户规模及使用率；图 3-6 显示了 2013 至 2016 年中国手机支付用户规模及使用率。由这两幅图可以看出，截至 2016 年底，网上支付的用户数由 2013 年底的 2.6 亿上升至 4.75 亿，使用率也由 43.1% 上升至 64.9%。而手机支付的用户数则由 2013 年底的 1.25 亿上升至 4.69 亿，使用率由 25.1% 上升至 67.5%。手机支付虽然起步较晚，但随着移动互联时代的到来，伴随着“扫码支付”等技术的创新和“红包”“生活缴费”“AA 付款”等场景的搭建，手机支付正以更高的增长速度和使用频率渐渐超越网上支付。手机支付在改变线上支付模式的同时，也极大地改变了线下支付的模式。越来越多的智能手机用户开始逐渐习惯“无钱包”“无现金”的出行和购物方式。甚至有不少零售商户戏称“可以没有 POS 机、不接受刷卡，但是不能不接受支付宝和微信，没有支付宝和微信都没办法做生意”。可见互联网第三方支付不仅创造了个人用户的全新支付手段，并通过更多的消费场景进一步强化支付，相信互联网第三方支付市场还会继续健康发展。

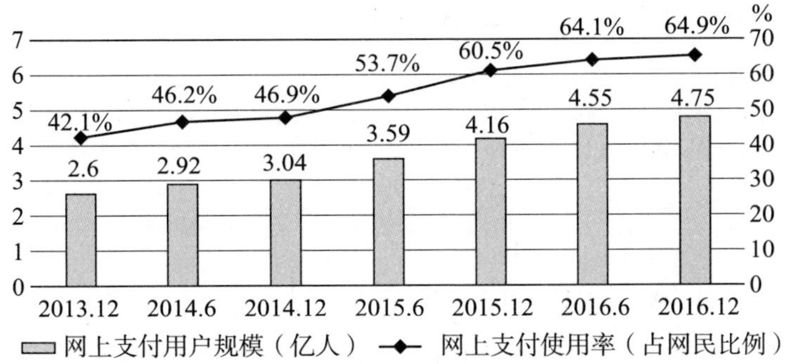

图 3-5　2013—2016 年中国网上支付用户规模及使用率

资料来源：中国互联网络发展状况统计调查

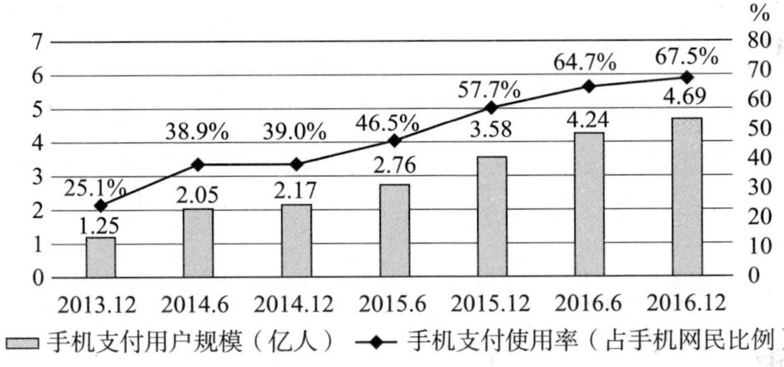

图 3-6　2013—2016 年中国手机支付用户规模及使用率

资料来源：中国互联网络发展状况统计调查

2. 互联网理财

2013 年 6 月余额宝的出现，使互联网理财正式进入大众视野，自此以后各种各样的互联网理财产品层出不穷。互联网理财凭借其低门槛、高收益、高流动性等特征，极大地满足了大众用户的理财需求，“1 元起购”“当日计息”“当天赎回”“远高于银行存款利率的收益”等因素极大吸引了不受传统金融机构重视的大众客户。同时，由于互联网第三方支付平台的蓬勃发展，也为互联网理财提供了方便快捷、成本低廉的支付渠道和大量潜在的目标客户群。互联网理财业仅发展数月销售额就达到万亿级规模，在此势头下，“银行不改变，我们就改变银行”也似乎不再是一句戏言。

图 3-7 显示了自 2014 年 6 月至 2016 年 12 月的互联网理财用户规模及使用率。可以看出，在 2015 年 6 月受股市波动、货币基金收益率走低等因素的影响，互联网理财使用率有所下降。在 2016 年 12 月受监管政策、收益走低等因素影响，互联网理财使用率有所下降。在其余时点，互联网理财用户在规模和使用率上均呈现平稳增长。从整体趋势来看，互联网理财用户规模及使用率呈波动上升的趋势。

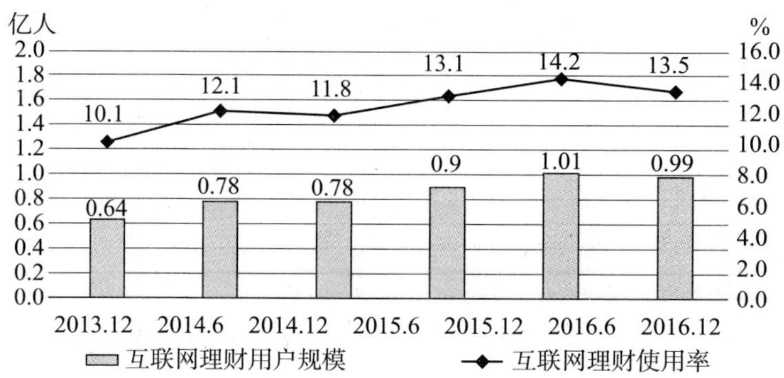

图 3-7 2014—2016 年中国互联网理财用户规模及使用率

资料来源：中国互联网络发展状况统计调查

3. 互联网贷款

2016 年被称为网贷行业监管元年，在经历过一番野蛮生长后，网贷行业也被正式纳入监管。2016 年，中国互金协会成立，网贷暂行管理办法、互金风险专项整治、备案登记指引、资金存管指引纷纷出台。在监管政策的重压之下，部分运营不善的平台纷纷退出，以红岭创投为代表的大标平台正谋求转型，其中消费金融、车贷业务、小额信贷最为热门，校园贷受“跳楼”“裸条”事件影响，五大平台中只剩爱学贷还有校园贷业务，趣分期、分期乐、优分期、名校贷已宣布转型。

图 3-8 显示了自 2015 年 1 月至 2017 年 3 月网贷行业成交额及其变化情况。图 3-9 显示了自 2015 年 1 月至 2017 年 3 月网贷行业余额及其变化情况。从这两幅图中可以看出，作为互联网金融行业重要业态的网贷行业，其成交额一直

处在波动上升的状态中。除了在春节前后，网贷成交额会出现环比下降的情况外，仅在 2016 年 10 月出现了网贷成交额环比下降的情况。而恰好在 2016 年 10 月，《互联网金融风险专项整治工作实施方案》《互联网市场准入负面清单（第一批，试行版）》《互联网金融信息披露个体网络借贷》《中国互联网金融协会信息披露自律管理规范》等文件先后发布。可以看出，监管趋严对网贷行业产生了一定抑制效果，但是在回归理性后，网贷成交量依然呈现了环比上升的势头。而其同比增速更是扭转了此前持续放缓的态势，实现了回升。同时网贷余额则在 2016 年 10 月之后一直维持 5% 左右的平稳增长。可以看出，网贷行业的监管并未"掐死"这个行业，反而在一定程度上解决了野蛮增长中出现的部分问题，正面推动了行业的发展。

随着网贷业态规模的进一步扩大，网贷行业已由高速发展期进入了平稳发展期，月网贷成交额的同比增速已由最高时期的 260% 下降并平稳保持在 80% 上下。而月网贷余额也已由最高时期的 300% 以上下降至 82.7%，并呈现增速继续放缓的趋势。

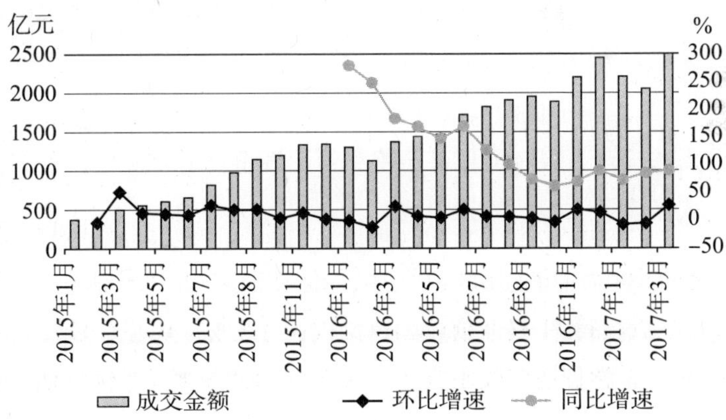

图 3-8　2015—2017 年网贷成交额及变化情况

资料来源：网贷之家。

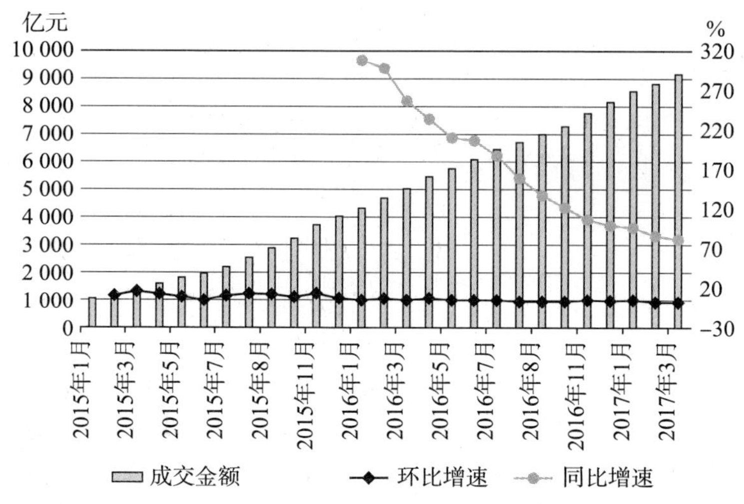

图 3-9　2015—2017 年网贷余额及变化情况

资料来源：网贷之家。

4. 网贷投资人舆情

根据网贷之家和盈灿咨询联合发布的《2016 年中国网络借贷行业年报》，对于参与网贷活动的投资人而言，网贷平台的投资人交流群一直以来都是他们向平台发声，或者相互之间交流投资经验和信息的重要场所。此外，这些官方的投资人 QQ 群，也是平台向其投资者发布各类营销活动信息的重要渠道之一。而由于平台无法提现、限制提现甚至跑路等恶性事件时常发生，各类维权群也不断涌现，成了投资人舆情的集中地。

在各类 QQ 群消息的数量占比中，维权信息和羊毛信息分别占据了 31.18%、29.53%。而关于行业信息的讨论仅占 3.02%。可见，投资人的关注重点还是集中在个人的投资行为上，即在某一平台投资某一标的的风险和收益，而对于整个 P2P 网贷行业的发展缺乏兴趣。

在网贷第三方网站的论坛里，也有大量的投资人舆情。其中既有投资人对于网络借贷行业热点事件的评论，也有对于各网贷平台的褒贬，甚至还有对问题平台的曝光。根据现有论坛数据统计，2016 年全年投资人累计曝光提现困难、停业、经侦介入、跑路平台超过 1 000 个。

投资人曝光的负面舆情主要集中在提现困难、跑路、暴雷、网站打不开等问题上。其中“提现”一词在负面帖子中词频最高，达到了 32.09%。由此可见，提现困难或者无法提现在负面事件中比较普遍，而且问题平台的最初表现形式往往就是提现困难甚至无法提现。

产品供给日渐丰富，行业风险逐步凸显

1. 种类丰富：产品体系逐步扩充

根据华宝证券发布的《2017 年中国互联网金融年度报告》，从互联网金融的产品供给来看，后监管套利时代的互金产品体系纷繁多样。以蚂蚁聚宝、陆金所、京东金融、理财通等为代表的知名互金平台所销售的理财产品包括：公募基金、券商资管、万能险、投连险、养老保障产品、金交所理财计划、黄金、P2P 和定向委托投资计划等。

严监管环境下，公募基金、券商大集合等标准化金融产品由于定价机制透明、信息披露完善，逐步成为最大的理财需求对接渠道，销售模式创新层出不穷；同时，金交所等产品创设机构也间接受益于理财型保险、P2P 的严控，重新成为备受关注的业务主体。

多数综合型互金平台选择以投资理财为第一导向，在产品分类上也基于投资期限、预期收益水平等易于识别的指标来归类。这种导向强化了销售渠道在金融产品分发中的地位，让投资者更多依赖平台，弱化与产品创设机构的联系，同时也增加了投资者识别风险的难度。

与此同时，理财产品资产端收益率迅速下行，市面上的高收益固收产品变得十分稀缺。互金平台的应对办法大致有三种：1. 产品短期集中释放收益；2. 拉长产品投资期限，锁定长期资金；3. 提供融资结构或嵌套设计更为复杂的产品。

2016 年年末爆发的招财宝风险事件，涉及场外私募债、P2P、债权质押、保证保险等多种融资及担保形式。区域性股权交易中心发行的私募债本身即存

在较大违约风险，而分期发行变相降低了私募债的投资门槛，属于较为典型的监管套利现象。同时，其投资风险的认知难度也远超一般金融产品，与“普惠金融”的内涵背道而驰。

2. 交易结构：跨界合作创新多样

在公募基金、理财型保险、P2P 债权等常见的互联网金融产品之外，常有“金交所理财计划”“定向委托投资产品”等不易定义和区分的产品见诸各类互金平台，其产品创设结构复杂，但受益于监管对其他业务的整顿，在过去数年中逐步演化成为新的业务渠道。这类产品难避嵌套、拆分之嫌，面临较大的监管风险。

部分互金平台提供的产品列表中，常见一种产品发行方为“金融资产交易所”或“金融资产交易中心”的理财计划，投资门槛从千元到数万元不等，年化收益率多在 4% 以上。这些交易中心往往与互金平台存在股权关联或合作关系，成为独立于传统金融机构之外的金融产品创设机构及互金平台的产品供应商。

互金平台与金交所的合作模式包含债权转让、债权收益权转让、定向融资计划等多种业务类型。金交所实行会员制，但融资方大多不是会员，这时就需要互金平台（交易类会员）来负责产品的推荐与发行。此外，融资方和发行人的关系往往较为复杂,融资方既可以是互金平台所属母公司旗下的小贷公司，也可以是合作的小贷公司、保理公司等，还可以是直接的借款人。而对于互金平台的零售类理财客户，金交所提供的产品往往以分期存续发行来突破私募产品投资人数不超过 200 人的约束，变相降低投资门槛。

同样存在投资者适当性争议的互金产品还包括“定向委托投资”类业务模式，该类产品建立于投资者与资产管理机构的委托关系之上，由资产管理机构接受投资人资金后，根据相关合同约定和投资策略，将投资人资金定向投资于某些投资产品或投资工具。从委托层面看，平台方将非公开流转的资产通过类似份额申购的方式分派给最终投资者，间接逾越了私募产品合格投资人的限制，存在“私募产品公开募集”的问题。

风险缓释：风险事件暴露，投资风险释放

回顾过去一年，互联网金融行业谈论最多的就是监管与合规。自2016年3月，政府工作报告中提出规范发展互联网金融，成立互联网金融协会，互联网金融进入行业自律阶段；到2016年10月国务院办公厅发布《互联网金融风险专项整治工作实施方案》，17个中央部门联合印发《开展互联网金融广告及以投资理财名义从事金融活动风险专项整治工作实施方案》，政府出台高压整治方案；再到《P2P网络借贷风险专项整治工作实施方案》《通过互联网开展资产管理及跨界从事金融业务风险专项整治工作实施方案》《非银行支付机构风险专项整治工作实施方案》等方案，互联网金融监管开始深入各发展业态。

1. 互金平台风险进一步暴露

随着互联网金融从无人管理到自律监管，再到整体规范，最后到分业态深入监管，各类平台的风险事件也逐步显现，“e租宝”非法集资、“侨兴债”逾期事件、“京东白拿”涉嫌违规等都暴露了互金平台在风控、合规等方面的问题。除风险问题外，“校园贷”、“裸贷”、京东12G用户数据泄露等问题的出现，也突出暴露了互联网金融在信息安全和道德风险方面存在的问题。

2. 用户投资风险进一步释放

随着监管的趋紧，互联网金融的金融属性愈加凸显，监管力度也日益趋紧。伴随着监管力度的提升，问题平台逐步退出和淘汰，这大大减少了互联网金融发展过程中所积累的风险。同时，随着信息披露、资金存管、P2P备案制等措施的实施落地，互金平台的经营日趋规范化。对于投资者而言，平台可信度更高、资金安全性更强，这些都大大降低了用户的投资风险。

图3-10为过去一年内每月新增停业及问题平台数量。2016年3月后，停业及发生问题的平台数量在逐步增高，至2016年8月达到峰值230家。而2016年8月以后，每月新增停业及问题平台数量呈现持续下降趋势。同时，根据网贷之家相关数据显示，2016年8月，银监会、工信部、公安部、国家

互联网信息办公室联合发布了《网络借贷信息中介机构业务活动管理暂行办法》之后，停业及问题平台中，跑路平台的占比明显下降，而主动停业整改或退出的平台占比则明显提升。以 P2P 平台为典型案例可以看出，在政府陆续出台一系列监管政策后，互金企业进入了洗牌阶段。问题平台逐步开始良性退出，正常经营的平台纷纷开始寻求合法合规的经营方式，改善自身经营，提升风控能力。问题平台的退出，正常经营平台风控能力提升，这都无疑大大降低了投资者的投资风险。随着整治工作的进一步推进，互联网金融平台将有足够的能力保障投资者的合法权益，发挥其互联网优势，成为中国金融行业不可或缺的一环。

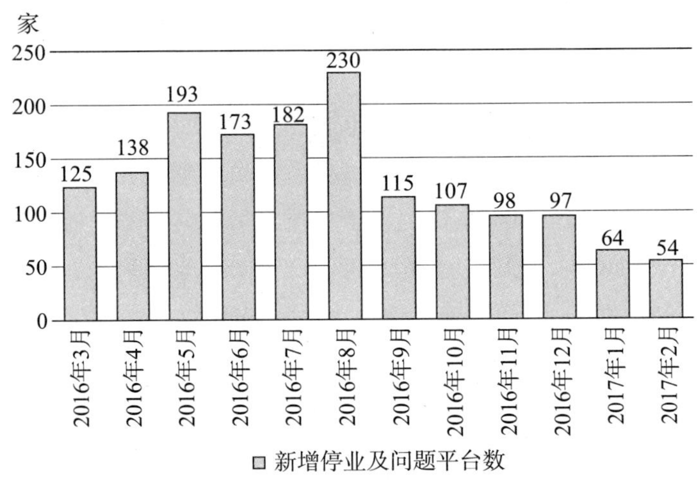

图 3-10　近一年新增停业及问题 P2P 平台数量

资料来源：网贷之家。

3. 网贷舆情反映行业风险

根据网贷之家和盈灿咨询联合发布的《2016 年中国网络借贷行业年报》，2016 年网贷相关舆情数量明显增长，仅新闻报道即达 180 万篇，较上年增长 46%。其中，负面新闻数量约 57 万条。一方面，这是因为网贷行业交易体量不断扩大，社会辐射面更为宽广；另一方面，2016 年网贷行业规范准则相继出台，引起了投资人群体的广泛关注。此外，跑路平台事件依然存在，日趋严厉的合规性标准也迫使大量小平台转型或者停业。而舆论对于负面事件往往是敏感的，这也在一定程度上解释了 2016 年网贷行业负面新闻数量占比较 2015 年有所上升的事实。

2016 年上半年，由于部分投资人及媒体对线下理财和网贷缺乏了解，将两者混为一谈，导致以“快鹿”“中晋系”为首的一些线下理财公司爆雷事件将整个网贷行业闹得乌烟瘴气，并受到了社会舆论的质疑和抨击。

下半年，《网络借贷资金存管业务指引（征求意见稿）》的下发，引发了人们对于资金存管这一话题广泛的关注和讨论。《网络借贷信息中介机构业务活动管理暂行办法》的出台则将全年的舆论推向了最高潮。另外，关于 ICP 许可证和 EDI 许可证的猜测以及其后信披标准、备案登记管理指引的颁布则使得网贷行业的舆情热度居高不下。

从 2016 年主要行业热点事件及其新闻热度的关系来看，平台跑路依然是舆论的主要关注点。此外，网贷监管细则的发布以及由其引发的一系列思考和讨论同样带动了舆论热潮。无论是跑路，还是监管细则、合规指引等，都说明保证资金安全是网贷行业舆情的重心所在，也是目前整个行业健康发展不可避免的问题。

监管框架初具形状，规范发展成为共识

对互联网金融这项“新事物”和“搅局者”，如何在保护创新和控制风险之间有效平衡，成为监管机构面临的重大挑战。回顾过往，2004 年支付宝开启第三方支付时代，2013 年“余额宝”推动互联网金融步入主流舞台，中国监管层经过相当长一段时间的观察与权衡，逐步清晰了对互联网金融的本质认识，并探索赋予其合理的市场定位及游戏规则。从 2016 年到 2017 年，随着若干项重要法规及政策出台，互联网金融行业关键词从“大力鼓励”切换为“规范发展”，监管框架渐具形状，未来长效机制建设也可从中窥得真章。可以预见，随着监管不断成熟落地，互联网金融行业将大浪淘沙，野蛮生长彻底成为过去式，优质企业将得到生存和发展的良好机遇，行业整体健康度将明显提升。

表 3-1　　近年中国互联网金融重大监管政策一览表

日期	监管政策	主要内容
2015/07	央行、一行三会等十部委联合发布《关于促进互联网金融健康发展的指导意见》	确立了互联网支付、网络借贷、股权众筹融资、互联网基金销售、互联网保险、互联网信托和互联网消费金融等互联网金融主要业态的监管职责分工，落实了监管责任，明确了业务边界。
2016/03	2016 年政府工作报告	提出要规范发展互联网金融，大力发展普惠金融和绿色金融。
2016/03	互联网金融协会正式成立	央行前副行长李东荣，将出任中国互联网金融协会首任会长，首批会员有四百多家，包括银行、证券、基金、期货、保险公司、信托机构、资产管理公司、消费金融公司等金融机构。
2016/04	教育部办公厅、中国银监会办公厅发布《关于加强校园不良网络借贷风险防范和教育引导工作的通知》	要求各高校建立校园不良网络借贷日常监测机制和实时预警机制，建立校园不良网络借贷应对处置机制。
2016/08	《网络借贷信息中介机构业务活动管理暂行办法》	以负面清单的形式，规定网贷行业不可触碰 13 条红线。
2016/10	国务院办公厅印发《互联网金融风险专项整治工作实施方案》	集中力量对网贷、股权众筹、互联网保险、第三方支付、互联网资产管理及跨界从事金融业务、互联网金融领域广告等重点领域进行整治，建立健全互联网金融监管长效机制。
2016/10	《P2P 网络借贷风险专项整治工作实施方案》	全面排查网贷机构，并对近年业务扩张过快、在媒体过度宣传、承诺高额回报、涉及房地产配资或校园网贷等业务的网贷机构进行重点排查。同时，专项整治工作重点整治和取缔互联网企业在线上线下违规或超范围开展网货业务，以网贷名义开展非法集资等违法、违规活动。

续前表

日期	监管政策	主要内容
2016/10	《通过互联网开展资产管理及跨界从事金融业务风险专项整治工作实施方案》	重点针对 1. 具有资产管理相关业务资质，但开展业务不规范的各类互联网企业；2. 跨界开展资产管理等金融业务的各类互联网企业；3. 具有多项金融业务资质，综合经营特征明显的互联网企业。
2016/10	《非银行支付机构风险专项整治工作实施方案》	开展支付机构客户备付金风险和跨机构清算业务整治及无证经营支付业务整治。
2016/10	《关于进一步加强校园网贷整治工作的通知》	整治高利贷、违法催收、乱收费等行为，不得向 18 岁以下学生放贷，强化风险警示和教育。
2017/03	2017 年政府工作报告	对不良资产、债券违约、影子银行、互联网金融等累积风险要高度警惕。稳妥推进金融监管体制改革，有序化解处置突出风险点，整顿规范金融秩序，筑牢金融风险“防火墙”。
2017/04	《关于银行业风险防控工作的指导意见》	要求重点防控债券波动风险、交叉金融产品风险、互联网金融风险、外部冲击风险等非传统领域风险，要求网络借贷信息中介机构不得将不具备还款能力的借款人纳入营销范围，不得变相发放高利贷。做好现金贷业务活动的清理整顿，确保出借人资金来源合法，不得违法高利放贷及暴力催收。

资料来源：作者整理。

监管理念：守本分、降风险、服务实体经济

从已出台的重要监管法规及政策来看，监管层从“身份”和“行为”两个角度，明确了互联网金融监管的基本思路和原则。从“身份”来看，即清晰定位，恪守普惠金融本分，专注服务小微企业、个人细分金融市场，成为正规金融服务体系的重要补充；如《网络借贷信息中介机构业务活动管理暂行办法》

清晰规定，明确 P2P 平台信息中介而非信用中介，对企业与个人通过 P2P 平台借款实施单一限额和总限额，确保小微金融服务定位。从“行为”来看，突出以下三项原则：一是强调风险管理，推动互联网金融回归风险管理的金融本质，以逐步降低行业整体风险水平，提升风险控制能力为首要目标；主要表现包括：集中力量对“现金贷”“校园贷”等高风险业务进行清理整顿，严令禁止 P2P 平台自融、资金池、期限错配等行为，强化互联网资产管理业务的合格投资人制度及投资门槛。二是强调有效创新，确保创新行为来源于真实金融需求而非监管套利；从持牌金融机构和互联网金融平台两个角度穿透认定风险，堵住套利通道，约束金融跨界行为；三是强调信息披露，推动增强透明度，着重要求加强信息披露和风险揭示，充分保障消费者合法权益。总体来看，监管层对互联网金融是什么、能做什么、未来如何发展已经给出了明确方向。

监管架构：“专业监管”加“行业自律”

一方面，从金融属性出发，将互联网金融纳入现有监管体系。2015 年人民银行等十部委出台《关于促进互联网金融健康发展的指导意见》（银发［2015］221 号），明确沿用传统金融行业的分业监管模式。在此基础上，2016 年互联网金融清理整顿行动①基于互联网金融五大业态（网络借贷、互联网众筹、第三方支付、互联网保险、互联网资产管理）类型划分，由人民银行在中央层面牵头成立清理整顿小组，按“部门统筹、属地组织、条块结合、共同负责”原则明确分工框架，建立地方政府“守土有责”，垂直监管发挥专业功效的“双线模式”。针对持牌金融机构开展互联网金融跨界经营行为，监管层强调“谁批准、谁负责”原则，分类明确责任主体。另一方面，强调市场力量，着重建设行业自律机制，为互联网金融争取相对灵活宽松的监管与发展环境。2016 年 3 月 25 日，中国互联网金融协会 25 日在上海成立，协会首批单位会员共 437 家，其中，有 84 家来自银行机构，44 家来自证券、基金、期货公司，17 家来自保险公司，其他 292 家为互联网金融新兴企业及研究、服务机构。到 2017 年初，互联网金融协会已在行业自律、数据共享、信息披露方面确立

① 见《国务院办公厅关于印发互联网金融风险专项整治工作实施方案的通知》（国办发［2016］21 号，下文简称“1+6”方案）。

多项规则，形成对互金主体的有效指引约束。

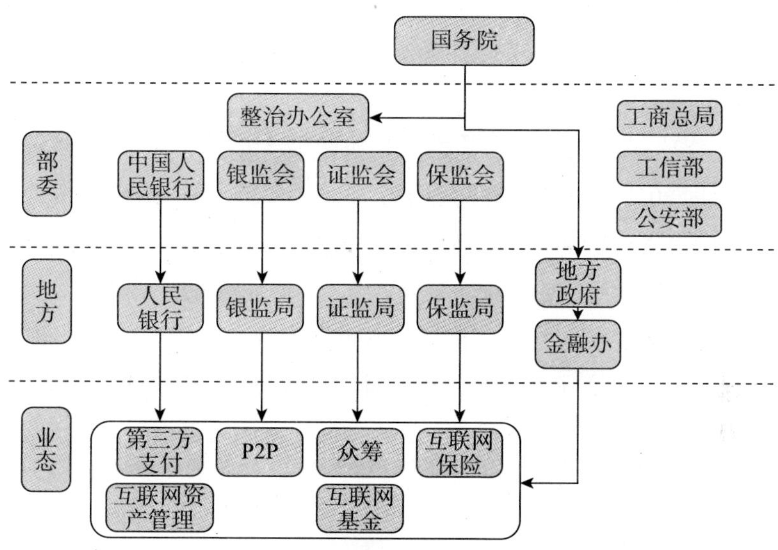

图 3-11　中国互联网金融监管机构框架

监管规则："清晰行为边界"加"穿透式认定方法"

互联网金融五大业态中，网络平台借贷（P2P）、第三方支付、互联网众筹具备明显独立的业态特征，无法归类于传统金融行业框架。对此，监管层针对性建立专项制度，用以规范行业发展。如 P2P 方面，2016 年 8 月 24 日，四部委联合发布《网络借贷信息中介机构业务活动管理暂行办法》，明确规定了 P2P 的定义内涵，并采用"负面清单"形式划定业务边界和行为规则（十三条"禁令"），禁止非法集资、运营"资金池"、混业开展理财业务等行为，推动回归互联网借贷属性。第三方支付方面，《非银行支付机构网络支付业务管理办法》（中国人民银行公告［第 43 号］）于 2016 年 7 月正式实施，将个人账户分为三类账户，差异化规定开户流程、安全措施、支付限额、应用场景，明确落实第三方支付"小额便民、服务于电子商务"的业务定位。

互联网资产管理及跨界从事金融业务方面，由于并未放开准入，互联网金融平台仅能通过申请牌照、获取从业资质，或与传统金融机构合作销售的模式开展业务，且其经营行为需接受与传统金融机构同等的监管规则。同时，针对互联网金融操作灵活、边界模糊的特征，监管层强调采用“穿透式 ”方法，通过对业务结构的解剖还原，厘清业务实质并确定监管职责和应遵循的行为规则与监管要求，打击互联网平台变相突破监管制度开展经营的套利行为。

监管方法：“清理整顿”加“常态化监管”

2016 年到 2017 年，是互联网金融全面、集中整治规范阶段。根据中央统一部署，监管层主动出击。一是从机构及平台角度，根据风险水平有重点、分批次地进入互联网金融机构中深入检查，查合同、查账目、查资金，并针对高风险机构进行清理整顿，实现“依法整改一批、规范一批、取缔一批”，显著降低行业风险。二是从业务角度，重点对“校园贷”“现金贷”进行规范，澄清借贷资金来源，打击违法高利贷、暴力催收、乱收费及诱导欺诈无还款能力的用户等行为，坚决维护市场秩序。

结束“清理整顿”后，监管将进入常态化。一是实施“备案制”，把好准入关。2016 年末，银监会联合工信部、工商局发布了《网络借贷信息中介备案登记管理指引》，在 2017 年，各地方政府出台备案流程。二是引入日常风险检查工具，重点之一即建立全国互联网金融风险监测平台。据悉，该系统将围绕着互联网金融网站信息采集与分析，旨在实现从互联网金融的事前摸底到事中监测，再到事后跟踪的风险应对的闭环体系。包括：实现平台间的数据共享，建立基于业务数据的风险分析模型、开展日常风险评估及预警、提供举报及反馈窗口、开展投资者教育。三是持续推动行业协会建设，提升行业自律水平和自我规范发展能力。

未来动向：互联网资产管理呼吁精细化专业化监管

互联网金融五大业态中，相较于 P2P、第三方支付等已有专项监管制度，互联网资产管理细分业态复杂，但监管制度仍然空缺。当前，监管部门通过实施分业监管与“穿透认定”，将传统金融机构的监管要求移植于互联网资产管理领域，包括准入制度（牌照制）、合格投资人制度、投资门槛、分业监管等等，由此，互联网资产管理的普惠性、灵活性都将面临损失，其大数据、云计算、人工智能等技术核心优势在资产优化配置领域也无法得到充分运用。

对此，从平衡监管与效率的原则出发，未来互联网资产管理的监管方式应向精细化专业化方向调整优化。一是由“分业监管”向“功能监管”演进，根据业务性质实行特色化与监管要求。包括：针对互联网资管理行业实行针对性准入制度，可以借鉴美国专门设置智能投顾牌照的做法；实施符合互联网用户特征的产品销售门槛要求，允许互联网资产管理行业充分运用大数据优势，在不同产品项下实施个性化合格投资人制度和准入门槛策略；实施独立的互联网资产管理从业者准入限制，综合科技与金融两方面要求等。二是尝试“沙箱监管”模式。沙箱监管，是由新加坡和英国率先发起的监管方式创新，专门应用于暂时无法判断风险、确定监管态度的创新金融业务，为其主体划定一块“试验田”，给予宽松的成长环境，观察运行效果以及给消费者带来的实质影响，为制定监管政策提供依据，从而在风险可控的前提下，允许互联网产管理行业探索创新。

合规整改放在首位，牌照布局紧随其后

2016 年开始，互联网金融行业开始一番大浪淘沙式的合规整改，互联网金融企业在收入、利润和流量方面同时面临着挑战，必须小心应对监管部门的各项检查、新老用户的质疑询问、股东的业绩盘查，新兴创业公司占重要比例的互联网金融行业自危意识增强，纷纷加速合规整改，积极申设金融或类金融牌照。

合规发展：高淘汰，强整改

2016 年是互联网金融监管元年。合规政策的出台一方面遏制了期限错配、大额借贷、信息披露模糊、投资门槛低、信息中介信用化、设立资金池、消费者保护薄弱、虚假夸张广告等乱象，遏制互联网金融企业近年来的某些不良经营行为；另一方面也是对业务的合法合规性进行了界定，为互联网金融行业的可持续健康发展指明道路。

互联网金融行业各从业机构的主要反应归纳如下：

1. 认识上，认同整治的必要性，希望监管政策进一步清晰完善

（1）普遍认同整治和监管的必要性

此前，互联网金融野蛮生长，部分平台盲目扩张，风险隐患突出；部分平台出现虚构债权标的、挪用用户投资资金等非法集资、诈骗行为，极大伤害行业信誉。因此，呼吁、支持合理监管，引导行业存利去弊是行业主流共识。

（2）期待监管体系进一步完善

一是提升立法层级。目前，各业务领域管理办法由各部牵头，各部门、各地方政府之间尚未统一尺度、协调一致。二是覆盖全面业务类型。目前，六大整治领域中，仅网络借贷（P2P）领域出台了具体办法，互联网金融资产管理、众筹等其他板块仅有相对粗线条的监管要求，从业者在进行具体的合规整改时难以比照相应规定。三是尽快出台执行细则，确保各项制度有效落地。

（3）呼吁社会各界理性看待行业整治

系列监管制度出台后，部分地方政府、用户、媒体对互联网金融有所误读，反应过度：部分地区工商部门停止了互联网金融企业的注册服务，以互联网金融企业为主体申请牌照愈加困难；大众用户对互联网金融整治的重点和意义的理解有限，从活跃用户转化为非活跃用户或者不再使用互联网金融产品，逐渐退出市场；少数媒体对整治办法的不恰当解读和偏颇用语引起了夸大互联网金融风险的负面舆论，不能使读者正确认识互联网金融的风险和前景。以上现象均对行业的持续发展造成了一定影响。

2. 行动上，表现不一、出现三类分化

（1）主动合规、积极整改

该类平台业内综合实力较强，一直将合规作为内部管理要求，合规基础较好。主要整改方式：一是争取金融牌照或业务资质。力争在合规前提下维持产品及服务的多样性，避免用户体验受到较大影响。业内领先平台力争打造成为综合化金融服务集团。二是推进业务合规。包括：对照《网络借贷信息中介

机构业务活动管理暂行办法》要求调整融资限额、清理房地产等大额业务，整治期限错配、自融自保等行为，完善广告宣传和信息披露。根据互联网资产管理、保险、众筹等整治方案披露的监管原则和红线，实施业务自纠自查。此类平台在各项整改措施出台后，竞相解读政策文件，与主管部门沟通，响应各项要求，争取成为领先完成整改的企业。

（2）观望犹豫、行动不足

部分平台长期忽视内部合规，缺乏相应能力及人才积累，无法有效落实各项监管规定，整改行动迟缓。部分平台业务结构与合规方向差距太大，如以大额债权、房地产融资为主，调整成本高昂，难以下定决心。在这项合规赛跑中，此类平台落后于已有明确合规方向的企业。

（3）知难而退、主动关停

部分平台本身实力较弱，在合规背景下，难以实现盈利。还有平台本身以短期投机为主，在监管收紧的大环境下选择关停。此类平台在合规赛跑的起跑线上退出。

总体来看，互联网金融行业出现高淘汰率，行业集中度提高，马太效应日益明显。以网贷行业为例，根据网贷之家的数据，2017 年 4 月底，网贷行业正常运营平台数量为 2 214 家，相比 2016 年 4 月底减少 1 060 家。在这 12 个月内，正常运营平台数量呈现逐月减少趋势。

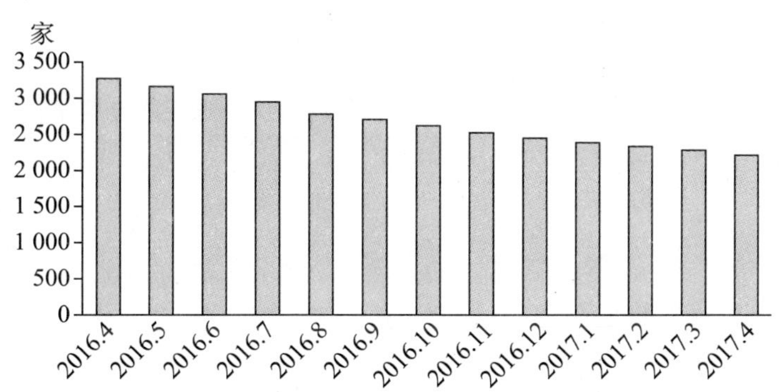

图 3-12　2016.4—2017.4 网贷行业正常运营平台数量

资料来源：网贷之家。

根据网贷之家的数据，截至 2017 年 4 月，全国有 4 地正常运营的平台数量超过 100 家，排名前三位的是广东、北京和上海，数量分别为 429 家、424 家、301 家，这三地占全国总平台数量的比例为 52%。对比之下，2016 年 4 月，全国有 6 地正常运营的平台数量超过 100 家，排名前三位的是广东、北京和浙江，这三地占全国总平台数量的比例仅为 42%。可见，这 12 个月内平台区域集中度加强。另外，从 2014 年至 2016 年，每年的停业及问题平台数从 301 家增长至 1 741 家，行业淘汰明显加速。

尽管互联网金融从业者必须动用大量资源完成合规整改，在强者自强的新兴行业，从业者们对一系列监管政策和整治办法的出台持支持态度，将合规大整改视为行业走向快速增长的入口匝道。现阶段，各家企业的当务之急是在合规赛跑中脱颖而出，尽早完成整改，走上合规发展的正轨，成为行业中的佼佼者，甚至领跑人，发掘更大的市场份额和盈利增长机会。

牌照焦虑：申设难，经营不易

经历了 2016 年互联网金融监管元年的惊涛骇浪，企业纷纷转而寻求“护身符”，通过收购或自设方式争取金融牌照或类金融牌照，赢得估值溢价、实践合规业务、增强企业信用，将自身业务纳入监管体系，既指引业务方向，又为执行层面提供参考依据，对投资人、客户来说也是一枚定心丸。

在各大机构竞相追逐牌照时，部分资金实力有限、存续时间不久、业务经历尚浅的互联网金融公司面临着难以达到申设门槛、申牌困难的不利处境。而在牌照方面早早布局的大型互联网金融集团也并非高枕无忧，趋严的监管规定和大力的清理整顿使得人人自危。以下从传统金融牌照、互联网直接相关牌照两方面进行阐述。

1. 传统金融牌照

在中国需要审批的传统（类）金融牌照主要包括银行、保险、保险中介、信托、券商、期货、基金、基金销售、小额贷款、消费金融、金融租赁、融资担保、典当等。表 3-2 对各主要牌照与互联网金融的结合情况进行了总结分析。

表 3-2　　传统金融牌照与互联网金融的结合

牌照名称	注册资本（人民币）	对互金开放程度	互金展业方式	举例
商业银行	设立全国性商业银行的注册资本最低限额为10亿元人民币。设立城市商业银行的注册资本最低限额为1亿元人民币，设立农村商业银行的注册资本最低限额为5 000万元人民币	★★★ 首批试点的5家民营银行，有2家由大型互联网公司参股发起；百度和中信银行联合发起设立直销银行百信银行	向个人发放贷款，销售理财产品，提供财富管理服务，与外界消费场景合作放贷	百信银行、微众银行、网商银行
保险	最低2亿元	★★★★ 已有发起设立先例	通过互联网进行在线承保和理赔服务，结合O2O、医疗、短租、3C、运动、航旅等各类场景合作	众安保险、易安保险
保险中介（经纪、代理）	最低5 000万元	★★★★ 多家已设立，较为开放	与保险公司合作，在线上完成保险产品的销售	慧择网、小雨伞
信托	最低3亿元	已冻结发放	-	-
证券	根据业务类型，从5 000万元至5亿元不等	★ 鼓励民企参股，东方财富是首家拥有券商牌照的互联网企业	互联网券商，进行互联网引流，提升经纪业务，过渡到资产管理业务和综合金融服务商	西藏东方财富证券
期货	最低3 000万元	已冻结发放	-	-
公募基金	最低1亿元	★★ 整体申请放宽	以互联网平台为服务渠道	天弘基金管理有限公司

续前表

牌照名称	注册资本（人民币）	对互金开放程度	互金展业方式	举例
基金销售	最低2 000万元	★★★★ 多家已设立，较为开放	以互联网平台为服务渠道，提供基金销售、投资咨询、投资管理等服务	大智慧、天天基金、陆金所、挖财
小额贷款	最低3 000万元	★★★★ 有互金申请先例	互金设立小额贷款公司以互联网小贷公司为主，通过核准和备案的网络平台在全国范围内开展自营贷款	阿里小贷、积木小贷、百度小贷
消费金融	最低3亿元	★ 以银行系为主，或大型电商发起设立	-	中银消费金融、苏宁消费金融、海尔消费金融

资料来源：本书编者根据公开资料整理。

互联网金融参股或控股的金融牌照主要是商业银行、保险、保险中介、基金销售、小贷等，在获取相应牌照后，企业在业务经营和客户服务方面能够掌握较大主动权；其中，银行、保险、证券的实际注册资本金偏高，需要强大的股东背景和风险管控能力，大多数互联网企业被拒于门外，只有几家巨头有实力进入该领域。相比之下，保险中介、基金销售、小贷等牌照因申设门槛较低，业务匹配的企业有更大的申设热情和成功率保证。而互联网金融企业有较大需求的消费金融、证券、公募基金等牌照仍未放开，一方面是因为监管部门对互联网资产管理的政策不明朗，另一方面是互联网端的普适性、低门槛特征在一定程度上加大了风险管理的难度。目前，互联网金融企业只能以合作方式与持牌机构共同开展相关业务（例如，大数据风控企业与消费金融公司合作开展不同场景下的消费信贷业务）。同时，加强与监管部门的沟通，提出诉求，配合调研，坚持自律，待牌照放开后，抢得持牌先机。

2. 互联网金融相关牌照

除传统金融或传统类金融牌照受到互联网金融企业热捧外，与互联网金融相关的牌照也正受到业界竞相追逐，包括第三方支付、互联网小额贷款、个人征信牌照等。首批获得试点资格的 8 家个人征信公司至今未获正式牌照，下文是对第三方支付牌照和互联网小额贷款牌照进行的分析。

（1）第三方支付牌照

2011 年 5 月，央行首批发放 27 家第三方支付牌照，全年发放 101 张第三方支付牌照。随后，第三方支付牌照的发放数量逐年递减。2015 年全年仅发放一张第三方支付牌照。由此可见，第三方支付牌照的发放速度放缓，准入趋难。央行 2015 年 2 月发布的《央行关于 2015 年支付结算工作要点的通知》指出“严格支付机构市场准入，鼓励现有机构兼并重组、持续发展，健全市场退出机制”。支付牌照的收购方面，2016 年以来牌照收购对价在 5 亿元左右，并有增值之势：2017 年，51 信用卡完成对支付牌照持牌机构北京雅酷时空信息交换技术有限公司的全资收购，对价 11 亿元。

对于已经获取支付牌照的互联网金融公司，例如浙江易士、广东益民、上海畅购等，吊销支付牌照的案例已经向所有从业者敲响了警钟。强监管之下，拿到牌照并非万事无忧，如何合规使用牌照为业务保驾护航是这些企业的首要考虑点。持牌展业对企业的金融基因、人才储备、系统搭建都提出了更高的要求。主要表现在三方面：

- 新拿牌的机构需要快速达到各项具体的合规性要求。牌照对应的合规经营条款十分严格，对于刚成立的支付机构，面临着业务流程、核心环节和消费者权益保护等方面的严格要求，企业需要对应各条款梳理并调整业务细节，对企业治理水平提出了较高要求。
- 分类评级等监管手段对企业带来了竞争和考核压力。支付机构的分类评级指标包括监管指标和自律管理指标。其中监管指标包括客户备付金管理、合规与风险防控、客户权益保护、系统安全性、反洗钱措施、持续发展能力这六项内容。支付机构将根据指标被分为 5 类 11 级。不同的分类评级对应差异化、针对性的监管措施。多次评级处于末位的企业将被暂停业务乃至注销牌照。

- 创新业务的实施和对新政策的适应是动态的过程。不管是支付板块还是整个互联网金融行业，风险都在不断变化之中。监管细则时有更新，企业需要紧跟监管的步伐，调整业务范围和运营方式，才能确保在变化大潮中不被淘汰。机构进行业务创新也需要在一定的框架内进行，盈利的同时考虑到政策风险带来的影响。

表 3-3　　第三方支付牌照相关监管文件

发布时间	文件名称	发布部门	涉及内容
2010 年 6 月 14 日	《非金融机构支付服务管理办法》	中国人民银行	非金融机构提供支付服务，应当依据本办法规定取得《支付业务许可证》，成为支付机构。
2015 年 7 月 18 日	《关于促进互联网金融健康发展的指导意见》	中国人民银行等十部门	银行业金融机构和第三方支付机构从事互联网支付，应遵守现行法律法规和监管规定。第三方支付机构与其他机构开展合作的，应清晰界定各方的权利义务关系，建立有效的风险隔离机制和客户权益保障机制。要向客户充分披露服务信息，清晰地提示业务风险，不得夸大支付服务中介的性质和职能。
2015 年 12 月 18 日	《非银行支付机构网络支付业务管理办法》	中国人民银行	确立了坚持支付账户实名制、平衡支付业务安全与效率、保护消费者权益和推动支付创新的监管思路。
2016 年 4 月 19 日	《非银行支付机构分类评级管理办法》	中国人民银行	将支付机构分为 A（AAA、AA、A）、B（BBB、BB、B）、C（CCC、CC、C）、D、E 共 5 类 11 级。

续前表

发布时间	文件名称	发布部门	涉及内容
2016 年 10 月 13 日	《非银行支付机构风险专项整治工作实施方案》	中国人民银行等多部门	开展支付机构客户备付金风险和跨机构清算业务整治；开展无证经营支付业务整治。

资料来源：中国人民银行，本书编者整理。

（2）互联网小额贷款牌照

互联网小额贷款牌照（下称“网络小贷”）因可通过网络平台在全国开展业务、受地方金融办监管等特征，已成为互联网金融企业中炙手可热的牌照。从表 3-4 可见各地金融办对网络小贷的准入条件和业务监管也在往更严格的道路上行进，无疑为企业设置了更多难题。

表 3-4　　各地申设网络小贷基本要求一览

地区	最低注册资本金	股东财务、业务要求	参考政策
广州	1 亿元人民币	主发起人应为境内实力强、有特色、有品牌、拥有大数据基础的电子商务类企业，在工商、税务和公安等部门没有违规记录，诚信记录良好，提供近 3 年（如成立未满 3 年，提供成立的年份到上 1 年）经审计的财务报表，财务指标（合并会计报表口径）应符合以下条件：申请前 1 个会计年度净资产不低于 5 000 万元人民币；资产负债率不高于 75%；权益性投资（含意向设立互联网特色小额贷款公司出资）比例不超过净资产的 50% 等要求	《广州民间金融街小额贷款公司先行先试申报设立通告》
重庆	3 亿元人民币；外资最低 3 000 万美元	内资存续 3 年以上且财务状况良好，最近 2 个会计年度连续盈利；年终分配后，净资产不低于资产总额的 30%；具有便捷、高效、低成本、普惠性的网络小额贷款产品等要求	《重庆市小额贷款公司开展网络贷款业务监管指引（试行）》《重庆市小额贷款公司设立变更工作监管指引》

续前表

地区	最低注册资本金	股东财务、业务要求	参考政策
江西	5 亿元人民币	小额贷款公司主发起人原则上要从管理规范、信用良好、实力雄厚、符合地方产业导向的企业中选择；净资产不低于 3 000 万元人民币、资产负债率不高于 70%、连续三年赢利且利润总额在 1 000 万元人民币以上；出资额不得高于企业净资产额的 50%；发起人应至少有一家具有较强实力和较高行业知名度的大型互联网企业；大型互联网企业发起人的持股比例可高于 40% 等要求	《江西省网络小额贷款公司监管指引（试行）》 《关于调整补充〈江西省网络江西省网络小额贷款公司监管指引（试行）〉有关规定的通知》
江苏	2 亿元人民币	股权可适度集中，对于交易额等主要经营指标在国内排名前 20 位的电子商务平台，主发起人及其关联方持股比例可放宽至 100%。互联网科贷公司应设立在省级以上（含省级）高新技术产业开发区（园区），或者科技创新能力较强的省级以上经济开发区。互联网科贷公司的业务主要是为电子商务平台成员、客户提供供应链金融服务等要求	江苏省金融办关于《进一步支持小额贷款公司持续健康发展的通知

资料来源：本书编者根据公开资料整理。

对于这个问题，主要体现在以下三个方面：

- 互联网金融公司作为网络小贷的发起方的资格受到重新审视。江西金融办 2017 年 1 月发布《关于调整补充〈江西省网络小额贷款公司监管指引（试行）〉有关规定的通知》，指出“严控互联网金融企业发起设立或参股网络小额贷款公司”。概括来看，各地金融办欢迎电子商务企业、大型互联网企业或行业龙头发起设立网络小贷，而大多数互联网金融企业规模尚小、自有平台难以产生自然借贷需求，未具备成熟的发起设立网络小贷的条件。

- 对存续时间、连续盈利、净资产、资产负债率等财务方面要求较高，加大了初创企业申设牌照的难度。部分初创企业正处于快速增长期，虽然未来盈利可期，却可能因为赶不上此番牌照申请而失去难得的时间窗口，损失难以估量。
- 较高的注册资本金令企业望而却步。例如，江西已将最低注册资本调高至 5 亿元，其他地区也有调高注册资本门槛的可能，未来牌照申请将对企业带来更重的资金占用负担。

建立在技术优势之上的互联网金融企业在申设（类）金融牌照面临着先天金融经历不足、风险认知有限、资金链重度依赖的尴尬处境。即使部分企业凭借多年积累和资金实力取得先发优势，获得牌照，其对持牌业务的探索也将是一个漫长的过程。这也是诸多企业虽然拿到牌照，但需要较长时间摸索业务的原因。一是互联网公司多数较为年轻，未经历过多个经济周期的考验，形成厚实的金融积淀绝非一日之功；二是浓厚的互联网试错基因与金融的抗风险特征形成反差，成为持牌金融机构后，新金融公司如何做好风险控制、扩大业务量、建立金融品牌、吸引金融人才是需要一一攻克的难题。对内满足股东对业绩增长的高要求、对外建立大众用户的强忠诚度，是互联网金融企业在追求牌照和持牌合规经营时需要兼顾的两个方面。

不同业态各展优势，金融科技普惠大众

（一）战略转型：发挥优势，契合自身

在互金企业业务战略方面，可分出两方面趋势，一是有一定资金实力、背景雄厚的企业走向生态化，二是认清核心竞争力并在细分行业小有建树的企业选择专业化。为谋求当下的生存和长期的发展，不少互联网金融企业通过梳理现有业务版图，分析合规要求，调动优势资源，对未来的战略发展目标进行了重新定位。一场战略转型潮正在行业中涌动，企业的转型战略可以分为两类：

一是生态化，二是专业化。

1. 生态化战略

（1）互联网金融企业自身的生态化

所谓生态化战略，就是互联网金融企业将支付、保险、征信、信贷、基金等多种金融业务进行整合，基于支付、信用和账户形成一个生态的价值服务产品链条。走生态化战略的企业需要对主要业务法人实体和其他关联公司之间的关系重新定位，从股东架构、高管、业务、产品、客户、账户、渠道、财务、职场等角度完成整合和分离。生态化战略的优势在于：较完整地承接原体系业务，降低员工流动，产生规模效应，增强获客能力，提升抗风险能力。但这种战略需要考虑的合规点较多，原业务的拆分和重组本身是不小的工程，随之带来的防火墙设立、风险隔离也会占用成本。

生态化战略能否顺利施行，与牌照的获取密不可分，二者相辅相成。脱胎于支付宝的蚂蚁金服，早早布局银行、保险、基金、征信等牌照，加速生态化布局，带来了估值和行业影响力的飞跃。

表 3-5　　蚂蚁金服主要牌照及业务一览

序号	子公司（持股比例）	注册地	相关牌照	业务描述 /APP
1	蚂蚁财富（上海）金融信息服务有限公司（100%）	上海	无	蚂蚁聚宝 APP：为各项理财业务提供导流平台。
2	商融（上海）商业保理有限公司（100%）	上海	保理	依托淘宝、天猫等 APP 提供“花呗”分期贷款服务。“花呗”分期贷款：消费金融产品，允许客户分期付款购买相关电商平台上的某一商品；商业保理将受让卖家的应收账款，提供融资。

续前表

序号	子公司（持股比例）	注册地	相关牌照	业务描述 /APP
3	支付宝（中国）网络技术有限公司（100%）	上海	第三方支付牌照	支付宝 APP：与阿里巴巴为合作伙伴关系，在优惠条件下为阿里巴巴、淘宝、天猫等平台提供小额支付结算、第三方担保交易功能；同时，作为独立的第三方支付工具为客户提供小额支付结算服务。
4	上海招财宝金融信息服务有限公司（100%）	上海	无	无独立 APP，以蚂蚁聚宝 APP、支付宝 APP 为销售渠道。旗下提供 P2P 产品。
5	众安在线财产保险股份有限公司（19.9%）	上海	保险牌照	众安 APP：由蚂蚁金服、腾讯、中国平安等知名企业发起成立。
6	商诚融资担保有限公司 （100%）	重庆	融资担保	借款担保、票据承兑担保、贸易融资担保、项目融资担保、信用证担保等融资性担保业务；兼营诉讼保全担保业务，履约担保业务，与担保业务有关的融资咨询、财务顾问等中介服务。
7	上海云鑫投资管理有限公司（100%）	上海	无	注册经营范围：创业投资、实业投资、资产管理、投资咨询、企业管理咨询、法律咨询、财务咨询、商务信息咨询；主要投资参股互联网企业，如金贝塔、虎嗅、36 氪等。

续前表

序号	子公司（持股比例）	注册地	相关牌照	业务描述 /APP
8	浙江网商银行股份有限公司（30%）	杭州	商业银行	网商银行 APP：着重向经营性个人发放贷款，并销售理财产品（仅有三款产品，为存款类和基金两种类型）。
9	芝麻信用管理有限公司（100%）	杭州	个人征信	无独立 APP，主要以支付宝 APP 为服务渠道。
10	天弘基金管理有限公司（51%）	天津	基金管理	以网商银行、蚂蚁聚宝为服务渠道。
11	浙江阿里巴巴小额贷款股份有限公司（20%）	杭州	网络小贷	中国首个专门面向网商放贷的小额贷款公司。
12	重庆市阿里小微小额贷款有限公司（100%）	重庆	网络小贷	依托网商银行、支付宝、淘宝、天猫等 APP 提供“花呗”消费贷款、“借呗”服务。“花呗”消费贷款：消费金融产品；向网购客户提供消费贷款，用于一次性结清货款。“借呗”：在网商银行渠道提供的面向普通个人的无指定用途小额贷款。
13	浙江互联网金融资产交易中心股份有限公司（22%）	杭州	资产交易中心	网金社 APP

资料来源：本书编者根据公开资料整理。

除此以外，蚂蚁金服通过跨国收购和申请牌照加速了全球化进程，在世界各地复制中国的数字普惠金融模式、将技术能力赋能到更多国家和地区，业务布局遍布东南亚、美国、日本、韩国等，以更好地服务国内外客户，扩大用户群，同时获得更多国家的政策支持，完成技术输出。

表 3-6　　　　　　蚂蚁金服跨国投资情况

时间	国家	领域 / 牌照	详情
2016-2017	印度	支付银行	投资电子钱包 Paytm，占股 40%。2017 年 1 月，Paytm 获得印度央行的批准成为支付银行
2016.11	泰国	支付	对领先的支付企业 Ascend Money 展开战略投资
2016.12	韩国	互联网银行	与移动通信运营商韩国电信合作筹建 K-Bank
2017.01	美国	汇款	宣布将并购美国汇款服务公司 MoneyGram
2017.02	菲律宾	移动支付与信用贷款	投资菲律宾移动支付与信用贷款平台 Mynt
2017.02	韩国	移动支付	以 2 亿美元注资韩国社交平台 KakaoCorp 旗下移动支付平台 Kakao Pay
2017.04	印度尼西亚	移动支付	将与印度尼西亚 Emtek 集团成立一家合资公司，共同开发移动支付产品

资料来源：本书编者根据公开资料整理。

从整个行业看，不仅是蚂蚁金服这样的高估值、多牌照互联网企业进行了生态化转变，获牌照不多的中小型互联网金融公司也通过发力业务模式和多层次布局走上全面生态化的战略道路，致力于成为综合的财富管理公司。

成立于 2009 年、以个人记账业务起家的挖财，七年深耕个人财富管理业务，旗下主打产品有财务管理应用“挖财记账理财”、理财产品与服务平台“挖财宝”、个人财富管理服务应用“挖财钱管家”、综合信用卡管理应用“挖财信用卡管家”、普及财商教育的理财交流社区“钱堂”以及公积金综合服务应用“闪电公积金”，为用户提供全方位的财富管理服务，实践“智慧财富，人人可享”的使命。

在监管合规的强要求和严门槛下，部分P2P公司的转型也借助生态化战略完成。2016年以来，这种趋势正在加速。积木盒子、开鑫贷、PPmoney等均步入此道。2016年6月，积木盒子宣布升级转型为“智能金融服务商PINTEC品钛集团”，旗下拥有P2P平台“积木盒子”、智能信贷引擎“读秒”、场景式基金代销平台“一点基金”、大数据征信服务商“启乐汇”以及智能投顾平台“灵玑”等。

（2）互联网金融和传统金融的跨界生态圈

另一种生态化战略转变是互联网和传统金融的跨界组合，体现为互联网对传统金融的赋能化：以互联网金融企业转型科技金融企业为代表。少量企业利用已积累的线上技术和用户画像基础，将主要客群从大众投资者转换为B端金融机构，搭建大平台，卸掉金融中介的身份，提供包括大数据精准营销、大数据风险控制、大数据信用评估在内的技术类解决方案，输出互联网技术和用户运营能力。

2017年，蚂蚁金服宣布转型“Techfin”，“致力于打造开放的生态系统，通过‘互联网推进器计划’助力金融机构和合作伙伴加速迈向‘互联网+’，为小微企业和个人消费者提供普惠金融服务”。[①]据公开新闻，2017年3月，蚂蚁金服正式宣布，未来只做tech（技术），帮金融机构做好fin（金融），率先向基金行业开放自运营平台“财富号”，为基金公司打造品牌专区。另一巨头京东金融也同样发力技术端，2017年4月，京东金融上线“京东行家”机构自运营平台，帮助金融机构打造“移动官网”，主打Fintech概念。

无论是Fintech还是Techfin，其本质都是打破互联网、金融、科技的行业边际，形成多行业的融合态势。能够转型对接传统金融机构的互联网企业，常常需要具备用户基础广泛、品牌基础稳固、对金融业务有一定认知的特点。从此，曾经“颠覆传统金融”的口号逐步淡化，取而代之的是“技术+金融”的开放共赢局面：首先，互联网公司和金融机构能专注于优势领域，达成业务互补，增加用户，增加利润；其次，不熟悉金融本质和风控内核的互联网公司

① 摘自蚂蚁金服官网“企业介绍”。

不再执著于金融端，也减小了整个行业面临的风险敞口；最后，在现行的监管系统下，互联网公司回归技术将为企业减小政策风险，降低合规成本，也促进了整个金融行业的健康有序运转。

2. 专业化战略

所谓专业化战略，就是互联网金融企业专注于某一个细分领域，比如创投的众筹、P2P、征信、消费的分期等，深耕细分业务，在细分领域中力求成为佼佼者。走专业化战略可能是作为牌照求而不得的退路，也可能是资源集中发力的结果，又可能是对“小蓝海”的发掘。其优势在于：便于集中资源，降低边际成本，提升品牌辨识度，快速积累核心竞争力；但也面临着业务模式单一、易被大型集团挤压的危险。

选择专业化战略的公司，可能不局限于向 C 端客户服务，而是转向 B 端，提供某一细分领域的企业级服务。以大数据风控服务提供商同盾科技为例，同盾科技为“非银行信贷、银行、保险、基金理财、三方支付、航旅、电商、O2O、游戏、社交平台等多个行业的客户提供基于大数据的风险控制与反欺诈服务”①。数据化信贷工厂大数金融“生产中大金额个人无担保贷款,为银行提供销售和风险管理的全流程或部分流程的外包服务。核心业务模式是通过一个高效率、高质量的信贷资产生产平台，一方面，帮助众多小微企业主、个体工商户获得银行等正规金融机构价格合理的资金，另一方面，帮助银行、信托、P2P 平台等各类机构获得高收益、高质量的信贷资产。”②

可以看出，走专业化战略的互联网金融企业，主动融入金融科技的基因。将重心从“互联网金融”的“金融”向“金融科技”的“科技”偏移，却不失“金融”与“风控”的内核。

无论是生态化战略还是专业化战略，互联网金融企业在进行战略转型时都需明确自身定位和业务实际，选择合适的道路，将核心竞争力发挥到极致。

---

① 摘自同盾科技官网“公司简介”。
② 摘自大数金融官网“业务模式”。

在互金整治工作接近尾声之际，互联网金融企业如何在 2017 年突出重围是重要命题。在强监管的大环境下，企业必须发挥高效率优势，善于运用大数据等技术资源，合规健康发展，探索适合自己的道路，在大众资产管理版图中占据一席之地。

合作共荣：在竞争中进步，在对抗中互融

1. 传统产业大力布局互金行业

根据中投顾问《2016—2020 年中国互联网金融行业深度调研及投资前景预测报告》预计，2016 年中国互联网金融行业市场规模可达 17.8 万亿，未来 5 年行业年均复合增长率约为 24.67%，到 2020 年预计将达 43 万亿。近年来，上市公司发力互联网金融热情不减，截至 2016 年 5 月，涉及上市公司参与的 P2P 网贷平台有 68 家，呈现出高速增长的态势。

传统产业升级、互联网技术发展以及政策红利带来的巨大市场机会是目前各市场主体积极布局互联网金融的动因。平安布局陆金所、联想收购翼龙贷，蒙牛、海尔、万达等不同行业的龙头企业均在拓展互联网金融版图。

互联网金融主体按照背景不同可以分为三大阵营，一是独立互金公司；二是具有金融背景，股东为银行或者金控公司的互金公司；三是实业起家的上市公司或其控股集团。未来，这三大阵营的互金公司将成为市场上的主要玩家。

不同背景的互金平台在其发展路径上也会逐步分化，独立互金公司在前期积累了数量众多的用户，在跨界运营方面也具备优势；股东为银行或者金控的互金公司金融产品丰富；而上市公司在资产端整合方面拥有更多资源。

互联网金融的兴起有助于实体经济重构全新的商业模式和价值链，同时也为互金公司发展打开了新的局面。一方面，上市公司或控股集团可以通过互联网金融资源整合，将产业链进一步延伸；另一方面，上市公司或控股集团旗下的互金公司可以充分利用细分市场行业龙头的品牌和资源，为产业链上下游提供供应链金融服务，以获取更多的收益，同时为业务转型寻找机会。另外，资本层面上看，互金业务布局也会为母公司带来资本的增值效应。

（1）互联网 + 供应链金融

目前，中国经济由高速转为中高速增长，国内市场需求不足，各行业产能过剩问题突出，大多数行业都明显由卖方市场转为买方市场。企业应收账款规模持续上升，回收周期不断延长，应收账款拖欠和坏账风险明显加大，供应链上的企业周转资金紧张状况加剧，从而催生了互联网介入供应链金融的行业机会。

市场上涉足供应链金融的机构和类金融机构主要有：掌握大量核心客户的商业银行；拥有丰富上下游资源的供应链核心企业；以及资金来源比较灵活的 P2P 平台，主要采用平台提供资金、核心企业帮助做风控的模式。

国内供应链金融集中在计算机通信、电力设备、汽车、化工、煤炭、钢铁、医药、有色金属、农副产品及家具制造业等行业。供应链金融 3.0 阶段是通过互联网技术的深度介入，打造一个综合性的大服务平台代替核心企业“1”来给平台上的中小企业“N”提供信用支撑。

目前供应链金融行业竞争包含了商业银行、核心企业、物流企业、电商平台等各个参与方，成功切入并有望主导相关产业链融资业务，需要具备以下 4 个条件：

- 支撑供应链金融业务的产业链需具备大体量的特点，否则金融业务容易触碰到天花板，影响甚至限制供应链金融业务的成长性。
- 融资痛点的存在是供应链金融业务的前提，上下游企业越弱势且群体越庞大，其融资需求越无法得到充分满足，供应链金融施展相对优势的空间越大。
- 资金提供方在产业链中具有重要地位，对上下游物流、信息流有较强的控制力；自身融资渠道有优势且成本较低，这样可以带来更丰厚的利润。
- 对线上资金流信息以及真实贸易信息的观察、收集和追踪能力较强，可以通过真实有效的信息对产业链中发生的真实交易进行风险评估。

(2) 互联网 + 消费金融

延续 2015 年“消费金融元年”的态势，中国消费金融市场在 2016 年持续爆发，主要体现在市场规模、参与主体、业务类型和服务人群等方面。

从市场规模来看，易观智库最新发布的《中国互联网消费金融专题分析 2016》预计，2017 年中国互联网消费金融整体交易规模可增长至 8 933.3 亿元，增速达 146.44%。

从参与主体来看，消费金融持牌机构的数量和市场化服务企业的数量均有较大幅度增长；尤其是在 2016 年底，监管层对消费金融经营牌照的发放迎来了一个小高峰。自 2010 年首批 4 家试点至今，中国消费金融牌照数量已经扩容至 22 张，除了银行系股东外，民营企业也多有参与，包括联想、万达、特步、红星美凯龙、携程旅游、58 同城、苏宁云商、物美、拉卡拉、TCL 集团、重庆百货等。

从业务类型来看，2016 年互联网消费金融业务类型已从车贷、房贷延伸至消费分期、现金贷、校园贷、住房分期、装修分期、旅游分期、教育分期、医美分期等多个垂直细分领域。

从服务人群来看，消费金融所服务的客群由高净值人群、信用卡人群、都市白领、在校大学生等延伸至城市蓝领甚至农村市场，整体呈现更加细分化、大众化、普惠化、便捷化的趋势。

消费金融领域参与者众多、竞争激烈，商业银行、消费金融公司、汽车金融公司、电商消费金融等纷纷抢滩这一行业。传统银行近年来加大对消费贷款的重视度，各类名目的消费贷产品增加，准入门槛高，额度也高，甚至高达 50 万至 80 万不等。但只有 30 万以下金额可以直接打到贷款人账户，由其自行支配，30 万以上金额按照银监会要求必须采用受托支付，直接付给交易对象。多数银行对消费用途有明确限制，如严格防止贷款被用于投资、购房等非消费用途。

从各类场景以及应用来看，未来的消费金融必定是线上线下结合。跟随消费升级带动，消费金融正在向多个垂直细分领域进一步渗透。一部分客群和品类比较集中的垂直行业已经出现市占率较高的公司，但其他领域的竞争还远未饱和，未来一定会出现更多细分行业龙头。

2. 传统金融机构纷纷试水互金业务

（1）传统银行试水直销银行

近年来，传统银行和互联网企业均在互联网银行业务方面开展了多种尝试，直销银行就是其中比较受青睐的模式。直销银行是指几乎不设立实体业务网点，而是通过网上银行、电话银行、ATM、电子邮件、移动终端等远程实现业务中心与终端客户直接进行业务往来的银行。作为国内首家独立法人直销银行，百信银行由中信银行和福建百度博瑞网络科技公司作为发起人，入股比例分别为 70% 和 30%。它与纯民营银行不同的是：有绝对控股的股东（民营银行单一股东持股比例上限为 30%）；大股东非民营企业（中信银行为国有股份控股）；股东数量较少（目前仅有中信银行与百度公司两个）。

和百度不同的是，BAT 中的另两大巨头阿里和腾讯此前都是通过参与设立民营银行的方式来获得银行牌照的。阿里在网商银行股权占比为 30%，为第一大股东；腾讯在微众银行股权占比也为 30%，为第一大股东。同时，网商银行和微众银行均为纯互联网运营，不设立物理网点。

银监会在全国银行业监督管理工作会议中明确提出，指导条件成熟的银行对直销银行等业务板块进行牌照管理和子公司制改革试点。尤其对于一些不能跨区域经营的城商行而言，其与互联网机构合作、设立独立法人直销银行的意愿会更强，因为借助直销银行，城商行能打破自身服务网络所面临的限制。传统银行有信贷业务的经验优势，互联网公司有客户引流方面的平台优势，两者优势互补，合作的想象空间巨大。

（2）传统券商涉足互联网券商

传统券商的互联网化是当前互联网证券的重要组成部分。目前已经有 55

家券商获得中国证券业协会颁发的互联网证券业务资格，通过网站、APP 以及微信公众号的形式，提供开户、打新、业务介绍、理财、交易、财经资讯服务、行情信息、投资建议等功能，帮助企业来获客和扩大交易规模。在发展路径上，主要是自主发展与外部合作两种。

微信平台是券商的发力重点，券商网站与 APP 存在流量少、获客难等问题，微信服务号则依托微信的庞大用户群以及社交关系、传播途径，有一定的获客优势。很多券商都已在微信端实现账户开立绑定、投资顾问、资产、行情、理财产品销售等服务。

加强与互联网企业的合作也是券商发展互联网证券的重要路径，通过与搜索引擎、炒股 APP、投资社区等网络平台合作，券商能够批量导入用户。例如腾讯自选股 APP 与中山证券、国金证券、中信证券、海通证券等多家券商均有开户链接合作；方正证券、平安证券、国联证券等券商与投资社区雪球有相关合作；国金证券与腾讯合作推出佣金宝，以低佣金、网上开户、理财服务为特色。

除了服务传统经纪业务，券商也在尝试一些创新业务，如股票微质押，即小额股票在线质押融资业务，以持有的沪深交易所上市股票、基金及债券作抵押，提供小额贷款融资。上海证券、中山证券、国泰君安、金元证券等券商推出的股票微质押业务，将股票质押式回购的门槛由几十万降至 1 万，且资金用途也由在二级市场购买股票拓展到日常消费、应急等场景。

目前来看，券商拥有牌照优势，占据了交易通道，且与银行等机构不同的是，券商以很积极的态度探索互联网业务，在相关领域处于主动地位。但互联网证券热度却不如其他互金领域业态，主要原因在于：首先，证券行业留给互联网改造的机会并不多，传统信贷、保险、理财等交易大都在线下完成，留给了互联网将这些线下活动搬到线上并通过技术提升效率的机会。其次，目前的互联网证券领域创业主要还是集中于炒股工具与社区，盈利模式较难建立起来。最后，证券业本身的高风险和周期性都影响用户的规模与活跃度，进而影响互联网证券的价值。

综合来看，互联网证券的创新点可能来自于云计算、大数据、人工智能、区块链等技术对于证券行业的变革和效率提升。人工智能的应用方向比较多，包括客服聊天机器人、研究报告 / 申报材料的自动生成以及通过智能投顾形式依据用户的风险承受能力推荐合适的资产配置等。另外，开发针对券商的 SaaS 系统，帮助券商进行客户管理、经纪人与投资顾问管理等，也可能是一个发展方向。

（3）传统金融布局智能投顾

2016 年 12 月，招商银行在其 APP 中推出了“摩羯智投”，该服务根据用户期望的投资期限和风险等级，推荐包含债券、股票和商品类基金的组合，这是国内商业银行首次引入智能投顾模式。与此同时，浦发银行也推出了面向客户自助使用的线上资产配置服务平台“财智机器人”。此外，广发证券推出“i 股票”和“i 配置”智能投顾服务，为用户提供股票组合与大类资产组合；东吴秀财推出“量身定制”；天弘基金推出“容易宝”等；广发证券、华龙证券等提供基于金融工程理论及大数据的智能化、个性化的投资服务。

从用户基础、数据积累、牌照资质等方面看，传统金融机构涉足智能投顾似乎更具优势。首先，不同于创业公司，用户基础与线下门店能大大降低传统金融机构开展智能投顾业务的获客成本。其次，基于大量用户数据积累，传统金融机构能更好地识别用户风险偏好，个人投资者的收入、年龄、性别、心理特征的差异性，产生不同风险偏好及其变化轨迹，为用户实时跟踪并调整资产配置方案。最后，美国智能投顾企业需要拥有 SEC 注册的投资顾问牌照，而国内没有贴合业务情况的投资咨询牌照；因此，银行、综合性券商等本身具有开展投资咨询业务资质的机构能规避智能投顾业务的政策风险。

许多传统投资顾问因为受到技术开发等问题的制约，无法规模化开展业务，而创业公司对于市场变化反应迅速，擅于产品创新和提高客户体验。在这种情况下，行业产生了一批面向投资顾问进行线上智能投资和客户管理服务的公司。智能投顾平台的获客成本要高于传统金融机构，通过与投资顾问及机构合作，可以大大减少其获客成本。

3. 传统产业、传统金融与互金平台的合作共融

传统企业跨界互联网金融是不可逆转的大趋势。这个过程是长期渐进，也是曲折前行的，不以短期意志为转移。政策“宽、严、松、紧”是社会需求和业态发展的微观结构反映到监管层的时间差和信息传导差问题，与大力发展直接融资、支持中小企业解决融资难的大方向并不相左。

上市公司与互金企业合作的目的、层次、规模有较大差异，优质企业的成长空间更大。为消除行业泡沫，需要提高互金企业和上市公司的合作门槛，加速竞争力不足的企业退出市场。合作门槛的提高倒逼互金企业提高自身实力，实力强的企业更受资本青睐。随着行业监管到位，上市公司与互金企业的合作有政策支持，更易形成适合双方的合作路径。

中小型、民营的互联网金融平台被并购的可能性较大。这些平台的背景一般都不是很强，资金也都比较短缺，因此其被收购的意愿也比较强。平台运营时间方面，从目前已经被收购的平台来看，一般是成立时间比较久的平台，大概是 3 ~ 4 年。这些平台运营状态相对比较稳定，且具有一定的市场规模，但是占有率又不是很高。

平台规模方面，不大不小的平台更有可能被并购。标的平台需要有一定的规模，但是市场占有率不需要很高，一旦占有率很高，估值相应也会提高，并购所需的资金也会大幅上升。

业务范围方面，目前被收购的标的平台涵盖比较广，如抵押、融资租赁等。从收购角度来说，标的平台涉及的业务比较广，被收购后的可塑性也会比较强。将来无论是朝垂直领域还是综合化平台发展，都有一定的基础。

总而言之，传统产业企业涉足互金领域，主要是看中互金发展机遇，以互联网作为基础设施，以互金产品和服务作为工具和手段，由实体经济向虚拟经济延伸，由互金业务带动产业经济发展，在资产端具有较大优势。

就供应链金融角度而言，其在互联网领域向 2B 方向拓展，由核心企业辐

射上下游供应商及经销商渠道，提高资金周转效率，加强产融结合，扩大实体经济规模。就消费金融角度而言，其在互联网领域向2C方向拓展，小额分散、贴近消费生活，企业和用户两头受益，减少中间环节，降低服务成本。

传统金融机构涉足互金领域，主要是实现线下服务向线上的转化，抢占流量入口，提高服务效率，提升用户体验。比如在银行侧，招行、浦发等已推出智投工具，具有流量优势；在券商侧，经纪商向互联网财富管理转型，如华泰收购Assetmark等，具有管理优势；此外，保险、基金等细分子行业也在互金领域进行了各方面尝试。

综上所述，未来传统产业、传统金融和互金或形成三足鼎立的局面，优势互补，共同发展。传统产业企业在实业经营方面有一定优势，努力由资产端向资金端延伸；传统金融机构深谙资本市场运行规律，回归资本中介定位，深化与资产端合作；互金平台在流量运营和技术研发方面各具特色，通过与传统产业和传统金融合作，加强资产储备、提升牌照优势。

（三）科技普惠：金融科技炙手可热，人工智能决胜未来

1. 金融科技：科技为本，金融为根

金融业作为信息密集型行业，信息技术的每一次革新和大规模应用都曾深刻改变金融业的面貌，从这个角度来看，“金融科技”或许是比“互联网金融”更有生命力和影响力的一个标签。相比“互联网金融”来说，“金融科技”这个词更聚焦于以大数据、云计算、移动互联等代表的新一轮信息技术的应用与普及，并强调它们对于提升金融效率和优化金融服务的重要作用。

2015年，全球投入“金融科技”领域的资金高达191亿美元，是2011年的近8倍。过去5年，超过400亿美元的资金流入这个领域。在强势资本的支持下，全球已有超过2 000家的金融科技公司。而值得注意的是，这一轮互联网金融热潮和20世纪90年代的互联网泡沫相比有着不可同日而语的需求支撑，截至2015年底，全球互联网用户已经超过30亿，是2001年底的6倍。

Fintech（金融 Financial 与科技 Technology 的合成词）这个词最早只在美国地区使用较多，直到 2015 年，国内包括蚂蚁金服、京东金融、众安保险、宜信等几家巨头开始重新定义自己为“金融科技”公司，这个词才渐渐被国人所了解。2015 年 12 月 15 日，澳大利亚知名金融科技风投机构 H2 Ventures 联合 KPMG（毕马威）发布的《全球金融科技 100 强》指出，Fintech 为非传统企业以科技为尖刀切入金融领域，用更高效率的科技手段抢占市场，提升金融服务效率及更好地管理风险。这意味着，Fintech（金融科技）与 Internet finance（互联网金融）的不同主要在于科技属性，即用科技化的手段改造、提升、重构金融领域的核心环节，如风控、定价等，而非简单地将金融业务流程互联网化。

在互联网金融协会从业机构高管系列培训中，央行人士首次提到 Fintech 这个词，并表示，应划清金融和 Fintech 的界限，Fintech 不直接从事金融业务，主要与持牌机构合作。同时，在央行行长周小川与 IMF 总裁拉加德对话时也提到:“我们鼓励互联网公司发展，但当它们开展金融业务时，在当前的情况下，它们需要遵守现有规则。”只要涉及金融业务就需要牌照或遵照既有规则，这一点已经非常明确了。

综上所述，金融科技是一种以科技为核心的金融服务，这与运用科技的金融存在本质上的不同。以大数据为例，在目前平台化交易的金融企业，不管是保险还是授信，都会接触到海量数据，判别是否是金融科技的关键是运用大数据进行分析时，到底是浅层运用，还是结合商业智能、区块链等其他科技进行数据的深度分析和利用。金融科技的外延囊括了支付清算、电子货币、网络借贷、大数据、区块链、云计算、人工智能、智能投顾、智能合同等领域，正在对银行、保险和支付这些领域的核心功能产生非常大的影响。目前，市场对金融科技的期望主要集中于两个领域：以人工智能为基础的智能投顾，以及可能会重构金融行业底层架构的区块链技术。

而对于中国市场来说，在星展银行和安永刚刚发布的报告《中国金融科技的崛起》显示，虽然英国和美国始终被公认为全球金融科技的领导者，但中国已经一跃而起，无可争议地成为全球金融科技中心。

中国所取得的领先地位，得益于金融服务生态系统中存在着巨大的市场机会。2015 年，中国的 GDP 为 10.9 万亿美元，这已经几乎相当于排名其后的十大新兴市场的总和。尽管近期市场走势一般，但中国的经济增长速度仍然超过了几乎所有其他国家。多年持续的经济增长，使得中国的中产阶级正在壮大，并带来全新的消费能力以及巨大的理财需求。在中国现有银行体系的支持下，消费者和中小型企业越来越多地转向获得付款、信贷、投资、保险甚至其他非金融服务产品的替代性服务供应商。

需要注意的是，尽管中国金融科技产业发展迅速，但这一发展速度很大程度上取决于市场中创新和监管的平衡。需求是现实存在的，而金融科技的创新也是层出不穷，但正如刚刚走入规范发展的互联网金融一样，金融科技同样需要在发展过程中平衡技术应用与金融创新，在推动技术在金融领域应用的同时规避金融创新所带来的政策和市场风险。

不仅如此，相比较金融科技的快速发展而言，监管机构所采用的依然是传统的模式，不管是管理政策和制度还是管理机构的设置等，都没有完全跟上。在金融行业，最典型的一种方式就是牌照管理，只有那些拥有牌照的公司可以从事相关业务。这种传统的监管方式无疑会制约金融科技的创新和发展，但如果不用这种方式，未来该如何进行更加科学、合理的管理，依然是一道挑战监管层的难题。

2. 区块链：发展迅速，底层创新

区块链是一种融合了众多数学、密码及经济学的新技术，用于多用户数据库维护，无须第三方验证程序或对账。简而言之，区块链就是一种安全的去中心化的分布式账簿技术。“去中心化”是区块链技术的核心特点，它无须中心化代理，实现了一种点对点的直接交互，使得大规模、高效率、无中心化代理的信息交互方式成为现实。

区块链技术将会从根本上改变未来金融行业的竞争格局，现有行业利润

构成将会重塑并被重新分配给新兴、高效的区块链平台拥有者。这一技术不仅可以通过在后台运作而节省大量开支，还能从审计和监管的角度大大提高透明度。其中一个热门话题是“智能合约”，指的是转化为计算机程序的合约，可具有自动执行和维护的能力。该领域的探索才刚刚起步，但在自动化和优化过去高成本、依赖于人工的工作流程方面，区块链拥有巨大的潜力。

同时，初创企业在区块链领域的创新令人应接不暇，相关应用案例层出不穷，且主要是围绕通过免去协议方之间的对账需求、加速交易结算或全面改造现有业务流程来提高效率，包括：

- 提高贷款发放及贷款服务的效率。
- 改善银行的清算职能。
- 为证券交易提供便利。例如，一只债券可自动向持券人支付票息，在符合条件的情况下，无须人工维护即可执行附件条款。
- 物联网相关的智能合约应用。比如一种可自动和车辆相联通并根据车主的驾驶习惯改变保险费用的车险。一旦发生事故或需要拖车，汽车合约会联系与保险公司订有合约的最近的汽车修理厂。所有的这些操作基本上不需要人的参与。

而对于金融行业的巨头们来说，其在区块链领域的布局也不容小视，国际领先的银行已经纷纷采取行动，根据自身的情况，采取不同的应对策略，包括：

- 组建区块链大联盟，建立行业标准；
- 携手金融科技公司，发展区块链拳头应用产品；
- 银行内部推进局部应用，快速实施试点。

区块链是继蒸汽机、电力、信息和互联网技术之后，目前最有潜力触发第五轮颠覆式革命浪潮的核心技术。就如同蒸汽机释放了人们的生产力、电力解决了人们最基本的生活需求、信息技术和互联网彻底改变了传统产业的商业模式一样，区块链技术将有可能实现去中心化的数字资产安全转移。

而正是由于区块链去中心化、分布式的特点，当其被应用于不同的场景时，将为交易参与方带来以下四个方面的重要意义：

- 消除交易中介存在的必要，从而降低交易成本。因为实现了点对点的交易，中央处理或清算组织成为冗余；因为交易的真实性是由区块链上所有参与者共同验证和维护的，所以作为第三方的信用中介也失去了存在价值。
- 交易结算几乎是实时的，从而提升了交易效率，大大提高资产利用率。
- 区块链上信息的不可篡改性和去中心化的数据储存方式，使其成为数据和信息记录的最佳载体。
- 可编程的区块链使交易流程实现全自动化。通过在区块链中嵌入预设好的交易规则，达到预定条件则自动完成，可提升交易的自动化程度。

这四个方面的意义将会在接下的10年乃至更长远的时间里为我们带来巨大的影响及经济收益，根据麦肯锡在2016年向美国联邦保险咨询委员会提交的一份区块链技术报告显示，在金融服务应用中，有7个被报告称为“真正的使用案例”，能够解决目前系统存在的一些“痛点”。在这7项应用中，麦肯锡预计区块链将会产生（或节约）“1 100亿美元的收益（或成本）”。这7个应用分别是：

- 贸易金融：区块链能够降低成本和提高周转速度，可增加140亿-170亿美元的收入；
- 跨境B2B支付：区块链可以带来更低的成本和手续费，同时加快支付服务速度，将节约大约500亿～600亿美元；
- 跨境P2P支付：与B2B支付一样，区块链也可以降低该领域的成本同时加快速度，对于个人汇款，预计可以节约30亿～50亿美元；
- 回购协议交易：区块链可以降低这种交易的成本和系统性风险，预计价值大约20亿～50亿美元；
- OTC衍生品市场：区块链可简化结算流程，从而降低运营成本以及对资本的需要，预计可节约大约40亿～70亿美元；
- KYC/AML管理：区块链可减少重复工作以及疏通介入流程，预计可带来

40亿~80亿美元收入；

- 身份欺诈：区块链带来更高的安全性，让消费者少受损失，预计可以节约70亿~90亿美元。

同时，需要指出的是，2016年区块链创业公司获得的风险资本投资已经超过2015年再创新高。截至2016年底，区块链初创公司吸引的投资总额达到18亿美元，与2012年200万美元的投资额相比增长了900倍。而银行业正在更迅速、更稳定地向区块链技术注入资金，2019年预计将达4亿美元。

投资区块链的主要来自于以下三方面的公司及机构：

- 投行：成立专门的区块链投资基金。着力金融科技领域的投资机构，自然会对区块链技术持续关注。以实业投资为主的汇银集团，成立了一家专门的比特币投资基金，汇银区块链投资，管理资金规模达到2 000万美元。
- 金融巨头：从担忧到拥抱。区块链是分布式记账技术，有不可篡改的特性，降低了金融领域的价值交换成本和信用的成本。这就意味着，金融链条中，所有的中介机构，都将面对“被革命”的命运。2015年，美国区块链融资10亿美元中，投资最多的，反而是传统的银行机构，譬如摩根、花旗等巨头。银行动作频频，开启防御型进攻：与其被革命，不如自我革命。近日，国内银行也开始区块链落地现实的尝试：中国平安，在资产交易和征信领域嫁接区块链；中银香港推出按揭区块链应用；浙商银行推出基于区块链技术的移动数字汇票平台。
- 互联网巨头：金融科技重点布局。BAT等互联网巨头，在扩展自身的业务版图，把区块链技术作为提升自身金融科技实力的勋章。他们拥有强大的技术团队和丰富的使用场景，他们往往亲自上阵，组建联盟、测试场景，一举一动都受到行业关注。

同时，政府层面也对区块链技术保持高度关注。2016年10月，工信部发布《中国区块链技术和应用发展白皮书》，这是首个落地的区块链官方指导文件；央行频频提及的数字货币计划，区块链也是其实现的技术之一；杭州、苏州、深圳、贵阳等市纷纷成立区块链实验地、研究院；2016 年末，国务院印发《“十三五”国家信息化规划》，区块链与大数据、人工智能、机器深度学习等新技术，成为国家布局重点。

区块链技术的出现是对现有商业模式的制度基础和参与者之间关系的重大挑战。现有金融体系是建立在三个基本制度框架之上的：商业信任是依赖法律条文而存在的；资产转移交易是以独立第三方作为信用中介来保障实现的；交易结算和清算是以集中式的清算机构为中心来处理完成的。然而人们习以为常的制度基础和商业流程都有可能随着区块链技术的广泛应用被颠覆。在现有制度框架下如鱼得水的金融中介机构，如何在这场模式变革中调整角色，将决定其未来的命运。对于传统金融机构来说，在这一波新的技术革新浪潮中是成为技术受益者，还是被颠覆方，完全取决于其如何审时度势，积极调整自身在未来商业格局和逻辑中的角色定位，不再只做信用中介，被动依赖垄断地位收取息差和交易费用，而要积极做技术应用的先驱者，不断提升高价值的金融服务能力和内容，引领和参与新的商业格局形成。

3. 智能投顾：人工智能结合投资顾问

“做投资决策，最重要的是要着眼于市场，确定好投资类别。从长远看，大约 90% 的投资收益都是来自于成功的资产配置。”全球资产配置之父加里 · 布林森的这句话形象地说明了投资收益中资产配置的重要性。而资产配置又是投资顾问的重要职能，某种程度上说，投资顾问决定了投资决策的正确性，是连接用户端和金融产品端的重要桥梁：连接用户端，通过一系列细致深入访谈了解客户的风险偏好；连接产品端，根据不同用户的风险偏好定制资产配置组合。

一般来讲，智能投顾就是人工智能 + 投资顾问的结合，通过大数据识别用户风险偏好，通过算法和模型定制风险投资组合。具体来说，马科维茨的现代投资组合理论（MPT）已经诞生了超过半个世纪，但并未得到全面的实际应用，计算工作量偏大及实际调仓过程中可操作性偏低是主要原因之一，而人工智能、云计算、大数据等新兴技术日趋成熟则能有效解决这一问题。此外，金融市场是一个开放、复杂的混沌系统，各类信息爆炸更是加剧了其演化速度，投资机会暴露的时间更短，人工投资模式往往难以有效捕捉到稍纵即逝的投资机会。而加以人工智能的辅助则将是有效的解决途径，因此相应的各类前沿技术将成为智能投顾发展的基石，智能投顾的核心技术涵盖了云计算这一基础设施以及包含金融交易、用户行为等大数据的支持，在此之上构建人工智能的资产配置、数据处理、交易优化等一系列算法，并确保面向海量用户同时提供服务的能力，从而打造出高效优质的智能投顾产品。

对于用于识别用户风险偏好的大数据技术来说，智能投顾所涉及的大数据主要包括客户行为数据与金融交易大数据两大类。一方面，资产配置决策都是基于用户行为数据的基础之上，实现个性化、精确化匹配用户风险偏好的目的；另一方面，投资组合的构建以及再平衡的过程都是对金融交易大数据等市场信息处理和解析的结果，数据质量将直接决定策略的优劣。另外，由于国内数据开放程度较低，现行监管规定金融机构数据不得提供给第三方使用，进一步提高了数据积累的重要性。目前拥有金融交易大数据积累的主要以证券、基金等传统金融机构为主，而拥有客户行为大数据的主要以面向 C 端客户的互联网公司为主，而部分 2B2C 的金融信息服务提供商则同时具备两大类数据。

对于用于定制投资组合的人工智能技术来说，智能投顾所涉及的技术主要包括三大类，包括机器学习、智能语义分析、知识图谱分析。具体来讲，机器学习通常是在对财务、交易数据建模后，利用回归分析等传统及其学习算法预测交易策略；智能语义分析则是在数理回归模型基础上，引入新闻、公告、社交媒体中的文本信息，并运用自然语义处理技术将其解析为结构化数据，作为建立投资决策的重要参考信息源；知识图谱分析本质上属于语义图谱网络，加入相关专家设计的规则，将投资标的相关因子的逻辑关系以知识图谱的形式表现出来，从而能进行更深入的推演处理。

综上所述，智能投顾需要满足以下四个标准：

- 通过大数据获得用户个性化的风险偏好及其变化规律。
- 根据用户个性化的风险偏好结合算法模型定制个性化的资产配置方案。

- 利用互联网对用户个性化的资产配置方案进行实时跟踪调整。
- 注意风险控制，在用户可承受的风险范围内实现收益最大化。

但同时，我们也需注意到，智能投顾仍然面临着巨大的挑战，主要包括：

- 资产管理规模的挑战。
- 对于专业投资者或机构来说，资产规模大小对于投资收益的影响至关重要。其中涉及市场及产品的分析与判断，资金规模越大必然导致投资过程更为复杂，这些因素已远非简单的数据算法能够满足。
- 投资策略及方法的挑战。
- 从投资周期来看，海外智能投顾从 2010 年左右才开始发展，而且大多数采用的方法都是配置各种类型的指数型基金。自 2008 年次贷危机之后，美国经济一直持续回升，无论是美股还是债券市场都有不俗的表现，相对于巴菲特这类富有经验的投资专家相比，智能投顾还属于初级阶段，当市场再次出现金融风险的时候，其规避风险能力尚未得到有效验证。
- 与投资者交流（教育）的挑战。
- 大多数投资者都非常容易产生羊群效应，追涨杀跌也是中国投资者的普遍特征。当人们面临恐惧和贪婪的时候，并不会留意某个投顾系统所给出的某些提醒或暗示，类似于某些网络教学的效果不理想问题。
- 客户个性需求的挑战。

虽然数据确实可以告诉智能投顾系统一些有关用户的特征或偏好，但却无法准确得知投资者短中长期的财务目标以及用途。因此，人工智能仅能满足一些普遍性的投资目标，而无法根据投资者的动机及偏好提供更具个性化的投资配置。

普惠金融：惠及大众，任重道远

“普惠金融”这个概念来源于英文“inclusive financial system”，是联合国率先在宣传 2005 小额信贷年时广泛运用的词汇。其基本含义是：能有效、全方位地为社会所有阶层和群体提供服务的金融体系。由于当时的金融体系并没有为社会所有的人群提供有效的服务，联合国希望通过小额信贷（或微型金融）的发展，促进这样的金融体系的建立。

近年来，国际社会在普惠金融领域取得了很大成绩，但根据世界银行的估算，2014 年仍有约 20 亿成年人无法享受到最基础的金融服务，发展普惠金融任重而道远。从理论分析来看，普惠金融发展的挑战来源于信息不对称。在传统金融体系下，由于金融产品的服务属性，提供金融服务需要高昂的客户可达性与客户理解（KYC）成本，这使得金融机构无法以可承受的成本提供既“普”且“惠”的可持续金融服务。而数字技术的创新发展，为破解普惠金融的挑战带来希望。数字技术尤其是金融科技的深入应用，让金融服务触达用户和理解用户的成本结构有了范式性变革，正是在这个背景下，中国推动各方共同制定了《G20 数字普惠金融高级原则》(以下简称高级原则)。

根据《高级原则》的定义，数字普惠金融指“通过数字技术为原来的受限人群提供一系列合宜的、负责任的金融服务，包括支付、转账、储蓄、信贷、保险、证券、金融规划和账户报表等，提供服务的金融机构成本可控，在商业上可持续。”其内容包括 8 项原则、66 项行动建议。这 8 项原则相互呼应，形成了一个促进数字普惠金融科学发展的闭环方法论。

从这些年的实际案例来看，如阿里巴巴旗下的蚂蚁金服等公司的创新，给普惠金融带来了实际的突破。近几年来，普惠金融发生了四个变化：从公益到建立了可持续的商业模式，从局部地区到世界，从小微贷款到更为丰富的整个普惠金融体系（包括小微贷款、储蓄、支付、理财、保险等），以及从人工实现到了数字技术实现。借助数字技术的高速发展，普惠金融跃升到了“数字普惠时代”。

10 年前，人们很难想象用手机支付、理财，也很难想象曾经只被“金字塔尖”人群享受的金融服务，如今因为互联网等数字技术的发展，可以惠及数以亿计的人群。在与传统的普惠金融（例如银行、小额贷款机构等）的对比中，数字普惠金融在可复制性上具有巨大优势。

以数字化理财为例，由于服务成本过高，多年来美国的财富管理机构一直未能解决所谓的“10 万美元困境”问题，如何满足小客户、小理财者的理财需求？如果是一个大客户到了财富管理机构理财，财富管理机构肯定会为客户做资产配置规划。但是如果是小客户，甚至是一个不大不小的客户，只有十万美元，那么拿着这十万美元到美国财富管理机构，它们会对客户说：“非常抱歉，我们帮不了您，您的理财金额较小，如果用理财规划师或者客户经理给你服务的话不经济，我们算不清这个账。”因此，这么多年美国财富管理机构一直在尝试各种办法希望解决所谓的 10 万美元困境，却始终没有解决，直到现在通过机器人投顾，就是所谓的智能投顾的方式来解决的。

再看国内蚂蚁金服的案例，2004 年，支付宝成立，解决了网上交易陌生人之间的信任问题。2010 年，支付宝推出的“快捷支付”让网上支付的成功率大大提升，支付宝的服务范围大大扩展。同年，“阿里小贷”面世，开始解决阿里体系内商家的贷款需求，并首创了网络贷款的“310 模式”（即 3 分钟申请，1 秒钟放贷，全过程 0 人工干预），提升了贷款效率，也降低了成本。2013 年之后，蚂蚁金服的服务深度开始快速加深。2013 年，余额宝面世，将理财与消费打通，极大降低了金融服务的门槛，同时也给传统金融机构向数字普惠金融转型的动力。2015 年，征信业务的推出则让数字普惠金融有望拥有一个可识别、可控风险的基础：征信过程不仅证明了“你是你”，也尽可能准确地描绘出“你是什么样的人”。在这些历史发展过程中，蚂蚁金服积累并发展了大数据、云计算、人工智能等技术，并反过来再促进数字普惠金融的发展。

除了可复制性，在可获得性、可负担性和全面性方面，数字普惠金融也有巨大的优势。除了基础的支付服务外，理财、保险等需求也可以通过手机实现。值得一提的是，提供这些服务的金融机构、互联网公司，并不需要依靠政府补贴来维持运营——技术的进步降低了服务价格，而让更多用户能承受得起的价格，已经足以让这些机构自给自足。

但与此同时，我们必须正视并警惕普惠金融发展过程中面临的挑战，这主要表现在以下三个方面：

- 国内信用体系的不成熟与缺失：这种不成熟一方面是与美国等成熟市场的对比，另一方面，也是国内不同地域、不同人群的征信体系的差异化。
- 较高的成本：普惠金融涉及的对象虽然一方面有融资需求，但是另一方面他们的资金量比较小，导致银行的经营成本比较高，具体表现为高风险成本、高运营成本以及高负债成本，如何把成本降到最低也是实现商业可持续的挑战。
- 金融基础设施方面的挑战：普惠金融虽然依托于数字化技术的高速发展，但其金融方面的属性，导致其并不能完全脱离金融基础设施，尤其在中国，各地域之间发展的不平衡，导致一些地区基础设施非常匮乏。

04

资产管理业务的“类投行”开发

资管业务：不仅关注资产配置，更需要挖掘开发资产

受实体经济下行影响带来的资产端收益率下滑以及资产证券化不足的现状，考验着资管行业高收益资产的发掘能力。与此同时，通道业务面临监管和价格战的双重压力。资管业务不只需要单纯地关注资产配置，更需要以投行挖掘项目的方式，自主开发资产。

底层资产回报率下滑驱动对高收益资产的探索

近五年以来，我国 GDP 增速持续放缓，从 2010 年的 10.45% 已经下降到 2016 年的 6.7%。GDP 增长率在一定程度上代表了资产管理体系最底层资产的投资回报率。在底层资产投资回报率显著下滑的趋势下，资产管理行业挖掘可投资产的能力受到考验。

传统资产管理业务中比较常规的模式，是为理财资金配置证券标的，以股票、债券、基金份额为主。因此可以用证券化率来衡量可投标的，一般以股

票市场总市值、债券市场总市值之和与 GDP 的比值作为参考。单从股票市场总市值与 GDP 比值来看，美国证券化率长期处于 75% 到 150% 的区间，去掉极端情况，处于 100% 到 150% 的区间。发达国家证券化率也大多高于 100%。但对于中国而言，2016 年以股市衡量的证券化率不到 75%，与发达国家尚有差距。

在实体经济下行的背景下，中国证券化程度不足导致可投资产匮乏。特别是中国市场在经历 2015 年中期的“股灾”之后，又经历了 2016 年下半年的债市不景气，人民币贬值等事件，一时间大量资金离开传统证券市场，急需重新配置资产。单纯地为资金配置相应风险偏好的证券已经不能完全满足资产管理行业的需求，驱使资金主动向资产管理产业链上游寻觅可配置资产。

资管业务的投行式开发应运而生

无论按规模还是收入统计，通道业务仍然是资产管理市场的主角。截止 2016 年底，发展数十年的公募基金规模为 9.16 万亿元，而发展仅有 3 年历史的基金子公司的规模高达 10.5 万亿元，通道业务规模占比 71.1%；券商资产管理业务规模为 17.31 万亿元，通道业务规模占比 71.5%；信托资产管理业务规模为 20.22 万亿元，事务管理类信托余额占比 49.79%。

然而当前通道业务受到双重挤压。首先是监管机构压力。通道业务存在的主要原因是跨金融牌照进行套利，造成来自于各机构不同风险偏好的资金在错配的基础上进行竞争。2017 年 2 月初，市场流传一份非正式发布的、还在讨论中的未定稿文件《关于规范金融机构资产管理业务的指导意见》，主要观点之一就是“去通道”：第 8 条“禁止投资非标准化商业银行信贷资产及其收益权”，第 19 条“禁止多层嵌套”，第 20 条“限制通道业务”，这些条款都包含着去通道的内容。其次是由于通道业务模式简单，价格战愈演愈烈。2013 年之前，信托的通道费都是千分之几的数量级，券商加入之后，通道费率变为了万分之五左右，基金子公司再加入之后，通道费率普遍降至万分之二左右。资管机构主动寻找资产的趋势在通道业务萎缩的背景下日益明显。

所谓资产管理行业的投行发展模式是指，以账面价值与资产升值并重的投资眼光，进行尽职调查、财务辅导，帮助其进行专业的财务记录、税务筹划以规范其运作，完善其信息披露途径等方式，将原本不具有流动性的非标准化的资产，开发成资金方大体可以量化衡量的标的。其服务性质有风险投资角度的考察，有规范化的过程，还有配置资金获取收益的行为。例如，以产业基金方式参与早期项目，作为战略投资者规范其财务披露、辅导其资本运作，最终上市后基金退出并获取投资收益。

资管机构投行化转型，试图形成闭环

由于经济下行压力持续，企业加杠杆高峰已过，能够提供合意收益率并具有足够安全边际的资产越来越稀缺，同时资管机构的负债端大多以刚性兑付的预期收益型产品为主，且负债端下行的速度远不及资产端，资管机构在越来越大的投资压力下，不得不进一步将纯买方业务向类投行方向拓展，试图打通全产业链，形成闭环，赚取超额收益。近年以来，各大资管机构纷纷加大了定增、配资、员工持股计划、股票质押、私募可交债等品种的配置，更多地将触角伸向项目前端，深度参与项目的承揽与设计，获得了不错的效益。

配资类业务：在市场需求和监管压力下找寻突破口

说到配资业务，市场应该对股票配资模式下杠杆资金疯狂涌入股市以及随后监管清理配资后股票市场出现大幅波动历历在目。在这之后，监管一直对配资类业务较为严厉，出台了一系列新规加以限制。尤其是“八条底线”（全称是《证券期货经营机构私募资产管理业务运作管理暂行规定》）从杠杆率、优先劣后安排等多个方面规范了资管机构的配资行为。杠杆倍数方面，“八条底线”规定股票结构化最高 1 倍，固收类结构化最高 3 倍，其他类结构化最高 2 倍。在优先劣后设计上大幅收紧，严格限制了直接或间接对优先级份额认购者提供保本、保收益的安排，包括计提优先级收益、提前终止罚息、劣后或第三方差额补足、计提风险保证金和补足准备金等，封杀了之前诸多通行的保本、保收益安排。“八条底线”发布后，配资业务的合规门槛和业务门槛大幅提高。

但是，部分风险偏好较高的资金依然有加杠杆需求，以银行为代表的低风险偏好投资者对配资还是有一定的需求。因此，配资业务目前在市场需求和监管的压力两者的共同作用下出现了诸多新模式，试图寻找一个监管和市场都能够接受的平衡点。产品设计上，在资管新规封杀了传统预期收益型的优先劣后分级模式后，新模式也在不断涌现，不过无论是什么模式，都是万变不离其宗，交易结构设计的核心是保障优先级委托人的收益。目前市场上的配资模式主要有以下两种模式。第一种模式是跟投模式，即表面是一个平层的计划，假设优先级是一个理财，那理财直接认购资管计划，劣后级的委托人直接，或者通过银行的一个定制理财间接认购资管计划，通常为计划总份额的5%，条款的关键在于收益分配的顺序上，计划首先分配的是优先级委托人的本金和业绩基准，如果有剩余，再分配劣后级委托人的本金和收益，即收益分配顺序为“本息-本息”，以此来保障优先兑付优先级委托人的本息。目前“本息-本息”的兑付方式受到了监管的质疑，部分机构又通过将劣后级委托人起始或追加运作通知书中的预期到期日设定为委托人资产到期日之后的几个工作日，以便保障优先级委托人的本金和收益。第二种模式如下，同一个资管计划中分为两位份额，一般级及进取级，设定一个业绩比较基准，假设为5%，那么，当最终的产品收益率在5%和–5%之间，一般级委托人承担90%的收益或亏损，反之，当最终收益率小于等于–5%或者大于等于5%时，进取级委托人承担90%的收益或亏损。如此一来，类优先劣后产品便可以突破监管设定的固定收益类不超过3倍杠杆，股票类不超过1倍杠杆的限制，放大杠杆倍数，在对委托人做出分级安排的同时，也可能放大市场波动。

定增类业务：持续火爆后遭遇严监管

定向增发业务毫无疑问是过去几年资本市场的风口之一。由于IPO暂停或不够通畅，定向增发以低门槛和方便快捷获得了投资者和发行人的青睐，2016年，上市公司定增融资规模高达1.7万亿，是同期IPO合计1 820亿融资规模的9倍。与此同时，定增市场给资管行业也带来了丰厚的回报，从2016年解禁的项目来看，截至2016年11月30日，2016竞价定增市场平均解禁收益率为19.17%，尽管相较于2015年的91.34%，同比大幅下降了79.01%，但考虑到15年是大牛市，且赚钱效应吸引了更多的资本入场角逐。资管机构甚至通过锁价定增低位获得筹码，解禁后高位抛售，赚取管理费和20%的超额业绩提成，这一块在过去的几年为资管机构贡献了很多收入。

截至2016年11月底，2016年定增市场发行规模总计1.37万亿元。其中，竞价定增规模5 496.79亿元，定价定增8 212.62亿元。相较于2015年1.36万亿的规模同比略有增长。

从折价率来看，2016年竞价定增市场的平均折价率为9.62%，较2015年的16.3%同比大幅下滑41%，且从月度数据来看一路走低。从此也可以看到过去几年定增市场的火爆，赚钱效应吸引了大量资本参与，其结果就是折价率大幅降低。

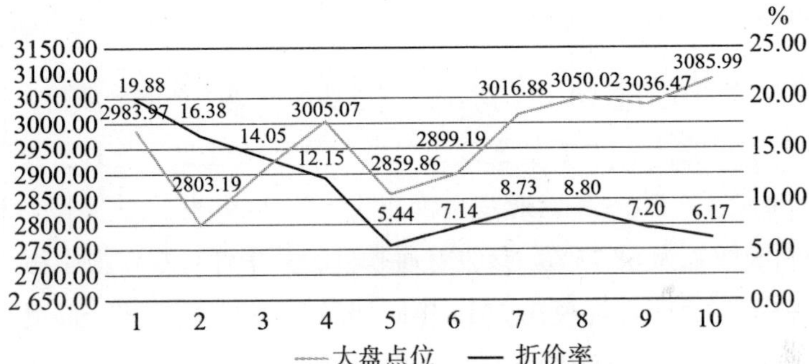

图 4-1　2016 年 A 股定增市场的折价率

资料来源：课题组整理。

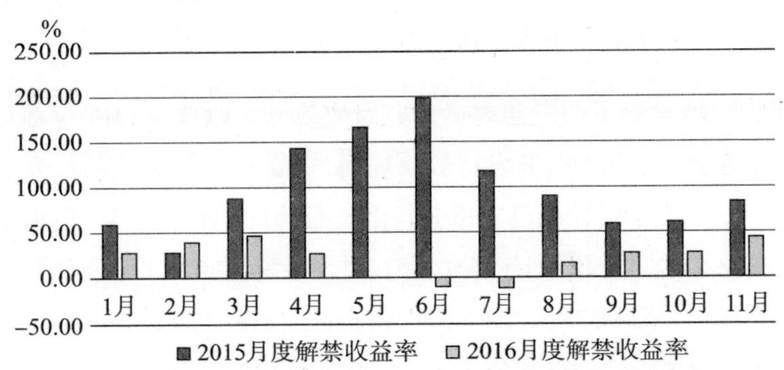

图 4-2　2015 年和 2016 年 A 股定增市场的解禁收益率

资料来源：课题组整理。

从解禁收益率来看，2016 年竞价定增市场解禁收益率为 19.17%，较 2015 年的 91.34% 大幅下滑 79%。尽管如此，2016 年上证综指、沪深 300、中小板指和创业板指分别下降 12.31%，11.28%，22.89%，27.71%，定增投资者还是大幅跑赢了指数，取得了不错的超额收益。

过去几年定增市场的火爆行情也催生了一批以定增为特色的资管机构。数据显示，以公募基金为例，定增产品规模前二十位的规模合计 1 899 亿，其中上海 8 家，规模 962 亿元，占比 50.66%；深圳 7 家，规模 572 亿元，占比 28.31%；北京 4 家，规模 285 亿，占比 15.02%。在定增大潮中涌现出了一批优秀的以定增业务为特色的资管机构。以财通基金为例，财通基金在定增业务上，无论从资产规模、拿票能力和盈利规模上都是市场第一，且远超市场第二，因此被称为定增王。

据 Wind 资讯统计，2016 年财通基金成功中标 297 个定增项目，累计获配金额高达 540.58 亿元，占据基金公司总参与金额的近 20%，其所投项目总浮盈金额近 80 亿元。2016 年财通基金营业收入为 20.96 亿元，实现净利润 5.40 亿元，净利润增幅为 68.75%。参股财通基金的升华拜克在年报中称，2016 年财通基金公募基金管理规模比 2015 年同期增长 283%，专户产品月均资产管理规模比 2015 年同期增长 42%，净利润增长了近七成，更多得益于专户的快速发展。在人员和组织架构上，财通基金也向定增业务倾斜，专门设立投行部，继续扩充投行部队伍，借助现有积累的 400 余家上市公司及 60 余家紧密合作的投行资源，积极拓展与上市公司上下游产业链的深入合作。

在定增市场火爆了两三年之后，监管政策开始收紧，2017 年 2 月 17 日，证监会为完善上市公司非公开发行股票规则，规范上市公司再融资，发布了《发行监管问答——关于引导规范上市公司融资行为的监管要求》，指出现行定增市场的一些弊端：一是部分上市公司存在过度融资倾向；二是非公开发行定价机制选择存在较大套利空间，广为市场诟病；三是再融资品种结构失衡，可转债、优先股等股债结合品种和公开发行品种发展缓慢。

上市部的2.17监管问答对募集配套资金使用范围作了明确规定，重组配套融资不能用于上市公司的项目，不能用于补充流动资金；除了用于支付交易价款和重组产生的相关税费以外，只能用于标的公司在建项目建设。这较大地限制了上市公司除支付交易价款以外的配套融资需求。一方面，上市公司想要募集资金而政策不允许；另一方面，标的不想要募集资金。标的不想要募集资金的原因在于：上市公司的高市盈率导致标的想要做高估值，做高估值往往需要高业绩承诺，业绩承诺一般已经将标的未来的业绩空间做满，现在新的募集资金来了，募集资金要求新的效益，标的公司往往对此望而却步。

发行部的2.17监管问答把IPO、非公开发行、公开增发的时间间隔拉大到了18个月，对非公开发行的频率有直接影响。但是，重组配套融资不受到这18个月的影响。20%的股本扩张限制影响了非公开发行的规模，这里要关注的是，无论是非公开发行还是重组配套融资都受到20%的上限影响。即便投资者不在乎发行价格，在2.17监管问答的框架下，上市公司能够拿出来给市场的非公开或重组配套融资项目频次和金额都会减少。

此次，对非公开发行实施细则的修订。其核心在于以前广为采用的董事会决议公告日作为定价基准日不行了，无论是非公开发行还是重组配套融资，无论是一年期还是三年期，一概以发行期首日作为定价基准日，发行底价与二级市场的价差被干掉了。如果投资者认为必须要有价差来弥补锁定期可能带来的风险，那么非公开发行和重组配套融资就不再是合意的项目来源。

对《上市公司非公开股票发行实施细则》的修订首先是限制了锁价定增，取消了将董事会决议公告日和股东大会决议公告日作为非公开发行股票定价基准日的规定，明确定价基准日只能是发行期首日。这对三年期定增打击较大，可能会转向不受该条约束的发行股份购买资产，反正同样是锁定三年。对一年期定增的影响比较复杂：对行业龙头和热门股票的影响不大，这些定增本身参与机构多，折扣率低；对基本面一般且没啥看点的股票影响较大，发行期首日到期折扣缩小，定增发行难度加大。其次是规定了定增发行股票数量的比例和发行间隔时间：拟发行股份数量不得超过本次发行前总股本的20%；申请增发、配股、非公开发行股票的，本次发行董事会决议日距离前次募集资金到位日不得少于 18 个月。再次，证监会还给再融资设定了前置条件：除金融类企业外，原则上最近一期末不得存在持有金额较大、期限较长的交易性金融资产和可供出售金融资产、借于他人款项、委托理财等财务性投资的情形。

从监管层的思路来看，定增市场放缓和 IPO 速度加快是相对应的。2006 年年初以来，证监会以每周不低于 10 家的速度下发 IPO 批文，而已过会定增项目批文发放明显延缓。短期内，预计定增市场的规模和热度将有所下滑，但是定增作为最主要的再融资方式，相较于其他发行方式依然是门槛最低的，未来仍然是资管机构追逐的细分市场。但是随着定增新规的出台和市场竞争的日趋激烈，目前价差基本不存在了，对资管机构来说是否仍然能作为有效的投资标的还有待时间检验。

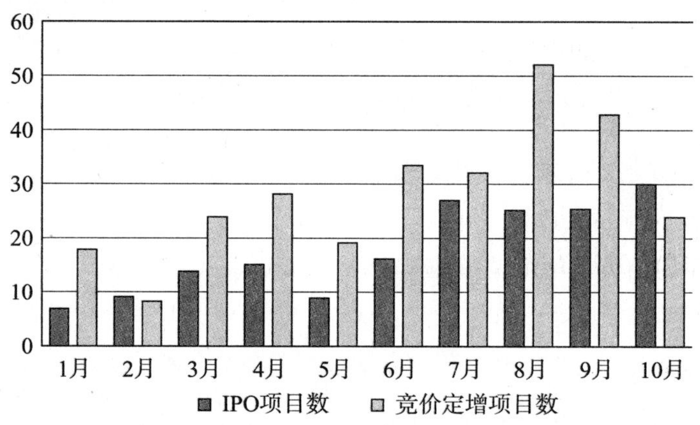

图 4-3　2016 年 IPO 和竞价定增项目数量

资料来源：课题组整理。

私募可交债：定制化项目收益高

可交换债券（Exchangeable Bond，简称 EB）全称为“可交换公司债券”，可交换公司债券是指上市公司的股东依法发行、在一定期限内依据约定的条件可以交换成该股东所持有的上市公司股份的公司债券。

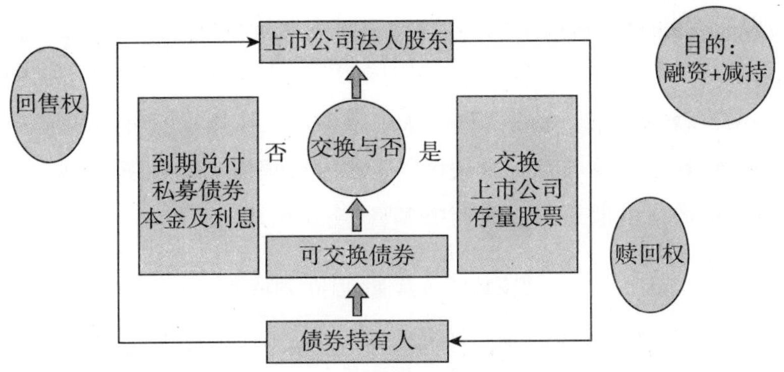

图 4-4　可交换债的示意图

资料来源：课题组整理。

可交换私募债从 2013 年 10 月开展以来，发债频率及次数不断增加，近一年来呈现井喷的态势，发行的只数和规模都不断创新高。据可得数据显示，截至 2017 年 5 月 20 日，私募 EB 存量约 119 只，总发行面额在 716.94 亿元左右。单只私募 EB 的发行规模也不断扩大，目前已经出现了一些发行规模超过 30 亿的私募 EB，如 16 三一 EB 规模 53.5 亿，16 包集 EB 规模 33.5 亿，16 塞纳 02 规模 30.3 亿等，预计整个私募 EB 市场将迅速达到千亿量级。

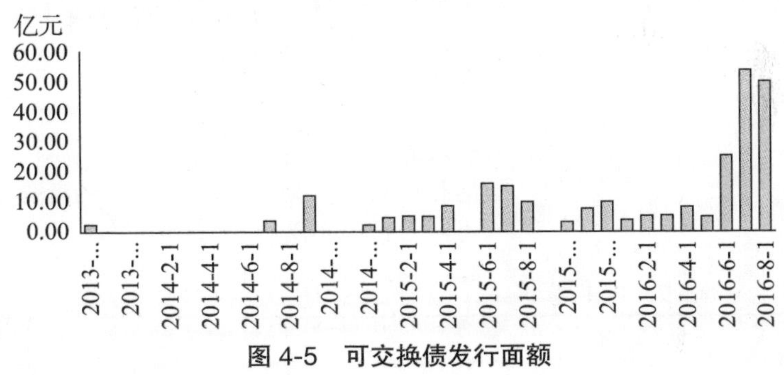

图 4-5　可交换债发行面额

资料来源：课题组整理。

私募 EB 相当于是一个纯债内嵌一个看涨期权，具有良好的风险收益特性，对投资者来说是一种良好的股债结合品种，当正股上涨时可以换股退出，获得超额收益；当正股波动不大时可以持有至到期退出；当股价大幅下跌，可以通过回售退出，可谓进可攻退可守。此外，投资者还可以通过发行人赎回退出，退出渠道较为多样，再加上股票质押担保增信，私募 EB 的实际信用风险目前尚可控。对发行人来说，私募 EB 的玩法很多，包括高价减持、纯融资替代股票质押等，但核心无非两点：一是可以实现溢价减持，提前锁定收益，二是折扣率低，相同数量的股票可以融到更多资金。

表 4-1　　可交换债与其他品种的对比

	可交换私募债融资	商业银行股权质押融资	券商质押式回购融资
股票质押率	70%～100%，打折较小。	一般按照市价打 3～5 折，略高于券商质押式回购。	一般按照市价打 3～5 折。
融资期限	1～3 年	一般为不超过一年短期融资。	一般为不超过一年短期融资。
资金监管	较弱	严格	较弱
补仓要求	通过条款灵活设置。	严格的补仓条款。	严格的补仓条款，不及时补仓面临平仓可能性。
质押物处置	交换	根据借款协议规定，质押物处置程序较为复杂。	可通过交易系统直接处置。
投资者群体	关注公司经营风险的定价及成长性，愿意承担风险，与公司共同成长。	赚取固定收益的信贷资金，对公司经营情况不关心。	赚取固定收益的投资者，仅关心信用风险。

资料来源：课题组整理。

由于私募 EB 良好的风险收益特性，资管机构对其需求很大，目前市场上处于供不应求的状态，俨然成为非公开发行的替代工具。而私募 EB 投资的盈利模式主要是换股退出，二级市场流动性很差，因此私募 EB 的痛点是项目资源和交易结构设计。在这个市场上，大家赚的钱本质上是信息不对称的钱，信息具有较高的成本和价值，而私募 EB 的条款众多，标准化程度低，因此私募

EB 的投资模式迥异于一般的信用债投资，更适合投行化运作。投资机构主导型的私募 EB 投资目前已经日趋成熟，投资机构主动出击找寻优质项目，从前期和发行人谈条款到最后发行一条龙服务，投行只是承担通道职能，负责材料的制作和申报。项目的来源可以是公司营业部、银行分行、权益投资部门、研究所等。这类模式下，主要考验的是投资机构的项目资源和交易结构设计能力，投行只是获得少量的承销费。目前，定制化项目大概占了所有项目的一半左右，且定制化项目的收益率明显高于非定制化项目。目前已经有部分公募和私募机构在私募 EB 的细分市场中脱颖而出，占据了很大的市场份额和话语权。以沪上某基金为例，最早开始投资私募 EB，且参与的项目数量占到了市场总量的一半以上，以定制化项目为特色，最终取得了良好的投资收益。

私募 EB 审核目前有所转向。从 2016 年下半年开始，EB 这个品种有井喷的趋势，特别是私募 EB，已经成为非公开发行或重组配套融资的替代品。但是，监管机构也注意到了私募 EB 这个品种催生的一系列问题。两个交易所已经将私募 EB 发行审核的定位从“没有条件”转为“一事一议”，非公开发行加私募 EB 的套利模式已经被禁止。

定制资产渐成风尚

目前部分资管机构尝试挑选熟悉的发行人定制符合自身风险偏好的资产，如定制产能过剩行业、地产行业、融资平台的非公开公司债及海外发行的美元债和点心债等资产。资管行业在过去的几年中长期面临负债端成本偏高难降的状况，叠加预期收益性产品占比较高，资产端的投资压力巨大，很有可能短时间内在一级市场和二级市场上都没有合意资产供给，产品面临空仓的窘境，欠配压力很大。因此，部分资管机构尝试以自身受托管理的巨量资金为筹码，尝试将触角伸向项目端，和发行人直接谈债券的期限、利率与增信要求。定制的资产大部分属于市场有分歧的品种，不少资管机构利用大部分机构对产能过剩债券一刀切卖出带来的机会，与融资压力较大的产能过剩行业发行人直接谈判，最后取得了不错的投资业绩。

以钢铁煤炭代表的产能过剩行业为例，受到经济不景气和2014年以来大宗商品市场一路下行影响，煤炭钢铁行业很多发行出现大幅亏损、资产负债率高企、现金流紧张等问题，信用资质有所下降，在供给侧改革的背景下，市场对煤炭钢铁发行人的担忧日渐升温，2016年上半年煤炭钢铁两个行业的行业利差大幅走扩，采掘行业AAA评级债券的行业利差从2015年10月30日的57.58Bp大幅走扩至2016年6月30日的209.98Bp。此时，一些资管机构认为产能过剩的龙头企业实际倒闭的风险不大，性价比很高，和发行人直接谈判，大量重仓买入。2016年三季度以来，随着大宗商品的上涨，煤炭钢铁行业发行人盈利好转，行业利差随之大幅收窄，获得了较好的投资收益。

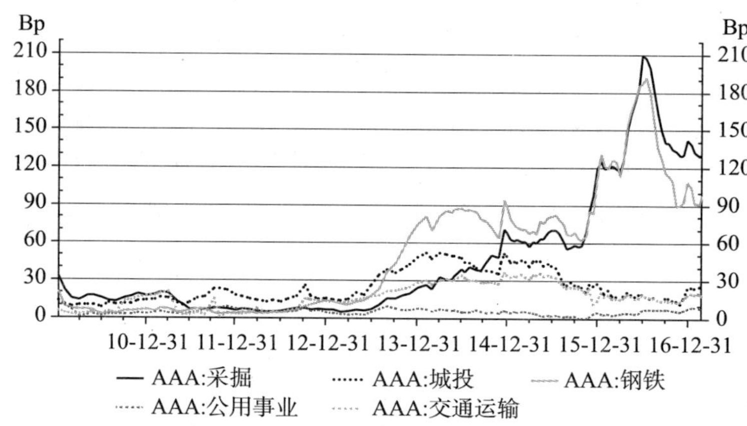

图4-6　钢铁煤炭代表的产能过剩行业的AAA债券收益率

资料来源：课题组整理。

再以地产行业为例，房地产行业资产负债率普遍较高，再加上之前市场对房地产高库存的担心，不少投资机构都对地产债采取回避的态度。另一方面，房地产的融资需求巨大，并且发行人相对而言可以承受较高的利率。南方某资管公司采取投行化运作，与多家国内大型地产公司合作，以较高的票面利率认购了大量非公开公司债，取得了较好的效果。

新监管格局下的资管机构的“投行式”开发

截至2016年最后一个交易日，沪深两市上市公司总数为3052家，总市值为55.68万亿元，2016年度上市公司IPO融资1381亿元，再融资1.49万亿元。上市公司从IPO、增发、并购与被并购，到日常运营中的股权激励、股票质押、股东增持与减持等，每一个举动都伴随着巨大的资金流动。随着资管投行的挖掘，资金将逐渐深入到上市公司运作的各个举动。

资管机构服务员工持股

员工持股计划最初是公司为留住核心员工，与其分享公司成长的管理手段之一。达到业绩预期之后，核心员工往往因持有的公司股权，获得数倍于薪水的回报，但实施或行权时往往需要一笔资金来认购限制性股票或者股票期权，这笔资金若以银行对个人信用贷款的考评方式，则授信额度大大下降。如果由资产管理机构介入，则可以看作一项预期未来可以带来现金净流入的资产，其结构的设计、配套的资金安排均可以是资产管理机构提供给上市公司的服务。

在各项员工持股方案中，构建员工持股平台和实施股票激励在实际操作中是两种不同的方案。两者在参与对象、发行定价、资金来源、股票来源等多个方面存在差异。

中国当前较为常见的是员工持股计划、限制性股票激励政策、股票期权，具体政策对比如下：

表4-2　员工持股计划、限制性股票激励政策、股票期权的政策对比

	员工持股计划	限制性股票	股票期权
激励方式	上市公司回购本公司股票：二级市场购买； 认购非公开发行股票； 股东自愿赠与；协议转让； 法律、行政法规允许的其他方式。	向激励对象发行股份； 回购本公司股份； 法律、行政法规允许的其他方式。	授予期权
监管依据	《关于上市公司实施员工持股计划试点的指导意见》	《上市公司股权激励管理办法》《股权激励有关事项备忘录》《关于个人股票期权所得征收个人所得税问题的通知》	

续前表

	员工持股计划	限制性股票	股票期权
监管方式	不以非公开发行取得的，不涉及行政许可。	需取得证监会无异议备案通过。	
授予价格	不低于草案公布前1个、20个、60个、120个交易日均价。	不低于草案公布前1个、20个、60个、120个交易日均价的50%。	根据股价预计一项期权费用。
优势	1. 股票增值部分免税：股价涨幅较大情况下优势明显； 2. 积极的股价预期管理：上市公司无需支付对价，股票来源多为二级市场购买。	可以向激励对象折价（最高折价50%）发行股份。	

资料来源：课题组整理。

1. 细分市场发展分化

依照中信一级行业分类进行划分，员工持股计划发布最多的行业为医药，其后依次为机械、电子元器件、计算机和基础化工。而餐饮旅游、电力及公用事业、银行和煤炭4个行业分列员工持股计划发布数量的后三位。从股权激励的行业分布特征来看，推行员工持股计划的公司多集中在高新科技、制造业、TMT等领域，而矿产、金融、能源、军工等国有企业则相对较少。

（1）员工持股平台市场稳中有降

受股市波动影响，员工持股平台的设立自2015年达到最大值，按照预案公告日统计，约339家上市公司在2015年公告了员工持股计划，实际持股资金规模503.91亿元。2016年总数量有所回落，但总体上仍然呈上涨趋势，总数量是2014年的5倍左右。

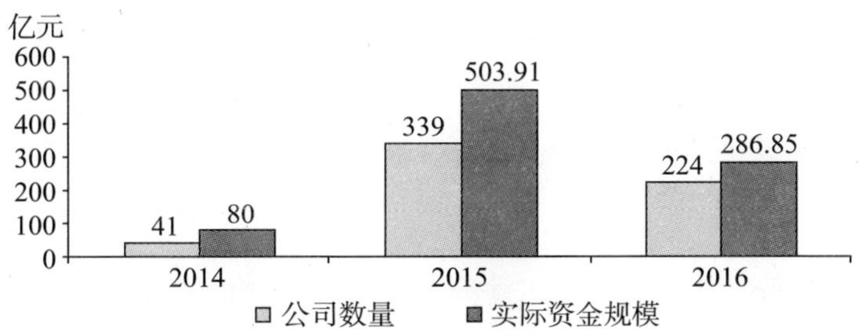

图 4-7 公告员工持股计划的上市公司数量以及实际实施资金规模

资料来源：Wind 咨询、课题组整理。

2016 年至今共有 224 家上市公司公告员工持股计划，207 家最终完成，涉及员工 8.41 万人，累计资金总额达 286.85 亿元，其中员工出资约占 60.72%。

(2) 股权激励市场理性上升

中国市场的股权激励中较为常见的方式是限制性股票和股票期权。自 2013 年起，上市公司股权激励市场规模呈现逐年增长的趋势。2013 年两种激励方式合计 131.14 亿元，到 2016 年时已增长至 407.71 亿元，四年间几乎翻四倍。其中限制性股票增速较快，从 33.53 亿元增长至 220.39 亿元，逐渐超过了期权激励方式，成为市场上较为主流的股权激励方式。

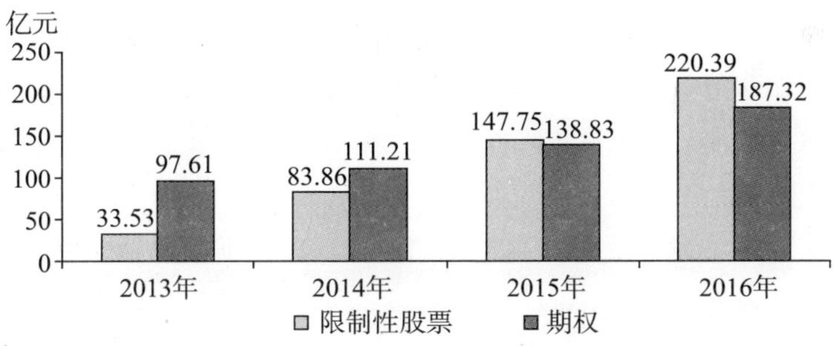

图 4-8 股权激励市场规模

资料来源：Wind 咨询、课题组整理。

从根据申万一级分类，实施股权激励的行业主要集中于计算机、医药生物、电气设备、机械设备和化工等行业。四年以来全市场授予股份总量占总股本的比重分布均大多在 3% 以下，股权激励占比 5% 以上的比例不到 5%。实施股权激励的有效期在 3 ~ 4 年，限制性股票和股票期权在 3 ~ 4 年的占比均在 50% 以上。按照行政区域划分，华东地区行使股权激励的上市公司数量占总数量的比例在 40% 以上。该区域 88% 的上市公司在行使股权激励当年业绩处于增长状态。

从资金来源分布上看，员工薪酬及自筹资金在四类资金来源中是最主要的资金来源，占比在八成左右，其次是股东或实际控制人借款，采用向第三方融资的目前最少，这正是资产管理机构的潜在发展空间。按照限制性股票融资 2016 年总融资规模 220.39 亿元、单只股票平均融资 70% 来计算，目前至少是 150 亿元左右的市场规模，而且还在逐年增长当中。其融资成本与两融平均利率相近，近期在 8% 左右。

2. 财税政策和股市波动性考验股权激励产品设计

（1）配套融资模式逐渐成熟

限制性股票及股票期权带来筹资性现金流流入，股票增值权带来经营性现金流流出。股权激励的成本在等待期内确认并进行摊销，在股权激励全部解锁前的每个资产负债表日，按照授予日股权激励的公允价值、当期的解锁比例以及预计可解锁的股权激励数量的最佳估计数，将薪酬成本计入成本费用。股权激励的成本在各个财报期间的波动可能较大，无法用当期成本预测下一期成本。此外，由于股权激励的成本在等待期内均匀摊销且分期解锁，上市公司股权激励的成本费用理论上逐年降低。

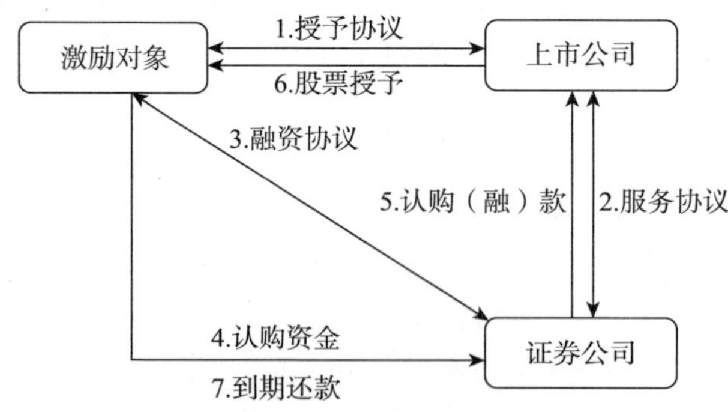

图 4-9　模式一：限制性股票融资

案例——限制性股票激励

某上市公司高管 A 作为激励对象被授予限制性股票 10 万股，授予价格为 10 元，分三期解锁，解锁比例分别为 30%、30%、40%。现股票授予日前 20 个交易日收盘价平均值和授予日市价相比中最小值为 16 元。若资管机构融资融券部门对该股票评价后的折算率为 30%，A 的融资比例为 16×0.3/10=48%。若A满额申购融资，则A此次可从资管机构融入48万元，仍需自有资金52万元。若该股票被评价的折算率为 55%，A 的融资比例为 16×0.55/10=88%，根据限制性股票融资业务授信规则，A 最高融资比例不得超过 80%。A 满额申购融资，则 A 此次可从资管机构融入 80 万元，仍需自有资金 20 万元。

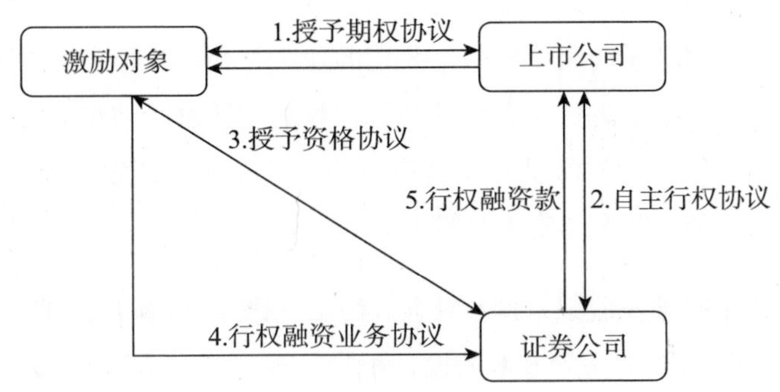

图 4-10　模式二：行权融资

案例——期权行权融资

某上市公司骨干员工B被授予期权30万份（每1份对应1股），分三期解锁，解锁比例分别为 30%、30%、40%，行权价为 10 元，现处于第一个行权期内。B 账户内无其他负债和资产，B 于某一日（T 日）希望融资行权，T-1 日该标的收盘价为 17 元，初始保障比例为 150%。由于 T-1 日收盘价（17 元）的对应的跌停价（15.3 元）比行权价（10 元）的 150% 要高，所以 B 首期能够获得 9 万元（30 万乘以 30%）的行权融资。

（2）股价分析与结构设计体现资管投行能力

2015 年股市行情较好时员工持股平台和股权激励的大幅建仓，经历了随后至2016年的震荡行情，市场对员工持股的看法逐渐成熟。对股价走势的分析，以及交易结构的设计能力，考验着资管机构专业性。

股权激励计划的实施释放了公司管理层对二级市场的看法，进而对股价产生影响。中信建投分别考察股权激励事件的几个关键时间点前后股权激励组合相对其市值基准的超额收益。按时间点所在年份对股权激励标的进行分类，例如对预案日在某一年的所有股权激励样本构建组合，计算该组合在预案日前60个交易日至预案后250个交易日的表现。考察的关键时间点有预案日、实施日和行权日。结论表明，在股权激励预案前60个交易日至预案后10个交易日均有明显的超额收益，在股权激励实施日之后120个交易日到250个交易日存在明显超额收益，在行权日之后不存在稳定的超额收益。股权激励对公司发展带来的促进作用是长期而缓慢的，公司的业绩不会因为公布实施了股权激励计划而产生飞跃，而是需要在实施日与行权日之间通过激励对象的努力而达到既定盈利目标。因此股权激励对二级市场股价的正面作用也需要时间来消化，实行股权激励的公司股票通常被长期持有。

结构设计主要涉及股票来源、资金来源、激励机制、担保比例等各个方面，2016年案例表明，员工持股方案的设计相当具有个性化（见表4-3）。

表 4-3　　员工持股计划结构设计

股票来源	二级市场购买	锁定12个月，操作简单；可以二级市场购买、大宗交易、大股东受让等形式。
	参与定向增发	锁定36个月，如使用资管计划参与定增则不得有结构化设计；优点是定增获得的股票价格低于市价。
资金来源	员工自有资金	参与对象自筹。
	上市公司员工激励基金	上市公司扣除非经常性损益后的净利润中提取的持股计划奖励基金，在预扣相应员工个人所得税后可以作为持股计划的资金来源。
	大股东融资	大股东可通过股票质押融资拆借给员工。
	资管配资	员工资金归集后认购资管计划次级，资管公司配资优先级，通过分级计划融资。

续前表

激励机制	大股东全额借款，保障收益	员工购股资金均来自于大股东，赚了算员工的，亏了算大股东的。
	大股东部分或全部担保	方案一：员工购股资金中杠杆部分由大股东提供连带担保责任，但并不兜底员工收益。 方案二：员工出资系自有资金出资，同时可引入杠杆资金，大股东为员工保本金或兜底一定固定收益且不附条件。 方案三：大股东与员工约定业绩条件，业绩条件达成则兜底固定收益，业绩条件未达成，则兜底本金。

资料来源：中信建投金融工程 2016 深度报告回顾系列之股权激励事件选股。

3. 监管关注员工持股理性发展

当前监管对员工持股配套融资的态度正在逐步放宽当中。由于限制性股票融资业务过程当中涉及以限售股股票作为质押标的给持股计划进行融资，而限售股本身由于无法流通，不能作为常规股票质押可执行的标的，所以监管对限制性股票融资业务试行试点管理，包括华泰证券、海通证券、长江证券、广发证券在内的几家券商优先试点。2016 年下半年，监管出于对风险的考虑，暂停了券商开展限制性股票融资的试点，银行信用贷款方式仍然可行；另外，期权行权融资方式不受影响。

按照公司属性来看，民营企业在员工持股计划发布企业中占据绝对多数，占所有实施员工持股方案的上市公司比例接近 80%；中央和地方国有企业仅有 50 家左右开展。受监管政策影响，近期内仅试点范围内国有企业可开展股权激励计划。截至 2016 年年底实施限制性股权激励计划和期权激励的，剔除多期激励后的公司占全部上市公司总数不到 20%，潜在市场巨大。

（1）波动行情下的员工持股

截至 2017 年 1 月 19 日，176 家实施完成员工持股计划的公司中，有 95 家公司员工买入股票后账面损益显示为亏损，其中有 57 家公司员工持股实施完成至今的亏损幅度超过 10%。亏损较多和盈利较多的企业如下：

表 4-4　　部分上市公司员工持股计划盈利情况

亏损较大	盈利较多
香雪制药：–61.51%	三江购物：227.02%
科力远：–35.17%	三力股份：210.25%
平潭发展：–34.70%	高新兴：151.4%

资料来源：Wind 咨询、课题组整理。

其中三江购物股价从当初的 13 元 / 股一度涨至 54.96 元 / 股，主要是因为“阿里系”的战略入股使市场普遍预期三江购物主业将转型升级。通过分析收益排名前十的公司可以发现，绝大多数是通过认购公司非公开发行股票的方式来完成员工持股。定增可以让员工享受到“折价”持股，利于个人资产增加；而对公司来说，在有效降低成本的同时，锁定期时间更长，也利于公司员工管理。采取定增方式，能尽量降低员工持股成本。

(2)员工持股计划新政出台

2016 年 2 月，证监会正式发布《关于上市公司实施员工持股计划试点的指导意见》，要点如下。这一指导意见的出台，有利于激励和约束员工的行为，促进股权结构多元化，利好市值管理业务。

表 4-5　《关于上市公司实施员工持股计划试点的指导意见》要点

资金来源	员工合法薪酬； 法律法规允许的其他方式
持有期限	每期不得低于 12 个月； 非公开方式持股的不低于 36 个月
股票来源	回购； 二级市场购买； 认购非公开发行股票； 股东资源赠与； 其他
持股比例	员工持股计划不超过股本总额的 10%； 单个员工所获股份权益对应的股票总数累计不得超过公司股本总额的 1%

资料来源：课题组整理。

（3）股权激励走向规范

2016 年 8 月 13 日，证监会正式开始着手实施《上市公司股权激励管理办法》。总体原则是以信息披露为中心，放松管制加强监管。新政要点如下：

表 4-6　《上市公司股权激励管理办法》要点

不得实施股权激励的情形	财报或内控被否认或无法表示意见； 36 个月内未按规定或承诺进行利润分配
不得成为股权激励的对象	独立董事、监事、5% 以上实际控制人； 12 个月内证监会认定的不适当人选，或 12 月内证监会予以行政处罚、市场禁入者； 知悉而买卖股票泄露信息导致内幕交易者； 公司法规定不得担任董事、高管的情形
细化业绩考核指标	分公司和个人等近十项指标
多期激励计划规定	后期计划低于前期的应当充分说明原因及合理性； 期权分期行权，每期不少于 12 个月，后一期行权期起算日不得早于前一期届满日

资料来源：课题组整理。

资管机构进军上市公司并购基金

股权投资领域根据投资阶段不同，分为天使投资（Angel）、风险投资（VC）、上市前投资（Pre-IPO）等；根据资金运作和盈利模式，亦可区分为并购基金、产业基金等。从投资阶段来说，并购基金一般投资的是度过初创期的非上市公司；从运作模式来说，很多产业基金有政府或大型平台作为依托来投资某些行业的新兴企业，有可能涉及产业扶持、战略布局等。并购基金对标的的运作期限比产业基金相对短、“投入 - 重组 - 出售”的盈利模式相对明确。步入资本市场的上市公司大多已经跨过最初的产品发展期，进入资本运作视角后，并购成为公司发展的常规途径。自 2013 年以来，国内并购案例和规模均逐年上升，从 2013 年 1 635 例共 6 880.31 亿元，上升至 2016 年的 2 451 例 15 397.10 亿元。2015 年由于股市平均估值较高，成为几年来涨幅最大的一年。以上市公司为依托的并购基金更加聚焦于行业资源整合，上市公司无疑为投资标的的流动性提供了一层保障，并且主导投后管理。

1. 并购基金在繁荣中走向理性

并购基金是目前产业结构调整、产权优化过程的多种手段之一，被市场持续看好。首先，目前市场利率低，资本充裕，产业并购存在巨大的投资机会；其次是政策红利，《上市公司重大资产重组管理办法》和《上市公司收购管理办法》规定：不涉及借壳上市或发行股份购买资产的并购重组将取消行政审批；鼓励依法设立的并购基金、产业投资基金等投资机构参与上市公司并购重组。

（1）股权投资退出大年，盈利模式走向多元化

截至 2016 年 12 月 24 日，234 家公司通过主板、创业板发审会，A 股上市公司增加 215 家，上市公司总数达到 3 055 家，其中有大量股权投资者的身影。2016 年无疑是股权投资退出的大年。

表 4-7　　股权投资退出数据统计

时间	并购或被并购		股权转让		清算		管理层收购	
	退出金额（亿元）	退出案例数	退出金额（亿元）	退出案例数	退出金额（亿元）	退出案例数	退出金额（亿元）	退出案例数
2016	568.6	364	51.26	66	0	0	0	0
2015	726.02	425	127.92	229	0	0	0.24	1
2014	649.33	488	109.59	153	0	0	0.7	4
2013	128.35	124	62.19	70	0.11	1	1.99	9

资料来源：Wind 金融咨询、课题组整理

并购基金最初的出现是为了解决停牌时间问题与资金问题。首先，按照停复牌新规，筹划重大资产重组事项，深交所最长累计停牌期限为 6 个月，而上交所仅为 5 个月，新规的目的是为了遏制并购炒作，但这也给真正做并购的交易增加了难度。大部分并购耗时较长，且交易存在较大不确定性。5 至 6 个月的时间完成并购是一项不小的挑战。而通过并购基金先完成对标的资产的收购，前期交易不需要停牌，可以解决停牌时间限制问题，同时减少了交易不确定性。其次，通过并购基金可以引入外部资金进行杠杆收购，使得上市公司运

用少量资本就可以撬动较大体量的资产收购。近年来并购案例平均规模逐年上升，2013 年、2014 年、2015 年和 2016 年依次为 4.21 亿元、5.18 亿元、6.11 亿元、6.28 亿元[①]，上市公司依靠单一资金支付并购对价非常困难。同时，对于并购基金的投资者而言，并购本身的收益非常可观。按照 2015 年退出的私募股权投资基金统计，年回报率至少在 10% 以上。最终如能以 IPO 形式退出，前期投入的私募年均回报率则在 55.8%。

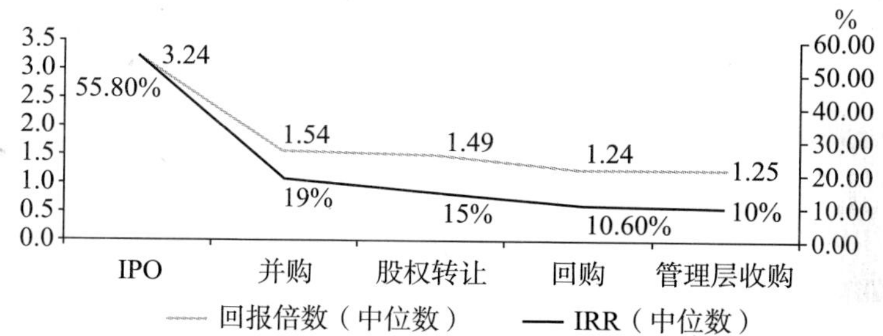

图 4-11　股权投资退出的收益率

资料来源：Wind 资讯、课题组整理。

但并非仅有退出可以为并购基金带来收益，随监管趋严，盈利模式多元化成为并购基金发展的一大问题。总结市场上现有的并购基金种类，盈利模式基本如下：

表 4-8　并购基金的盈利模式

盈利模式	模式简介	典型案例
资产重组	并购基金深度参与企业的资产梳理、剥离、新增等一系列活动，给企业组建一个新的、被认可的资产组合，然后通过并购进行转让来实现收益。	弘毅资本收购江苏的玻璃企业，再整合其他的六七家玻璃企业，然后打包为“中国玻璃”于 2005 年在香港主板上市。中国玻璃法定股本 7 亿股，已扩大股本 3.6 亿股，IPO 后首日市值为 8 亿元。弘毅投资拥有其中 62.56% 的股权。

① 资料来源：Wind 咨讯。

续前表

盈利模式	模式简介	典型案例
业绩提升	并购基金指导和参与所投资企业的日常运营，通过引入新的CEO和高管团队、推动新的发展战略、提升运营效能等，当然，改善运营还可以通过大规模的横向或纵向并购形成市场控制力。	中国建材集团通过并购上下游企业的降低运营成本实现水泥产业的“核心利润区”、降低恶性竞争。
资本运作	并购基金在收购上市公司“壳”后，通过不断往里注入自产或引入新的业务，拉升股价，在二级市场获利。在A股市场，这类借壳的行为主要发生在ST公司，用以帮助那些急于上市、盈利较好的企业。类似地，并购基金可以去收购一些资产，通过一系列“整合装饰”，未来可以转让给上市公司。	蓝色光标2010年2月在深交所上市后，完成一系列并购运作，截至2013年7月31日，市值从23.47亿元成长至180.83亿元，上涨670%。
财务顾问	任何一宗大型的并购案都会涉及“交易结构设计”，这包括并购交易的支付方式、业绩承诺、融资工具（过桥贷款、定向可转债、认股权证等），未来并购重组有很多种组合的方式。	药明康德进行海外市场私有化退市，江苏华泰瑞联股权投资基金总投资3.93亿元，并帮助企业拆分为三大部分，计划医药研发主体将在A股上市，生物制药将在H股上市，生物测序继续在海外融资。

资料来源：课题组整理。

（2）交易结构与关键条款设计体现投行能力

1. 交易结构

上市公司并购基金包括多种合作模式，大多是图4-12所示结构化资金通过SPV持有被并购标的后售予上市公司的模式。

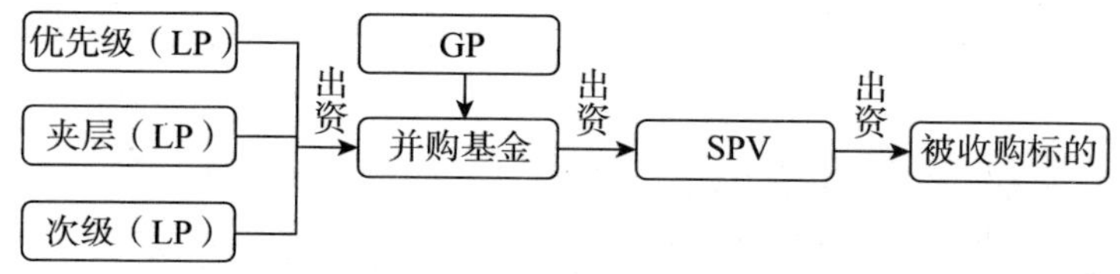

图 4-12　一般模式

次级大多由上市公司或上市公司控股股东担当，两者的区别主要在于并购标的的选择。一般来说由上市公司作为次级的并购基金，由于需要履行公告责任，对标的的担保较为充分，同时流程周期较长灵活性较低；而由上市公司股东作为次级的并购基金，因为有可能涉及被并购标的与上市公司同业竞争问题，所以不适于并购与上市公司主业相同的标的，更多适用于跨行业布局。普通合伙人角色可以由资产管理方来担任，提供资金安排、方案设计、财务顾问、保荐上市或并购退出等多种服务。

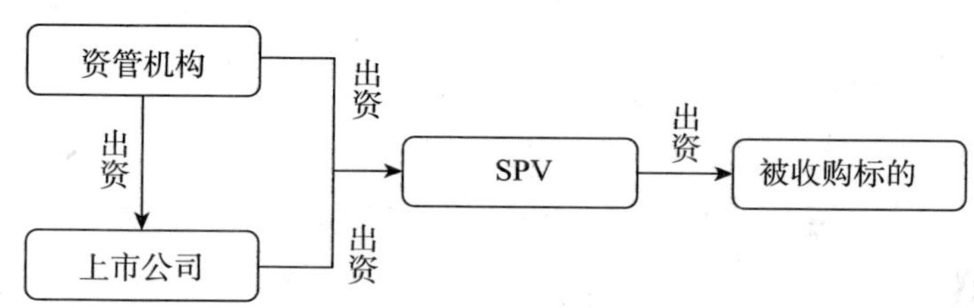

图 4-13　“交叉持股”的模式

另外一种常见的结构是“交叉持股”的模式，交叉持股是指企业法人进行互相投资而持有对方的股权。一方面，上市公司间通过主动地进行交叉持股，以实现利益共赢、风险共担。另一方面，在企业间的并购重组中，上市公司往往会因为通过并购基金进行并购的做法而被动地出现交叉持股的现象。“交叉持股”通常是企业防止恶意并购、增强协同性的有效手段，

2. 资金安排

优先级资金来源较为广泛，担保程度较强的并购基金优先级与大多股份制银行理财资金的风险收益基本可以匹配，当前环境下已成为各大行争抢的优质资产，以至于代为募集夹层成为资金方竞争优先级时的配套服务。夹层份额较为灵活，可选用固定或固定 + 浮动收益结构，一般为券商资管计划、基金

子公司资产管理计划、信托等。次级份额一般由上市公司或上市公司股东自持，也经常能见到上市公司管理层参与劣后份额。应急资金或过桥资金的准备也十分必要。并购基金的时间跨度普遍较长，从签署交易文件到路演，到投资者内部决策与放款，至少需要两个月以上的时间。

3. 投资保护——董事会的一票否决制

股权投资的一般结果是每一轮的投资者仅取得少数股东之地位（但是多轮私募的机构投资者可能合并取得多数股东的地位），如果一轮交易后投资者取得控股地位的，一般将其归入并购交易的范畴。因此，如何保护作为小股东的入股基金的权益，成为基金最为关注的问题。基金往往要求创立某些可以由他们派驻董事、可以在董事会上一票否决的“保留事项”，这是对私募基金最重要的保护。

4. 业绩承诺

业绩对赌赌的是企业的业绩，赌注是企业的股权。对于上市公司业绩补偿承诺，在2月17日的监管问答中，证监会指出，上市公司重大资产重组中，重组方的业绩补偿承诺是基于其与上市公司签订的业绩补偿协议做出的，该承诺是重组方案的重要组成部分，因此，重组方应当严格按照业绩补偿协议履行承诺，重组方不得变更其做出的业绩补偿承诺。而对于股东大会已经审议通过变更事项的，不适用此项规定。

5. 反稀释条款

投资人比较害怕的情形是信息不对称导致一轮私募交易价格过高，后期投资的交易价格反而比前期投资低，造成投资人的账面投资价值损失，因此需要触发反稀释措施。如果后期投资价格高过前期投资价格，投资人的投资增值了，就不会导致反稀释。反稀释的基本方法是“全棘轮”与“加权棘轮”。国内以使用“全棘轮”为主，即由企业家买单，转送点老股给第一轮投资者，以拉平两轮投资人之间的价格落差。

2. 多种机构竞合并购基金市场

私募股权投资仍然占据着股权投资领域的主导地位。2015 年股市阶段性牛市行情下，私募股权投资成立数量为 2014 年的 4 倍。截至 2016 年 12 月 31 日，基金业协会公布的最新数据显示国内股权投资机构超过 1 万家。[①]股权市场的火热当然不止吸引着私募股权投资机构。随着国内传统金融业的改革进程加快，银行、保险、证券、信托的转型也随之进行，尤其在参与私募股权投资方面，角色发生了实质性的改变，相继被允许获得私募基金管理人牌照。传统金融机构资金全面涌向私募股权投资基金领域的时代已经到来，金融业混业经营趋势加快。

表 4-9 传统金融机构参与股权投资的方式

机构类型	政策依据	参与方式	典型案例
证券公司	《证券公司私募投资基金子公司管理规范》	成立私募基金子公司	中信证券私募子公司金石投资； 华泰证券私募子公司华泰紫金
保险公司	《保险资金投资股权暂行办法》 《保险资金投资股权和不动产有关问题的通知》	可进行直接投资	平安保险投资美华妇产； 泰康人寿保险投资安琪儿妇产
公募基金	《基金管理公司特定客户资产管理业务试点办法》	开放式公募基金不可以投资于股权。公募基金可以在开设子公司后，通过设立资产管理计划，投资于“未通过证券交易所转让的股权、债权及其他财产权利”	嘉实元和封闭式混合型发起式基金

① 数据来自清科研究中心《2016 股权投资市场回顾》。

续前表

机构类型	政策依据	参与方式	典型案例
银行	《关于支持银行业金融机构加大创新力度开展科创企业投贷联动试点的指导意见》	借用集团内部投资功能子公司，大多采取投贷联动模式	南京银行借用集团下设鑫沅股权投资管理公司进行投贷联动； 北京银行创设首家银行孵化器“中关村小巨人创客中心”

资料来源：课题组整理。

（1）全业务链投行带动证券公司业务

上市公司与券商联合设立并购基金的模式较为常见，例如华泰证券通过旗下全资子公司华泰紫金设立了华泰瑞联基金管理有限公司，之后华泰瑞联发起设立了北京华泰瑞联并购基金中心，吸引到了如爱尔眼科、蓝色光标和掌趣科技等多家上市公司参与。海澜之家与华泰证券设立的华泰瑞麟股权投资基金合作，并使用 1 亿元参与设立华泰新产业基金，紧盯移动互联网领域的投资机会。大投行战略因全业务链综合服务能力而成为国内大中型券商的普遍发展战略。构建大投行的背后逻辑在于由研究 / 专业、风控、销售组成的“铁三角”，从组织架构、人员配置、激励机制等方面进行全方位的重塑。

券商私募子公司作为最早进入私募股权投资领域的传统金融机构，成为目前传统金融机构中参与私募股权投资领域的排头兵。截至 2016 年底，超过 70 家券商设立私募子公司。目前证券公司参与私募股权投资的模式主要是通过私募子公司进行投资，私募子公司以设立私募基金形式开展非标股权投资及债权投资。

表 4-10　　部分券商私募子公司的情况

券商	私募子公司	2016 营业收入（亿元）	2016 净利润（亿元）	2016 净资产（亿元）
中信证券	金石投资	32.44	16.72	130.8
国泰君安	国泰君安创投	3.55	1.57	54.59

续前表

券商	私募子公司	2016 营业收入（亿元）	2016 净利润（亿元）	2016 净资产（亿元）
海通证券	海通开元投资	12.22	6.96	137.59
广发证券	广发信德	6.16	2.11	49.74
华泰证券	华泰紫金投资	6.07	3.84	64.31

资料来源：课题组整理。

（2）险资匹配程度较高，监管高度关注举牌行为

除项目开发以外，并购基金中另一重要因素即产品端的资金筹措能力。作为私募产品的典型，国内的私募证券投资基金最多锁定一年，大多数锁定 3 个月、6 个月；私募股权投资基金本身退出期限较长，很多还涉及注入资金后的资产重组等操作，按照发达国家惯例一般基金成立 3—5 年是投资期，5 年后为退出期。相比于国外私募股权投资市场，目前最大的难点还是长期资金难以寻觅。

保险公司作为私募股权投资的机构投资者之一，被认为是与资金使用周期较匹配的。保险业资金具有长期、稳定的独特优势，这一特性有利于保险资金发挥长期投资的优势。而私募股权基金的期限较长，险资在设立并参与私募基金项目时，对其优化资产配置，强化资产负债匹配管理都起到了一定的作用。

2015 年 9 月，保监会发布《关于设立保险私募基金有关事项的通知》，明确了基金类别和投向，重点投向国家支持的重大基础设施、战略性新兴产业、养老健康医疗服务、互联网金融等产业和领域。同时，该通知还规定建立规范化的基金治理结构。2016 年 3 月保监会出台《关于修改〈保险资金运用管理暂行办法〉的决定（征求意见稿）》，提出“保险资金可以投资创业投资基金等私募基金，专业保险资产管理机构可以设立夹层基金、并购基金、不动产基金等私募基金”，为险资加码并购基金亮起绿灯。

（3）去通道背景下，资金募集成为核心竞争力

信托、基金子公司资产管理计划、券商资产管理计划三者虽然在法律依据、

投资范围等方面略有不同，但在“上市公司 + PE”模式的并购基金合作模式中均处于通道方的角色。在资管新规陆续出台后，高杠杆受到限制，三种主体均受净资本约束。三者从拼杠杆率、拼费率，转向资金募集能力的比拼。

表 4-11　　部分资管机构投资限制和资金募集能力比较

	信托	基金子公司资管计划	券商资管计划
法律关系	信托关系	信托关系	委托关系
投资限制	不能投资票据资产	不能参与股票质押式回购	定向资产管理计划仅限于单一资金投资，投资限制较少。
			集合资产管理计划的不能将募集资金投资到未在交易所转让的股权、债权、LP 受益权和财产权等。
资金募集	个人资金募集能力依赖产品销售能力。	个人资金募集能力较弱。	资金募集能力依赖经纪业务能力。
	机构资金部分来自资金池	机构资金依赖股东背景	

资料来源：课题组整理。

资金募集能力包括个人投资者和机构投资者，经过几年的资管发展，信托积累的个人客户相对较多，券商主要依赖经纪业务的代销能力，基金子公司则更多依赖母公司的募集能力。在机构投资者当中，银行理财资金一直是较为重要的资金来源。因此，对银行资金的引流能力成为信托、基金子公司、券商资管的差异化竞争力。

目前，中国商业银行法、银监会 2010 年 72 号文、2014 年商业银行理财业务征求意见稿、2016 年商业银行理财业务征求意见稿对银行投资范围加以限制，禁止银行理财资金投资非上市公司股权。

银行资金参与并购基金，更多是投资已有回购承诺的股权，并要求有劣后资金作为兜底。近些年来，银行主要采用和 PE/VC 合作的方式参与一级市场股权类投资，也有银行直接与上市公司签订战略合作的案例，比如 2015 年 1 月，东方园林与民生银行建立战略合作关系，协助公司制定产业链并购整合发展的金融方案。双方将设立并购基金，对东方园林选取的上下游产业链并购目标进行收购和培育。

表 4-12　　部分银行机构并购基金业务尝试

银行	并购基金业务尝试。
民生银行	通过“并购翼”系列产品募集资金，聚焦地产、冶金、能源、交通等行业。
招商银行	“融资 + 融智”体系，与券商等机构充分合作，案例如盛大游戏、分众传媒、巨人网络。
平安银行	聚焦产业基金业务，规模超过 2 万亿元，主要投向基建、国企改制、产业升级等。

资料来源：课题组整理。

3. 监管趋严下的理性扩张

（1）并购回归理性

并购市场的火热伴随着巨量资金的流入流出，引发监管关注。2016 年年中以来，证监会并购重组的监管基调开始从放松监管、强化信息披露转回实质性审核，审核尺度趋于严格，并推出一系列政策抑制题材炒作与市场套利驱动的并购交易，引导市场回归理性。2016 年全年证监会重组委共审核 275 起并购重组交易，其中有条件通过 121 起，无条件通过 130 起，否决 24 起，重组委否决率从 2015 年的 6% 上升到 9%。尤其在 2016 年第二季度和第三季度，否决率一度高达 10% 以上。同时有条件通过案例在全部通过案例中的占比也从 2016 年第一季度的 59% 下降到第四季度的 36%，重组委审核关注点逐渐突出，减少有条件过会中间地带。在 2016 年证监会否决的 24 起并购重组交易中，标的资产未来盈利能力的持续性和盈利预测的可实现性备受关注，同时证监会更加注重分类审核，对于借壳交易从严监管，借壳交易显著减少。到 2016 年年末，多起上市公司并购被监管认定为“忽悠式重组”，上市公司及中介机构均受到严查。在此背景下，并购基金市场粗放式发展时期结束，进入精耕细作的时代。

表 4-13　　并购重组回归理性

2016 年 3 月多层次资本市场扩容暂缓	2016 年初，注册制改革和战略新兴板的推出暂缓。
2016 年 5 月中概股回归基本叫停	搜房网借壳万里股份、世纪华通收购中手游、银润投资收购学大教育叫停。
2016 年 6 月借壳新规征求意见	封堵通过资产规模规避借壳的漏洞，西藏旅游收购拉卡拉被否。
2016 年 6 月配套融资受关注	降低并购重组配套融资额上限，配套融资不得用于补充上市公司和标的资产的流动资金，由此缩短并购重组套利空间。
2016 年 9 月 IPO 绿色通道政策落地	对满足扶贫条件的企业，“即报即审，审过即发”。
2016 年 11 月 IPO 发行全面提速	月核发批文超过 50 家，1—2 年内消化排队企业。

资料来源：课题组整理。

（2）交易结构与资金安排均需谨慎

交易结构中的交叉持股问题常成为监管关注的重点。由于“交叉持股”方式的股权结构不清晰，很有可能导致企业间的利益输送，从而损害上市公司中小股东利益。虽然中国法律对于企业间“交叉持股”并无明令禁止，但证监会对于交易后出现“交叉持股”的并购案例给予了一定的重视，因此这也成为了企业并购重组中需要考虑和解决的一大问题。

对于并购重组中出现的“交叉持股”问题，证监会或交易所均就此向上市公司发送问询函，其提出的问题包含：并购后交叉持股安排是否合法合规；上市公司是否拥有并购基金（或其他交叉持股对方公司）的控制决策权；交叉持股对于公司治理结构是否有影响；上市公司是否存在通过使用自有资金直接或间接买卖本公司股票的行为；方案设置的合理性和对于中小股东权益的保护措施等。

证监会于2016年2月17日以监管问答的形式收紧了上市公司发行股份购买资产的募集配套资金运用，明确募集配套资金不能用于补充上市公司和标的资产流动资金、偿还债务。证监会表示考虑到募集资金的配套性，所募资金仅可用于支付本次并购交易中的现金对价；支付本次并购交易税费、人员安置费用等并购整合费用；投入标的资产在建项目建设。募集配套资金不能用于补充上市公司和标的资产流动资金、偿还债务。本次证监会解答口径大幅收紧了并购重组的配套融资资金用途，监管收紧目的主要还是给“炒壳”降温，促进市场估值体系的理性修复。

（3）资管机构理性参与

券商“大投行战略”的一二级市场联动方式应当远离利益输送的红线。2016年12月30日，中证协发布《证券公司私募基金子公司管理规范》和《证券公司另类投资子公司管理规范》，新规对“保荐+直投”模式的认定标准发生了更改，有望让这一利益输送模式彻底绝迹。“保荐+直投”模式是指券商直投突击入股自己保荐的拟上市公司，从而形成利益输送。2007年券商直投试点开始后，该现象一度非常严重。2011年证监会颁布《证券公司直接投资业务监管指引》，对“保荐+直投”模式亮起红牌。但在实际操作上，仍存在一定的规避可能。监管层原来采取的是“签订投资协议与首次中介协调会孰先”的原则来认定“保荐+直投”。有些券商会采取投行先摸底尽调，再引入券商直投签订投资协议，之后再正式由投行召开中介协调会的方式进行规避。新规发布后，将采用更灵活的“签订投资协议与实质开展保荐业务孰先”原则。操作上，投行做尽调就算是实质开展保荐业务，很难不留痕，直投如果再去入股，就是明显违规，将受到重罚。

保险在经历了“举牌热”之后，万能险资金配置上市公司股权的方式被叫停。2016年12月5日，保监会宣布处罚前海人寿，对前海人寿采取停止开展万能险新业务的监管措施，并表示密切关注恒大人寿的相关情况；2016年12月9日，保监会又发布一则消息称，恒大人寿保险有限公司在开展委托股票投资业务时，资产配置计划不明确，资金运作不规范，因而暂停恒大人寿保险有限公司委托股票投资业务，并责令公司进行整改。之后，保险公司举牌上市公司的行为大幅减少。

银行理财资金迎穿透式监管。一是对于银行理财投资特殊目的载体的底层披露要求进行了明确，要求先登记理财投资的各类资产管理计划和协议委外信息，再披露底层资产和负债信息，即执行“多层嵌套、分层登记”的要求，对于过去希望通过资管产品嵌套来规避监管的行为进行约束；二是要求银行每周登记资管计划和协议委外的底层资产情况，进行动态跟踪，相比此前非现场检查报表的时间要求更加严格；三是投资集合资管计划必须披露完整的底层基础资产，不得少登或按照理财资金投资比例拆分登记，过去通过集合产品隐藏风险资产或非标资产的操作将被限制。

资管投行化面临的挑战及发展趋势

本质上是下沉资质、加久期、加杠杆

2012 年中国开启了金融自由化改革，金融创新层出不穷，资产管理行业经历了爆发式增长。与此同时，中国经济告别了高歌猛进式的增长，经济增长呈 L 形走势，金融市场的波动日益加剧。2013 年市场爆发“钱荒”，2014 年开始信用债违约出现，2015 年发生“股灾”，P2P 市场从爆发到大量跑路，险资在二级市场举牌等，都与资产管理行业有着密切的联系。在宏观经济下行的大背景下，资管行业却在追求与经济周期不匹配的高收益和刚性兑付的业务模式，市场风险和信用风险未能充分定价，资管的投行化和资管机构追求绝对收益率高的资产和刚性兑付有着不可分割的联系，金融风险不断积聚在金融体系内。

资管投行化运作是资管机构只求高收益资产的一种表现方式，本质上高收益意味着高风险，意味着更高的集中度和资质更为下沉，但是过去几年，由于整体上还是一个偏刚性兑付的环境。一旦刚性兑付有所松动，资管机构采取投行化运作将面临巨大挑战，重仓持有的高收益资产最后还本付息出现问题，对于负债端多数为预期收益型的资管机构来说很难应对。一些资管机构的运作

方式非常激进和粗放，基本以买入高收益资产并持有至到期为主，会促使金融体系内的风险积累。

需在“净值化”、“去通道化”以及“去资金池”的框架内理性发展

首先，监管倡导大力发展净值化的产品，限制预期收益性产品的发展，在资本计提等各个方面设定差别条款。资管投行的出现本质还是因为预期收益型负债端刚性兑付压力带来资产端的投资压力，欠配的成本巨大，资产配置思路与净值型产品有所不同。而现在监管鼓励净值化产品发展，希望能够充分发挥管理人的资产管理能力，打破刚性兑付，将信用风险和市场风险充分定价，防止风险过度积聚在金融体系内。

其次，资管投行的模式下，资管机构将承揽、承做、销售和发行这几个本身分布在承销牌照和资产管理牌照中的不同职能一并兼职，在目前各个牌照设立防火墙的运作模式下，必然需要在外部租借通道，这在一定程度上和目前监管“去通道化”的努力背道而驰。

此外，资管投行的运作模式下所产生的资产很多都是为了匹配类资金池产品，如券商资管的成本法大集合、基金专户的伞形专户、银行理财、保险的养老险和万能险等产品，上述产品都是各个资管机构最重要的竞品，也是规模最大的品种。但是目前监管的风向毫无疑问是要“去资金池化”，对于滚动发行、集合运作、期限错配、分离定价的资金池业务监管是不鼓励的，希望能够统一回到净值型产品上来。

资管机构面临的负债端压力大幅上升

监管趋严下负债端压力大幅增加，加上近年私募投行市场较为萧条，资管机构面临严峻挑战。在央行中性偏紧的货币政策基调下，银监会、保监会、证监会出台了一系列监管政策，债券市场和货币市场的利率水平自 2016 年 11 月底开始大幅上行。在负债端成本大幅上行的同时，资金的可得性也大幅下降，过去几年兴盛的银行委外出现退潮的趋势，在银监会一系列的自查动作和

监管政策出台后，新增的委外已经大幅减少，存量的委外因为 2016 年年底债市利率大幅上行面临巨大浮亏，管理人和委托人面临做不到预期收益率甚至本金亏损的处境，部分银行选择止损，资管机构面临的赎回压力大幅上升。

符合监管要求的“投行化”仍是长期的挖掘优良资产的资管业务有益尝试

资管机构主动寻找资产的趋势在去通道背景下日益明显。在此背景下迫使资管资金委托方特别是以银行资管为代表的理财资金委托方迫切地寻找资金投放“出路”。一方面在“标准化”资产方面，可以看到一旦市场出现较为明确的投资或套利机会，资金就会通过各种产品形式迅速、高效地进行投放，比如自 2015 年以来我们所看到的各类产品形式如“多账户二级市场配资”“打新股专户”“打新股基金”“定制公募基金”“一二级市场联动 PIPE 私募产品”等，产品形式的路径演变较为明显，从依赖“抵质押增信”“优先列后杠杆增信”到”相关金融或企业主体增信”，再到“委外定制”，甚至到部分的“直投”尝试。这其中也涉及到为了寻求更好的标的投向，与投行业务相结合所衍生出的一些投资方式，比如“定增配资”“员工持股计划”“EB 专户产品投资”“并购配资”等。另一方面，在“非标准化”资产投放及获取方面，因委托资金刚性兑付性质，致使各类资金机构在寻找标的资产方面，更需要广泛寻找“安全”资产，如与地方政府及相关国企捆绑的 PPP 投融资业务、与地产有关融资类业务以及金融机构互持投放的相关业务、上市公司或实际控制人增信并购融资类业务，均直接间接地以“投行挖掘资金需求的方式”向上游延伸，寻求有效增信及可投资资产。

但在 2016 年 5 月至今的强监管背景下，可以看到该趋势得到有效“遏制”。主要在于大的金融监管环境及逻辑已经完全发生变化，由原来的“鼓励金融创新”及“混业经营”，逐渐演变成国家层面的“防范金融风险”，强调“统一、拉直监管”。故原有的“投行化”挖掘资产及寻找业务机会的方式，已伴随着证监体系进一步明确资管“八条底线”、“去通道、控基子、限规模”、规范私募、修订再融资及并购重组制度、严查二级市场违规操作等一系列监管措施实施及落地，资管“投行化”产品实施的可行性难度加大，更强调求真务实。加之近半年来保监及银监对保险资金运用及银行理财资金运用的一系列监管政策的逐步落实，从资管机构委托资金最大源头方面将限制资管机构资金来源，资管机构或资金委托方“投行化”挖掘资产驱动也将极大减弱。

总之，一行三会的各项政策对资产管理业务“类投行”开发的影响基本都是负面的。特别是非公开发行实施细则的修订，对于非公开发行和重组配套融资这个品种的影响非常大。

同时可以预见，在强监管的背景下，资管机构“投行化”总规模在趋势性下降，但从长期而言，去通道、去杠杆、去嵌套，脱虚向实等符合监管要求，有利于整个资管行业健康发展的资管“投行化”业务仍是长期的挖掘优良资产的资管业务的有益尝试，比如“员工持股计划”“定增”“真正的并购融资”“EB投资”“资产证券化”等。

REITs 的海外基因与中国实践

境外 REITs 起步时间早且发展迅速，自 1960 年美国发行第一支 REITs 至今，目前全球有 30 多个国家和地区推出了 REITs 产品，美国 REITs 市场成熟，是全球最大的 REITs 市场。亚洲新兴市场 REITs 发展起步较晚，2000 年后才真正兴起，日本、新加坡、中国香港也相继成为亚洲主要的 REITs 市场。什么是 REITs，其核心是什么？美国如何发展成为全球最大的 REITs 市场？海外 REITs 市场有哪些成功经验可以借鉴？中国的 REITs 市场发展现状如何？未来存在哪些挑战？

REITs 的定义、分类和现状

房地产证券化是 REITs 的核心，降低门槛，提高流动性

REITs，即 real estate investment trusts 的缩写，是指集合投资者的资金，由专业机构管理，投资于能产生稳定现金流的出租型房地产，并将所产生的现金收入及时派息分配，为投资者提供长期稳定的现金收益的信托型或者公司型基金。这一定义体现了 REITs 两方面的性质：一是金融机构性质，REITs 是信

托型或公司型基金，募集社会大众的资金，并将资金投资于特定产业（如房地产行业），所获得的收益需分配给投资者；二是专业的管理机构性质，按照专门的法律程序从事房地产物业运作的机构，如权益 REITs 是从商业地产采购、开发、管理维护、销售过程中取得租金和销售收入。

和房地产直接投资相比，REITs 具有流动性高、收益稳定、专业管理、物业类型多样化以及能够抵御市场和通货膨胀变化风险等优势，广受市场和长期投资者认可。和房地产信托相比，REITs 是标准化产品，可以在二级市场流通，公募发行，投资者范围更广，看重房地产运营，期限较长，一般为 10 年及以上；而房地产信托多是为某新开发项目向单一或多个机构定向募资，约定固定收益，期限较短，1—3 年。

总结而言，REITs 的核心理念是房地产证券化，把流动性较低的、单笔规模极大的房地产投资，转换为小而分散的证券资产的过程。既可以降低房地产行业投资门槛，为中小投资者提供渠道，也为房地产行业融资提供新渠道，推动金融创新，同时还能盘活存量资产，提高房地产流动性。

REITs 按收益分为权益型、抵押型和混合型

REITs 在国内翻译为“房地产投资信托基金”，但从组织形式看，并非全部是契约型（如基金、信托），如中国香港、德国采用基金形式，英国规定必须是公司型，而美国、新加坡在资产持有、收入来源、利润分配、投资者构成等满足条件后，组织形式自由选择。

REITs 的分类和我国基金的分类相似，按组织形式分为公司型 REITs、契约型 REITs；按发行方式可以分为公募型和私募型；按运营期限长短分为封闭式和开放式；按收益来源分为权益型 REITs、抵押型 REITs、混合型 REITs。

权益型 REITs 直接持有经营房地产，包括酒店、写字楼、购物中心、仓储中心等，收益来源是所持地产升值及经营租金、利息和物业服务相关收入，收益更加稳定且回报率高。抵押型 REITs 不直接持有房地产，通过投资房地产抵押贷款的债权或相关证券获得收益，如包括 RMBS 和 CMBS 的住房抵押贷

款支持证券（Mortgage-Backed Security，RMBS）。混合型 REITs 兼顾权益型和抵押型 REITs 的模式。

表 5-1　　权益型和抵押型 REITs 的区别

	权益型	抵押型	混合型
期限	永续	有固定期限	二者混合
运作模式	直接参与商业地产、写字楼或酒店等物业的投资和运营	投资 CMBS 等房地产相关债权或为地产开发商提供按揭贷款	二者混合
盈利模式	租金收入、物业增加值收益	手续费、利差	二者混合
投资标的	商业地产、写字楼或酒店	CMBS 或按揭贷款	二者混合
影响收益的主要因素	商业地产行业景气度，运营管理能力	利率，底层资产的债权稳定性	二者混合
商业物业所有权	原始权益人将商业物业所有权出售给 REITs	原始权益人通过抵押商业物业所有权获得资金，在偿还贷款后保留所有权	二者混合
底层现金流分配	以强制股息或分红的形式分配	直接偿付借款本息	二者混合

资料来源：作者整理。

经营策略：综合型和专业型并行

在 REITs 市场发展早期，“分散化 / 综合化”是 REITs 采用较多的投资策略，每个 REITs 持有不同类型、区域的物业，分散风险。根据 NAREIT 数据，20 世纪 90 年代，约 25% 的 REITs 被归类为“综合型”REITs。但随着内部管理模式增加，REITs 可以提供房地产以外业务的服务，REITs 逐渐向专业化管理转变，到 2016 年，只有 5% 的 REITs 被归类为“综合型”REITs，这与我国目前的类 REITs 发展现状差别较大。

由于政策原因和 REITs 发起人的运营能力，亚洲地区的经营策略以综合型为主。根据《亚洲房地产投资信托基金（REITs）研究报告》统计，综合型

REITs 最为普遍。在亚洲市场上的全部 REITs 中，50 只都是包含多种物业类型的综合 REITs，其次为写字楼物业、零售物业和工业 / 物流物业的 REITs，分别为 29、19 和 18 只。

规模快速增加，收益率市场分化

REITs 在全球范围内快速发展，规模持续增加。根据 NAREIT 数据，截至2015年3月末，在美国NYSE和NASDAQ两个交易所上市的REITs有257个、合计市值 9 846 亿美元，占到了全球市场的 60%。根据《亚洲房地产投资信托基金（REITs）研究报告》统计，截至 2016 年三季度，亚洲市场上活跃了 141 只 REITs，总市值 2 096 亿美元，其中近 95% 的总市值来源于日本、新加坡和中国香港市场。日本的 REITs 市场尤其活跃，共有 56 只 REITs，总市值 1 160 亿美元；新加坡发行了 36 只 REITs，总市值 518 亿美元；香港迄今发行了 10 只 REITs，总市值 301 亿美元，三个市场 REITs 总市值占比分别为 55%、25% 和 14%。

除了规模的快速增加，REITs 的收益率也逐渐出现分化。根据 NAREIT 网站上的信息，分析 1994 年至 2015 年间办公、住宅、零售、工业、酒店、医疗等物业类型 REITs 的收益率情况，计算其平均收益率及方差并得出图 5-1。通过该图，我们可以发现：专业型 REITs 中，工业类 REITs 中的自助储存业务表现优异，医疗健康类 REITs、公寓类 REITs 与零售类 REITs 在众多类型的物业中收益表现较好，且稳定性较高。 酒店类 REITs 的平均收益率最低，风险最大。

海外 REITs 市场发展及案例分析

美国：完善的立法体系和税收制度推动 REITs 快速发展

REITs 起源于美国。1960 年，综合权衡税收减少对经济体的短期负面影响和拉动投资对经济体的长期正面影响，美国国会通过《1960 年税收改革法案》

的修正案《房地产投资信托法案》，正式允许房地产投资信托，并给予优惠税收待遇，标志着现代 REITs 的开端。

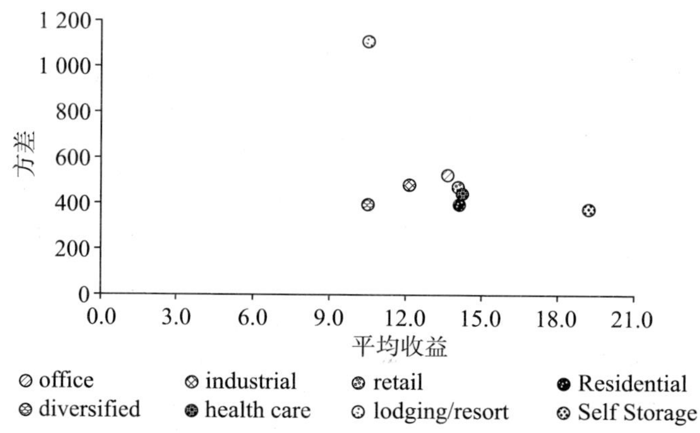

图 5-1　不同物业类型的 REITs 平均收益率及方差比较

资料来源：NAREIT。

1986 年是美国 REITs 发展的分水岭。早期的相关法律禁止 REITs 管理或运作其财产，要求必须由第三方管理，管理者和 REITs 存在较大的利益冲突。同时，其他房地产投资工具具有较强的竞争力，如 RELP（Real Estate Limited Partnership，不动产有限合伙）可以使用加速折旧的记账方式进行税收抵减，REITs 市场发展较为缓慢。这段期间，美国以抵押型 REITs 和混合型为主。1986 年第二次修订《税收改革法案》，一方面限制了 RELP 的减税优惠，取消了房地产的加速折旧记账方式；另一方面放松 REITs 的准入标准，允许 REITs 拥有房地产，同时可以直接选择、雇用和补偿第三方独立合作者来管理 REITs 物业，使得权益型 REITs 在所有权和资产经营权上有更强的基础。

《税收改革法案》解决了 REITs 重复征税问题，释放了 REITs 的流动性，叠加当时物业资产价格飙升的影响，权益型 REITs 的吸引力显著提高，逐渐替代 RELP，1990 年规模首次超过 RELP。同时，内部管理制度使得经营团队和 REITs 持有人的利益趋同，提高了经营效率。卡帕扎（Capazza）和塞金（Seguin）1998 年的分析发现采用外部管理模式的 REITs 每年收益低于采用内部管理模式的 REITs，大约低 7%。实践中，自 1986 年后的 20 年内，美国外部管理模式的比重从接近 50% 降低至 10%[①]。

随后，《1997 年纳税者减免法》和 2001 年生效的《REIT 现代化法案》都是 1986 年的《税收改革法案》修正案的延续，将 REITs 推动成为能灵活满足客户需求的投资机构，且收益率较稳定，介于债券和股票之间，有极强的通胀抵御能力和流动性。同时，美国经济稳速增长，房地产行业蓬勃发展，使得 REITs 成为养老基金、大学基金会、共同基金等的长期投资产品，美国房地产投资信托基金得以充分发展。

从类型看，自 20 世纪 90 年代初开始，权益型 REITs 产品数量开始超过抵押型 REITs，混合型 REITs 占比逐年下降，截至 2016 年年初，美国市场 90% 以上是权益型 REITs，混合型 REITs 在美国市场不超过 1%。按发行方式分类，美国 REITs 分为公募上市型、公募非上市型和私募型三种类型。根据 NAREIT 的数据统计，截至 2013 年，美国共有 309 家 REITs 公司，其中上市的权益型 REITs 公司有 172 家，抵押型 REITs 有 48 家，共计 230 家上市公司；非上市的 89 家 REITs 公司中，权益型占 69 家，抵押型占 20 家。而且上市 REITs 公司的总资产占所有 REITs 公司总资产的 94%，美国公募型 REITs 居于绝对统治地位。

表 5-2　　美国三种 REITs 发行方式对比

发行方式	公募上市型 REITs	公募非上市型 REITs	私募型 REITs
总体特征	在 SEC 注册且在交易所交易	在 SEC 注册但不在交易所交易	不在 SEC 注册且不在交易所交易
流动性	股票上市并每日进行场内交易，有最低流动性标准	股票不在公开交易所交易，股票赎回程序因公司而异，并有一定限制	
董事独立性	要求设立独立董事		没有规定

① 张立，郭杰群．我国基础设施 REITs 路径初探．中国金融，2017（4）。

续前表

发行方式	公募上市型 REITs	公募非上市型 REITs	私募型 REITs
最低投资额	1 股	1 000—2 500 美元	1 000—2 500 美元，机构投资者更高
公司管制	按照《证券交易法》规定	根据北美证券市场管理者协会规定	没有规定
信息披露要求	要求向公众披露年报和季报等相关信息并报送证监会	要求向证监会披露年报和季报等相关信息	没有规定
表现评价	有独立的业绩评估标准	没有独立的业绩评估标准	

资料来源：NAREIT。

全球各地 REITs 都一定程度上参考借鉴美国的发展路径。具体分析，税收驱动和政策效应推动了美国 REITs 市场快速发展。税收驱动是美国 REITs 产生、发展和创新的原动力。当满足股东构成、资产持有类型、经营活动限制、负债比例、收入分配等一系列约束条件，在美国可以被视为“税收透明体”或享受相应的税收优惠政策。一个公司是否享受 REITs 面临的税务差别巨大。对于项目公司层面的税收，REITs 的核心是税收中性，即对于 REITs 分配给投资人的收入，REITs 免征所得税。《1960 年税收改革法案》赋予 REITs 与共同基金类似的税收优惠，美国 REITs 市场才正式确立。后续其他国家或地区在建立 REITs 相关制度时，也采用了类似的安排。如今，税收中性被公认为 REITs 发展的关键。

表 5-3　　项目公司层面税收[①]

国家 / 地区	税种	计税基础	税率	若满足 REIT 要求*，面临的税收
美国	房产税	物业价值	1%—3%	无
	所得税	利润部分	累进税率 15%—35%	租金收入用于分红部分免税；TRS 产生收入仍须缴纳相应所得税
澳大利亚	所得税	利润部分	49%	租金收入用于分红部分免税
英国	所得税	利润部分	20%	来自于租金的收入免税，但投资其他 REITs 收益不免税
新加坡	房产税	租金（扣除相应费用）	10%	无
	所得税	利润部分	17%	分红部分免税；出售利得免税
中国香港	所得税	利润部分	16.50%	SPV 层面利润征税，来自 SPV 的分红免税，境外取得的收入免税
印度	所得税及附加	利润部分	33.99%	SPV 层面利润征税，但 SPV 支付给 REIT 的收入免税，REIT 直接持有的物业的租金收入免税

* 每个国家的 REITs 认定标准不同。

新加坡：税收优惠、弹性监管、亚洲布局是其快速发展的主因

新加坡是亚洲主要的 REITs 市场之一，2002 年 7 月，新加坡首只 REITs 凯德商用新加坡信托（Capital and Mall Trust），在新加坡交易所主板成功上市，募集了约 9 亿元。2002—2007 年间，随着大量新兴的房地产投资信托基金上市，新加坡 REITs 市场进入快速扩张阶段。次贷危机期间，S-REITs 上市进程

① 张立、郭杰群 . 我国基础设施 REITs 路径初探 . 中国金融，2017(4)。

放缓，2008 年仅有一只 REITs 成功上市，2009 年上市数目为零。2010 年，第二波 REITs 上市潮来临，并于 2013 年达到峰值。截至 2017 年 3 月末，新加坡交易所存续 39 只 REITs，存续规模 849.2 亿新加坡元。

新加坡用 15 年时间发展成为亚洲第二大 REITs 市场，主要得益于以下三方面优势。

1. 独一无二的税收优惠政策

税法针对专门投资于成熟物业的 REITs。有三项优惠政策，一是 REITs 本身免缴公司税（相当于我国曾经的营业税），二是 REITs 进行物业投资时免缴印花税，三是 REITs 的投资者为新加坡居民的免缴所得税。

此外，新加坡当局实施了税收优惠政策和降低设立成本等一系列吸引外国投资者的措施，来鼓励国外企业将新加坡境外的房地产透过 S-REITs 的渠道在新加坡上市。具体来说上述优惠政策包括：外国非个人投资机构的税率由 20% 下降为 10%；个人投资者于 S-REITs 分红的所得税免缴；S-REITs 物业出售的印花税免除等。个人投资者参与分红时无需缴纳所得税，REITs 的市场需求上升，REITs 的价格和收益也随之上涨；REITs 发行人可以减少筹集资金成本，增加基金可分配利润，促进 REITs 价格和收益水平的上升。

2. 简单设立 + 弹性监管，彰显后发优势

新加坡 RETIs 快速发展得益于两点政策便利：一是发起设立比较简单。新加坡 REITs 采用外部管理模式，S-REITs 必须有一个独立于管理公司的受托人，受托人必须由新加坡金融管理局（MAS）认可，一般由银行或信托公司担任，资本不低于 100 万新加坡元，且具备有关的组织资源和管理经验。管理公司必须是新加坡注册的上市公司，且持有 MAS 颁发的投资顾问执照，具备 5 年以上的房地产基金管理经验。MAS 只针对 REITS 的受托人和投资管理人进行许可管理，RETIs 产品设立时，应由有受托人资格的机构依照物业所有人的意愿设计出交易结构，制订出详细的招募说明书，向 MAS 提出申请，获得 MAS 同意后，即可公开发售。如果在新加坡交易所交易，还需要向新交所递

交材料。二是监管较有弹性。一方面，新加坡允许 REITs 产品对外负债，但比例不能超过 REITs 财产净值的 35%（当 REITs 产品取得了标准普尔或穆迪公司的公开信用等级时，对外负债比例可超过 RETIs 财产净值的 60%），用于房地产开发投资的金额不得超过 RIETs 财产净值的 10%，如果希望得到税收优惠的产品，其收入的 75% 以上应来源于成熟物业，且 90% 的收入应分配给投资者。另一方面，新加坡则规定，发生关联交易时，必须由两个评估机构对财产进行评估，购买关联财产时，以低评估值为依据，将财产卖给关联人时，应以高评估值为依据，且每一关联交易均需向 MAS 报告。

3. 基础物业亚洲全布局，收益率较高

与其他发达经济体不同，新加坡的 REITs 市场较为国际化，即大量 REITs 持有的基础物业除了位于新加坡本国之外，位于马来西亚、中国、印尼的也占有较高比例，体现了新加坡作为亚洲地区 REITs 募资中心的地位。根据《亚洲房地产投资信托基金（REITs）研究报告》统计，截至 2016 年三季度，新加坡有 10 只 REITs 持有位于中国大陆地区的物业，占全部上市 REITs 的 28%，新加坡上市 REITs 共持有 47 处中国物业，一、二线的物业分别占 47% 和 49%，地域分布较均衡。

新加坡房地产投资信托基金在 2012 年的收益率约为 37%，而同时期，日本、美国和英国 REITs 的收益率平均约为 19%，此时的新加坡证券交易所在全球各地的 REITs 市场中表现最为出色。与中国香港比较，截至 2016 年三季度，新加坡 REITs 发放股息略高于香港 REITs，其分派收益率为 6.8%，较香港高 0.6%。香港市场上分派收益率最高的一只 REIT，达到了 8.8%，最低仅为 3.6%；新加坡市场上分派收益率最高的一只 REIT，达到 11.1%，最低为 4.2%。整体而言，新加坡 REITs 中分派收益率最高的物业类型是工业 / 物流，平均分派收益率为 7.9%[①]。

① 资料来源于《亚洲房地产投资信托基金 (REITs) 研究报告》。

中国香港：监管逐步引导，彰显后发优势

香港的 REITs 起步较国外晚，通过专项立法形式产生，很大程度上借鉴了美国早期的 REITs 结构，采用外部管理制度，以信托计划为投资实体，由房地产管理公司和信托管理人提供专业服务。

2003 年 7 月 30 日，香港证券及期货事务监察委员会（简称“香港证监会”）公布了《房地产投资信托基金守则》，对 REITs 的设立条件、组织结构、利润分配、投资范围、从业人员资格等方面做出了明确的规定，允许以信托的方式成立房地产投资信托基金。该守则规定基金只可投资于香港物业，此限制束缚了 REITs 的流动性。2005 年 6 月 6 日香港证监会修订了《房地产投资信托基金守则》，撤销了香港 REITs 投资海外房地产的限制，增强流动性。除了《房地产投资信托基金守则》之外，香港 REITs 还需要受到香港《证券及期货条例》（SFO）以及香港联合证券交易所上市规则的监管。2005 年 11 月推出第一支房地产基金——领汇房地产投资信托基金。经过 12 年的发展，香港成为亚洲第三大 REITs 市场。截至 2016 年三季度，香港发行了 10 只 REITs，总市值 301 亿美元，占亚洲市场的 14%。

共性：税收中性推动海外 REITs 快速发展

对比分析美国、澳大利亚、新加坡和中国香港在组织形式、税收政策、分红限制以及监管等方面的区别，发现 REITs 能快速发展很大程度上得益于税收的优惠政策。美国关于 REITs 的税法体系最为完善，对不同层面、不同主体均明确了征税要求。新加坡早期在 1995 年 5 月发布的《新加坡房地产基金指引》中尚未明确税收优惠政策。随后 2001 年发布的《证券和期货法则》规定，如果要享受税收优惠政策则必须在新加坡交易所上市，且必须将每年营业收入（不含资本利得）不少于 90% 以分红的形式分给投资者。中国香港也借鉴美国、新加坡等市场，逐渐增加了在税收优惠方面的政策。

表 5-4　　美国、澳大利亚和新加坡 REITs 比较

		美国	澳大利亚	新加坡	中国香港
立法		《REIT 现代化法案》及一系列法律法规	专项立法		
组织形式		公司型（偏多）	信托型	公司型（灵活）	信托型（偏多）
管理架构		内部管理、内外部管理并存		外部管理	外部管理、内部管理并存
股份持有限制		股东持有比例不得超过 50%		股东持股 5% 以上需通知 REITs 管理人	无专门限制
分红比例		90% 以上	100%	90% 以上	90% 以上
税收优惠	REITs 收入	向股东和收益权凭证持有人支付股息或收益免征公司所得税，未分配应税收入正常纳税	消极持有物业所产生的收入不缴纳所得税	消极持有物业所产生的收入不缴纳所得税	支付的收益免税，地区外收入免税，其他正常纳税
	不动产转让	出售方对超过成本部分的收入正常纳税，但如不动产持有超过 10 年则可能享受税收优惠	无	无	无
	登记	对取得不动产时征收流转税	免税	减免印花税	印花税设上限
	境内机构投资者	正常纳税	正常纳税	20% 所得税	免税
	境内个人投资者	正常纳税但可能享受税收优惠	股利正常纳税，资本利得减税	免税	免税

续前表

		美国	澳大利亚	新加坡	中国香港
	境外投资者	根据所得税税收协定享受减免优惠	正常纳税（资本利得部分可享受减税）	正常纳税	享受香港居民待遇
房地产投资比例		75% 以上	75% 以上	70% 以上	90% 以上
监管		公募上市型 REITS 按照《证券交易法》规定；公募非上市型 REITs 根据北美证券市场管理者协会规定；其他无规定	三部门：澳大利亚储备银行、审慎监管局和证券及投资管理委员会	新加坡金融管理局	香港证券及期货事务监察委员会、香港联合证券交易所
最高负债比例		无	无	不能超过 REITs 财产净值的 35%（获得标普、穆迪公开信用等级时，上限 60%）	借款上限 45%，净资产的 35%

资料来源：作者整理，NAREIT，《新加坡 REITs 指引》，《房地产投资信托基金守则》。

中国 REITs 市场发展及案例分析

政策陆续出台，引导 REITs 发展

2005 年 12 月，越秀房托基金在香港上市，而国内房地产受《加强信托投资公司部分业务风险提示的通知》限制融资困难，希望借鉴越秀信托基金的模式直接用海外离岸公司持有内地物业，然后将离岸公司上市间接融资。但 2006 年 7 月，建设部、商务部、发改委、人民银行、工商总局、外汇局联合发布《关于规范房地产市场外资准入和管理的意见》，限制采用越秀房托基金形式融资，越秀模式在国内发展受阻。

2008 年 12 月，国务院出台《关于当前金融促进经济发展的若干意见》，首次提出将 REITs 作为一种融资创新方式。随后，2009 年，北京、上海、天津三地开展 REITs 的试点工作，天津以保障性住房为投资对象，上海先打包商业地产后转向保障房。但 2010 年，银监会发布《关于信托公司房地产信托业务风险提示的通知》，停止房地产信托的银信合作方式，REITs 试点工作基本停止。

直至 2014 年 9 月，人民银行、银监会发布《关于进一步做好住房金融服务工作的通知》，明确指出“积极稳妥开展房地产投资信托基金（REITs）试点”，REITs 试点重新拉开帷幕。中信启航、中信苏宁两款类 REITs 产品相继于 2014 年推出。2015 年 1 月，住建部初步确定在北京、上海、广州、深圳四个城市开展租赁性保障房 REITs 试点。2016 年 6 月，国务院办公厅发布《关于加快培育和发展住房租赁市场的若干意见》，支持符合条件的住房租赁企业发行债券、不动产证券化产品，稳步推进房地产投资信托基金（REITs）试点。

此外，随着 PPP 取得一定进展，也存在与 REITs 相似的性质，国家发改委、证监会、财政部等部门积极探索 PPP 和 REITs 的结合。2015 年 4 月 21 日，财政部、国土资源部、住建部、中国人民银行、国家税务总局和银监会发布《关于运用政府和社会资本合作模式推进公共租赁住房投资建设和运营管理的通知》（财综［2016］15 号），明确提出“支持以未来收益覆盖融资本息的公共租赁住房资产发行房地产投资信托基金（REITs），探索建立以市场机制为基础、可持续的公共租赁住房投融资模式”。2016 年 12 月 21 日，发改委、证监会发布《关于推进传统基础设施领域政府和社会资本合作（PPP）项目资产证券化相关工作的通知》，明确提出“共同推动不动产投资信托基金（REITs），进一步支持传统基础设施项目建设”。2017 年 6 月 7 日，财政部、中国人民银行、中国证监会发布《关于规范开展政府和社会资本合作项目资产证券化有关事宜的通知》（财金［2017］55 号），明确提出“推动不动产投资信托基金（REITs）发展，鼓励各类市场资金投资 PPP 项目资产证券化产品”。鼓励 PPP 与 REITs 相结合的政策不断出台，从制度层面为推动 PPP + REITs 提供了更加坚实的基础和更加有利的环境。

中国内地的探索：类 REITs 市场的发展与特点

严格来讲，由于中国内地“REITs”产品主要以资产支持证券或公募基金为发行载体，且在交易设计、税负、运营方式、收益方式等多方面与“标准化”REITs 有较大区别，中国内地尚未推出标准的 REITs 产品，将境内与 REITs 形式、功能大致相似产品称为“类 REITs”。

自 2014 年中信启航专项资产管理计划发行以来，截至 2017 年 5 月 31 日，国内发行类 CMBS 与类 REITs 产品共计 29 只，规模达到 880.49 亿元。根据资产权属是否发生转移，类 REITs 产品又可以分为“抵押型类 REITs”与“过户型类 REITs”，其中“抵押型类 REITs”通常以商业物业抵押贷款债权为基础资产，类似于 CMBS 产品，标的物业资产的所有权并不发生转移；而“过户型 REITs”中，标的物业资产的所有权会发生转移，且根据产品结构设计的差异又可以分为“偏债型类 REITs”与“偏股型类 REITs”。

表 5-5　中国内地商业物业资产证券化产品概况（截至 2017 年 5 月 31 日）

时间	发行总额（亿元）	类 CMBS（亿元）	抵押型类 REITs（亿元）	过户型类 REITs（亿元）	发行产品数量
2014	96.05	N/A	N/A	96.05	2
2015	130.85	N/A	N/A	130.85	4
2016	337.76	131.51	75	131.25	12
2017.05	315.83	143.11	70	102.72	11
合计	880.49	274.62	145	460.87	29

资料来源：作者整理。

中国内地已发行抵押型类 REITs 产品共 3 只，分别是金融街（一期）资产支持专项计划、魔方公寓信托受益权资产支持专项计划和北京银泰中心资产支持专项计划。相比于过户型类 REITs 产品，抵押型类 REITs 不需要考虑资产重组和税务筹划问题，和类 CMBS 产品设计简单、可复制性强，在 2016 年下半年以来得到了快速发展。

过户型 REITs 产品通常需要将标的物业资产由原始权益人交易至 SPV 项下，实现资产的真实出售。在证券化环节，绝大部分以私募基金为基础资产，私募基金再持有项目公司股权的模式，以此完成资产剥离、股权收购，这样的操作过程结构相对清晰。国内共发行过户型类 REITs 产品 20 只，分为两大类——偏债型类 REITs 和偏股型类 REITs。偏债型类 REITs 一般只分为优先 A 与优先 B 两档，且都有较高的评级，并在交易结构中设置回购条款，以保证投资者本息的兑付，如恒泰浩睿 - 海航浦发大厦资产支持专项计划等产品；偏股型类 REITs 则设计为优先级、次级（或权益级）两档，通常情况下优先级证券有较高评级，次级证券无评级，优先级投资者享有固定回报，次级份额投资者的本金收益没有保证但可以享有资产增值收益，如中信启航专项资产管理计划等产品。

表 5-6　中国内地已发行权益型类 REITs 产品（截至 2017 年 5 月 31 日）

序号	产品名称	发行时间	发行金额（亿元）	次级占比	产品分类	交易结构	交易场所
1	开源 - 北京海航实业大厦资产支持专项计划	2017	22	0	偏债型	私募基金型 REITs 结构	上交所
2	中银招商 - 北京凯恒大厦资产支持专项计划	2017	30.05	18.47%	偏股型	常规 ABS 结构	上交所
3	恒泰弘泽 - 广州海航双塔资产支持专项计划	2017	27	0	偏债型	私募基金型 REITs 结构	上交所
4	兴业皖新阅嘉一期房地产投资信托基金资产支持专项计划	2017	5.54	0	偏债型	私募基金型 REITs 结构	银行间债券市场
5	恒泰弘泽 - 华远盈都商业资产支持专项计划	2017	7.36	0	偏债型	私募基金型 REITs 结构	机构间私募产品报价与服务系统

续前表

序号	产品名称	发行时间	发行金额（亿元）	次级占比	产品分类	交易结构	交易场所
6	天风光大 - 亿利生态广场一期资产支持专项计划	2017	10.77	13.17%	偏股型	信托型 REITs 结构	深交所
7	平安苏宁广场资产支持专项计划	2016	16.8	13.69%	偏股型	私募基金型 REITs 结构	上交所
8	长江楚越 - 中百一期资产支持专项计划	2016	10.4	25.00%	偏股型	私募基金型 REITs 结构	上交所
9	中信皖新阅嘉一期资产支持专项计划	2016	5.55	0	偏债型	私募基金型 REITs 结构	上交所
10	中信华厦三胞南京国际金融中心资产支持专项计划	2016	30.53	0	偏债型	私募基金型 REITs 结构	上交所
11	首誉光控 - 光控安石大融城资产支持专项计划	2016	25	36.00%	偏股型	私募基金型 REITs 结构	深交所
12	中信华厦苏宁云享资产支持专项计划	2016	18.47	35.03%	偏股型	私募基金型 REITs 结构	深交所
13	东证资管 - 青浦吾悦广场资产支持专项计划	2016	10.5	28.57%	偏股型	私募基金型 REITs 结构	深交所
14	天风 - 中行红星爱琴海商业物业信托受益权资产支持专项计划	2016	14	7.14%	混合型	常规 ABS 结构	上交所

续前表

序号	产品名称	发行时间	发行金额（亿元）	次级占比	产品分类	交易结构	交易场所
15	恒泰浩睿 - 彩云之南酒店资产支持专项计划	2015	14.5	35.00%	偏债型	私募基金型 REITs 结构	上交所
16	招商创融 - 天虹商场一期资产支持专项计划	2015	14.5	35.00%	偏股型	信托型 REITs 结构	深交所
17	恒泰浩睿 - 海航浦发大厦资产支持专项计划	2015	25	0	偏债型	私募基金型 REITs 结构	上交所
18	中信华厦苏宁云创二期资产支持专项计划	2015	33.35	0	偏债型	私募基金型 REITs 结构	深交所
19	中信华厦苏宁云创资产支持专项计划	2014	43.95	0	偏债型	私募基金型 REITs 结构	深交所
20	中信启航专项资产管理计划	2014	52.1	29.94%	偏股型	私募基金型 REITs 结构	深交所
合计			460.87				

资料来源：作者整理。

比较而言，美国等成熟市场的 REITs 流动性强，投资者通过二级市场交易回收本金，通过公司运营的净利润分红和二级市场交易价格波动来获得收益，因此 REITs 公司的运营多以不断提高盈利水平为目的，以提高分红水平和股票价格。

而国内类 REITs 产品多是固定收益产品，以债权为主，募集资金用于房地产开发，到期偿付本金和利息，本息偿付来源于不动产运营收入、不动产处置收入和融资人提供的差额支付、优先权利金等保障措施，实质还是发行债券性质的融资方式。信托的引入只是作为结构化融资的载体，债权性质的 REITs

利率敏感性大，不能体现出 REITs 相对于一般证券长期收益率较高、与其他资产的相关性较低、收益稳定性好、受通货膨胀影响小的优势。

其次，为减少税收费用、保持物业控制权等原因，类 REITs 产品结构设计往往较为复杂。典型的“过户型 REITs”产品通过私募基金、项目公司将标的物业资产由原物业持有人交易至 SPV 项下，实现资产真实出售。然后通过“股 + 债”方式持有股权，SPV 通过购买项目公司股权和发放委托贷款形式将募集资金发放给发行人，标的物业同时对委托贷款抵押担保。项目公司标的物业运营所得净收入通过偿还委托贷款本息的方式分配给类 REITs 产品投资人，少量剩余收入用于税收分红，节税效果明显。在 SPV 和项目公司之间加设契约式基金，便于类 REITs 产品上市或转让。

第三，收入分配模式不同。真正的 REITs 应当满足三个关键要素：资金主要投资在房地产、高比例的红利分配、具有一定的税收优惠。美国、新加坡以及我国香港特别行政区都规定 REITs 的 90% 或以上的租金收入必须作为红利分配，加上公司层面的税收优惠，投资者一般都可以获得高而稳定的现金红利。反观国内，由于租金收益率长期维持低位，双重征税问题尚待解决，所以容易出现要么透支 REITs 的收益，要么迫使 REITs 倾向于特定项目融资，从而实现特定现金流的证券化。同时，中国内地类 REITs 产品存续期内专项计划一般不购买新的基础资产，不动产组合相对固定，即使公开发行，流动性也较差，导致可分配收入较少，且盈利策略不能随市场调整。

中国内地首支类 REITs 和公募类 REITs 分析

1. 中信启航等类 REITs

2014 年 5 月 21 日，中信证券股份有限公司“中信启航专项资产管理计划”在深圳交易所的综合协议交易平台进行交易流通转让，被称为国内首个交易所场内 REITs。发行规模 52.1 亿元，分为优先级收益凭证，占比 70.10% 和次级收益凭证，占比 29.90%，目标资产包括北京中信证券大厦、深圳中信证券大厦。

表 5-7　　　　　　中信启航专项资管计划的产品要素

名称	中信启航专项资产管理计划（以下简称“中信启航”）
资产原持有人	中信证券股份有限公司（“中信证券”）
管理人 / 销售机构	中信证券
基金管理人	中信金石基金管理有限公司（“中信金石”）
目标资产	物业 1：北京中信证券大厦，建筑面积 69 939.96 平方米，估值 35.11 亿元 物业 2：深圳中信证券大厦，建筑面积 30 439.70 平方米，估值 15.27 亿元
产品规模与评级	总规模 52.10 亿元，分为： 优先级收益凭证：评级 AAA 级，规模为 36.5 亿元，占比 70.10%，500 万元起购 次级收益凭证：规模 15.60 亿元，占比 29.90%，3 000 万元起购
产品期限	优先级、次级均为 5 年
预期收益	优先级收益凭证为固定收益，发行年利率 7.0%； 次级收益凭证无固定收益
还本付息方式	每年最后一个工作日分配，分配金额为完整年度的基础收益（首年分配金额为产品设立日到 12 月 31 日的应计利息）

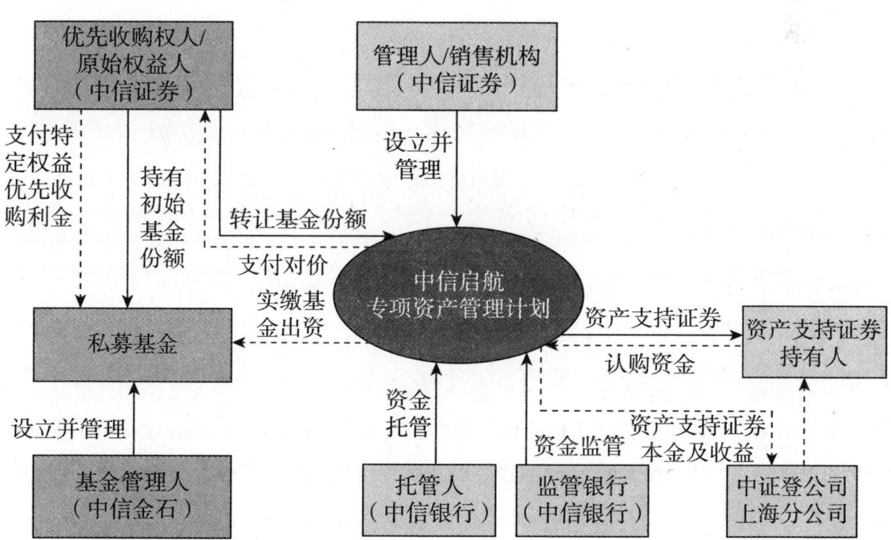

图 5-2　中信启航产品结构图

该交易结构中，原始权益人同时成立私募基金和专项资产管理计划，由资管计划购买基金份额，并实缴出资，私募基金购买项目公司股权间接持有北京、深圳中信证券大厦两项基础资产。

随后，参照中信启航的产品结构和设计思路，交易所市场相继推出苏宁云商、天虹商场、彩云之南酒店、海航浦发大厦等多只资产证券化产品，拓展到物流地产、商业酒店、写字楼等，通过间接持有物业，以物业租金收入为付息来源，并通过专项资产管理计划与非公募基金的叠加结构，满足非公募基金投资对象不受限制、专项资产管理计划可以投资基金份额，和非公募基金通过设立子公司进行权益投资满足风控要求和避税效果。

以上几支产品均是以能够产生稳定现金流的目标资产为基础资产，通过多层 SPV 设置，在深交所上市交易的私募型 REITs，但在法律定性、结构复杂化、资产独立性与税收问题未妥善解决，不是真正意义上的 REITs。即使2016年12月推出的银行间 REITs“兴业皖新阅嘉一期房地产投资信托基金”也仅丰富了产品的流通市场，与主流交易所 REITs 产品结构相似，仍属于类 REITs 的范畴。我国发展以证券公司专项资管计划为载体构建 REITs，还有很大的改进空间。

2. 鹏华前海万科 REITs

2015年6月8日，鹏华前海万科封闭式混合型证券投资基金（以下简称“鹏华前海万科 REITs”）获批落地，是中国内地市场第一支公募 REITs 产品。其产品要素如表5-8所示。

表5-8　鹏华前海万科 REITs 的产品要素

名称	鹏华前海万科封闭式混合型证券投资基金
发行规模	30亿元
基础资产	深圳市万科前海公馆建设管理有限公司50%股权及2015–2023年前海企业公馆项目100%的实际或应当取得的除物业管理费收入之外的营业收入
发行方式	公募，在深圳证券交易所交易

续前表

认购起点	发行认购起点为 10 万元，上市后交易所场内交易的最低认购份额为 1 万元
预计收益	8%/ 年
分红方式	现金分红。在满足分红条件的前提下，基金收益每年至少分配一次；每年基金收益分配比例不低于基金年度可供分配利润的 90%
基金管理人	鹏华基金管理有限公司
托管人	上海浦东发展银行股份有限公司
销售机构	中信证券
附加条款	万科开立保证金账户，存入不低于 2 000 万元的保证金，若目标公司业绩收入低于基准，万科应以保证金资金为限补齐差额，若超出则获得超额收益分成部分
点评	BOT 模式，封闭运营 10 年，基金只拥有经营权，无产权；3/4 的资产投入债券股票市场，违背 REITs 设立本质，隐含更大风险。

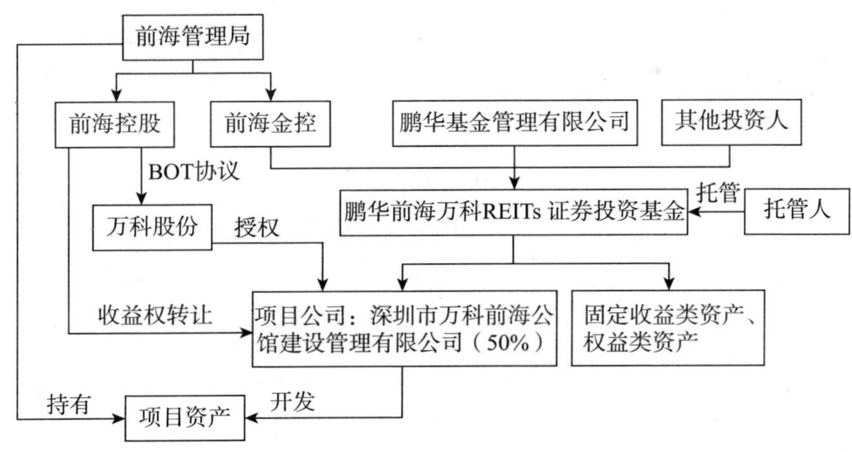

图 5-3　鹏华前海万科 REITs 的结构图

交易结构为：投资者通过签订《基金合同》持有基金份额，委托基金管理人进行投资，从而取得受益凭证，成为最终受益人。基金的部分资产，将于募集成立 6 个月之内通过增资入股的方式获得目标公司即深圳市万科前海公馆建设管理公司 50% 的股权，以获取商业物业稳定的租金收益机会，此外，还以不低于 50% 的基金资产投资固定收益类产品。

和中信启航、中信苏宁比较，鹏华前海万科 REITs 有两点进步：一是直接投资项目公司股权，而该项目公司已经拥有相关物业所有权，不涉及房地产资产转让，避开土地增值税。二是公开募集，发行时认购起点为 10 万元，上市后交易所场内交易的最低认购份额降低为 1 万元，降低投资门槛。

但和美国、澳大利亚等标准 REITs 比较，仍存在几点改进之处：一是鹏华前海万科 REITs 组织形式是契约型 REITs，而美澳等国 REITs 多以公司型为主，主要是因为我国公司型 REITs 面临双重征税问题，《公司法》对公司制 REITs 的设立、组织结构等存在立法缺失，设立门槛和手续也较为烦琐。二是收入不包括物业自身增加值。标准的 REITs 收入包括三部分：租金收入、物业自身增加值和处置收益。以房地产项目本身为基础资产，装入 REITs 的资产经过真实出售后，其产权也相应地转移给了 SPV 或者由 REITs 依法取得房地产产权，所以投资者可以获得日常的租金收益和物业地产自身增值带来的收益，这是标准 REITs 的核心竞争力。但鹏华前海万科 REITs 仅将万科前海企业公馆未来的租赁收入证券化，而非公馆本身，即鹏华前海 REITs 不拥有其投资标的的物业产权，只拥有某段时间内的受益权，其实质仍是一种债权性质的项目融资。究其原因，万科前海企业公馆是 BOT 项目，万科出资约 8 亿元建设前海企业公馆，经营期限为 8 年，用完之后要无偿移交给前海管理局。公馆不动产权不能转移至 REITs 基金。三是投资方向不同。美国要求至少 75% 的 REITs 投资在房地产或者与房地产有关的资产，但鹏华前海万科 REITs 产品只有 42.23% 的资产配置投资在商业不动产上面，剩余部分的基金资产投资于依法发行或上市的股票、债券和货币市场工具等。四是运作方式仍待提高。鹏华前海万科 REITs 虽公开募集，但封闭化运营，与国外标准 REITs 相比，流动性略逊一筹。

鹏华前海万科 REITs 是一款特殊的公募类 REITs，并且此后公募类 REITs 进入停滞期。

中国内地 REITs 发展过程中的挑战

截至 2017 年 5 月 31 日，中国内地已经发行的类 REITs 项目已经有 29 单，共计 880.49 亿元，包括真实出售、假股真债和抵押型三种模式，从已经发行的项目来看，投资人的热情相对较高，市场反应也相对较好。类 REITs 是在监管方允许的范围内为未来推出真正意义上的 REITs 产品进行实践，思考总结，国内尚未发行真正意义上的 REITs 产品的原因有以下几点。

专项法律缺位，所有权风险未隔离

放眼于全球，美国拥有规模最大、产品最丰富的 REITs 市场，相关的配套法律法规非常完备。美国通过一系列特别法案，如《1960 年房地产投资信托法案》、《1960 年国内税法典》和《2003 年的房地产投资信托促进法案》等，从税收、机构、经营、财务等方面，全方位地对 REITs 进行法律上的约束与保护。亚洲国家和地区，如日本、中国香港、新加坡等多采取专项立法模式，例如中国香港地区的《房地产投资信托基金守则》和新加坡的《集合投资信托准则》等，对 REITs 的设立程序、要求、结构、基础资产等通过专门立法的方式对 REITs 进行了明确的规范。

反观中国内地地区，目前现有法律法规制度对 REITs 的投资集合地位与性质未予以明确，REITs 发展缺乏明确的法律保障。现有与 REITs 相关的法律虽然可以参考《信托法》、《公司法》、《证券投资基金法》和《信托投资公司资金信托管理暂行办法》等，但与 REITs 相关的税收法律制度仍处于空白阶段，REITs 作为一种新型的投融资工具，横跨了房地产法、信托法和税法等多个法律部门，制定专门的房地产投资信托基金法能够更加高效地对 REITs 涉及的各个领域进行规范。

物业资产所有权的转让是 REITs 运作的核心环节。REITs 要求风险隔离，会涉及房产物业的所有权与收益权的分离，这对我国的房产登记制度提出挑战。当前土地法、房产法并存，登记制度并未统一。尽管 2001 年出台的《信托法》第 10 条明确规定："设立信托，对于信托财产，有关法律、行政法规规定应当办理登记手续的，应当依法办理信托登记。未依照前款规定办理信托登记的，应当补办登记手续；不补办的，该信托不产生效力。”但是，由于一直缺乏明确解释和操作指引，有关财产登记部门往往会以没有相关登记规则为由拒绝办理财产信托登记手续。信托公司不得不以过户登记或质押、抵押登记等替代性登记措施并辅之以公证来代替信托登记。如果不尽快完善相关的财产登记制度，在 REITs 发展中依然采用这些权宜方式，难以真正保证 REITs 财产的独立性，这无疑将大大增加 REITs 运作的风险，对 REITs 的产权流转以及流动性产生影响。

税制阻碍发展，任重道远

RETIs 作为一种过手证券，其运作的核心是将收益转付给投资者，因此在 REITs 层面各国和地区普遍坚持税收中性原则，以避免重复征税。新加坡更是免除个人投资者 REITs 分红所得税、REITs 打包资产出售印花税等来吸引投资者，双重免税政策加速 REITs 在新加坡的发展，使得新加坡快速成为亚洲 REITs 市场最大的国家。

就不同阶段具体而言，在设立阶段，受托人需要缴纳包括契税、印花税等在内的一笔税款；在存续环节，受托人管理信托财产获得信托受益以及发行 REITs 所获收益需缴纳所得税，受托人再将此房产的收益支付给收益人，那么受益人还需缴纳所得税，其间还需要缴纳印花税和营业税等；在信托终止环节，受托人将房产交予受益人，受托人需缴纳所得税、营业税、印花税等，受益人需再缴纳印花税、契税等。在整个环节中，房地产只存在一次实质上的转移，但却存在多次征税的问题。

王志宇[①]分析中信启航案例中指出土地增值税是 REITs 存在的主要税收障碍，而在市场有效建立后，双重征税需要重点考虑。为实现土地增值税的减免，交易架构设计时置投资者于双重征税的不利地位，且将交易架构设计得尤为复杂，征税环节必然增加。在我国目前的税收政策体系下，REITs 出售物业环节

① 王志宇 . 中国税制下的 REITs 设立困境分析 . 金融法苑，2015(2).

中因为非交易性过户而导致重复纳税，大大加重了 REITs 交易双方的税收负担。RETIs 的期限一般较长，卖出和买入物业可能不止一次，这样就会发生多次重复征税的问题。重复征税和土地增值税是中国内地发展 REITs 的重要阻碍。

但由于我国在物业转让、物业经营方面的税制与其他国家并不完全相同，各税对财政收入的重要性和国外差别较大，不能一概论之。

公募投资范围受限，租赁回报收益率低

美国法律要求 REITs 75% 的总资产必须由房地产、现金及现金等价物和政府证券构成，75% 的收入也必须来源于房地产租金、房地产抵押担保债务滋生利息或房地产利息等。新加坡法律规定至少 70% 的资产是房地产或与房地产有关的资产。香港地区要求更高，至少 90% 的资产必须投资于房地产行业。

但在中国内地地区，《证券投资基金运作管理办法》中规定，单一公募基金持有一家上市公司发行的证券，其市值不得超过基金资产净值的 10%，并且《证券投资基金法》还规定，公募基金应该投资于“上市交易的股票、债券；国务院证券监督管理机构规定的其他证券及其衍生品种”。REITs 公募基金投资非上市的商业物业资产受到法律限制。鹏华 REITs 产品作为金融创新的试点产品，得到了证监会的特殊批准，可以以超过 10% 的资产投资商业物业，但仍有 50% 需投资于债券等固收类资产。基金的整个资产组合并未完全体现商业地产投资的特征，相对弱化了投资人对商业地产类的投资需要和相应投资收益。

此外，中国内地房地产业发展时间较短，财务透明度低，房地产增值收益明显大于租赁收益，房地产价格透支未来租赁收益，租赁回报收益率水平低于国外水平。正是由于目前国内商业物业资产估值与无风险收益率居高不下的现实推高并维持了商业性租赁房过低的租售比，使得以实物资产为标的的经营模式面临租金收益率长期偏低的局面，从而难以实现 REITs 产品的长期存续。

二级市场流动性差，投资吸引受限

中国内地 REITs 常缺乏国际 REITs 中最重要的 ABS 过程，限制了基金份

额的流动性。中国内地 REITs 在实践上大多通过基金管理公司发行契约型基金实现，基金无前置审批程序，只需备案即可，方便快捷，但没有法人资格，进行股权投资时不能进行工商登记，只能通过嵌套有限合伙等夹层融资方式。或者以收益权转让方式，明确将融资方的收益权转让给资管计划或基金，再约定价格溢价回购。

此外，在目前的立法条件下，契约型基金本身不能成为 ABS 管理人，反而需要借道信托计划或嵌套资管计划实现 ABS 的管理。正是因为没有明确的法律地位和法律规范，中国内地“类 REITs”目前不能实现真正上市交易，流动性相对较弱。

基础设施 REITs + PPP 可能是新突破

REITs 并不局限于房地产行业，根据美国的发展经验，有稳定收入的物态均可以借助 REITs 发展，比如电站、公路、机场、通信信号塔等。截至 2016 年 11 月，在 FTSE NAREIT All Equity REITs 指数的 167 只公募 REITs 中，共有 5 只基础设施 REITs，总市值为 763 亿美元，占比 8.4%。另外，还有占比 5.5% 的以数据中心为基础资产的 REITs，以及占比 3.7% 的另类 REITs。广义基础设施 REITs 占比接近 17.5%。

除了政策频频出台促进 REITs 模式与 PPP 结合发展，两者在特征上也相互契合，有相同的目标。首先，两者的投资范围重叠度较高。PPP 项目中有很多是交通运输、公用事业、能源等市政基础设施项目、保障房、养老地产等地产类社会基础设施，属于“不动产物业”大的范畴，也都属于 REITs 投资的资产范围。其次，两者在项目风险分配与管理上相似。REITs 强调通过设立 SPV 实现风险隔离，有效保障 REITs 投资人的利益；而 PPP 模式强调在厘清风险承担责任的基础上，按照“风险共担、利益共享”的原则来实施。第三，两者均强调项目的运营收益，不同于传统融资收益。PPP 模式不同于地方政府发债等传统融资模式，更加强调对项目的运营，对资产的维护和保值增值，而 REITs 通过资产本身和良好的运营获得合理回报。

此外，两者互相补充，联系紧密。基础设施 REITs 与 PPP 都重点关注有一定现金流的半公益性和经营性项目，是产业链的上下游关系。公募 REITs 可适量投资开发项目，且资金更为灵活，这是对 PPP 作为基础设施开发项目资金来源的重要补充。REITs 除了有融资优势外，还能通过交易结构设计缓解部分障碍，一是缓释特许经营权转让的法律瑕疵问题，二是缓解 PPP 合作协议中一般具有约束社会资本退出的条款，三是通过融资租赁方式平滑项目现金流，扩大融资规模和延长融资期限，最大化融资效率。

不良资产经营：开启市场化处置新阶段

当前，世界经济正处在深度调整之中，中国经济运行缓中趋稳、稳中向好，但仍面临结构性问题突出、风险隐患显现等压力。同时，在深化供给侧改革的进程中，不良资产大量涌现。面对新一轮的历史性机遇，不良资产处置成为2016年资本市场关注的“逆周期”投资热点之一。一方面，新一轮不良资产供给规模较大，2014年以来金融机构和非金融机构的不良债权进入上升通道，近期才现企稳态势。另一方面，围绕供给侧结构性改革，2016年推出了一系列新政策，这给不良资产化解和处置提供了更大的发展空间。基于此，本章从新一轮不良资产经营的市场机遇入手，结合国际不良资产投资经验，为投资者介绍不良资产经营行业中的传统和创新业务模式，并采用实务案例为读者解读重组类不良资产、不良资产证券化、市场化债转股等新业务中的投资机会。

中国不良资产经营行业：从政策性走向市场化

自1999年成立4家AMC以来，中国不良资产处置与经营经历了近20年的发展历程。这是一个逐步从政策性走向市场化的过程，这显著地体现在不良资产的获得、参与机构、经营方法等各个方面。2016年是不良资产经营行业开启市场化运作阶段的元年，具有极为重要的意义。

我国不良资产经营行业发展阶段整理：从政策性到市场化	1999—2000年	2001—2008年	2009—2015年	2016年—至今
	政策性剥离阶段： (1)1999年，四大AMG成立。 (2)四大行+国开行剥离1.4万亿不良 贷款至四大 AMC。	剥离+拍卖阶段： (1)商业银行股改上市。 (2)剥离和拍卖中行、建行、交行不良贷款。 (3)剥离和拍卖工行、农行不良贷款。	市场化尝试阶段： (1)逐步开始竞价获得商业银行不良资产包。 (2)通过各种方式处置前期接收的政策性不良资产。	市场化运作阶段： (1)市场化批量转让获得不良资产。 (2)成立地方AMC。 (3)经营手段更为多样化。

图 6-1　中国不良资产经营行业发展阶段（1999—2016 年）

资料来源：课题组。

政策性剥离阶段（1999—2000 年）

1999 年，以国有银行、国有企业为主体的首次不良资产浪潮爆发，四家 AMC（东方、华融、长城、信达）成立，通过财政部注资、央行再贷款、AMC 发债的方式筹集了收购资金，四大行（工、农、中、建）总共向四大 AMC 剥离了 1.43 万亿不良资产。此次剥离完全是政策性的。

剥离 + 拍卖阶段（2001—2008 年）

自 2001 年开始，为支持国有银行（工、农、中、建、交）的股改上市工作，财政部、央行和四大 AMC 联手吸纳了五大行 1.97 万亿元的不良资产。此次剥离不同于第一批不良贷款的完全政策性，采取了剥离 + 打包拍卖结合的方式，但本批剥离仍有相当浓厚的行政色彩。

市场化尝试阶段（2009—2015 年）

在接收了两批大规模剥离的不良资产之后，四大 AMC 主要通过分包出售、法律诉讼等手段，也就是传统的三打——“打折、打包、打官司”逐步进行处置。对于有增值空间的不良资产，尝试性地进行了一些增值运作。与此同时，商业银行开始采用市场化批量转让的形式出售不良资产，四大 AMC 主要通过公开竞价的方式获得不良资产包。

市场化运作阶段（2016 年 - 至今）

2014 年开始，由于前期信贷资产大规模扩张的后遗症逐步暴露，加之经济下行压力，中国银行业不良贷款余额和不良贷款率开始进入新一轮的上升通道。银行不良资产的处置不再采取剥离的方式，而是普遍采用市场化批量转让的形式。参与机构也更为广泛，银监会逐步放宽政策推动成立地方 AMC，截至 2017 年 4 月，已成立 45 家地方 AMC，各种社会资本也以多种方式涉足不良资产行业。不良资产化解和经营方式也更为多样化，债务重组、不良资产证券化、市场化债转股等多种新业务模式也不断开展。

本轮不良资产市场呈现一系列新特征

不良资产加速暴露，供给来源持续增加

2014 年以来，中国经济步入新常态，宏观经济换挡运行，多重因素催生不良资产问题凸显。供给侧结构性改革的推进加速了不良资产问题的暴露，不良资产供给来源持续增加，给不良资产处置带来了新一轮的市场空间。

1. 商业银行不良贷款持续攀升

自 2012 年三季度以来，受实体经济运行的影响，中国商业银行的不良贷款余额和不良贷款率进入上升通道，近期才略有企稳态势。值得关注的是，类贷款余额和类贷款率的递增速度更为迅猛，这说明可能还有较大规模的潜在银行问题资产尚未暴露。

根据中国银监会披露的数据，截至 2016 年四季度末，商业银行不良贷款余额 1.51 万亿元，较上季度末增长 1.22%；商业银行不良贷款率达到 1.74%，较上季度末下降 0.02%，这是该数据自 2012 年二季度连续 19 个季度攀升以来的首次回落。同时，商业银行关注类走高更为显著，截至 2016 四季度末，关注类贷款余额为 3.35 万亿元，关注类贷款率 3.87%。

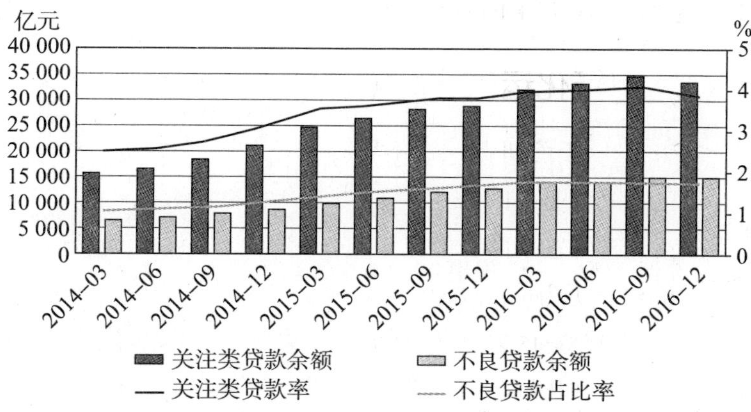

图 6-2　商业银行不良贷款与关注类贷款情况（2014—2016 年）

资料来源：Wind 资讯，课题组。

相对应的，除外资银行之外，其他各类商业银行的拨备覆盖率逐期下滑，特别是 2014 年一季度至 2015 年四季度期间。细分来看，大型商业银行的拨备覆盖率下降趋势尤为明显，从 2014 年一季度的 280.94% 下降至 2016 年四季度的 162.61%。

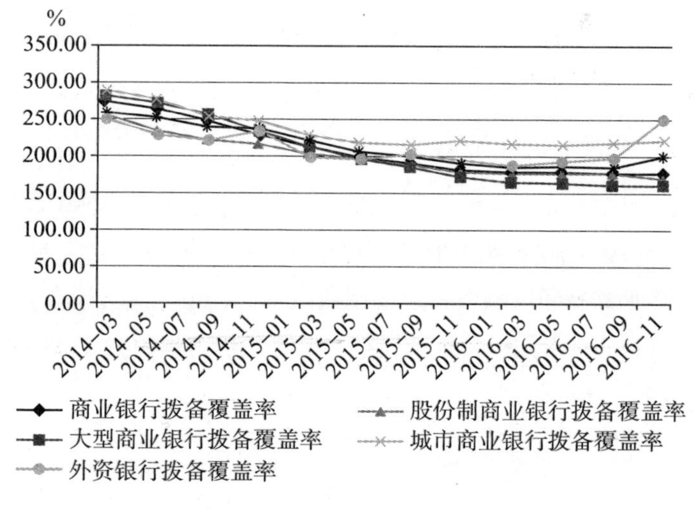

图 6-3　商业银行拨备覆盖率情况（2014—2016 年）

资料来源：Wind 资讯，课题组。

2. 债券市场信用违约事件频发

商业银行表内信贷不良率持续走高的同时，债券市场信用违约事件频发。2014 年 3 月"超日债"违约，成为国内债券市场首例违约的公募债券，此后信用违约事件的涉及主体、行业不断扩展。2015 年下半年和 2016 年上半年更是违约集中爆发高峰期，截至 2016 年 12 月 15 日，共有 88 只债券发生违约，涉及到 52 家发行企业，违约规模 496.94 亿元。

从债权交易场所来看，交易所违约债券共 29 只，涉及发行人 26 家，违约规模 53.00 亿元；银行间违约债券共 51 只，涉及发行人 22 家，违约规模 442.70 亿元；地方股权交易所 8 只，涉及发行人 4 家，违约规模 1.24 亿元。

从违约债券类型来看，定向工具、中期票据和短期融资券违约较多。企业债 3 只，规模 31.00 亿元；公开发行公司债 3 只，规模 20.70 亿元；中期票据 10 只，规模 120.50 亿元；短期融资券 20 只，规模 122.50 亿元；私募债 33 只，规模 32.84 亿元；定向工具 18 只，规模 168.70 亿元；证监会主管 ABS1 只，规模 0.70 亿元。

从违约发行人性质来看，民营企业违约较多，共计 33 家，规模 157.94 亿元；公众企业 3 家，规模 20.70 亿元；三资企业 5 家，规模 88.40 亿元；央企 4 家，规模 81.00 亿元；地方国企 6 家，规模 148.20 亿元，违约规模最大，占违约总额的 30.69%。

从违约发行人所处行业来看，信用风险暴露从上游行业向中下游行业蔓延的趋势。商业贸易和机械设备违约期数最多，各违约 11 只；建筑装饰行业违约规模最大，共计 82.10 亿元，其次是钢铁，违约规模为 77.70 亿元，再者是商业贸易，违约规模为 71.11 亿元。

3. 非银行金融机构不良资产凸显

近年来，信托、券商资管、基金及其子公司、期货及其子公司、小贷公司等通过与银行合作的方式投放类信贷资产，非银行金融机构的类信贷资产也逐渐成为不良资产的来源之一。其中，信托行业风险项目相对较为突出。

数据显示，2014 年三季度以来，信托行业风险项目数量和规模不断攀升。信托业风险项目数量从 2014 年三季度的 397 个攀升至 2016 年三季度的 606 个，风险项目规模从 2014 年三季度的 823.50 亿元攀升至 2016 年三季度的 1 418.96 亿元。

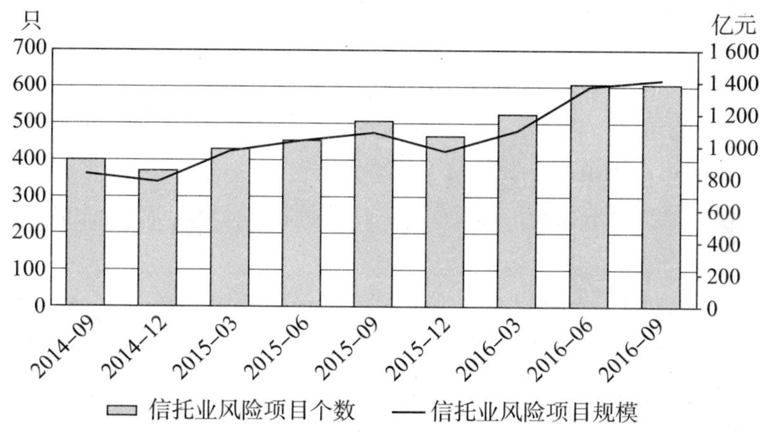

图 6-4 信托业风险项目情况（2014.9—2016.9）

资料来源：Wind 资讯，课题组。

从信托项目类型划分来看，2016 年三季度集合信托风险项目规模占比为 53.67%，单一信托风险项目规模占比为 44.87%，财产权信托风险项目规模占比为 1.47%。由于集合信托一般是信托公司进行主动管理并可能承担相关义务的项目，因此存在一定的兑付压力。

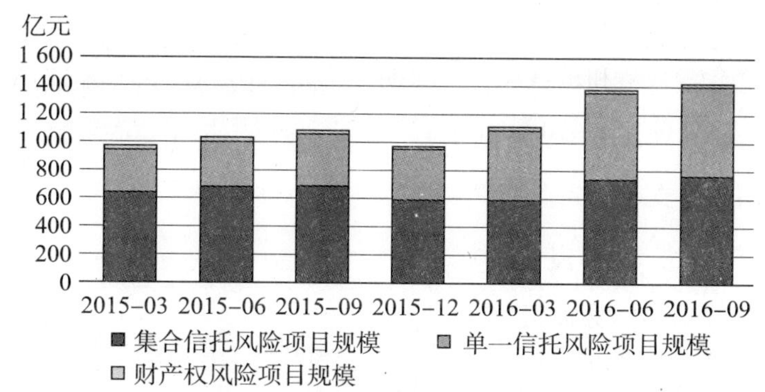

图 6-5 信托业风险项目类型分布（2015.3—2016.9）

资料来源：Wind 资讯，课题组。

4. 非金融机构不良资产逐步暴露

非金融机构不良资产包括债权类不良资产、股权类不良资产、实物类不良资产。但在目前的实务工作中，债权类不良资产收购重组的可行性远高于后两者，故本章主要关注企业应收账款。在供给侧改革“三去一降一补”的大背景下，部分实体企业由于经营水平下降，导致应收账款的规模不断攀升。

数据显示，工业企业应收账款净额节节升高，从 1998 年的 1.23 万亿元攀升至 2016 年的 12.6 万亿元，复合增长率为 13.02%。这其中，应收账款中的不良债权将给不良资产经营提供发展空间。

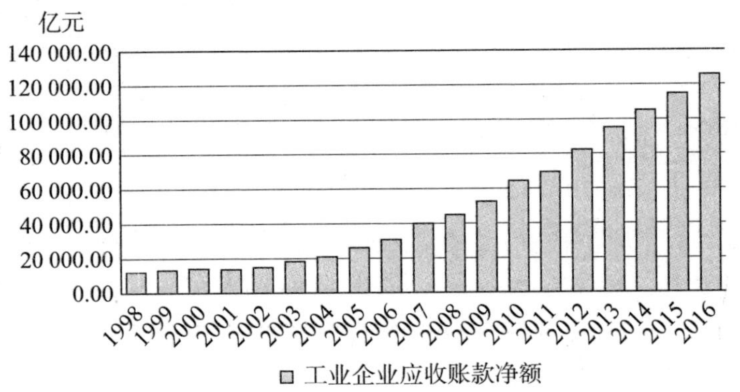

图 6-6 工业企业应收账款净额（1998—2016 年）

资料来源：Wind 资讯，课题组。

基于此，我们可以看到不论是商业银行的表内外资产，还是非银金融机构，抑或是非金融机构，都积累了规模较大的不良资产，为不良资产经营行业带来了新一轮的市场空间。新形势下，除了传统的收购处置类不良资产之外，创新发展不良资产经营业务增长空间更大，蕴藏着行业并购重组、不良应收账款重组、短期流动性支持、问题企业救助等相关业务的发展机会。

相关政策大力支持，迎来市场化经营机遇

2016 年以来，中央和各有关部门持续出台相关政策，加强风险防控和化解的力度，鼓励四家 AMC 和地方 AMC 加大不良资产处置的力度。随着银行

业不良资产压力的持续显现，新一轮市场化债转股开启，时隔 8 年的不良资产证券化试点重启，地方金融资产管理公司政策放松，所有这些都给不良资产的市场化经营带来了历史机遇。

1. 鼓励不良资产处置与风险化解

2017 年中央经济工作会议上，习近平总书记强调指出要把防控金融风险放到更加重要的位置，下决心处置一批风险点，着力防控资产泡沫，提高和改进监管能力，确保不发生系统性金融风险。

2017 年 3 月 5 日，李克强总理在两会工作报告中提到了四大金融风险：包括不良资产、债券违约、影子银行、互联网金融累积风险要高度警惕，其中不良资产累积风险排在了首位。

2016 年 4 月，李克强总理在“两会”记者会上首提债转股去杠杆。2016 年 10 月 10 日，国务院印发了《关于积极稳妥降低企业杠杆率的意见》及《关于市场化银行债权转股权的指导意见》。《意见》就市场化银行债转股细化了实施细则，明确了债转股适用企业以及实施机构，提出将以市场化方式开展债转股。此外，银监会 2017 年监管工作会议也明确，要尽快制订新设市场化债转股实施机构试点管理办法。

2016 年 5 月，时隔 8 年的不良资产证券化试点重启，工商银行、建设银行、农业银行、中国银行、交通银行和招商银行在内的 6 家商业银行获得不良资产证券化的试点资格，各家试点银行正在相继发行不同规模、不同基础资产的不良资产 ABS 产品。

2. 地方资产管理公司相关政策适度放松

2016 年 10 月 21 日，银监会办公厅向各省级政府下发《关于适当调整地方资产管理公司有关政策的函》（1738 号文），放宽两条地方资产管理公司相关政策。一是将允许省级政府增设一家地方金融资产管理公司，二是将允许地方金融资产管理公司以债务重组、对外转让等方式处置不良资产，对外转让的受让主体不受地域限制。

2016 年 10 月 27 日，财政部、银监会下发新的《金融企业不良资产批量转让管理办法》，与 2012 年旧版的主要不同是新办法规定不良资产批量转让组包门槛由之前的 10 户降低至 3 户。

自 2012 年财政部、银监会授权成立第一批地方金融资产管理公司以来，目前已经有 45 家地方金融资产管理公司成立，基本覆盖了全国大部分省（市），其中，有些省份已经设立了多家地方 AMC。2017 年 4 月 25 日，银监会下发了《关于公布云南省、海南省、湖北省、福建省、山东省、广西壮族自治区、天津市地方资产管理公司名单的通知》（银监办便函 [2017]702 号），地方 AMC 再扩容 7 家。

同时，银监会陆续公告，已经批复建设银行、农业银行、工商银行子公司的筹建申请，业务主要是债转股相关事宜。因此，未来不良资产经营行业将会面临更充分的竞争。

表 6-1　　地方金融资产管理公司基本情况（截至 2017 年 4 月）

序号	公司名称	省市	成立时间	注册资本	主要股东
1	江苏资产管理有限公司	江苏	2013 年 5 月	50 亿	无锡市国联发展（集团）有限公司、无锡国资委
2	浙江省浙商资产管理有限公司	浙江	2013 年 8 月	27.18 亿	浙江省国际贸易集团有限公司、浙江省国有资本运营有限公司
3	上海国有资产经营有限公司	上海	1999 年 9 月	55 亿	上海国际集团有限公司
4	安徽国厚金融资产管理有限公司	安徽	2014 年 4 月	10 亿	上海东兴投资控股发展有限公司、合肥博雅商贸有限公司
5	广东粤财资产管理有限公司	广东	2006 年 9 月	30 亿	广东粤财投资控股有限公司

续前表

序号	公司名称	省市	成立时间	注册资本	主要股东
6	北京市国通资产管理有限责任公司	北京	2005 年 2 月	1 亿	北京市国有资产经营有限责任公司
7	天津津融投资服务集团有限公司	天津	2013 年 7 月	28.88 亿	天津国资委、天津市泰达国际控股（集团）有限公司
8	重庆渝富资产经营管理集团有限公司	重庆	2004 年 2 月	100 亿	重庆国资委
9	福建省闽投资产管理有限公司	福建	2008 年 11 月	10 亿	福建省投资开发集团有限责任公司
10	辽宁省国有资产经营有限公司	辽宁	2006 年 3 月	10 亿	辽宁国资委
11	山东省金融资产管理股份有限公司	山东	2014 年 12 月	20.3 亿	山东省鲁信集团、山东省财政厅、济南财金投资、山东省国际信托、山东省社保理事会
12	湖北省资产管理有限公司	湖北	2015 年 2 月	10 亿	湖北省宏泰国有资产运营集团、武汉都市产业投资发展有限公司、利和集团有限公司
13	宁夏顺亿资产管理有限公司	宁夏	2015 年 4 月	10 亿	上海睿银金控集团、中企融信（北京）投资有限公司
14	吉林省金融资产管理有限公司	吉林	2015 年 2 月	10 亿	吉林宏运集团、吉林金控

续前表

序号	公司名称	省市	成立时间	注册资本	主要股东
15	广西金控资产管理有限公司	广西	2013 年 6 月	50 亿	广西金融投资集团有限公司、华能贵诚信托、国寿财富
16	内蒙古金融资产管理有限公司	内蒙古	2015 年 8 月	20.4 亿	内蒙古自治区财政厅及 12 个地市级财政局、包头市住房发展建设集团
17	中原资产管理有限公司	河南	2015 年 8 月	30 亿	河南财政厅、重庆康达环保产业集团、百瑞信托、信达投资等
18	四川发展资产管理有限公司	四川	2015 年 1 月	10 亿	四川发展、四川省国资经营公司、四川富润企业重组投资公司
19	河北省资产管理有限公司	河北	2015 年 12 月	10 亿	河北建投集团、华夏幸福基业、河北港口集团等
20	湖南省资产管理有限公司	湖南	2016 年 1 月	10 亿	湖南财信金控
21	华融晋商资产管理有限公司	山西	2016 年 2 月	30 亿	中国华融、山西金控等
22	江西省金融资产管理有限公司	江西	2016 年 2 月	13 亿	江西金控、兴铁资本、南昌百树教育集团等
23	海德资产管理有限公司	西藏	2016 年 8 月	10 亿	海南海德实业
24	甘肃资产管理有限公司	甘肃	2016 年 8 月	20 亿	甘肃省国资投资集团、甘肃城乡发展投资集团、华龙证券

续前表

序号	公司名称	省市	成立时间	注册资本	主要股东
25	陕西金融资产管理股份有限公司	陕西	2016 年 8 月	45 亿	陕西省国资委、陕西延长石油集团、中信证券
26	黑龙江嘉实龙昇金融资产有限公司	黑龙江	2016 年 6 月	10 亿	嘉实资本、黑龙江文化产业集团等
27	华融昆仑青海资产管理有限公司	青海	2016 年 6 月	10 亿	中国华融、青海泉汪投资管理有限公司等
28	光大金瓯资产管理有限公司	浙江	2015 年 12 月	10 亿	光大集团、温州金控、温州工业投资集团
29	苏州资产管理有限公司	江苏	2016 年 11 月	12 亿	苏州国资委、东吴证券、东吴人寿
30	上海睿银盛嘉资产管理有限公司	上海	2015 年 6 月	10 亿	上海嘉定国资委、联合民营资本共同出资
31	青岛市资产管理有限责任公司	山东	2015 年 9 月	10 亿	青岛国际投资、招商证券、青岛港集团、青岛地铁投资
32	厦门资产管理有限公司	福建	2015 年 12 月	10 亿	厦门金圆投资集团、厦门金图金控
33	重庆渝康资产经营管理有限公司	重庆	2016 年 6 月	50 亿	重庆渝富资产、重庆水务资产经营公司、重庆地产集团、重庆城市建设投资集团
34	云南省资产管理公司	云南	2016 年 12 月	10 亿	云南省投资控股集团
35	海南联合资产管理有限公司	海南	2003 年 7 月	10.34 亿	海南发展控股、海南国资委

续前表

序号	公司名称	省市	成立时间	注册资本	主要股东
36	湖北天乾资产管理有限公司	湖北	2016 年 12 月	20 亿	武汉当代科技产业集团、卓尔控股
37	兴业资产管理股份有限公司	福建	2017 年 2 月	30 亿	兴业国信资产管理、福建欣福地金控
38	泰合资产管理有限公司	山东	2017 年 1 月	100 亿	中民投、山东国资投资控股、山东发展投资控股集团等
39	广西广投资产管理有限公司	广西	2016 年 10 月	10 亿	广西投资集团金控、广东奥马电器等
40	天津滨海正信资产管理有限公司	天津	2016 年 11 月	10 亿	天津正信集团、天津合盈资管、佰融资管等
41	宁波金融资产管理股份有限公司	宁波	2017 年 2 月	10 亿	宁波金控、邦信资产管理、宁波开发投资集团、昆仑信托
42	深圳市招商平安资产管理有限公司	深圳	2017 年 3 月	30 亿	深圳市招融投资控股、平安人寿、深圳市投资控股等
43	重庆富城资产管理有限公司	重庆	2017 年 3 月	15 亿	麦启投资（上海）、重庆协信科技、重庆金交所、重庆江北嘴中央商务区投资集团
44	广州资产管理有限公司	广州	2017 年 4 月	30 亿	越秀金控、粤民投、恒健控股、粤科金融
45	渝林金融资产管理有限公司	榆林	2017 年 4 月	-	-

资料来源：课题组整理。

从股东背景来看，大部分地方 AMC 由地方政府相关政府部门或平台作为主要出资发起人，股东正在向多样化发展，商业银行、基金、保险、四大 AMC 公司、PE、国有企业、民营企业等纷纷入股。多样化的股东背景将会有助于地方 AMC 的发展，例如银行等金融机构的加入，将会给新设机构带来一系列的经营经验，又如企业界的加入，将会把产业和金融有机地结合起来，碰撞出新的火花。

地方资产管理公司相关政策的放松，促进了不良资产经营行业的转型升级。一方面，不良资产批量转让组包户数从 10 户降为 3 户，降低了政策方面的要求，让不良资产转让、收购、处置的产业链更为顺畅。对于资产的终端投资人来讲，可以更精准地对接标的资产，进行不良资产投资。另一方面，地方金融资产管理公司的扩容和处置方式的多样化，将会吸引更多的社会资本注资地方金融资产管理公司，还将会加剧不良资产转让一级、二级市场的竞争，提高不良资产经营行业的效率。

海外市场的不良资产经营有哪些经验可供借鉴

“他山之石，可以攻玉”。国际上的不良资产处置始 20 世纪 80 年代，积累了较为丰富的发展经验，可供借鉴参考。

美国的做法：不良资产专业投资机构

美国作为不良资产市场化经营的典范，不良资产市场主要呈现高度证券化的特点，市场中存在着大量的不良资产专业投资机构。

全球著名另类资产管理公司——橡树资本（Oaktree Capital Management）在其投资组合中，包括企业困境债务、困境企业股权、困境房地产、银行不良贷款、高收益债券等资产。截至 2016 年 9 月 30 日，橡树资本旗下管理的资产达 1 000 亿美元。它通过低价收购濒临破产公司的资产，再通过重组后高价卖出获得较高的回报，现已成为全球最大的不良资产债务投资者。

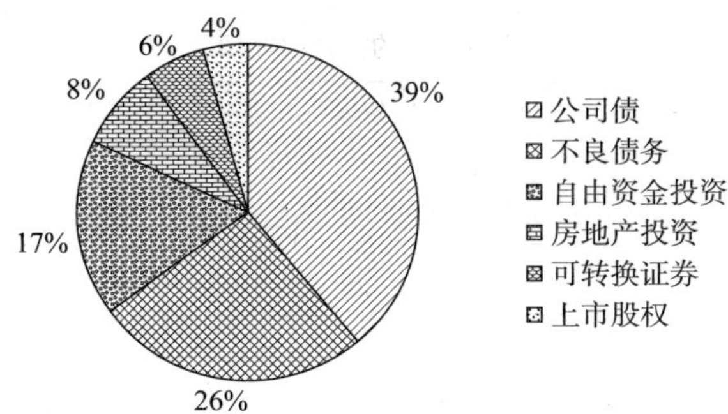

图 6-7　橡树资本投资战略占比

资料来源：橡树资本年报数据。

截至 2014 年底，橡树资本不良资产方向配置规模达 185 亿美元，占资产总规模 20.4%。这样的投资策略下，橡树资本的长期历史业绩非常出色。数据显示，自 1988 年成立到 2014 年，橡树资本困境机会基金完全跑赢标准普尔 500 指数，获得 23%（复利）的毛内部收益率，同时取得 17%（复利）的净内部收益率。同时，投资及收回资本均较为迅速。历史业绩来看，自投资期开始，平均 4—4.5 年即可收回投资本金，平均 6.5—7 年即可收回全部投资收益。

从橡树资本的投资案例研究来看，其成功主要得益于对市场发展周期和规律的精准把握，基于此再逆向投资。它认为，通常而言市场周期有四个阶段：第一阶段是债务累积；第二阶段是债权发行量激增，但发行质量出现下降；第三阶段是由经济衰退或信贷紧缩等触发的债务危机，违约率飙升，债权价格下跌，继而投资者恐慌性抛售，这些将使得高回报的投资机会开始显现；第四阶段是资本市场重新开放，资产价格反弹，投资者实现高额回报。在 2001 年和 2008 年两次大危机中，逆周期募集资金收购不良资产，一般以 50% 以下的价格进行收购，通过重组使之起死回生，尽可能快地获取高额回报。当然，同时，将风险控制摆在第一位，对任何一家公司的投资额不会超过总资产的 5%，而且投资优先债务、银行贷款和债权等拥有较大追索权的债务。

表 6-2 橡树资本的投资收益率

	累计已投资资本（百万美元）	毛内部收益率	净内部收益率	回收资本乘数
不良债权投资	38 529	22.60%	17.10%	1.7x
房地产投资	6 348	15.80%	12.30%	1.7x
自由资金投资（全球）	10 094	13.50%	10.00%	1.6x
自由资金投资（欧洲）	4 901	14.00%	9.20%	1.5x
能源投资项目	1 498	34.80%	26.70%	2.4x
夹层融资项目	3 342	13.10%	8.80%	1.4x

资料来源：橡树资本年报数据。

欧洲的探索：银行剥离与国家注资

欧洲对不良资产的处理方法主要是剥离和国家注资。剥离是各国处理银行不良资产最普遍采用的做法，剥离出“坏银行”，或交给专门的资产管理公司处理、直接出售等；当出现大规模不良资产时，大多数国家都采取“国家注资”的方式帮助银行脱困。

2008 年“次贷危机”之后，德国银行业的坏账规模大约为 3 000 亿欧元，几乎占欧洲银行业问题贷款的 60%。为了处理坏账，德国政府和银行采取一系列措施。德国许多大型银行，诸如德累斯登和海波国际房地产投资银行（HRE）等都进行了资产重组工作，把这些组合出售给外国投资者，主要的买家包括投机基金、对冲基金、私人股本公司以及投行的分支部门等。例如，隆星集团从 HRE 购得 36 亿欧元的不良贷款组合，仅这一次交易就使 HRE 的不良贷款额减少了 75%。

“次贷危机”爆发后，英国的经济和金融状况日益恶化，为了银行业稳定持续发展，英国在继续采取“救助”措施的同时，主要采取了资产组合出售。英国的银行在 2015 年摆脱 600 亿欧元资产，在欧洲各国中位居前列。

欧洲银行不良资产的主要投资人是对冲基金和私募股权投资基金。Centerbridge Partners LP，Oaktree Capital Management LP 和 Apollo Global

Management LLC 三家公司从欧洲的银行手中买入了大量的“问题债务”。知情人士表示，这些公司一般会融入大量资金买入债权，通常通过积累债务头寸能够让它们在公司重组中获得很重要的控制地位。就目前的市场而言，单单依靠不良贷款的利息已经难以获得让对冲基金和私募股权投资基金获得满意的回报率，所以买入债权之后推动杠杆收购和债务重组是一个主要的发展趋势。

海外不良处置的重要启示

通过分析研究国外重组类不良资产业务的发展经验，可以获得以下重要的启示：

一是结构化和产品化业已成为不良资产经营的主要趋势，是投资不良资产的可行之路。从国际上看，通过结构化的方式推动杠杆收购，随后进行公司债务重组，这已经成为本轮不良资产业务机会中主要投资人的普遍做法。

二是要重视研判市场所处的周期区间，这是投资不良资产业务的重要前提。根据橡树公司的投资经验，盈利的重要前提在于研究周期，看清所处的位置，基于此进行逆向投资，从而以较低的价格获得相对更为优质的资产。

三是要关注资产债务重组的模式安排，这是实现不良资产经营收益的关键所在。国内外的经验均表明，获得债权之后，再进行债务重组、杠杆收购等交易安排，是实现经营收益的关键。因此，可以得出初步的结论，在当前的市场形势下，债务并购重组是市场化经营不良资产的主要业务模式之一。这样才能覆盖业务周期较长带来的资金成本压力。

四是要重视业务流程各阶段的风险控制，这是开展不良资产业务的重要保障。由于不良资产的情况往往比较复杂，潜在的风险显著高于普通资产，要尤为关注各类风险的控制。从国外的经验来看，橡树资本、桥水公司、高盛等知名投资公司都通过资产组合、打折收购、追索权等来解决这个问题，例如橡树公司对任何一家公司的投资额不会超过总资产的 5%，而且投资优先债务、银行贷款和债权等拥有较大追索权的债务。

中国不良资产经营业务模式的探索

传统业务模式：重视增值运作

1. 收购处置类业务流程介绍

收购处置类不良资产经营是金融资产管理公司的传统业务，适用于政策性存量资产和金融机构不良资产包，其主要运作模式为尽职调查——打折收购——分类处置。金融资产管理公司对相关资产进行一系列的尽职调查和估值测算，以相对于账面原值一定的折扣，从金融机构（主要是银行）收购不良资产，随后灵活采用不同的管理和处置方式，从而实现债权的现金回收、获得收益。与创新业务相比较，传统业务的处置期限相对较长，但业务模式最为成熟。

表 6-3 不良资产处置的主要方式

处置方式	具体内容
债权重组	资产的重组包括债务重组、企业重组、资产转换和并购等，其中债务重组包括以资抵债、债务更新、资产置换、商业性债转股、折扣变现及协议转让等方式。本质是对债务做出重新安排：有的在还款期限上延长，有的在利率上做出新的安排，有的可能在应收利息上做出折让，有的也可能在本金上做出适当折让。
债权处置	按某种分类方法把一个以上主债务人的全部或部分债权合并成一个资产包进行处置，资产包中债务人一般具有较为相近的属性，或者地域、行业、债权分类的一致性，或者有同一个债务人的担保，或者拥有同一个抵押物等。它适用于难度大、处置周期长的资产。打包处置分为两大类：一是债务重组类打包处置，二是公开市场类打包处置。
债务分包	分包是指金融资产管理公司将其所拥有的部分资产，以签订分包合同的形式委托给承包人，由承包人负责经营或代为追偿债务的一种行为。
招标转让	招标转让是指通过向社会公示转让信息和竞投规则，投资者以密封投标方式，通过评标委员会在约定时间进行开标、评标，选择出价最高、现金回收风险小的受让者的处置方式。具体有公开招标转让和邀请招标转让两种形式。

续前表

处置方式	具体内容
破产清偿	破产清偿是指债务人依法破产，将债务人的资产进行清算变卖后按照偿付顺序，金融资产管理公司所得到的偿付。
诉讼追偿	司法诉讼是金融资产管理公司维护国家金融债权的最后屏障，也是经济活动中追索债务最常用的手段。通过起诉追索债务，能加大对债务人履约的力度，同时也可以避开国有机构处置不良资产需要履行的烦琐的报批手续。
资产置换	资产置换是指两个市场主体之间为了各自的经营需要，在通过合法的评估程序对资产进行评估的基础上，签订置换协议，从而实现双方无形或有形资产的互换或以债权换取实物资产及股权的行为。

资料来源：课题组整理。

收购处置类不良资产的业务流程为：金融资产管理公司通过公开竞标或协议转让方式承接商业银行的不良资产包，其收益主要来源于有价值的债权资产，处置手段主要包括二次出售（单户转让、打包转让）、债务人折扣清偿、债权重组、本息清收、破产清算、诉讼追偿、债转股等方式，对于有些拥有较大升值空间的项目资源的债务人，例如房地产，可能会通过股权参与阶段性经营获得资产溢价。由于收购处置类业务具有逆周期的特点，升值潜力高的不良资产往往需要更长的期限实现处置收益。

经营方式主要根据资产的升值空间、流动性、潜在投资者等因素来确定。例如，对于升值空间不大、存在潜在投资者的资产包，一般会采用重新分拆打包的方式进行处置；对于升值空间较大、流动性较低的资产包，可能会进行财务重组、资产重组、完善公司治理等，采用增值运作的方式进行管理。

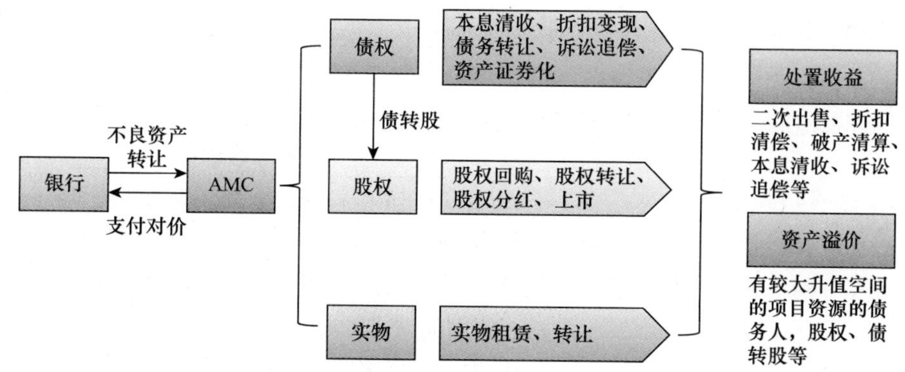

图 6-8　收购处置类不良资产业务流程

资料来源：华融资产管理公司招股说明书、课题组整理。

由于重新分拆打包运作相对简单，业务流程比较清晰，便于批量化处理，投资者参照相关流程、进行分拆购买即可达到投资的目的，此处不再做详细介绍。重点关注升值空间较大、流动性较低资产包中的特殊投资机会。

2. 收购不动产项目的增值运作

在不良资产包中，往往包含一些升值空间较大、流动性较低的抵债资产，如烂尾楼、商业用地等，该类项目的重点在于理顺债务、债务重组、资产整合等一揽子综合金融服务。该类投资的期限往往为中长，依靠资产溢价获取超额收益。“烂尾”的综合性商业大厦 S 广场项目的不良债权收购重组便是一个具有典型性的案例。

【案例分析】S 广场不良债权项目

S 广场项目由 J 公司开发，为 Z 市当时在建的最高的地标性工程，始建于 1992 年，占地 1.4 万平方米，规划建设为综合性商业大厦，总规划建筑面积为 13 万平方米。由于在建设过程中遭遇地基流沙等多种复杂的地理情况导致工程建设期拖长，项目资金投入超出预算，导致多次停工，完工率约为 80%。由于项目未能如期完工实现销售，J 公司无法按时偿还贷款、支付工程款，4 家债权人向法院提起诉讼，导致项目“烂尾”。

资产公司于2011年出资，收购了4家金融机构及4家非金融机构持有的J公司S广场项目的相关债权资产，并为J公司提供咨询策划、债务重组、资产整合、招商引资、融资顾问等一揽子综合金融服务。

S广场从启动至拟收购时点已有18年，由于管理运作不规范、债权债务关系复杂、多个债权人利益难以协调等原因，曾经两次重组失败。项目组协助债务人分别与各个债权人洽谈、表明收购意向，明确债权债务，经过深入沟通和谈判，综合运用收购相关债权并实施债务重组，盘活该烂尾项目的一致意见。在理顺债权债务管理的基础上，项目组一方面协调各方变更诉讼和执行主体，做好已流失资产的回归准备，并最终解除查封；另一方面帮助企业协调政府，为项目成功办理预售许可证。各种措施多管齐下为项目后续建设创造有利条件，为资产整体处置和运营扫除障碍。

资产公司以协议方式收购相关债权，并对收购后的债权进行重组优化，债权期限44个月。项目以S广场土地使用权及部分在建工程提供抵押担保，以J公司100%股权提供质押，并由债务企业实际控制人提供连带责任担保。同时，对后续建设投入资金、建设资金使用及投入资金、后期运营进行监管。

该项目是一个通过综合运用各种手段，围绕债权整合和资产整合，提升资产价值的成功案例，形成了多方共赢的局面，S广场项目从一个烂尾楼项目转变为Z市的标志性建筑，为当地政府解难；J公司从债务缠身的混乱困境中解脱出来，还获得了可观的利润；资产公司获得了较好的收益，并通过资产抵偿财务顾问费的交易结构设计安排，储备了部分优质资产。

基于此，对于关注此类不良资产债务的投资人来说，运作的关键在于理顺债权债务关系，开展债权整合和资产整合。目前，中国仍处于城镇化的进程中，建议投资者关注一二线城市的烂尾楼项目，可在充分了解债权债务关系的基础上，于项目重组的前期介入，把握其中的投资机会。由于此类项目往往债权债务关系较为复杂，牵涉的利益各方较多，需要关注其中的法律风险。

3. 收购企业债权项目的增值运作

企业债权一般是不良资产包中占比最高的资产，对于存在短期经营困难、发展前景较好的企业，也可以通过债务重组实现资产增值，例如A公司债务重组案例。

【案例分析】A公司债务重组项目

A公司是一家主营伽玛刀医疗设备生产的中外合资企业，主要产品AW伽玛刀在国内医疗行业有一定知名度。该公司因早期经营决策失误，赴海外上市未果，损失严重而停业。资产公司收购A公司可疑类债券后，通过积极开展商业化增值运作，最后采用“现金还款+期权”的方式进行债务重组，最终达到合作双赢的效果。

项目组调查发现，A公司、AH公司和AW医学均为关联公司，担保人YST公司两年未年检，已停止营业。鉴于债务人毫无协商解决问题的诚意，项目组于2006年3月对债权提起诉讼，查封其账户和土地。迫于压力，AH公司负责人主动到项目组洽谈还款事宜，项目组为了实现更好的社会效益，决定暂缓推进诉讼程序,与对方开展谈判。AH公司提出以本金40%来了结债务，项目组认为这并未体现AH公司在持续经营状况下的长期偿债能力，故未接受在重组方案。债务人主动引入了第三方投资人洽谈重组收购事宜。谈判的同时，项目组还进行了深入的调查，了解到其正准备重组后赴美国上市。

经过多次协商，双方就67号债权达成《债务重组协议》，至此67号债权处置完毕，本金回收率100%。随后，项目组与债务人协商66号债权的处置问题，由于该笔债权涉及金额较大，若AH公司短期偿债压力过大，并将使该公司的经营状况恶化，无异于杀鸡取卵。于是，项目组通过与债务人谈判，先后设计了将抵质押物委托经营、变卖收现等五种处置方案。在对比分析各种方案的优劣势之后，项目组决定采用“现金还款+期权”的方式进行债务重组。具体方案为：AH公司制定还款计划，在一定期限内以现金方式偿还全部本金，给予部分利息减免；AH股东承诺10%的股权认购选择权，认购价格不高于行权有效期内股权对外转让价格或增发价格的最低价的 90%。

2007 年 7 月，资产公司与债务人签订了《和解协议》，对剩余债权的还款时间进行了约定。同时双方达成一致意见，尽快落实转股问题。2007 年 9 月，AH 公司引进 IF 有限公司和美国 KL 投资集团作为战略投资者，负责公司的上市运作。

深圳 A 公司项目的处置，通过反复尽调，发现了增值运作的机会。诉讼使得该项目处置从被动转向主动的关键，通过公开市场的运作引入的第三方，也使得项目的价值进一步明朗。考虑到 AH 医疗未来可能有较好的成长性，达成了“现金还款 + 期权”的重组方案，实现了现金回收的最大化和增值运作的机会。

基于此，对于关注此类不良资产债务的投资人来说，投资运作的关键在于研判公司发展前景、理顺债权债务关系，寻求公开市场转让的可能性。随着中国产业的不断转型升级，可能会存在有发展前景但存在短期困难的企业，可以予以关注，寻求未来上市公司并购重组的可能性。

创新业务模式：债转股与不良资产证券化倍受关注

随着不良资产经营行业的发展，特别是 2016 年以来，业务模式的创新不断加快，除了传统的处置类不良资产之外，重组类不良资产、市场化债转股、不良资产证券化等也日益成为主要的业务模式。

1. 收购重组类不良资产业务流程介绍

收购重组类不良资产的业务流程为：针对短期内流动性暂时出现问题的企业，凭借个性化定制重组手段，进行信用风险重新定价并将信用风险化解的关口前移，盘活有存续经营价值的不良债权资产。通过达成重组协议，主要采用更改债务条款、实施债务合并等方式，约定还款金额、方式、时间、抵押物以及还款时间，修复债务人企业信用，挖掘客户核心资产价格和运营价值，实现资产价值发展和价值提升。对于部分存在发展价值、暂时流动性有困难的企业，价值盘活之后还可以采用并购重组的形式并入上市公司。同时，重组过程中还可嵌入资产证券化、结构化等产品。

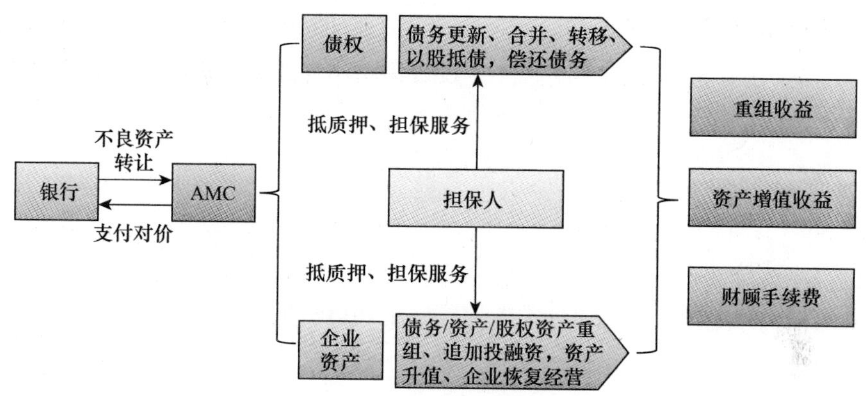

图 6-9　收购重组类不良资产业务流程

资料来源：华融资产管理公司招股说明书、课题组整理。

重组类不良资产适用范围广泛，与收购处置类不良资产相比，不涉及诉讼、追偿等事宜，业务流程更为简便。重组类不良资产一般由金融资产管理公司与债权企业、债务企业达成三方重组协议，即金融资产管理公司向债权企业收购债权，同时与债务企业及其关联方达成重组协议。

针对不同类型的不良资产和企业，采取的重组方案往往有所差别。对于存在短期流动性问题的企业，重组方案一般着眼于债权重组，通过还款时间、金额、还款方式以及担保抵押等一系列的重组安排，实现未来债权的回收。对于存在重组需求的上市公司等，重组方案一般是一揽子金融方案，不仅有债权方面的，还有股权和其他方面的安排。

【案例分析】CR 信用债违约案例

资产公司牵头上市公司 CR 的不良资产重组，当时公司信用债出现实质性违约，加之公司经营情况恶化，连续三年亏损，牵涉近 60 亿的债务问题。假若破产清算，大部分的债权清偿率仅为 3.95%，CR 通过不良资产重组，盘活企业存量资产、行业整合提升产能、提高企业经营效率，实现了投资人、债务人、债权人、地方政府的多方共赢。该案例是重组类不良资产业务的典型运用，充分挖掘了上市公司的壳资源价值。

项目主要采用了“破产重整 + 资产重组”的交易结构。第一步是破产重整一次性解决债务问题。归还债权的资金来源为：CR 处置境内外资产、借款等方式筹集不低于 5 亿元，以及 9 家投资人受让上述转增股份支付 14.6 亿元，合计不低于 19.6 亿元。第二步是引入重组方和财务投资者帮助其恢复经营，保证 2014 年净资产为正、利润为正，满足 2015 年恢复上市的基本要求。经多方努力，资产公司找到 XX 集团作为重组方。XX 集团是光伏行业全产业链布局的龙头，将成为未来上市公司的控股股东并负责生产经营；其他 8 家机构则为财务投资者，主要提供资金支持。第三步是达到业绩要求进而恢复上市。为了快速达到财务方面的要求，公司采取“自产 + 代工”模式，主要向 XX 集团旗下的保利 XX 能源采购硅料等原材料，委托外部工厂加工成电池组件，再向 XX 集团旗下的 XX 新能源销售。第四步是资产重组，控股方资产正式装入上市公司。2015 年 6 月 4 日，XX 发行股份购买两家企业 100% 的股权，这两家企业的实际控制人均为 XX 集团；发行股份购买资产价格为 1 元 / 股，配套募集资金 1.26 元 / 股；同时，此次资产重组附有业绩承诺，作为破产重整时 XX 业绩承诺的有力支撑。至此，CR 不良资产重组项目实施完成，

该案例是上市公司壳资源价值维护的典型案例。通过不良资产重组，盘活企业存量资产、行业整合提升产能、提高企业经营效率，实现了多方共赢。CR 的债权人获得了相对较高的受偿率；对于当地政府来说，CR 的产能盘活、行业整合，避免了巨大的失业问题；对于 XX 集团来说，作为国内光伏企业的龙头，以略高于 1 元 / 股的价格拿到了一个 A 股的“壳”，还获得了行业的资产，可谓低成本高回报非常划算；对于其他 8 家投资人来说，股价的上涨都将带来不菲的回报。

因此，重组类不良资产经营的投资机会相当广泛，可以与资本市场运作、上市公司市值维护、利用壳资源等方面有机地结合起来。随着供给侧改革的不断推进，将会涌现出相关的业务机会，建议投资者围绕资本市场运作，发挥重

组类不良资产业务模式的灵活性，充分挖掘不良资产的资本溢价，获取超额回报。

2. 债转股业务流程介绍

债转股业务的流程：采用债转股、以股抵债、追加投资等方式获得企业债转股资产，随后通过改善债转股企业经营提升债转股资产价值，最终通过资产置换、并购、重组和上市方式等退出，实现债转股资产增值。债转股需要积极地资本化运作。对于在上市债转股企业中持有的股份，可以通过二级市场逐步进行减持；对于非上市公司中的股份，主要退出方式包括其他股东增持、债转股公司回购和股份转让。

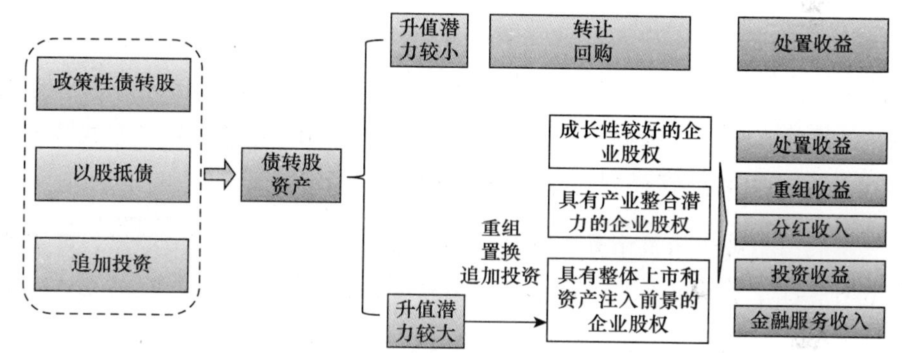

图 6-10 债转股业务流程

资料来源：华融资产管理公司招股说明书、课题组整理。

在债转股模式下，资产管理公司通过债转股、以股抵债、追加投资等方式获得债转股资产，改善企业经营状况以提升债转股所持有股权的资产价值。上一轮政策性债转股属于传统业务模式，本轮市场化债转股则与上一轮的业务有显著的不同。

债转股资产经营业务的收入来源主要有：处置收益，即债转股企业股权的转让收益；重组收益，即将债转股企业的股权置换为其关联方的股权时根据关联方股权的公允价值确认的收益；分红收益，债转股企业的股息以及其他分配收入；追加投资的投资收益，即参与债转股企业的定向增发后转让增发股权的收益；金融服务收入，即通过金融服务子公司为债转股企业提供各种金融服务所获取的收入。由于本次市场化债转股刚开启不久，本节分享一个市场化债转股案例。

【案例分析】WG 市场化债转股

银行与 WG 集团共同设立发展基金（合伙制），规模 120 亿元，市场化债转股落地。发展基金共有两只，将分阶段设立，总规模 240 亿元，用途主要是帮助 WG 集团降低杠杆率，降低财务成本。首期 WG 转型发展基金（合伙制）由银行与 WG 集团共同设立。该基金的合伙人结构是，JY 与 WG 下属基金公司做双 GP，LP 则是银行理财资金和 WG 集团自有资金。LP 的出资比例为 1∶5，WG 出资 20 亿元，银行出资 100 亿元。GP 的出资比例约为 1∶2，WG 为 100 万元，银行出 49 万元。发展基金的资金来源为自有资金与社会资金相结合，社会资金为主。WG 和银行出资比例为 1∶5，即 WG 集团出资 20 亿，银行募集社会化资金 100 亿，通过分阶段设立两只总规模 240 亿元的转型发展基金。基金 LP 预期收益率 5%，强调不刚性兑付。

债转股范围为银行正常类贷款。转型发展基金资金用途包括部分直接投资 WG 集团子公司股权，也包括承接 WG 集团到期债务，也就是说基金的用途之一是进行债转股，据悉债转股的债权是银行贷款。债权方面，基金以 1∶1 的企业账面价值承接债务；股权方面，非上市公司的股权经过评估按市场价转股；上市公司的股权参照二级市场价格做安排。

股权退出机制预期以二级市场为主，附带回购条款。WG 集团的债转股主要是通过股权基金化实现的，因此退出方式主要是投资的子公司未来上市或者装入主板的上市公司中，通过二级市场退出或者通过新三板、区域股权交易上市等方式退出。此外，银行与 WG 签订远期回购协议，双方约定，如果未来管理层业绩达不到预期，国企集团将对股权进行回购，银行方面由此退出。

3. 不良资产证券化业务

中国不良资产证券化试点最早开始于 2006 年，四大资产管理公司和建设银行首先发行了不良资产证券化产品。鉴于商业银行持续上升的不良贷款压力，以及传统不良处置方式在处置效率和规模上的滞后，人行在新一轮资产证券化发展较为成熟的时期，时隔八年后再次重启不良资产证券化试点。2016 年初，人民银行批准工、农、中、建、交、招商 6 家银行开展首批试点，并且交易商协会于 2016 年 4 月发布《不良贷款资产支持证券信息披露指引（试行）》，对不良资产证券化产品发行期的信息披露、存续期定期和重大事项披露以及信息披露的评价反馈机制进行了规范。

不良资产证券化是银行资产负债表资产端的出表，通过 SPV 实现破产隔离，信贷资产通过结构化债券面向金融市场上的债券投资人。金融资产管理公司一般为次级档投资者。

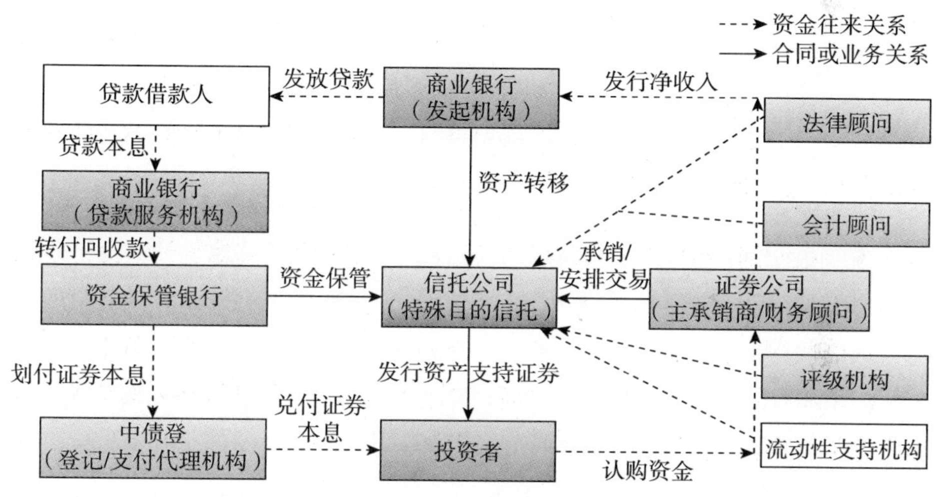

图 6-11　不良资产证券化业务流程

资料来源：课题组整理。

2016 年，6 家试点银行共计发行 14 单累计总额约 156.10 亿元人民币的不良资产支持证券，对应的不良资产总额累计约为 510.22 亿元。新发产品基础资产类型不断丰富，涵盖了不良类公司贷款、信用卡贷款、个人消费贷款及个人住房抵押贷款等多个领域。

次级档投资者大部分为四大资产管理公司，少部分为不良资产基金。总额度虽然还在 500 亿之内，但 2017 年将会有更多的银行加入试点中来。据悉，不良资产证券化扩大后的试点名单已经确定，国开行、中信银行、光大银行、华夏银行、民生银行、兴业银行、平安银行、浦发银行、浙商银行以及北京银行、江苏银行和杭州银行共 12 家银行新入围试点，预计扩容之后不良资产证券化产品发行规模将大于 2015 年。

表 6-4　　2016 年不良资产证券化产品

发起机构	产品简称	发行规模（亿元）	资产池未偿本息余额（亿元）	基础资产类型
中国银行	16 中誉 1	3.01	12.54	不良类公司贷款
招商银行	16 和萃 1	2.33	20.98	信用卡不良贷款
招商银行	16 和萃 2	4.70	11.55	不良类小微企业贷款
农业银行	16 农盈 1	30.64	107.27	不良类公司贷款
建设银行	16 建鑫 1	7.02	24.46	不良类公司贷款
建设银行	16 建鑫 2	15.60	29.93	住房抵押不良贷款
工商银行	16 工元 1	10.77	45.21	不良类公司贷款
招商银行	16 和萃 3	6.43	23.62	不良类公司贷款
交通银行	16 交诚 1	16.70	56.89	不良类公司贷款
中国银行	16 中誉 2	6.15	31.54	不良公司贷款
工商银行	16 工元 2	3.51	31.29	信用卡不良贷款
工商银行	16 工元 3	40.80	75.30	个人经营、消费和住房抵押贷款
建设银行	16 建鑫 3	4.74	28.10	信用卡不良贷款
招商银行	16 和萃 4	4.60	11.54	不良类小微企业贷款
2016 年合计		156.10	510.22	

资料来源：课题组整理。

【案例分析】JX 一期不良资产证券化

JX 一期证券总规模为 7.02 亿元，其中优先档规模为 4.64 亿元，次级档规模为 2.38 亿元。不良资产证券化产品的投资关键在于评级估值和收益测算。

评级估值主要包括以下几个方面：基础资产信用质量、现金流、交易结构风险和参与机构履约能力。基础资产信用质量方面，以重要性和代表性为原则进行抽样尽调分析，未尽调部分则采用数据模拟判别回归分析。

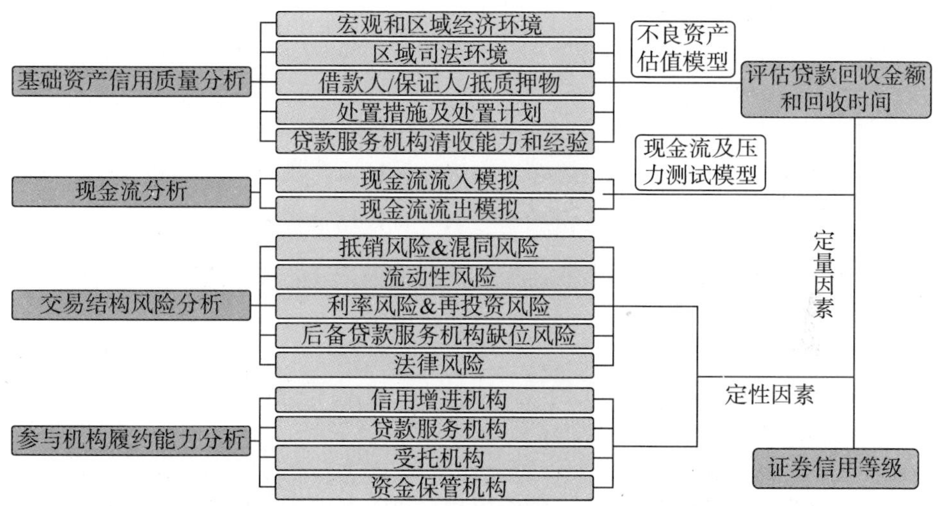

图 6-12　不良资产证券化评级估值分析要素

资料来源：课题组整理。

优先档资产支持证券的票面利率为固定利率，具体需发行当日视优先档申购情况而定，半年付息一次。次级档资产支持证券无票面利率，其收益构成为：资产处置专家委员会顾问费 + 次级档固定收益 + 次级档证券超额收益。次级档每期回收 = 当期处置收入 – 费用 – 优先级本息。按照尽调估值测算的现金回收比例，可以对应算出每份报价与对应年化收益率的关系。

中国不良资产经营行业发展展望

行业产业链发展前景广阔

本轮不良资产规模较大，相关政策鼓励风险的化解与处置，结合经济所处的周期波段，近两年内不良资产经营行业将有较大的投资机会。一方面，商业银行不良贷款上升、信用债危机频发、非银行金融风险项目增加、非金融企业债务的累积都在不同程度上加剧了不良资产的供给。另一方面，国家相继出台相关政策推进供给侧改革、支持不良资产管理行业，包括重启不良资产证券化试点、市场化债转股方案、地方金融资产公司扩容等。

经过近二十年的发展，国内不良资产经营行业主要涵盖了收购处置类不良、重组类不良、债转股、不良资产证券化等业务，探索出了一些成功的路径与方法。与此同时，不良资产的处置与经营正从较为边缘的子行业成为了资本市场有所关注的另类投资机会。结合国内外不良资产投资的经验和做法，我们可以看到，不良资产行业产业链的参与入口将会越来越多，无论是负债端的杠杆结构设计，还是资产端的并购重组，特别是结合多层次资本市场的运作，将会在产业链中涌现出越来越多的投资机会，值得广大投资者关注。

业务模式的标准化与灵活性并存

随着不良资产经营行业的不断发展，中国的不良资产相关的业务模式也将会进入更为市场化的阶段。伴随着市场竞争的加剧和业务经验的积累，资产的经营处置的效率将会不断提高，预计不良资产经营的业务模式将会分别向标准化和灵活性方向发展。

一方面，业务流程较为明晰的模式将会不断标准化，依靠更高的处置效率和更大的业务规模实现盈利，例如批量转让不良资产包、不良资产证券化等业务。另一方面，需要因地制宜地采取不同处置方式的相关业务将会更具灵活性，依靠量身定制的专属方案实现盈利，例如重组类不良资产业务、升值空间较大的不良资产包、市场化债转股、资本市场并购重组等业务。

行业发展将会更规范化和法制化

在监管革新的大背景下，资产管理行业发展将更加规范化，过去依赖牌照优势的简单通道业务和类似“假出表”“假不良”等监管指标套利的业务将会被逐步清理，真正解决困难、化解风险、提升服务实体经济质效的不良资产经营业务将会有更大的市场空间，行业规范和监管规则将逐步落地，不良资产经营行业也将会更加规范化和法制化。

2017 年的中央经济工作会议指出要把防控金融风险放到更加重要的位置。4 月 7 日，中国银监会召开新闻发布会表示，当前银行业监管的重点工作在于 15 个字：重服务、防风险、强协调、补短板、治乱象。随后的两周内，中国银监会连续下发 7 个监管文件，内容涵盖提升银行业服务实体经济质效、银行业市场乱象整治、银行业风险防控、弥补监管短板、开展“违反金融法律、违反监管规则、违反内部规章”、“监管套利、空转套利、关联套利”、“不当展业、不当交易、不当激励、不当收费”专项检查治理等工作，确保 15 字方针的落实。梳理其中的实施细则，与不良资产经营相关的项目也不在少数，例如银行等金融机构不可以通过“假出表”再兜底等方式调整报表，规避监管；又如，限制通过多层嵌套，对非存量不良业务进行融资。整体来看，在资产管理行业监管规则和行业格局重塑的过程中，不良资产经营行业将会进一步规范化，这将有利于行业的不断健康发展。

07

挖掘“长尾”投资者蓝海

在以往，传统资产管理机构无疑是“二八”法则最忠实的拥护者，各机构私人银行、高端财富管理部等服务中高端客户的机构快速发展，中高端客户从资产管理机构获得的产品和服务日趋丰富。相比较而言，非中高净值客户，也就是小客户或者说是“长尾”投资者在传统资产管理机构得到的产品和服务较为单一，且在相当长时间内并没有发生质的改变。最近几年，这一部分客户被互联网金融所吸纳，让资产管理机构第一次认识到“长尾”投资者的价值，这些购买量虽小，但数量庞大的客户成就了余额宝等互联网理财的奇迹。与中高端客户相比，“长尾”投资者投资理财时间“碎片化”、金额“碎片化”、获取信息“碎片化”，投资理财目的较为单一、渠道较为单一、产品较为单一。对于“长尾”投资者，资产管理机构所能做的不仅是挖掘需求，更是培育需求。正如国内知名互联网理财平台“挖财”副总裁王志峰所述，在互联网理财产品出现之前，“长尾”投资者从没想过几百甚至几十元可以买到理财，他们自己都不知道这是他们的需求，直到互联网理财产品的出现，客户才觉得自己有这样的需求。各机构在中高端客户领域激烈竞争的同时，也应该看到“长尾”投资者市场有着巨大的需求有待挖掘和培育。

“长尾”投资者的投资理财特征

“长尾”一词最早是用来描述诸如亚马逊和Netflix等网站的商业和经济模式。“长尾”至今尚无正式的定义，可能在不同领域有不同的解读，但核心却为一条拖着长尾的需求曲线。这条需求曲线同样适用于资产管理领域。兴业银行和BCG发布的2017年中国私人银行调查报告显示，210万户中国高净值家庭持有43%的整体个人财富，以第六次全国人口普查显示的全国4.01亿户家庭为基数，可以计算出0.52%的家庭持有中国40%的个人财富，他们占据了需求曲线的头部，也是传统资产管理领域的核心客户，而剩余超过90%的家庭则是资产管理领域的长尾客户。有人这样总结长尾模式的成功经验，即商业和产品的热点不在传统需求曲线的头部，而在需求曲线中那条无穷长的尾巴。如图7-1，从“长尾理论”模型图中也可以发现，深色区域和浅色区域的面积大致相等，也就是说深色区域同样有巨大的空间。回到资产管理领域，即“长尾”投资者同样是传统资产管理机构值得挖掘的蓝海。

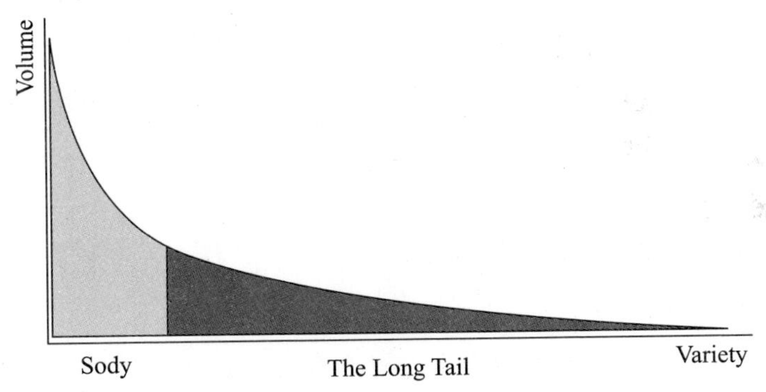

图7-1 “长尾理论”模型图

“长尾”投资者的投资理财行为可以用三个“碎片化”和三个“较为单一”来概括。即投资理财时间、金额和获取信息的“碎片化”，投资目的和期限较为单一、渠道较为单一、投资理财产品配置较为单一。

投资理财时间呈现“碎片化”

投资理财时间“碎片化”主要表现在用于投资理财的时间较少、且不固定，尤其是年轻人用于投资理财的时间多为睡前、上下班路上等碎片时间段。

“长尾”投资者投资理财时间呈现“碎片化”主要基于以下三点原因，一是绝大多数的“长尾”投资者都为上班一族、打工一族或者是自主经营的小经营者等，中国劳动力报告调查显示，这些劳动者周平均工作时间在 45 小时左右。央视经济生活调查也显示，除去工作和睡眠，中国百姓日均休闲时间仅为 2.55 个小时，这其中如再剔除交通、社交、家务和购物等时间，可见百姓可用于投资理财的时间也仅有零碎的时间；二是由于“长尾”投资者单笔可投资金额较小，因此，在其观念中，对于单笔投资的重视程度较低，不愿意在投资理财上花费较多时间。三是资产管理机构历来更为重视中高端客户，为“长尾”投资者提供的服务较为有限，“长尾”投资者在机构仅完成产品购买，由于成本原因，鲜有机构为“长尾”投资者提供较为细致的、个性化的投资理财咨询服务。

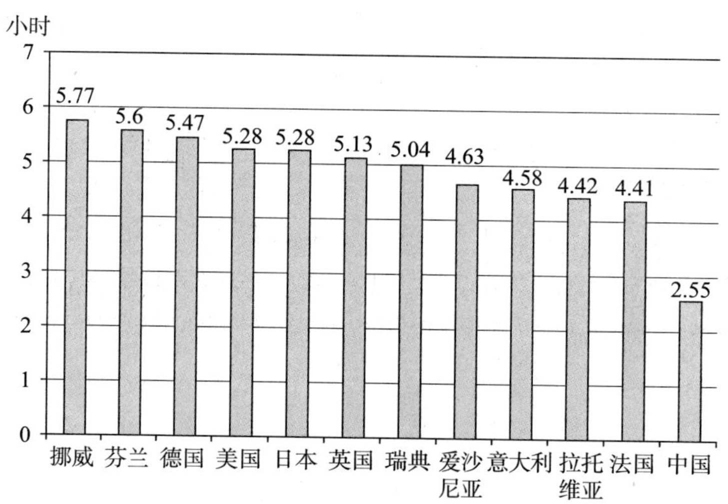

图 7-2　除工作与睡眠外，中国百姓日均休闲时间

投资理财金额呈现“碎片化”

“长尾”投资者用于投资理财的资金多为工资薪金的结余或者个体经营的结余。“长尾”投资者家庭月收入减去消费后的结余有限，但是少量结余时常会有，因此，其日常投资理财的金额就呈现单笔多次“碎片化”，然后，由“碎片化”的金额逐渐累积。根据 2016 年上半年我国各省市人均收入估算，“长尾”

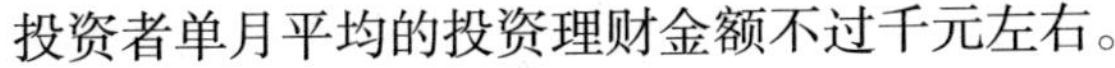
投资者单月平均的投资理财金额不过千元左右。

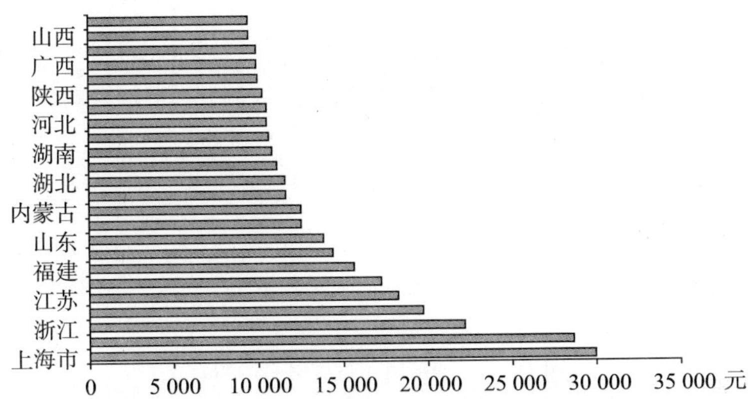

图 7-3　2017 年上半年主要省市居民人均可支配收入

资料来源：国家统计局。

投资理财信息获取“碎片化”

与中高端客户可以从专业的机构，如银行私人银行部门、其他机构高端财富管理部门获得一站式专业的投资理财信息不同，“长尾”投资者多通过银行等机构的营销广告、营销人员、报纸、电视、网络以及亲友介绍获取投资理财信息。信息多是“碎片化”的营销类信息。“碎片化”的信息使得“长尾”投资者很难进行甄别，也较易让不法分子钻空子，使得部分“长尾”投资者，尤其是获取信息渠道不畅的中老年客户及农村地区客户陷入不法分子编织的金融骗局。

投资理财目的和期限“较为单一”

与中高端客户投资目的多样化不同，“长尾”投资者投资理财的目的“较为单一”：收益与安全，即在保证资产安全的情况下，获得尽可能较高的收益。对于普通百姓而言，财富积累无疑是用来满足流动性需求、预防性需求和交易性需求，因此资产安全和保值是最重要的。在投资期限方面，目前，除购买保险外，“长尾”投资者投资的产品期限都较为短期化。以银行理财产品为例，银行理财产品主要集中于“1～3 个月（含）”、“3～6 个月（含）”，期限在“12～24 个月（含）”和“24 个月以上”产品数量仅占当期产品数量的 3% 左右。

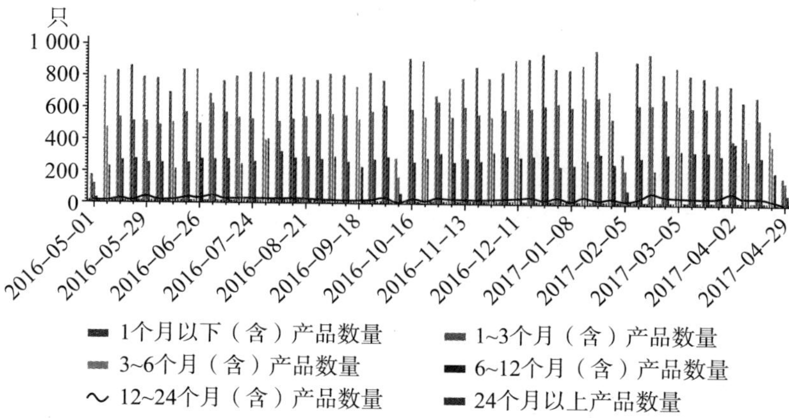

图 7-4　不同期限银行理财产品数量

投资理财渠道“较为单一”

“长尾”投资者投资理财渠道“较为单一”，银行是“长尾”投资者投资理财的最主要渠道，其次为保险，年轻人也会选择互联网平台作为投资理财渠道。选择其他渠道进行投资理财的“长尾”投资者占比较低。以券商渠道为例，截至 2017 年 4 月 21 日，拥有证券账户的自然人数为 12 350.54 万人，剔除中高端客户，估算下来，拥有证券账户的“长尾”投资者占比仅为 5% 左右，也就是说通过券商渠道进行投资理财的资产管理机构“长尾”投资者仅占 5% 左右。信托、期货等门槛较高，通过该渠道进行投资理财的长尾客户占比更低。

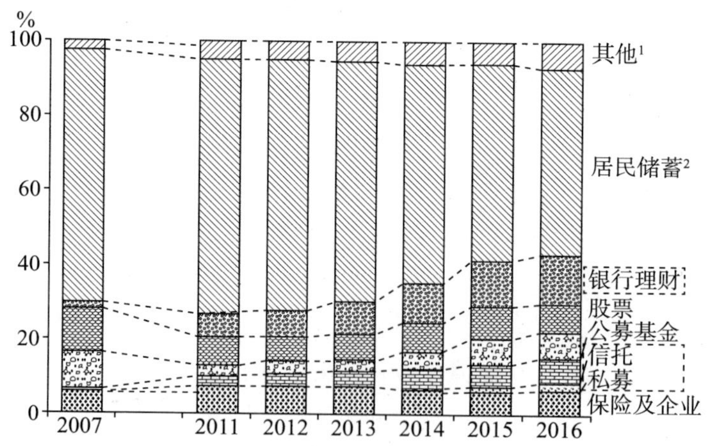

图 7-6　中国个人可投资金融资产的产品种类

资料来源：兴业银行，BCG。

投资理财配置“较为单一”

与中高端客户可以选择红酒、艺术品等实物类型资产投资不同，“长尾”投资者的投资资产以金融资产为主，房产可能为“长尾”投资者所持有的占比最大的实物资产，但对于绝大多数“长尾”投资者而言，房产自住性质远远大于投资性质。在金融资产中，“长尾”投资者配置占比最大的为储蓄存款①，存款占比在40%—55%左右，配置较为单一。除此之外，“长尾”投资者资产配置的单一性还表现在，如果某段时间，某个产品具有较高收益，那么会将资产集中于某项产品以获得超高收益。

“长尾”投资者投资理财行为和需求变化

在过去数十年间，“长尾”投资者的投资理财特征并没有发生太多实质性的改变，但是，近年来，随着全球以及中国经济和金融环境变化、金融监管革新，“长尾”投资者过去习以为常的投资理财习惯正在面临着诸多挑战，“长尾”投资者的投资理财需求正在悄然改变。

单一资产获利难度加大，“长尾”投资者投资理财需求日趋长期化和多元化

过去一年，“资产荒”现象进一步严重，市场上低风险高收益的产品越来越少。经济潜在增长率的下降，资产回报率的下降、利率市场化、金融创新发展以及金融“去杠杆”“去套利”“去通道”“去刚兑”，都倒逼金融机构配置高风险资产来换取相对高的收益，资金在逐步通过加大风险容忍度来换取高收益。在这样的背景下，“长尾”投资者的投资理财行为也随之发生了变化，一方面愿意牺牲一部分流动性去获取较高的收益，如投资定投基金等长期产品；另一方面降低收益预期但追求资产的安全性，主要体现在对于一些安全性高的万能险产品的需求，即使收益率不高（有些产品甚至低于4%），但是仍得到投资者的“吹捧”，2016年中国保险业万能险保费收入增长为55.1%。

---

① 图7-5是包含了中高端客户和“长尾”投资者在内的所有个人投资者资产配置情况。

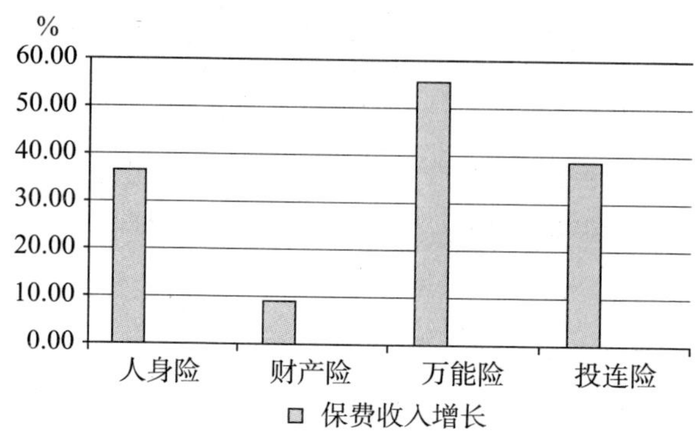

图 7-7　2016 年中国保险业各类型产品保费收入增长情况

资料来源：Wind 资讯。

目前中国经济正从高速增长转向中高速增长，资产配置的需求将愈发凸显。另外，金融监管革新也将加速推动各机构产品回归本源，从更长时间来看，中国主要资产的收益和风险基本是相匹配的，更高的回报率通常对应的是更高的波动率。因此，“长尾”投资者通过单一资产获利的难度将大大提升。而相较于投资单一资产，全局性的大类资产配置思维才能够更好地控制风险、提高收益。随着我国金融化的推进、投资者的成长以及国际化的提升，资产配置需求将愈发凸显。

“碎片化”的理财特征难以改变，“长尾”投资者数字化理财需求进一步强化

从“长尾”投资者本身看，其“碎片化”的理财特征是很难改变的。但时间上的“碎片化”、金额的“碎片化”以及获取信息的“碎片化”或许能够通过科技和金融的融合得到优化。互联网理财的出现，很好地匹配了部分“长尾”投资者在时间和金额上的“碎片化”投资理财特征。但是获取信息的“碎片化”行为并未得到相应产品和服务的匹配，“长尾”投资者对于这一部分的需求较为强烈。埃森哲的一项调查显示，多数零售客户愿意向银行提供和分享更多的个人投资理财数据，以获得更好的服务，尤其是“个性化”的信息服务。但由于通过传统途径为“长尾”投资者提供单一个性化服务成本较高，通过科技和技术的应用创新模式，降低成本，才能使“长尾”投资者获取“个性化”服务

成为可能，智能投顾或许在未来将得到进一步发展，来满足“长尾”投资者的数字化需求。

居民部门负债增加，“长尾”投资者融资需求进一步显现

中国人传统的消费观念为“储蓄消费”，但这一观念近来发生了较大改变，近年来“负债消费”日趋增多。房地产按揭、消费信贷、信用卡消费等在70后、80、90后的“长尾”投资者中屡见不鲜。另外，如京东白条、小米小贷等主要提供小额消费贷款的网络小额贷款公司或平台逐年增长，截至2017年5月，据公开资料统计全国已有129家互联网小额贷款公司。另外，从互联网信贷代表行业看，互联网消费金融的交易规模近年一直保持在100%以上的高速增长，2016年的交易规模已达到9 983亿元。可见，“长尾”投资者的融资需求也在进一步显现。

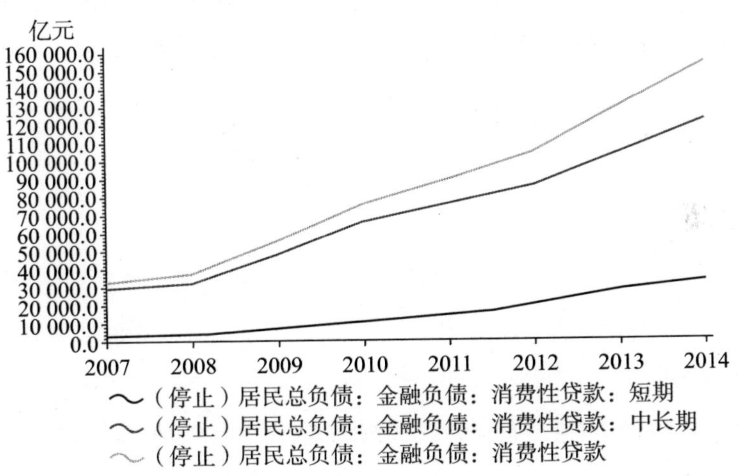

图7-7　中国居民部门负债情况

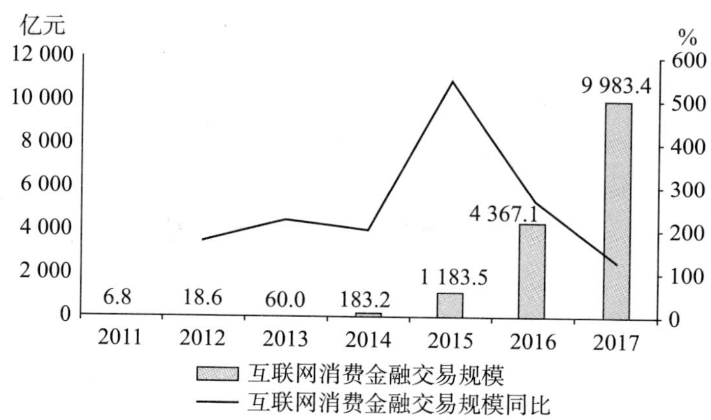

图 7-8　互联网消费金融交易规模变化

资料来源：Wind 资讯。

当前“长尾”投资者可获取的产品与服务现状

产品同质化单一化，但创新也在显现

目前“长尾”投资者在投资方面可投资的产品可以大致分为三种类型：活期产品、定期产品、其他创新型产品。

活期产品，主要是现金管理类产品，代表特征为投资门槛低（银行的现金管理类产品一般门槛为 5 万起），收益安全性高（投资于货币类产品），资金灵活性高（可以随时赎回，一般最多两个工作日到账），节假日也有利息可赚（满足“长尾”投资者躺着赚钱的想法）。其次，是债券基金和股票基金，相较于货币基金风险更高，但潜在的收益也更高。

定期产品，目前主要包括保险理财和中长期理财等。保险理财的产品以万能险为主，在保底收益的基础上兼具投资功能，一般期限在半年至一年之间，有的甚至更长。中长期理财，与货币基金投资标的类似，但设置了 7 天、14 天、21 天至 180 天甚至一年的不同固定期限，其间不许赎回，收益率高于货币基金。

其他创新型基金，目前主要有融资类产品、黄金等另类产品等。融资类产品，主要是投资者以持有的理财产品作为抵押进行借款申请，从而达到变现目的；或是基于已有数据挖掘，为投资者提供消费金融服务，如蚂蚁金融的“蚂蚁借呗”“蚂蚁花呗”等产品。融资类产品和服务的出现,也满足了“长尾”投资者当前日益增长的融资方面的需求。此外，目前市场上出现的互联网黄金理财产品也是一种创新型产品，包括腾讯、阿里、京东等的一些互联网公司都推出了与黄金挂钩的互联网产品，其投资最低门槛可为1元，可随时购买且无手续费，大大拓展了“长尾”投资者可选择的产品范围。

服务机构丰富，但服务模式单一

1. 服务的机构种类丰富

目前在市面上为“长尾”投资者提供服务的机构大致包括以下几类机构：传统金融机构、互联网金融机构、互联网运营商提供的理财服务等。而三者中，主要以传统金融机构和互联网金融机构为主。

传统金融机构如银行、券商、基金公司等，均通过手机银行、线上APP等通过互联网方式服务于“长尾”投资者，并基于自己已有的产品线为投资者提供多元化的服务。

互联网金融机构一方面包括传统的互联网巨头BAT，如阿里的蚂蚁金服、百度的百度理财、腾讯的理财通等；另一方面包括电商类理财平台，以京东金融和苏宁理财为代表，意图将自己的电商业务与理财业务衔接起来；此外，还包括一些网站建立的理财平台，如新浪、网易和财经类的专门网站，如天天基金网。

在当前服务“长尾”投资者的机构中，从各机构的比较优势来看，传统金融机构在产品供应种类及客户基础及维护经验上更具优势，但却需要较高的成本，因此目前更多的传统金融机构把着力点放在深耕中高净值客户身上。互联网金融机构则在大数据技术及互联网运营方面对于产品和服务的成本和风险把控更具优势。而对于传统的电商平台则在互联网用户流量方面可能更具优势，可将自身电商业务与理财业务衔接。对于未来“长尾”投资者的挖掘，核心要素还在于产品的供应和服务的质量。对比三大类服务“长尾”投资者的金融机构，并结合“长尾”投资者的投资特点，互联网金融机构在深耕“长尾”投资者方面可能相对更具优势。

2. 服务内容模式单一

在目前各类机构提供给投资者的服务模式中，“产品选择 + 问题解答”为主要的服务模式。传统金融机构还是利用线下的营业网点以及APP的客服与“长尾”投资者沟通。互联网金融机构利用自己原有的与客户沟通的方式，解答投资者在购买产品中遇到的各类问题。如淘宝理财频道则利用官方服务交流区“蚂蚁金服理财帮派”，由“服务小二”解答投资用户在互联网理财过程中遇到的各类问题；百度理财平台基于其一直被网友广为使用的问答平台“百度知道”，来发动其他理财行家解答用户提出的各类理财问题；微信理财通则利用微信的优势，为理财用户实时推送理财知识、理财产品、收益情况、推广活动信息等内容，并通过理财通微信公共号，为客户提供常见问题的解答，并处理投诉建议等。

综合来看，“长尾”投资者目前可以选择的较有规模的理财服务平台已很丰富。预计随着未来互联网理财的进一步发展，会有更多的机构进入这个领域，投资者目前更多凭对品牌的认知度以及产品收益而选择服务机构。但是值得注意的是，基于市场上的已有的风险事件的爆发，投资者对于风险认知的程度也在逐渐提升，未来也更将意识到在防风险的前提下去选择产品和机构。同时，在当前强监管的金融环境下，互联网金融产品和服务的合规显得尤为重要，在严控风险下发展各自平台的差异化优势，则会成为把握用户流量的关键因素。

挖掘“长尾”投资者的资产管理需求

结合当前“长尾”投资者的投资理财特征和需求变化，进一步挖掘“长尾”投资者的多元化、数字化资产管理需求，将成为未来各机构深耕“长尾”投资者的发展方向。

通过产品组合和层次切分，满足“长尾”投资者的多元化投融资需求

目前中国居民财富配置主要由房地产、理财资金、存款构成，其中房地产、存款占新增财富的80%左右，而美国的家庭财富配置结构更为分散，房地产和储蓄的占比仅为39%。从过去几年以来，居民投资从原来的不动产、固定收益类投资项目逐步向金融产品拓展，随着居民财富的日益增长以及房地产市场的不断降温，金融资产也将在居民投资中占有越来越重的地位。

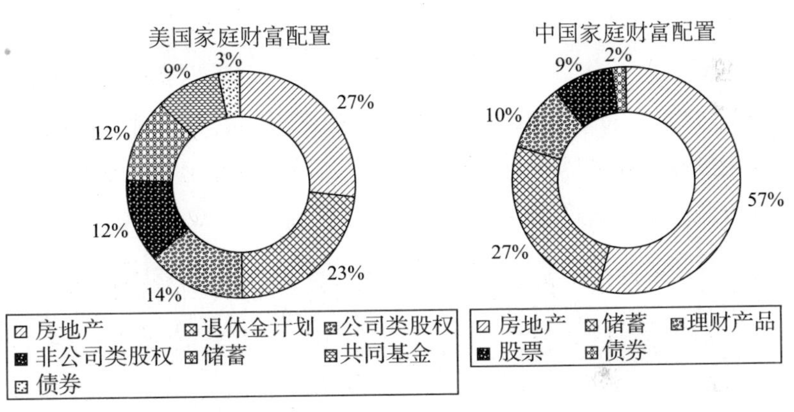

图 7-9 美国家庭财富配置与中国家庭财富配置

资料来源：BAML，东北证券。

我国资产管理市场基础产品类别较为齐全，包含权益类、债券类、保险、信托、对冲基金、其他另类产品等各个类别，基本涵盖了从“低风险、低收益”到“高风险、高收益”的基础产品谱系。然而，由于部分基础产品在投资门槛、投资资质等方面有限制或者对投资者的专业性要求较高、投资过程较为繁琐，使得“长尾”投资者无法参与和进入。在这样的情况下，通过产品组合和层次切分将基础产品进行包装，或许是满足“长尾”投资者对于产品多元化需求较好的途径。

1. 通过产品层次的切分降低投资门槛

一方面是在产品设计过程中，考虑将投资门槛较高的产品进行层次切分。

将一块儿原来一个人享用不完的大蛋糕分成若干小份，降低了门槛，就能够使更多的“长尾”投资者有机会进入。其实，目前市场上已有一些产品创新利用了这一思路，如余额宝面市前，货币基金的投资门槛最低在1 000元，而余额宝通过技术创新将投资门槛降低至仅1元。

2. 通过基础产品的组合满足投资者分散化的需求

另一方面是在产品设计过程中，考虑基础产品的组合，或者组合之后的再切分。由于“长尾”投资者资产配置的多元化，其投资决策所面临的产品种类增多，选择增多，但很多“长尾”投资者并不具备多种产品选择的知识，或者也没有时间关注每一类投资产品。资产管理机构可以考虑根据不同投资者需求，将不同风险和收益的产品放入一个篮子，组成不同风险收益的投资套餐。“长尾”投资者可以根据自己的投资目的在不同套餐中进行选择，满足投资者多元化投资又分散风险的目的。如，某互联网理财品牌*融宝，是专门以资产配置为理念的一站式理财平台，截至目前已有超过200万投资用户，累计投资总额超过680亿。其作为机构投资者筛选优质资产并进行组合优化，通过分层、分类以及分层原则对资产进行多元化配置，以构建多类资产投资组合，以满足普通民众投资理财需求。

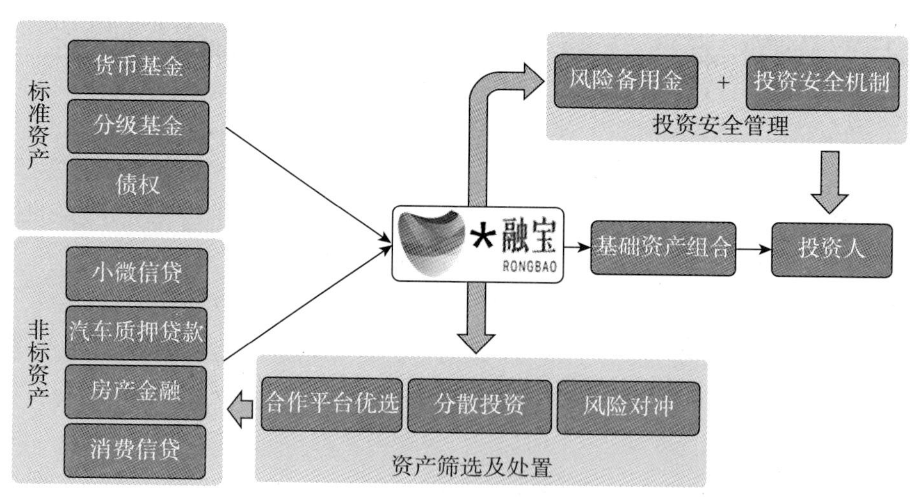

图7-10　*融宝运营模式

资料来源：易观国际报告，*融宝官方网站。

3. 基于用户交易行为分析，设计差异化的融资产品，满足“长尾”投资者的多元融资需求

近几年，互联网信贷的代表性行业互联网消费金融行业发展迅速，年化复合增速达到 317%。随着国内互联网消费群体的成长，其消费观念和习惯也伴随着电商平台的发展而不断改变，预计以个人微额信用贷和消费信贷为代表的投资者融资需求还有进一步挖掘空间。提供互联网金融的各机构，尤其是拥有大量用户交易行为数据的电商平台如阿里、京东等，可以基于对用户交易行为的数据分析，评定其支付能力、诚信程度，形成用户的征信数据库，继而开发针对特定用户对象的融资类服务，如设计针对不同客群（学生或是上班族）、或是针对不同领域（教育或是其他消费）的差异化融资产品，来满足“长尾”投资者的融资需求。

重视互联网大数据技术的应用，满足“长尾”投资者数字化资产管理的需求

“长尾”投资者对于资产管理数字化的需求是伴随着互联网技术发展而生的，具体表现为“长尾”投资者希望以低成本、透明、便捷及容易接受的方式实现个人资产或投资的管理。因此，要满足投资者这方面的需求必须要重视互联网技术的应用。

1. 利用大数据技术，发展智能投顾

最为常见，也是目前发展最为迅速的就是智能投顾服务。智能投顾按照不同年龄段和不同收入状况的投资者群体的风险承受能力、投资目标给予不同类别资产的配置以及投资建议。其次，智能投顾有别于传统投顾，实现了投资决策的智能化，从而实现风险有效分散化做到以最小的风险获得最大的投资收益。再次，智能投顾投资效率更高，操作便捷也更透明。“长尾”投资者的理财需求受制于资产量、投资渠道的限制而无法实现，智能投顾的低服务门槛，让投资理财实现了普惠。

表 7-1　　智能投顾与传统模式主要对比

方面	智能投顾	传统模式
服务流程	用户测评（KYC）——自动化生成方案——客户调整——方案确定——投后自动化管理	了解客户需求（KYC）——协助客户测评——建议投资方案——实施投资方案——投后跟踪组合表现——调整组合方案
服务模式	互联网线上服务	线下服务
产品选择	投资者依据智能投顾推荐方案选择	自我选择，会受客户经理引导
操作过程	简单	复杂
产品门槛	较低（千元以内也可）	较高（一般 5 万起）
产品种类	较为单一	较全，但有投资门槛
费率	低	高
策略执行	严格执行	视情况而定
服务时间	7*24 小时	工作时间
客户服务	无	有

资料来源：课题组整理，方正证券。

2. 提升与理财相关的综合化服务体验

另外，“长尾”投资者的需求还表现为与金融服务和投资理财相关的综合化服务需求，包括派生化服务、场景化服务和趣味化服务。派生化服务比如国内互联网平台挖财提供的记账服务等。场景化服务可将投资与“长尾”投资者的生活场景相结合，使投资者真正基于生活需求而衍生投资需求，比如与电影业合作的百度“百发有戏”和阿里“娱乐宝”，影迷可通过这类产品投资尚未上映的热门影视作品，其潜在收益直接与票房收入挂钩，还包含了参与明星互动、首映礼等增值套餐。趣味化服务如大家最为熟悉的支付宝中的蚂蚁森林，通过使用支付宝支付、缴费以及运动等都可增加能量，为用户带来更好的使用体验和趣味性，增加了用户与朋友之间的互动性，有效提升了用户的黏性。

由于目前各机构在将互联网技术应用于服务上的探索较多，而将互联网技术应用于客户体验或许将是未来的蓝海。体验的要求高于服务，体验更侧重于让“长尾”投资者能够在投资中有更好的感官感受。应用互联网大数据技术给客户带来更好体验的案例不胜枚举，可以说绝大部分用户用于这项应用的时间要远多于用于投资理财的时间。这样的设计和创新思路同样可以应用在资产管理领域，尤其是部分互联网理财平台，已经完全具备了尝试如此创新的能力。这样的创新也一定可以提升“长尾”投资者理财的趣味性和互动性，吸引投资者更多地关注资产管理，以更为便捷和易于接受的方式实现资产管理。

◎2016年中国银行理财业务规模扩展增速有一定的放缓，但相对其他行业增速仍然较高，2016年全年存续规模能够突破30万亿大关，较2015年年底同比增幅达27.66%。虽然2016年银行向净值型的趋势比较明显，但较长时间内，预期收益型产品仍然会是银行理财的主要类型。

◎券商资管回归主动管理，应该发挥产品提供商和资源整合者的角色：一是为零售经纪业务向财富管理转型提供产品；二是整合证券公司的经纪业务、资管业务、投行业务 、研究业务等资源，将客户需求与产品设计进行对接，打通投融资市场。

2017

PART 2

机构专题篇

银行理财：监管升级行业发展遇拐点，市场调整倒逼净值化提速

理财规模继续增长，中小型银行占比提升，同业理财比重持续攀升，流动性脆弱程度加大

理财规模增速不减，收益率波动加大

2016 年中国银行理财业务规模扩展增速有一定的放缓，但相对其他行业增速仍然较高。截至 2016 年 12 月 31 日，全国共有 497 家商业银行发行了 100 107 款理财产品，和 2015 年同期比较，发行银行数量增加了 104 家，产品发行量增加 39 228 款，继续创下新高，增幅 64.44%。存续理财产品数 7.42 万只，存续余额 29.05 万亿，较年初增加 5.55 万亿，增幅 23.63%。

从发行数量看，前三季度理财产品发行数量整体表现平稳，第四季度产品数量发行量相对较低。从全年收益率看，综合考虑开放式产品[①]和结构性产品的前提下，整体收益率呈现波动加大的特征。具体表现为：1 月份的平均收

① 开放式产品会拉低平均收益率，结构性产品会拉升平均收益。

益率最高，达到 4.28%；而 9 月份收益率到达了历史低点 3.65%，与 1 月份收益率相差 63 个 BP。受年末银行资金流动性收紧的影响，第四季度开始，银行理财收益率有了较明显的回升，10 月份平均收益迅速反弹至 7 月水平，达到 3.72%，而且受多方因素影响，12 月份收益率更是上升至 4%。

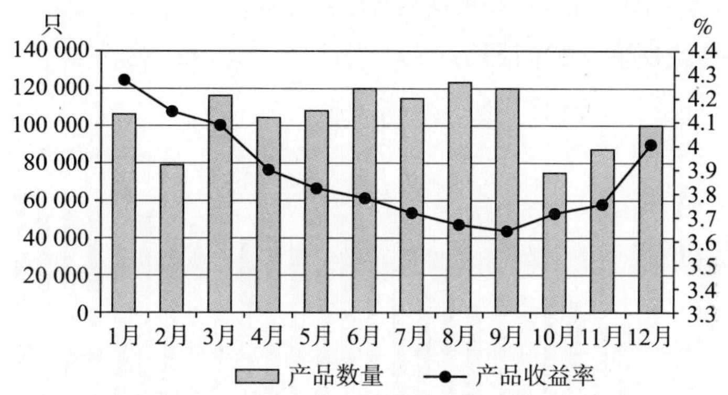

图 8-1　理财产品发行数量及收益率

资料来源：普益标准 · 金融数据平台。

人民币理财产品：预期收益型、净值型产品存续规模均实现稳步上涨，非保本理财占比进一步提升

从产品运作模式来看：一是人民币预期收益型理财产品规模呈现稳步上升的趋势，其中封闭式预期收益型产品与开放式预期收益型产品的规模占比变化呈现了较大的差异：自 2014 年 6 月到 2016 年 6 月，开放式预期收益型产品余额从 2.5 万亿元上升至 9.67 万亿。其中自 2015 年 7 月开始，开放式产品快速增长，规模占比迅速扩大。但进入 2016 年后，其规模占比有明显回落。2016 年 6 月月末，开放式预期收益型理财产品规模占比相较 2015 年年末下降 1.04% 至 36.80%。与之表现相反的是封闭式预期收益型产品，在 2016 年，封闭式预期收益型产品规模有明显增长，截至 2016 年第三季度末，封闭式预期收益型产品存续规模大约为 16.4 万亿左右，较 2015 年底约上涨 3.07 万亿。其中，封闭式预期收益型理财产品中同业产品规模占比大幅增长，但个人与机构占比都有小幅萎缩，这与开放式及净值型产品愈发受到市场的认可有较大关系。以目前的趋势来看，2017 年，如果同业理财业务过快的发展受到遏制，封闭式

预期收益型理财规模占比可能出现下滑，甚至其存续规模出现阶段性的收缩表现。二是净值型产品存续规模均实现稳步上涨：银监会数据显示，截至2016年6月底，净值型理财产品资金余额1.59万亿元，较2016年年初增长0.22万亿元。由图8-2可以看到，从2015年6月份开始，无论是在封闭式还是开放式产品中，净值型产品存续规模均实现稳步上涨，尤其是开放式净值型产品规模在2016年呈现较大幅度增长。

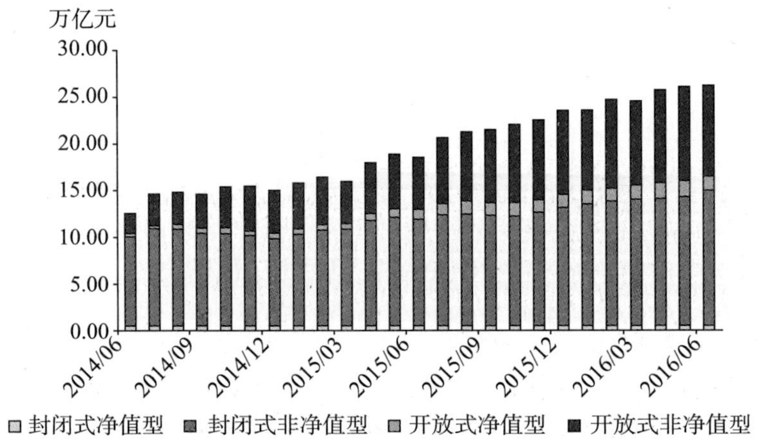

图8-2 各类理财规模增长情况

资料来源：理财登记托管中心，课题组整理。

从产品收益类型看,非保本理财占比进一步提升。根据监管最新相关规定，保本理财产品已纳入银行表内核算，视同存款管理，相应纳入存款准备金和存款保险基金的缴纳范围，相关资产已按银监会规定计提了资本和拨备。从这个定义出发，目前银行理财产品中，严格地说，只有非保本理财产品才是真正意义上的理财产品。在这一口径下，截至2016年底，非保本产品的存续余额为23.11万亿元，占全部理财产品存续余额的79.56%，较年初上升5.39%相比半年末76.79%的占比持续扩大。

外币理财产品：规模延续上升势头，收益率缓中有降，保本浮动型产品收益率略有上升

从产品收益类型看，截至2016年12月30日，非保本浮动收益型外币

理财产品发行了 1 096 款，占外币理财产品发行总量的一半以上，相比较以往有了较大幅度的增长；保本浮动收益型产品发行了 438 款，占发行总量的 22.87%；保证收益型产品发行了 381 款，占发行总量的 19.90%。从收益率方面看，非保本浮动收益型产品的收益率缓中有降，而保本浮动型产品的收益率略有上升，保证收益型产品的收益率基本维持在 1.64% 的水平上下。

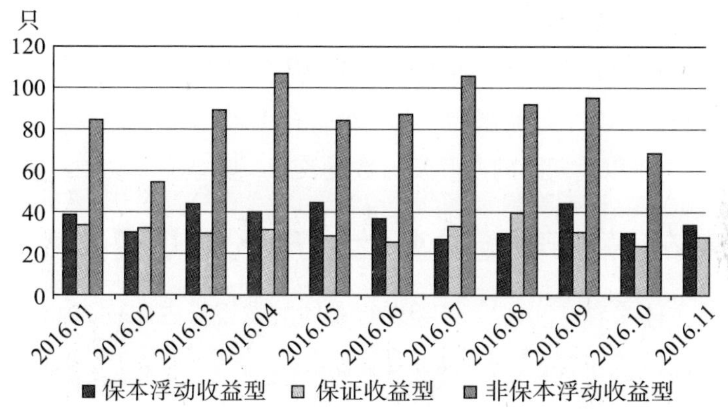

图 8-3 外币非保本理财占比上升，保本理财规模停滞不前

资料来源：普益标准 · 金融数据平台，课题组整理。

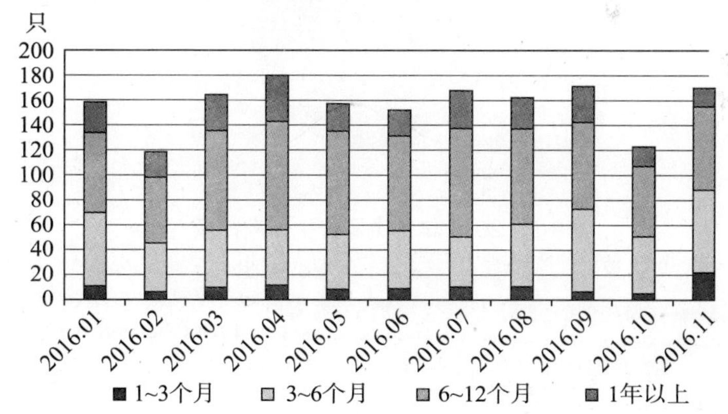

图 8-4 2016 年 1 月—2016 年 11 月不同期限类型外币理品发行数量对比图

资料来源：普益标准 · 金融数据平台，课题组整理。

从发行期限类型来看，3—6 个月期限和 6—12 个月期限的外币理财产品占比较大，分别为 31.29% 和 45.96%，这主要是基于其安全性好、收益稳定的特点；短期外币理财产品具有较好的流动性，投资风险低，因此收益率自然较低，相比较短期人民币理财，外币理财短期限产品发行量较小。截至 2016 年 12 月 5 日，1 个月以下期限的外币理财产品全年仅发行了 5 款；1—3 个月期限的外币理财产品共发行了 122 款。

从收益率来看，1—3 个月期限外币理财产品的预期年化收益率上半年波动较大，下半年稳步上升且基本稳定在 1% 的收益率水平以上；3—6 个月期限外币理财产品稳中有降，年初维持在 1.5% 以上的水平，5 月份之后开始下降到 1.5% 以下；6—12 个月期限产品基本维持在 1.5% 到 2% 的收益率水平之间，且略有上升；1 年以上期限的产品发行数量较少，收益率波动相对较大。

城商农行发行数量加速，大行股份制规模依然领先

从发行主体来看，2016 年各类发行主体的发行量占比较 2015 年没有明显变化。

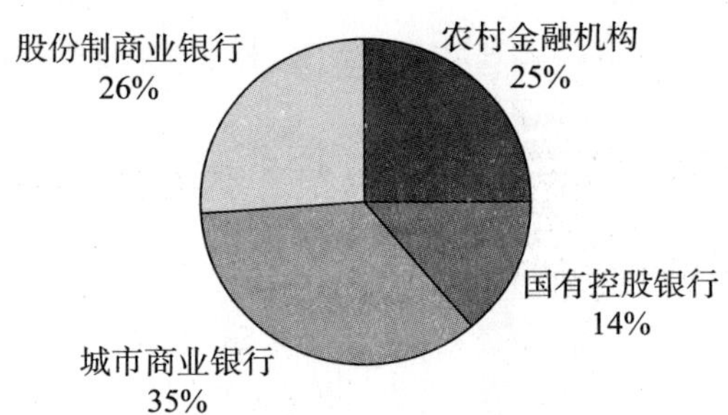

图 8-5　2016 年各类发行主体发行量占比

资料来源：Wind 资讯，理财登记托管中心，课题组整理。

城市商业银行产品发行量仍然最大，全年发行 42 526 款人民币预期收益型产品，占比为 35%；股份制商业银行位列第二，发行量为 31 621 款，占比 26%；农村商业银行发行 30 179 款，占比 25%；国有银行相对产品发行量最少，占比 14%。

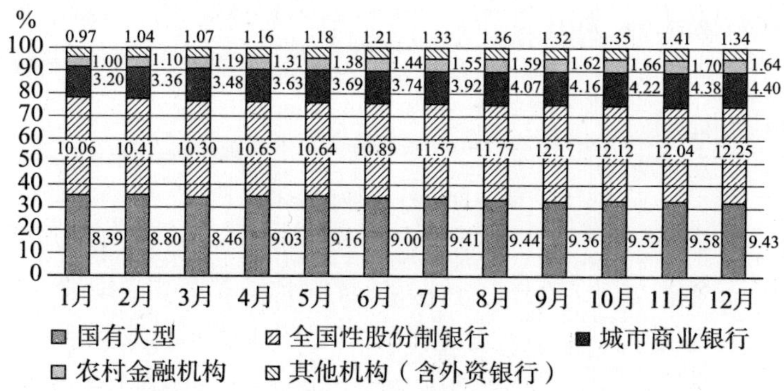

图 8-6 2016 年各类发行主体理财余额变化

资料来源：Wind 资讯，理财登记托管中心，课题组整理。

与产品发行量表现有所差异的是各类型银行规模占比，国有银行与股份制商业银行占比占据整个市场 80% 左右的份额，仍然是市场的主力。但城市商业银行与农村商业银行在产品数量上的扩容，也展现了这两类发行主体的活力。在余额变化上，农村金融机构理财规模增速达到 79.87%，速度远胜其他类型银行机构，显示农商行 2016 年在理财市场上的积极探索。

同业理财比重持续攀升，流动性脆弱程度加大

据普益标准数据显示，2016 年同业规模的占比持续增长，至第三季度规模占比已接近 20%，而规模增速更是高达 38.56%。在“资产荒”的大背景下，货币市场收益率持续下行，政府融资平台相关资产的价格维持在低位，银行对资本市场参与度较低等因素促成了银行偏好的资产（主要为非标资产）出现了明显的供不应求的情况，银行大量流动资金对于新投资点的需求较为迫切。在此背景下，同业理财以其低成本、高安全性等优势成为了银行理财市场的新宠。不过从 2016 年底下发的《商业银行表外业务风险管理指引（修订征求意见稿）》来看，非保本同业理财业务过快的发展所积聚的潜在风险也引起了监管层的重视，如担保承诺类业务可能占用银行资本的要求或将对同业理财过快发展形成一定的限制，帮助该类业务放缓节奏，良性扩张。

表 8-1 数据显示，2016 年银行同业理财产品快速发展。截至 2016 年底，银行同业类产品存续余额为 5.99 万亿元，占全部理财产品存续余额的 20.61%，较年初上升 7.84%。

表 8-1　　同业理财规模数据变化

	同业规模占比	同业规模增速
2015 年 4 季度	0.126 8	—
2016 年 1 季度	0.144 5	0.18
2016 年 2 季度	0.153	0.135 6
2016 年 3 季度	0.194 3	0.385 6
产品性质	占比	较年初
一般个人类产品	0.463 3	下降 3.2%
机构专属类产品	0.258 8	下降 4.76%
私人银行类	0.071 8	上升 0.12%
银行同业类	0.206 1	上升 7.84%

资料来源：Wind 资讯，理财登记托管中心，课题组整理

实际上，同业理财主要为银行主动负债的产品，其资金来源主要来自商业银行表内资金，基于套利空间，银行大部分自有资金来自同业存单或其他同业负债，实际形成了“同业负债（存单）- 同业理财 - 基础资产”的投资链条。而同业负债与资金面、监管松紧程度、流动性管控等外生因素息息相关，一旦负债来源受影响，同业理财的流动性自然不能独善其身，随着银行理财同业化趋势的加大，流动性的脆弱程度实际在不断加强。

委外业务成为 2016 年理财投资主流，非银金融机构分享银行理财增长红利

委外投资，即银行理财、自营以及保险公司等资金方将资金委托给券商和基金等机构进行投资管理，双方约定业绩基准以及超额分成比例的合作模式。在资产荒和流动性充裕的背景下，银行自营和理财的委托管理业务经过 2012 年起步，2013 年遭遇挫折，2014、2015 年迎来了大发展。

在 2015 年的报告中，我们已经提及委外的模式被大行、股份行、城商行

农商行普遍接受，业务得到大批量地复制，2016 年迎来了跨越式发展的一年。传统委外的供给方，即券商、基金和保险，其中以券商为主，大部分券商的资产管理部和固定收益部都承接上述业务。2016 年，私募管理人也异军突起，成为委外资产管理中不可忽视的一股力量。需求端，无论从银行的理财还是自营，资产配置压力都非常大，数十万亿的资产配置需求派生出的委外需求远超目前的市场容量。

从委外资产配置的角度看，除了传统的债券等固定收益品种（下文专文述及）仍然占据大大头，其他委外品种，例如资本市场产品，债券增强型（债券 + 股票 \ 打新 \ 量化 \ CTA 等），甚至纯权益市场产品也不鲜见。可以说，委外投资，不管从供需双方角度还是从底层资产投资策略角度看，都是蓬勃发展，欣欣向荣的一年。

从 2016 年底，债券投资在银行理财投资余额中占比 43.76%（29.05 万亿 ×43.76%=12.7 万亿）左右简单进行倒推委外业务整体规模：

假设银行自主管理与委外投资对比约为六四开，即债券委外总规模约为 5.1 万亿，债券在整体委外规模中占比约为 90%~95%，倒推银行理财委外投资规模约为 5.4 万亿至 5.67 万亿。即使只考虑债券委外部分，市场主流 0.15% 左右的管理费率水平，考虑超过约定收益后管理人与委托人之间的超额分成，整个委外业务预计将为全行业带来约 100 亿元的管理费收入。如此规模庞大的市场，除了成为各家委外供给方的兵家必争之地外，各非银金融机构也从这一如此大体量的资金运作中分得一杯羹。

根据基金业协会公布的数据报告，截至 2016 年年底，证券公司资管业务、基金公司及其子公司专户业务、期货公司资管业务管理资产总规模 34.48 万亿元，较 2015 年年底增加 9.74 万亿元，增长 39.4%。其中，证券公司资管业务管理资产规模 17.31 万亿元，较 2015 年年底增加 5.42 万亿元，增长 45.5%；基金公司专户业务管理资产规模 5.10 万亿元（社保基金企业年金规模 1.28 万亿元），较 2015 年年底增加 2.12 万亿元，增长 70.8%；基金子公司专户业务管理资产规模 10.50 万亿元，较 2015 年年底增加 1.93 万亿元，增长 22.5%；

期货公司资管业务管理资产规模 2 792 亿元，较 2015 年年底增加 1728 亿元，增长 162%。这其中，基金公司与期货公司的资管规模增速尤其令人瞩目。

从图 8-7 至图 8-12 这几张图中可看出，在三大主流的资管产品中，券商、基金公司、基金子公司管理资产规模中，来自银行的委托资金占比最低也达到 58%，接近 60% 的水平。这其中，来自银行表内外资金规模的快速增长，与相关管理机构产品数量及产品规模的快速发展相辅相成，与银行理财规模的快速增长也密切相关。非银机构分享了这一资管规模大跃进的红利，成为 2016 年行业的共识，也使得更多的机构开始在机构管理业务上不断加大资源投入。

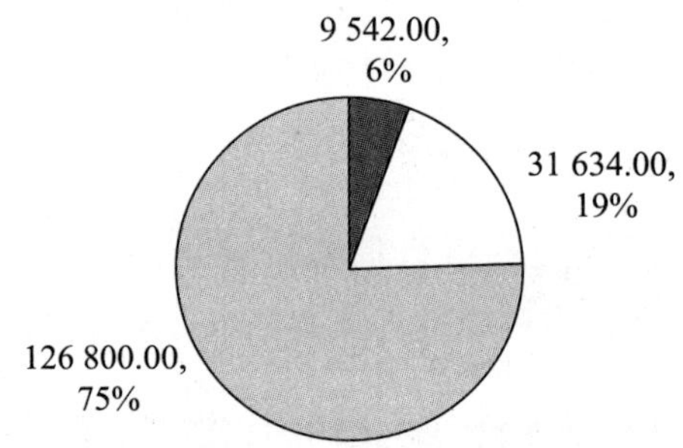

图 8-7　证券公司资管产品投资者占比情况

资料来源：Wind 资讯，中国基金业协会，课题组整理。

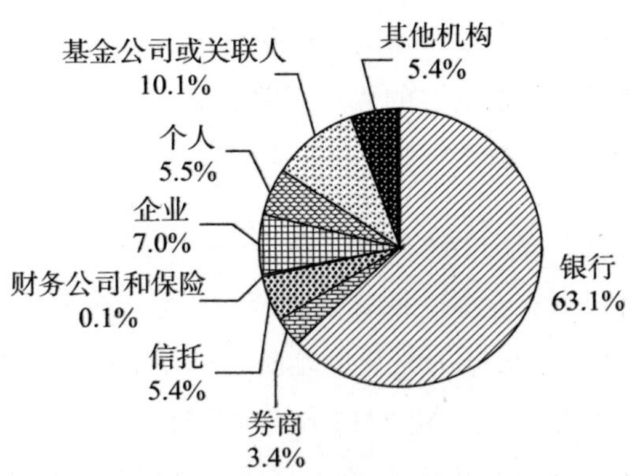

图 8-8　基金公司专户产品投资者占比情况

资料来源：Wind 资讯，中国基金业协会，课题组整理。

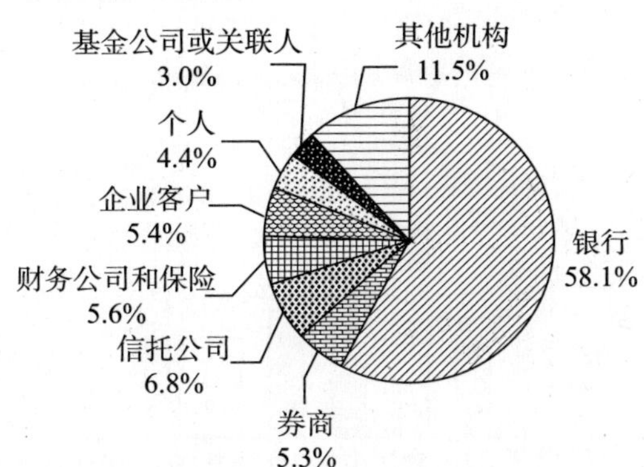

图 8-9　基金子公司专户产品投资者占比情况

资料来源：Wind 咨询，中国基金业协会，课题组整理。

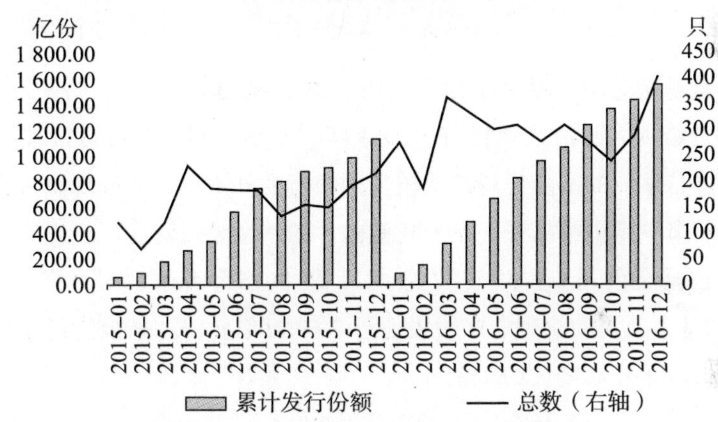

图 8-10　券商纯债型资管产品发行情况图

资料来源：Wind 咨询，中国基金业协会，课题组整理。

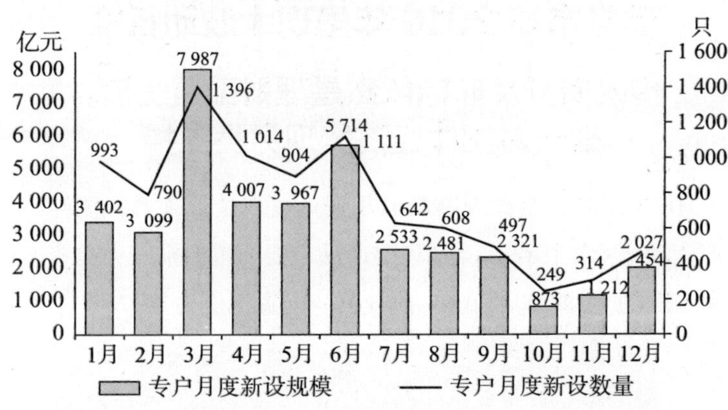

图 8-11　2016 年 1—12 月基金子公司专户月度新设情况

资料来源：Wind 资讯，中国基金业协会，课题组整理。

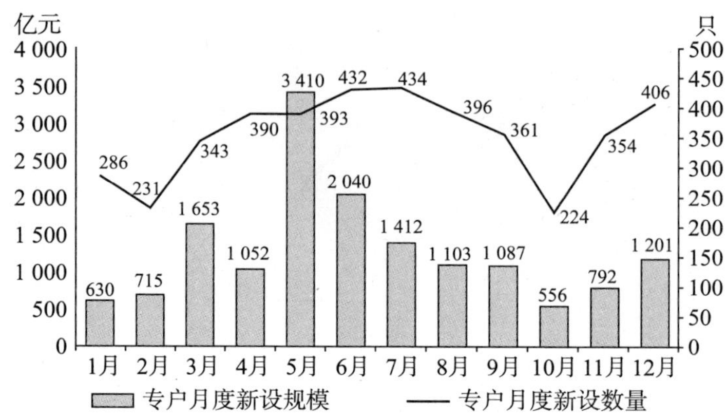

图 8-12　2016 年 1—12 月基金公司专户新设产品情况

资料来源：Wind 资讯，中国基金业协会，课题组整理。

尤其是基金公司、基金子公司经历了 2015 年通道业务的大爆发，形成了银行委托资金占大头的行业特点。2016 年，基金公司专户重点发展了银行委外业务，排名靠前的基金公司获得较多的银行委外资金，业务规模占比进一步提升，行业集中度小幅提升。专户规模前 5 的基金公司管理资产规模合计 1.78 万亿元，占基金公司专户规模的 34.8%，较 2015 年年底增长 3.6%；专户规模前 10 的基金公司的管理资产规模合计 2.69 万亿元，占基金公司专户规模的 52.6%，较 2015 年底增长约 4%。

表外理财扩张加快、杠杆率持续攀升叠加“资产荒”逻辑，债券市场 2016 年呈现大波动行情

传统债券及非标依然是理财配置主流，理财对实体经济实现另类支持

截至 2016 年年底，全部理财产品从资产配置情况来看，债券、非标准化债权类资产、现金及银行存款等是理财产品主要配置的前三大类资产，共占理财产品投资余额的 77.87%，其中，债券资产配置比例为 43.76%。

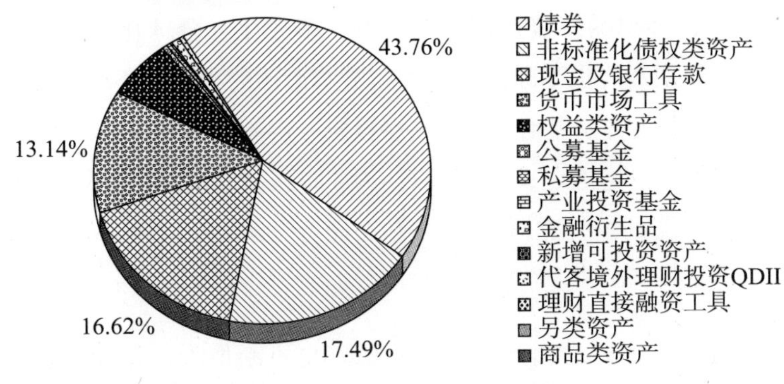

图 8-13 银行理财配置情况

资料来源：Wind 资讯，课题组整理。

债券作为一种标准化的固定收益资产，是理财产品重点配置的资产之一，在理财资金投资的资产中占比最高。其中，国债、地方政府债、央票、政府支持机构债券和政策性金融债占理财投资资产余额的 8.69%，商业性金融债、企业债券、公司债券、企业债务融资工具、资产支持证券、外国债券和其他债券占理财投资资产余额的 35.07%。

非标准化债权类资产也是银行理财产品主要投资的资产之一。从 2016 年 6 月底公布的数据看，银行理财投资于非标债权类资产的资金占理财投资余额的 16.54%。其中，收 / 受益权所占比重最大，占全部非标债权类资产的 33.18%。

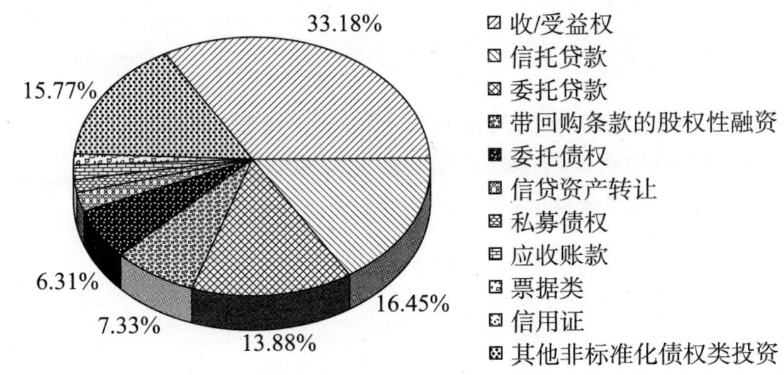

图 8-14 理财持有的各类非标占比

资料来源：Wind 资讯，理财登记托管中心，课题组整理。

除此之外，理财的投资范围不断扩展，多元化、全球化趋势明显。银行理财参与投资新型资产也不断涌现。参与资本市场的力度也不断加大，除了传统非标，商票融资、并购基金优先 / 夹层投资、定制公募产品、私募可交换债、贵金属、大宗商品、港股、美股等相对另类的投资品种也已经不再新鲜。2015 年就已经方兴未艾的场外类固收产品在 2016 年也因为市场的大量配置需求而收益不断走低。

在此过程中，银行理财产品的风险偏好也不断加大，曾经只能介入优先级的品种，现在已经能够以平层介入。伞形配资在经过股灾的整顿后，2016 年随着资本市场人气的回暖也逐渐回暖，以单账户配资的形式继续活跃在银行理财配置的品种上。例如定增配资，现在只需要大股东兜底就可以平层介入，甚至部分产品直接平层介入以博取最大收益。

表 8-2　主要场外类固收产品

类别	2015 年开展情况	2016 年开展情况	收益率
单账户 / 单票（员工持股计划）配资	资业务主要借道信托、资管、基金子公司和私募来进行，现在杠杆率大概在 1：1.5 到 1：2.5 之间，控制在 1：2.5 以内。同时，银行资金对劣后资金方的要求比较严格，通常是数千万的资金门槛。	杠杆率下降至 1：2 以内，劣后方可以是募集资金，不要求具备严格的补仓实力，单票分散投资要求下降。	市场主流收益率大概在 6%~7%。
定增	定向增发配资是指为拟进行定向增发的上市公司推荐投资者，银行理财为愿意参与上市公司定向增发的投资者提供优先级资金。	银行直接平层介入定增池类产品或者单票，要求大股东增信或者直接平层参与	期限 1~3 年，收益一般设计为固定收益 + 浮动超额分成。
股票质押（收益权）	上市公司股东以其持有的股票（流通股为主，限售股有时也可）质押给金融机构获取融资的业务，一般主板 5 折 ~6 折，中小板 4 折，创业板 3 折，具体折扣看单票。	折扣率不断上升，部分创业板股票最高至 5 折，相比严格要求场内质押，2016 年场外配置占比不断上升。	期限不定，3 个月到 1 年都有，收益率下降至 5.5 ~6.5%。

续前表

类别	2015 年开展情况	2016 年开展情况	收益率
两融收益权	券商将其给散户放的股票融资应收款转让给银行理财，是标准化的场内股票配资业务。杠杠一般为 1:1。	银行资金端：因两融纳入非标额度监管，业务开展逐渐冷清券商开展此业务的动力下降。券商供给端：券商发债的成本和通过两融收益权转让向银行理财融资的成本对比，2016 年券商发债成本较低，通过两融收益权转让来融资动力下降。	-
量化对冲产品	银行理财认购量化对冲产品的优先级，管理人或者第三方认购劣后，采用量化对冲策略获取收益，资金投向为商品、大宗、债券或者股指。	作为委外策略一部分，大部分银行已经接受平层投资。	收益率看具体策略。
私募可交换债	银行理财认购私募可交换债，获取固定票息同时，通过内嵌股票期权博取超额收益，2015 年度市场处于初步发展阶段。	2016 年市场发展迅速，质押率不断提升，部分绩优股已经要求 110% 的覆盖率，换股溢价率普遍在 50% 以上。	票面收益在 4.5 ~ 5% 左右，换股溢价率一般在 50% 左右，质押覆盖率下降至 120% 左右。

资料来源：Wind 资讯，课题组整理。

同时，部分投向创新型理财产品的鲜明特点表明市场创新步伐依旧没有停下，通过较为特别的投向吸引投资者。如兴业银行在今发行了首款绿色理财产品“万利宝—绿色金融”该款产品的资金主要投向绿色环保项目和绿色债券，为个人投资者提供绿色投资渠道，引导绿色投资消费，同时也为绿色产业发展开辟了新的融资渠道。区域性银行中，东莞银行则推出了主要投向与特定交易对手的特定艺术品收益权，并要求特定交易对手将相应艺术品质押给该行，设定产品运作结束后由特定交易对手对收益权进行溢价回购，在回购无效的情况下，东莞银行作为产品管理人对质押艺术品进行拍卖实现退出。这类特定投向产品虽然发行量通常不大，但能极大丰富银行的产品线，同时在资产荒时期为资金寻找出路。

理财产品在给投资者创造收益的同时，也通过合理配置各类资产直接或间接地进入实体经济，有力地支持了经济发展。截至2016年年底，有19.65万亿元的理财资金通过配置债券、非标准化债权类资产、权益类资产等方式投向了实体经济，占理财资金投资各类资产余额的67.41%，较年初增加3.77万亿元，增幅为23.75%。

“资产荒”逻辑下，表外理财与债市拥抱杠杆起舞

先让我们简单回顾一下，银行表外业务发展带动委外业务发展的路径脉络。

1. 财政刺激环境下，表内业务收紧带动银行表外业务快速发展

2009年，为对冲2008年的金融危机，政府推出了一揽子的财政刺激计划，辅之以“宽货币 + 宽信贷”的货币环境来提振经济。

地产和基建成为了此轮经济增长的主要引擎，尤其是在法律并未放开地方政府举债的前提下，城投平台成为了地方政府进行融资和开展基建工作的主要抓手。然而，融资向地产和城投平台过度倾斜也给经济造成了一定的副作用。2010—2011年，银监会下发文件对银行向房地产与城投平台贷款的额度进行限制，这引发了大量的滚动融资需求需要重新寻找融资渠道。

从维护客户、维持利润增长、掩盖资产风险爆发等角度出发，银行均有充分的动力继续承接此部分融资需求。但受制于监管压力，直接以表内资金，即信贷的方式面临着资本充足率、信贷规模管控、行业投向限制等重重阻碍。

于是，表外资金的运用开始成为银行发力的重点。大部分银行开始将原本属于表内的资产，转移对接给表外理财资金。

2. 表外资金运用的手段变化

在2009—2014年这段时期内，以2013年银监会“8号文”、2014年“127号文”的出台为重要的分水岭，表外资金的运用基本分为两个阶段。

（1）2013年8号文出台前

表内规模扩张受限后，第一阶段，银行发力的是信托贷款，即银行理财资金借着信托通道对企业直接发放信托贷款，成功实现了对信贷额度、资本充足率、存贷比等各项的监管指标的套利。相对应地，在资产端的高利诱导下，银行理财开始迅速扩张负债端，迎来了发展的高峰期。

实践证明，在表内外业务监管标准存在较大差异的背景下，仅仅对表内的信贷规模管控并不能有效地达到政策目的。于是，2010年8月，银监会下发《关于规范银信理财合作业务有关事项的通知》（银监发[2010]72号），严控银信合作的规模，要求资产回表，堵截了银行理财借信托通道发放信托贷款的出路。

第二阶段，银行与信托合作通过新的合作方式企图绕开监管：利用信托受益权转让的方式展开。由于银行没有直接与信托机构展开投融资业务的合作，没有直接发放信托贷款或进行信托资产的转让，而只是一种收益权的转让，所以并不违背监管要求。尤其是非保本理财在监管上拥有天然的优势，即除直接计入表外的特点，它不占用表内信贷额度，更不计提风险资本，即使是保本理财，那作为同业资产，计提的风险权重也就20%或者25%。

然而，2012年10月，证监会出台《证券公司定向资产管理业务实施细则》，鼓励券商进行资产管理业务的创新；11月开始实施的《基金管理公司特定客户资产管理业务试点办法》，允许基金通过设立子公司的方式发行专项资产管理计划。在此背景下，增加了银行可供选择的通道业务对手方，同时为银行提供了跨监管的选择路径：银信通道均在银监会监管体系下，但是券商资管与基金子公司在证监会监管范围内。在分业监管环境下，相当于该部分通道实质游离于资金监管，于是银行开始大规模借用券商资管与基金子公司作为通道，银行理财投资非标的规模开始大幅上涨。

必须强调的是，主要以 1 年以内期限滚动发行的银行理财资金，与普遍 2—5 年期限且极度缺乏流动性的非标资产期限之间，存在剧烈的期限错配。随着规模的不断上升，一旦理财发行规模这一负债端出现问题，有引发较大金融风险的可能性。

基于此，2013 年 3 月，银监会下发 8 号文《关于规范商业银行理财业务投资运作有关问题的通知》，控制了理财投向非标资产的规模，严格规范了理财的运营管理。

（2）2013 年 8 号文出台后

8 号文的出台从源头上限制了理财资金的投向。但是银行主要的资产配置思路以及风险管控优势，仍主要在于融资类风险资产，所以表外受限后，银行主要开始利用表内资金来做非标的投资。其主要原理是利用表内的买入返售项进行各类资管计划受益权的转让，将贷款转为同业类型资产，降低资本计提。

借助这样一个模式，上市银行同业资产尤其是买入返售项，开始以超过 30% 的速度增长，从 2009 年的 4.5 万亿上涨至 2014 年一季度的 12.09 万亿，买入返售项占总资产的比例也从 4.1% 上涨至 6.1%。

与理财资金对接非标类似，同业资金与非标结合的期限错配同样严重，而且因为交易机构更加复杂，链条拉得更长，更多金融机构被卷入后，系统性风险不断被放大。同样的逻辑下，一旦资金开始收紧或出现外部大的冲击，短端续不上，后果依然非常严重。而且，利用非标形式进行贷款，让资金流向了本来禁止的房地产与城投企业，本身就是对过往监管政策的违规。

因此，2013 年，针对银行体系内非标资产去杠杆是一个重要的政策思路。但是，在一些内外部因素的叠加影响下，出现了 2013 年下半年的“钱荒”与债券市场大幅调整的状况。进入 2014 年，在金融市场逐步稳定后，监管层随即下发了 127 号文，要求买入返售项下的资产必须是标准化的具有交易市场的金融资产，大量的非标资产被迫转向了应收款项类的科目当中，但应收款项类的资本计提权重为 100%，与贷款基本无异。再加上 2014 年后经济增速调整明显，融资需求减弱，非标增量也不足，非标资产在银行大类资产配置中的主要发力点终于告一段落。

（3）债券标准资产吸引力的上升

随着经济基本面的下行，实体信用风险溢价提升，银行表内面临缺优质资产的困境，转而开始着重在债券市场上布局：先是在二级市场上，通过持有票息，在行情好时再增加交易性金融资产的金额，收一点资本利得做补充。收益的稳健性在贷款增长乏力的大背景下，考虑到坏账、拨备覆盖等隐性成本，加大债券投资成为不少银行的选择。

在这样的考量下，2012 年后银行表内债券投资的比例开始上涨，在 2014 年后开始快速上升，这一年债券的牛市给了银行更多参与的动力。

而在理财端，受 8 号文的约束，债券投资是银行理财资金最理想的投资标的，而且 2013 年暴跌后的债市收益率对理财负债端是足够的。2014 年初理财收益率大概是 4.5%～5.5%，而 3YAAA 的中票收益率是 6.3%，中间存在着 80～180Bp 的利差。最简单的，银行只要发一个理财产品拿到钱，在市场上拿一个债做配置吃票息即可。

在银行其他类型业务发展艰难的背景下，代客理财成为银行重要的一个发力点，总规模不断扩大，加上前期配非标的存量又逐渐到期，巨额资金涌入债券市场，逐渐使得银行理财的负债端与资产端开始出现倒挂。

这样对银行理财的投资运作提出了更高的要求。对于一些中小银行来说，它们主动管理能力不足，为了满足具有“刚性难降”的负债成本，有必要将理财资金外派委托出去；而对于一些大行而言，面对的是几千亿甚至上万亿的规模，更是存在人手不够的问题。在这样的背景下，委外业务应运而生。

3. 委外规模爆发的市场逻辑

（1）同业存单—同业理财的套利导致商业银行表外杠杆不断上升

2016 年中小银行机构同业理财规模及数量的大幅提升为火热的银行理财市场再添一把火，背后的套利逻辑实际来自于底层债券资产的收益支撑，即近年债券牛市丰厚的资本利得叠加高杠杆下的静态收益。银行理财隐含的同业信用使其发行收益高于表内同业存单负债的成本，而固收资产的收益支撑为这一套利链条补全了最后一个环节，即发行同业存单—购买同业理财—委外或自营投资固收资产，虽然利差空间不断压缩，但是只要套利空间存在，“薄利多销”总有存在的合理性，商业银行的表外杠杆作为宏观经济整体杠杆率的一部分，也在一片繁荣中狂飙突进而失去控制。

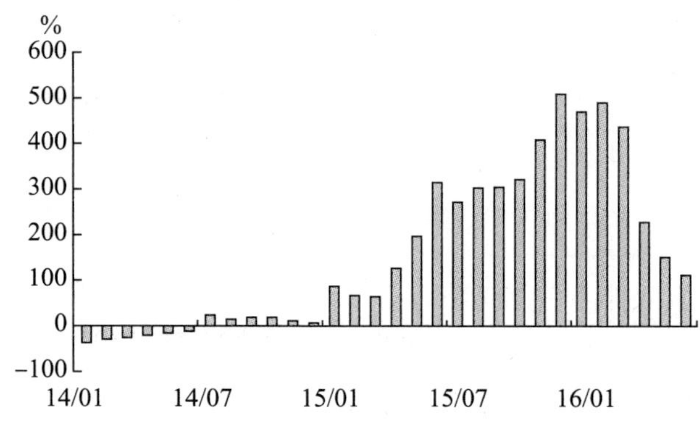

图 8-15　同业理财增速

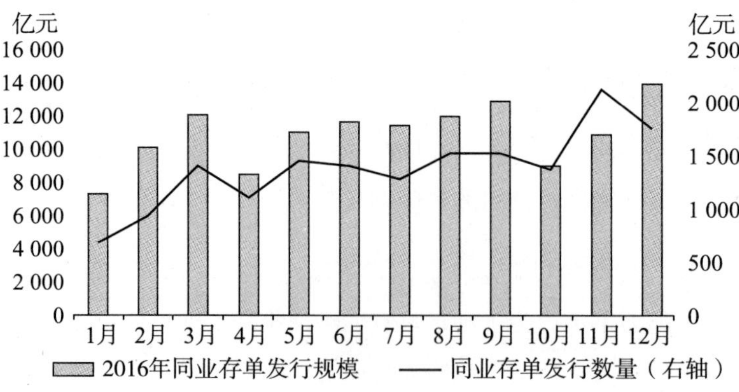

图 8-16　2016 年同业存单发行

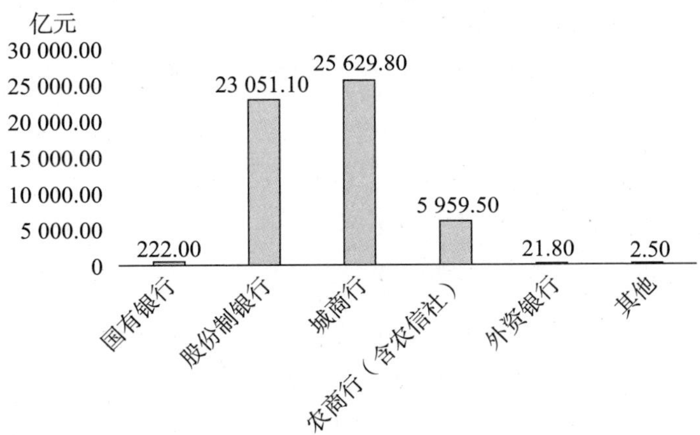

图 8-17　2016 年 12 月以后同业存单发行情况

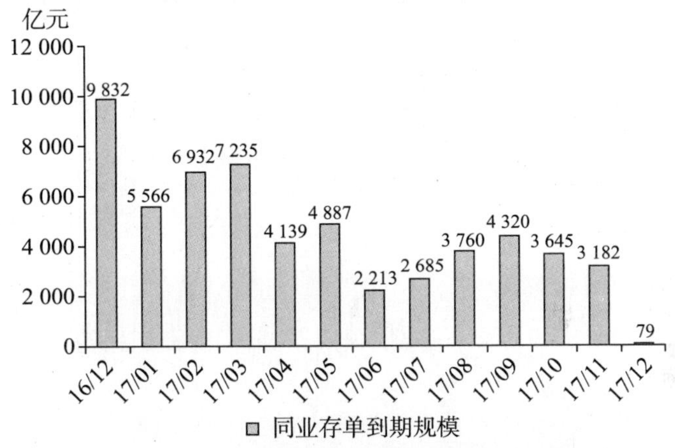

图 8-18　2016 年 12 月后年同业存单到期量

（2）资产荒推动机构不断买入资产，债券市场杠杆率同样居高不下

前已述及，随着银行理财规模的持续增加，配置的压力不断加大，委外规模水涨船高，而银行理财产品的刚性成本在“资产荒”的大背景逻辑下不断强化，对债券资产“买买买”几乎成为市场一致的操作共识。债券投资的理念一度与权益类资产操作逻辑雷同，收益率的回升往往被认为是进一步加大配置的机会，不断地加大仓位，拉长久期的牛市思维不断自我加强。

与配置压力不断加大、成本刚性难下相辅相成的是杠杆率的不断攀升，债券收益率一路下降。这一大市场逻辑直到 10 月末开始回调之前，已经不断被市场检验而进入自我正反馈的闭环。即：

收益 – 成本循环：理财收益要求上升 – 债券杠杆率与敞口上升 – 债券收益率下降，资本利得上升

资产 – 负债循环：同业理财规模发行扩大 – 发行同业存单规模上升 – 理财投资规模扩大 – 债券配置比例上升

所有的正反馈闭环都具有自我加强的特征，当市场反向时，恶性循环的破坏依靠市场也难以自我出清，这点在后续仍会提到。

作为市场加杠杆的主要方式，交易所回购（上交所隔夜 204001）以及银行间质押式回购的交易量，在上述市场的大背景与逻辑下不断放大。即使是银行间市场，成交量也在季节性调整后持续攀升。银行间市场质押回购日均成交量从 2015 年的 17 500 多亿增加到接近 23 000 亿，上交所质押回购隔夜日均成交量更是从 4 188 亿大幅上升至 8 024 亿，接近翻番。

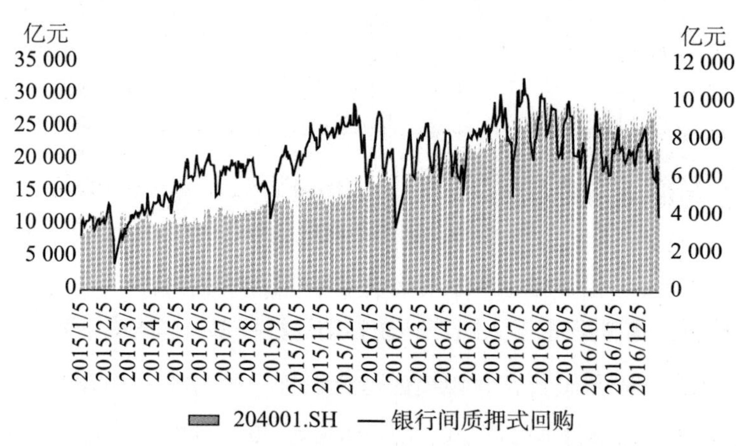

图 8-19　交易所、银行间质押式回购成交量

资料来源：Wind 资讯，课题组整理。

在买买买的市场大逻辑下，债券市场收益率持续走低，直至 10 月末央行主动收缩流动性为止。纵观全年，即使 11 月以来债市经历了持续的调整，但是 10 年与 20 年期债券的期限利差却持续走低，尤其在“债灾”期间反弹后依

然继续下降，7 年与 10 年的收益率却在大部分时间里出现倒挂，显示市场配置力量的彪悍。

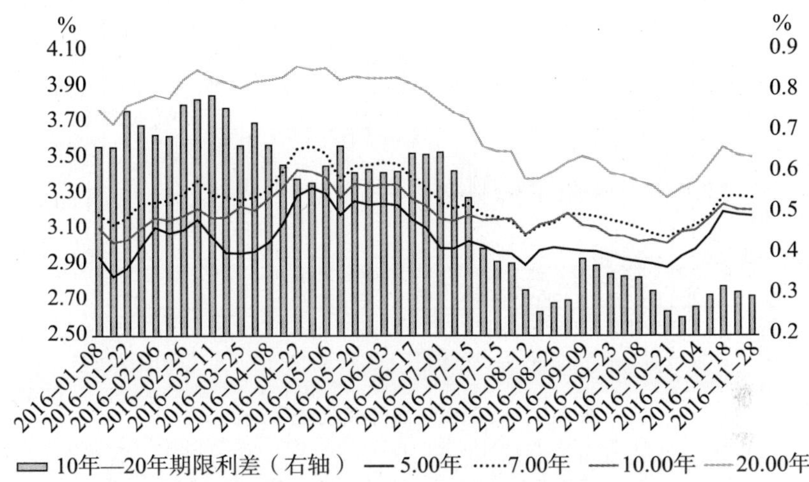

图 8-20　2016 年国开债收益率走势

4. 监管加码叠加流动性收紧，反向解杠杆导致市场暴跌

规模，这一商业银行经营文化中根深蒂固的基因，决定了这一套利逻辑是无法摆脱的鸦片毒品，前已述及，在反向解杠杆的过程中，规模的追求叠加流动性管理压力、刚兑的隐含信誉，这一套利逻辑在 2017 年成为了商业银行挥之不去的梦魇。2016 年 9 月末后不断攀升的负债利率水平，倒逼同业理财成本提升，但是基础资产收益上升幅度远低于成本上升，套利逻辑翻转成为倒挂亏损，在刚兑压力下，商业银行被迫提高理财及存单发行利率，不断提高错配比例以降低倒挂，通过时间腾挪获取底层资产收益回暖覆盖成本得以重新盈利的空间。

进入 2017 年以来，同业存单，银行理财发行利率，随着流动性的不断紧缩而日渐攀升，两者之间的套利空间随着市场的剧烈波动而不复存在。

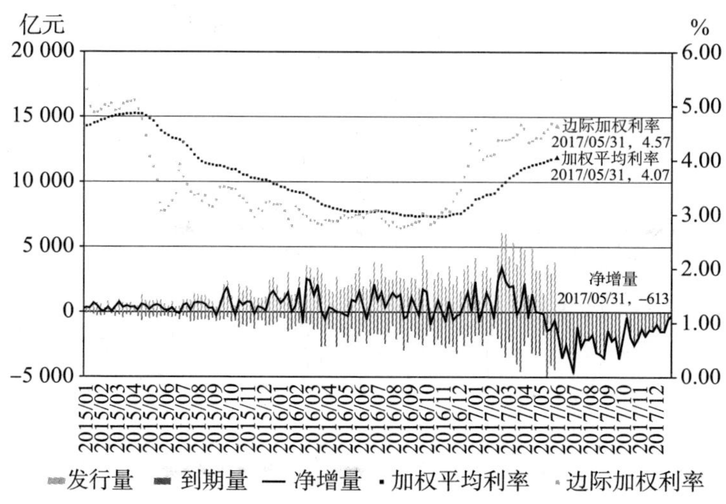

图 8-21　2016 年国开债收益率走势

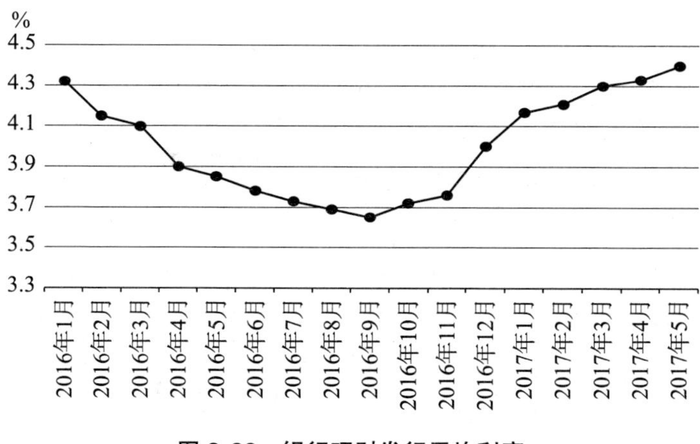

图 8-22　银行理财发行平均利率

监管升级、市场倒逼下银行理财新变局

监管部门新规陆续出台

1. 银监会出台“理财管理办法”

2016 年 7 月 27 日，银监会将《商业银行理财业务监督管理办法（征求意见稿）》下发至银行，这意味着自 2014 年 12 月以来搁置的银行理财业务监管新规征求意见正式重启。随着决策层对金融风险的日益重视，过往分业监管的种种弊端及沉疴泛起。为了打破部门监管的分割，降低跨监管套利的空间。决策层从顶层设计出发，针对分业监管的弊端，更为强调政策制定的统一性和协调性。

征求意见稿对银行理财业务监管重点包括：对银行理财业务分类管理，分为基础类理财业务和综合类理财业务；禁止发行分级产品；银行理财业务进行限制性投资，不得直接或间接投资于本行信贷资产及其受（收）益权，不得直接或间接投资于本行发行的理财产品，不得直接或间接投资于除货币市场基金和债券型基金之外的证券投资基金，不得直接或间接投资于境内上市公司公开或非公开发行或交易的股票及其受（收）益权，不得直接或间接投资于非上市企业股权及其受（收）益权等。

总结来看，新规影响较大的主要有以下几点。

1. 提高中小金融机构发展理财业务的门槛要求。将银行理财分为综合类和基础类进行分类管理。征求意见稿实行对银行理财业务分类管理，根据理财产品投资范围，可以将商业银行理财业务分为基础类理财业务和综合类理财业务。基础类理财业务基本只能投资于非标资产、权益类资产以外的传统资产。在门槛方面，征求意见稿对从事综合类理财业务的商业银行设置了门槛，比如资本净额不低于 50 亿元人民币、最近 3 年无严重违法违规行为和因内部管理问题导致的重大案件等。文件要求，银行开展基础类理财业务超过 3 年，且满足上述要求之后才可以开展综合类理财业务。

2. 禁止商业银行发行分级理财产品。目前银行分级型理财存量规模并不大，而且 2016 年 5 月，银监会已窗口指导多家商业银行，要求暂停新发分级型理财产品，存量产品到期后将不得再滚动发行。

3. 再次强调禁止资金池操作。商业银行开展理财业务，应当确保每只理财产品与所投资资产相对应，做到每只理财产品单独管理、单独建账和单独核算，不得开展滚动发售、混合运作、期限错配、分离定价的资金池理财业务。

4. 对银行理财进行一系列的限制性投资。首先，关于投资信贷资产与理财产品的限制。其次，关于投资基金和股权的限制。涉及权益类资产仅能面向私人银行客户、高资产净值客户和机构客户。再次，关于证券投资集中度的限制，主要是双 10% 限制。商业银行理财产品若投资于银行间市场、证券交易所市场或者银监会认可的其他证券的，也要受一定限制，比如理财产品持有一家机构发行的所有证券市值不得超过该理财产品余额的 10%，银行全部理财产品持有一家机构发行的证券市值，不得超过该证券市值的 10%。

5. 规定银行理财计提风险准备金，尤其是预期收益率型产品的计提更加严格。征求意见稿规定，商业银行应当建立理财产品风险准备金管理制度，按季从净利润中计提理财产品风险准备金，除结构性理财产品外的预期收益率型产品，按其产品管理费收入的 50% 计提，净值型理财产品、结构性理财产品和其他理财产品，按其产品管理费收入的 10% 计提。

6. 限制银行理财投资端的杠杆。征求意见稿对银行理财控制杠杆做出了要求，商业银行每只理财产品的总资产不得超过该理财产品净资产的 140%。

7. 禁止银行理财投资非标时嵌套证券期货资管产品。征求意见稿规定，银行理财投资非标资产，只能对接信托计划，而不能对接资管计划。这意味着此前银行理财最大的通道方证券资管、基金专户以及子公司等无法再走，如果完全改道为信托计划，则面临诸多“银信合作”监管规定的限制。

8. 对资金池运作，理财刚兑的釜底抽薪要求实施严格的第三方托管制度。征求意见稿规定，银行理财发行人不能托管本行理财，而且明确银行理财托管人的托管职责包括估值核算、投资运作监督、资金流向审查。这将大幅度提高银行理财投资运作的规范性，限制此前部分不规范银行理财产品的发行。

整体上来看，理财新规体现了监管层 2016 年对泛资管监管趋严格的思路，长期将导致理财规模增速趋缓以及收益率降低。新规本质上是通过对银行理财设置门槛，对投资端加大限制，施行第三方托管以及风险准备金计提等手段增加银行理财的运营和操作成本，使得理财提升收益更加困难。最终，这会导致银行发展理财业务的诉求（非标和中间业务收入）有所下降，倒逼理财利率进一步下行。

2. MPA 考核助推银行理财去杠杆

自 2016 年 8 月央行收短放长操作之后，货币市场利率中枢不断上行，央行逐步上调货币政策利率，等同于金融市场加息。SLF、OMO、MLF 等操作利率多次上调后，对应整个利率走廊的上下限均上调。

量的方面，从 MPA 考核广义信贷增速，并通过资本充足率这一关键指标严格控制广义信贷增速；到表外理财纳入广义信贷，监管表内、表外以及影子银行体系的发展；再到关注居民房贷的绝对量以及新增量。与此同时，开启价的上调，体现在公开市场操作利率、SLF、MLF 利率的上调。

表外理财纳入 MPA 考核对整个银行理财市场的杠杆操作而言，是釜底抽薪之举。因为表外理财，尤其是委外投资加杠杆行为，本质上是一个放大杠杆的工具。这种投资模式易在牛市时助推“资产荒”，在熊市时助推“钱荒”，具有非常强的顺周期特性。

以这个框架来看，选择将表外理财纳入 MPA 考核，是符合宏观审慎监管的逆周期框架的，与其加强宏观审慎监管的目标是一以贯之的，不是监管层的“心血来潮”，投资者也难以寄望这个考核的效力在事件冲击后就走向衰弱。表外理财纳入到 MPA 考核之后，理财规模的增速必将受到极大的限制，2017 年理财规模的增速将可能有所减慢。

3. 银监会四月份掀起监管风暴，“九道金牌”还原银行理财业务本源

2017 年 4 月份，银监会连发九个监管文件，以郭树清主席 3 月末的讲话作为总纲，结合央行的整体监管精神，人民银行的规定暂未出台而未能单独出台理财管理办法的大背景下，通过本轮监管风暴，争取还原银行真实的资产负债情况，尤其是厘清银行表内表外的各种隐性关系，真正还原理财“受人之托、代人理财”的业务本源。

银监会办公厅 3 月 28 日下发的《中国银监会办公厅关于开展商业银行“两

会一层”风控责任落实情况专项检查的通知》(43 号文)《关于开展银行业“违法、违规、违章”行为专项治理工作的通知》(45 号文)、3 月 29 日下发的《关于开展银行业“监管套利、空转套利、关联套利”专项治理工作的通知》(46 号文)、4 月 6 日下发的《关于进一步排查企业互联互保贷款风险隐患的通知》(52 号文)、4 月 7 日银监会公开发布《关于提升银行业服务实体经济质效的指导意见》(4 号文)、4 月 10 日下发的《关于集中开展银行业市场乱象整治工作的通知》(5 号文)和《关于银行业风险防控工作的指导意见》(6 号文)、4 月 11 日下发的《关于开展银行业“不当创新、不当交易、不当激励、不当收费”专项治理工作的通知》(53 号文)、4 月 12 日发布《关于切实弥补监管短板 提升监管效能的通知》(7 号文)。

上述监管文件矛头直指金融风险防控。文件思想是对银行业内存在的风险进行摸底排查，引导行业支持实体经济的发展，并对下一步的监管工作进行部署。文件主要针对当前银行存在的三大风险：交叉金融业务、理财业务和关联方问题。其实监管改变的只是业务的模式，而影响行业发展最重要的因素仍然是实体经济的状况。监管层对灰色地带的全面规范，将有利于行业今后的健康发展。

其中，对银行理财业务的影响主要有以下几方面。

首先，银行理财通过嵌套的底层资产是此次自查的主要方向，也是未来监管的重要趋势。由于目前理财产品存量余额近 30 万亿，其中通过嵌套进入违规领域的量级较大，存量清理将会带来较大规模的连锁反应，或影响实体经济发展。此次自查的目的主要是摸清存量理财底层资产及相应风险，便于监管层制定相关政策予以规范，对症下药。

其次，理财业务回归代客理财本质，净值型转型是主要方向。银行理财池业务本应属于代客理财，客户本应承担投资风险并获得扣除必要费用外的全部投资收益。但在现实中，理财业务的代客性质被弱化，银行考虑到声誉风险，承担了代偿职能，在某种程度上银行理财业务已具有了银行自营的属性。未来在监管方向上，表外理财或逐步向净值型方向转变，回归代客理财本质，银行作为理财管理人收取管理费、手续费等中间收入，风险在银行体系内积聚程度将会逐步化解。

知易行难，理财净值化提速路在何方

1. 银行的经营及声誉双重压力下，打破刚兑一直是银行最后一个选项

前已述及，2017 年理财产品收益率大幅上升主要是因为流动性及刚兑压力倒逼银行必须通过滚动发行以时间换空间。如果说 2016 年是理财市场监管年，那么 2017 年对于理财业务转型将是重要的一年，各家银行的压力与动力并存。受打破刚兑的要求，MPA 考核靴子落地，净值型理财产品将成为各商业银行争夺的焦点。事实上，作为理财行业的潜规则，银行理财产品“刚性兑付”的特征深入人心，但是不管产品运作情况如何，在到期不能兑付的情况下，发行机构也会采取其他措施，来保证本金和利息的兑付，而这种“冷暖自知”的做法实际上会在银行内部造成风险积累，“打破刚兑”对于所有的银行来说，永远是选项表中最后一个选项。

从监管的态度来看，即使不考虑近期密集出台的监管文件，早在 2014 年年底监管层就出台了《银行理财业务监督管理办法（征求意见稿）》，推动银行理财产品逐步向净值型产品转型，就试图从根本上解决银行理财业务的刚性兑付问题。2016 年发布的《商业银行理财业务监督管理办法（意见征求稿）》中要求，预期收益类产品计提 50% 风险准备金，而净值型产品的风险准备金计提比例仅为 10%，也进一步明确了这一引导思想。行业内部表示，近期银监会对于净值型理财产品的支持力度加大，监管层希望未来其成为理财产品的主流趋势，银行也逐渐在朝这个目标转型，加速银行理财刚性兑付的打破速度。

其实，摆脱传统刚性兑付并不意味着银行不用对投资者负责，而是要求银行更加重视风险，也让投资者树立风险自负的观念，毕竟“风险和收益成正比”是市场的永恒定律。

2. 市场大幅波动下，银行无力再维持刚兑

尽管从 2015 年开始，整个资管界都在谈论资管理财产品收益率下降，但现实是，2016 年产品端收益下降远不及投资端收益下行的幅度。这也是为什么银行理财规模难以继续高速扩张的另一重要原因。根据中债登截至上半年末的统计，封闭式理财产品兑付客户收益率从年初的平均 4.2% 左右下降至平均 3.7% 左右，整体下降了约 50Bp。仔细对比 2015 年和 2016 年上半年的数据，可以发现面向一般个人的开放式非净值型产品，上半年加权年化收益甚至与 2015 年全年加权平均持平。收益下降最快的，是封闭式非净值产品，2016 年上半年加权平均收益比 2015 年加权平均减少了 72Bp。下半年以来产品预期收益率下行又明显减缓。根据普益标准的统计，以非保本 3 个月以下期限产品为例，各类型银行从年初到 10 月末下降都才在 60Bp 上下，而 6—10 月各类银行下降幅度在 15Bp—20Bp。

但对于投资端而言，从年初到现在，债券投资收益已普遍下降 100Bp 以上。非标债权方面，政府类融资项目由平台类贷款被 PPP 和政府采购替代，收益率普遍下降 100—300Bp。

这种非对称的收益—成本下滑导致银行必须通过高杠杆、期限错配去维持理财产品的吸引力。但是 2016 年债券市场的剧烈波动深刻地教育了银行，市场风险的波动对利润的冲击甚至不亚于信用风险，在这种大市场环境下，银行也无更多的利润缓冲去维持理财刚兑。

表 8-3　　证券公司及基金公司产品净值收益

2016 年证券公司存续集合计划净值收益率		2016 年基金公司专户整体收益	
产品类型	平均净值收益率（%）	产品类型	平均净值收益率（%）
权益类	–1.7	股票类	1.7
混合类	–1.7	混合类	1.6

续前表

2016 年证券公司存续集合计划净值收益率		2016 年基金公司专户整体收益	
产品类型	平均净值收益率（%）	产品类型	平均净值收益率（%）
基金宝	–5.5	债券类	
固定收益类	4.2	现金管理类	2.9
QDII	–1.1	QDII	3.2
其他	5.7		

资料来源：Wind 资讯，基金业协会，课题组整理。

2016 年各类型资管计划投资收益统计数据表明，除基金子公司专户产品整体收益率达到 6% 以上，足够覆盖银行理财资金成本，证券公司集合计划，基金公司专户等产品整体净值收益率无一高于银行理财产品整体成本，而基金子公司的高收益更多源于其主要投资于房地产、政府平台、企业贷款等固定收益非标类项目（占比 82.8%）。如果把基金子公司全部合并，其规模为 10.5 万亿元，其中 6.42 万亿元来自银行资金，该部分资金来源包括了银行表内及表外资金。据此推断，2016 年非银行金融机构提供的资管产品收益率甚至不能覆盖银行理财的发行成本，甚至开始侵蚀银行理财池的存量利润。

而银行维持刚兑的压力，从 2015 年至今银行理财产品期限发行占比的变化也可见一斑。过往为了降低成本，银行发行 6 个月以上的理财产品占比较少，进入 2017 年以后其占比提速明显，6 个月以上期限品种占比已经达到 35%，超过以往主流的 1—3 个月期限的产品占比，显示银行为了应付流动性持续紧缩，通过不断拉长负债期限，以时间换空间的方式来维持刚兑。

3. 净值化提速路径的思考

实际上，作为银行理财产品中的新宠，所有固定期限类净值型理财产品都有开放期，例如每周或者每月，用户可以任意地进行资金的赎回操作，其资金流动性通常要高于普通的银行理财产品。净值型产品对银行理财的流动性管

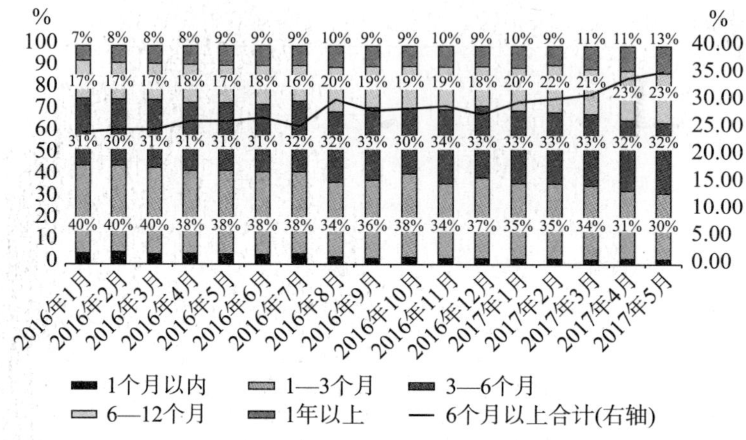

图 8-23　2016 年以来银行发行理财产品期限占比

资料来源：Wind 资讯，课题组整理。

理也提出了更高的要求。此外，净值型理财产品没有预期收益，银行也不承诺收益，其实际收益取决于用户购入和卖出时净值的差值，而银行会定期地将这种净值差值向社会公布。

净值型产品相对复杂的设计使得投资者教育并非一朝一夕可达成，因此 2017 年预期收益型产品仍然会是市场的主流。但从 2016 年的走势来看，2017 年开放式预期收益型产品的规模占比有望超越封闭式预期收益型产品，起到向净值型产品转型中间桥梁的作用。

上述路径是眼下较为现实的操作路径之一，在此操作思路下，银行参考信托过往资金池的做法值得参考：

1. 通过开放式产品积累客户赎回的历史经验数据，在严格的压力测试下估算产品的赎回比例。

2. 资产端净值化：银行理财资产端投资资产均实行净值化估值，对于类固收产品以成本法估值为主，尤其是非标等类固收产品，因其对市场波动风险的中性，对于稳定产品收益有极其重要的意义。[①]

3. 产品实行非标（或其他类固定收益的资产）+ 标准化（权益、债券）作为资产配置的思路，通过非标资产稳定产品整体收益，通过标准化资产保持理财产品的流动性。

4. 从严格流动性错配、精挑优质类固收资产的思路出发，监管层面也需要加快银行理财产品全面进入银行间市场及交易所市场进行资金交易的基础设施建设，同时针对理财产品的特性指定合理的杠杆及期限比例。加快银登中心、中信登等交易平台的建设，加大银行各项资产的流动性，也为该类型资产的公允价值提供具备市场公信力的交易价格。

银行理财产品只有在全面对接上述交易市场的前提下，才能通过更多配置标准资产、适当配置类固收的非标资产的投资思路来逐步提高理财配置资产的流动性，才能有效应对净值化产品对流动性的要求。

2018 年理财市场投资展望 - 大类资产配置逻辑下，“非标投资”基金化加速发展

制约银行理财扩张的阻力，除了来自于监管压力的不断加大，另一个阻力来自于不断收窄的利差。因此如果银行能提升自己产品的投资收益率，也能很大程度缓解这一问题。银行传统的投资管理能力较弱，仅在债券投资等固定收益领域相对有一定优势，但也是以配置型为主，因此一个有效解决问题的模式即委托投资能力较强的资管机构管理。但是 2016 年债券市场的暴跌对银行在委外这一资产配置上已经吃了不少苦头，因此 2017 年银行理财投资将从粗放型向精细化转移，在做好大类资产配置的研究基础上，再将重点放在委外机构的甄选上，形成高效 MOM/FOF 模式。

① 虽然即使采用第三方估值对债券等固收产品存在负偏离的可能，对资产净值的反映不一定完全准确，但是在债券市场上目前尚未存在除市场成交价格外可充分取代中债估值的市场公允价值，2016 年以来债券市场快速下行，市场成交陷入低谷，债券估值仍有其不可取代的一面。针对非标类资产的市场估值，在刚兑压力下，银行只能通过资产置换用其他收益完全弥补投资者的损失，若出现严重违约，则资产管理公司的评估及交易，将是该类型资产合理估值的重要手段。

经受市场风险洗礼的各家银行机构，在 2017 年将部分重心及资源重新投放至熟悉的非标业务上，延续 2016 年已经红红火火的各类“基金”：政府引导基金、产业基金和并购基金，2017 年，在银行理财投向上将占据更加重要的地位。

根据浦发银行与清科研究中心联合发布的《中国引导基金与区域及产业经济发展专题研究报告》(以下简称《报告》) 显示，截至 2016 年 9 月底，国内共成立 980 只政府引导基金，其中 789 只已披露基金规模，共计 3.3 万亿元。

《报告》显示，政府引导基金注册地的区域来看，截至 2016 年 9 月，浙江、广东和山东、江苏、山西（后三个并列）成立的只数排名前三，分别为 82 只、80 只和 65 只。从设立规模来看，湖北、广东和新疆为前三，分别为 3 501 亿、2 634 亿、2 580 亿。

从基金的结构安排来看，一般采用的是结构化有限合伙模式。银行较少直接参与 GP，至少理财资金主要是作为 LP 进入，且 LP 采用结构化分层，理财资金认购优先级份额，相当于为优先级提供了安全垫，实际上，名股实债仍是目前最主流的模式。这其中，纳入政府预算的采购项目，而非真正涉及特许经营权转让的 PPP 项目更受市场青睐，因为不涉及项目后续的经营，等于银行理财资金实际不承担经营风险，仅需要考虑融资主体再融资能力或财政还款实力。但是随着监管政策的趋紧，尤其是财政部在 2017 年下发的关于严格约束地方政府通过 PPP 项目兜底以及政府购买服务等方式变相进行融资，该类型资产在 2017 年下半年的发展将可能陷入困境。

在围绕资本市场上市公司的配套融资（投资）中，银行理财资金作为 LP 参与企业并购，和 PE 公司投资企业的不同之处在于，PE 公司投资企业（战略），PE 是主动的一方；而银行参与上市公司并购，上市公司是主动投资方。上市公司平台一般提供资本化退出的通道，但是并非强制性的偿还义务，上市公司大股东往往承担兜底责任。这类型业务往往与上市公司的行业经营实力，大股东实力以及投资并购标的有关。

在经过近两年市场违约大潮的洗礼后，市场主体普遍认为，在基建提速稳增长的大前提下，政府融资业务是优先选项。上市公司因其财务透明，尤其民营上市公司违约成本较高，实际控制人对上市公司平台及壳资源的珍视，往往会尽力避免违约而成为众多金融机构竞相追逐的投资标的。预计2017年，政府采购项目，PPP项目以及上市公司并购基金项目在银行理财投资标的中占比将会延续2016年的快速增长态势，成为新的红海。

全国金融工作会议指明行业大方向，监管创新升级下银行理财亟待整装前行

1. 全国金融工作会议释放金融行业发展重要信号，监管协调体系升级

2017年7月14、15日，全国金融工作会议在北京召开，习近平出席会议并发表重要讲话。习近平强调，要加强金融监管协调、补齐监管短板。设立国务院金融稳定发展委员会，强化中国人民银行宏观审慎管理和系统性风险防范职责，落实金融监管部门监管职责，并强化监管问责。

其中，一些决定超出了市场预期。

1. 之前市场传闻的监管机构改革方案多数被证伪。从最终落地来看，中央采用了最符合中国国情的方案：在国务院层面设置统筹监管机构，一行三会仍然相对独立。

2. “国务院金融稳定发展委员会”是2013年设立的“金融监管协调部际联席会议”的升级版，从以前的“水平协调”到现在的“垂直协调”，监管协调体系正式从1.0版本升级到2.0版本。

3. 定调金融行业监管模式为“功能监管、行为监管”，这是首次在如此高规格的层面对监管模式的改变进行确认，标志着“机构监管”将成为过去式，这是监管模式的重大转变。尽管“混业监管”从来没有被官方认可，但“功能监管、行为监管”意味着，“一行三会”的监管对象必然将出现交叉，因为金

融机构确实已经“混业经营”。这意味着,“父爱主义”“监管真空”“监管套利”等一直存在的监管问题有可能得到根本改善。

本次会议明确释放中央对金融行业发展的整体信号，首要一个基调是“防风险”，无论是从对防范系统性风险的定调，还是从对待资本项目可兑换、互联网金融等的理性态度，都能反映出高层的“防风险”的态度；二是强调监管的统筹协调，不断加强对过往监管漏洞、监管真空的堵截，从组织架构上、监管模式上，甚至从监管态度上，都明确地提出了要求;第三，中央并未提及“金融去杠杆”，强调的是“经济去杠杆”，通稿中要求的是坚定执行稳健的货币政策，处理好稳增长、调结构、控总量的关系。要把国有企业降杠杆作为重中之重，抓好处置僵尸企业工作。

总而言之,2016 年年末至 2017 年上半年以来的监管措施使得市场认为“去杠杆”的重心是金融部门，从而导致了对实体经济的挤出效应，变相地加剧了“实体经济融资难、融资贵”的老难题。实际上，此次强调金融监管的核心是“加强监管以更好地服务实体经济、防止发生系统性金融风险”,而不是为了“去杠杆”而去杠杆，导致“舍本逐末”的局面。

2. 监管创新升级下银行理财亟待整装前行

在前文中我们提及了银行理财业务当务之急是在监管升级要求下通过自查提供详尽的情况汇总供决策层参考，同时将打破刚兑，去类资金池运作，将最终实现真正意义上的净值化运作作为发展方向，还原理财业务“受人之托、代人理财”的本来面目。

从本次金融工作会议，虽然未直接针对体量庞大的资产管理行业提出详细要求，但是结合上文的分析，银行理财业务整装前行的目标已经清晰，但是采用的手段及路径仍存在监管与市场的博弈，以下几个方面，可资参考。

1. 减少嵌套、底层透明、压缩杠杆，主动避免与监管的套利博弈。

本轮监管升级创新是由上而下，在顶层设计的指挥下层层推进，步步加码，最终通过金融工作会议上以最高领导人的总结及要求印证了市场的预期：过往同业业务的套利模式难以为继，理财业务的发展需要主动减少产品嵌套，通过主动披露底层资产投向，进一步压缩理财负债端的杠杆，降低流动性错配压力，主动避免与监管的套利博弈。

2. 理财业务资产端需重视实体产业政策，协助“经济去杠杆”，支持新的经济增长点。

通过理财资金最终资金流入的行业，很多正是本次金融工作会议提及的“僵尸行业”或者地方政府、房地产，与中央期待的产业发展方向南辕北辙。有鉴于此，理财业务应该与银行表内业务一样，制定符合国家要求的实体产业政策，协助“经济去杠杆”，支持新的经济增长点。

3. 投贷联动、股权投资试点方向下，理财业务是当仁不让的主力军。

银行传统信用风险管控思路在新的市场竞争下急需改变。近两年来，主流商业银行均有涉足资本市场业务，前文述及的几大类业务，如定向增发、股权直投、并购融资等均有所涉及且发展得如火如荼。在支持实体经济发展上，理财业务除继续通过债权投资方式（如债券、非标债权等）为实体经济提供融资，未来应继续更新风险控制理念，通过股权投资等资本运作直接注资实体经济，结合目前已经大力开展的“债转股”，真正实现经济去杠杆，是本轮转型的主力军。同时，该类型业务对理财业务实行净值化转型也是互相促进，大部分该类型业务均具备“前端固定收益 + 退出浮动分成”的报酬特征，与前文提出的净值化转型路径不谋而合。

券商资管：严监管下回归主动管理的本源

2016 年证券公司资产管理行业发展现状

行业：规模持续增长，主动管理占比有所提升

1. 规模与结构：规模持续增长，定向资管占比仍然较大

受资金面稳中有升，银行资金委外需求较强，以及基金子公司通道业务渠道受限等因素影响，券商资管业务规模持续增长。截至 2016 年底，券商资管受托资产管理规模为 17.31 万亿元[①]，同比增长 45.5%，同比增速居资产管理行业第一。

从产品结构看，定向资管占比仍较大，但增速趋于放缓。截至 2016 年年底，定向资管产品数量共计为 20 196 只，资产规模为 14.69 万亿元，规模占比 84.86%；集合资管产品数量共计为 3 643 只，资产规模为 2.19 万亿元，规模占比 12.65%；专项资管共计产品数量为 2 047 只，资产规模为 4 315 亿元，

① 不包含直投子公司直投基金规模，下同。

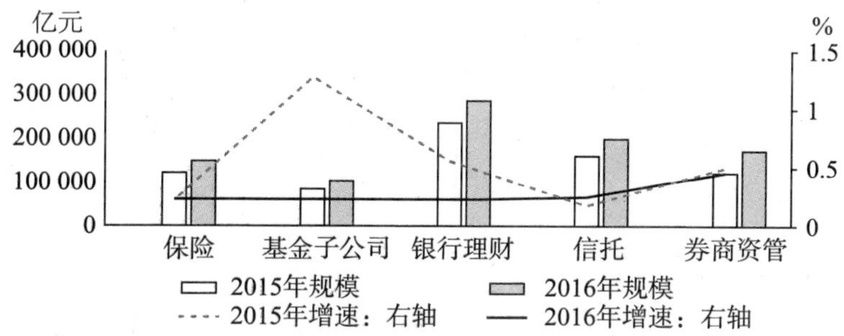

图 9-1 资产管理行业各板块规模及同比增速

资料来源：中国基金业协会、课题组整理。

规模占比 2.49%。与此同时，受市场波动和监管加强因素影响，集合资管和定向资管规模增速有所放缓，2016 年券商定向资管规模同比增速为 44.6%；集合资管规模同比增速为 40.9%，分别大幅低于 2015 年的 390.2% 和 137.6%。专项资管规模延续 2015 年高速增长趋势，同比增长 140.65%。

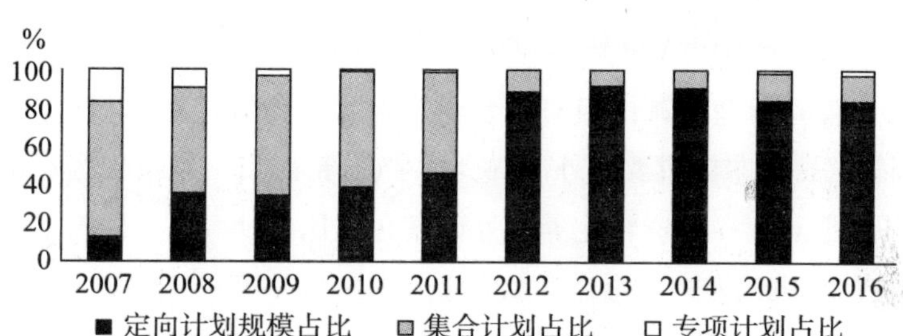

图 9-2 券商资管三大产品规模占比

资料来源：中国基金业协会、课题组整理。

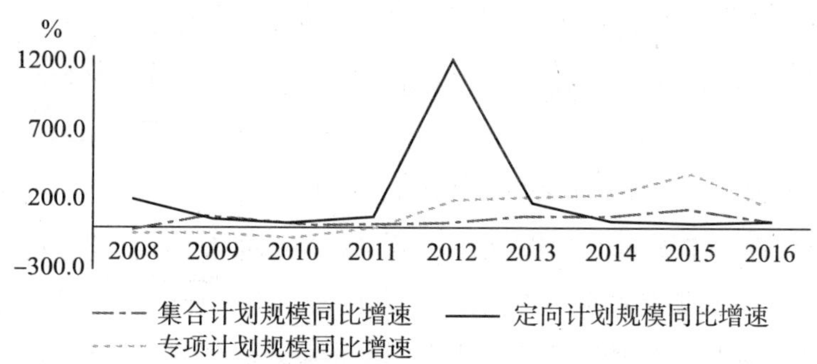

图 9-3 券商资管三大产品规模同比增速

资料来源：中国基金业协会、课题组整理。

从管理方式看，主动管理占比进一步提升。随着监管趋严，通道业务的政策红利逐步消失，券商资管谋求转型，重点发展主动管理业务，主动管理业务占比进一步提升。截至 2016 年，券商资管主动管理规模为 4.94 亿元，同比增长 62.1%；占比为 28.54%，较 2015 年上升 3%。

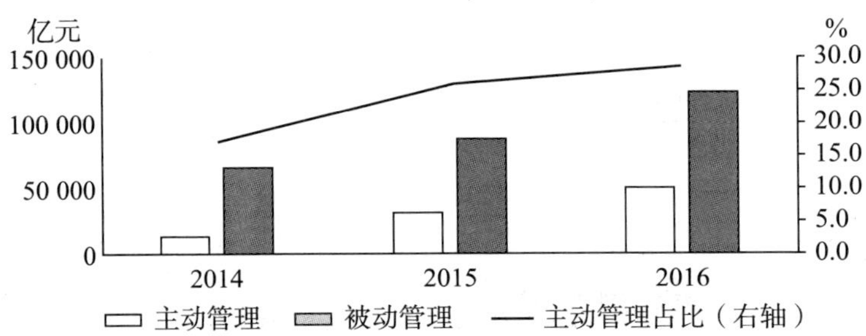

图 9-4 券商资管被动管理及主动管理规模和占比变化

资料来源：中国基金业协会、课题组整理。

2. 资金来源：委外资金驱动，机构资金占比明显上升

券商资管的资金来源由自有资金、个人客户和机构客户三部分组成。我国券商资管的资金来源主要以外部融资为主，外部融资又以机构客户资金为主。2016 年，A 股上市券商资管业务中外部资金占比为 99.6%，相较于 2015 年上升 0.2%；其中机构客户资金占比 93.1%，相比 2015 年上升 3%。

自有资金占比下滑。根据《证券公司集合资产管理业务实施细则》和《证券公司定向资产管理业务实施细则》，证券公司可以以自有资金参与集合资管，但不得以自有资金参与本公司的定向资产管理业务。2012 年新颁布的《证券公司客户资产管理业务试行办法》大幅提高证券公司自有资金参与单个集合资管的比例，参与比例由原来的 5% 大幅提高至 20%，同时 2 亿元的上限被取消。券商以自有资金参与计划主要出于两方面的目的：一是保障优先级客户的收益，便于产品的推广销售；二是放大杠杆，提高产品收益率。参与的主要形式是以自有资金出资结构化和类结构化产品的劣后级。“新八条”出台以后，监管部门禁止资产管理产品提供“保本、保收益”承诺，同时限制产品的杠杆率。因此，券商以自有资金参与资产管理计划的意愿大大降低。截至 2016 年年底，

A 股上市券商资管集合资管的自有资金出资占比为 2.2%，较 2013 年下降 4.2%；专项资管的自有资金出资占比为 0.1%，较 2013 年下降 5.9%。目前，券商大多用自有资金以有限风险补足条款的形式参与资产管理产品，即当一个产品整体低于某一净值时启动追加有限额度的自有资金以提供风险补偿，产品结构主要以平层为主。

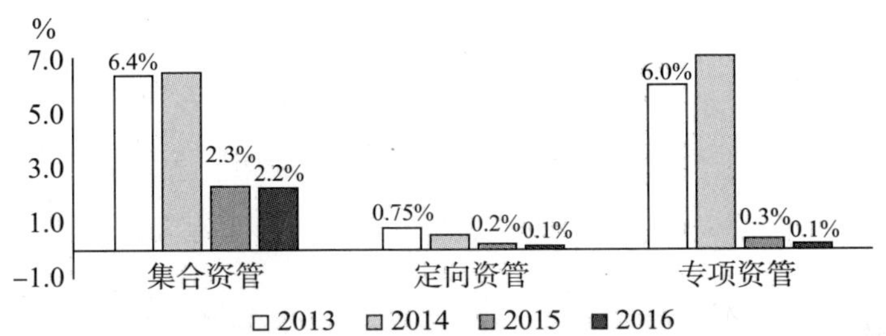

图 9-5 券商资管自有资金出资情况

资料来源：27 家上市券商年报、课题组整理。

个人客户资金占比逐步下降，机构客户资金占比明显上升。集合资管的外部资金来源主要包含个人客户资金和机构客户资金，但近几年来机构客户的资金占比逐步上升，已经超过个人客户资金占比。截至 2016 年底，A 股上市券商集合资管的资金中有 57.4% 来自于机构客户，相较于 2015 年上升了 4.7%。定向资管和专项资管的外部资金主要来源机构客户资金。截至 2016 年年底，A 股上市券商定向资管的资金中有 99.5% 来自于机构客户，相较于 2015 年上升了 0.7%；专项资管的资金中有 99.1% 来自于机构客户，上升了 0.5%。

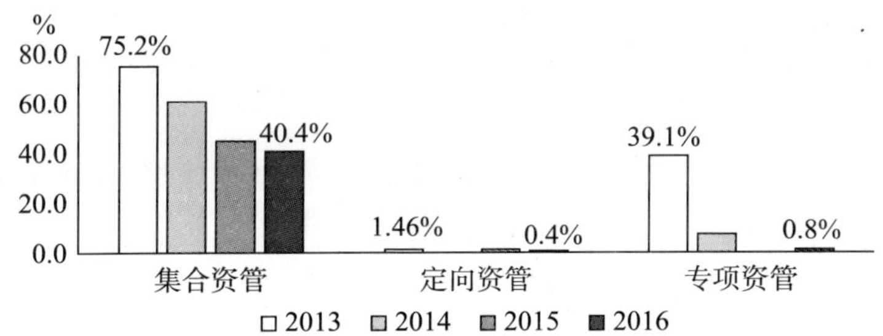

图 9-6 券商资管个人客户资金来源情况

资料来源：27 家上市券商年报、课题组整理。

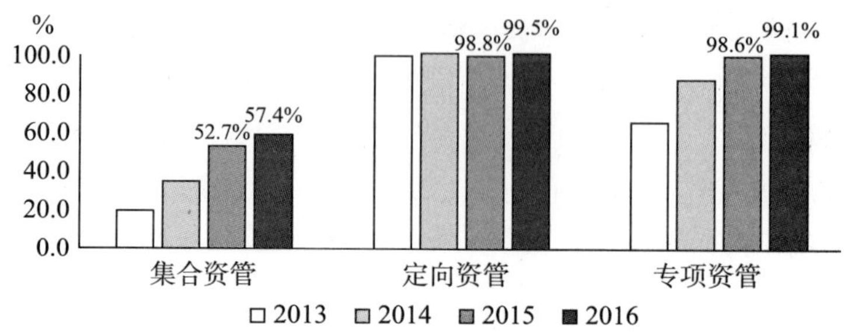

图 9-7　券商资管机构客户资金来源占比

资料来源：27 家上市券商年报、课题组整理。

机构客户资金占比明显上升的原因在于近几年货币宽松与资产荒双轮驱动，银行资金委外投资需求加大。银行资金参与券商资管主要有两种方式，一是以出表或间接投资票据、保理、房地产等非标资产为目的参与券商定向资管，这些主要体现在券商通道业务规模；二是银行理财和自营资金等委外资金投向券商资管结构化产品的优先级或跨周期平层类产品（大部分为定向资管形式，少数为集合资管），获取固定的收益报酬。这部分委外资金主要体现在券商的主动集合资管业务和主动定向资管业务的规模中。我们通过测算券商资管中主动集合资管和主动定向资管中来自银行的资金规模，大致可以测算出券商资管中委外资金的规模，大约为 3.32 万亿元，相较于 2015 年增加大致 1.3 万亿元，增加 63.5%。

表 9-1　　券商资管委外资金规模测算

		规模（亿元）	机构客户资金占比	银行委外资金占比	委外资金规模（亿元）	合计（亿元）
2016 年	主动集合资管	17 262	57.40%	55%	9 491	33 229
	主动定向资管	27 923	86.40%	85%	23 735	
2015 年	主动集合资管	12 888	52.78%	50%	6 444	20 314
	主动定向资管	15 761	89.90%	88%	13 870	

注：1）主动集合资管规模的计算方法为主动管理规模减去主动定向资管规模和专项资管规模；2）主动定向资管机构资金占比是指来自银行和信托公司资金，数据来自中国证券基金业协会《证券期货经营机构私募资产管理业务 2016 年统计年报》；3）银行委外资金占比主要是在机构客户资金占比的基础上做大致估算。

3. 资产配置：利率行情驱动，债券投资比例大幅上升

2016 年大类资产行情趋势与货币政策基调发生了调整，A 股市场持续震荡。债市跌宕起伏，以牛市开局，以年末的快速调整结尾。总体看，在长时间债券牛市和委外资金驱动下，券商资管借助债券投资的优势及便利，债券投资规模大幅上升。与此同时，在股市不旺、资产荒的市场背景下，股权质押、信托贷款等融资类项目颇受欢迎。

主动管理

定向主动管理业务：截至 2016 年年末，我国证券公司主动管理定向业务规模为 2.79 万亿，同比大幅增长 82%。从资产投向看，债券投资规模占比持续上升，投向债券和债券逆回购的规模分别为 1.55 万亿元和 0.1 万亿元，同比增长 117.0% 和 120.5%；占比分别为 55.7% 和 3.7%，较 2015 年上升 10.20% 和 0.74%。股票和信托计划投资占比下降，分别较 2015 年下降 3.78% 和 2.88%。

表 9-2　　证券公司主动管理定向业务投资情况

投资类别	2016 年底		2015 年底		占比增长	规模同比增长率
	投资金额（亿元）	占比	投资金额（亿元）	占比		
债券	15 552	55.7%	7 168	45.50%	10.20%	117.0%
股票	1 792	6.4%	1 613	10.20%	-3.78%	11.1%
证券投资基金	1 007	3.6%	642	4.10%	-0.49%	56.9%
券商集合资管	1 254	4.5%	889	5.60%	-1.11%	41.1%
信托计划	2 267	8.1%	1 727	11%	-2.88%	31.3%
同业存款	370	1.3%	281	1.80%	-0.47%	31.7%
资产收益权	168	0.6%	420	2.70%	-2.10%	-60.0%
债券逆回购	1 045	3.7%	474	3%	0.74%	120.5%
股票质押回购	603	2.2%	438	2.80%	-0.64%	37.7%
其他	3 865	13.8%	2 109	13.40%	0.44%	83.3%
合计	27 923	100.0%	15 761	100%	0.0%	77.2%

资料来源：《证券期货经营机构私募资产管理业务 2016 年统计年报》、课题组整理。

集合资管业务：截至 2016 年年末，我国证券公司集合资管业务规模为 2.19 万亿，同比大幅增长 40.9%。从资产投向看，债券投资规模占比持续上升，投向债券总规模为 1.39 万亿元，同比增长 137.3%；占比为 63.25%，较 2015 年上升 25.75%。受下半年利率上升和信用兑付风险上升的影响，投向基金（主要投向非标）规模大幅下降 63.5%，占比下降 15.34%。

表 9-3　　证券公司集合资管投资情况

投资类别	2016 年年底		2015 年年底		占比增长	规模同比增长率
	投资金额（亿元）	占比	投资金额（亿元）	占比		
债券	13 875	63.25%	5 848	37.50%	25.75%	137.3%
基金	1 176	5.36%	3 224	20.70%	–15.34%	–63.5%
股票	1 666	7.59%	1 518	9.70%	–2.11%	9.7%
协议或定期存款	1 501	6.84%	1 430	9.20%	–2.36%	5.0%
信托计划	1 276	5.82%	1 142	7.30%	–1.48%	11.7%
专项资产管理计划	549	2.50%	471	3%	–0.50%	16.6%
其他	1 895	8.64%	1 942	12.50%	–3.86%	–2.4%
合计	21 938	100.00%	15 574	100%	0.0%	40.9%

资料来源：《证券期货经营机构私募资产管理业务 2016 年统计年报》、课题组整理。

通道业务

证券公司在银行与基金子公司通道业务合作渠道受限的情况下，加大与银行的合作，通道业务规模进一步增长。截至 2016 年年底，券商资管通道业务（被动管理）规模为 12.37 万亿元，同比增长 39.78%。通道业务投资方向也逐渐进行了调整，特别是股权质押融资、资产收益权和以银行理财、信托为主的其他投资规模增速较快。其中，投向非标类资产的总规模约为 9.8 万亿元，同比增长 40%；投向标准化资产（同业存款、证券投资和债券逆回购）的总规模为 2.6 万亿元，同比增长 40.76%。

表 9-4 证券公司通道业务投资情况

投资类别	2016 年年底		2015 年年底		占比增长	规模同比增长率
	投资金额（亿元）	占比	投资金额（亿元）	占比		
票据	15 644	12.6%	15 139	17.1%	–4.5%	3.3%
银行委托贷款	17 473	14.1%	14 903	16.8%	–2.7%	17.2%
证券投资	19 566	15.8%	14 195	16.0%	–0.3%	37.8%
信托贷款	14 756	11.9%	12 236	13.8%	–1.9%	20.6%
资产收益权	17 669	14.3%	9 901	11.2%	3.1%	78.5%
同业存款	5 771	4.7%	3 583	4.0%	0.6%	61.1%
股权质押融资	4 665	3.8%	2 196	2.5%	1.3%	112.4%
债券逆回购	705	0.6%	693	0.8%	0.2%	1.7%
其他	27 689	22.3%	15 659	17.7%	4.6%	76.8%
合计	123 938	100%	88 505	100%	0%	40%

资料来源：《证券期货经营机构私募资产管理业务 2016 年统计年报》、课题组整理。

（二）机构：资管收入贡献上升，行业集中度下降

1. 收入贡献：券商资管业绩表现亮眼，收入贡献上升

在市场低迷，证券行业经营业绩大幅下滑的背景下，资产管理业务作为业绩稳定器的功能开始显现。截至 2016 年券商资管业务共实现净收入 296 亿元，同比增长 7.85%，增速仅次于投行业务。在经纪和自营业务表现低迷的情况下，资产管理业务收入占比大幅上升，由 2015 年的 4.8% 上升至 2016 年的 9.0%。从收入的结构看，定向资管收入为 163.89 亿元，占比为 55.36%；集合资管收入为 123.12 亿元，占比为 41.59%；专项资管收入为 8.99 亿元，占比为 3.04%。

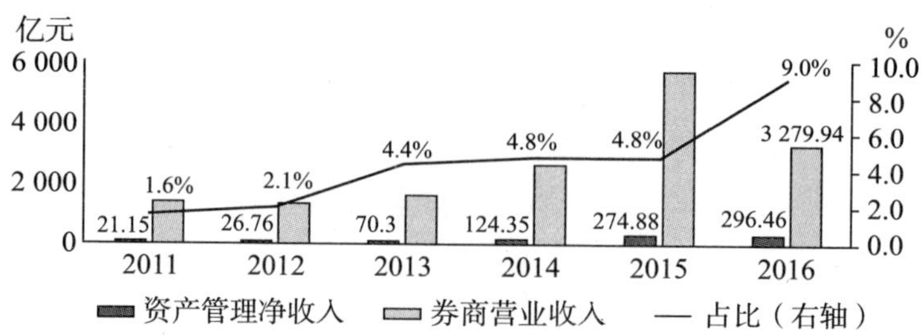

图 9-8 券商资管净收入占比

资料来源：中国证券业协会、课题组整理。

2. 竞争格局：中小券商加强主动管理，行业集中度下降

从行业排名变化看：中信证券、华泰证券资管、广发证券资管与国泰君安证券资管稳居行业受托资产管理规模和主动管理规模前 5 名，但存在个别中小券商实现弯道超车，挤进行业前 20 名。2016 年华融证券、第一创业证券和国都证券挤进受托管理规模行业前 20 名，第一创业证券和广州证券挤进主动管理规模行业排名前 20 名，而且华融证券和德邦证券主动管理规模排名大幅上升 5 个名次。

表 9-5 证券公司受托资产管理规模排名和规模变动情况

排名	2015 年	2016 年	2016 年规模（亿元）	2015 年规模（亿元）	同比增速
1	中信证券	中信证券	14 089.99	10 761	31%
2	申万宏源证券	华泰证券资产管理	8 146.52	6 163	32%
3	华泰证券资产管理	中信建投证券	6 987.25	5 442	28%
4	国泰君安证券资产管理	广发证券资产管理	6 711.21	5 260	28%
5	中银国际证券	国泰君安资产管理	6 679.58	6 068	10%
6	中信建投证券	申万宏源证券	6 635.83	6 943	–4%
7	广发证券资产管理	海通证券资产管理	6 471.19	4 266	52%
8	华福证券	中银国际证券	5 589.82	5 571	0%

续前表

排名	2015 年	2016 年	2016 年规模（亿元）	2015 年规模（亿元）	同比增速
9	海通证券资产管理	招商证券资产管理	5 068.8	4 227	20%
10	招商证券资产管理	华福证券	4 603.82	5 184	–11%
11	德邦证券	德邦证券	3 950.73	3 242	22%
12	江海证券	江海证券	3 577.99	2 788	28%
13	安信证券	光大证券资产管理	2 640.44	2 185	21%
14	齐鲁证券资产管理	华融证券	2 547.01	/	/
15	光大证券资产管理	安信证券	2 531.22	2 237	13%
16	中山证券	东吴证券	2 496.75	2 054	22%
17	东吴证券	长城证券	2 398.6	1 967	22%
18	渤海证券	齐鲁证券资产管理	2 387.53	2 234	7%
19	长城证券	第一创业证券	2 326.69	/	/
20	华创证券	国都证券	2 179.03	/	/

注：2016 年规模与 2015 年规模数对应的主体是 2016 年排名前 20 的券商（表 9-6 同理）。

资料来源：中国证券业协会、课题组整理。

表 9-6　证券公司主动管理规模排名和规模变动情况

排名	2015 年	2016 年	2016 年规模（亿元）	2015 年规模（亿元）	同比增长
1	中信证券	中信证券	5 269.79	4 117	28.00%
2	广发证券资产管理	广发证券资产管理	4 618.19	3 335	38.48%
3	国泰君安证券资产管理	国泰君安证券资产管理	2 461.72	2 171	13.39%

续前表

排名	2015 年	2016 年	2016 年规模（亿元）	2015 年规模（亿元）	同比增长
4	申万宏源证券	华泰证券资产管理	2 165.3	1 652	31.07%
5	华泰证券资产管理	申万宏源证券	1 702.7	1 658	2.70%
6	中信建投证券	中银国际证券	1 602.85	1 077	48.83%
7	中银国际证券	中信建投证券	1 457.05	1 181	23.37%
8	齐鲁证券资产管理	华融证券	1 414.69	608	132.68%
9	海通证券资产管理	齐鲁证券资产管理	1 401.62	1 057	32.60%
10	招商证券资产管理	光大证券资产管理	943.37	567	66.38%
11	东方证券资产管理	中金公司	929.23	617	50.60%
12	中国国际金融股份	招商证券资产管理	906.66	738	22.85%
13	华融证券	海通证券资产管理	903.95	888	1.80%
14	中山证券	东方证券资产管理	861.69	661	30.36%
15	光大证券资产管理	德邦证券	845.88	426	98.56%
16	国信证券股份	中山证券	726.02	600	21.00%
17	银河金汇证券资产管理	中邮证券	716.98	431	66.35%
18	中邮证券	第一创业证券	643.91	430	49.75%
19	第一创业证券	财通证券资产管理	642.63	/	/
20	德邦证券	广州证券	612.13	/	/

资料来源：中国证券业协会、课题组整理。

从行业集中度看：2016 年，券商资管业务的集中度有所下降。总受托资产管理规模的 CR5 为 29.9%，与 2015 年持平，CR10 由 2015 年的 50.3% 下降至 2016 年的 47.5%，下降了 2.8%。主动管理规模的 CR5 由 2015 年的 42.5% 下降至 2016 年的 32.9%，下降了 9.6%；CR10 由 2015 年的 58.7% 下降至 2016 年的 46.7%，下降了 12%。

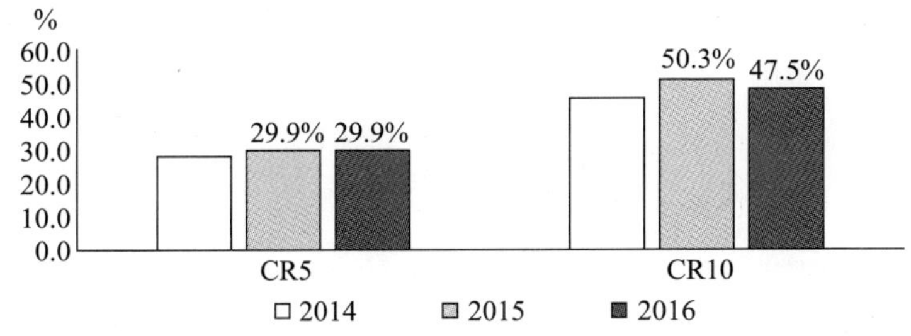

图 9-9　券商资管行业集中度（总受托资产管理规模）

资料来源：中国证券业协会、课题组整理。

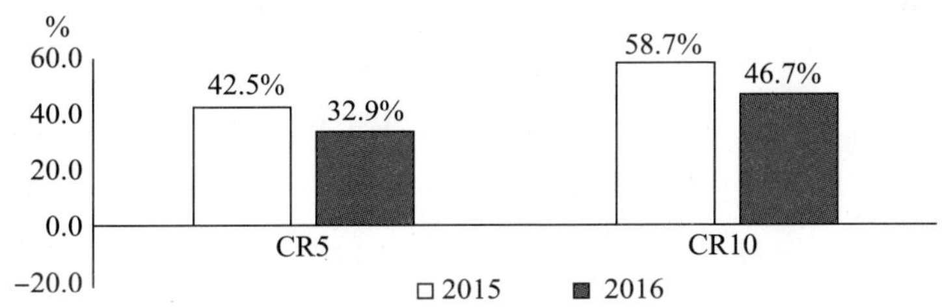

图 9-10　券商资管行业集中度（主动管理规模）

资料来源：中国证券业协会、课题组整理。

3. 机构亮点：中小券商发掘业务特色，实现弯道超车

2016 年券商资管格局主要特点如上文分析所示，主动管理规模行业集中度大幅下降，个别中小券商发力实现弯道超车，接下来主要介绍 2016 年主动管理规模增速最快以及行业排名上升幅度较大的华融证券和德邦证券的业务亮点。

华融证券：在资金端大力发展银行委外业务；在资产端依靠大股东中国华融资产管理股份有限公司的业务优势，拓展股票质押、上市公司并购配套融资等非标业务机会。

表 9-7　　　　　　　　　　华融证券集合资管产品特点

产品类型	主要产品名称	集合规模（亿元）	规模占比	特点
固收类	分级固利、融智系列、优智系列	522.54	57.4%	可投资股票质押回购、集合信托；华融证券自有资金认购劣后级或作为安全垫。
股票质押	质押宝系列、股票宝系列	289.89	32.9%	专门投资股票质押回购项目，以分级结构设计为主，自有资金认购劣后级份额。
混合	融盛、兴盛、稳健成长	83.48	9.2%	
其他	新三板、定增、其他	4.94	0.5%	
合计		909.86	100%	

资料来源：根据公司网站公布的资产管理季报、Wind资讯等整理，截至2017年6月6日。

德邦证券：依托阿里系股东，专注互联网平台的消费贷款 ABS，迅速提升主动管理规模。

表 9-8　　　　　　　　　　德邦证券专项资管产品特点

产品类型	产品名称	发行规模（亿元）	特点
消费信贷 ABS	德邦花呗	615	采用储架发行模式，针对股东方蚂蚁金服所属平台下的消费贷款进行资产证券化合作。
消费信贷 ABS	德邦花呗分期	30	
消费信贷 ABS	德邦借呗	489	
消费信贷 ABS	小米小贷	10	与小米公司就消费贷款进行资产证券化合作。
合计		1 144	

资料来源：根据中国资产证券化分析网数据整理，截至 2017 年 6 月 6 日。

2017 年证券公司资产管理业务展望

回顾：表外业务驱动券商资管快速扩张

2012 年以来，在监管机构放松管制的大背景下，券商资管规模迅速扩张。由银行表外投融资业务扩张驱动的，主要表现为通道业务和银行委外业务的快速增长。根据上文统计，2016 年券商资管的通道业务和委外业务规模占比高达 90.64%。

1. 通道业务下监管套利

21 世纪前 10 年，我国的存贷款利率尚未充分市场化，银行实行信贷额度管理，间接融资为主的融资体系无法满足经济高速增长带来的实体融资需求。与此同时，由于投资范围受到管制，资产管理行业对实体经济的融资需求支持有限。在这种背景下，银行在面对监管约束和收入增长间的矛盾，有腾挪资本和监管指标套利的冲动。2012 年，监管机构在监管创新和放松管制的思路指导下，修订和发布了《证券公司客户资产管理业务管理办法》和具体细则，放开了券商资管的投资范围。在政策红利的驱动下，券商资管成为链接银行资金与表外资产的载体，具备了直接融资的功能，催生了券商通道业务的快速增长（详见图 9-3）。

在这种业务模式中，银行提供了资金和资产，承担了业务风险，因此也分享了绝大部分的利润。而券商资管让渡了管理责任，为银行提供监管指标腾挪、交易便利的通道，只能收取微薄弱的通道费。

2. 委外业务下资金套利

近年来，我国经济增速放缓，尤其是 2013 年至 2015 年间连续下行，银行信贷的不良率开始攀升，银行开始收缩对企业的信贷投放，惜贷局面出现，尤其是广大以本土中小微企业信贷业务为主的城商行、农商行、农合行、农信社等中小银行受到的影响又最为明显。与此同时，为支持经济，央行自 2014 年底以来实施了稳中有松的货币政策，银行间市场利率维持低位。银行面临着盈利空间收缩，陷入资产荒的困境，委外逐渐成为中小银行的常用业务模式。

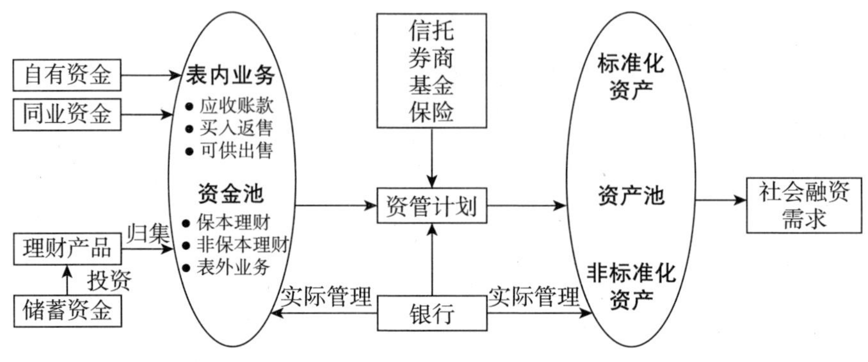

图 9-11 银行资金池业务模式

资料来源:《中国货币市场》杂志 2017.5 总第 187 期,《证券公司资产管理行业发展回顾与未来展望》。

银根宽松叠加资产荒的背景，委外业务异化成存量资产的加杠杆。委外链条涉及两层加杠杆和套利。第一层杠杆，银行通过发行同业存单或同业理财从银行间市场募集资金，在资产端进行投资，即银行扩表的加杠杆；第二层杠杆，资产管理委外投资管理人投资债券等资产，采用质押、期限错配等方式再次加杠杆。

挑战：金融去杠杆，强监管规范发展

本轮券商资管快速扩张所带来的监管套利和资金套利，偏离了资产管理的本源：一方面，监管套利拉长了同业链条，不但提高了融资成本，加大了操作风险，而且扭曲了资源的配置；另一方面资金套利推升金融加杠杆，名义规模迅速扩张，风险仍积累在金融机构体系中。尤其是，2015 年以及 2016 年下半年以来，这两种套利在一定的窗口内对股票市场、货币市场和债券市场造成冲击的风险问题开始显现。

2017 年 7 月，央行发布了 2017 年度《中国金融稳定报告》，报告特别指出资产管理业务中暴露的五大突出问题：一是部分非金融机构无序开展资产管理业务；二是刚性兑付使风险仍停留在金融体系；三是资金池操作存在流动性风险隐患；四是产品多层嵌套导致风险传递；五是影子银行面临监管不足。与此同时，《中国金融稳定报告》提出六项整改措施：一是分类统一标准规制，逐步消除套利空间；二是建立综合统计制度，为穿透式监管提供根本基础；三是消除多层嵌套，抑制通道业务；四是加强流动性风险管控，控制杠杆水平；五是引导资产管理业务回归本源，有序打破刚性兑付；六是加强“非标”业务管理，防范影子银行风险。总而言之，监管机构的监管理念从鼓励创新转入严监管，不断地加强监管协调性，旨在去通道、降杠杆，严控风险。

1. 消除多层嵌套，抑制通道业务

证监会颁布新版的《证券公司风险控制指标管理办法》。2016 年 6 月 16 日，证监会颁布新版的《证券公司风险控制指标管理办法》，并于 10 月 1 日正式实施。新办法通过杠杆率约束以及提高风险准备资本计提，鼓励证券公司去通道，向主动管理转型。**首先，将券商资管纳入表外业务，通道业务计入杠杆率约束。**新版的管理办法将旧版两个杠杆率指标（净资本 / 负债、净资产 / 负债）合并为资本杠杆率指标（资本杠杆率 = 核心净资本 / 表内外资产总额），并规定资本杠杆率不能低于 8%。根据新的管理办法，证券公司表外资产分为三个部分：一是证券衍生产品，包括国债期货、利率远期、股指期货、权益互换和大宗商品衍生品等；二是资产管理业务，其中包括直投等非牌照类子公司业务；三是其他表外项目，如证券公司转融通业务。**其次，资产管理业务规模计入风险资本，定向资管计提比例大幅增加。**在证券公司风险准备计提方面，相对于旧版，新版的管理办法提高了各类资产管理计划计提的风险准备资本，其中非结构化集合资管不再计提风险准备，而定向资管（尤其是投资于非标的定向资管）计提比例大幅提高。

表 9-9　　新旧版风控指标计算标准规定对比（资管业务）

2016 年计提标准(%)	A 级	B 级	C 级	D 级
结构化资管	0.80	0.90	1.00	2.00
定向资管（非标）	0.72	0.81	0.90	1.80
私募基金	0.56	0.63	0.70	1.40
其他定向资管	0.40	0.45	0.50	1.00

续前表

12 年计提标准（%）	A 级	B 级	C 级	D 级
专项理财业务	0.60	0.80	2.00	4.00
集合理财业务	0.60	0.80	2.00	4.00
专项理财业务	0.30	0.40	1.00	2.00
定向理财业务	0.30	0.40	01.00	2.00

资料来源：证监会。

不得存在让渡管理责任的通道业务。2017 年 5 月 19 日的证监会召开的新闻发布会上，发言人张晓军表示，各证券基金管理机构从事资管业务要坚持资管业务本源，审慎勤勉履行管理人职责，不得存在让渡管理责任的通道业务，证监会将对经营混乱，合规失效、风险外溢的机构从严监管。

2. 打破刚性兑付，控制杠杆水平

2016 年 7 月 14 日，证监会公布《证券期货经营机构私募资产管理业务运作管理暂行规定》（简称“新八条”），自 7 月 18 日起施行。在此之前，在证券期货经营机构私募资产管理业务迅速发展的环境下，为了应对随之带来的问题和风险隐患，基金业协会在 2015 年 3 月发布实施了《证券期货经营机构落实资产管理业务“八条底线”禁止行为细则》。新八条对于营销方式、结构化产品设计、投资顾问、“资金池”业务以及过度激励等做出统一规范，具体如表 9-10 所示。

表 9-10　新八条主要变化

条款	新八条之前	新八条之后
适用对象		1. 证券公司、基金公司、期货公司及其依法设立的从事私募资产管理业务的子公司。 2. 在基金业协会备案的私募证券投资基金管理人参照执行。 3. 暂不适用私募股权投资基金、创业投资基金管理人及其所发行的产品。

续前表

条款	新八条之前	新八条之后
保本、保收益	1. 资管合同中约定预期收益率。 2. 资管合同中约定优先级份额收益的分配。 3. 资管合同中约定劣后级或第三方机构充当差额补足人。 4. 资管合同中约定计提风险保证金。 5. 资管合同中约定如若产品提前终止，劣后级委托人承担提前罚息义务。	1. 禁止向投资者宣传计划的预期收益。 2. 不得直接或间接对优先级份额认购者提供保本保收益安排，包括但不限于在结构化资产管理计划合同中约定计提优先级份额收益、提前终止罚息、劣后级或第三方机构差额补足优先级收益、计提风险保证金补足优先级收益等。
杠杆率	分级资产管理计划的杠杆倍数不得超过 10 倍。	1. 明确中间级的份额在计算杠杆倍数时，是计入到优先级份额中的。 2. 限制产品投资杠杆：结构化资产管理计划的总资产占净资产的比例不得超过 140%，非结构化不得超过 200%。 3. 大幅降低结构化产品杠杆率：股票、混合类型不得超过一倍，固定收益类型不得超过 3 倍，其他类型的不得超过 2 倍。 4. 结构化计划嵌套其他结构化金融产品，要进行穿透核查，结构化计划不得再投资结构化金融产品的劣后级份额。
资金池	不同资产管理计划不得进行混同运作。	证券期货经营机构不得开展或参与具有“资金池”性质的私募资产管理业务。
投资顾问	无相应规定。	1. 不得委托个人提供投资建议。 2. 第三方机构及关联方不得以其自有资金或募集资金投资于劣后级份额。

续前表

条款	新八条之前	新八条之后
激励机制	禁止：项目奖金发放机制与项目实际完成进度不匹配；项目结束前已发放奖金比例超过项目奖金总额的 80%。	禁止：未建立激励奖金递延发放机制；递延周期不足 3 年，递延支付的激励奖金金额不足 40%。

资料来源：证监会、基金业协会。

3. 加强流动性管理，严控资金池风险

2017 年 4 月份以来，证监会向券商传达整改要求，表明禁止开展资金池业务。资金池业务是市场中对具备借新还旧、混同运作、募短投长、脱离标的资产的实际收益率进行分离定价、非公平交易等操作特征的各类资管产品的通称。券商资金池业务模式实际上是复制银行的资金池模式，在特定的市场环境下赚取利差，考验的是流动性风险管理能力。该操作模式背离了资产管理产品独立运作、风险自担的基本特征，容易积累流动性风险，形成刚性兑付的误导性信息，实质上损害了投资者利益。目前，券商资管业务涉及的资金池产品主要有三大类：大集合资金池产品、结构化资金池产品、私募资金池产品。据海通证券研究所草根研究测算，目前几大券商合计资金池规模超过 7 000 亿元，约占集合资管规模的 32%，其中非标约占集合资管规模的 3.2%，预计规模在 700 亿元左右。

影响：券商资管规模首次出现削减

2017 年上半年，受到金融市场低迷以及较为严格的监管限制的影响，券商资管迎来了投资范围扩容 5 年以来的首次规模削减。截至 2017 年 6 月底，券商资管规模为 17.76 亿元，较一季度的 18.45 亿元下降 3.89%。其中，集合资管规模环比下降 2.8%；定向资管规模下降 3.9%；专项计划规模下降 7.5%。

在“去通道”、“去资金池”和“净值化转型”的监管框架下，以通道和融资类为主的存量业务没有消化前，券商资管规模负增长的趋势仍可能延续。与此同时，在经济转型、防范金融风险的背景下，存量业务的风险开始逐步暴

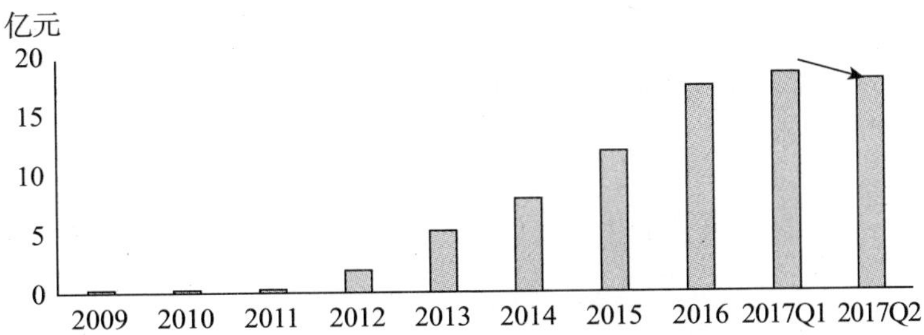

图 9-12　券商集合资管历年规模

资料来源：Wind 数据库、课题组整理。

露。一方面资产端在经济增长率放缓的大环境下，实体企业因流动性短缺引发信用危机的事件开始频频出现；另一方面资金端报价式集合产品具有刚性兑付的特征，需要依靠资管产品进行展期。在严监管的背景下，资管机构对于该类业务的退出会加剧风险的暴露。如何安全地化解掉存量业务转型过程中的潜在风险成为市场的关注点。

展望：回归主动管理本源

本轮券商资管规模迅速扩张是在监管机构放松管制的大背景下，由银行表外投融资业务扩张驱动的。该阶段的典型模式，一是通道业务，二是报价式的固定收益产品（类资金池产品），盈利是由资产负债驱动的，体现的是流动性管理能力，投资管理能力贡献有限。在目前金融去杠杆，加强同业监管的背景下，传统的业务模式将无法也无力维持，券商资管需要回归资产配置和风险管理的主动管理本源。

券商资管回归主动管理本源要结合券商的禀赋优势。在资金端，证券公司已通过财富管理和经纪业务积累了大量风险偏好相对较高的理财客户，加之近年来，我国居民家庭可支配收入大幅增长，保险、银行等资管机构管理规模逐年攀升，数万亿资金急需对接优质金融产品。在资产端，证券公司投资范围纵向覆盖一、二级市场，横向覆盖股票、债券、商品等大类资产，兼具一级市场产品提供商和二级市场交易经纪商的角色，具有丰富的资产资源。资产管理业务向主动管理转型，**该发挥产品提供商和资源整合者的角色**：一是为零售经纪业务向财富管理转型提供产品；二是整合证券公司的经纪业务、资管业务、投行业务、研究业务等资源，将客户需求与产品设计进行对接，打通投融资市场。

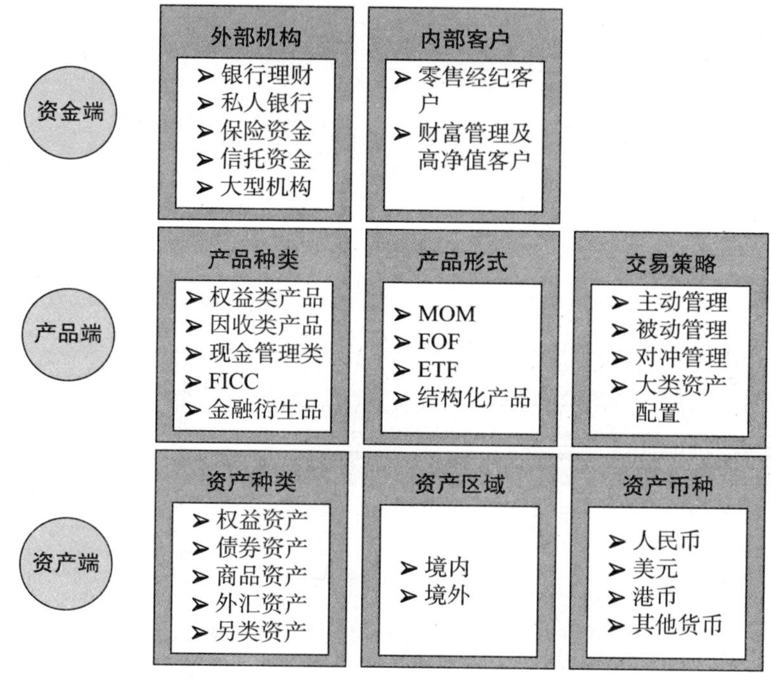

图 9-13　券商资管业务链

资料来源：课题组整理。

1. 产品端：布局全产品体系、打造拳头产品

全能产品线是目前阶段券商资管的发展方向：一是从证券公司转型角度来看，在互联网金融及一人一户政策放开的不断冲击下，行业佣金率不断下降，券商经纪业务向财富管理转型是大势所趋。而零售财富管理核心是客户资金资源的竞争力和产品转化率，以转型推动零售收入结构优化，资产管理业务是推动转型的重要力量。二是各类资产快速轮动决定证券公司资产管理业务必须布局全产品体系，以免错过风口。

以广发证券资产管理为例，其产品线布局全面，基本覆盖所有的产品谱系。

与此同时，顺应资金宽松，银行等机构资金配置需求旺盛的趋势，广发证券资产管理重点发展固收类产品，打造“多添富、多添利”短期理财型系列拳头产品，其规模占比达 90% 以上。

表 9-11　广发证券资产管理产品特点

产品类型	主要产品名称	特点
短期理财型	多添富系列、多添利	报价制偏债混合型产品，可投资集合信托等非标资产
货币型	广发现金增利	抓取经纪业务客户的保证金理财产品
债券型	睿利债券分级 1 号 私募债 1 号	纯债投资产品
量化	量化避险、玺智量化期权系列、ALPHA1 号	多策略的量化对冲产品
混合型	定增宝系列、恒定系列、新三板全面成长系列、员工持股系列	包含定增、股票二级市场、新三板、员工持股等多个策略的系列产品
FOF	广发理财 4 号	投资于公募基金份额的大集合产品
QDII	全球稳定收益债券 陆港通智选系列	投资于中国公司发行的海外债券、港股

资料来源：根据广发证券官网、Wind 资讯等整理。

2. 资金端：整合内外部的资源，打造多元化的资金优势

机构客户增长迅速，配置需求旺盛：截至 2016 年年末，银行理财实际存量规模 29.1 万亿，同比增速 24%；保险总资产规模达到 15.12 万亿元，逐步成为资产管理资金端最重要的来源之一。与此同期，企业理财潜在市场需求巨大，根据 Wind 资讯的数据，2016 年有 767 家上市公司购买了包括银行理财、结构性存款等各类存款、证券公司理财产品、私募、信托、基金专户以及逆回购等理财产品，总金额达 7 268.76 亿元，两项数据分别较上年增长 23% 和 39%。

在银行机构客户拓展上，证券公司一是通过战略合作的方式绑定客户，从销售流程、效率、创新产品销售能力等几个维度，筛选银行渠道，与银行签订战略性合作伙伴关系；二是提高客户类型的丰富度，避免存在因政策影响带来的一致预期影响。在企业客户的拓展上，证券公司可以通过协同投行业务，为投行企业客提供资产配置方案及定制化产品。

抓住零售财富管理转型的机遇：零售财富管理核心是客户资金资源的竞争力和产品转化率，以转型推动零售收入结构优化，资管是推动转型重要力量。以华泰证券资产管理为例，已经搭建风险由低到高的六大产品体系。其中，现金管理产品作为基座，投资银行以承销、并购为入口，通过创设投资基金，补足财富管理的非标产品。最终将用户资金与公司资产打通，形成闭环。

3. 资产端：资管投行化，大力发展资产证券化业务

资管投行化，即加强投行与资管的协同效应。“资管投行化”模式下，券商通过资管的买方视角掌握资金端的需求，主动挖掘优质资产，主动创设金融产品，对接实体企业的融资需求。这样既解决了资产荒下券商被动接受市场无高收益产品可投的窘境，又通过创设金融产品，开辟业务空间，支持了实体经济的发展。对于证券公司来说，投行与资管业务的协同联动发展，即结合了其在产品端和资产端的双重优势，强强联合夯实券商的核心竞争力。

资产证券化是券商资管投行化的一个重要产品，既体现证券公司投行业务端资产发掘能力，又体现资管业务端产品设计管理能力。证券公司可以利用投行在资产端的优势，发掘自身已有的优质资产，将其打包为ABS产品，再通过专项资管计划对接资金端。而且，在当前的政策背景下，非标资产通过券商资管进行转移受到限制，但在实体经济下行的背景下，非标转标和不良资产出表需求旺盛。资产证券化是政策鼓励的非标转标的重要手段，2014年，《证券公司及基金管理公司子公司资产证券化业务管理规定（修订稿）》颁布，规定证券公司（以专项资管计划作为载体）及基金子公司开展企业资产证券化业务，并将原有审批制改为有负面清单的备案制，大大扩宽基础资产的选择范围并缩短发行时间。

4. 外延发展：布局公募牌照，实现业务拓展和模式转变

随着资管新规的推出，刚性兑付将会被逐步打破，银行理财和其他资产管理类型产品的风险收益特性并不会存在明显区别，旧的游戏规则面临重构，投资管理能力将成为资金方真正关注的重点。在这个过程中，不同类型资产管理机构之间的业务模式和关系版图都会发生比较大的调整，投研能力强的资产管理机构会脱颖而出。根据市场流传的一份非正式发布的、还在讨论中的未定稿文件《关于规范金融机构资产管理业务的指导意见》以及近期证监会的会议纪要可以看出，通道业务和非标业务将会被限制，监管套利空间逐渐消失；资产端"由非标转标"将成为一个趋势，主要以标准化资产为主，如股票、债券等，基础资产。与此同时，将拟比照公募基金杠杆率、久期管理券商集合资管产品。而与公募产品相比，券商资管在客户门槛、公开宣传、避税等方面，一直以来都存在明显的劣势。布局公募牌照一是有利于券商资管做大偏股型产品。由于投资者门槛以及投资者偏好等原因，私募偏股型资管产品规模一般很难做大；二是便于发行净值型产品。证券公司开展公募优势有其独特优势：一是公募基金高度依赖于渠道，证券公司有布局全国各地的营业部为其提供销售渠道；二是公募基金业务又可以为券商零售客户提供产品促进券商经纪向财富管理转型。截至 2017 年 6 月 30 日，共有 12 家券商持有公募基金牌照，9 家券商发行了公募基金产品，总规模为 1 282 亿元，其中，中银国际证券和东证资管分别位居第一、第二名，规模分别为 526 亿元、484 亿元。

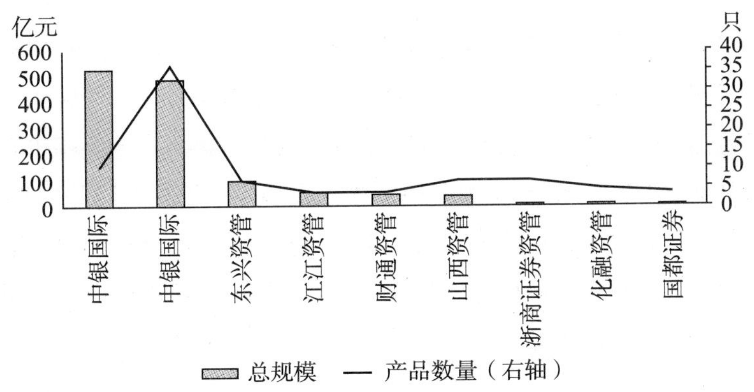

图 9-14　券商资管公募基金业务发展情况

资料来源：Wind 资讯、课题组整理，截至 2017 年 6 月底。

专题——FOF 基金:“去通道”监管背景下的发展新阶段

2016 年 7 月 9 日，中国证券投资基金业协会表态要大力推动理财资金转化为公募 FOF 产品，同时化解非标业务、通道业务潜在风险。伴随着 9 月 23 日证监会发布《公开募集证券投资基金运作指引第 2 号——基金中基金指引》，FOF 基金将有望取代非标与通道业务，在监管规范下大力发展的资产管理行业热点。下面我们对 FOF 基金的发展机遇与政策演变做一番梳理。

发展 FOF 基金业务的国际经验与国内现状

近十年来，国际金融市场上经历了 FOF 基金的蓬勃发展期。尤其是全球金融危机影响下，国际 FOF 基金的快速恢复与良好表现，预示着国内市场的巨大发展潜力。2002 年起，受益于美国保险业与养老金制度的快速发展与完善，美国的 FOF 进入十年爆发式增长期。国际投资基金协会（IIFA）发布的统计数据显示，截至 2016 年三季度，全球开放式基金净资产超过 43.9 万亿美元，其中 FOF 净资产超过 3.1 万亿美元。美国 FOF 基金占共同基金的比重更是高达 10%。美国市场上的 FOF 基金主要以混合债券型和退休基金型为主，体现了充分长期与分散化投资的需求。需要重点指出的是，美国 FOF 基金的快速发展与美国养老金制度的日益完善、尤其是 401（K）计划[①]的普及密不可分。

中国 FOF 型产品慢慢崭露头角，但与发达国家相比，还存在较大差距。目前，国内 FOF 基金占公募基金市场份额仍不到 0.9%，且 FOF 基金这类产品形式多为国内券商资管、私募信托与第三方机构采用。券商的 FOF 型集合理财起步于 2005 年，招商证券近 13 亿规模的“基金宝”产品推出，标志着券商系 FOF 产品的诞生。从证券公司资管部或者资管子公司的产品线布局来看，共 43 家证券公司曾发行过 FOF 集合理财产品，约占国内发行资管产品的券商数量的 41.2%。根据证券业协会的数据，截至 2016 年，总资产排名在前 20 的

① 401(K) 计划的名称取自美国 1978 年《国内收入法》中的（section401K）条款。它是美国一种特殊的退休储蓄计划，深受欢迎的原因是可以享受税收优惠。

证券公司除中信建投、方正证券和平安证券外均布局过 FOF 型产品。

我国券商 FOF 的总规模还非常低，根据 Wind 数据统计，到 2017 年 4 月 14 日，券商集合理财的 FOF 概念基金共有 578 只，份额合计 575 亿元，占券商资管总规模的 3.49%。券商 FOF 集合理财发行量在 2010 年曾经阶段性到达极值，然后一路下滑。在 2015 年股市大幅波动后，2016 年 FOF 基金发行市场也同样火爆，券商资管市场对于 FOF 产品的需求反而大幅增强，侧面反映出股市波动后的“资产荒”状况。根据 Choice 数据统计，2016 年 FOF 发行实际募集资金额达 20 亿，同比 15 年增长 58.7%。如图 9-15 所示，当证券市场趋稳后，预计我国 FOF 基金市场份额将稳步扩张至公募基金规模的 10%，可达 8 000 亿规模的水平。

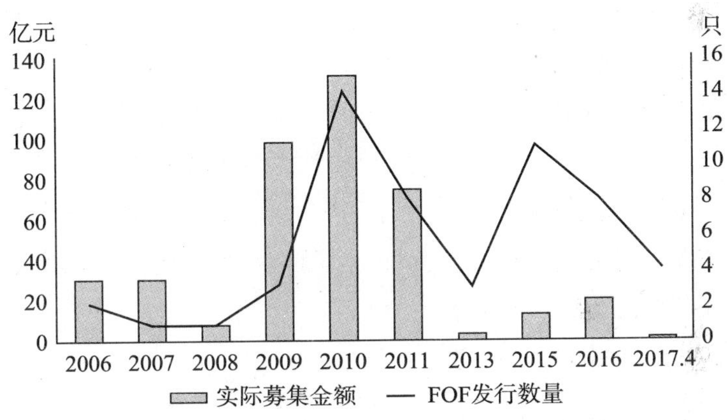

图 9-15　我国券商 FOF 基金的发行数量与实际募集资金额

资料来源：Choice。

截至 2016 年底，集合产品市场以公募基金作为主要配置标的的 FOF 基金共有 43 只，其中在 2016 年间成立的共 6 只，新发产品数量较 2015 年有所收窄。但考虑到 2011 年以后 FOF 集合产品处于几乎发行停滞的状态下，2016 年券商资管对于发行 FOF 类的热情仍然高涨。同时，新发行产品的特色也从传统广义的基金组合朝着更加特色化、精细化方向的发展。如运作模式、投资偏好、目标风险均是 FOF 基金发行的突破口，如量化 FOF、股基 FOF 以及低目标风险的 FOF 相继破壳而出。

FOF 这类产品在海外早已发展成熟，而国内市场还处于萌芽后的成长期，大型券商或早或晚都将尝试布局。从券商资管角度来看，未来把握好 FOF 基金的策略定位与产品模式，完全有可能将其打造成取代通道与非标业务、有别于传统权益、固收、货币、量化部门的准一级产品利润中心。

国际主流 FOF 基金的主流策略类型与产品模式

从国际经验看，FOF 基金目前常见的投资策略主要分为主动型与被动型两类，每类策略各有细分的三种产品模式：

主动投资型 FOF 基金主要依赖基金优选、宏观配置与量化套利等三种方法实现。

- 采用基金优选策略的 FOF 基金，主要依赖完备的基金评价体系，投资经理评价体系，评优选择基金，进行主动投资。常用的基金评价指数有收益率、波动率、夏普比率、最大回撤、VaR、下行方差、持仓集中度等。
- 采用宏观配置策略的 FOF 基金，主要依赖管理人具有宏观上预判能力与对风格轮动的把握能力，投资工具上会倾向于直接配置指数基金、ETF（LOF）基金、专注于某类资产与行业主题的基金等。
- 采用量化套利策略的 FOF 基金，主要依赖于金融工具间低风险套利交易的获利能力，常见的做法有 ETF（LOF）基金套利、分级基金套利、期现货套利、期权平价套利等。

而倡导被动投资理念的 FOF 基金主要依赖指数投资理论、多重资产配置策略、CPPI 交易策略等实现长期均衡收益，降低风险与管理成本。这一策略模式较为适合养老金、捐赠基金等长期投资者。2014 年以来，各类 FOF 基金策略运行的情况有两个比较主要的特点，第一个特点是在股指期货受限之后，各大类策略的表现均受到了负面影响，第二个特点是 2016 年之后，股票多空和宏观对冲与其他策略产生了分化，股票多空和宏观对冲策略维持了稳定趋势，但 Alpha、CTA、套利策略的波动率加大，夏普比率也明显降低。

券商发展 FOF 基金业务的差异化定位

伴随着宏观经济形势的复杂与波动性特点，以及中央金融工作会议确定的“脱虚入实”和“监管从严”的主基调，2017 年或将是 FOF 概念在资管市场快速推进的一年。由于 FOF 基金产品在资管行业中独特优势与广阔前景，目前包括券商、公募、第三方机构、信托、期货等机构均有涉足，形成全方位、多层次的竞争格局。市场竞争的白热化使得市场对 FOF 的理念的理解更加深入，同时也对券商开展 FOF 基金业务提出了更高的要求。

从管理人角度看，券商系 FOF 基金一直是以集合资管的业务形式存在。相对于其他机构，券商资管在人员构成、业务协同上具备比较优势。券商内部具备强大的投研服务团队支撑，同时销售端对于客户风险收益需求能有清晰的识别，这些优势有助于发展创新型与定制化的 FOF 资管产品。伴随着具备公募基金管理资格的证券公司资管子公司逐步增加，券商资管开展 FOF 业务的投研实力也将显著提升。

从托管人的角度看，基金的托管人通常由大型商业银行承担，目前取得托管人资格的券商就有 13 家。未来 FOF 基金行业的激烈竞争必将带来更低的托管费用，券商托管业务内部化优势将有助于券商降低 FOF 基金运营成本。同时，同时基金公司同券商在投研上的紧密合作有望带入到托管人领域，托管基金数据平台的优势将促进券商充分了解与发现优秀策略与基金管理人，从而使得券商 FOF 业务占有更多市场份额。

从业务差异化发展角度看，此外，公募基金不能做 FOHF（对冲基金中的基金），而券商资管在业务模式上显得更为灵活，因此有利于进一步抢占份额。在目前严监管与资产荒的宏观背景下，很多银行理财产品到期，银行有大量的委外资金需要对接优质的产品，需要在维系低风险属性的同时保持稳定收益。但是信托、债券等传统低风险产品的收益率持续往下走。在这样的背景下，把握住 FOF 基金（以及 MOM、FOHF）的产品特性与客户需求，或将是下一轮“资产荒”风口上券商资管的着力点。

发展 FOF 基金业务的监管政策动向

2016 年，证监会公布《公开募集证券投资基金运作指引第 2 号——基金中基金指引》（以下简称《指引》），为规范市场发展，拓展长期、稳定资金来源，保护投资者合法权益提供了行业监管依据。该《指引》主要从 FOF 基金的明确定义、投资范围、费率规范、估值方法、风险防控等五方面做出要求与规定，树立监管规范，从而推动 FOF 基金的长期、健康发展。

此次《指引》的出台适逢国内 FOF 基金高速发展时间，时间上非常及时。即使对于券商开展 FOF 基金业务，也在严控投资范围、完善风险管理制度等方面具备监管意义。一方面，券商 FOF 基金参照私募资管产品，相对于公募 FOF 基金，费率结构更为灵活；同时，券商资管所受监管约束相对较小，方便以私募产品形式开展 MOM 以及 FOHF（投向对冲基金的基金）业务；第三，券商资管（及托管）具备私募与经纪业务的大数据平台的优势，还能发挥与丰富资源的母公司的产品协同效应，使 FOF 业务与券商资管业务实现同步协调发展；但不利因素在于，对于以公募基金为投资标的券商集合理财产品也将面临的投资者入场门槛更高、双重收费、不计提业绩报酬以及投资策略拥挤、趋同等多重不利因素的影响。

券商发展 FOF 基金业务的趋势与前景

从国际经验与国内近况看，FOF 基金是一个优秀的长期投资工具，有望解决客户的长期与分散化的投资需求，并能潜在地对接老龄化社会的资产管理大趋势。正如基金业协会的表述，FOF 基金作为资产分散化配置型产品，或将迎来政策规范发展的机遇期，也将有望取代非标与通道业务，成为快速发展的泛资产管理行业热点。

尽管 FOF 基金一直存在双重收费问题，并且长期来看管理费降低的压力持续存在，但对于券商或基金等资管机构而言，未来的FOF基金将更多地通过配置内部基金来降低费用，并导入客户量与基金管理规模，最终对投资者提供“一站式”大类资产管理的投资解决方案，实现资产管理公司与客户的共赢局面。

信托行业：稳中有升与创新转型

行业：稳中有升与回归本源

规模占比：资管行业重要一员

截至2016年年底，信托行业资产规模为20.29万亿元。其中，集合资金信托规模7.34万亿元，占比36%；单一资金信托规模10.13万亿元，占比50%；管理财产信托规模2.77万亿元，占比14%。从规模角度看，信托业始终是资产管理行业的重要一员。

对比历史数据，2012年资管行业规模为27万亿元，其中信托规模7.47万亿元，占比28%；2013年资管行业规模为40万亿元，其中信托规模10.91万亿元，占比27%；2014年资管行业规模为60万亿元，其中信托规模13.98万亿元，占比23%；2015年资管行业规模为93万亿元，其中信托规模16.3万亿元，占比为18%；2016年资管行业规模为102万亿元，其中信托规模20.29万亿元，占比为20%。

根据规模发展趋势数据来看：第一，整个资管行业快速发展情形下，信托行业五年来也保持快速增长的态势；第二，信托业在整个资管行业的占比从2012年至2015年呈现逐年下降趋势，但在2016年有所回升；第三，信托行业的年复合增长率低于资管行业的整体增长率。

行业概况：资产、收入、利润保持稳定

截至2016年12月31日，行业展业公司数量依然为68家，从业人数达到24 417人，信托行业固有资产规模为5 570亿元，净资产为4 502亿元。2016年经营收入1 116亿元，其中信托业务收入为749亿元，占比67%，投资收益为270亿元，占比24%，利息收入为62亿元，占比6%。2016年行业利润总额为771亿元，人均利润为316万元，如表10-1所示。

表10-1　信托资产规模、净资产、收入、利润表

	固有资产规模（亿元）	净资产（亿元）	营业收入（亿元）	信托收入（亿元）	信托收入占比	利润（亿元）	人均利润（万元）
2012年	2 282	2 032	638	472	74%	441	291
2013年	2 871	2 555	832	611	73%	568	305
2014年	3 586	3 196	955	647	67%	642	301
2015年	4 623	3 818	1 176	750	59%	750	319
2016年	5 570	4 502	1 116	749	67%	771	316

资料来源：中国信托业协会。

综合发现：第一，信托资产及净资产均保持快速发展，一方面是68家信托公司的股东逐步加大投入，另一方面是各家公司自身发展积累的速度也很快；第二，信托行业营业收入及信托业务收入在2012年至2015年快速增长，但2016年数据与2015年持平，说明行业已经进入调整时期；第三，信托主业收入占比呈现先降后升的趋势，总体保持在70%左右，占比合理，突出了信托主业地位；第四，信托行业利润持续增长，但是增长速度有所放缓，这与宏观经济下行及行业竞争态势加剧紧密相关；第五，信托行业人均利润一直保持在300万左右，这一数据在各金融子行业仍处于靠前的位置。

信托功能：日渐回归本源

信托，从制度层面看，是一种财产转移和管理的法律制度；从业务层面看，是一种财产管理的金融机构。因此，信托业的功能定位至少应该包括以下六个方面：财富管理、资产管理、融通资金、协调经济关系、社会投资及服务社会公益事业。而中国信托业协会的信托功能分类,则主要分为上述的融资类、投资类和事务管理类三大类别。2016 年，融资类信托规模余额为 4.16 万亿元，占总规模的 20%，投资类信托规模为 5.99 万亿元，占比 30%，事务管理类信托规模余额 10.06 万亿元，占比 50%。如表 10-2 所示。

表 10-2　　2012—2016 年信托功能划分规模占比表

	融资类规模（亿万元）	融资占比	投资类规模（亿万元）	投资占比	事务管理类规模（亿万元）	事务管理占比
2012 年	3.65	49%	2.68	36%	1.14	15%
2013 年	5.21	48%	3.55	32%	2.15	20%
2014 年	4.7	33%	4.71	34%	4.56	33%
2015 年	3.96	24%	6.03	37%	6.3	39%
2016 年	4.16	20%	5.99	30%	10.06	50%

资料来源：中国信托业协会。

在 2014 年，融资类、投资类和事务管理类信托恰好“三分天下”，但格局一直在发生变化：第一，2012 年与 2013 年融资类信托占到一半，说明信托在社会生活中主要发挥的是融通资金的功能；第二，从 2014 年开始，事务管理类信托的占比逐年提升，2016 年达到 50%，这说明信托在协调经济关系等方面的功能日益增强；第三，投资类信托规模在过去五年里稳步增长，占比也一直稳定在 30% 左右，说明信托的资产管理职能一直是其重要的核心功能；第四，从未来趋势看，随着信托回归本源以及投资属性的日益增强，事务管理类信托与投资类信托的占比可能会呈现继续上升趋势。

信托风险：得到有效疏解

2016 年全球经济增长不及预期，英国脱欧、特朗普当选、意大利修宪公投被否等事件冲击全球经济和金融市场。在全球经济周期、国内债务周期和新兴产业周期“三期叠加”背景下，国内经济同样呈现增长乏力态势，GDP 仅比上年增长 6.7%。2016 年，信托业在经济“新常态”背景下，同样面临一系列调整，包括传统业务萎缩，资管竞争加剧，积累风险逐渐释放，互联网金融冲击等。而行业发展放缓、风险逐步爆发、“刚性兑付”隐形机制等无一不与行业风险拨备息息相关。

风险拨备主要用于防范预期损失，是金融机构为抵御风险而提取的用于补偿资产未来可能发生的资产损失的准备金。信托风险拨备包括资产减值准备（固有和信托）、信托赔偿准备金及信托业保障基金三层次。整体看，信托业自有资本充足、资产减值准备计提逐步增加、信托赔偿准备金持续累计、信托业保障基金提供了缓释风险的行业风险管控机制，均可显著增强行业抗击风险的能力。但是，信托风险拨备增强信托公司经营风险能力的同时，也可能成为兜底和化解风险的不得已手段。随着信托制度红利日益削弱与市场竞争环境日趋激烈，信托公司大都面临急速扩张后遗留的兑付压力。“刚性兑付”仍是行业隐性规则，信托公司为避免声誉风险，常选择兜底处理。兜底处理风险在年报财务报表中会留下些许痕迹：公司涉及诉讼；信托资产减值准备；固有资产减值准备；信托与固有交易；信托赔偿准备金等。

信托投向：投向与特色业务日益广泛

信托资金投向广泛，包括工商企业、金融机构、证券市场、基础产业、房地产业等各个领域。2016 年，信托各项投向的规模和占比如下：基础产业余额为 2.73 万亿，占比 15.6%；房地产余额为 1.43 万亿元，占比为 8.2%；证券市场（股票）余额为 6 257 亿元，占比 3.6%；证券市场（基金）规模为 2 801 亿元，占比为 1.6%；证券市场（债券）规模为 1.92 万亿元，占比为 11%；金融机构为 3.61 万亿元，占比为 20.7%；工商企业为 4.33 万亿元，占比 24.8%；其余投向规模为 2.52 万亿元，占比为 14.4%。具体如图 10-1 所示：

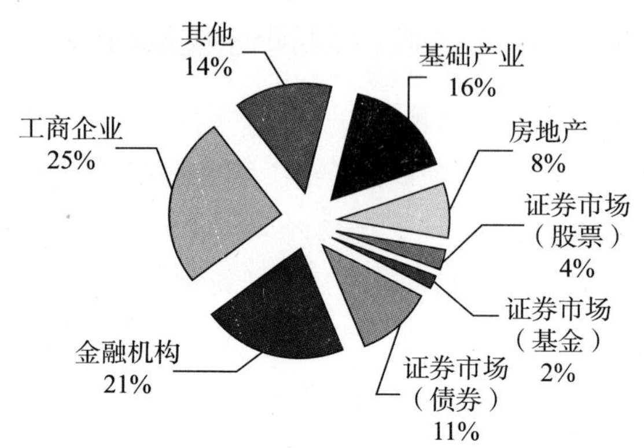

图 10-1　信托投向分布图

资料来源：根据中国信托业协会数据整理。

根据 2016 年的信托投向可知：第一，工商企业及基础产业仍然是比重较大的领域，说明信托在支持实体经济方面依然发挥着重要作用；第二，信托投向金融机构、证券市场的份额也较多，原因在于信托作为投资模式最灵活的金融机构，在同业协同方面发挥重要作用；第三，信托直接投向房地产的比例仅在 8%，横向看处于较低位置；第四，信托资金投向与国民经济结构调整的阶段性特点具有一定的相关性。

2016 年，信托行业还有一些特色业务：银信合作业务余额为 4.75 万亿元，占比 23.51%；信政合作规模 1.24 万亿元，占比 6.6%；私募基金合作规模 5 309 亿元，占比 2.6%；PE 规模为 591 亿元，占比为 0.3%；基金化房地产信托规模为 63 亿元，占比 0.03%；QDII 业务规模余额为 493 亿元，占比 0.24%。如前所述，大资管行业包括了银行理财、证券资管、基金资管等各个方面，百万亿元资管规模中预计有一半是相互嵌套的。根据目前的分类监管，不同金融机构分别受银监会、证监会、保监会监管，监管协同性也不强，因此各家机构可能通过嵌套实现一些通道功能。信托作为传统资管机构，与同受银监会监管的银行长期进行投资合作，因此银信规模和占比都较高。信政合作、私募基金、PE 投资、QDII 等特色业务是信托转型发展的方向，未来在规模占比方面可能会继续提升。

信托收益：信托年化收益率逐步走低

2016 年众多信托产品平均预期收益率降到 7% 以下，标志着信托产品收益率进入“6 时代”。而在 2016 年 1 月份，收益率平均还在 8.2% 左右。2016 年 12 月一个月，行业清算信托项目为 1 882 个，涉及金额为 7 278 亿元，向投资者支付收益为 942 亿元，平均年化综合收益率为 7.6%，平均年化综合信托报酬率为 0.73%。

信托收益逐步走低的原因主要在于：第一，市场资金较为充沛，流动性强，资金成本走低；第二，经济下行，房地产市场表现一般，信托可投的资产相对减少；第三，大资管的发展使得企业和政府平台等资金需求方的融资渠道增多；第五，随着风控的日益严格，未来信托的收益率可能会继续下滑；第六，产品收益下降迫使信托公司调整业务模式，更多向投资型、事务型的方向转型。

监管：“一体两翼”与严控风险

中信登成立：向“标准化”迈进

我国信托业一直有着“一体两翼”的战略构想。“一体”是以信托公司为主体；而“两翼”，第一是信托保障基金，第二正是中信登。2016 年 12 月 26 日，中国信托登记有限责任公司（以下称“中信登”）在酝酿多年之后正式成立。中信登是经国务院同意，由银监会批准设立并直接监管的，提供信托业基础服务的信托行业基础设施平台，旨在为信托业提供信托登记、发行交易等基础服务，从而助推行业创新发展、转型升级。信托业管理资产余额突破 20 万亿元，中信登作为行业最重要的顶层设计，对信托未来的发展尤为关键。中信登的成立至少意味着：第一，信托行业终于迎来统一登记，向“标准化”迈出重要一步；第二，中信登能够显著增强信托产品的流动性；第三，中信登可以推动信托实现资产隔离。

根据《中国银监会关于中国信托登记有限责任公司开业的批复》（银监复 [2016]410 号），中信登可经营以下业务：（一）集合信托计划发行公示；

（二）信托产品信息及其信托受益权登记，包括：预登记、初始登记、变更登记、终止登记、更正登记等；（三）信托产品发行、交易、转让、结算等服务；（四）信托受益权账户的设立和管理；（五）信托产品及其权益的估值、评价、查询、咨询等相关服务；（六）信托产品权属纠纷的查询和举证；（七）提供其他不需要办理法定权属登记的信托财产的登记服务。

时任中国银监会主席的尚福林表示，中信登正式揭牌，将推动统一有效的信托市场逐步形成，市场纪律和约束将进一步强化。加上之前已经成立的履行行业自律职能的中国信托业协会，在信托公司自身不断加强风控能力的同时，支持信托业发展的“一体三翼”架构全面建成，形成了监管部门为监管主体，行业自律、市场约束、安全保障为补充的多层次、多维度的信托业风险防控体系，支持信托业的转型发展。中信登首任董事长文海兴表示，信托登记实践与制度环境相依赖，相促进。信托财产登记等还需要相关司法、物权登记的支持。中信登通过提供登记、发行、交易、转让、结算、估值、评价、查询、咨询等各项服务，也能为规制建设和完善提供更多鲜活的素材和案例，有助推动司法、监管等制度环境建设。

行业评级：激励创新转型

为加强信托行业自律管理，全面评价信托公司经营管理情况，引领行业规范健康发展，提升信托业整体实力，中国信托业协会秘书处在监管部门指导和各信托公司的支持和配合下，组织制定了《信托公司行业评级指引（试行）》及配套文件已表决通过。这是协会首次推出对信托公司经营管理情况进行全面综合评价的具体办法，也是协会进一步加强行业自律管理的重大举措。行业评级以坚持定量、客观、公正、透明为原则。与监管评级相比，行业评级更侧重于评价信托公司为投资人和社会提供的服务，目的是增强信托公司社会公信力。

2016年3月1日，信托业协会向信托公司下发《关于开展信托公司行业评级的通知》，正式启动行业评级工作。信托公司行业评级虽然属于信托业协会组织的行业自律性质的评级，对于信托公司的业务资格准入和监管措施不产生直接的影响。但是行业评级属于可以对社会公开的评级，行业评级采用定量计算的客观标准，综合划分为 A（85 分以上）、B（70—85 分）、C（70 分以下）三级，评级结果的公布会对信托公司的声誉和品牌影响力产生影响。然而，2016 年，信托业协会并未正式公布初次行业评级结果，只是向每家信托公司通报了各自的评级。不过媒体上还是有关于信托公司具体行业评级结果的报道，并且被评为 A 类的信托公司也通过不同的方式对自己的评级进行披露。因此，行业评级作为信托行业的一种自律行为，受到信托公司的特别重视。

由于行业评级每年进行一次，属于动态的评级，需要根据公司的资本及运营情况实时调整，因此，未来信托公司会通过增加注册资本、强化风险管理等方式，争取在行业评级中获得高分。行业评级的第一个方面就是资本实力，总分 28 分。总体来看，以资本实力为基础，强调风险管理和增值能力的行业评级体系，与监管层风险管理与业务创新齐头发展的导向是一致的，行业评级的实施对于信托公司加快创新转型可以起到正向激励的作用。

信保基金：夯实行业抗风险基础

国家提出完善金融市场化退出机制，监管强调保障金融市场安全高效运行。在此导向下，信托业逐步建立起了市场化的风险处置机制，以充分保护信托当事人合法权益，有效防范信托业风险，促进信托业持续健康发展。2014 年，国务院批准同意建立中国信托业保障机制。①2014 年 12 月，银监会、财政部联合发布《信托业保障基金管理办法》，随后银监会颁布《中国信托业保障基金有限责任公司监督管理办法》并批复保障基金公司开业，同步组建保障基金理事会，信托业保障机制正式运行。

2015 年 2 月，银监会印发《关于做好信托业保障基金筹集和管理等有关具体事项的通知》，明确了保障基金筹集、收益分配和结算的具体标准与操作细则，2015 年 4 月，信托公司开始第一期保障基金认购工作，截至 2016 年末，全行业已累计完成八期认购工作，保障基金余额 808.47 亿元，其中：按新发行资金信托的 1% 认购 769.93 亿元，按净资产余额的 1% 认购 38.10 亿元，按

① 本部分相关数据及表述来自：《邓智毅：2016 年末信保基金超 800 亿实现收益 20.74 亿》，《21 世纪经济报道》，2017 年 3 月 13 日。

财产信托实收报酬的 5% 认购 0.44 亿元，行业维稳基金初具规模。为满足信托公司流动性管理的实际需要，保障基金公司探索开展流动性支持业务，截至 2016 年末，流动性支持业务存续规模 353 亿元，有效缓解了信托行业的流动性压力。

信托业保障机制总体运行顺利，发挥了行业“稳定器”作用，既为信托公司提供了流动性支持便利，又提供了高风险信托公司的市场化风险处置方法和手段，构建了信托公司有序处置与退出机制，提高了信托业风险处置效率，有利于增强市场信心，防控风险传染和外溢。

监管政策：呈现趋严与整合的趋势

2016 年 8 月，银行业信贷资产流转登记中心发布“银监会 82 号文信贷资产收益权转让业务细则”：转出方银行依然要对信贷资产全额计提资本，即会计出表，资本不出表，以防规避资本要求；不得通过收益权转让的形式藏匿不良资产；不得承担显性或隐性回购义务；不良资产的收益权不得转让给个人投资者，包括个人投资者购买的理财产品。银行业金融机构按照由信托公司设立信托计划，受让商业银行信贷资产收益权的模式进行信贷资产收益权转让，即明确信托公司为银行开展信贷资产收益权转让业务的唯一通道。转让细则同时表明，在银登中心完成转让和集中登记的，相关资产不计入非标准化债权资产统计，在全国银行业理财信息登记系统中单独列示。该规定为银行理财和信托提供非标转标路径。

2016 年 3 月，中国银监会下发《关于进一步加强信托公司风险监管工作的意见》(“58 号文”)，其中要求信托业务要重点关注融资类信托资产、风险责任划分不清的事务管理类融资性信托资产、投资类信托所涉非标债权资产、结构化信托产品优先级资产的风险分类情况。“58 号文”与 2016 年信托业监管会议高度契合。2016 年，信托业关于防范风险的主要监管工作包括：推进行业顶层制度建设；防范跨行业、跨市场的交叉产品风险等。“58 号文”延续了“99 号文”、“八项机制”、“八项责任”。“58 号文”等相关监管政策是对信托行业风险管理机制的全面提升，也带动了行业的纵深发展，促进信托公司的优胜劣汰。未来，具有更强风险承受与处置能力的、过去业务拓展中风险状况较好的那些信托公司将获得巨大的发展优势，从而在下一轮市场竞争中胜出。

根据上述监管政策可知：第一，“商业银行理财业务监管办法”限制下，信托可投非标资产，但在《关于规范金融机构资产管理业务的指导意见》中明确禁止投资“非标准化商业银行信贷资产及其收益权”（即非标资产），最终文件的确定将对信托未来业务有较大影响。第二，风险计提标准的提高可能减少信托公司的净利润。第三，对嵌套和通道业务的限制会降低行业单一资金信托规模，影响信托公司信托业务收入。第四，未来信托行业的政策红利将日益削弱，信托行业将更加强调回归本源与主动管理。

《慈善法》出台：利好慈善信托

2016 年 3 月 16 日，第十二届全国人大四次会议通过了《慈善法》（自 2016 年 9 月 1 日起实施），2016 年 8 月 27 日，民政部、银监会联合发布《关于做好慈善信托备案有关工作的通知》（以下简称《通知》），对于慈善信托备案的具体事项进行了明确，标志着我国慈善事业的发展从此迈入了依照法律进行的规范发展的新阶段，信托公司开展公益慈善信托的热情再次被激发。9 月 25 日北京市民政局发布了《北京市慈善信托管理办法》，是第一个关于慈善信托的地方性法规，对北京市民政局管辖范围内慈善信托的备案做了较为严格的规定。

目前，我国已开展的慈善信托主要有以下四种模式：一是慈善组织为委托人，信托公司为受托人；二是信托公司为受托人，慈善组织为项目执行人或公益顾问；三是慈善组织与信托公司共同担任双受托人；四是慈善组织担任受托人，独立开展慈善活动。相关报告指出，针对慈善信托制定具体的税收优惠政策目前迫在眉睫，并要着重解决慈善信托委托人的纳税抵扣问题，明确以股权或其他动产、不动产、无形资产、商品货物等财产设立的慈善信托的税收优惠政策。此外，建立非货币财产的信托登记制度、制定慈善信托受托人尽职标准，也是我国慈善信托在当前发展中急需解决的问题。

公司：上市突破与日益分化

信托上市：实现突破

国内上市金融企业类型和数量日益增加，信托作为非银行金融业重要组成，上市已成为监管层、公司、股东关注的重点。信托公司通过上市可增强资本实力，提升治理结构，促进业务转型。2016 年 12 月 1 日，江苏信托通过 * ST 舜船曲线上市，15 日昆仑信托通过 * ST 济柴曲线上市，16 日五矿信托通过 * ST 金瑞曲线上市。此外，湖南信托、浙金信托及山东信托（港交所）也都在积极争取之中。

长期以来，监管层对信托公司上市的态度并不明确，认为信托业存在信息披露不足、风控难度大、缺乏核心业务模式、盈利不可持续等特点，因此，对信托公司上市的审批一直慎之又慎。2015 年 4 月银监会的《信托公司行政许可事项实施办法（征求意见稿）》中也首次明确信托公司股权再融资的条件。拟申请首次公开募股（IPO）的信托公司，应具备的主要条件包括：公司最近 1 个会计期末净资产不低于 10 亿元；最近 3 个会计年度连续盈利，且 3 年累计净利润不低于 10 亿元；公司业务在行业内具有一定规模和竞争力等。上述条件并不苛刻。而对申请借壳上市或挂牌新三板的信托公司，要求则更为宽松。主要包括：公司最近 1 个会计期末净资产不低于 10 亿元，最近 3 个会计年度至少两年盈利，且 3 年累计净利润不低于 5 亿元；公司业务在行业内具有一定规模和竞争力等。但是，2015 年 6 月，正式出台的《信托公司行政许可事项实施办法》中，有关信托公司再融资的内容被全部删除。这也从侧面反映出监管层对信托公司上市的态度还是不明确。也就是说，目前信托公司 IPO、挂牌新三板及借壳上市依旧没有明确的条件。

从 1994 年安信信托与陕国投信托登陆 A 股以后，数家信托公司尝试通过 IPO、借壳等形式谋求上市。2016 年信托实现曲线上市：一方面说明信托公司上市的政策“阀门”有所松动；另一方面，仍没有信托公司独立上市成功，说明监管的意见仍未取得一致。总结来看，信托上市模式主要包括：通过国资金控借壳 ST 实现曲线上市；新三板 IPO；港股 IPO；信托公司借壳上市；主板

IPO。依据目前政策导向，上述五种模式的难度也依次递增。未来，随着资本市场发展以及信托公司壮大，上市信托公司将逐步增多。

资本实力：差距日益明显

信托公司资本实力差距日益明显。重庆信托注册资本金为128亿元，长城新盛信托注册资本金仅3亿元，首尾相差近43倍。2011年《信托公司净资本管理办法》规定信托公司风险资本的计算方式，将风险系数与公司评级挂钩，并要求净资本不得低于各项风险资本之和的100%、净资产的40%，拉开了信托公司增资的大幕。2011年至2015年间，超过50家（次）信托公司进行了增资。《信托公司行业评级指引（试行）》的监管评级体系再次将资本实力放在重要位置。2016年至2017年2月底，又有27家增加了注册资本，见表10-3。

表10-3　　2016年至2017年2月信托公司增资情况表

序号	信托公司	变更前注册资本（亿元）	变更后注册资本（亿元）	变更金额（亿元）	变更日期
1	长安国际信托股份有限公司	13.46	33.3	19.84	2016年2月5日
2	光大兴陇信托有限责任公司	10.18	34.18	24	216年2月26日
3	中国民生信托有限公司	30	70	40	2016年4月28日
4	华信信托股份有限公司	33	66	33	2016年5月30日
5	中江国际信托股份有限公司	11.56	30.05	18.49	2016年6月14日
6	西藏信托有限公司	5	10	5	2016年6月14日
7	广东粤财信托有限公司	15	28	13	2016年6月30日
8	陕西省国际信托股份有限公司	15.45	30.9	15.245	2016年7月20日

续前表

序号	信托公司	变更前注册资本（亿元）	变更后注册资本（亿元）	变更金额（亿元）	变更日期
9	华润深国投信托有限公司	26.3	60	33.7	2016年7月21日
10	紫金信托有限责任公司	12	24.53	12.53	2016年8月18日
11	新时代信托股份有限公司	12	60	48	2016年8月30日
12	四川信托有限公司	25	35	10	2016年9月9日
13	中航信托股份有限公司	16.86	40.22	23.36	2016年10月14日
14	安徽国元信托有限责任公司	20	30	10	2016年10月19日
15	华融国际信托有限责任公司	19.8	23.7	3.9	2016年11月11日
16	上海国际信托有限公司	24.5	50	25.5	2016年11月14日
17	百瑞信托有限责任公司	30	40	10	2016年12月19日
18	华能贵诚信托有限公司	30	42	12	2016年12月21日
19	中原信托有限公司	25	36.5	11.5	2016年12月22日
20	安信信托股份有限公司	17.7	20.72	3.02	2017年1月5日
21	中融国际信托有限公司	60	80	20	2017年1月19日
22	渤海国际信托股份有限公司	20	36	16	2017年2月24日
23	上海爱建信托有限责任公司	30	42	12	暂未完成工商登记

续前表

序号	信托公司	变更前注册资本（亿元）	变更后注册资本（亿元）	变更金额（亿元）	变更日期
24	昆仑信托有限责任公司	30	102.27	72.27	暂未完成工商登记
25	大业信托有限责任公司	3	10	7	暂未完成工商登记
26	交银国际信托有限公司	37.65	57.65	20	暂未完成工商登记
27	华澳国际信托有限公司	6	25	19	暂未完成工商登记

资料来源：根据各公司年报及官网整理。

信托公司大举增资进一步加大了行业资本实力的差距。增资原因主要在于：第一，信托股东对信托行业未来发展及业务具有较强信心；第二，净资本约束下，扩大资本实力有利于信托业务创新转型、扩大固有业务规模、提高抵御风险的实力。但也要看到，信托行业大范围、大规模的增资可能也有一定的“负面”效应：第一，有可能会进一步降低信托业的资本收益率；第二，信托固有投资规模的日益扩充有可能影响信托主业的发展；第三，行业公司间可能在资本提升方面形成“不当竞争”，且易形成寡头垄断的局面。

股权转让：多起股权转让及未定事宜发生

2016年，有7起信托股权转让以及未定事宜发生，同时2016年也是信托股东排位调整最集中的一年。涉及股权转让的七家公司为：中诚信托、四川信托、华澳信托、杭州工商信托、上海信托、华信信托和国民信托。目前，信托转让大多数不涉及控股权的更换，但2016年有两家更换了大股东，一家是上海信托，一家是国民信托。金融市场的准入制度是金融监管事前监管的核心，金融许可证则是市场准入制度的常态表现。[①]目前，我国需要审批的金融牌照主要包括商业银行、保险、信托、券商、金融租赁、期货、公募基金、基金子公司、基

① 金融监管根据时段划分为事前监管、事中监管、事后监管。

金销售、第三方支付、融资租赁等 12 种。信托公司作为价值较高的金融牌照之一，其股权被转让，主要原因在于：原股东方的整体战略布局的安排；对信托行业及被转让信托公司经营情况的综合考虑。

在上海市政府支持下，浦发银行于 2014 年启动了收购上海信托控股权的计划。截至 2016 年 3 月，浦发银行完成上海信托 97.33% 的股份收购。尽管浦发银行在这项收购中整合了分散的 11 家股东，但由于收购是基于上海本土的国资国企改革和金融资源整合，该收购过程较为顺遂。2014 年，上市房企佳兆业的实际控制人郭英成从香港富商郑建源家族手中接过国民信托控制权，交易对价近 30 亿元。随后，佳兆业将股权转让给富德生命人寿及其母公司富德金控。但是，信托公司股权半年之内两次转让违反了银监会关于信托公司出资人三年内不得转让所持股份的规定，该转让被北京银监局调查。2015 年 8 月，保监会原则同意富德生命人寿通过受让方式收购国民信托 93.44% 股权，且要求富德生命人寿督促国民信托健全公司治理结构，防范风险，但仍然需要获得银监批复。

2016 年，信托行业快速发展趋势有所改变，过去部分成功入股信托公司的外资股东小范围撤股。除降低持股外，麦格理资本将持有华澳信托的 19.99% 股权悉数转出；摩根士丹利将所持杭州工商信托的所有股份全部清空。兖矿集团、冀中能源、贵州盘江转让中诚信托股权。绿地金融投资控股集团以约 9.5 亿元收购及增资杭州工商信托，从而获得其近 20% 股权，华澳信托新入股的重庆财信企业集团持股 49.99%。2016 年 2 月，银监会同意华信汇通集团将所持华信信托 15.42% 的股份转让给沈阳品成投资有限公司；6 月华信信托注册资本由 33 亿元变更为 66 亿元，华信汇通集团持股比例由 44.58% 增至 46.19%；而 9 月，华信汇通集团又将所持 19.9% 的华信信托股份转让给北京万联同创网络科技有限公司。

从公司发展的角度看，信托公司股权转让：其一，行业盈利增速放缓，部分外资股东或内资股东对信托价值的认识有所改变。其二，部分信托公司的部分股东自身发展存在一些问题——存在减亏缩资压力、流动性方面的需求、产能过剩的调整等，因此需要套现获取现金流。其三，整体经济增速放缓，大资管行业竞争加剧，互联网金融异军突起，监管趋严导致套利受抑，均造成信托传统业务模式难以为继，而新业务尚难批量复制，牌照价值有所下降。

净利润：公司间差距扩大

信托业务和固有业务，是信托公司利润的来源。2007 年实行新“一法两规”之后，信托业务迅猛扩张，行业和公司的净利润逐年增加。但是，2016 年，情况有所改变：中国货币网披露的 62 家信托公司未经审计的财务数据显示，净利润合计为 598.187 亿元，平均值为 9.65 亿元，相比 2015 年这 62 家信托公司相应指标（净利润总额为 587.87 亿元，平均值为 9.48 亿元）保持小幅度增长，但增长率仅为 1.76%，相比 2015 年同期净利润增长率（19.80%）出现较大下滑。[①] 净利润排名比较靠前的信托公司包括平安信托、重庆信托等，相关数据如下表所示：

表 10-4　　2016 年 62 家信托公司净利润前十名表

信托公司	2016 年净利润（万元）	2016 年排名	2015 年净利润（万元）	2015 年排名
平安信托	379 710.10	1	310 941.41	4
重庆信托	360 056.19	2	403 969.90	2
中信信托	304 010.85	3	313 980.26	3
安信信托	303 394.74	4	172 214.85	7
中融信托	270 342.80	5	260 450.74	5
华润信托	222 558.54	6	443 337.79	1
华能信托	173 402.30	7	150 787.70	11
华信信托	160 672.52	8	195 991.59	6
上海信托	150 046.38	9	157 111.00	9
兴业信托	146 223.70	10	162 565.10	8

① 本部分的分析与相关资料来源于：百瑞信托博士后工作站张永博士发表在 2017 年 2 月 9 日《21 世纪经济报道》的文章《28 家信托公司净利润负增长，华宝信托暴增 236.96%》。

续前表

信托公司	2016 年净利润（万元）	2016 年排名	2015 年净利润（万元）	2015 年排名
62 家公司总和	5 981 871.13		5 878 654.60	
62 家公司平均值	96 481.79		94 817.01	

62 家信托公司中前十名净利润平均值为 24.70 亿元，而后十名净利润平均值仅为 1.93 亿元，前者约为后者的 12.80 倍。这 62 家公司，2015 年前十名的净利润平均值为 25.71 亿元，而后十名平均值为 2.53 亿元，比值为 10.17。可见随着信托业转型加速，信托公司呈现加速分化的态势。未来，监管评级也可能进一步加速行业分化。《信托公司监管评级办法》将信托公司分为：创新类（A+、A–）、发展类（B+、B–）、成长类（C+、C–），三大类六个级别。监管评级将直接挂钩信托公司的展业。成长类公司只能从事基本业务及开展公益信托。发展类公司可开展企业年金基金管理、特定目的信托受托机构等创新业务。创新类公司还可优先试点经银监会认可或批准的其他创新业务。业务受限可能会使得信托公司的利润水平差距进一步拉大。

净资产：整体净资产收益率下降

截至 2017 年 1 月底，共有 63 家信托公司在中国货币网等处披露了未经审计的 2016 年财务报表。[①]对比数据发现，披露数据的 63 家信托公司净资产合计达 4 406 亿元，净利润合计为 603 亿元，加权净资产收益率为 14.84%。上述数据说明：信托行业进入平稳发展期；同时，信托公司增资速度较快导致了信托公司的净资产收益率有所下降。2015 年，68 家信托公司加权平均净资产收益率为 15.57%。从中位数看，2015 年为 15.9%，2016 年的 14.5% 也略有下降。[②]除去未披露的山东信托、华澳信托、长城新盛信托、浙金信托和东莞

① 这 63 家公司比上一部分的 62 家增加陕国投信托。

② 本部分分析相关资料来源于：百瑞信托博士后工作站陈进博士发表在 2017 年 03 月 01 日《上海证券报》的文章《信托行业净资产收益率下降预示了什么？》。

信托等五家公司财务数据，2016 年信托全行业实际净资产收益率低于 2015 年。该项指标的显著下降表明：第一，行业的盈利能力的确在下降；第二，信托行业告别快速发展期，进入平稳转型期；第三，信托作为金融工具，其收益率下降与实体经济的收益率下行也具有一定相关性；第四，从各行业横向对比来看，信托业超过 14% 的净资产收益率依然处于较高水平。

具体在 63 家公司之间进行对比，2015 年，净资产收益率高于 20% 的信托公司多达 20 家，其中安信信托和重庆信托高达 42.73% 和 28.21%，位居前两位。2016 年，净资产收益率超过 20% 的公司只有 9 家，其中安信信托仍以 30.3% 蝉联首位，但也下降了 12%。2015 年，净资产收益率低于 10% 的公司有 9 家，2016 年这一数据增加至 14 家，其中，净资产收益率最低的仅为 0.69%。2016 年净资产收益率较低的公司在 2015 年也处于较弱势位置。总体来看，信托公司之间除了资本实力差距明显，赚钱能力（净资产收益率）的差别也日渐明显。行业转型时期，信托公司的分化在加剧，马太效应凸显，但同时也为一些公司创造了跨越发展的机会。

业务：八大业务与四个方向

八大业务：确定分类体系

2016 年 12 月 26 日举行的 2016 年信托业年会主题是“信托可持续发展之路：业务分类和商业模式”。延续 2013 年和 2014 年年会中“八大机制”“八大责任”，信托行业确定了“八大业务”的分类体系。八大业务的分类标准：第一个环节是按照信托目的划分，是公益（慈善）信托或其他；第二个环节是按照法律结构划分，是资产证券化或其他；第三个环节是按照信托财产类型划分，是财产权信托或其他；第四个环节是按照是否投向标准化金融资产划分，是标品信托或其他；第五个环节是按照信托资金投向划分，是债权信托（主动管理）、股权信托（主动管理）、同业信托（主动管理或被动管理）还是事务信托（被动管理)。[①]

第一类债权信托，是信托公司的主要业务，业务本质是类银行信贷业务，以利差收入为利润来源，交易对手信用风险为核心风险。对于信托或者委托人而言，债权信托是固定收益类产品，或者说是保本的，或者是浮动收益部门的比例分成。对债权信托要计提损失准备，还要占用资本，本质上是按照银行的信贷业务进行监管。未来，将债权信托发展为固定收益类产品，并与非保本型产品进行区分，有助于逐步缓解刚性兑付问题。第二类股权信托，属于权益类信托产品，是以股权方式投资非上市的各类企业。目前信托公司此类业务开展较少，监管导向为鼓励。第三类标品信托，这是首次提出的概念，是指投资于标准化产品的信托。目前，部分投资证券类产品的信托基本可归为标品信托。第四类同业信托，是指资金来源和运用都在同业，包括通道、过桥和出表等。同业信托保障基金费率可以适时调整，引导信托公司业务结构进行调整。同业信托基本类似于目前信托公司与金融机构合作的事务管理类信托业务。第五类资产证券化，这是近两年市场的热点，未来资产证券化的范围和规模还将继续提升。信托作为 SPV 的应用将日益广泛，不限于信贷资产证券化。第六类财产权信托，这种类型属于信托本源业务，解决财产的隔离和传承问题。目前，各家公司积极推进的家族信托业务可以归于此类。这个方向一直是监管鼓励的业务类型，但是仍然需要信托财产登记及税收等相关配套制度的完善。第七类慈善信托，2016 年《慈善法》的颁布扫清了相关制度障碍，监管与公司也比较积极，未来慈善信托发展可与基金会紧密结合，同时与家族信托相互配合。第八种事务信托，其与传统意义上的事务管理类信托有本质区别，是指信托公司开展的事务性代理业务。

八大业务分类的确定为信托业务未来的发展与转型划定了界限，并将起到显著的引导作用。信托公司内部前台业务部门可能会根据八大分类进行调整，进一步促进行业转型与升级。

---

① 信托业务监管分类试点工作从 2017 年 4 月 21 日起在外贸信托、安信信托、中建投信托、重庆信托、平安信托、中融信托、中航信托、交银国际信托、陕国投信托、百瑞信托等十家信托公司启动。

转型方向之一：资本市场

注册制、深港通、“新三板”等一系列资本市场制度红利的持续发酵，进一步打开了中国资本市场的未来发展空间。信托公司通过发行新三板及增发并购类信托产品、设立 PE 子公司直接投资、与券商及基金公司等同业合作等各种方式，在定向增发、新三板等资本市场细分领域逐步进行业务延伸。资本市场的发展是长期的，未来也将形成多层次市场，信托参与资本市场的业务也是多元化的。根据中国信托业协会的统计，信托在资本市场的业务主要涉及：PE 股权投资、一级市场（定向增发）、二级市场（证券投资）等细分领域。但 20 万亿的行业管理资产规模中 PE 类股权投资和一级市场投资都还处于较小的规模。

受制于目前资本市场的相关制度及客观发展阶段，信托二级市场证券投资业务主要还集中在阳光私募和配资业务这两个方面。2016 年的规模为 10 348 亿元，略低于 2015 年的 10 930 亿元。长期看，包括一级市场，二级市场乃至一级半市场的整个资本市场都将给信托行业的发展提供契机。2008 年，银监会发布《信托公司私人股权投资信托业务操作指引》后，不少信托公司开始推进 PE 业务，但受制于信托持股企业 IPO 无法实现顺利退出，PE 业务规模一直不大，2016 年也才 591 亿元。2014 年，银监会《关于信托公司风险监管的指导意见》（99 号文）指出大力发展股权投资，支持符合条件信托公司设立直接投资专业子公司，鼓励开展并购业务，积极参与企业并购重组。未来，资本市场必将成为信托转型的主要方向，致力于提供证券投资类信托、定向增发、并购重组等在内的全产业链综合解决方案。

转型方向之二：基金化

基金究其本质是一种集合投资工具，集合资产组合的投资风险显著低于单一资产。基金化运作的核心在于：筛选投资者风险收益偏好基本的投资者，通过基金工具转移财产权，运用基金管理公司专业化投资能力进行集合投资，实现投资者价值增值的目标。目前，申请备案私募基金管理人的信托公司也很多，基金化运作可优化信托业务结构，尤其在去刚兑方面可能有较大效果。信托之所以能开展基金化转型的原因主要在于：第一，基金化产品与信托“受人所托，代人理财”的本质功能具有一致性；第二，信托利用制度优势，提升自主管理能力，逐步向组合投资的方式进行转型，都可以有效借鉴基金的经验；第三，信托业刚性兑付的压力较大，向具有浮动收益特点的基金产品转型，有利于分散风险，并逐步打破刚兑。

多家公司已在多领域开展基金化业务，资本市场并购、房地产、基础产业、新能源、医疗健康等。[①]传统信托业务是一对一模式，基金化的最大改变在于不以单一项目为导向。资产管理的要义就是配置，基金化能够更好地发挥股权、债权、物权多种投资模式。当然，基金化要去更高的对大类资产配置的投研能力，通过构建股权、债权、固收、量化以及 QD 等资产的组合包，运用 TOT、FOF 等对冲单一资产的风险。基金化转型更加强调“主动管理能力”，对项目本身的运作要有更强的把控能力。从前期的尽调到资金匹配，到后期的投后管理与退出，要提高投管能力以及对浮动收益的风险承受力。

转型方向之三：家族信托

中国家族信托业务需求正呈现爆发趋势。家族信托以家庭财富的管理、传承和保护为根本目的，与信托回归本源密切相关。信托公司可以通过专业化的资产管理、投资组合以实现财富的传承、配置、遗产规划、税务策划、子女教育、家族治理等多样化的目的。境外，家族信托已是高净值人士首选的家族财富管理方式。兴业银行与波士顿咨询公司的报告指出，在中国经济增速趋缓的背景下，高净值人群的财富增长仍将十分稳健，预计 2020 年中国高净值家庭的数量将增至 388 万户，可投资金融资产总额将占据中国整体个人财富的半壁江山，这将为中国私人银行业务提供良好的发展土壤。[②]

家族信托根据额度及实现功能的差异，主要可分为定制化的家族信托和

① 平安信托已将公司发展战略结构调整为：“零售 + 若干基金”模式，百瑞信托参与了政府基金、科技基金、文化基金等，四川信托储备了多名证券投资基金经理，安信信托发力新行业基金初见成效。

② 参考 2016 年兴业银行与波士顿咨询公司（BCG）联合发布的《中国私人银行 2016：逆势增长全球配置》。

标准化的产品。譬如，百瑞信托博士后科研工作站家族信托团队，基于某高净值客户的子女教育、财产隔离、规避风险、养老等多方面的需求，为其量身定制了“百瑞安鑫X号家族信托”。这一定制化家族信托产品与常规家族信托相比，更是引入了“信托保护人”角色，这将为信托目的的实现提供更多保障。此外，基于高净值群体在财富管理方面的共性，百瑞信托同时推出“百瑞安鑫标准化家族信托”业务。受托人将在进行大类资产配置的基础上，构建低风险投资组合，在严格控制风险的前提下，力求获得稳健的投资收益。具体投资操作由委托人授权受托人全权负责。投资原则将兼顾当前收益和潜在增值能力，考虑流动性和收益性，进行组合分散投资。信托期限设置为5年。到期后，如果委托人申请，信托期限可以延长，每次延长期限为5年，延长次数没有限制。百瑞信托每年两次向委托人提供《信托财产投资管理报告》并分配收益。

从2013年平安信托首推家族信托产品之后，私人银行、信托公司、财富办公室、第三方理财机构等纷纷加入了这个市场，各方根据各自资源禀赋既合作又竞争。未来，这一市场仍将保持快速发展，而信托公司也将在该市场中扮演愈加重要的角色。

转型方向之四：跨境业务

随着人民币国际化，中国企业海外并购逐步兴起，中国居民境外投资需求也随之旺盛。高净值人士对全球资产配置需求的增加推动信托尝试进行境外投融资的布局，目前整个过程尚处于初级阶段。常见模式主要包括：申请境外投资业务的相关资格（QDII、QDIE等）；在境外设立子公司；与境外投资机构合作开拓投融资业务。QDII主要投资资产包括：境外普通股、优先股等权益类证券，银行存款、存单、回购协议等货币资产，政府债券、公司债券、可转债等固收资产，基金及金融衍生品等其他资产。QDIE相比QDII投资范围更广泛，可以涵盖：境外非上市公司股权、债权、对冲基金及不动产、实物资产等各种类型资产。

截至2016年年末，中国信托行业QDII类的业务规模为493亿元，同比2015年的357亿元增长38%。进一步对比，2012年至2014年，该指标规模的数据仅为 73 亿元、74 亿元、137 亿元。该指标 2012 年至 2015 年的同比增长速度分别为 1.4%、85%、161%。可以看到，该项业务经历了快速扩张的阶段后，增速有所放缓。2016 年以来，港股与美股表现强势，主投海外市场的 QDII 基金年收益表现不错，整体较优于主投 A 股的。未来，随着信托公司更深地切入境外市场，QDII 信托的规模将会进一步变化。

中诚信托的全资子公司中诚国际资本设立深圳前海中诚股权投资基金管理有限公司，于 2015 年 1 月获得合格境内投资者境外投资（QDIE）试点资格，亦是唯一获批 QDIE 资格的信托系公司，目前已成功发行“睿投”及“精选”两个系列的跨境产品。受限于 QDIE 的资格获取及额度限制，目前信托公司此类业务开拓尚有较大局限，但是未来随着跨境资本流动的逐步开放，此类业务也将逐步开展起来。

2016 年，各家信托公司积极开拓业务创新，寻求行业发展的新动力，各种类型的创新类产品很多。譬如，信托受益权资产证券化、PPP 业务、消费信托、慈善信托等创新类业务均为行业转型注入活力。未来，随着传统业务面临瓶颈，信托公司需要寻找新的业务增长点，大力发展创新类业务将是大势所趋。

综上，信托业整体进入稳中有升的发展时期，监管方面的顶层设计也逐步完善，68 家信托公司的分化日益加剧，各家公司在积极开拓不同类型创新业务。新业务都指向一个方向：信托回归本源。“受人之托，代人理财”始终是信托业的核心理念。在中国各金融子行业中，信托公司的业务范围与运用方式最为广泛，既可投资于货币、资本、信贷以及实业，又可综合运用贷款、投资、存 / 拆放同业及租赁等各种手段。正因信托的灵活，信托组合了各种金融工具，为企业提供了多样化的投融服务，帮助企业实现了产融结合的目标，同时提供了一种面向高净值人士的优良理财产品。国家大力鼓励金融支持实体经济，金融对经济结构调整和转型升级的作用也日益明显。未来，信托行业的持续发展、信托公司的长期经营优势及信托从业者的投融资能力都将继续保持快速发展，信托在国民经济中的金融价值也将进一步释放。

期货资管：快速发展与艰难转型

多重利好因素影响下期货资管快速发展

与银行、证券等金融机构相比，期货资管发展起步晚、起点低。2016年，期货资管获得了快速发展，期货公司资管规模增长幅度位居各类金融机构之首。根据中国期货业协会公布的数据，截至2016年底，期货公司资管产品规模从2015年年底的1 064亿元增长到了2 792亿元，增长1.62倍。在资管总规模增长的同时，期货公司主动管理规模由2015年底的420亿元增长至967亿元，增长1.30倍。2016年期货公司资管业务实现累计收入9.16亿元，较2015年的5.45亿元增长68.07%。

2016年期货资产管理规模快速增长，既有期货资管规模本身较小而增长潜力较大的因素，同时也有各种有利外部条件配合。笔者认为至少有如下三方面的有利因素。

商品期货市场的活跃为期货资管发展提供沃土

在经历了2015年股市异常波动以及2016年开年伊始的两次股指熔断以

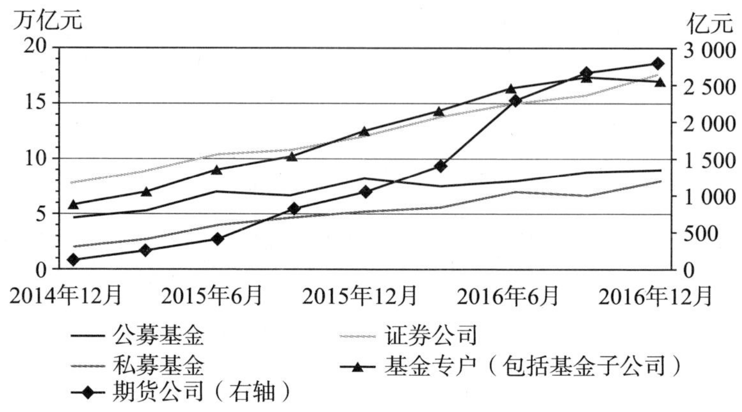

图 11-1　2014—2016 年证券期货经营机构资管规模对比

资料来源：根据中国基金业协会公布数据整理。

后，2016 年中国股市整体处于不温不火的低迷状态。然而，受供给侧改革政策以及宏观经济逐步企稳的双重影响，国内大宗商品期货在经历了 5 年的持续下跌后开始筑底反弹并持续活跃，为期货资管业务快速发展提供了沃土。根据中国期货业协会统计数据，2016 年中国期货市场商品期货成交量为 411 943.24 万手，成交额为 177.41 万亿元，同比分别增长 27% 和 30%；2016 年南华商品指数整体涨幅为 51.33%，其中铁矿石和焦煤指数分别上涨 124.6% 和 120.91%，而上证综指涨幅仅为 4.31%、深证成指涨幅仅为 3.32%。

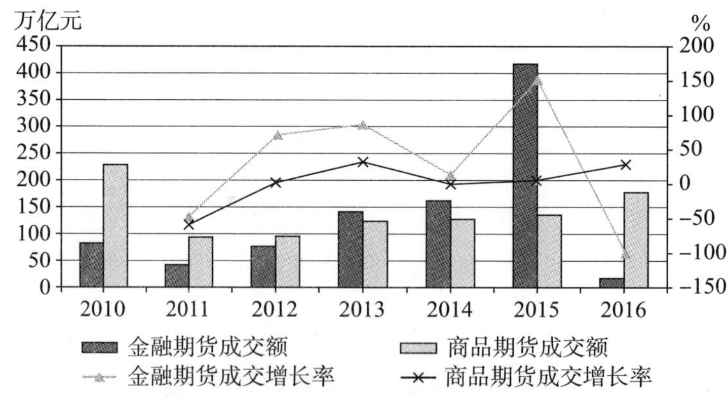

图 11-2　2010—2016 年金融期货与商品期货成交情况对比

资料来源：根据中国期货业协会公布数据整理。

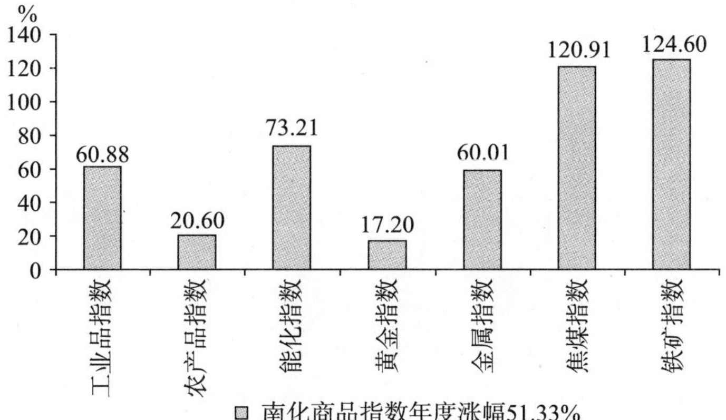

图 11-3　2016 年各类商品期货涨幅对比

期货公司经营业绩的持续改善为期货资管业务健康发展提供坚实的支撑

长期以来，由于经营单一的期货经纪业务，期货公司竞争异常激烈，期货行业经营状况并不理想，整体行业一直呈现“大市场、小行业”的特征。由于缺乏积累，期货公司在创新业务投入以及人才储备等方面都非常谨慎。2010年股指期货上市以后，期货公司经营状况开始持续改善，同时基于对期货市场发展前景的预期，股东投入也开始持续增加。截至 2016 年年底，全国 149 家期货公司注册资本总额 580 亿元、净资产 911 亿元、净资本 688 亿元，较年初分别增长 11%、16% 和 15%，分别是 2011 年初的 2 倍、2.5 倍和 2.1 倍。2016年，全国 149 家期货公司实现手续费收入 139 亿元、实现净利润 65.86 亿元，较 2015 年分别增长 13% 和 9.07%，分别是 2011 年的 1.4 倍和 2.87 倍。

在期货公司整体经营状况持续改善的同时，期货行业两极分化现象不断加剧，目前行业内前 50 位期货公司客户权益和手续费收入占比都在 75% 以上，而且集中度呈现不断提升趋势，这表明行业排名靠前的期货公司经营状况改善更加明显。

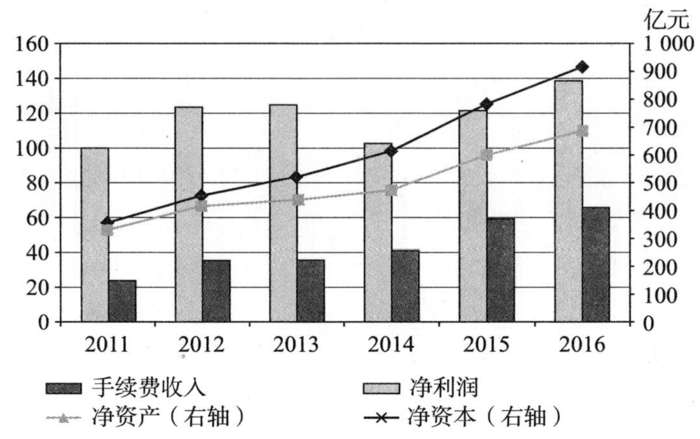

图 11-4　2011—2016 年期货公司经营发展趋势

资料来源：根据中国期货业协会公布数据整理。

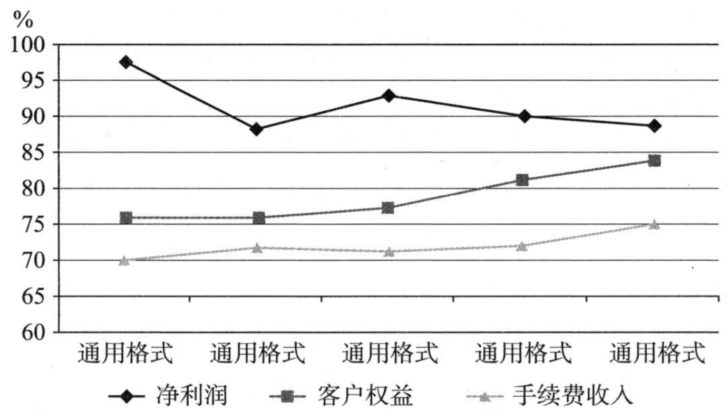

图 11-5　2011—2016 年国内前 50 名期货公司市场份额变化趋势

政策环境的配合为期货资管业务提供了发展机遇

由于政策的限制，期货公司开展资产管理业务比证券基金等金融机构起步晚。2012 年 9 月，证监会颁布实施《期货公司资产管理业务试点办法》，期货公司资产管理业务才正式开闸。不过当时只允许期货公司开展“一对一”的资产管理业务，同时设置严格的准入限制，要求申请试点的期货公司净资本不低于 5 亿元，分类评级在 B 级 B 类以上，因此虽然当时期货公司开展资产管理业务的热情很高，但是申请开展资产管理业务的期货公司并不多，期货资管规模也非常有限。截至 2014 年年底，通过证监会申请取得资产管理业务资格的期货公司仅 39 家，管理资产规模仅 10 亿元；2014 年 12 月，在放松管制的大背景下，中国期货业协会依据《期货公司监督管理办法》和《私募投资基金监督管理暂行办法》起草并发布了《期货公司资产管理业务管理规则（试行）》，对期货公司开展资产管理业务进行了全面松绑，允许期货公司开展“一对多”资产管理业务，对净资本的要求由 5 亿元降低到 1 亿元，对分类评级的要求由 B 级 B 类降低到 C 级 C 类，同时期货公司资产管理业务资格由证监会行政审批改为由中国期货业协会事前备案。《期货公司资产管理业务管理规则（试行）》极大激发了期货公司开展资产管理业务的热情和积极性，截至 2015 年底，短短 1 年时间内中国期货业协会已经受理备案 84 家期货公司开展资产管理业务，加上前期依据《期货公司资产管理业务试点办法》向证监会申请审批获得资产管理业务资格的 39 家公司，全国 149 家期货公司中已经有 123 家期货公司具备开展资产管理业务的资格，管理的资产规模高达 1 063.74 亿元。

2016 年期货资管业务继续保持高速增长，除了享受《期货公司资产管理业务管理规则（试行）》的制度红利外，在政策环境方面至少有如下三方面的积极因素：一是 2015 年股市异常波动后证监会对证券公司外接系统的严格限制，在早期 PB 业务模式尚未成熟的背景下很多外部投顾借道期货资管发行结构化产品；二是 2016 年上半年市场传言对基金子公司实行净资本风险监管指标管理会限制基金子公司通道业务规模扩张，其中投资于股票期货市场的通道类产品转向期货资管；三是 2016 年 5 月银监会印发《关于规范商业银行代理销售业务的通知》，禁止商业银行代销除银证保三会监管发放金融许可证的机构发行的金融产品，使期货资管通道在连接私募基金与商业银行高净值客户方面存在一定价值。以上三方面政策因素，加上 2014 年对期货资管的放松管制政策，为期货资管的快速发展创造了良好的外部政策环境。

监管政策变革背景下期货资管的艰难转型

期货资管转型的政策背景

2016 年，银证保三会陆续出台资管行业监管新规，对产品设计、杠杆要求、通道设置等提出了更严格的限制。对证券期货经营机构而言，2016 年 7 月 14 日证监会颁布实施的《证券期货经营机构私募资产管理业务运作管理暂行规定》(以下简称《资管新规》) 对资管业务的发展影响最为直接和深远。《资管新规》的基本思路是在正本清源、强化约束的前提下，重点加强对违规宣传推介和销售行为、结构化资管产品、违法从事证券期货业务活动、委托第三方机构提供投资建议、开展或参与“资金池”业务、实施过度激励等的规范。其主要内容可以概括为“三去”和“四禁止”。“三去”是指“去刚兑”“去杠杆”“去通道”；“四禁止”包括禁止违规投资、禁止资金池业务、禁止为非法证券提供便利和禁止利用资管计划从事违法行为。由于期货资管产品设计相对简单，投资范围限定在场内标准化金融产品，因此《资管新规》规定的“四禁止”行为对期货资管影响并不明显，但由于期货资管起步晚，在整个资管行业普遍存在的产品结构化和通道化的现象在期货资管发展早期更为明显，主动管理能力普遍不足。

2016 年期货资管产品发行总体情况

根据中国期货业协会发布的期货资管业务登记及资管计划备案情况统计表，截至 2016 年 12 月月底，全国共有 129 家期货公司具备资管业务资格，累计备案资产管理计划 3 478 只，管理资产规模共计 2 844 亿元，其中“一对一”资管管理计划 670 只，产品规模 479 亿元；“一对多”资产管理计划 2 808 只，产品规模共计 2 365 亿元。

根据中国基金业协会期货资管备案公示信息，2016 年全国共有 117 家期货公司备案发行期货资管产品 2 635 只，初始募集规模 1 730 亿元，其中结构化产品 1 323 只，初始募集总规模 1 194 亿元，占比 69%；非结构化产品 1 312 只，初始募集总规模 536 亿，占比 31%。从产品数量上看，结构化产品与非结构化产品相当，但从初始募集资金规模上看，2016 年发行的期货资管产品中结构化产品占据主要份额。

表 11-1　　2016 年期货资管产品类型及规模

产品类型	产品数量（只）	比例	初始募集规模（亿元）	比例
结构化产品	1 323	50.21%	1 194.07	69.00%
非结构化产品	1 312	49.79%	536.38	31.00%
汇总	2 635	100.00%	1 730.45	100.00%

从产品投资类型角度，2016 年期货公司发行的资管产品中混合类产品 2 092 只，初始募集规模 1 500 亿元；权益类产品 301 只，初始募集规模 157 亿元；其他类型产品 197 只，初始募集规模 50.2 亿元；固定收益类产品 43 只，初始募集总规模 22 亿元；基金宝产品 2 只，初始募集规模 1 580 万元。混合类与权益类产品是期货资管的主要投资方向。

表 11-2　　2016 年期货资管产品投资类别及规模

投资类别	产品数量（只）	产品规模（亿元）	比例
混合类产品	2 092	1 500.73	86.72%
权益类产品	301	157.34	9.09%
其他产品	197	50.19	2.90%
固定收益类产品	43	22.03	1.27%
基金宝产品	2	0.16	0.01%
总计	2 635	1 730.45	100.00%

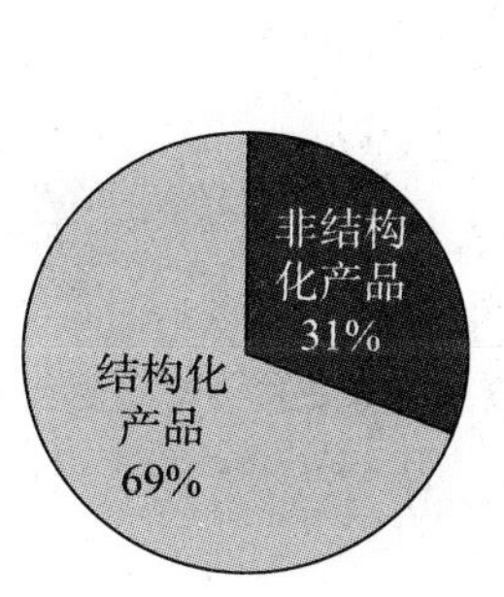

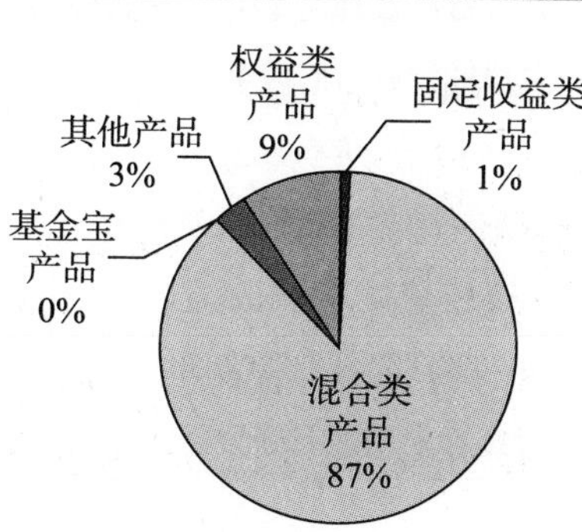

图 11-6　期货资管产品类别饼状图

从管理人的角度，2016 年期货资管产品发行规模前 25 位机构共发行资管规模 1 408 亿元，占期货资管总份额的 81%，而根据中国期货业协会公布的期货公司 2015 年经营数据，客户权益规模排名前 45 位的期货公司累计市场份额才达到 81%，这说明期货公司资产管理业务起步阶段市场集中度已经超过了传统的期货经纪业务。从产品发行数量上看，2016 年发行期货资管产品数量最多的机构是海通期货，全年共发行 225 只产品；而从初始募集资金规模上看，中信盈时资产管理有限公司发行资产管理规模最大为 180.42 亿元。

表 11-3　　2016 年期货资管产品排行榜

序号	公司名称	产品数量（只）	募集规模（亿元）	累计份额
1	中信盈时资产管理有限公司	73	180.42	10.43%
2	海通期货股份有限公司	225	144.11	18.75%
3	银河期货有限公司	112	133.48	26.47%
4	南华期货股份有限公司	70	101.20	32.32%
5	九州期货有限公司	12	87.47	37.37%
6	中投天琪期货有限公司	8	68.60	41.33%
7	厦门国贸资产管理有限公司	122	53.77	44.44%
8	国投安信期货有限公司	49	53.07	47.51%
9	华泰期货有限公司	72	52.25	50.53%
10	建信期货有限责任公司	46	48.07	53.31%
11	光大期货有限公司	16	47.11	56.03%
12	和合资产管理（上海）有限公司	63	40.59	58.37%
13	广州期货股份有限公司	47	39.71	60.67%
14	格林大华期货有限公司	27	34.97	62.69%
15	新纪元期货股份有限公司	73	34.85	64.70%
16	鲁证期货股份有限公司	42	34.57	66.70%
17	申银万国期货有限公司	80	34.23	68.68%
18	国泰君安期货有限公司	33	33.70	70.63%

续前表

序号	公司名称	产品数量（只）	募集规模（亿元）	累计份额
19	首创京都期货有限公司	8	30.61	72.40%
20	新湖期货有限公司	56	28.87	74.06%
21	中电投先融（上海）资产管理有限公司	64	27.09	75.63%
22	五矿经易期货有限公司	80	26.82	77.18%
23	中银国际期货有限责任公司	9	26.35	78.70%
24	方正中期期货有限公司	58	25.08	80.15%
25	广发期货有限公司	49	21.52	81.39%

另外，目前期货公司开展资产管理业务主要采取两种模式：一种以期货公司申请资产管理业务牌照的形式开展业务，另外一种通过设立期货资管子公司的形式开展资产管理业务。目前国内 149 家期货公司中共有 129 家公司具备期货资产管理业务资格，其中 12 家公司通过资管子公司开展资产管理业务。2016 年以期货资管子公司形式发行的资管产品共计 434 只，初始募集产品规模 327.83 亿元，占比 18.95%，这说明目前期货子公司模式并不是期货公司开展资产业务的主流模式，期货行业还是以期货公司开展资产管理业务为主。

表 11-4　期货公司与期货资管子公司发行产品数量及募集规模对比

类别	产品数量（只）	募集规模（万元）	比例
期货公司	2 201	14 026 183.39	81.05%
资管子公司	434	3 278 348.28	18.95%
总计	2 635	17 304 531.66	100.00%

《资管新规》对期货公司资管业务的影响和冲击

《资管新规》对证券期货经营机构的资产管理业务产生了显著的影响和冲击，这种影响既体现在期货资管规模总量数据上，也体现在期货资管产品结构性变化上。

从规模总量数据上看，2016 年下半年期货资管产品的备案登记数量以及募集资金规模都明显减少。根据中国基金业协会公示的备案信息，2017 年 1 至 7 月全国期货公司共发行期货资管产品 2 145 只，初始募集资金总规模 1 561 亿元，月均募集资金 306 亿元；而 8 至 12 月共发行期货资管产品 490 只，初始募集资金总规模 170 亿元，月均募集资金规模 98 亿元；月均募集资金规模较前 7 个月降低 68%。如果按月度统计募集资金规模和备案产品数量，我们可以看到 2016 年 6 月期货资管发行产品数量及募集资金规模均达到顶峰，在 2016 年 8 月急剧减少；不过随着时间推移，在 2016 年 8 月以后，期货资管募集产品规模在逐步上升，由 2016 年 8 月单月的 26.51 亿元增长到 2016 年 12 月的 52.49 亿元，但单月规模与 2016 年 7 月及以前都有很大差距。

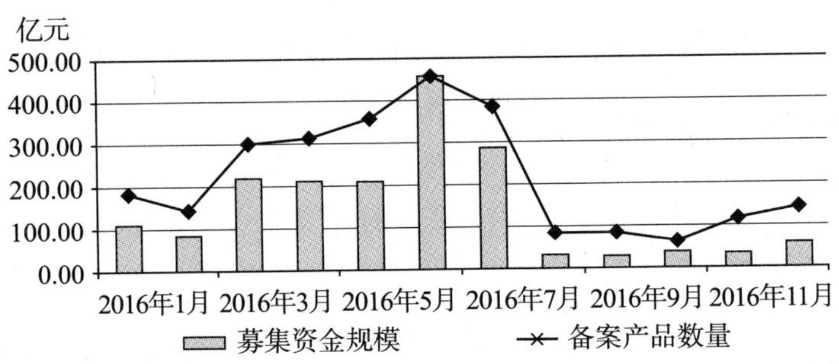

图 11-7　2016 年期货资管产品备案及初始募集情况月度对比

如果从产品结构类型上看，《资管新规》对期货资管结构化产品的影响更加明显。根据统计数据，2016 年 1—7 月份备案产品中，结构化产品规模 1 192.15 亿元，占总募集规模的 76%；非结构化产品规模 368.55 亿元，占总募集规模的 24%；而 2016 年 8—12 月，期货资管结构化产品募集资金规模仅 1.92 亿元，占同期募集资金总规模不足 1%；而非结构化产品募集资金规模 167.83 亿元，占同期总募集规模的 99%。因此，《资管新规》推出后，期货资管产品由结构化产品占主导逐步转变为非结构化产品为主导。

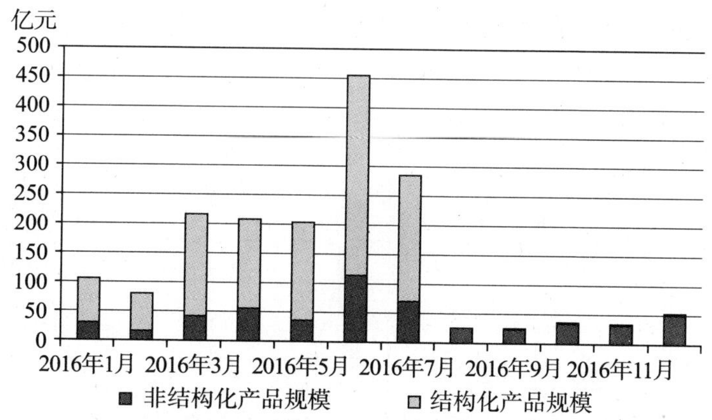

图 11-8 2016 年期货资管结构化与非结构化产品规模月度对比

资料来源：根据中国基金业协会公布数据整理。

《资管新规》发布后期货资管转型发展情况

《资管新规》对传统的通道类以及结构化产品产生了明显的抑制和影响，而主动管理、量化投资、CTA 策略以及 FOF 基金等无疑是期货资管转型发展方向。由于公开资料无法获取期货资管详细信息，这里笔者仅从中国基金业协会备案公示资管计划名称信息中提炼出包含量化、CTA 以及 FOF 产品作为期货资管中量化投资、CTA 策略以及 FOF 基金产品样本，分析《资管新规》颁布后各类产品的变化情况，并以此为基础对期货资管的转型发展情况进行粗略分析。

1. 期货资管向量化投资转型发展情况

根据中国基金业协会公布的数据，2016 年度期货公司发行资管计划名称中包含“量化”的产品有 192 只，初始募集规模 85.4 亿元，分别占全年期货资管计划以及初始募集资金总额的 7.29% 和 4.93%，这说明期货资管中量化投资产品总体比重并不高。2016 年 1—7 月期货资管中量化投资产品数量和初始募集资金规模分别为 158 只和 68.78 亿元，而 8—12 月期货资管产品中量化投资产品数量和初始募集规模分别为 34 只和 85.38 亿元。从总量上看，8—12 月量化投资产品募集资金总额跟期货资管产品总规模变化趋势相当，但是从月度统计数据上看，在经历了 9 月和 10 月量化产品的规模锐减后，11 月和 12

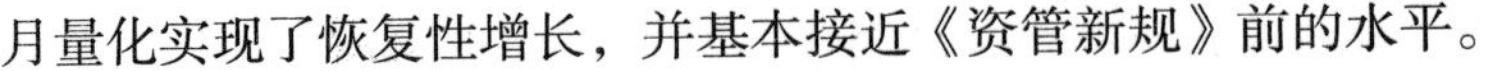

月量化实现了恢复性增长，并基本接近《资管新规》前的水平。

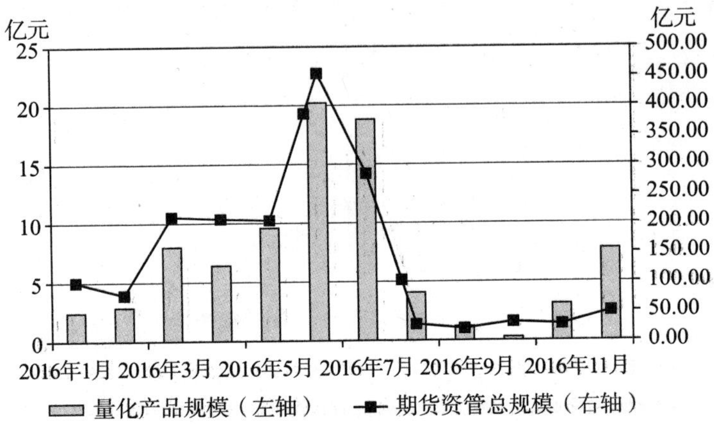

图 11-9　2016 年期货资管量化投资产品发行规模月度对比

2. 期货资管向 CTA 投资转型发展情况

根据中国基金业协会公布数据，2016 年度期货公司发行资管计划名称中包含“CTA”的产品 47 只，初始募集规模 12.50 亿元，分别占全年期货资管计划以及初始募集资金总额的 1.8% 和 0.7%，这说明期货资管中 CTA 产品总体比重很低。2016 年 1—7 月期货资管中 CTA 投资产品数量和初始募集资金规模分别为 37 只和 7.57 亿元，而 8—12 月期货资管产品中投资产品数量和初始募集规模分别为 10 只和 4.93 亿元。从总体趋势上看，《资管新规》对 CTA 产品虽然有所影响，但跟期货资管总体规模变化相比，影响并不大。

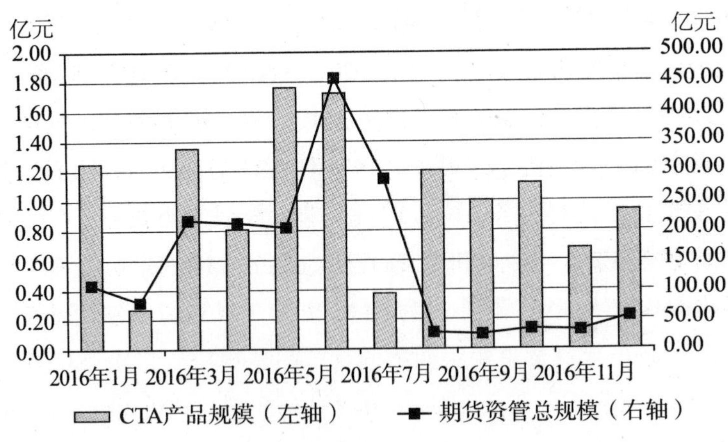

图 11-10　2016 年期货资管 CTA 产品发行规模月度对比

3. 期货资管向 FOF 基金转型发展情况

根据中国基金业协会公布数据，2016 年度期货公司发行资管计划名称中包含“FOF”字样的产品 31 只，初始募集规模 20.80 亿元，分别占全年期货资管计划以及初始募集资金总额的 1.17% 和 1.2%，这说明期货资管中 FOF 产品总体比重很低。2016 年 1—7 月期货资管中 FOF 产品数量和初始募集资金规模分别为 26 只和 16.35 亿元，而 8—12 月期货资管产品中 FOF 产品数量和初始募集规模分别为 5 只和 4.45 亿元。从样本数据来看，《资管新规》后期货资管产品中 FOF 产品受到的影响和冲击比较大。

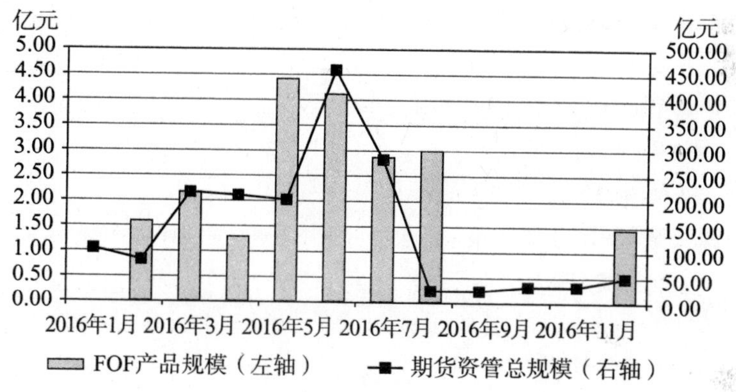

图 11-11　2016 年期货资管 FOF 产品发行规模月度对比

4. 转型类产品对比分析

如果将量化投资、CTA 产品以及 FOF 基金作为期货资管转型发展产品，笔者进一步从管理人角度考察了各家期货公司资产管理业务的转型情况。为此，笔者按照量化投资、CTA 以及 FOF 产品的总规模进行排序并选取了国内前 20 名的期货公司。从筛选出的数据来看，像华泰期货、永安期货、兴证期货等公司在 2016 年不仅发行的资产管理规模位居行业前列，而且创新转型类产品比重较高，说明这类公司资产管理业务转型已经具备较好的基础；而像国富期货等部分期货公司虽然在 2016 年发行期货资管产品规模不大，但是期货资管转型类产品比重很高，这类公司未来资产管理业务发展潜力可能会很大。

表 11-5　　2016 年期货资管转型类产品排行榜

序号	公司名称	期货资管产品数量（只）	期货资管产品总规模（亿元）	量化、CTA 及 FOF 产品数量（只）	量化、CTA 及 FOF 产品规模（亿元）	占比
1	华泰期货有限公司	72	52.25	24	13.85	26.51%
2	海通期货股份有限公司	225	144.11	19	13.33	9.25%
3	永安期货股份有限公司	50	17.63	13	7.91	44.87%
4	南华期货股份有限公司	70	101.20	6	7.86	7.77%
5	中信盈时资产管理有限公司	73	180.42	6	6.74	3.73%
6	银河期货有限公司	112	133.48	6	5.95	4.45%
7	国投安信期货有限公司	49	53.07	4	4.25	8.00%
8	广发期货有限公司	49	21.52	8	3.87	17.97%
9	华期梧桐成都资产管理公司	33	7.85	8	3.51	44.63%
10	格林大华期货有限公司	27	34.97	6	3.43	9.81%
11	兴证期货有限公司	44	15.42	11	3.26	21.11%
12	鲁证期货股份有限公司	42	34.57	4	3.25	9.42%
13	新湖期货有限公司	56	28.87	4	2.30	7.97%
14	国泰君安期货有限公司	33	33.70	4	2.12	6.30%

续前表

序号	公司名称	期货资管产品数量（只）	期货资管产品总规模（亿元）	量化、CTA及FOF产品数量（只）	量化、CTA及FOF产品规模（亿元）	占比
15	西部期货有限公司	19	7.58	5	2.08	27.48%
16	方正中期期货有限公司	58	25.08	7	2.01	8.01%
17	国富期货有限公司	21	3.96	6	1.95	49.20%
18	恒泰期货股份有限公司	18	7.31	5	1.94	26.57%
19	光大期货有限公司	16	47.11	4	1.90	4.04%
20	五矿经易期货有限公司	80	26.82	13	1.79	6.67%

期货资管成长中的烦恼

资管监管政策趋严，期货公司后发劣势愈发明显

由于期货资管起步晚，错过了资产管理行业快速发展的野蛮生长期，在期货资管政策放开的两年时间里，期货资管虽然有了长足发展，但是与券商、信托和基金专户等私募产品相比仍然有非常大的差距。2016年以来，监管部门陆续出台规范资管业务的多种政策，目前还有多项政策在酝酿过程中，例如市场流传的一份非正式发布的、还在讨论中的未定稿文件《关于规范金融机构资产管理业务的指导意见》等，未来资产管理行业发展的整体监管政策将趋严，原来已经形成的市场格局将更加稳固，期货公司作为大资管行业起步较晚的机构，在未来政策趋严的背景下后发劣势将更加明显。

期货公司在资本、人才与技术方面的短板将制约期货资管的发展

在资本方面，截至 2016 年末国内 149 家期货公司注册资本总额 580 亿元、净资产 911 亿元、净资本 687 亿元，整个期货行业资本金规模不及一家大型券商的水平；在人才储备方面，期货行业在 2006 年以后才逐步有较多的新人加入，但近年来随着其他金融机构逐步参与期货市场，期货行业优秀人才流失现象非常严重，整个行业人才基础非常薄弱；而在技术投入方面，大部分期货公司当前关注的重点还是核心交易系统的安全稳定，而对于资产管理业务系统主要以外购以及借用证券公司 PB 系统为主。因此，在资本、人才和技术投入等方面的劣势，将影响期货资管的竞争力，制约期货公司资产管理业务的发展。

期货资管风险控制面临新的挑战

有效的风险控制是稳健开展期货资管业务基础。2016 年 11 月中旬商品期货的“闪崩”以及 12 月下旬债券市场的剧烈波动引起各家公司对期货资管风险控制的警觉，也让更多的人开始更加关注期货资管的风控情况。期货资管的投资标的以期货、股票和债券等场内交易市场为主，同时多数资管产品实行投顾模式，借助外部投顾力量弥补期货公司在主动管理能力上的短板。当前的投资市场以及业务模式对期货资管的风险控制带来如下几方面的挑战：一是金融市场的联动和波动加剧，对期货资管的风控带来严峻挑战。《资管新规》以后，结构化产品虽然受到极大抑制，但是对于多数管理型产品都设置了严格的预警与止损条款，目前混合类产品预警和止损线通常为 0.92 和 0.90，债券类产品预警和止损线通常为 0.98 和 0.96，因此在金融市场联动和波动加剧的背景下，期货资管触及预警和止损的概率更大、速度更快，这对管理人的风险控制和应急处置提出了更高的要求。二是债券市场流动性对期货资管风险控制带来严峻的挑战。目前交易所债券市场的流通性整体比较差，在全球量化宽松政策转向以及利率上行的背景下，债券市场的波动加剧，如果债券类产品触及预警或止损，期货公司在风险处置时将面临非常大的挑战。另外，由于债券市场的估值方式较多，如果债券估值不能有效反映市场变化、真实体现债券市场的价值，

风险就会积累，当风险爆发时期货公司处置起来将会措手不及。三是风险控制信息系统存在短板。目前多数期货公司借用证券公司 PB 系统开展资产管理业务，并通过证券公司 PB 系统进行风险控制，这将导致不同的资管产品难以在统一的风险平台上进行风险控制，这不仅会限制期货资管产品数量的扩展，对部分风险控制参数也会形式挑战。四是期货资管的投顾模式可能带来道德风险。目前期货资管投顾模式居多，而且是通过分散的 PB 系统进行风险控制，因此对于投顾在不同管理人的产品间进行利益输送、过度冒险行为等道德风险无法有效控制。

期货公司风险监管指标约束以及“营改增”政策给期货资管发展的成本带来一定压力

目前证监会对期货公司资产管理业务实行净资本约束，《期货公司风险监管指标管理办法》规定期货公司“一对多”资管业务按管理规模计提 4% 的风险资本准备，而对“一对一”资管业务按管理规模计提 3% 的风险资本准备，期货公司的风险资本计提率是所有开展资产管理业务的金融机构中计提标准最高的机构。2016 年 10 月证监会发布了《期货公司风险监管指标管理办法（征求意见稿）》，拟对期货资产管理业务净资本计提标准进行调整，分别按照资产管理业务收入的 15%、定向资产管理计划和非结构化集合资产管理计划按照管理规模的 1% 以及结构化资产管理计划按照管理规模的 2% 的标准计提风险资本准备。如果按照征求意见稿实施，期货公司开展资产管理业务的净资本约束有望大幅降低。

2016 年 12 月财政部和国家税务总局发布了《关于明确金融房地产开发教育辅助服务等增值税政策的通知》（财税 [2016]140 号），明确资管产品运营过程中发生的增值税应税行为，以资管产品管理人为增值税纳税人。资产管理业务中的应税行为不仅包括管理人管理费，还包括资管产品投资过程中产生的应税行为。期货资管产品难以避免投资信用债券、保本理财等应税产品，由于投资这些产品产生的增值税应税行为将降低产品收益或者将增加管理人的成本，这对本身收费不高的通道业务带来较大的挑战和抑制。

资管丛林中期货资管创新与突破

从各类资管禀赋特征看期货资管创新突破路径

在国内金融体系中，可以开展资产管理业务的公司主要包括银行、信托、保险、证券、基金、期货公司和私募基金等几大类机构，这些机构分别属于银监会、证监会、保险会监管，同时受各自协会组织自律监管。由于各类资产管理机构天然禀赋及监管环境的差异，不同类型资管的发展呈现出差异和不同特征。银行业以吸存和信贷为主业，具有广泛的客户基础和充足的资金来源，银行客户整体风险偏好低，对产品收益要求稳定，因此银行资管产品集中在债权类资产，具有较低风险，稳定收益的特征。银行资管产品起步于 2004 年光大银行发行的首只预期收益性产品。银行业由于受到巴塞尔协议约束实行净资本管理，因此监管环境与政策对银行资管的发展发挥了重要作用，2011 年由于受信贷紧缩政策影响以及在金融危机刺激政策后银行表内资产规模的快速扩张，当年银行理财产品放量增长，年增速达 64%；2012 年银行理财产品余额超越保险资金余额，成为资管市场最大金主。保险以“长久期”资产管理为安身之本，资产安全性要求最高，同样基数庞大，因此保险资管以低风险长周期的债权、股权为主体，具有长期、安全的特征。证券公司的基础业务是证券经纪、投行和研究等业务，其优势在于对资本市场的深刻理解以及具备较高风险承担能力的客户群体，因此证券资管主要集中于股权类资产或债券市场，具有较高风险较高收益的特征。同样，期货公司的基础业务是期货经纪业务，其核心优势在于对期货市场风险管理功能的理解，因此期货资管应当立足于自身特色，在大宗商品投资、双向交易、绝对收益、市场波动低相关产品设计等方面进行重点挖掘和突破。

表 11-6　　各资产管理机构业务汇总

监管	公司	资产分类	缘起
银监会	银行	固收	客群主要来源于存款客户，是低风险偏好客户的代表，同时资产规模大，资产管理要求与银行本身资产配置要求相似

续前表

监管	公司	资产分类	缘起
银监会	信托	固收非标	早期客群来源于银行和证券两个行业，兼顾了各类风险偏好的客户，在成立早期标准化金融产品缺乏，借鉴银行信贷经验，形成了固收与非标并重的资产配置格局。虽然有大量信托产品参与标准化金融品投资，但因市场容量和产品特征等因素限制，总量有限
证监会	基金	固收证券	监管规定只能从事标准金融产品投资，因此形成了货币类和证券投资类两大领域资产配置的现状
	基金子	非标	该公司成立的背景是在金融自由化过程中，为隔离风险，由监管部门允许基金公司设立的。由于起步晚，市场培育过程短，借助母公司的信用，此类公司选择了以非标为主的事务管理型业务
	证券	证券固收	证券投资分析是证券公司主业，有着与生俱来的优势，在债权和股权保荐过程中积累的分析能力是其他行业很难超越的；加之客群以较高风险偏好的客户为主，资管更多偏向于股票和债券
	直投	非标	与基金子类似，为隔离风险，证券成立专门子公司用于非标项目直接跟投。基于证券公司本身的分析能力，非标准化股权和债权是其主要投资方向，且在非标投资中属于高风险偏好的投资类型
	期货	证券衍生品	在产业资本避险习惯未能养成之前，期货市场的主要参与者是非常小众的高风险偏好客户，资管市场分割基本完成，期货资管主要投资于有一定优势的证券和衍生品大类，但限于市场规模与收入，期货行业本身资源积累不足，加之起步晚，市场容量和规模小，并未形成优势

续前表

监管	公司	资产分类	缘起
保监会	保险	固收非标	保险是风险分散工具，更是跨期转移工具，这决定了保险投资的要求是安全且长期的。因此基于保险特征及年金管理需要，资产配置以固定收益类资产和低风险偏好的安全非标资产为主
协会	私募	各门类	早年私募处于半阳光化资产管理状态，通过借道信托等进行产品发行，近 5 年受益于政策的放开，私募出现了爆发式增长。由于门槛低，投资范围广，私募主要分为证券投资类和股权投资类两大类型

从资管机构成长历程看期货资管的突破路径

2014 年之前，国内私募基金处于法律灰色地带，较难与非法吸收公众存款等违法行为划清界限；由于没有明确的法律身份，私募基金公信力不足，没有类似公募基金的第三方托管机制保障基金安全，行业发展迟缓。而随着社会资本的充盈，多样化个性化理财需求的出现又需要私募基金这一形式发挥作用。为了规避以上劣势，部分私募基金与金融机构合作发行产品，由私募基金提供投资策略，由金融机构提供资产托管、策略审核、风险控制等管理措施，同时借助金融机构的公信力进行产品发行。在此过程中，信托公司占有较大的市场份额，事务管理类信托为私募基金的发展提供了良好的平台。事务管理类信托即为典型的通道管理类资管产品。

对于资管细分市场的新入者，一般采用先开展通道管理类业务，一方面扩大规模，另一方面逐步积累和提高自身在这一细分市场的管理能力，进而实现主动管理。回顾我国资管市场发展，银行与信托在尝试进入场内市场投资的过程中，大量业务与基金公司甚至私募公司合作，目的就是快速积累管理规模和提高管理能力，待主动管理能力形成后，不断提高主动管理类产品所占比重，实现业务有序开展。证券、保险在开展新业务时也采取了借助外部力量的方法。得益于起步晚、市场相对成熟、监管严格，期货资管业务在各类资管业务中体现出规范程度高、风险事件少等特征。但距2014年底放开“一对多”业务仅两年，期货资管的发展仍处于前期积累阶段，适当、审慎地开展通道管理类业务可以有效发挥期货行业本身高杠杆、强风控的优势，还可以为期货行业积累丰富的投资管理经验，培养投资管理能力，有利于期货资管行业找准市场定位，取得进步。

新监管形式下期货资管的创新突破途径

基于行业本身的特点与资管业务的发展趋势，期货资管需要找准自身的亮点，突出行业优势，加快专业化资产管理能力构建与发展。

1. 立足期货市场特点，培育和发展主动管理能力

期货期权合约与股权、债权等投资标的相比，具有双向交易、杠杆交易、依托于实物资产、标的流动性强等特点。因此，投资于期货期权合约的资产管理计划可以实现与宏观经济挂钩、与经济周期独立等其他资产较难实现的特征。此类资产由于杠杆和非线性等特征，投资需要较高的专业性，而与生产资料相关的属性也使得此类资产的基本面研究与其他行业具有明显的差异，而期货公司在这方面的投资研究能力具有近20年的积累，与其他资管行业相比具有明显优势。利用好这一优势，扩大行业特色，是期货资管主动管理能力充分体现价值的一条捷径。通过期货资产管理，可以在利用期货优势的同时，兼顾期货标的物的属性特征，给标的物本身的投资提供更多可能的组合，构建不同风险收益特征的资管产品，丰富资产管理产品的可选范围。

2. 立足信息技术优势，在量化管理、FOF 产品方面重点突破

期货市场是中国金融市场中对信息技术依赖最深的市场之一。自上海期货交易所技术公司于2008年推出CTP柜台系统之后，期货行情数据不再通过落地数据库而是通过流数据作为载体，极大地提高了期货行情数据与交易的处理效率，使期货与超低网络延时技术紧密联系在一起。也正是由于基于流数据行情发布方式的普及，期货高频数据的获取成本几乎下降为零，为基于数据的量化交易创造了宽广的舞台。2012年之后，量化交易成为各专业投资机构期

货和证券交易的主流研究方法，期货公司是该技术的最终载体，也是该技术的最优承接方，除了基础量化交易研发，在多管理人产品管理、策略有效性评估、资金管理等多方面应用量化方法积累了丰富的经验。充分利用这个优势，在市场策略海选、风险度量测试与优化、投资组合权重管理等方面进行精细化管理，可以有效整合市场资产管理能力资源，提高分工合作效率，以 FOF 或 MOM 形式实现管理需求与管理能力的对接，提升资产管理市场投资范围和策略的多元化选择能力，促进资源的组织效率。

3. 发挥风险管理方面的优势

期货市场起源于市场风险管理需求的出现，完善于市场询价机制的成熟。风险管理是期货行业最根本的职能，也是期货行业赖以生存的基础。实现现货市场风险的识别和转移，是期货行业的根本使命。但是由于期货本身高杠杆、双向交易等现实特征，大多数企业接触期货都是一个痛苦的过程，甚至由于专业管理不到位，会给企业的正常经营带来一些负面影响。这些都需要期货行业能为企业提供更为专业和有效的服务，提高期货的实际利用价值，同时降低由于对期货应用管理不善造成的潜在损失。深入需求企业调研，以资产管理的方式为企业定制专有的风险管理方案，根据企业需求，平衡风险收益，利用期货公司生产资料投资研究的能力和优势，在适当的时期为风险管理提供适当的仓位，提高企业资金利用效率，提升风险管理对企业收益获取的贡献，采用非对称保值、期权保值等方式强化企业非对称风险管理工具的专业应用，提升风险管理工具使用效率。

4. 发挥金融中介职能，探索发行商品 ETF 产品

商品 ETF 策略是最重要的被动型资产管理策略，也是衍生品市场最基础的构建元素之一。商品 ETF 是商品期货与现货最直接的沟通桥梁，ETF 的设立可以将过往每月一次的期现联动压缩到任意时段，使用现货仓单对 ETF 份额进行申赎的制度安排将期货与现货市场的套利空间不断压缩，强化两个市场的联动，同时避免大规模逼仓行为的产生。商品 ETF 可以平滑期货合约换月的影响，显著降低参与期货交易的专业门槛，这样可以为期货市场带来更多样

化的参与主体，增强期货市场定价的代表性。由于一些制度限制或认识不足，大量企业无法直接参与期货市场进行风险管理。在有需要的前提下，此类企业还可以借道 ETF 实现过去只有在期货市场才能实现的风险管理需求，为企业经营提供更多风险保障。商品 ETF 可以构建多样化的价格序列，单一品种、大类品种、混合品种等多种组合方式，甚至可以为宏观经济运行提供有效的参考指标，也成为普通百姓对抗通胀的有力工具之一。

5. 拓宽视野，在国际化投资方面进行探索

大宗商品本身就是跨国贸易原材料市场里最重要的组成部分，国际化程度高、价格形成机制透明、国内外联动性强、国际影响力大，掌握其定价权对国家发展具有极其重要的意义。商品期货起源于大宗商品贸易，天然地拥有国际化的基因。随着“一带一路”和“全球化”的推进，国际化对于日渐富裕起来的中国来说有着越来越重要的意义。商品期货在国际化大类资产配置当中，可以充当相当关键的角色。一方面，由于国内外市场的联动性，商品期货在资本管制条件下可以在一定程度上替代海外投资；另一方面，通过跨境风险管理，企业可以实现长交货周期国际贸易条件下的风险管理。同时，由于贸易成本、信息成本等原因造成的跨境非理性价差也是期货资产管理可以关注的低风险收益机会。

对于存在明显后发劣势的期货资管行业而言，突出期货特色，积极服务实体经济才是期货资管发展的长久之策。对于管理能力不足、量化高频有所受限、国际资本流动渠道不畅等困难，期货资管可以寻求以更多的创新来弥补不足，实现行业的立足与发展。

私募股权：中国股权投资市场的新生态

2016 年中国股权投资市场年度盘点

2016 年中国经济增速放缓，步入深入调整“三期叠加”的新常态，资本市场监管逐步趋严。在金融需求收缩的大背景下，中国股权投资市场依旧发展活跃，全年募资和投资总额创历史新高。2016 年股权投资市场基金募集规模突破 1.37 万亿元，主要是新型国家队产业基金与并购基金的频繁设立拉高了市场整体募资规模。投资方面，投资案例数和投资金额双双走高，同比增幅分别为 9.1% 和 41.8%，投资机构的投资热情未减。单笔平均投资金额同比上涨 30.0%，呈现大幅上涨趋势，这主要归因于优质资源逐步向头部项目聚集，投资机构重金布局其认为极具成长性和盈利性的企业。此外，国内新股发行速度明显加快，以 IPO 形式退出的股权投资项目数量明显增多。在此背景下，国内股权投资市场逐渐步入新阶段。

股权投资市场新增资本过万亿，国有资本成为重要参与者

2016 年是中国全面建成小康社会决胜阶段的开局之年，也是推进结构性

改革的攻坚之年。在“大众创业、万众创新”的背景下，中国股权投资市场基金募资活跃度不降反升，新兴国家队产业基金与并购基金的频繁设立拉高了市场整体募资规模，全年新增资本量超万亿，单只基金平均募资额较 2015 年增长了近一倍。

根据清科集团私募通数据显示，2016 年中国股权投资机构新募基金共计 2 438 只，比 2015 年募集基金数量减少了 17.91%；从基金募集规模上看，2016 年共募集 13 712.05 亿元人民币，约为 2015 年全年募资额的 1.75 倍，募资增长速度较上一年有所提升。从平均募资额来看，披露金额的 2 019 只基金平均规模在 6.79 亿元人民币左右，约为 2015 年平均募资额的 1.96 倍。

图 12-1　2006—2016 年中国股权投资市场募资情况比较

资料来源：清科研究中心私募通数据库。

截至 2016 年，基金业协会公布的最新数据显示，国内股权投资机构超过 1 万家，管理资本量总计超 7 万亿元。政府引导基金已到位管理资金规模达 19 074.24 亿元，同时，国有资本积极参与股权投资基金，其已经成为股权投资市场不可忽视的重要参与者。

2016 年，由国有资本发起设立的千亿级别基金纷纷落地。8 月 18 日，经国务院批准，由中国国新控股有限责任公司、中国邮政储蓄银行股份有限公司、中国建设银行股份有限公司、深圳市投资控股有限公司共同出资设立的中国国有资本风险投资基金股份有限公司成立，该基金总规模约 2 000 亿元人民币，首期规模 1 000 亿元。10 月 13 日，中国诚通发起设立的中国国有企业结构调整基金成立，预期预计基金总规模为 3 500 亿元，首期募集资金 1 310 亿元。

2016 年中国股权投资未见“寒冬”，投资阶段“两极化”趋势加深

从投资的角度来看，2016 年中国股权投资市场的投资热情未减，并未受“资本寒冬”影响，全年共发生投资案例 9 142 起，相比 2015 年全年投资案例数增长 9.07%，增速平缓。就投资总额来看，2016 年投资额达 7 449.10 亿元人民币，约为 2015 年投资总额的 1.42 倍，投资金额大幅增长的主要原因在于“新常态”经济环境下的资产荒使机构更倾向对优质项目注入更多资金。优质小企业“一票难求”，国内企业“走出去”跨境并购动作频繁，越来越多战略投资者、国有资本进入市场，中国股权投资市场的格局正在不断变化，各机构间的在投资方面的竞争将更加激烈。

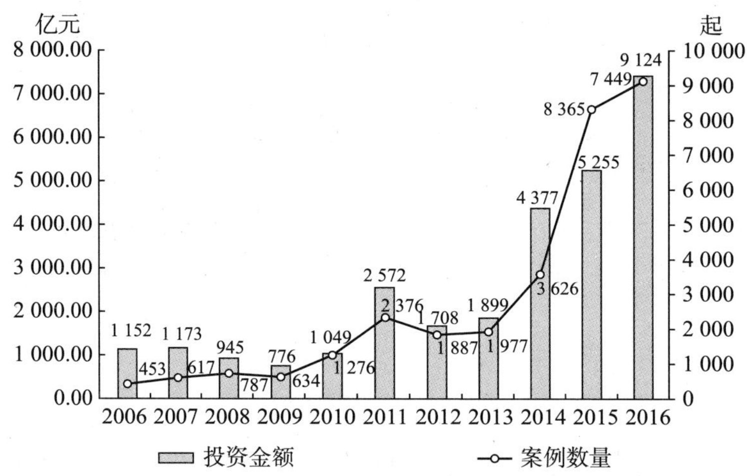

图 12-2　2006—2016 年中国股权投资市场投资总量情况比较

资料来源：清科研究中心私募通数据库。

其中，2016 年中国私募股权投资市场投资规模依然保持了高位增长态势，尤其是 PE 机构通过定增投资上市公司的案例数量和投资金额均有明显增长，以硅谷天堂、中新融创、温氏投资等机构为代表的百余家 PE 机构共计投资 332 起上市定增案例，投资总额达 1 533.06 亿元人民币，占 2016 年整个 PE

市场投资总额的 25.49%。同时，早期投资市场活力迸发，投资金额和平均投资金额呈现大幅上涨趋势，投资案例数则呈现相反趋势。而创业投资市场活跃度虽未减，但投资规模增速远不及早期投资和私募股权投资市场。股权投资机构越来越集中于投资早期和中后期企业，投资阶段的“两极化”趋势将继续加深。

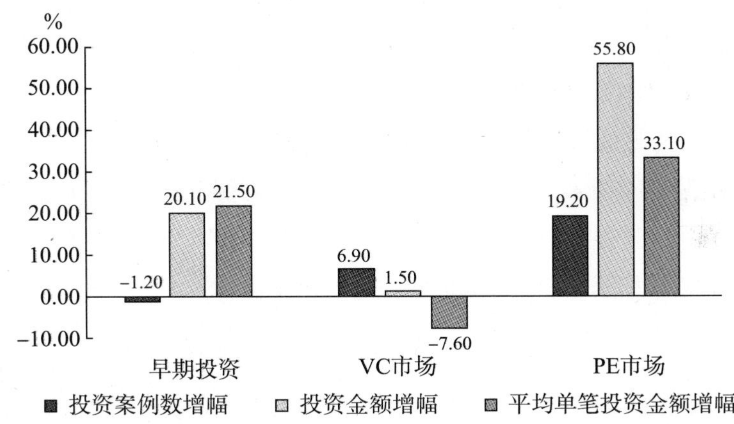

图 12-3　2016 年中国股权投资市场较 2015 年投资变化情况

资料来源：清科研究中心私募通数据库。

从投资案例的行业分布来看，2016 年互联网行业在投资案例数量和投资规模方面虽依然独占鳌头，投资金额增长超五成，但投资案例数大幅减少。人机交互、万物互联的黑科技异军突起，围绕智慧城市、人工智能、大数据、等多个细分垂直领域吸金最多。数据显示，2016 年全年发生的 9 142 起投资案例中，投向互联网行业的案例数高达 2 006 起，占比高达 21.9%，同比下降 21.7%，而总投资金额达到 1 463.59 亿元人民币，较 2015 年增长 50.6%。

2016 年，人工智能在技术升级和应用方面均取得了巨大的进展，国内以语音识别、图像识别、自然语言处理等为代表的人工智能核心技术发展迅速，公众对人工智能的关注度不断上升。相应地，不少投资机构在 2016 年均对人工智能领域进行了重点布局，真格基金、创新工场、IDG 资本、红杉资本中国、经纬中国等均是该领域非常活跃的投资机构，所涉及领域囊括了人工智能的各个细分领域，所投公司企业涉及企业服务、医疗健康、智能硬件等多个行业。以计算机视觉应用公司——依图科技为例，其成立于 2012 年，主要致力于图像技术在安防和金融领域的应用，包括车牌识别、人脸识别及智慧城市等。目前依图科技已经取得了很多应用案例，在安防领域，公司研发的“蜻蜓眼”人像大平台已服务全国上百个地市公安系统；在金融领域，依图科技的人脸识别技术则被一商业银行接入其众多营业网点。2016 年，依图科技获得了数千万美元的 B 轮融资，投资方为云锋基金，此前，依图曾获得来自真格基金的天使轮、和来自红杉资本中国和高榕资本的 A 轮天使投资。而在 2017 年 5 月，依图科技获得了由高瓴资本集团领投，云锋基金、红杉资本、高榕资本、真格基金跟投的 C 轮融资，融资额达 3.8 亿元。与以往两轮融资不同，本轮融资将用于人工智能技术在医疗行业的核心技术研发。人工智能技术所能应用的广度和深度仍在逐步被拓宽和挖掘，人工智能时代已经来临，以技术为核心的企业越来越受到资本的追捧和看好。

从投资案例数量来看，投资热度紧随互联网行业之后的还有 IT、生物技术 / 医疗健康、娱乐传媒、电信及增值业务和金融。从投资金额来看，物流行业同比增速最为明显，2016 年 VC/PE 投资物流行业的金额高达 280.31 亿元，是 2015 年的 5.78 倍。近年来，中国电子商务市场的快速发展刺激了快递服务需求，以百世快递、中国物流资产、全峰快递、韵达速递和天天快递为代表的物流企业均在 2016 年获得了融资。此外，金融、房地产、生物技术 / 医疗健康、娱乐传媒、清洁技术等行业在 2016 年继续获得较高的关注，在国家加大医疗改革的政策引导下，生物技术 / 医疗健康作为近年来最受机构热捧的行业之一。其中，医疗器械、生物类似药、互联医疗配件、大数据医疗、高端医疗服务等均为生物技术 / 医疗健康行业热点投资领域。2016 年融资规模较大的生命健康领域的案例包括美中嘉和、津同仁堂、诺禾致源、爱尔眼科和嘉林药业等。

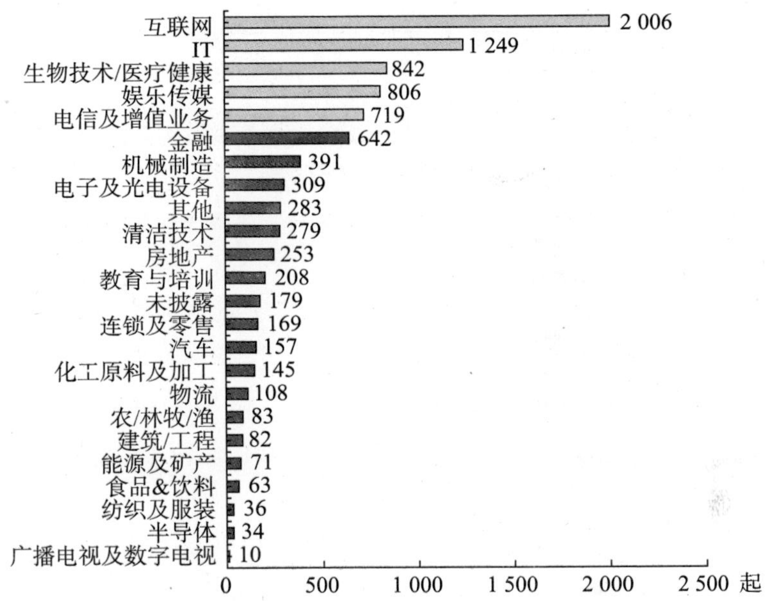

图 12-4　2016 年中国股权投资市场一级行业投资分布情况

资料来源：清科研究中心私募通数据库。

下半年 IPO 审核速度加快，股权投资机构退出压力有所缓解

随着 2016 年利好政策与监管规则平行出台，国内新股发行速度自 2016 年下半年以来明显加快，以 IPO 形式退出的股权投资项目数量明显增多，借壳上市受政策影响遇阻。在一系列改善新三板流动性的政策推动下，企业挂牌新三板信心增强。在 IPO 常态化趋势逐渐明朗，新三板流动性不断改善的背景下，股权投资机构的退出压力有所缓解，股权投资项目的退出速度将有一定程度的提升。

2016 年，全球范围内有 291 家中国企业完成上市。沪深两市新增 IPO 总数量 227 家，位列全球所有交易所之首。其中，国内 VC/PE 支持的 IPO 达到 174 起，创下近 5 年新高。2007 年至 2016 年国内 VC/PE 机构在企业 IPO 的渗透率由 38.8% 上涨至 59.8%。2016 年，IPO 规模略低于 2015 年同期水平，但

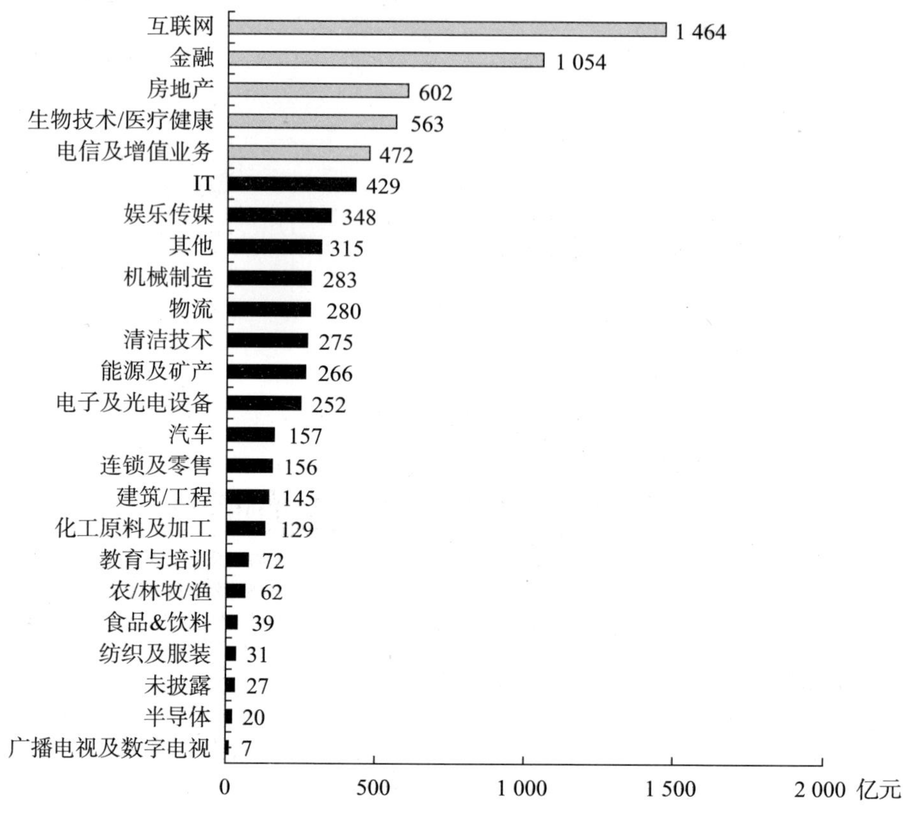

图 12-5　2016 年中国股权投资市场一级行业投资分布情况

资料来源：清科研究中心私募通数据库。

第四季度上市数量高达 101 家，创 2015 年第二季度（上市数量 117 家）后新高。从境内市场全年四个季度来看，2016 年内整体呈现非常稳定的回升趋势，IPO 常态化的趋势逐渐明朗。

截至 2016 年 12 月 31 日新三板共有挂牌公司 10 163 家，2016 年全年新增 5, 034 家企业挂牌，同比 2015 年同期新增挂牌数量增长 41.5%，挂牌公司的总股本达 5 851.55 亿股，总市值达 40 558.11 亿元，为 2015 年的 1.65 倍，平均市值为 3.99 亿元。挂牌数量的增长主要得力于分层制度落地，以及 9 月份颁布的《私募机构全国股转系统做市业务试点专业评审方案》等一系列改革措施，

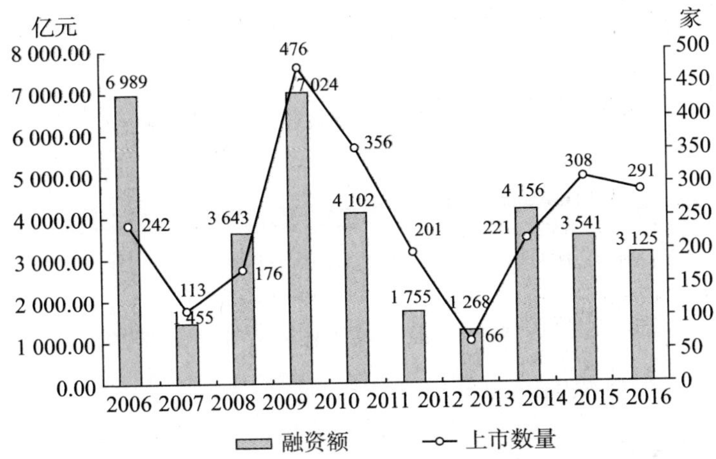

图 12-6　2007—2016 年中国企业上市数量及融资金额

资料来源：清科研究中心私募通数据库。

增强了企业挂牌信心。其中，VC/PE 支持的挂牌企业有 1 091 家，占 2016 年新三板挂牌数 5 073 家的 21.5%。

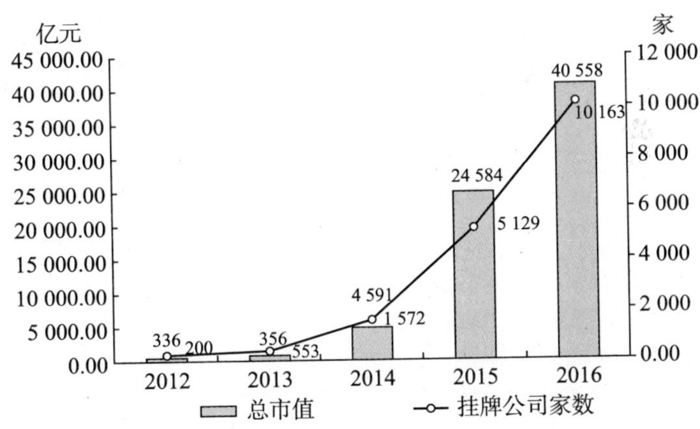

图 12-7　2012—2016 年新三板挂牌数量和总市值

资料来源：清科研究中心私募通数据库。

从股权投资市场的退出方式来看，2016 年中国股权投资市场共发生退出交易 4 847 笔，与 2015 年同期相比退出案例总数上升 28.4%。挂牌新三板依然是最主流的退出方式，2016 年新三板退出交易为 3 195 笔，是 2015 年的 1.66 倍。

而 IPO 退出交易自 2016 年下半年开始逐渐增多，交易笔数达 545 笔，较 2015 年增长 2.83%，重新成为股权投资机构退出方式的首选，越过并购退出位居第二。近年来越来越多中资企业因战略发展需要选择在境外上市，除了考虑节省融资时间与成本外，还希望借此扩大自身在全球范围的影响力。2016 年投资机构所投企业在海外上市的成功案例不在少数，如邮储银行、美图、百济神州、中通快递这些投资机构所投企业均在 2016 年于海外成功上市。

2016 年并购退出热度有所下滑，其主要原因在于证监会在 2016 年 6 月出台了一系列规范借壳上市、并购重组的政策法规，致使上市公司兼并重组遇阻。此外，股权投资机构通过股权转让、管理层收购、回购等其他退出方式占比也有所增长，但增速较为平缓。

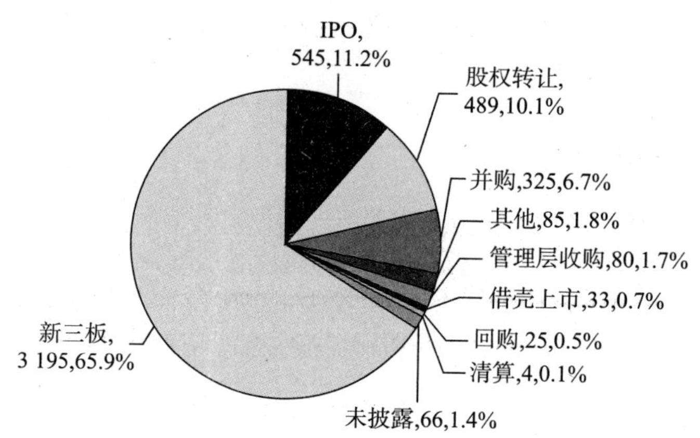

图 12-8　2016 年中国股权投资市场退出方式分布（按退出交易数量，笔）

资料来源：清科研究中心私募通数据库。

股权投资基金已成为资产配置中不可或缺一部分

另类投资市场在受到国内外宏观经济形势影响的同时，其发展和波动状况也与资本市场的整体态势紧密相连。而由于另类资产自身的特殊属性，其在中短期内往往与主流市场的发展呈现出一定的差异性。2016 年，全球资本市场波动异常，国内外的另类投资市场也受到一定波及，但其总体发展情况依然稳定向好，尤其是中国股权投资市场依然活跃。因此在股票和债券市场低迷的背景下，另类投资能够在投资组合中起到平滑亏损、提高收益稳定性的作用。

目前，另类资产已成为资产配置的重要组成部分。根据普华永道研究，全球资产管理规模预计到2020年达到101.7万亿美元，年均复合增长率为6.0%。其中，另类投资资产管理规模将继续以9.3%的年均速度增长，到2020年达到13万亿美元，将占到资产管理规模的35%。就国内而言，近五年来中国另类投资市场迎来了黄金发展期，包括私募股权投资、房地产投资和基础设施投资在内的另类投资市场的热度已达到历史高点。另类投资资产规模在投资者资产配置中的占比也在不断增长。以保险资金为例，自2009年以来，另类投资资产规模在国内保险资产配置中的占比逐年上升，尤其是自2013年开始加速上升，在2016年已超越债券成为国内保险资产配置中占比最大的一项资产。

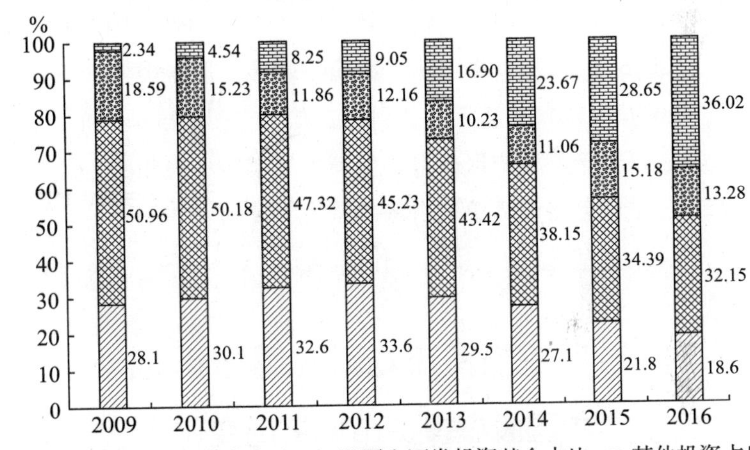

图 12-9　2009—2016 年国内保险资产配置情况比较

资料来源：保监会。

随着国内股权投资市场的蓬勃发展，机构投资者不断增多以及高净值个人的投资理念越来越成熟，股权投资基金已经成为大类资产配置中不可或缺的一部分。一方面，2016年，国内经济处于结构调整关键时期，经济面临下行压力，股市经历大幅震荡，人民币持续贬值。投资者开始更加倾向于追求财富长期稳健的增长，为充分分散风险，往往选择跨地域、跨币种、跨周期、跨类别的资产配置。而股权投资基金以其跨周期、长期回报较高的特点，逐渐成为投资者构建资产组合时的不可忽略的选择之一。另一方面，“十三五”规划和“双创”政策陆续出台，国企改革进入加速期，保险资金设立私募基金开闸，各地政府争相设立政府引导基金，行业监管不断加强及完善，这些信号让投资者对股权投资市场信心增强，投资股权投资基金积极性不断提高。

而在股权投资基金的选择上，投资者也受宏观经济环境和自身风险承受能力的影响有着不同的偏好。例如，基础设施投资基金具有周期长、资金大、收益稳定、抗通货膨胀等特征，这非常符合保险资金、社会保障资金投资者的投资需求。2016年，资产荒并未得到真正的缓解，国内银行理财产品收益率跌破4.0%。同时，人民币开启新一轮的贬值趋势，投资的不确定性进一步上扬，低利率的环境造成国内优质资产极度稀缺。基础设施投资基金因此成为保险资金、社会保障资金等的重点投资对象，根据中国保险资产管理业协会统计，2016年，22家保险资产管理公司共注册各类资产管理产品152项，合计注册规模3 174.39亿元，分别比2015年增加25.6%和17.3%，主要投向基础设施、不动产、棚户区改造、保障房等实体经济和民生建设领域。目前，国内基础设施项目融资需求缺口依然巨大，伴随着“一带一路”建设不断推进，基础设施投资基金发展空间广阔。

中国股权投资市场新格局与新动向

中国股权投资市场格局变化

1. 传统金融机构纷纷布局，PE市场格局生变

近年来，随着国内传统金融业的改革进程加快，银行、保险、证券、信托的转型也随之进行。在相继被允许获得私募基金管理人牌照之后，传统金融机构在股权投资行业的角色发生了实质性的改变，其正在逐渐从“配角”走向“主角”，传统金融机构入场PE的格局生变。

银行作为最晚进入私募股权投资市场的传统金融机构，其在私募股权投资市场的角色逐渐从幕后走向前台。早前的操作模式一直是曲线落地，偏向在香港设立境外投资子公司，然后在境内再设立私募股权投资基金管理公司以参

与股权投资。2016 年 4 月，银监会、科技部、人行联合发布《关于支持银行业金融机构加大创新力度开展科创企业投贷联动试点的指导意见》(下称《指导意见》)，北京中关村国家自主创新示范区及国开行、中国银行、恒丰银行等十家银行试点，试点银行可利用自有资金设立投资功能子公司对试点园区的创新科技企业进行股权投资。

投贷联动主要是指商业银行和 PE 等投资机构达成战略合作，在投资机构对企业已进行评估和投资的基础上，商业银行以“股权 + 债权”的模式对企业进行投资，形成股权投资和银行信贷之间的联动融资模式。一方面，投贷联动模式降低了银行授信风险，扩大了银行收益，为科技创新型中小企业进一步拓宽融资渠道打开了空间。同时，在投贷联动业务不断细化和风控体系不断完善的背景下，科创企业为达到准入要求，不得不努力提高公司治理能力和经营业绩水平，这从侧面促进了行业的健康有序发展。另一方面，此模式可以拓展商业银行的业务领域，在未来相当长一段时间为其储备大量优质客户资源，锁定企业发展各阶段及上下游一揽子金融服务，促进商业银行差异化竞争优势的形成。随着直接融资市场的快速发展和利率市场化的加速推进，投贷联动模式日益受到众多银行的青睐。

同时，越来越多的银行以投贷联动为中心，搭建了投融资平台，为企业提供融资各个环节的服务。例如，招商银行在 2010 年 6 月率先推出了“千鹰展翼”计划，该计划以股权融资和投贷联动的形式，实现创新型成长企业的合理匹配。在“千鹰展翼”计划中，包含了“投融通”“股权管家服务”的产品。其中，“投融通”能实现企业股权投资资金的提前进入和无缝转换；“股权管家服务”是借助招商银行建立的合作平台，为企业引入股权融资的服务。

保险公司作为私募股权投资的机构投资者之一，被认为是资金使用周期较匹配的。保险业资金具有长期、稳定的独特优势，这一特性有利于保险资金发挥长期投资的优势。而私募股权基金的期限较长，险资在设立并参与私募基金项目时，对优化资产配置、强化资产负债匹配管理都将起到不小的作用。具体来看，自 2010 年保监会颁布《保险资金投资股权暂行办法》以来，保险资金的运用范围被不断拓宽，使用规则被不断细化。保险资金先后被允许投资创业投资基金和设立中小企业私募股权投资基金，保险资金投资的自由度和灵活性也在不断上升，政府为保险资金参与股权投资提供了肥沃的土壤。目前，保险资金参与股权投资的方式分两类：一类为以LP身份出资私募股权投资基金。险资在国内知名度较高的VC/PE机构成立的私募股权投资基金、FOF均有布局。另一类为以战略投资者或GP身份直接参股被投企业。一方面，险资机构以战略投资者身份参与股权投资的积极性越来越高，在2016年诸多热门融资案例的投资人中，均可见到中国人寿、泰康保险等险资机构的身影。例如，国寿投资于2016年6月对滴滴出行完成了3亿美元的战略投资。另一方面，在2014年年底保监会批准保险资金设立私募基金之后，国内成立了首家由保险机构设立的VC/PE机构——合源资本。面对传统VC/PE机构的竞争，如何提高自身的投资专业能力和增值服务能力从而提高资金使用效率和投资收益是险资GP值得思考的问题。

券商作为最早进入私募股权投资领域的传统金融机构，其参与股权投资的方式经历了从设立直投子公司进行直接投资到设立直投基金进行投资，再到直投子公司及直投基金的设立条件进一步宽松的发展历程。券商已经成为目前传统金融机构中参与私募股权投资领域的排头兵。2016年，国内共有58家券商直投子公司参与了165笔投资，涉及金额为123.97亿元。

信托公司近两年正经历着“去信托化”的转型期，近年来受宏观经济下行因素影响，信托公司传统的房地产信托、信政合作等业务愈发难做，不少信托公司甚至陷入兑付危机的泥淖。监管层在2014年对信托公司设立直接投资专业子公司正式开闸。目前，信托公司除了可通过信托计划直接投资未上市公司股权或通过投资私募股权投资基金间接投资外，也可通过设立专业子公司作为GP参与私募股权投资。截至2016年年底，已有41家信托公司获得了私募基金管理人资格。

清科认为，私募股权投资市场竞争格局将日益凸显，传统金融机构参与私募股权投资将为市场带来更多的资金注入，同时具备各自的资源和背景优势，未来市场各参与方包括传统金融机构及传统 VC/PE 机构，将呈现竞争与合作并存的发展局面。

2. 股权投资市场监管将围绕“绿色健康”理念

2016 年被称作股权投资行业监管的“最严元年”，现行的以信息披露为核心，诚实信用为基础的私募监管体系已形成“一法、两规、七办法、二指引、多公告”的无缝隙格局。上至改革完善适应现代金融市场发展的金融监管框架，下至规范基金从业人员资格考试，无不彰显出各级监管层对于净化资本市场的决心。2017 年，私募行业监管将形成统一、规范、多级联动的金融监管平台，建立富有中国特色的私募基金健康生态圈。清科认为，2017 年私募基金监管将呈现以下特点：第一，践行绿色投资，2017 年“绿色”主题将会融入到新的行业监管政策和制度法规中去。第二，强化自律监管，在更加严格、规范、透明的监管体系下，2017 年中国股权投资行业将渐入健康、有序的发展新阶段。第三，既“管”又“护”。国务院总理李克强在《2017 年政府工作报告》中提及，要规范发展区域性股权市场，拓宽保险资金支持实体经济渠道。

中国股权投资基金募资市场动态和展望

1. 并购基金成企业转型重要模式，备受资本青睐

自国际金融危机以来，全球并购市场大幅下挫，2009 年全球并购交易数量和金额均创近年来新低。然而，中国并购市场却逆势上扬，在中国企业海外并购和国内企业兼并重组的双重因素下，并购市场热度不减。监管层优化企业兼并重组市场环境的政策导向将推动重组大潮的到来，大量缺乏竞争力的上市公司都面临重组转型的机遇。

从市场角度来看，2016 年是中国经济结构调整和产业转型升级的重要转折时期，并购重组已成为推动产业整合，实现产业结构调整升级的重要手段，同时，越来越多的企业希望通过并购来实现市值和业绩的双重增长，并购需求及并购投资标的不断增多。在此背景下，上市公司及股权投资机构纷纷通过“上市公司 +PE”模式设立并购基金。“上市公司 +PE”模式是指，上市公司与

PE 机构共同成立基金，用于对目标企业进行股权投资，基金退出方式主要包括上市公司收购、IPO、股权转让、股权回购等多种方式。其运作流程大致为：首先，上市公司与 PE 机构共同出资成立并购基金，PE 机构担任普通合伙人，上市公司为有限合伙人。其次，并购基金所需其余资金由 PE 机构负责向外部融资，同时由 PE 机构负责并购基金的运营管理并对目标企业进行股权投资。最后，待所投企业成熟时，PE 机构将所投企业由并购基金转让给上市公司，从而完成获利退出。

对传统行业的上市公司来说，成立并购基金可以消除并购前期风险，有效地通过并购获取最新的技术、商业模式等或完善产业链布局，实现产业转型升级；也可通过并购基金来实现杠杆收购，提高资金利用效率。对于 PE 等机构而言，参与上市公司并购基金，可以以上市公司为背书降低募资难度，提高投资的安全边界。并购基金在 2016 年对资本的吸引力不断提升，政府引导基金参与“上市 +PE”模式的积极性较高，力图通过并购基金加快当地国企改革和产业结构调整的步伐。此外，银行、保险、信托、券商等金融机构在资产荒不断加剧的背景下，也逐渐参与到并购基金之中，成为并购基金的重要资金来源。

根据清科集团私募通数据显示，自 2006 年至 2015 年完成募集的本土并购基金共有 418 只，其中披露募资金额的基金 327 只，募资规模达到 1 829.92 亿元。到了 2016 年，国内共募集了 270 只并购基金，较 2015 年增长 10.2%，基金数量呈现加速增长趋势，而募集规模则猛增至 2 233.87 亿元，不仅为 2015 年募集金额的 3 倍，还超过了 2006 年至 2015 年并购基金的募集金额的总额。

在实际运作中，自 2011 年大康牧业与硅谷天堂合作成立首支“上市 +PE”模式的并购基金以来，国内已有不少以此模式成功运作的案例。以爱尔眼科为例，其于 2014 年分别与东方金控及中钰创投资本共同设立了产业并购基金，拟并购或新设眼科医院，借助 PE 机构在基金募集、投资、管理及资本市场运营等方面的丰富经验增强爱尔眼科的投资能力、快速增加眼科医院储备项目。2014 年至 2016 年间，这两支产业并购基金成功孵化了 9 个眼科医院项目。

2016 年底，爱尔眼科宣布拟定增募集 24.27 亿元，其中 5.8 亿元用于收购这 9 个眼科医院项目，产业并购基金因此实现了成功退出。

同时，面对“上市+PE”模式运作过程中有可能产生的利益输送、内幕交易、信息披露不规范等问题，监管层正在逐步完善监管政策，监督并购基金有效规范的运行。2016 年以来，监管层陆续对几家成立产业并购基金的上市公司出具了关注函，督促其严格遵守相关规定，在产业并购基金投资事项筹划和实施过程中，建立有效防范利益输送与利益冲突的机制，健全信息隔离机制，防范内幕交易、市场操纵、虚假陈述等违法违规行为的发生，并及时披露产业并购基金投资进展情况。

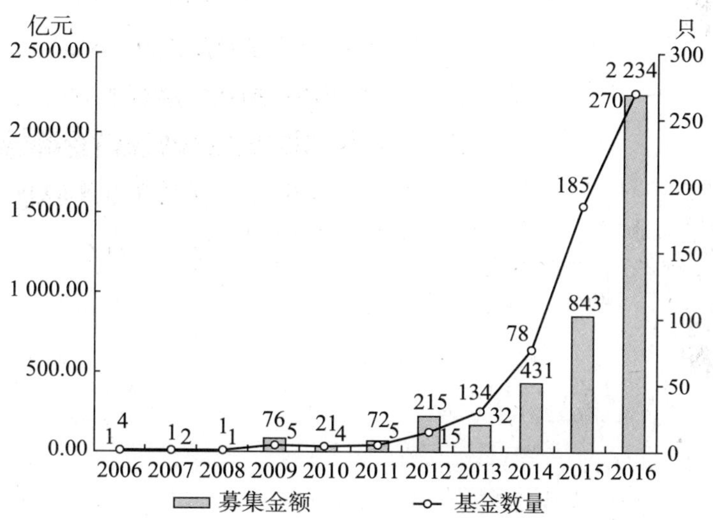

图 12-10　2006—2016 年中国并购基金募集情况

资料来源：清科研究中心私募通数据库。

2. 政府引导基金全面开花，撬动市场万亿资本

政府引导基金作为政府鼓励创业投资及推动战略性新兴产业发展和基础设施建设的重要创新手段，近年来发展迅速。在“大众创新、万众创业”以及经济结构调整的背景下，为鼓励创新创业企业发展，促进产业转型升级，中央及各地方政府纷纷积极设立政府引导基金，引导基金的数量和规模屡刷新高。

相信在加强政府引导基金监督管理，促进政府引导基金市场化运作机制不断强化的同时，我国政府引导基金将鼓励更多社会资本参与新兴产业、国企改革、基础设施建设等方面的投资，加快股权投资行业发展步伐，解决企业融资难问题。

在经历了 2015 年的井喷式增长之后，2016 年政府引导基金继续加速发展，根据清科集团私募通数据显示，截至 2016 年，国内政府引导基金共设立 1 013 只，总规模 53 316.50 亿元，已到位资金 19 074.24 亿元。全国主要省市地区均已设立了政府引导基金，千亿级别的国家政府引导基金纷纷落地。

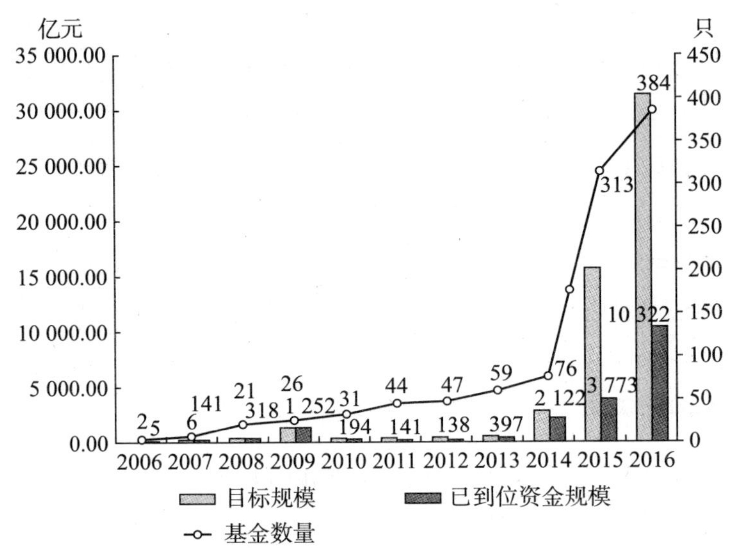

图 12-11　2006—2016 年政府引导基金设立情况比较

资料来源：清科研究中心私募通数据库。

从地域分布来看，政府引导基金呈现由东部沿海地区向中西部地区加速扩散的发展趋势。环渤海地区、长三角地区及珠三角地区依然是政府引导基金设立最密集的区域，四川及重庆地区也是政府引导基金发展较好地区。而中部地区已形成政府引导基金的第二发展梯队，河南、安徽、湖北、湖南、贵州等地发展政府引导基金的积极性高涨，轮番设立规模超百亿甚至千亿的政府引导基金。同时，国内其他偏远地区也在积极尝试利用政府引导基金，带动当地相关产业发展，促进社会经济发展和城镇化建设。

从设立数量来看，浙江累计设立107只政府引导基金，居各地区之首，其次是广东和山东，分别设立了90只和88只政府引导基金。此外，江苏和安徽设立政府引导基金的活跃度也较高，并且西部地区的四川省已设立49只政府引导基金，居全国第六。值得注意的是，河南省在2016年末成立了两只规模均达1 000亿元的政府引导基金：河南省现代服务业产业投资基金和邮银豫资一带一路（河南）发展基金。

3. FOF成为重要的投资组合工具，资本关注度不断上升

FOF自2012年后进入全面发展阶段，特别是2015年至今发展迅速。一方面，2015年起政府全面开展大众创新，万众创业，相关扶持政策的落地提供了更好的政策环境，新经济和新行业受到资本市场的格外关注，从而使得募资和退出渠道越来越多样化，股权投资行业迎来大发展时期。另一方面，在结构调整背景下，经济面临下行压力，投资市场波动较大，优质的资产标的越来越少，风险较低、收益较稳定的标的越来越受广大投资者青睐，因此FOF已逐渐成为国内股权投资领域中一种重要的投资种类。通过将募集到的资金投放到不同种类的VC/PE基金中，FOF使得投资组合实现多样化，从而降低了投资的整体风险。

截至2016年，中国股权投资市场上活跃的FOF共计1 403只，管理资本总量超过22 000亿元人民币，其中，政府引导基金1 013只，市场化母基金390只。2016年，市场化母基金新设立88只，较2015年基本持平，但基金规模高达4 351.78亿元，是2015年的2.32倍，单只平均规模也从2015年的20.83亿元增至50.60亿元。2015年以来，政府引导基金的蓬勃发展，以及其自身市场化运作机制的不断深化，推动了国内市场化母基金的整体发展。

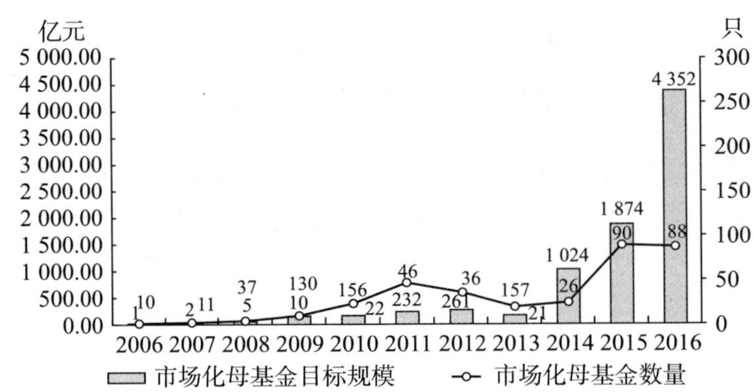

图 12-12　2006—2016 年中国市场化母基金设立情况

资料来源：清科研究中心私募通数据库。

由于 FOF 通常与很多业绩优秀的 VC/PE 基金保持着良好的合作关系，一些资源有限的投资人选择通过 FOF 参与到一般情况下较难进入的 VC/PE 基金当中。与私募股权基金和创业投资基金投资单只基金相比，母基金投资多支基金，进入优秀基金的机会较大，投资风险较低，并且预期投资回报通常高于市场平均回报。同时，中国股权投资市场的发展已有 20 余年，投资者日趋成熟，资产配置这一概念愈发深入人心，FOF 作为分散投资组合风险的一种工具，正在逐渐地被更广泛的投资者所了解和接受。

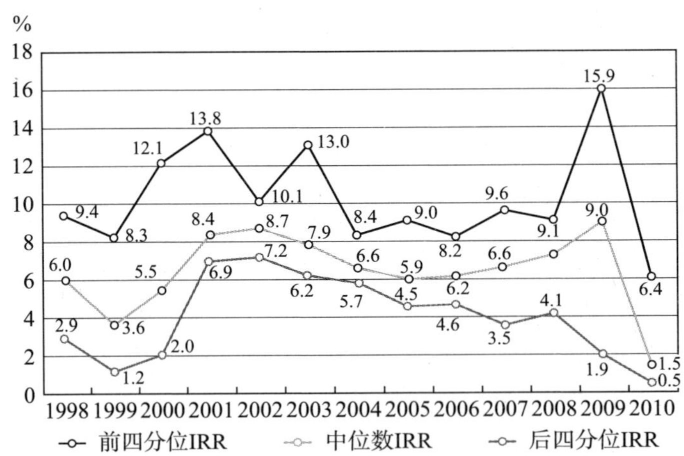

图 12-13　1998—2010 年全球 PE 母基金投资收益率变化趋势

资料来源：Preqin，清科研究中心整理。

中国股权投资市场动态和展望

1. VC/PE 机构积极寻找海外投资蓝海，外汇监管逐渐收紧

近年来，中国 VC/PE 机构出海投资规模不断扩大，2009 年至 2016 年中国 VC/PE 机构出海投资共完成 695 起投资案例，其中 624 起投资案例披露金额，共涉及投资金额 1 267.40 亿元。中国 VC/PE 出海投资从 2014 年开始呈现迅猛发展的态势，与 2013 年相比，2014 年中国 VC/PE 机构出海投资案例数是上一年的 6 倍，投资金额是上一年的 12 倍，而 2016 年中国 VC/PE 机构出海投资共完成 265 起投资案例，涉及投资金额共 317.47 亿元。

其中，得益于市场的不完全发展，以及大部分项目估值相较于其他地区而言较低，印度自 2015 年以来成为包括中国在内的全球股权投资机构最追捧之地。经过公开信息可获知，高瓴资本、复星资本等均为在印度投资较为活跃的中国 VC/PE 机构，其投资的领域各有侧重，涉及领域包括汽车消费、企业服务、快消、金融和 OTA 等。

此外，中国 VC/PE 机构还比较偏爱北美地区的 TMT 行业。以美国为例，2016 年美国的风险投资行业正在逐步回归平均水平线上，但美国投资机构对于项目的选择还处于较为谨慎出手的状态，保守策略尚未彻底转变。因此，创业者对中国资本的态度显得更加包容和依赖。相较于国内企业而言，美国地区的 TMT 企业估值较为理性合理，核心技术的发展前景较乐观，因此 TMT 已成为中国 VC/PE 掘金美国市场主投的领域。

与此同时，自 2016 年年末开始，监管层逐步收紧了外汇政策。2016 年 11 月 29 日，中国人民银行发布《关于进一步明确境内企业人民币境外放款业务有关事项的通知》。2016 年 12 月 5 日，国家发改委发布《关于调整境外收购或竞标项目信息报告报送格式的通知》。2017 年 1 月 26 日，国家外汇局发布《国家外汇管理局关于进一步推进外汇管理改革完善真实合规性审核的通知》。这一系列政策显示，监管层对境外投资的监管正在由宽松向收紧转变，

对境外投资的真实性和合规性的审查力度逐渐加强。清科认为，此举意在平衡国际收支的同时，遏制盲目跟风进行海外投资的行为，对境外投资进行有效的引导，倡导国内资本合理规划和布局海外投资，重视对潜在风险的防范。

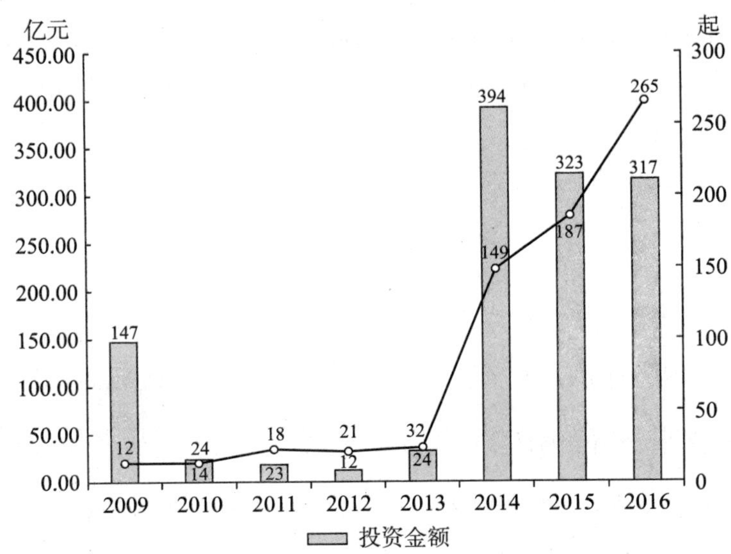

图 12-14 2009—2016 年中国 VC/PE 机构出海投资情况

资料来源：清科研究中心私募通数据库。

2. 战略投资者身份渐趋多元，CVC 入场加大 VC/PE 竞争压力

2016 年中国资本市场参与股权投资的战略投资者渐趋多元化。此前，如“BAT”、复星、海尔、联想、北汽等公司通过单独设立 CVC 模式投资机构介入资本市场，兼顾财务和战略投资属性。而 2016 年更多的战略投资者则通过企业“直投部”进行投资，其中约六成投资方为上市公司，如京东、科大讯飞、美的集团、58 同城等；而以滴滴出行、51 信用卡、菜鸟网络、今日头条、罗辑思维为代表的创业企业也参与股权投资，以此来获取外部现金技术、弥补自身产业链上的劣势，从而增加自己的竞争筹码。与传统 VC/PE 机构相比，这些战略投资者背靠强大的产业，又具备一定的资本运作能力，拥有独特且吸引力极强的优势。例如，战略投资者对相关产业有着深刻的理解，能够为被投企业提供的丰富的产业资源等。传统的 VC/PE 机构正在因此面临着一

定的竞争压力，而这一竞争显然是良性的，越来越多的传统 VC/PE 机构将不得不加深自身的专业性，提高投后管理服务质量，以确保自身在“大浪淘沙”的过程中站稳脚跟。

清科认为，战略投资者参与股权投资将会有以下变化：第一，上市公司为主导；第二，重点布局科技创新领域；第三，投资策略偏向早期，在经济新常态下金融需求短缺的背景下，投资竞争日益激烈，且项目估值依然过高，战略投资者投资策略将会偏向早期以提高投资回报水平；第四，VC/PE 竞争格局生变，战略投资者将成为传统 VC/PE 机构的良性竞争对手，中国股权投资行业整体的专业水平将不断提升。

中国股权投资退出市场动态与展望

IPO 审核加速、新三板改革预期利好 VC/PE 退出

2016 年，资本市场的众多利好信号缓解了股权投资机构的退出压力。A 股市场方面，IPO 审核在 2016 年下半年开始得到明显提速，四季度上市企业数量更是达到 101 家，环比增速达到 320%。同时，上市公司借壳上市行为得到更加严格的监管，市场秩序进一步规范，市场炒壳行为被有效遏制。新三板方面，新三板分层制度在 2016 年 5 月终落地，随后，9 月份《私募机构全国股转系统做市业务试点评审方案》正式公布，私募做市试点正式启动。紧接着，国务院印发《关于促进创业投资持续健康发展的若干意见》，强调完善新三板交易机制，改善市场流动性。此外，监管层还在酝酿如推出大宗交易平台，制定非交易过户制度，允许公募基金入市等多项改善新三板流动性的措施。

同时，2016 年 12 月，深港通正式开通，之前在港上市企业的估值低于国内市场，脱离本土市场投资者或消费者的情况将有所改善，企业赴港上市的热情将再次被点燃。港股通在利好股权投资退出的同时，也为内地资本和投资者提供了更多优质投资标的。

随着 IPO 常态化的趋势逐渐明朗，新三板市场有利改革信号的不断发出，

以及监管层对企业“走出去”上市的鼓励，清科认为，VC/PE 通过 IPO、新三板退出案例数量将进一步增长。

上市公司资产重组监管趋严，中概股回归形势不明朗

2016 年 6 月 17 日，证监会发布《关于修改〈上市公司重大资产重组管理办法〉的决定》以及《上市公司重大资产重组管理办法（征求意见稿）》，旨在完善重组上市认定标准，完善配套监管措施，抑制投机“炒壳”、强化中介机构在重组上市过程中的责任，加大问责力度。这一“史上最严借壳标准”风向明确，立竿见影，政策发布当月即有几十家上市公司主动终止重组方案，中概股私有化也纷纷刹车。

2017 年 2 月，证监会主席刘士余在全国证券期货监管工作会议上针对中概股回归问题表示，“在美国上市不回来，一样也是服务国家战略”，这侧面表明监管层对中概股回归并非持有正向的态度。2017 年 3 月 5 日，国务院总理李克强作政府工作报告时表示，要强化多层发展创业板、新三板，规范发展区域性股权市场。这是政府工作报告继 2016 年后连续第二年未提及股票发行注册制改革，意味着“注册制”依旧将暂缓施行。

清科认为，在目前监管层正面态度不明确，中概股回归形势依然不明朗。

13

公募基金：转型压力较小，发展前景良好

公募基金发展概况：规模突破十万亿，机构化特征明显

行业概况：规模破十万亿，发行呈迷你化倾向

根据基金业协会统计，截至 2017 年 6 月底，我国境内共有基金管理公司 108 家，其中中外合资公司 44 家，内资公司 64 家；取得公募基金管理资格的证券公司或证券公司资管子公司共 12 家，保险资管公司 1 家。以上机构共发行公募基金 4 389 只，管理的公募基金资产合计 10.028 万亿元，与 2016 年初比，规模增加 10.2%。2017 年一季度，与资产管理行业各品类增速相比而言，在金融监管力度升级、去通道和降杠杆的背景下，公募基金凭借其公开通透、严控杠杆、专家组合投资的制度优势，规模同比增速为 19.6%，超过基金子公司和银行理财的同比增速。

从基金发行看，公募基金发行明显呈现出迷你化的倾向。随着 2014 年中国证监会发布《公开募集证券投资基金运作管理办法》，公募基金从审核制转

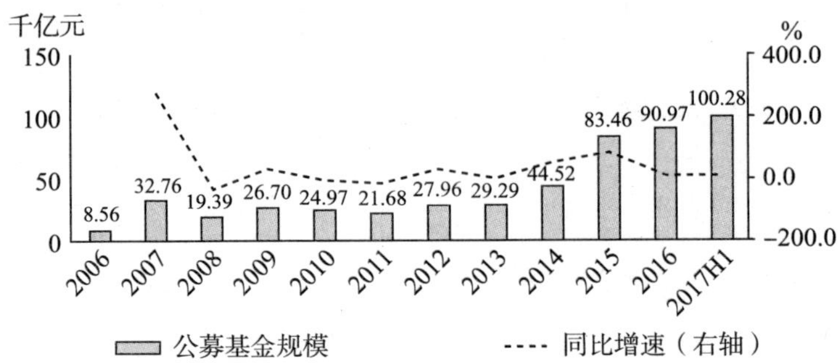

图 13-1　公募基金管理规模及同比增速

资料来源：Wind 资讯、课题组整理。

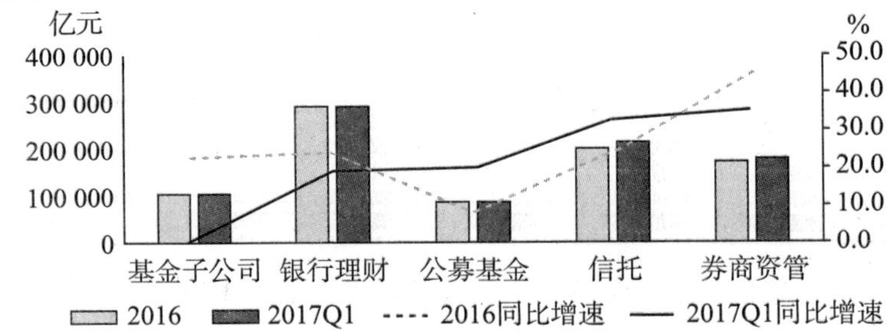

图 13-2　资产管理行业各板块规模及同比增速

资料来源：中国基金业协会、课题组整理。

向注册制，公募基金数量呈爆发式增长。2017 年上半年共新成立基金 575 只，较 2016 年上半年同比增长 20.7%，共募集 3 558.03 亿份，平均发行份额为 7.44 亿份，为 2001 年来的最低点。

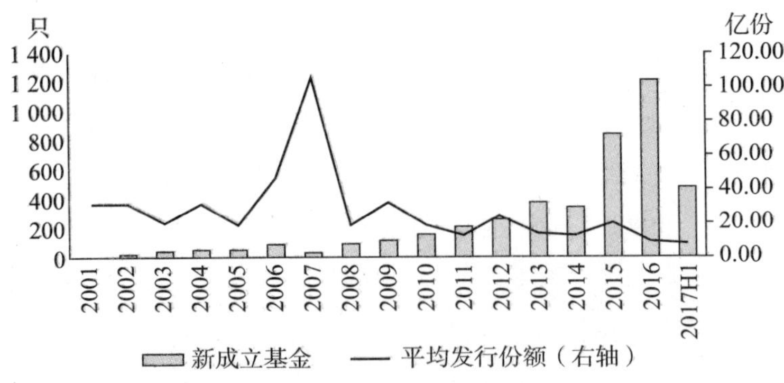

图 13-3　公募基金管理新成立基金只数和平均发行份额

资料来源：Wind 资讯、课题组整理，按照认购起始日统计。

产品结构：货基占比上升，再度占据半壁江山

2017年上半年，除货币基金以外，其他类型公募基金均出现份额下降。2016年四季度，在年末资金紧张的格局下，货币基金收益进一步提升，但伴随债市的下跌、逆回购利率的飙升以及货币基金收益与同业存单之间利差的扩大，货币基金一度遭遇大额赎回，规模再次下滑，规模占比跌至2014年以来的最低点。2017年上半年在强监管以及流动性收紧大背景下，现金为王确实极大推升了现金类资产的价格，货币基金收益率有明显抬升，进一步吸引了投资者，货币基金占比回升，再度回到50%以上，占比53.25%。混合型基金具有投资范围广、操作灵活的特点，规模占比虽较年初降低1.89%，占比21.17%，仍居第二位；受2017年上半年债券市场波动影响，债券型基金占比较年初下降1.55%，占比为18.09%，居第三位。股票型基金延续了自2010年以来的下降势头，如今在公募基金中占比仅为6.50%。

尽管公募基金产品线格局还是以“股基、货币、债基”等的传统产品为主，2017年上半年另类投资基金以及QDII基金目前已经具有一定程度的发展。截至2017年6月底，二者规模分别达到了217.05亿元和772.99亿元。另类投资和QDII的布局推动了公募基金行业产品线逐步多元化，但资产配置依然对传统标的具有较为严重的依赖性，多元化目前还处于初级阶段。究其背后的原因有以下几个方面：第一，尽管目前监管层出台的法规体现出逐渐放宽投资范围限制，支持金融创新，丰富基金品种的趋势，但我国公募基金投研体系仍有路径依赖，投研团队的建设往往以“股+债”的投资形式为主；第二，投资范围的放宽对公募基金投资风险管理提出更高的要求，这对资产配置多元化而言是新的挑战。

资金来源：公募基金机构化持续调整

2015年以来，公募基金投资者结构开始有所调整，2015年年末机构投资者持有份额比例达到56.86%，首次超过个人投资者份额占比成为公募基金的主要资金来源。据Wind数据统计，截至2016年年末，公募基金中机构投资者持有份额为47 102.18亿份，占比达到57.3%，部分次新公募基金公司机构

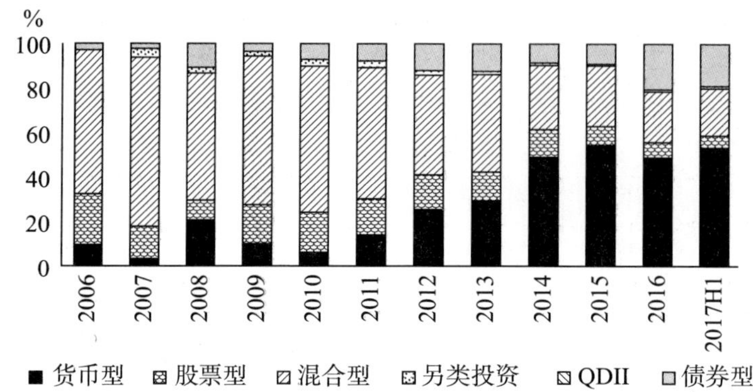

图 13-4　历年来开放式基金中各类公募基金规模占比

资料来源：Wind 资讯、课题组整理，按照认购起始日统计。

投资份额占比甚至超过90%，机构资金的扩张势态在进一步强化。对2016年末各类基金的持有人结构进一步分析不难发现，债券基金和货币市场基金是吸引机构投资者做多的两类基金，机构投资者份额占比分别达到了60.12%和81.88%。

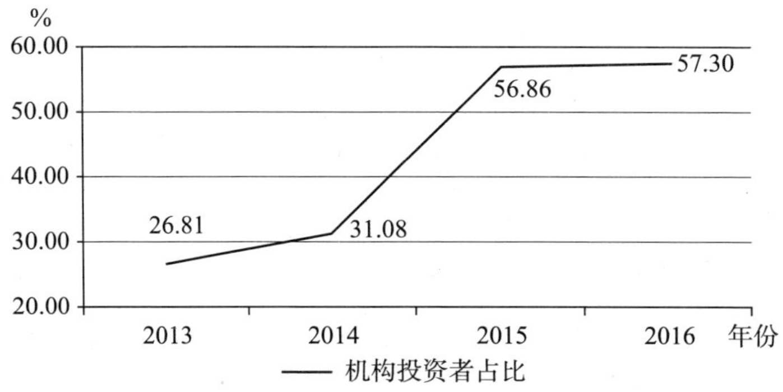

图 13-5　公募基金机构投资者持有份额占比逐年上升

资料来源：上海证券基金评价研究中心，课题组整理。

从机构投资者的角度来看，一方面，公募基金原主要机构客户（社保、年金等）规模不断发展扩大；另一方面，在2015年缺乏优质投资标的的资产荒大背景下，公募基金专业的投研能力、透明的产品结构和避税作用能为机构投资者的稳健投资提供选择，特别是银行委外资金通过定制公募基金向公募基金渗透，公募基金的机构投资者比例进一步提升。然而受到2017年委外新规等监管政策的影响，机构资金在公募行业中的扩张趋势将有所缓和。

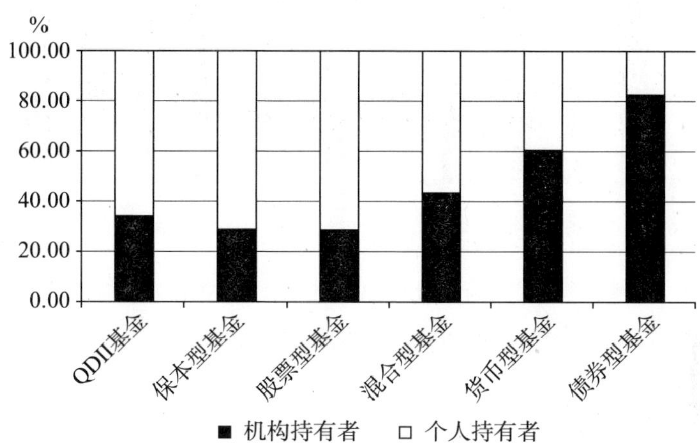

图 13-6　各类公募基金机构投资者持有份额占比（%）

资料来源：中国证券报，课题组整理。

资金配置：债券和现金配置比例上升，公募权益市场话语权下降

2017年上半年，股债双双表现欠佳，货币市场利率全面攀升，货币基金收益率也水涨船高，公募基金配置资产中除现金的比例上升以外，其他资产比例均出现不同程度下降。其中，配置比例最高的为债券，占比35.85%，较2016年底下降1.20%；配置比例居第二的为现金，占比为33.87%，较2016年底上升5.86%；配置比例居第三的为股票，占比为17.37%，较2016年底下降0.94%。

公募持股市值占流通A股市值比例连年下滑。2017年上半年，公募基金持有股票市值占A股流通股市值的4.35%，这一比例自2007年以来连续下滑。公募持股市值占流通A股市值代表的是公募基金在A股市场的话语权，也代表着众多卖方机构研究所追逐的佣金派点的市场。其背后主要是资管行业多元化的影响，2016年上市公司中报显示A股投资者流通市值占比中，散户投资者24.6%，一般法人58.4%、公募基金4.3%、保险3.5%、阳光私募2.5%、券

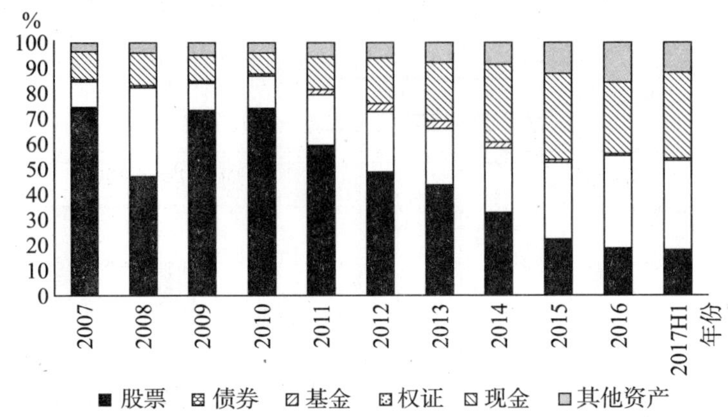

图 13-7　公募基金资产配置比例

资料来源：Wind 资讯、课题组整理。

商 0.8%、QFII 和 RQFII 共 1.1%、国家队 3.1%。保险和阳光私募已经成为 A 股市场的主要机构投资者。

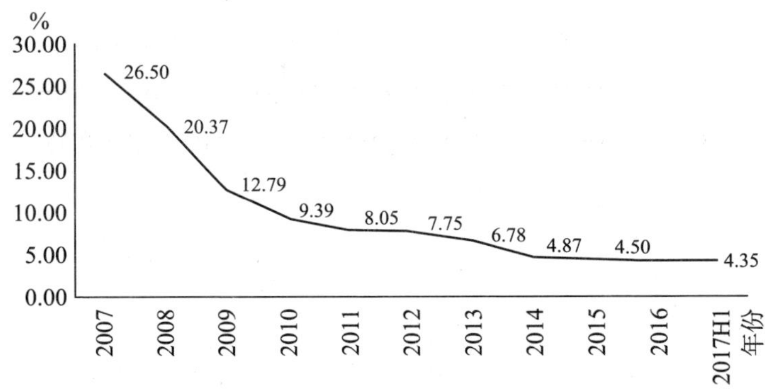

图 13-8　公募持股市值占流通 A 股市值比例

资料来源：Wind 资讯、课题组整理。

业绩表现：QDII 基金收益最高

从收益情况角度来看，2017 年上半年各类公募基金均实现了盈利。其中国际市场基金（QDII）延续了 2016 年的良好收益势态，以 9.05% 的平均收益率成为 2017 年上半年收益率最高的基金种类。而受益于上半年二级权益市场的震荡上涨，股票型基金与混合型基金以 4.50% 和 4.21% 的平均收益率位列第二和第三。

表 13-1　　2017 年上半年各类公募基金平均收益率

基金类型	平均年化收益率
股票型基金	4.50%
国际（QDII）基金	9.05%
混合型基金	4.21%
货币市场型基金	1.77%
另类投资基金	1.20%
债券型基金	1.00%

资料来源：东方财富 Choice，课题组整理。

上述统计仅对 QDII 基金的总体收益情况做出了概览，从严谨度考虑我们结合美元兑人民币中间价的变动情况做了进一步分析。根据 Wind 数据统计，2017 年 1 月 3 日美元兑人民币中间价为 6.9498 人民币兑 1 美元，6 月 30 日则为 6.7744 人民币兑 1 美元，2017 年上半年美元兑人民币的波动并不大，年中相比年初仅存在小幅度贬值。从这个角度来看，剔除汇率波动的影响，QDII 基金的收益率仍然是各类基金中最高的。

海外市场的投资近年来随着人民币国际化进程的推进逐步获得关注，事实上国际（QDII）基金 2016 年就在收益上呈现出优势（在其他类型基金收益不佳甚至大幅度亏损时仍获得了 6.44% 的平均年化收益率），2017 年 QDII 基金持续优秀的表现在一定程度上体现出国际资产配置与投资在分散风险方面的有效性。然而由于进行海外资产配置对投资人的专业知识、国际市场敏感度甚至文化融合度等具有较高的要求，同时受制于 QDII 基金额度限制，QDII 基金虽然表现亮眼，但是短期看可能难以成为公募基金行业发展的重要支柱。

竞争格局：货币基金与委外资金影响基金公司规模及利润

货币基金变动影响行业规模竞争格局。2017 年上半年，行业规模前五名的名单发生较大变化，华夏基金和南方基金掉出行业前五，博时基金和招商基金挤进行业前五。天弘基金凭借货币基金的吸金能力实现规模较年初增加近 6736 亿元，环比增长 79.72%，工银瑞信和易方达稳居行业第二和第三。博时基金和招商基金的规模排名上升主要得益于货币基金规模的增加。具体看，2017 年上半年招商基金的货币型基金规模行业排名上升 3 名；博时基金的货币基金规模行业的排名上升 2 名；华夏基金的货币基金规模行业排名下降 6 名。与此同时，存在中小基金凭借货币基金进入行业前 20 名的情况。平安大华基金 2017 年上半年货币型基金规模较 2016 年末增加 371 亿元，环比增长 52.13%；行业排名由 30 名上升至 20 名。

表 13-2　　基金公司规模排名

公司名称	2017 年上半年规模（亿元）	2017H1 排名	2016 排名	2015 排名
天弘基金管理有限公司	15 186	1	1	1
工银瑞信基金管理有限公司	6 989	2	2	4
易方达基金管理有限公司	4 741	3	3	3
博时基金管理有限公司	3 764	4	7	12
招商基金管理有限公司	3 711	5	8	11
南方基金管理有限公司	3 686	6	5	6
嘉实基金管理有限公司	3 527	7	10	5
建信基金管理有限责任公司	3 437	8	6	8
华夏基金管理有限公司	3 282	9	4	2
汇添富基金管理股份有限公司	2 869	10	12	10
中银基金管理有限公司	2 859	11	9	9

续前表

公司名称	2017 年上半年规模（亿元）	2017H1 排名	2016 排名	2015 排名
广发基金管理有限公司	2 462	12	11	7
鹏华基金管理有限公司	2 341	13	13	15
富国基金管理有限公司	1 837	14	14	13
银华基金管理股份有限公司	1 544	15	15	15
兴业基金管理有限公司	1 473	16	18	34
华安基金管理有限公司	1 446	17	16	16
大成基金管理有限公司	1 314	18	22	18
兴全基金管理有限公司	1 293	19	21	21
平安大华基金管理有限公司	1 267	20	30	48

资料来源：Wind 资讯，课题组整理。

而从净利润角度来看，2016 年银行系基金受到委外业务的推动，排名上升较为明显。其中建信基金净利润增长率达到了 91%，是净利润排名前十的基金公司中净利润增速最快的管理人，不过与 2015 年相比也有部分公司净利润出现下滑。

表 13-3　　2016 年末基金公司净利润排名前十

基金公司名称	排名变化	2016 年排名	2016 年利润（万元）	2015 年排名	2015 年利润（万元）	净利润增长率
工银瑞信基金	↑ 1	1	164 100.00	2	129 000.00	27.21%
天弘基金	↑ 3	2	153 371.04	5	112 522.23	36.30%
华夏基金	↓ 2	3	145 767.70	1	141 375.94	3.11%
易方达基金	↓ 1	4	134 009.90	3	119 045.79	12.57%
汇添富基金	↑ 1	5	104 101.09	6	94 040.77	10.70%

续前表

基金公司名称	排名变化	2016 年排名	2016 年利润（万元）	2015 年排名	2015 年利润（万元）	净利润增长率
中银基金	↑ 3	6	100 900.00	9	74 300.00	35.80%
建信基金	↑ 7	7	91 300.00	14	47 800.00	91.00%
南方基金	-	8	82 578.79	8	83 115.58	-0.65%
广发基金	↓ 2	9	77 657.03	7	89 329.74	-13.07%
富国基金	↓ 6	10	75 190.31	4	116 700.40	-35.57%

资料来源：Wind 资讯，课题组整理。

净利润增长率最高的几家基金公司（建信基金、中银基金、农银汇理基金）都为银行系基金公司，其管理规模受益于 2016 年银行委外业务的发展存在扩张，这对公司的净利润高增长做出了贡献。值得一提的是，财通基金作为公募管理规模仅有 200 多亿的非银行系基金公司，也获得了 68.50% 的净利润增长率，这则与其“定增”类的特色产品的营销推广有关。随着 2017 年再融资新规以及减持新规的颁布，市场定增规模缩水，财通基金的“定增精品店”战略有效性也会随之受到影响。

公募牌照放开后竞争日趋激烈。近年来公募基金竞争日趋激烈，这主要体现在以下几个方面：一是，小型基金公司业绩不佳、困局重重，牌照面临被收购整合。部分小型公募基金由于产品线不完整，产品业绩长期落后于同业水准，导致规模越做越小，最终面临被收购的命运。以中原英石基金为例，该基金公司于 2015 年规模排名倒数第一，成立三年规模越做越小，截至被收购前旗下仅剩唯一一只基金“中原英石灵活配置”，最终在 2016 年末被太平保险集团收购，更名为太平基金公司。二是，公募基金管理人主体多元化。随着 2013 年 6 月新《证券投资基金法》实施以来，公募基金牌照的管理人已经逐渐扩大到保险机构、券商资管、私募基金公司甚至房地产企业。自 2016 年 1 月至 2017 年 6 月，证监会批复成立的新公募基金公司就有十三家，其主要出资人覆盖私募基金、保险公司及其资管、券商及其资管、期货公司、银行和房地产公司等。除了直接申请公募牌照和通过成立资管申请公募牌照外，如民生人寿一样的部分保险公司正在通过收购公募基金公司的形式进军公募行业。

在其他机构如此热衷于挺进公募背后，是公募基金牌照对于其业务的扩展能力和盈利前景。首先，从公募产品的角度来讲，其投资门槛低，相对于只针对部分合格投资者的私募产品能融入更多资金，产品的规模大，投资流动性高，这有利于扩大产品的影响范围同时分散降低基金产品的运营风险；其次，从牌照本身性质来看，公募基金牌照下产品业务链的覆盖能与其他资管机构本身的业务形成闭环。具体而言，保险系公募基金公司的产品主要布局在固定收益、货币基金等风险较小且保值的领域，私募系公募基金公司则注重专户产品，而券商系基金公司绝对收益产品较多，而公募牌照则有利于打通资管产品上下链条。最后，公募牌照下设立基金子公司，可以拓宽产品的投资范围，拓展投资标的维度。由此可见，当下的公募基金公司不仅需要面临业内同行的激烈竞争，同时也必须在与资源充足的其他金融机构的竞争中寻找平衡点。

公募基金新特点：委外定制基金盛行，重塑行业生态

委外定制基金盛行是公募基金行业 2016 年以来的重要特征之一。委外定制基金是指银行或者保险资金通过信托计划、基金等通道，将自营和理财资金委托给券商或基金公司投资。通常自营资金青睐公募基金，而理财资金多通过基金公司专户或券商资管通道，并可选择投顾方式操作。定制基金与普通基金之间没有严格的监管界定，从特征上看：一是募集时间非常短；二是认购者数量往往只比 200 人下限多出一个零头定制基金一般认购人数少；三是规模大，募集时间极短同时费率也比普通基金更低。

委外定制公募基金发展现状

规模接近 2 万亿，偏好债券型和货币型基金。截止 2017 年 3 月底，公募定制基金的规模为 19 964 亿元。公募定制基金类型呈现多样化，但主要以债券型和货币型基金为主，其中债券型基金的规模为 11 197 亿元，占比 56.01%；货币型基金为 6 131 亿元，占比 30.71%。

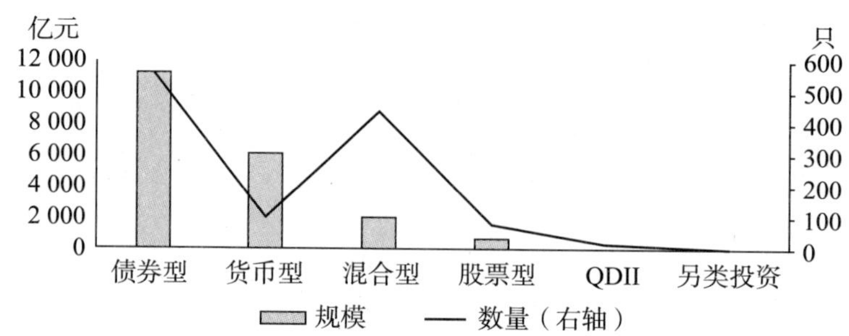

图 13-9　定制基金规模和数量

资料来源：Wind 资讯、课题组整理。

从管理人角度看，工银瑞信、博时基金和建信基金的定制基金均超过千亿。工银瑞信的定制基金规模高达 2 757 亿元，居行业第一，共由 21 产品贡献。其中工银瑞信安盈 B 规模高达 1 467 亿元，是规模最大的定制基金。与此同时，中小基金公司易成定制基金资金通道。根据定制基金占基金公司总净值的比例来看中小基金公司定制比例较高，这一类基金由于规模小，对定制基金的依赖程度高。定制比例前三的分别是浙商基金管理公司、汇安基金管理公司和中银国际，分别是 92.31%、91.76% 和 82.1%，而作为定制化比例最高的浙商基金，定制基金规模为 562 亿，旗下的最大的货币基金浙商日添金 B，规模为 453.5 亿，最大的债券基金为浙商惠享纯债，规模为 41.1 亿。

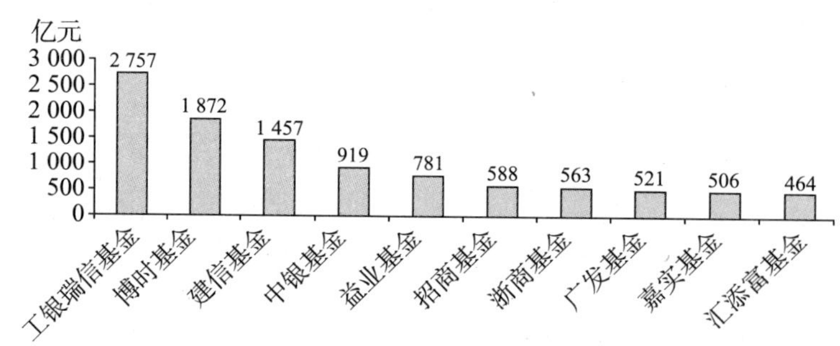

图 13-11　部分基金公司定制基金规模（亿元）

资料来源：Wind 资讯、课题组整理。

表 13-4　　定制基金占基金公司总净值的比例（前 20 名）

	定制基金数量（只）	定制基金净值（亿元）	占在管基金总净值比例（%）
浙商基金	10	563	92.31%
汇安基金	11	67	91.76%
中银国际	2	411	82.10%
国都证券	1	4	81.66%
兴银基金	8	425	74.53%
华富基金	2	301	69.04%
红塔红土基金	7	8	61.41%
兴业基金	28	781	60.70%
博时基金	91	1 871	52.17%
上银基金	3	174	48.96%
建信基金	25	1 457	47.50%
鑫元基金	12	152	46.12%
中加基金	8	167	43.34%
农银汇理基金	4	332	43.12%
交银施罗德基金	32	367	41.58%
工银瑞信基金	21	2 757	39.21%
万家基金	19	205	37.23%
中银基金	25	919	36.39%
华润元大基金	3	8	36.16%
圆信永丰基金	6	44	36.01%

资料来源：Wind 资讯、课题组整理。

定制基金的爆发式增长为公募基金数量扩张提供了很大部分输出，工银瑞信、建信基金等银行系基金公司从委外定制基金中获得了可观的规模增量。部分基金刚成立时只有几十亿规模，经过银行自营资金的注入，到 2016 年年底规模暴涨上百倍。2016 年底公募基金公司规模排名也因此出现了剧烈变动，一些具有传统优势的基金公司（如华夏基金、嘉实基金等规模排名出现了下滑），前十大基金公司中规模最小的都达到 3 416 亿元（中银基金）。而第四季度规模增加最多的基金管理人排名前 5 中有 4 家都是银行系基金公司；而排名第二的博时基金 2016 年发行 32 只基金，其中有 15 只为“疑似”定制基金的债券型基金[①]。

表 13-5　　2016 年第四季度规模增加最多的基金管理人

排名	名称	规模增量（亿元）
1	建信基金	925.13
2	博时基金	879.12
3	招商基金	787.14
4	中银基金[②]	548.55
5	农银汇理基金	455.16

资料来源：Wind 资讯、课题组整理。

委外定制公募基金盛行的逻辑

投资人角度：委外资金的避税与加杠杆需求

2013 年至 2016 年，经济疲软、货币政策宽松，无风险利率的下行给股债市场带来了较为确定的估值提升机会，然而，实体经济缺乏投资回报，金融监管也不甚清晰，这给了资金脱实向虚、银转非银，从而进行金融套利的机会。在这个过程中，银行委外资金的外涌推动大资管行业的扩张。相较于其他渠道，委外资金选择公募定制基金主要出于以下三方面原因：一是避税；二是增加投资杠杆；三是公募基金属于标准化资产，不占用银行非标投资的额度。

首先，避税是投资人选择定制公募基金的主要原动力。根据《中华人民共和国企业所得税法》，企业以货币形式和非货币形式从各种来源取得的收入，包括股息、红利等权益性投资收益和利息收入在内，都应纳税。但《关于企业所得税若干优惠政策的通知》（财税 [2008]1 号）明确，对投资者从证券投资基金分配中取得的收入，暂不征收企业所得税。具体来说，银行自营资金及保险资金通过投资公募基金所获得的收益及分红，不需要缴纳 25% 的企业所得税。这也是为什么公募定制基金通常以银行自营资金为主的原因。银行理财资金是个例外，这类资金本身就不需要缴纳 25% 的企业所得税，因此会更倾向

① 资料来源：证券时报。

② 中银基金第四季度的大幅度增加与垫底短期与银行规模进行“互换”有关，特此说明。

于选择比公募基金运营成本更低、公开披露信息少的专户产品作为通道。定制基金的关键在于通过高额分红，将不免（所得）税的投资取得收入转换为免（所得）税的基金分红。

其次，和自主投资相比，在债券投资杠杆比例上，公募基金的约束更为宽松。根据《公开募集证券投资基 金运作管理办法》（证监会令第 104 号文），基金总资产不能超过基金净资产的 140%，而封闭运作的基金的杠杆可以放到 200%。相对而言，银行内部风控的债券投资杠杆比例多在 130% 以内。

最后，和资管计划以及信托计划相比，公募基金的优势在于属于标准化资产，不占用银行非标投资的额度。

管理人角度：竞争激烈的环境下，部分中小基金寻求突破的出口

我国公募基金行业竞争激烈，对渠道的依赖性很大，很多中小型基金创业初期需要投入很大的资源才能实现温饱问题。根据行业惯例一家基金公司的主动权益规模需要达到 50 亿元才能达到盈亏平衡点。截至 2017 年 6 月月底，股票型基金规模超过 50 亿元的基金管理人有 24 家，占比 20.33%，资产管理规模低于 200 亿元的基金管理人有 49 家，占比 41.5%。现阶段，定制基金的投资人大多将公募基金作为资金通道，主要看中的是管理人牌照的价值，大部分的投资指令主要由定制机构发出。特别是在收益率下行的市场行情下，获得个人投资者的青睐非常困难。相比进行多次销售获取大量投资额度小的个人投资者客户而言，少量机构带来的巨额委外资金变成了能最快实现资金规模扩张的渠道。同时，巨大的资金规模带动的管理费收入也十分可观。因此，委外定制基金成了部分中小基金冲规模实现温饱的重要出口。以浙商基金为例，2015 年其公募基金管理规模为 52.13 亿元，行业排名第 81；凭借定制基金，一年半的时间公募基金管理规模增长超过 10 倍至 580.56 亿元，行业排名 43 名，上升了 38 名。

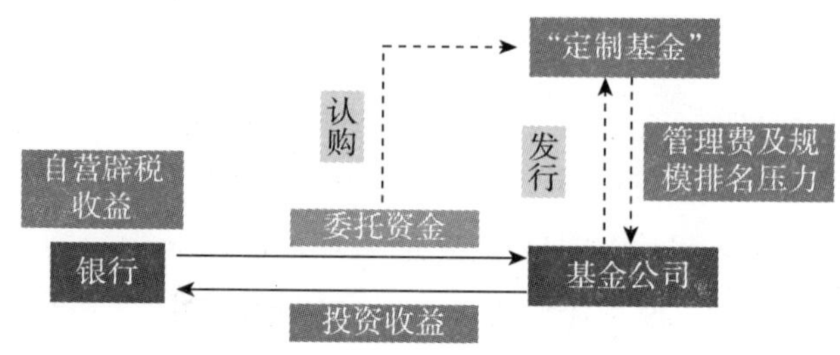

图 13-11　定制基金结构示意图

资料来源：课题组整理。

委外定制公募基金存在的风险

不可否认，定制公募基金为公募行业带来了发展机会，但从市场角度来看，定制产品的膨胀也存在着风险。委外理财的本意是投资能力较弱的机构将资金委托给投资能力较强的机构进行管理，实现优劣势互补。但目前大多的委外定制公募基金实质上是类通道的性质，大部分的投资指令由大额资金投资人发送，其背后隐藏的风险不容忽视。

一是投资决策权旁落。由于大额资金占委外定制基金的 90% 规模以上，拥有绝对话语权，因此出现了公募基金直接将投资决策权交由资金方，并且提供仓位组合信息等潜在风险事件。这种风险事件是损害中小投资者利益。由于是公募性质，必须达到 200 名投资者的门槛，委外基金的持有人中必然会有一部分中小投资者。而当委外资金占据几乎整个基金盘子时，一旦发生赎回，剩下小额资金很可能低于 5 000 万元规模，却仍要承担基金存续的托管费、手续费、信息披露费等成本，基金公司将可能选择清盘，对散户投资人来说也是一大不确定性因素。

二是信息披露公平性存疑。公募定制基金一方面是公募渠道的基金，另一方面又是基金公司专门为机构定制的"私募"性质产品。尽管公募定制原则上并不算违规，但信息选择性披露问题和信息不对称将在某种程度上破坏市场投资的公平性。

三是机构资金一致预期引发流动性风险。定制公募基金的大部分资金来自同一类型主体，一致性预期比较强。随着监管收紧外，近期利率上行、市场资金紧张会使得委外资金出现大额赎回迹象。2017 年一季度定制基金尤其是债券类定制基金受到了大量的赎回，其中博时悦楚纯债一季度遭受赎回份额最多，达到 103 亿。很多机构配置货币基金和利率债的目的就是为了保证流动性。但由于银行委外业务迅速扩张，流动性管理的责任从银行端转移到了非银机构端。

公募基金监管新趋势：去通道，回归本质，保护投资者

2016 年下半年以来，监管局监管层连续发布多项新规，覆盖公募基金从募集、管理，到投资、销售等多个重要环节，意在去通道，回归本质，保护投资者。

表 13-6　近期公募基金监管办法

日期	监管政策
2016 年 11 月	《分级基金业务管理指引》
2016 年 12 月	《关于公募基金产品募集情况的通知》
2016 年 12 月	《证券期货投资者适当性管理办法》
2017 年 2 月	《关于避险策略基金的指导意见》
2017 年 3 月	《机构监管情况通报》
2017 年 5 月	《养老型公开募集证券投资基金指引（试行）》
2017 年 5 月	《通过港股通机制参与香港股票市场交易的公募基金注册审核指引》
2017 年 6 月	《证券投资基金上市规则（2017 年征求意见稿）》
2017 年 6 月	《公开募集证券投资基金收取浮动管理费指引（初稿）》

资料来源：课题组整理。

基金发行回归理性

随着公募基金注册制放开，公募基金申报周期大幅缩短，各家基金公司为了与机构资金形成更快的联动，开始批量申报产品，获批后再让销售人员拉

资金，这样逐步导致了大量批文的囤积。根据证监会统计，截至 2017 年 12 月月底，全行业仍有 405 只过期批文需要消化。在这种背景下，2016 年 12 月 13 日证监会发布《关于发布公募基金产品募集情况的通知》，严格要求基金行业去库存。证监会要求 2017 年 1 月起，超期未募集产品占已批复未募集产品比例 60% 以上的、短时间大量申报同类型产品、“迷你基金”数量较多、基金经理“一拖多”现象突出、一年内 2 次被行政处罚等情形，当地证监会局将进行现场检查。

2017 年，在面临股票、债券、商品三杀、新增资金有限的情形中，各家基金公司过期批文消化得异常吃力，截至 2017 年 4 月底，全行业仍有 375 只过期批文需要消化，与 2016 年 12 月底公布的数据对比，过期批文数量仅下降了 30 只，数量依然居高不下。在一定程度上这令监管层注意到去库存的困难现实,允许基金管理人自行选择延期或者不再募集。2017 年 5 月 23 日发布的《机构监管情况通报 2017 年第 5 期》及《关于对超期未募集基金产品处理方案及相关材料的要求》指出，由于注册制以来行业长期积累的超期未募集产品批文数量较多，短期内消化大量超期产品批文存在较大压力。考虑到行业的现实困难，为一次性解决历史遗留问题，支持行业平稳健康发展，证监会将进一步完善对超期未募集基金产品的监管安排：对于超期未募集基金产品，允许基金管理人自行选择是否延期募集。该文件要求基金公司严肃并谨慎申报新产品，同时，新老划断，过期批文也不再强调需要强行消化掉。

同时，2017 年 6 月公布《证券投资基金上市规则（2017 年征求意见稿）》，严格细化了上市基金的“终止上市”程序。其中，分级基金基础份额和子份额持有人合计少于 1 000 人或者规模合计低于 5 000 万份，且在 10 个交易日内未消除的；除分级基金以外的其他基金持有人少于 1 000 人，且在 60 个交易日内未消除的，将进入终止上市程序。截至 2017 年一季度末，全行业资产净值规模低于 5 000 万元的迷你基金数量已经超过 200 只，占基金总数 5% 左右。对于迷你基金，基金公司要投入人力、物力维护，但管理费收入却很低。其背后反映的可能是随着基金注册制的放开，基金设立相对比较容易，基金公司盲目设立基金而没有考虑本身的实力与未来发展的重点方向。

基金销售规范管理

2016年12月证监会公布《证券期货投资者适当性管理办法》，并宣布将于2017年7月1日起正式实施。《办法》以证券期货经营机构的适当性义务为主线展开，主要包括三类：一是以判断投资者风险承受能力为目标的投资者分类义务，二是以判断产品风险等级为目标的产品分级义务，三是以“将适当的产品销售给适当的投资者”为目标的销售匹配义务。

基金管理回归本源

近些年来，尽管A股市场经历了跌宕起伏的牛熊转换，但除传统基金品种之外，分级、保本、沪港深基金、定制基金等，都曾在不同市场阶段成为基金公司的“吸金”利器。

然而，这些产品在逐步发展壮大的过程中，也暴露出越来越多的问题。分级基金在市场调整中展现出的巨大杀伤力，已超出部分投资者的风险承受能力；保本基金采取连带责任担保方式，其规模快速膨胀导致担保机构的担保额度大幅提升，潜在的行业风险不容忽视；随着定增股票破发逐渐增多，定增产品收益日渐摊薄甚至出现亏损；沪港深基金快速扩容的同时，出现了“挂羊头卖狗肉”的现象；定制委外基金推动行业规模发展的同时，隐含类通道风险等乱象。

2016年11月上海和深圳交易所公布《分级基金业务管理指引》，并于2017月5月1日起正式实施。新规要求申请开通分级基金相关权限的投资者须满足“申请开通权限前20个交易日日均证券类资产不低于人民币30万元”、“在营业部现场以书面方式签署《分级基金投资者风险揭示书》”等条件。

2017年2月，证监会发布《关于避险策略基金的指导意见》，将“保本基金”名称调整为“避险策略基金”，并做出取消连带责任担保机制等内容的修订。以避免投资者对这类产品产生“刚性兑付”的预期。该指导意见的颁发侧面降低了定制基金通过公募保本产品放大杠杆的空间，同时在一定程度上也在银行端降低了其对定制基金的需求黏性。

2017 年 3 月，监管部门向公募基金管理人和托管人下发《机构监管情况通报》，并在该通报稿件中明确了机构定制基金相关监管要求。《机构监管情况通报》与证监会 5 月“全面禁止通道业务”的指示存在明显的“去通道”共识，在单一投资者持有基金份额比例、信息披露、基金形式、管理人独立性等方面做出了明确规定，拟对定制基金信息不对称问题与产品流动风险问题进行监管层面的防范。其中，《通报》规定，对于新设单一投资者持有基金份额达到或者超过 50% 的要求应当封闭运作或者定期开放运作，并要求基金公司以发起基金形式运营。这一新规也是从市场金融风险控制的角度出发，增加机构定制基金的成本，限制定制基金规模。

2017 年 5 月，证监会下发《通过港股通机制参与香港股票市场交易的公募基金注册审核指引》，对港股通类别的基金设立、投资与运作进行规范，包括规定“基金名称如带有‘港股’等类似字样，应当将 80% 以上的非现金基金资产投资于港股”，港股类基金产品“基金管理人应当配备不少于 2 名具有 2 年以上香港市场投资管理相关经验的人员”等等。

总而言之，监管层的意图是引导基金公司竞争回归本源，更加重视投研核心能力的建设。

产品设计明细细则，保护投资者利益

2017 年 6 月，监管当局下发《公开募集证券投资基金收取浮动管理费指引（初稿）》，针对采取浮动管理费率的公募基金，《指引》基金经理、基金类型、跟投机制、计提方法、浮动空间、业绩基准等方面都给出了细致的规范。其中的“跟投机制”尤为引人注目，运作浮动管理费率基金需要公司股东资金、公司固有资金、公司高级管理人员或基金经理等人员资金认购不少于 1 000 万元，管理该基金的基金经理出资比例也要不低于 10%，进一步明晰相关投资细则，保护投资者利益。

公募基金发展趋势：拓宽长期资金来源，发展 FOF 产品

公募基金在大资产管理的各个子行业中有自己独特优势，特别是在金融监管力度升级、去通道和降杠杆的背景下，公募基金凭借其投资研究和交易能力强，薪酬机制市场化，基金产品信息公开披露、透明度高、投资运作规范，严控杠杆等优势，且净值化运行能很好地实现“买者自负”，是今后需要大力鼓励发展的金融产品，具有良好发展前景。

资金：拓宽长期资金来源，减少对银行的过度依赖

公募基金需要拓宽长期资金来源，减少对银行的过度依赖。一方面，借鉴外国经验，吸引社会保障基金、养老金、企业年金、教育基金等长期机构基金。近几年来，公募基金机构投资者投资比例不断上升，机构化趋势明显。截至 2016 年年末，公募基金中机构投资者持有份额为 4 7102.18 亿份，占比达到 57.3%。但与国外不同的是，美国公募基金机构化背后是社会保障基金、养老金、企业年金、教育基金、慈善基金、遗产信托、家族信托等机构的长期资金的支持，我国机构资金大部分是银行的委外资金，受政策波动影响大。2017 年 6 月，《养老型公开募集证券投资基金指引（试行）》正式发布，养老型基金这一全新的公募基金品种有望诞生。在我国老龄化问题日趋严重、养老型社会即将来临的时代背景下，指引对养老型公募基金进行规范和引导，这是应对未来老龄化趋势的国家战略，也是基金行业适应社会发展需求推出相应产品的重要举措。该指引从产品定义、投资策略、基金运作方式等方面对养老型基金进行了逐一规范和指导。根据指引要求，养老型基金应当采用包括目标日期策略、目标风险策略以及中国证监会认可的其他策略。指引主要秉承稳健投资原则，确保养老金的稳步增长，养老型公募产品倾向于让本身资产规模比较大，有比较丰富的管理经验，风格又比较稳健，更讲究中长线配置的基金来成为它的管理人。另一方面，拓展互联网等第三方渠道。银行是基金销售的最大渠道，而银行的商业模式注定了其最关注自己能分到多少尾部佣金。这让许多基金管理公司最终在给渠道打工。公募基金需要拓展新渠道。一是可以大力拓展保险公

司、信托公司、证券公司等银行之外的各类金融机构作为销售渠道。特别是保险公司有数量庞大的营销人员，更接近客户。二是开拓互联网渠道。互联网公司以平台为核心，通过深挖目标用户需求，找到特定客群并聚集客户，引进各类金融产品销售，精确掌握用户体验，占据市场份额。基金管理公司以产品提供为核心，充分发挥金融产品设计、投资、运作的优势，提供有竞争力、有创新意义的基金产品。从用户角度出发设置应用场景的“平台 + 产品”的合作模式已经成型并走向深入。天弘基金与阿里巴巴合作的余额宝的成功正证明了互联网渠道的重要性。

产品：FOF 弥补去杠杆环境下的资产配置缺陷

2016 年 9 月 11 日《公开募集证券投资基金运作指引第 2 号基金中基金指引》发布开启公募 FOF 的年代，与此同时随着《基金中基金（FOF）审核指引》《基金中基金（FOF）估值业务指引》等相应配套措施的落地，2017 年被视为是公募 FOF 的元年。截至 2017 年上半年，证监会共受理 82 只公募 FOF 产品。以国外情况来看，我国公募 FOF 的发展空间很大，从美国公募 FOF 占共同基金市场规模的 10% 推测可知，我国公募 FOF 具有至少 9 000 亿元的待开发市场。目前，国内公募基金数量已超过 4 000 只，如何筛选业绩持续优良的基金，如何实现大类资产配置是现阶段基金投资者面临的问题，而 FOF 或许能够较好的解决这问题。

2017 年作为公募 FOF 的元年，发展空间巨大，但目前我国公募基金 FOF 发展仍存在以下问题需要解决。

各大公募基金在 FOF 人才储备、特别是基金研究方面差异较大。国内股票研究已经处于比较成熟的阶段，但是对于基金产品的研究才刚刚起步，各大基金公司对基金研究的方法和投资策略还处于萌芽阶段。随着基金业在我国的不断繁荣，当前基金产品数量已经超出股票数量，因此如何选基配置对于 FOF 基金经理来说是一个相当大的挑战。可以看出，当前积极备战 FOF 的公募基金无一例外都是资产管理规模处于前列的大型基金公司，大都具备相关的产品管理经验，其人员准备充分、产品设计经验丰富。并且，大多数大型基金公司在市场前沿，早已经成立了专项研究基金部署其基金研究，主要针对固定收益类产品、分级基金、银行理财产品等，这部分公司已经对基金研究已经建立起了相对丰富的人才储备和策略库，因此对FOF市场持积极态度。而对FOF持观望态度公募基金公司大都属于中小型基金，没有相关产品管理经验，人才准备不够充分，产品设计在公司内部争议较大，对FOF上市信心不足。

管理模式上主要以“内部管理人+内部基金”模式为主，可能存在道德风险问题：从目前申报的情况看来，大多数基金管理人主要采用的管理模式是内部管理人+内部基金的模式，一方面增加自身基金的销量，另一方面也显现出对自家产品的信心。然后内部FOF基金可能会产生管理人道德风险的问题。采用内部管理人+内部基金的模式的基金管理人面临着投资者利益与公司利益相冲突的困境，一方面从投资者利益出发，可能需要不配置公司某个产品；另一方面从公司利益角度出发，需要全面配置公司自身产品，扩大产品规模，这可能会导致管理人不顾投资者利益，过多地配置本公司产品或某只产品。

被动管理型产品比较少。从目前上报的公募FOF产品来看，大部分是大类资产配置和主动管理类型：目标风险基金占据最大比重，而这类基金主要采用主动投资策略，跟随市场波动率对资产进行动态的调整；同时大类资产配置型和主动精选型也是以动态配置为主流。据统计，主动基金作为一个整体仍然能够创造超额收益，但市场逐渐走向有效的过程将带来超额收益不断下滑，主动管理基金作为个体而言却带来额外的主动管理风险。数据显示，主动管理偏股型基金2014年、2015年、2016年、2017年上半年业绩差分别达118.01%、189.53%、60.45%和60.64%，横截面收益率的年化波动率分别为15.89%、25.46%、12.07%和9.75%。而2014年以来上证综指平均年化波动率仅为22.40%，其中2017年上半年仅为8.92%，这表明主动管理带来的风险甚至可能超过市场本身的系统性风险。从资产配置的角度来说，FOF本身面临主动管理风险带来的冲击，如果主动管理风险没有得到有效跟踪，会加大偏离原配置目标的可能性，失去期望的效果。相比而言，成熟的美国市场标准化产品数量丰富、品类齐全、工具化特征明显，只有这样，才能实现FOF资产风险的分散目的。ETF组合基金这类指数化的基金是美国海外FOF产品的主要投资类型，不容易受到人为干预而导致策略的偏差和失效。目前我国市场基金品类高度同质化，主动型产品占据主流，标准化产品严重不足，大大限制了投资组合的灵活性。

基金子公司：通道业务积累风险，监管收缩后利润中心或转移

自 2012 年工银瑞信获批首家基金子公司以来，基金子公司依托其广泛的业务范围以及其面临的宽松的监管环境在行业内迅速发展：一方面，基金子公司除了不具备直接放贷资格外，几乎不存在其他的业务限制；另一方面，基金子公司没有受到银信、银证合作方面的监管约束，在资金池业务和地方平台融资项目等领域具有优势。基金子公司的资产管理规模在短短的几年内不断扩大，截至 2016 年年底，基金子公司已发行产品 14 494 只，资管规模已达到 10.50 万亿元①。

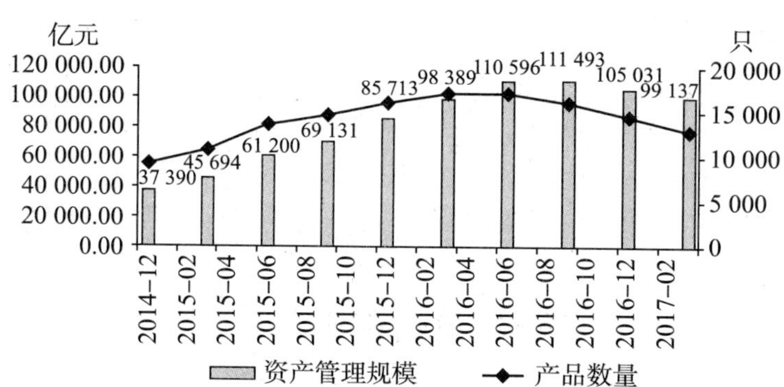

图 13-12 基金子公司资产管理规模及产品数量

资料来源：Wind 资讯，课题组整理。

基金子公司利用其自身牌照优势和相对灵活宽纵的监管政策不断为地方平台融资项目、房地产类融资项目发行通道类产品，使用通道产品转移表内资产，此前还曾充当 PE 募集资金的通道助其逃避募资监管，进行监管套利。2016 年基金子公司的通道类产品资管规模达到了 7.4 万亿元，在总规模中占比

① 资料来源：基金业协会，下同。

超过 70%。随着基金子公司业务规模的不断扩大，风险也在通道类产品进监管套利的情况下不断累积。首先，通道业务规避限制性监管，导致信贷规模膨胀；同时各类产品的嵌套和互投也使得行业资管规模被重复计算，导致规模虚增。其次，基金子公司为商业银行通过相对刚性的负债成本吸引散户资金至理财池并分配避规业务提供了工具，一旦兑付危机发生，则可能引发各类风险的接连爆发。第三，对风险较高的非标业务而言，通道类业务却不具备项目管理的要求，风控能力和风险水平的不匹配也成了金融风险和隐患不断积累的“温床”。

针对基金子公司积聚风险的情况，相关监管政策频频出台。从 2014 年“禁止开展资金池业务”“禁止一对多专户开展通道业务”，到 2016 年提出净资本绝对指标、净资本相对指标、净资本流动性指标以及杠杆率指标四项指标的严格规定，再到 2017 年“全面禁止通道业务”的监管风向，基金子公司的政策套利空间逐渐被压缩。基金子公司的资管规模和发行产品的数量也在 2016 年下半年开始逐渐收缩下滑。

随着监管的收紧和通道业务的萎缩，基金子公司无法再继续依靠“牌照红利”打造利润支柱，创新转型迫在眉睫。可参考的转型方向有以下两个：第一，发展建设主动管理产品线，发挥“资产配置”在产品中的关键作用，如发展量化对冲、FOF 等业务；第二，抓住资管行业向类投行业务拓展的契机，发挥资管与投行间的协同效应，主动创设新的优质投资标的，如发展资产证券化业务。

14

私募基金：进入规范发展阶段

2016年对于全球对冲基金行业来说是一个不可忘却的节点，如果能用一个词形容那就是“雪上加霜”。在全球经济复苏趋缓的大背景下，本就远低于红利时期的收益回报被各种始料未及的黑天鹅事件冲击得七零八落。不少享有盛誉的明星公司陷入窘境，但与此同时，也有不少独辟蹊径的年轻公司崭露头角，对冲策略的轮动性规律依旧有效，科技的深度应用也在慢慢与这个瞬息万变的行业融合。

发生了一系列的黑天鹅事件，私募基金行业受到了很大的冲击，风险事件的发生让监管层进一步认识到监管对于私募行业，乃至金融行业的极端重要性。2017年7月14日，中央金融工作会议如期举行，此前我国共召开过4次中央金融工作会议，从1997年到现在，平均大概5年一次。总结过去每一年中央金融工作会议的主题，不难发现，金融机构的监管一直是会议的重要议题，紧接着2016年这样“雪上加霜”的年份后，这次会议一谓及时，二也进一步彰显了监管层对于金融改革和创新、对于金融机构定位的重视，私募行业作为资管行业的一部分，势必也会受到相当的影响。

2016 年对冲基金各大策略表现

全球对冲基金的业绩表现

从 Eurekahedge 数据库所涵盖的对冲基金资产总量范围来看，截至 2016 年 12 月，全球对冲基金除去回报增加之外的资产总额为 2.23 万亿美元，整个行业的中心依旧在北美，相比其他重要划分区，北美无论在基金数量和资产规模上都遥遥领先，与此同时，亚洲和拉丁美洲新兴市场的开拓也在不断地跟进，而新兴市场的活力，将会为整个行业寻找新助力提供重要的依据。

表 14-1　2016 年全球对冲基金分布（数量与规模）

地区	基金数量（只）	基金规模（十亿美元）	规模占比
北美洲	5 596	1 495.3	66.92%
欧洲、中东	3 939	513.5	22.98%
拉丁美洲	378	54.3	2.43%
亚洲（除日本）	1 186	154.6	6.92%
日本	246	16.8	0.75%

资料来源：Eurekahedge 数据库。

从 Eurekahedge 数据库来看，2016 年亚洲对冲基金遭遇寒冬，全年只有不到 1% 的平均回报率和总计约 22 亿美元的资金净赎回。而在北美，对冲基金在股票多空策略趋势被精确抓住的情况下，2016 年收益率上涨达 7.8%，达到了平均 9.18%。除此之外，我们也发现了新兴市场的亮点，2016 年最令人瞩目的新兴市场是拉丁美洲，在能源期货价格上涨的大趋势助力下，其全年收益率达到了 12.85%，成为各大地缘划分市场中表现最为出彩的一个，堪称 2016 年的一匹黑马。

表 14-2　2016 年全球各地区对冲基金表现

	北美洲	欧洲	亚洲（不含日本）	日本	拉丁美洲
2016 年 1—11 月回报	6.54%	–1.30%	0.82%	–0.28%	18.25%
2015 年回报	–0.12%	4.84%	7.73%	6.93%	0.66%

续前表

	北美洲	欧洲	亚洲（不含日本）	日本	拉丁美洲
3 年年化回报	4.53%	1.85%	6.30%	4.64%	6.85%
3 年年化标准差	3.78%	3.72%	8.02%	4.58%	6.03%
3 年夏普比例（RFR=2%）	0.67	-0.04	0.54	0.58	0.80
5 年年化回报	6.43%	4.27%	8.17%	8.85%	6.62%
5 年年化标准差	3.50%	3.87%	7.93%	5.97%	5.34%
5 年夏普比例（RFR=2%）	0.01	0.59	0.78	1.15	0.86
最大回撤（5 年）	–5.38%	–4.78%	–2.69%	–5.12%	–5.89%

资料来源：Eurekahedge 数据库。

2016 年也是年轻新锐对冲基金逆袭的一年，Finamatrix 量化团队已经连续两年在 Eurekahedge 数据库中的对冲基金中排名首位，相比 2015 年 182% 的收益率，2016 年旗下的量化对冲基金收益率达到了令人咋舌的 208.83%，同时在年化收益方面也摘下了头名，虽然在规模上无法与行业领军者无法相比，大概在 3 000 万美元左右，但是其量化对冲策略的超高收益率值得投资者们持续关注。从有限的资料上可知，这是一家来自新加坡的量化团队，主要策略以 CTA 为主，混合其他策略内以量化手段控制，总体属于宏观对冲策略，属于较为年轻的对冲基金团队。

我国私募基金的业绩表现

在全球经济复苏趋缓的大背景下，受市场低迷和各种始料未及的黑天鹅事件的冲击，A 股市场继开年熔断后始终呈区间震荡格局，再未出现明显趋势性行情；商品价格异常火爆；债市信用债违约事件蔓延，利率债也在三年牛市后大起大落，国债期货自上市以来首次跌停。这都使 2016 年注定成为我国资本市场上不平凡的一年。

具体来说，整个上半年，A 股年初经历了两天四度熔断的绝望，千股跌停的痛苦，股票策略私募基金的收益也随之下滑。随后两个多月上证指数在

2800—3100点的区间内维持弱市震荡态势，整个二季度股票型私募基金的收益也由负转正。下半年，A股总体呈上升态势，在国内经济向好、社保资金入市、人民币加入SDR、深港通正式运行等利好的驱动下，三季度初A股市场掀起一波反弹，供给侧改革持续推进、深港通蓄势待发及G20维稳窗口等因素给投资者带来了一波短暂的"吃饭行情"，然而进入四季度，A股市场先涨后跌，在经历险资举牌、特朗普当选美国总统事件后市场还面临资金趋紧的压力，股票策略基金的业绩也由正转负。

与股票策略基金的举步艰难相反，受益于期货市场的大幅波动行情，管理期货基金在2016年则创造出优秀业绩，是2016全年平均收益最高的策略类型，这也使得不少机构开始重点布局CTA策略基金。

表14-3　证券类私募基金2016年表现

策略名称	2016年收益	2016年前1/4收益	10亿以上私募2016年收益
主观期货	23.53%	85.41%	46.42%
程序化期货	21.02%	55.17%	12.49%
量化复合	13.72%	33.33%	10.84%
债券策略	8.18%	20.02%	8.82%
宏观对冲	7.93%	28.27%	4.46%
套利策略	7.45%	15.96%	6.99%
阿尔法策略	2.18%	12.98%	1.54%
组合基金	–1.68%	11.26%	–3.23%
定向增发	–3.59%	15.56%	–1.10%
股票策略	–6.81%	9.54%	–5.85%
行业平均	–3.35%	16.10%	–3.07%
同期沪深300	–11.28%	–	–

资料来源：格上理财研究中心。

随着私募行业的蓬勃发展，私募基金不论从基金策略还是从投资市场方面都越来越多样化，私募行业也在金融市场中起着越来越重要的作用。私募行业作为资产与财富管理行业中非常重要的一个组成部分，从管理规模、群体认知与接受度、行业规范性等方面都还有很大的发展空间和很长的路需要走。从横截面数据来看，我国目前大类资产配置中，居民投入股票的部分占此仅有个位数，相较于发达国家居民投资于股票近 30% 的占比，我国居民大类资产配置“跛足”严重；另一方面，随着中国 A 股市场监管力度的加强和市场进一步的规范化，专业投资者的技能有望为其在市场中赚取更优质、稳健的回报，私募行业具有相当的活力和潜力。

我国私募行业在管理规模上仍稳步前行

从我国私募行业的规模发展上来看，尽管 2016 年私募行业经历最严监管洗礼，A 股市场无太大起色，但私募行业在管理规模上仍稳步前行。

在私募基金登记规则“收紧”的背景下，私募管理人登记速度明显放缓，但那些管理规模数十亿元、甚至上百亿元的中大型私募基金管理人数量却逆势上扬，私募产品备案数量仍然迅猛增加。截至 2016 年年末，协会备案的私募管理人共 17 429 家，其中证券类私募管理人 7 783 家（占比 44.66%），股权类私募管理人 7 504 家（占比 43.05%）。私募基金行业认缴规模为 10.24 万亿，较 2015 年底增长 101.88%，其中股权类私募为主要推动力，2016 年私募股权管理规模增加了 3.88 万亿，增幅达 138.48%。

2016 年是私募行业监管愈发严格的一年，基金业协会数据显示，截至 2016 年年底，协会共注销 12 834 家私募基金管理人。其中，因未按期完成《公告》整改要求而被注销的机构 10 957 家；因在办结登记手续之日起六个月内未完成备案首只私募基金产品而被注销的机构 86 家；1791 家机构主动注销登记。

表 14-4　　2016 年私募基金市场情况

	私募管理人总数（家）	认缴总规模（万亿）
私募管理人总数	17 429	10.24
股权类	7 504	6.673 8
证券类	7 783	2.766 1

续前表

	私募管理人总数（家）	认缴总规模（万亿）
创业类	1 209	0.364 8
其他	446	0.435 3

资料来源：基金业协会。

2016年既是私募行业蓬勃发展的一年，又是史上最严监管年，监管政策不断推陈出新，成为行业规范发展的重要时间节点。私募基金在我国发展至今已逾30年，相较于海外对冲基金80多年的历史，我国的私募基金监管体系仍有待学习和完善。

国外基金行业监管概述及目前我国存在的问题

在对冲基金长达80余年的发展中，各国对对冲基金逐渐形成了一套自上而下的监管体系。从各国对冲基金的立法角度来看，我国在对冲基金的市场准入、对冲基金的运营监管以及对冲基金的三方监管等方面均与国外存在较大差异。

国外对冲基金行业监管概述

1. 立法精神

首先，从立法精神上来说，美国采取的是“法无禁止即许可”的立法精神，美国的私募基金实行注册制，对注册机构的监管实行登记备案、信息披露并辅以结果监管的管理制度，监管主体为美国证监会（SEC）。由于美国证监会对整个基金行业采取分级监管的方式，因此，对基金行业进行监管的多部法律中均设有豁免条款，满足豁免条款的私募基金可以免于在证监会注册，这一规定使得美国私募基金发展到调整期以前，大部分基金经理们都可以利用《证券法》、《投资公司法》和《投资顾问法案》等法案中的豁免条款或者特殊处理的条款来规避监管。

2. 市场准入监管

对冲基金的市场准入监管是指各国金融监管当局自主决定对冲基金是否可以进入本国进入市场以及进入的条件，这些条件包括初始最低资本的要求、公司管理人员的任职要求、公司治理的要求以及基金发行和募集的要求等。分析各国的立法，我们不难发现，除比利时、加拿大、百慕大群岛、希腊、俄罗斯、美国以外，多数司法当局都对对冲基金管理人设立了最低注册标准，例如奥地利金融市场当局对不同类别对冲基金管理人提出不同的资本要求，而瑞士则对最低资本则要求与管理资产规模或年度运营费用挂钩。也有个别司法辖区对基金管理人总资产提出了监管要求，例如丹麦金融监管署规定基金管理人总资产不得低于 2 500 万丹麦克朗，中国香港证监会则要求公募对冲基金管理公司实施对冲基金策略的管理资产规模不得低于 1 亿美元，且资金全部来自第三方投资者，进一步提高了基金管理公司的准入门槛。

从各国的监管情况来看，各司法辖区都依据不同的标准对基金管理人提出了不同的最低监管资本要求，对于投资策略灵活、风险较为复杂的对冲基金而言，最低资本要求可以保障对冲基金管理人安全稳健运营，也是管理人运作前期承担运营费用的保证。

3. 基金运营监管

对冲基金作为金融市场流动性的重要提供者，对金融市场的影响往往具有两面性，一方面对冲基金为整个市场增加了流动性，另一方面对冲基金也可能会因其高杠杆、隐蔽化的操作成为直接或间接触发市场危机，导致市场出现流动性风险。因此，在金融稳定视角下，为防范系统性风险，各国对对冲基金的日常运营流程中制定了不同的监管措施，在珍视对冲基金对金融稳定的特殊贡献和重视其潜在危害的基础上，对对冲基金的日常运营如基金交易、杠杆使用比例及信息披露等方面做出了严格规定,对对冲基金进行直接或间接的监管。

在英国，FSA 将对冲基金管理人纳入以风险为基础的运营框架接受管理，在该框架下根据管理人对监管目标可能产生的风险与影响来分析和运用资源。而对于对冲基金可能带来的流动性风险，不少国家已经或正在建立场内市场大额交易监控机制，进一步保护投资者免受欺诈，提升金融市场完整性和抗御操纵性。

而对于期货和商品交易，英国建立了交易报告系统，英格兰银行要求各个批发市场的参与者提交涉及交易的具体信息，其他国家如法国、德国、意大利等则是可以通过交易系统监督清算会员的头寸信息。由此可见，几乎所有国家的法律都规定监管者有权收集额外的信息以保障市场的公平有效。

此外，对于杠杆交易的监管，美国的《投资公司法》规定只允许开放式投资基金从银行借款获得杠杆，且借款不得超过资本覆盖的300%，而欧洲各国对杠杆交易的限制更严，如西班牙规定杠杆率限制在基金资产的5倍以内，法国则根据对冲基金的风险特征的差异实行分级监管。

4. 基金第三方监管

在基金管理人、投资者之外，为基金提供服务的还包括一些第三方机构如外部审计师、基金托管人等，这些关键的市场力量是对冲基金第三方监管法律体系中不容忽视的重要组成部分。多数的欧洲国家和亚太地区包括英国、中国香港、澳大利亚、新加坡等都确立了对冲基金及其管理人的强制审计制度，进一步提高了对冲基金信息披露质量，防范欺诈风险，有利于保护投资者的利益。

我国私募行业目前仍存在的问题

私募基金在我国发展至今已逾30年，近两年来私募行业呈爆发式增长，私募基金的发展有助于中小企业的融资渠道扩展，优化资金配置，提高资本利用率，对推动市场发展与经济建设具有重要意义。但是在我国私募基金快速发展的同时，也存在着许多待解决的问题。

1. 信披机制不完善

信息披露风险是由于信息披露的内容真实性不够及披露程序违规而给投资者带来损失的风险。由于私募证券投资基金的信息披露要求相对公募较低，因此对于投资者来说，如果基金管理人未能按监管机构要求提供真实有效的管理人情况以及基金的投资策略、基金净值、资产负债情况、投资收益分配情况等信息，而是通过一些虚假的信息来骗取投资者的信任，那么投资者的资金安全则面临极大挑战。目前，我国虽出台了一系列法规来对私募基金的信息披露进行规范，在实际操作中，通常我国私募基金通常是通过管理人按期发布净值、期间管理报告的模式进行信息披露，管理人在进行信批过程中必须遵照相应的法律法规，如实披露基金的运营状况，同时投顾方也会按照客户的需求披露投资相关材料，但由于管理人质量参差不齐，没有统一的流程和标准，信息展示渠道丰富、管理散乱，投顾方披露材料没有制度、准则的约束，因此，基金信批质量还是有很大的差别，披露机制并不完善。

2. 缺少权威的三方评级机构

伴随着机构投资者对对冲基金投资分配份额的增加，评级机构作为客观、独立的第三方风险评估者可以为市场带来增加价值，从监管的角度出发，评级机构可以提供评级服务，推动对冲基金提升透明度，可以有效地促进市场纪律的提升，推动基金风险披露的进一步完善。而我国目前尚未有权威的三方评级机构来对基金作出客观、独立的评级，然而，从监管的角度来看，基于评级机构自身内在的局限性和对冲基金风险的复杂性，监管者和投资者也要正确认识风险评级，防止其过分依赖风险评级结果，为此，评级机构也必须明示告知投资者信用评级是主观的，并非唯一意见，投资者还需运用自身知识对基金做进一步判断。

3. 合格投资者鉴定机制不完善

私募证券投资基金虽具有专业管理、组合投资、分散风险的优势，但参与私募基金的投资也存在着一定风险。目前，绝大多数中小投资者无论是资金规模、信息获取、专业知识还是自我保护能力都处于弱势地位，一些风险承受能力较低的中小投资者由于缺乏足够的经验和判断力而容易受外界信息误导导致发生无法预见的损失，因此如果私募基金管理人未按照要求在投资者参与私募证券投资之前了解其财务状况、证券投资知识水平、投资经验、风险承受能力等情况并评估其风险承受能力，那么可能会出现私募产品与投资者的财务状况、投资目标、知识和经验以及风险承受能力不匹配的情况，投资者的利益则会受到较大损害。

此外，一些私募管理机构在落实适当性制度时，工作更多的是从合规、免责角度出发，工作重点仅落在形式上的匹配而非实质上的匹配，对投资者的风险测评过程往往流于形式，甚至引导投资者做出与产品风险等级相匹配的风险承受能力评估结果，以此提高“适配性”，这种形式上的匹配可能会使投资者承受其无法承担的风险。

随着爆发式增长，行业内不规范操作的现象也越来越多地显现出来，不但无法保障投资者的合法权益，也严重影响了私募行业的行业形象，唯有加强监管，才能促进行业由乱而治、规范发展。

2016 私募监管年，监管政策推陈出新

我国私募基金行业在 2016 年迎来史上最严监管年，监管政策不断推陈出新，使 2016 年成为行业由乱而治、规范发展的重要时间节点。未来私募管理人的监管框架将逐步健全，私募管理人的监管细则也将不断细化。

自 2016 年 2 月以来，中国证监会和中国证券投资基金业协会陆续发布了一系列监管新规，具体包括六方面内容（登记备案、基金募集、信息披露、投顾业务、外包服务业务、结构化产品）以及两个指引（《内部控制指引》《基金合同指引》）。

1
- 2016年2月1日
- 《私募投资基金管理人内部控制指引》发布并实施。

2
- 2016年2月4日
- 《私募投资基金信息披露管理办法》发布并实施。

3
- 2016年2月5日
- 《关于进一步规范私募基金管理人登记若干事项的公告》发布并实施。

4
- 2016年4月15日
- 《私募投资基金募集行为管理办法》发布，自2016年7月15日起实施。

5
- 2016年4月18日
- 《私募投资基金合同指引》1—3号发布，自2016年7月15日起实施。

6
- 2016年7月15日
- 《证券期货经营机构私募资产管理业务运作管理暂行规定》发布。

7
- 2016年10月21日
- 《证券期货经营机构私募资产管理计划备案管理规范第1—3号》发布。

8
- 2016年11月14日
- 《私募投资基金信息披露内容与格式指引2号》发布并实施。

9
- 2016年11月15日
- 《私募投资基金服务业务管理办法（试行）（征求意见稿）》公开征求意见。

图 14-1 2016 年监管政策时间轴

1. 登记备案

2016年2月5日，基金业协会发布并实施了《关于进一步规范私募基金管理人登记若干事项的公告》，从取消私募基金管理人登记证明、加强信息报送、法律意见书、高管人员资质要求等四个方面加强规范私募基金管理人登记相关事项，督促私募基金管理人恪尽职守，切实履行诚实信用、专业勤勉的受托人义务，促进私募基金行业规范健康发展。

中国基金业协会日前数据显示，截至目前，协会共注销12 834家私募基金管理人。其中，因未按期完成《公告》整改要求而被注销的机构10 957家；因在办结登记手续之日起六个月内未完成备案首只私募基金产品而被注销的机构86家；1 791家机构主动注销登记。此项政策的出台强调了私募基金管理人业务的真实性和经营的有效性，筛选、梳理了行业格局。

2. 基金募集

2016年4月15日，中国证券投资基金业协会发布《私募投资基金募集行为管理办法》，自2016年7月15日施行。新规从私募基金的销售资格、参与主体的资格，到宣传媒介的监管指引，再到募集资金的具体实施过程，最后到资金募集完成后的冷静期及回访制度的建立，进行了一系列明确的规定。

此外，证监会也对私募基金的销售进行了窗口指导，规定独立基金销售机构开展私募产品销售业务时应加强对代理销售私募基金产品的合作对象及产品的遴选标准，且明确合作对象应当限于作为证券投资基金业协会会员的私募基金管理人，该文件对代销合作对象进行了进一步的要求。

在政策出台之前，私募基金的募集存在着募集不规范、信息不确切、销售不专业等种种行业乱象，并使得一部分投资者在购买私募基金之后由于未能管理好投资期限和投资收益的预期，出现各种纠纷，对行业的声誉、私募基金的形象产生了负面的影响，规范的募集流程使得销售渠道的信息可以更加完善、确切，投资者也可以在理智、冷静的情况下调整好自己的预期，获取相当的信息，而后进行投资，从而减少了发生纠纷的可能性，从一定程度上保护了投资者的财产安全。

3. 信息披露

2016 年 2 月 4 日，基金业协会发布了《私募投资基金信息披露管理办法》，主要对证券类私募管理人的信披进行了规定，私募证券类基金产品需要按时提供季度、年度报告，5 000 万规模以上的产品还需按时披露月报。《披露办法》作为私募基金行业自律规则的发布，对于整个行业的规范发展具有非常重要的作用。

（1）私募证券类基金的信披要求

私募管理人作为信息披露义务人应当向投资者披露的信息包括：基金合同；招募说明书等宣传推介文件；基金销售协议中的主要权利义务条款（如有）；基金的投资情况；基金的资产负债情况；基金的投资收益分配情况；基金承担的费用和业绩报酬安排；可能存在的利益冲突；涉及私募基金管理业务、基金财产、基金托管业务的重大诉讼、仲裁；中国证监会以及中国基金业协会规定的影响投资者合法权益的其他重大信息。

此外，私募基金托管人还应当按照相关法律法规、中国证监会以及中国基金业协会的规定和基金合同的约定，对私募基金管理人编制的基金资产净值、基金份额净值、基金份额申购赎回价格、基金定期报告和定期更新的招募说明书等向投资者披露的基金相关信息进行复核确认。

（2）私募股权类基金的信披要求

2016 年 11 月 14 日，中国证券基金业协会继续发布《私募投资基金信息披露内容与格式指引 2 号——适用于私募股权（含创业）投资基金》的通知，对股权创投类私募的信披进行了详细规定并制定了私募信披的重大事项临时报告要求。《指引 2 号》中规定 PE/VC 应定期、定向给投资者披露半年报和年报，并通过中国证券投资基金业协会指定的平台进行信息披露文件备份。

《指引 2 号》规定，半年报应在当年 9 月底之前完成，年报应在次年 6 月底之前完成，季度报告不做强制要求。根据《指引 2 号》，半年报必须需要披露以下几项内容：基金基本情况、基金管理人和基金托管人、基金投资运作情况、基金费用明细。此外，还可以选填基金投资者情况、基金持有项目 / 基金特别情况说明和管理人报告。

表 14-5　　私募证券类产品和私募股权类产品信披要求

报告类型	私募证券类产品	私募股权类产品
月报	单只管理规模金额达到 5 000 万元以上	不做强制要求
季报	每季度结束之日起 10 个工作日	不做强制要求
半年报	同季报	当年 9 月底之前
年报	每年结束之日起 4 个月以内	次年 6 月底之前
平台报送	需要	需要

4. 投顾业务

7 月 15 日，证监会发布《证券期货经营机构私募资产管理业务运作管理暂行规定》（俗称“新八条底线”），对于私募开展投顾业务的资质做出了规范与要求；10 月 21 日，基金业协会发布的《证券期货经营机构私募资产管理计划备案管理规范》中的第 2 号文件——《委托第三方机构提供投资建议服务》落实上述《暂行规定》的要求，就私募资管业务的备案核查与自律管理、委托第三方提供投资建议、结构化资管计划等方面做出更细化的规定。对之前“八条底线”中的“3+3”投顾资格做出了更为细致的要求，其中主要包括：

监管要求证券期货经营机构应该制定第三方机构遴选机制和流程、风险管控机制、利益冲突防范机制，相关制度流程应该经公司有关机构审议通过后存档备查。未建立健全上述制度流程的，不得聘请第三方机构为资产管理计划提供投资建议。

此外，监管要求资管和基金子公司等通道必须对投资顾问有严格的选择标准，资质应符合“3+3”规定，即私募作为投顾既要满足在协会登记满一年、无重大违法违规记录的会员条件，又要满足具备 3 年以上连续可追溯投资管理业绩的投资管理人员不少于 3 人的要求。

监管机构对从事投顾业务的机构规定了详细的要求，对我国基金投顾业务的规范化发展具有重要意义，一方面，对目前市场中部分自身不具备募资能力且资管能力相对较弱的机构来说，“3+3”投顾资格的规定使其在实现规模扩张方面更有难度，从而有利于市场实现优胜劣汰；另一方面，那些满足投顾资格要求且本身资管能力较强的机构则能更快获得市场认可。

5. 外包服务业务

对于私募基金的服务业务，2016 年 11 月 15 日，基金业协会发布《私募投资基金服务业务管理办法（征求意见稿）》，从内容上看，该办法不仅规范了整个私募服务业务的发展也会带给私募服务领域巨大的业务空间，随着私募行业在激烈竞争中走向规范运行、专业化发展，专业外包服务同样正从起步走向成熟。

《征求意见稿》中规定，私募基金服务机构包括为私募基金提供基金募集、投资顾问、份额登记、估值核算、信息技术系统等服务业务的机构。主要思路包括：明确私募基金服务机构与私募基金管理人的法律关系，全面梳理服务业务类别，提出各类业务职责边界，明确登记条件和自律管理要求，突出服务业务独立性，防范利益冲突，同时引入服务机构的退出机制，引导市场各方各尽其责，打造良好的行业生态，促进私募基金服务业务持续健康发展。服务机构的基本分类如下：

表 14-6　　私募基金服务机构分类

机构类别	主要内容	备注
基金募集	为私募基金管理人推介基金、发售基金份额（权益），办理基金份额（权益）认 / 申购（认缴）、赎回（退出）等业务活动	具体由基金业协会另行规定
投资顾问	以投资顾问形式来进行私募基金的产品管理，而管理人则由提供信托计划、子公司专项计划等产品形式的信托公司、基金子公司等机构担任，后者在业务中扮演通道或后台角色	具体由基金业协会另行规定

续前表

机构类别	主要内容	备注
份额登记	为私募管理提供基金份额的登记过户、存管和结算等业务活动	重点规范
估值合算	为私募管理人提供基金会计核算、估值、报表编制及相关信息披露等服务	重点规范
信息技术系统	为私募基金管理人、私募基金托管人和其他服务机构提供私募基金业务核心应用系统、信息系统运营维护及安全保障等服务	重点规范

6. 结构化产品

2016 年 7 月 15 日，证监会发布并实施《证券期货经营机构私募资产管理业务运作管理暂行规定》。10 月 21 日，基金业协会发布的《证券期货经营机构私募资产管理计划备案管理规范》第 3 号文件从行业自律层面进一步强化对结构化资管产品的规范性要求，禁止管理人通过“安全垫 + 超额业绩报酬”等方式变相设立不符合规定的结构化产品。

《暂行规定》明确了结构化资产管理计划的定义，是指存在一级份额以上的份额为其他级份额提供一定的风险补偿，收益分配不按份额比例计算，由资产管理合同另行约定资产管理计划。但与征求意见稿不同的是，《暂行规定》中提出由资产管理人以自有资金提供有限风险补偿，且不参与收益分配或不获得高于按份额比例计算的收益的资产管理计划，不属于结构化资产管理计划。

《暂行规定》延续了征求意见稿中不准向投资者宣传资产管理计划预期收益率，不允许直接或者间接对优先级份额认购者提供保本保收益安排（包括但不限于在结构化资产管理计划合同中约定计提优先级份额收益、提前终止罚息、劣后级或第三方机构差额补足优先级收益、计提风险保证金补足优先级收益等）的规定。这意味着不允许劣后为优先提供任何收益保障或者收益补偿，优先的收益率不能百分百实现。

关于结构化产品的杠杆率，《暂行规定》中规定：股票类、混合类结构化资产管理计划的杠杆倍数不得超过 1 倍，固定收益类结构化资产管理计划的杠杆倍数不超过 3 倍，其他类结构化资产管理计划的杠杆倍数不超过 2 倍。与征求意见稿相比，将期货资管以及非标类资管的杠杆倍数从 3 倍降低至 2 倍，杠杆率进一步压缩。

与之前相比，监管层对结构化产品杠杆倍数控制趋严，对违规宣传推介和销售行为、结构化资管产品、开展或参与“资金池”业务等问题进行具体规范。

对产品结构及杠杆率等方面的严格限制以及对投顾资格的规定将目前市场中部分操作不合规的现象进行了禁止，进一步保证了投资者的利益，对投顾资格的严格限定在一定程度上也有助于进一步实现整个私募行业的优胜劣汰。

7.《内部控制指引》

2016 年 2 月 1 日，基金业协会正式对外发布《私募投资基金管理人内部控制指引》，明确了私募基金管理人应当依据指引并结合自身具体情况，建立健全并有效执行内部控制制度，确保经营合法合规、安全稳健，促进整个私募基金行业的合规发展，更好地维护私募基金管理人及投资者利益。

《内部控制指引》中规定，私募基金管理人不得兼营与私募基金管理无关或存在利益冲突的其他业务；私募基金管理人应当健全治理结构，防范不正当关联交易、利益输送和内部人控制风险，保护投资者利益和自身合法权益；建立必要的防火墙制度与业务隔离制度，各部门有合理及明确的授权分工，操作相互独立。此外，私募基金管理人应遵循全面性、相互制约、执行有效、独立性、成本效益及适时性等原则。

《内部控制指引》还从业务流程控制、授权控制、募集控制、财产分离、防范利益冲突、投资控制、托管控制、外包控制、信息系统控制和会计系统控制等具体方面的内部控制制度进行了规范，其实施旨在促进私募基金行业的运营管理、风险控制水平的提高，促进私募基金管理人向专业化、规范化基金管理机构发展。

8.《合同指引》

2016 年 4 月 18 日中国基金业协会发布《私募投资基金合同指引 1 号（契约型私募投资基金合同内容与格式指引）》《私募投资基金合同指引 2 号（公司章程必备条款指引）》《私募投资基金合同指引 3 号（合伙协议必备条款指引）》。

《合同指引》规定基金合同中不得含有虚假内容或误导性陈述，明确了私募基金管理人向投资者披露信息的种类、内容、频率和方式等有关事项。《合同指引》体现了不同组织形式私募基金的差异化规范要求，针对契约型私募投资基金出台了内容与格式指引；针对公司型和合伙型私募投资基金出台了必备条款，体现了对不同组织形式私募基金的差异化规范要求。不仅如此，《合同指引》还强化了基金治理，突出基金份额持有人大会及日常机构的功能和作用。明确可灵活约定基金份额持有人大会的召开方式，并且重申私募基金备案要求，强化了行业信息收集要求。

《合同指引》吸收了各类私募基金行业多年发展所积累的实践经验，为行业提供合同文本层面的规范化指引，为投资者了解私募基金合同文本提供依据，引导投资者购买合同文本规范的私募基金产品。该指引的出台势必揭开私募基金行业进一步健康发展的重要一页，对我国私募基金行业健康发展意义非凡。

2016 是整个私募行业的监管大年，监管趋严将促使私募行业良性洗牌，优秀的私募机构将得益于日趋完善的机制获得极大发展，同时也将有利于整个行业的长期健康发展。

私募行业未来发展趋势

2016 年，为维护整个私募行业健康稳定的发展、保护投资者的合法权益，监管层出台了一系列监管制度，加大了对整个行业的管控。2016 年随着监管层对私募行业多方位、全维度地加强监管，监管环境日趋严格，高压监管下，市场急剧变化带来了私募行业业绩的激烈角逐，鱼龙混杂的私募基金业已发生巨变，私募基金管理人也经历了大浪淘沙般的洗牌。在监管政策的引导下，私募基金行业告别“野蛮生长”，朝着规范化、制度化方向迈进。展望2017年，在行业元老们旧体系松动的局势下，更多新兴的年轻对冲基金正在试图抢占新环境下的高地，他们在多变的市场环境下创造超额收益、不断扩充自身规模。虽然对冲基金行业的布局依旧稳固，但是新势力的冲击已经开始出现，不论是在策略和信息技术的运用上，还是基金运营、渠道的沟通上，一些新基金都有推陈出新的想法，在短时间内扩张了基金的规模，占领了一席之地，引起行业的注意。

行业内优胜劣汰愈发明显

监管政策频发，已让上万家私募机构被清理，优胜劣汰、适者生存的现象愈发明显。私募行业开始面临着大浪淘沙的过程，不规范经营、无法保证投资者合法权益的机构注定随着监管政策的收紧而被市场所淘汰，而相反的，合法经营的优质私募将越来越受到市场的认可。私募行业发展开始良性竞争，不管是对于机构而言，还是对于从业人员而言，都将会面临一个大浪淘沙的过程。

行业竞争方面，“资产荒”背景下，私募基金行业的竞争将逐步进入拼业绩、比实力、做品牌的良性竞争阶段。强者恒强的局面将愈发明显，行业巨头将会逐步显露，新进入的机构。长此以往，能够适应市场环境、不断开拓创造优秀业绩的私募机构的价值将越来越凸显。

未来对于私募行业，经济金融环境的收缩、2015年以来数量大规模增长、监管合规门槛提高这三个因素叠加在一起，最终都指向优胜劣汰、行业相对集中的方向，这既为私募行业提供了发展机会，又是机构面临的一项重大挑战。当前私募行业经过监管洗牌之后，将会发生巨大的变化，行业集中度迅速提升，对于一些相对成熟稳健与委托方持续合作的公司将会得到更广阔的发展，在细分策略里有独到优势、在多策略上有足够灵活性的公司将会得到多元化发展，而一些没有清晰的战略定位的公司则将面临掉队甚至淘汰的结果，整个私募行业将形成强者恒强的局面。

发展日趋多样化

随着市场的不断发展，私募机构已从专注于二级市场，不断向一级市场、新三板或公募基金转化，谋求自身的变革与发展；同时，在投资策略方面，私募机构也不断推陈出新，寻找着适合不同市场环境的投资新方法。

2016 年以来私募越来越走向一级市场，通过成立新三板基金、参与上市公司定增、设立并购平台等，实现一二级市场联动创造收益。此外，众多私募机构还进军公募领域，其中不乏像鹏扬投资这样的私募机构已经成功申请到了公募牌照的案例，这也将鼓舞更多大私募涉足公募领域，以参股或直接申请等方式。

策略方面，2016 年 A 股市场、期货市场大起大落、债券市场不时遭遇黑天鹅，私募机构不能拘泥于单一市场的投资机会，而是不断寻找着适合当前市场环境的新方法。例如，不少机构已布局定增市场、CTA、网下打新等，此外，在股指期货受限、基差贴水等影响下，不少量化对冲私募转做了量化复合策略。

此外，在监管趋严的同时，监管层对投资范围及投资机构的限定却在逐渐放开，加大了对私募行业多样化的支持力度。如 2016 年，监管层曾多次公开支持 FOF 基金在国内的发展，为 FOF 在国内发展塑造良好发展环境。同时，证监会也曾公开表示允许符合条件的外商独资和合资企业申请登记成为私募证券基金管理机构，并开展包括二级市场证券交易在内的私募证券基金管理业务，这在一定程度上有利于丰富私募行业的参与者及投资策略类型，为投资者提供更多选择。近日，全面受限一年半的股指期货开始松绑，这将有效放大市场活跃资金量，增加整个策略的容量，同时也将极大利好量化对冲策略在国内的发展。

展望未来，随着市场不断成熟与发展，私募市场必将涌现出越来越多的投资策略，而私募行业也将向着多样化方向发展。

人工智能将在量化对冲策略中发挥更大的价值

量化基金在过去的十年里已经受到了投资者足够多的关注，随着计算机能力的应用和大数据所来带来的信息时代革命，更多计算机技术的应用将会产生。一个值得注意的问题是“模型拥挤”效应，由于模型趋势扩散，导致了各个量化模型在算法上的趋同，同种策略下的相似模型太多而导致了拥挤效应，收益回报被迅速地压缩。在某种程度上，这类问题可以被反应速度更快的硬件设备环节解决，形成了高频交易上的速度竞赛，但是在模型进化上，还是存在一道难以逾越的鸿沟，即从“识别趋势”到“预见并适应趋势”的进化过程。

从人工智能对比量化对冲等其他策略的表现上看，在应对黑天鹅事件以及其实判断上，人工智能的优势已经越来越明显，在多个市场风险性事件出现时，人工智能的总体应对明显优于其他策略。

监管趋严，把控风险

《证券期货经营机构私募资产管理业务运作管理暂行规定》的出台，对整个私募行业产品的杠杆率做出了严格的规定。《暂行规定》对于私募行业杠杆水平的规范，在一定程度上降低了行业内发生系统风险的概率、保证了私募行业的平稳发展、保护了投资者的利益。与此同时，私募基金严控杠杆，也会在投资操作中受到限制，因此失去了获得高利益的机会。因此，在未来的行业发展中，私募机构如何能在严控风险的同时，完成自身的收益目标，也是一项重要的挑战。

2017 年年初中央金融工作会议如期举行，会议重申了“严格监管”这一主线，强调金融应回归本源、强调防范系统性金融风险、加强监管等命题。私募行业作为一个诞生时间不长、还处于高速发展期的行业，势必会在这一轮的监管加强中，受到相当的影响。可以预见到的是，私募行业作为资产管理重要的组成部分，将在未来发挥更大更显著的作用，占有一席之地，另一方面，行业内部的监管也有望进一步梳理和加强，某些行业乱象必然将得到监管层的重视和改善，私募机构作为专业投资者的角色突显，并最终将反作用于 A 股市场，成为 A 股市场重要的参与方。

保险资管：严监管环境下，回归主业

2016年，国际社会“黑天鹅”事件频出，国内资本市场大幅波动。“低利率”环境下，金融机构资产和负债利差压缩，甚至出现倒挂。为了满足业绩要求，金融机构加杠杆套息愈演愈烈，“资产荒”成为了金融行业的热点词汇。随着杠杆率的上升，金融风险在逐步累积，资金脱实向虚，在金融系统中空转套利，资产价格泡沫越来越大，“防风险”成为监管层的共识。保监会出台一系列政策措施规范保险资管行业发展，保险资管行业经历了一场大调整，以往很多传统业务面临新的规范。对于保险资管行业而言，2016年注定是值得铭记的一年。

2016年保险资金运用情况回顾

保费收入高速增长，负债端成本小幅下降

2016年保险行业总资产达151 169.16亿元，较上年度增长22.31%；净资产达17 240.61亿元，较年初增长7.15%。其中，产险公司总资产23 744.14亿元，

较年初增长 28.48%；寿险公司总资产 124 369.88 亿元，较年初增长 25.22%；再保险公司总资产 2 761.29 亿元，较年初减少 46.77%；资产管理公司总资产 426.29 亿元，较年初增长 20.97%。

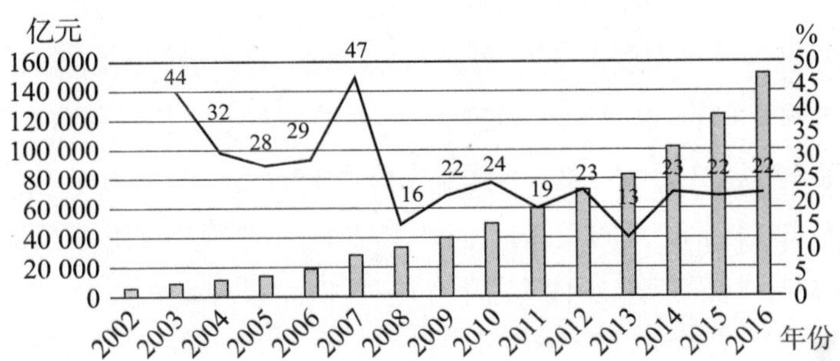

图 15-1 历年保费行业总资产规模及增速

资料来源：课题组、中国保监会。

2016 年原保险保费收入 30 959 亿元，较 2015 年同期同比增长 27.50%，已超过日本位列全球第二位。从业务结构来看，人身险保费收入增长 36.5%（2015 年增长 25.0%）；财产险保费收入增长 9.1%（2015 年增长 11.0%）。受到 2016 年以来中短期产品加强监管的影响，万能险新增交费为 11 860.16 亿，增长 55.1%（2015 年增长 95.2%）。此外，投连险新增交费为 938.97 亿，增长 38.52%（2015 年增长 134.16%）。

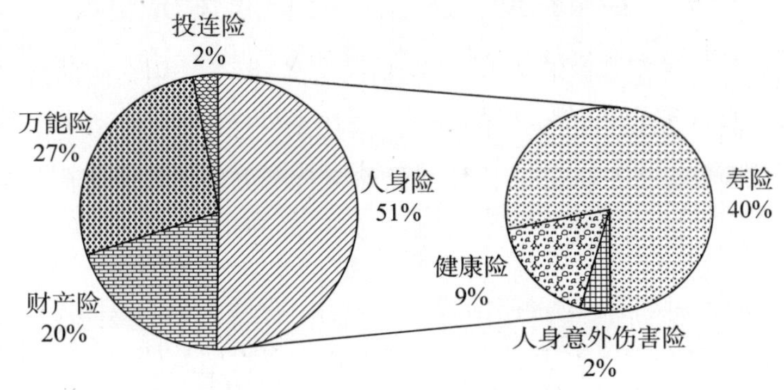

图 15-2 2016 年保费收入结构

资料来源：课题组、中国保监会。

保险负债成本出现企稳态势，久期结构改善，中短期产品受监管严控。2017年2月22日，保监会副主席黄洪在国新办新闻发布会上披露，2016年年底到2017年年初，万能险结算利率比2016年上半年下降了1%。万能险负债期限不断拉长，整体寿险业负债期限也在拉长，三年期以上的产品占整个保费的比例是81%，三年期以下的占比为19%。在此基础上，我们整理了2016年主要保险机构发布的13 312款万能险产品的结算利率，从其分布来看，7%及以上的产品占比从1月的7.4%下降至12月的2.9%，而0~3%的产品占比从1月的0.8%增加到12月的3.0%。而随着2017年监管趋严继续推进及市场利率水平的抬升，我们预计2017年保险行业负债成本基本企稳。

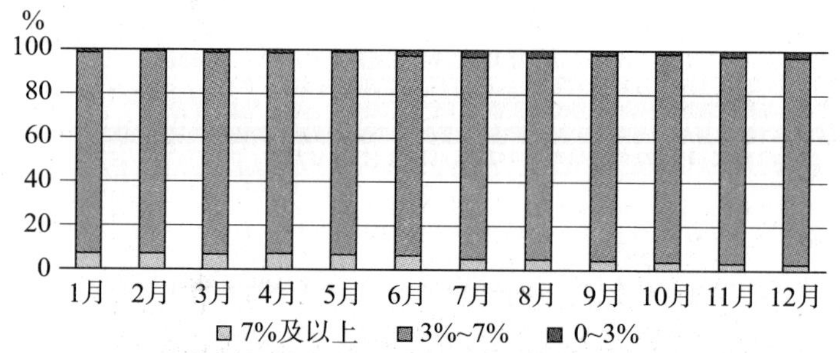

图15-3　2016年国内主要保险机构万能险结算利率

资料来源：课题组。

投资结构调整，另类占比首超传统固收

近几年来，随着保险收入的稳定增长，保险资金运用余额保持了20%左右的增速。截至2016年年末，保险资金运用余额达133 910.67亿，同比增长19.78%。保险资金的巨大体量，使得保险资金所关注的领域都成为资本市场热点标的。

从2016年保险资金的资产配置比例来看，保险资金仍以固定收益类资产为主，但是从2016年5月开始，其他投资占比首次超越债券，成为保险资金投向占比最大的资产。截至2016年末，银行存款占19%（2015年为22%），债券占比32%（2015年为34%），股票和证券投资基金占13%（2015年为15%），

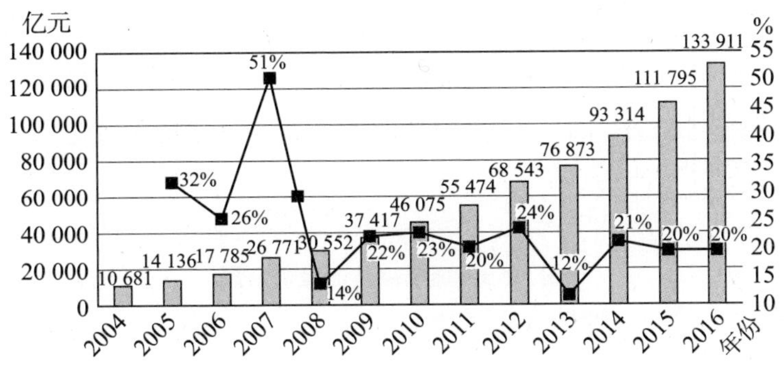

图 15-4 历年保险资金运用余额及增速

资料来源：课题组、中国保监会。

其他投资占比 36%（2015 年为 29%）。总体看来，2016 年险资投向银行存款、债券、股票和证券投资基金占比全面下滑，其他投资占比上升。

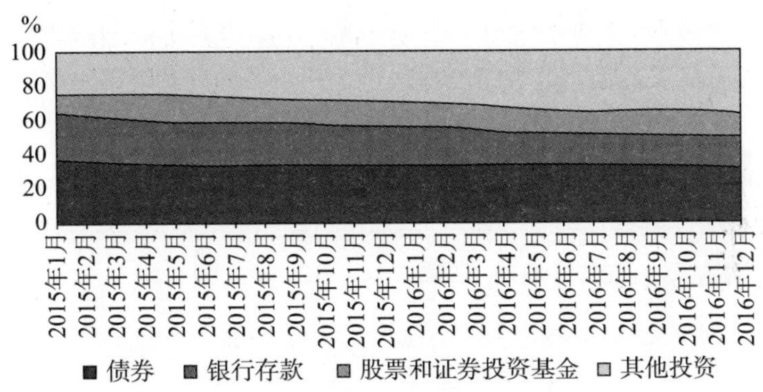

图 15-5 保险资金资产配置比例

资料来源：课题组、中国保监会。

其他投资中主要包括基础设施债权计划、不动产债权投资计划、股权投资计划等多种项目形式，这类资产绝对收益较高，期限较长，规模较大，与保险资金的负债特征相匹配，深受险资青睐，近年来规模迅速扩张。

除了其他投资和险资在资金规模、久期等方面的特点相匹配以外，其他投资占比的快速上升与 2016 年资本市场大幅波动也不无关系。2016 年年初以“股灾”开始，年末以“债灾”结束，全年来看，上证综指下跌 12.31%，中债

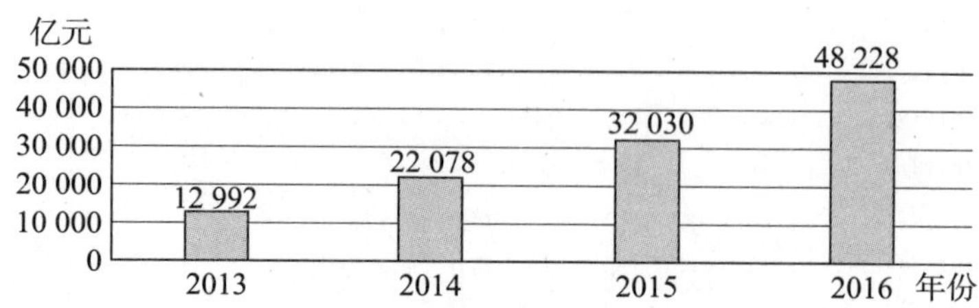

图 15-6　历年来其他投资余额

资料来源：课题组、中国保监会。

新综合净价（总值）指数下跌 2.53%。以中债登和上清所公布的债券托管数据来看，2016 年全年保险机构减持债券 2 661 亿，减持力度在四季度债券市场大幅调整之时尤为剧烈。而在 2016 年下半年以来，保险机构由以往的资金净融入方转变为资金净融出方，一方面可能由于临近年末保险机构为满足偿付能力充足率及净利润考核压力，持有现金动力增加，另一方面也表现出其对公开市场品种的谨慎情绪。其他投资中的项目类资产收益率虽然也与公开市场的资产收益率的趋势相关，但是其收益率相对于公开市场品种调整更为缓慢，且多数以成本计价计入持有至到期科目，基本不会受到市值波动影响。

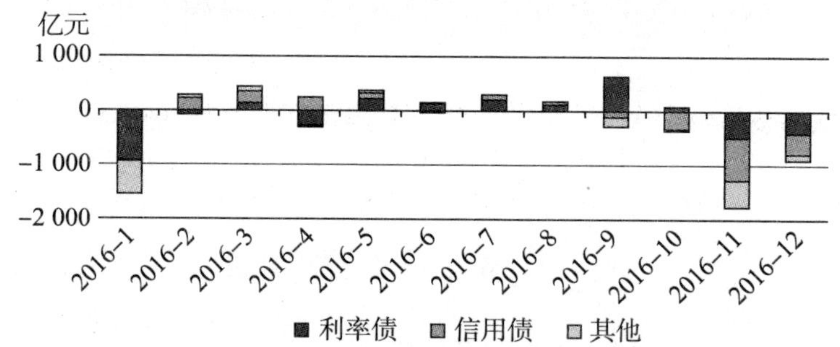

图 15-7　2016 年保险机构减持债券 2 661 亿

资料来源：课题组、中央结算公司、上海清算所。

行业进入周期性调整阶段，机构间分化加剧

2016 年，保险公司整体的偿付能力充足率达到 247%，远高于 100% 的警戒线，行业风险总体可控，但是保险行业内部的经营情况出现了明显的分化。

从保费收入增速来看，2016 年保费收入同比增速达到 100% 以上的寿险

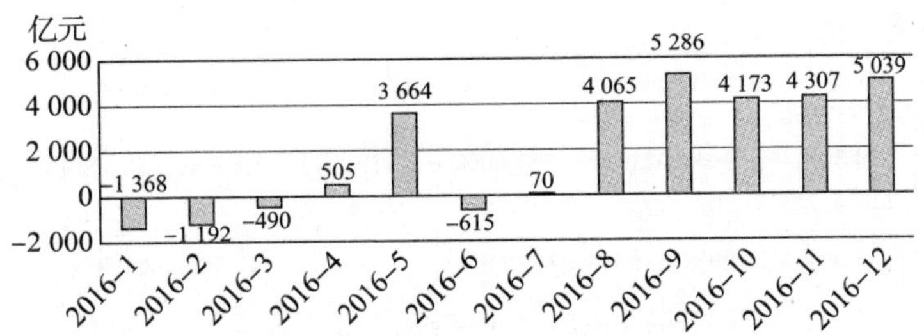

图 15-8 保险机构从年初的资金融入方变为资金融出方

资料来源：课题组、中央结算公司。

企业有 11 家，最高的太保安联健康增速达 727%；同比增速为负的有 7 家，最低的中融人寿增速为 –87%。

从保费结构来看，2016 年万能险占比达到 90% 及以上的公司有 6 家，安邦养老、中融人寿万能险占比接近 100%，而中邮人寿、招商信诺等 7 家险企万能险保费收入占比接近 0。

从综合偿付能力充足率来看，57 家寿险企业中，中法人寿、新光海航及天安人寿不满足 100% 的监管要求，其综合偿付能力充足率分别为 –140.30% 和 –116.45%、95.20%。此外，幸福人寿、瑞泰人寿、恒大人寿等企业也处在 100% 的红线边缘。

表 15-1 2016 年主要寿险企业综合偿付能力充足率

公司	2016Q1	2016Q2	2016Q3	2016Q4	公司	2016Q1	2016Q2	2016Q3	2016Q4
渤海人寿	670.60%	467.00%	363.10%	773.70%	中荷人寿	194.70%	181.60%	173.70%	166.20%
华汇人寿	1 096.20%	950.20%	810.00%	615.80%	安邦寿险	290.00%	228.00%	199.00%	165.00%
国联人寿	570.00%	560.60%	538.20%	491.80%	中德安联	209.00%	179.00%	174.00%	161.00%
民生人寿	458.00%	435.00%	446.00%	368.00%	和谐健康	146.70%	127.60%	143.70%	143.90%
东吴人寿	227.00%	212.80%	244.20%	358.40%	吉祥人寿	138.70%	135.30%	194.90%	140.40%

续前表

公司	2016Q1	2016Q2	2016Q3	2016Q4	公司	2016Q1	2016Q2	2016Q3	2016Q4
复星人寿	234.30%	442.30%	421.00%	353.60%	建信人寿	193.50%	185.20%	158.40%	140.00%
汇丰人寿	393.00%	412.00%	388.00%	327.00%	上海人寿	125.70%	147.40%	143.50%	139.80%
长生人寿	682.00%	549.00%	539.00%	316.00%	中融人寿	-18.20%	-18.20%	-41.90%	131.30%
利安人寿	447.00%	420.00%	372.00%	309.00%	长城人寿	108.50%	100.50%	129.40%	127.10%
信诚人寿	287.60%	284.00%	273.10%	289.80%	华夏人寿	106.60%	115.50%	123.20%	125.90%
英大泰和	311.90%	291.70%	262.90%	280.50%	珠江人寿	118.10%	112.00%	106.20%	124.70%
招商信诺	262.00%	239.00%	245.00%	278.00%	中韩人寿	204.00%	189.10%	214.50%	118.20%
交银康联	409.40%	359.50%	294.10%	270.50%	生命人寿	104.00%	106.00%	104.00%	114.00%
恒安标准	265.00%	263.00%	258.00%	269.00%	前海人寿	106.60%	115.50%	123.20%	112.50%
君龙人寿	179.10%	171.40%	335.30%	268.00%	恒大人寿	223.20%	186.80%	179.70%	109.70%
中宏人寿	276.90%	278.10%	272.60%	267.20%	瑞泰人寿	140.00%	131.90%	140.90%	108.30%
阳光人寿	254.00%	247.40%	247.40%	250.70%	幸福人寿	139.60%	132.80%	119.70%	105.70%
中邮人寿	259.60%	234.10%	224.90%	228.60%	天安人寿	90.30%	94.70%	109.40%	95.20%
陆家嘴国泰	278.40%	275.40%	264.70%	225.20%	新光海航人寿	–4.00%	–31.74%	–69.87%	–116.45%
同方全球	172.00%	168.00%	163.00%	216.00%	中法人寿	578.20%	185.40%	–128.40%	–140.30%
中英人寿	241.00%	246.50%	266.00%	210.90%	中国人寿	348.50%	329.10%	317.70%	297.16%

续前表

公司	2016Q1	2016Q2	2016Q3	2016Q4	公司	2016Q1	2016Q2	2016Q3	2016Q4
中意人寿	220.00%	231.00%	244.00%	198.00%	平安人寿	219.70%	221.30%	229.20%	210.0%
信泰人寿	154.00%	147.60%	236.90%	192.70%	新华人寿	279.30%	281.80%	267.80%	
工银安盛	256.00%	242.00%	257.00%	191.00%	太平洋人寿	262.00%	255.00%	253.00%	
华泰人寿	217.00%	205.00%	197.00%	186.00%	太平人寿	250.00%	250.00%	252.00%	
农银人寿	164.30%	153.40%	138.60%	181.80%	中国人民人寿	174.00%	176.00%	171.00%	
弘康人寿	217.00%	196.00%	199.00%	172.00%	国华人寿	117.50%	114.60%	128.70%	
百年人寿	195.00%	168.00%	195.00%	170.00%	合众人寿	290.60%	276.70%	288.00%	
君康人寿	242.20%	190.10%	190.00%	167.00%					

资料来源：课题组、各机构公布的偿付能力报告摘要。

从这三个维度比较，我们可以看出不同保险公司发展情况的差异：传统大型的保险公司，如国寿股份、平安人寿、人保寿险、太平人寿等公司的保费增速较为稳健，维持在20%～40%之间，万能险占比在30%以内，综合偿付能力充足率也相对充裕。传统大型保险公司在负债端着重发展保障型、长期期缴业务，在资产端更加稳健审慎，如中国人寿财务投资邮储银行、滴滴、Uber、复星医药、蚂蚁金服、中石化川气东送公司等成长性的企业，从注重规模扩张向价值导向转型。而近几年在负债端主要依靠万能险进行规模扩张、在资产端更加激进的部分新型保险公司，如中融人寿、新光海航、富德生命人寿在规模保费上已经遭遇拐点，部分原因是由于监管指标不达标导致新业务开展受阻，影响了公司的整体发展。而其他暂时未受影响的新型保险公司，在监管环境整体趋严、行业进入周期调整的阶段中，以往的依靠规模扩张的激进模式难以为继，公司向价值型转型将是唯一的出路。

负债端：结构优化下的规模增长

监管出击，高现价万能险发展遭捆绑

万能险由于兼具保障和投资的功能，并且在缴费的灵活性、保额选择的自主性、保单价值领取的便利性等方面优于传统保险产品，受到投资者的广泛青睐，近年来呈爆发增长的态势，2016 年万能险累计增长 11 860 亿，较 2015 年同期多增 4 213 亿。不少保险行业的“后起之秀”依靠万能险实现了弯道超车，保费收入规模快速扩张。

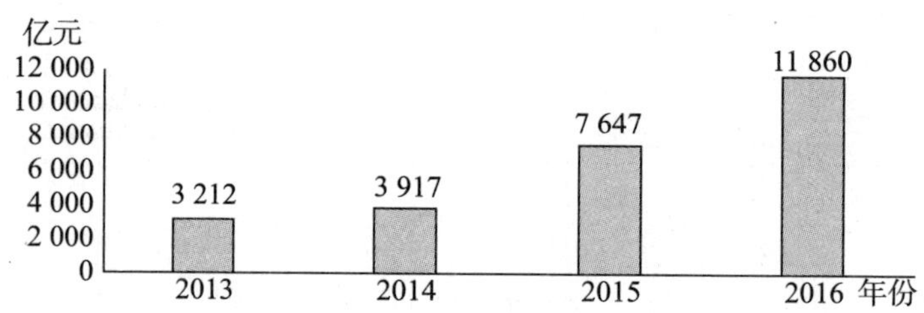

图 15-9　历年万能险保费收入规模

资料来源：课题组、中国保监会。

表 15-2　　2016 年万能险保费收入前 20 名的保险机构

公司名称	原保险保费收入（万元）	保户投资款新增交费（万元）	投连险独立账户新增交费（万元）	保费收入合计（万元）	保户投资款新增交费 / 保费收入合计	2016 年保费收入排名	2015 年保费收入排名
安邦人寿	11 419 732	21 628 954	--	33 048 686	65%	3	35
国寿股份	43 060 677	16 555 056	--	59 615 733	28%	1	1
华夏人寿	4 543 566	13 772 440	--	18 316 006	75%	4	18
平安人寿	27 518 152	9 096 061	208 683	36 822 896	25%	2	3

续前表

公司名称	原保险保费收入（万元）	保户投资款新增交费（万元）	投连险独立账户新增交费（万元）	保费收入合计（万元）	保户投资款新增交费/保费收入合计	2016年保费收入排名	2015年保费收入排名
前海人寿	2 204 476	7 826 558	--	10 031 033	78%	11	37
富德生命人寿	10 217 742	6 810 923	--	17 028 664	40%	5	11
恒大人寿	438 869	5 208 663	--	5 647 532	92%	16	--
和谐健康	10 703 133	4 739 413	--	15 442 546	31%	6	24
天安人寿	3 352 418	3 520 829	--	6 873 246	51%	13	8
泰康	8 984 074	3 015 138	476 860	12 476 071	24%	8	5
君康人寿	367 791	2 656 671	--	3024 463	88%	21	--
阳光人寿	4 446 724	2 162 818	5 182	6 614 724	33%	14	32
国华	2 658 765	1 602 135	588 688	4 849 587	33%	17	26
安邦养老	26	1 384 953	--	1 384 978	100%	34	43
太保寿险	13 736 233	1 239 930	0	14 976 163	8%	7	2
上海人寿	1 085 955	1 199 381	--	2 285 336	52%	29	47
幸福人寿	1 363 265	1 197 651	--	2 560 916	47%	25	31
渤海人寿	674 152	1 178 566	--	1 852 718	64%	32	44

续前表

公司名称	原保险保费收入（万元）	保户投资款新增交费（万元）	投连险独立账户新增交费（万元）	保费收入合计（万元）	保户投资款新增交费 / 保费收入合计	2016 年保费收入排名	2015 年保费收入排名
人保寿险	10 505 358	1 151 873	--	11 657 231	10%	10	25
信泰	282 126	994 834	--	1 276 960	78%	36	20

资料来源：课题组、中国保监会。

和传统险相比，万能险在投资收益的分配上存在显著的差别：传统险仅有保证收益，即预定利率，除此部分以外的投资收益归属于保险公司；而万能险有保证收益和非保证收益，即保险机构仅收取较少的管理费，其余投资收益均归属于保单持有人。由于投资者将获得万能险投资收益的绝大部分，对投资者具有很大的吸引力。

根据现金价值的分布状态，可以将万能险分为高现值型和非高现值型，其主要区别在于保单持有人的提前退保政策。高现值万能险保单持有人在第二年即使选择退保，也能获得万能险账户除管理费以外的所有收益，以前海人寿、生命人寿、安邦人寿等保险公司销售的理财型万能险为代表。由于退保率过高，高现值万能险产品名义久期虽为 2~3 年，但是实际久期仅为 1 年左右。而非高现值万能险会向提前退保的保单持有人收取罚金，使得保单的久期维持在 8~10 年，以平安和国寿销售的产品为代表。由于久期过短，高现价万能险还须承担更高的销售渠道成本，使得其综合成本远高于其它保险产品。近年来，万能险规模的爆发式增长主要是受到高现值型万能险的推动。

高现值万能险负债端成本高达 6~9%，2016 年，资本市场大幅波动，部分过度依赖万能险的寿险公司的资产端和负债端矛盾突出：第一，低利率环境使得资产收益率普遍走低，而负债成本下降滞后，资产和负债收益率倒挂直接带来利差损风险；第二，由于负债成本过高将倒逼保险资管机构投资行为更加激进，隐藏着巨大的风险隐患，2015 年以来保险机构激进的股票市场举牌即是典型现象；第三，高现值万能险账户的实际负债端久期多是一年多，而资产端久期更长，存在严重的久期错配，保险机构每年均将面临巨额的退保压力，负债端的不稳定将加剧流动性风险。2016 年，保监会出台一系列政策，规范中短存续期保险产品的定价和管理，监管层也在各个重要场合强调监管政策导向，充分将监管导向与市场沟通，并对部分整改不到位的保险机构作出了严厉的处罚。

表 15-3　　中短存续期保险产品相关规范文件

时间	监管机构	重要政策法规及规范性文件	主要内容
2016.03.18	保监会	《关于规范中短存续期人身保险产品有关事项的通知》	对中短存续期产品的实际存续期间由不满 3 年扩大到不满 5 年，并立即停售存续期限不满 1 年的中短期存续产品，同时提出期限在 1 年以上且不满 3 年的中短存续期产品的规模 3 年后控制在总体限额的 50% 之内。
2016.09.06	保监会	《中国保监会关于进一步完善人身保险精算制度有关事项的通知》	将万能保险责任准备金的评估利率上限调整为年复利 3%，并规定自 2016 年 1 月 1 日起，保险公司中短存续期产品年度保费收入应控制在公司最近季度末投入资本和净资产较大者的 2 倍以内，对 2015 年度不满足要求的公司给予 5 年的过渡期；并要求保险公司稳步降低中短期存续产品的保单比例；保费收入占比也进行严格控制，要求自 2019 年 1 月 1 日起，中短存续期产品年度规模保费收入占当年总规模保费收入的比重不得超过 50%，自 2020 年 1 月 1 日起，该比例不得超过 40%，自 2021 年 1 月 1 日起，该比例不得超过 30%。

续前表

时间	监管机构	重要政策法规及规范性文件	主要内容
2016.09.06	保监会	《关于强化人身保险产品监管工作的通知》	对人身保险产品实行事后备案和事后抽查管理，建立产品退出、问责、回溯、信息披露机制，并对万能型保险建立单独核算制度，单独管理账户，根据实际投资状况合理确定实际结算利率。
2016.12.30	保监会	《关于进一步加强人身保险监管有关事项的通知》	保监会将建立人身保险公司保险业务分级分类监管制度，同时进一步加强人身保险公司分支机构市场准入监管，中短存续期产品季度规模保费收入占当季总规模保费收入比例高于50% 的人身保险公司一年内将不予批准新设分支机构。
2017.02.07	保监会	《关于报送中短存续期业务报告的通知》	要求自 2017 年 1 月 1 日起，各人身保险公司中短存续期产品相关数据按月报送。

资料来源：课题组、中国保监会。

表 15-4　　受保监会处罚的主要保险机构

时间	保险机构	事件
2016.05.03	生命人寿	保监会调研组进驻生命人寿。
2016.11.09	浙商财险	对浙商财险暂停股票投资能力备案。
2016.11.11	恒大系	深交所就“恒大系”相关账户采取一系列监管措施。
2016.12.06	前海人寿	保监会叫停前海人寿万能险。
2016.12.07	前海人寿、恒大人寿	保监会调研组进驻前海人寿、恒大人寿。
2016.12.09	恒大人寿	暂停恒大人寿保险有限公司委托股票投资业务，并责令公司进行整改。

续前表

时间	保险机构	事件
2016.12.28	华夏人寿、东吴人寿	对万能险业务整改不到位的华夏人寿、东吴人寿2家公司采取暂停互联网保险业务、三个月内禁止申报产品的监管措施。对前海人寿、恒大人寿等9家公司派驻检查组进行现场核查。
2017.02.24	前海人寿	对前海人寿及相关责任人员分别作出了警告、罚款、撤销任职资格及行业禁入等处罚措施。其中，对时任前海人寿董事长姚振华给予撤销任职资格并禁入保险业10年的处罚。
2017.02.27	恒大人寿	给予恒大人寿限制股票投资1年的处罚；给予时任恒大人寿董事会秘书、副总经理刘浩禁止进入保险业5年的处罚，给予时任恒大人寿投资管理中心股票投资部总经理吕海龙禁止进入保险业3年的处罚。

资料来源：课题组、中国保监会。

2016年全年万能险累计发行规模虽然创新高，但是从发行节奏来看，一季度占到全年发行规模的50%，二季度开始，万能险发行规模有所减小。监管的发力使得高现值万能险增速放缓。

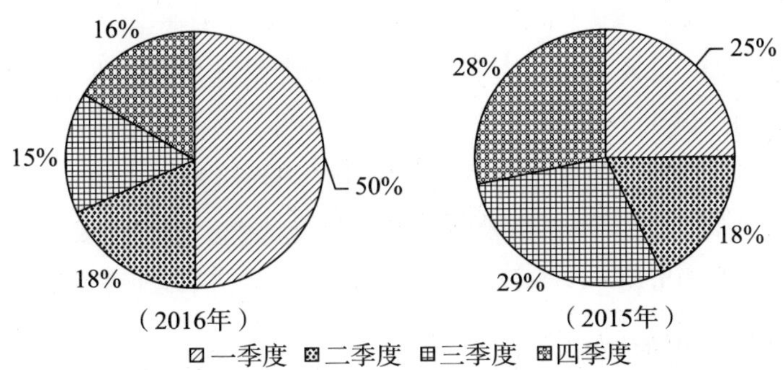

图15-10　2016年及2015年万能险分季度发行规模占比

资料来源：课题组、中国保监会。

保监会副主席黄洪表示，万能险是一个成熟的产品，本身并没有什么问题，整体风险可控。在放开前端的同时，通过监管来管住后端，鼓励财务投资与固定收益投资，禁止与非保险股东形成一致行动人开展收购。未来万能险销售规模将受到保险机构资本实力、业务占比及偿付能力充足率等一系列监管指标的约束，万能险未来增速继续放缓是大概率事件。

回归保障功能，上市险企谋求价值转型

2016 年 11 月 23 日，保监会副主席黄洪表示，要坚持“保险姓保”，这是体现保险行业的价值根基，是服务社会的根本要求。2016 年保监会出台了一系列政策，通过提高人身险死亡保险金比例等措施，引导保险业回归保障功能。

根据上市保险机构公布的 2016 年年报，受到资本市场大幅波动和准备金计提增加的影响，除中国平安以外，中国太保、中国人寿、新华保险的归母净利润均出现大幅下滑，但是四大上市险企继续优化业务结构，长期期交产品增加，传统寿险占比继续提升，在监管“回归保障”的引导下，将持续呈现出健康发展的态势。

首先，从期限结构来看，保险产品的期限结构持续优化。2016 年，新单保费结构方面，中国人寿期交保费达 939.45 亿元，同比增长 51.8%，自公司上市以来首次超过趸交保费；十年期及以上首年期交保费达人民币 514 亿元，同比增长 59%，上述两项指标均实现了两年翻一番，增速创公司上市以来新高；续期保费达 2 235 亿元，同比增速达 17%，增速创近 5 年新高。新华保险首年期交占新单的比例由 2015 年的 32% 提升至 50%，十年期及以上期交业务占首年期交比例的 59.7%，续期保费在总保费中的占比提高到 57.6%。中国平安的个人业务中代理人渠道的长期保障型保费为 456 亿，同比增长 44%。中国太保个人寿险客户 13 和 25 个月保单继续率继续提升，分别较上一年提升 2%、1% 至 92.3%、86.6%。

其次，从产品结构来看，风险保障型产品占比持续提升。从传统寿险业务来看，国寿、平安（按规模保费统计）、太保、新华保费收入分别为 3 619 亿元（包括分红险、年金险）、511 亿元、407 亿元（包括长期健康险）、387 亿元，同比增长变化为增长 17%、50%、71%、降低 13%。其中，新华保险因

为主动收缩银保渠道趸交业务，传统寿险整体保费收入下滑。从健康险业务看，国寿、新华健康险业务（未区分长短期）分别达到 540 亿元、235 亿元，同比分别增长 28%、42%；平安、太保的长期健康险分别达到 442 亿元、137 亿元，同比分别增长 52%、46%。

表 15-5　　强化保险产品监管的规范文件

时间	监管机构	重要政策法规及规范性文件	主要内容
2016.06.13	保监会	《关于加强组合类保险资产管理产品业务监管的通知》	禁止保险资管机构发行“资金池”性质及“嵌套”交易结构的产品，并对产品的杠杆率作出具体规定。
2016.09.06	保监会	《中国保监会关于进一步完善人身保险精算制度有关事项的通知》	提高人身保险产品的风险保障水平，将人身保险产品主要年龄段（18~40 周岁）的死亡保险金额比例要求由 120% 提升至 160%；将投资连结保险产品、变额年金保险纳入中短存续期产品规范范围；要求不得将终身寿险、年金保险、护理保险设计成中短存续期产品。
2016.09.06	保监会	《关于强化人身保险产品监管工作的通知》	对人身保险产品实行事后备案和事后抽查管理，建立产品退出、问责、回溯、信息披露机制；对万能型保险建立单独核算制度，单独管理账户；根据实际投资状况合理确定实际结算利率。
2016.10.13	保监会、中国人民银行等 10 个部门联合印发	《互联网金融风险专项整治工作实施方案》	重点整治互联网高现金价值业务、保险机构依托互联网跨界开展业务及非法经营互联网保险业务，并要求互联网保险机构应严格落实客户资金第三方存管制度。

续前表

时间	监管机构	重要政策法规及规范性文件	主要内容
2016.12.22	保监会	《中国保监会关于进一步加强互联网平台保证保险业务管理的通知（征求意见稿）》	规定了保险公司对不同主体设定不同的最高承保金额，对应制定赔付率、逾期率达到约定数值即停办新业务等止损机制，控制最大可能损失，防止网贷平台的风险过度向财产保险领域传递。
2016.12.30	保监会	《关于进一步加强人身保险监管有关事项的通知》	保监会将建立人身保险公司保险业务分级分类监管制度，同时进一步加强人身保险公司分支机构市场准入监管，中短存续期产品季度规模保费收入占当季总规模保费收入比例高于 50% 的人身保险公司一年内将不予批准新设分支机构。
2017.01.03	保监会	《财产保险公司保险产品开发指引》	明确财产保险公司应当在经验分析和合理预期的基础上，科学设定精算假设，综合考虑市场竞争的因素，对保险产品进行合理定价。

资料来源：课题组、中国保监会。

发展养老金融，抢占蓝海保险占优

寿险公司的利润来源主要来自于三差，即利差、费差和死差。利差是实际投资收益率和定价利率之差，费差是实际的费用率和定价时假设的附加费用率之差，死差是实际的死亡率或者发病率和定价时假设的死亡率或发病率之差。2016 年国内资本市场的大幅波动，使得保险机构投资收益率出现普遍回落，行业利润整体下降三成，暴露出国内保险机构的利润来源中过度依赖利差的问题。以中国人寿为例，2012 年利差占三差比例已经超过 100%，而对于其他中小保险机构而言，其规模扩张更多的依赖理财型保险产品的发展，定价管理更为粗犷，对于利差的依赖程度可能更甚。利差是目前国内保险机构最主要的盈利模式。

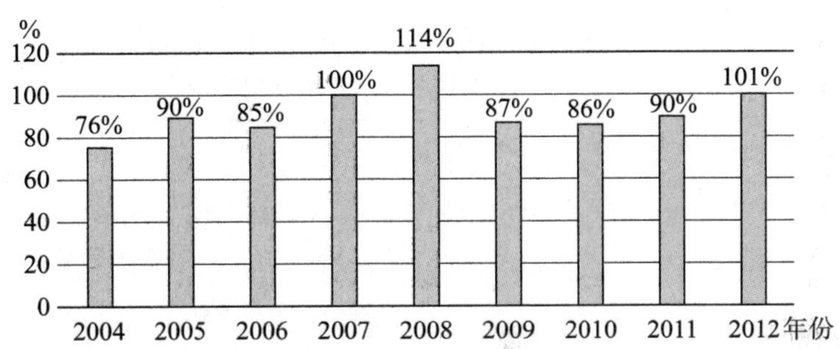

图 15-11　中国人寿利差占三差占比

资料来源：中国人寿 2013 年全球开放日材料

然而，这种单一的盈利模式使得保险机构的投资业绩容易受到资本市场波动的影响，近年来随着打破刚兑、信用领域风险爆发，使得获取稳定的利差更加困难。并且与其他资产管理机构的竞争过于同质化，无法完全发挥保险机构的独特优势。参考国际经验，发展养老金融，提升死差的利润占比是未来保险机构破解单一依赖利差模式的重要路径。

日本寿险公司利润从利差走向死差。1985—1989 年，日本保险业高速发展，成为世界上最大的寿险市场，1990 年日本寿险行业净利润达到历史顶峰的 3.56 万亿日元。但随着 20 世纪 90 年代日本泡沫经济破灭，日本央行在 1991 年 7 月至 1995 年 9 月期间 9 次下调存贷款利率，并在 1999 年 4 月启动“零利率政策”，日本 10 年期国债收益率也一路下行。

这一背景下，日本寿险公司面临严重的利差损危机，日本寿险行业 1999—2002 年利差占比为负的 60 ~ 77%。1997 年 4 月日产生命保险公司的破产开启了日本寿险业为期四年的集中破产潮。20 世纪 80 年代开始至世纪之交，日本 65 岁以上人口占总人口比重超过 7%，开始步入老龄化社会。老龄化程度的加深使得社会对健康保险的需求不断加大，日本保险业逐渐摆脱了对于利差的依赖，死差成为净利润的主要来源。

表 15-6　　日本寿险行业三差利润占比

	1999	2000	2001	2002
费差	50.50%	48.80%	39.95%	33.57%
死差	111.30%	122.97%	136.93%	128.33%
利差	–61.87%	–71.78%	–76.89%	–61.90%

资料来源:《日本寿险业研究》(万峰等)。

美国健康险和年金业务是寿险公司的核心利润来源。从寿险业诞生之日起直到20世纪70年代，以提供死亡风险保障为特征的定期寿险和终身寿险一直占据产品主流，一旦家庭的主要劳动力死亡，这类产品提供的保险赔偿能够使得其遗世的亲人（主要指妻子和孩子）获得一定的财务保护。20世纪70年代末80年代初，随着医学研究的不断进步，许多疾病得到治愈，美国人均寿命不断增加，人口老龄化形势日益严峻，“婴儿潮”出生的大量人群日益接近退休年龄。在这种情况下，人们越来越关注退休后的养老、医疗问题，而不是死亡保障问题，由此，寿险业传统上对死亡风险的关注逐渐让位于对生存风险的关注，特别是对年老风险、长寿风险的关注，使得年金保险流行起来，并逐渐占据主流地位。1986年，美国寿险公司的年金保费收入开始超过寿险保费收入。2013年，寿险占据全部保费收入的22%，而年金保险保费收入的份额高达48%。与中国主流险种类似的寿险业务，在美国行业的净利润贡献从1996年的42%下降至2014年的14.6%。

表 15-7　　美国寿险行业利润主要来源

	1996	2000	2005	2010	2011	2012	2013	2014
寿险	42.1%	39.7%	25.5%	20.8%	21.5%	18.1%	12.5%	14.6%
年金	37.0%	33.6%	33.7%	44.1%	24.7%	52.7%	53.3%	46.8%
意外和健康险	7.1%	11.4%	21.0%	23.4%	35.2%	15.8%	15.6%	13.5%
其他	13.8%	15.3%	19.8%	11.7%	18.6%	13.4%	18.6%	25.0%

资料来源：美国寿险协会。

从国际经验来看，随着老龄化程度的加深，养老相关的金融服务将大有可为。世界卫生组织（WHO）定义：一个国家65岁以上的人口占总人口的7%以上即称为老龄化社会（aging society）；达14%即称老龄社会（aged society）。2016年年末，我国65岁以上的人口占比已经达到10.8%。据联合国预测，中国最早将在2025年达到、甚至超过14%，老龄化将对中国经济金融产生一些根本性的影响，如降低居民储蓄、改变消费结构、影响金融机构格局等。发展养老金融不仅包括养老金金融（主要是养老金制度安排和养老金资产管理），还包括养老服务金融和养老产业金融等，分别针对养老金资产保值增值、老年金融消费需求以及养老产业投融资的需求。在我国现有养老金制度下，养老金缺口持续扩大，未来养老金融相关的服务、产业的兴起，将为金融资产管理行业带来广阔的发展空间。

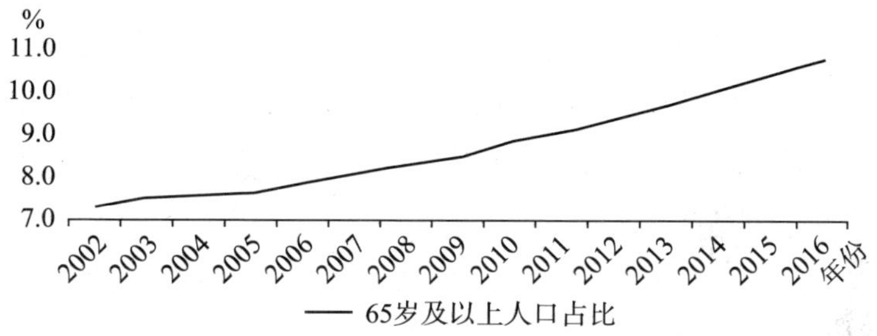

图 15-12　中国65岁及以上人口占比

资料来源：Wind 资讯。

2016年3月21日，人民银行、民政部、银监会、证监会、保监会联合印发了《关于金融支持养老服务业加快发展的指导意见》（银发［2016］65号），指出要开展个人税收递延型商业养老保险试点，继续推进老年人住房反向抵押养老保险试点，发展独生子女家庭保障计划，丰富商业养老保险产品。积极开发长期护理保险、健康保险、意外伤害保险等保险产品，主推养老、康复、医疗、护理等服务的有机结合。2016年10月25日，中共中央、国务院印发并实施《"健康中国2030"规划纲要》，指出要落实税收等优惠政策，鼓励企业、个人参加商业健康保险及多种形式的补充保险。丰富健康保险产品，鼓励开发与健康管理服务有关的健康保险产品。促进商业保险公司参与医疗、体检、护理等机构合作，发展健康管理组织等新型组织形式。税收优惠的落地及推广有望成为养老金融加速发展的助推器。

资产端：新利率环境下资产配置的国际经验

投资收益率下降，存量再配置压力增加

2016 年保险行业资金运用收益率仅为 5.66%，与 2015 年 7.56% 的收益率相比下降近 2%，是自 2012 年以来首次向下调整。半年报显示，我国上市的大型险企投资收益发生大幅下降，总投资收益率均回落，中国平安仅为 4.4%，中国人寿 4.36%，中国太保 4.7%，新华保险 5.3%。主要原因是宏观经济形势发生变化，整体利率下行，固定收益率产品收益下降，10 年期国开债收益率从 2014 年的 5.83% 下降到 2016 年末的 3.68%，年内曾一度触及 3% 的关口。而保险投资的债券资产中，主要仍然以持有到期为主。截至 2016 年半年报，4 家上市保险公司的持有到期债券占比 56.8% ~ 82.9%。资本市场中“资产荒”日益凸显，银行理财产品收益率也持续走低，保险机构加码另类资产投资在一定程度上避免了收益率的大幅下滑。

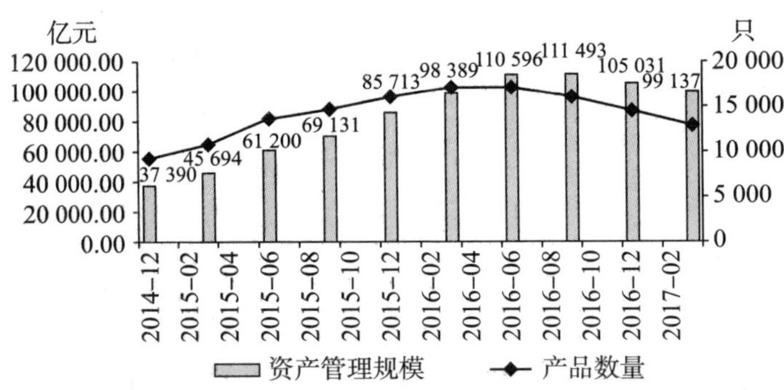

图 15-13　历年保险资金运用投资收益率

资料来源：课题组，保监会。

保监会副主席陈文辉指出，2017 年可能是保险资金运用非常困难的一年，我国经济经济增长下行压力依然较大，低利率环境和“资产荒”仍将持续一段时间，保险业资产端和负债端的矛盾仍然突出，保险资金运用面临利差损风险和再投资风险。

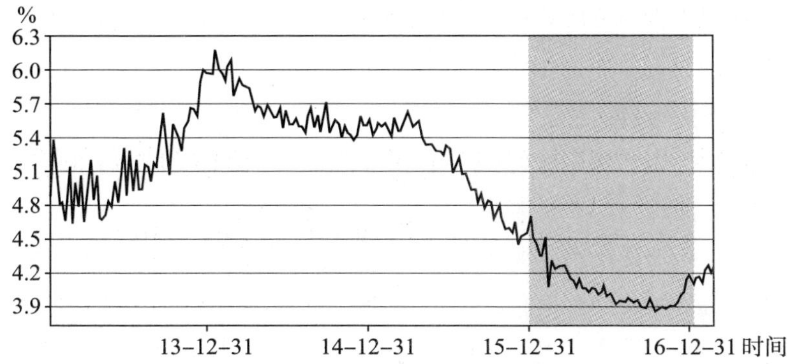

图 15-14　一年期银行理财预期年化收益率（%）

资料来源：课题组，Wind 资讯。

2013 年之后，上市险企和新兴寿险公司一年期资产占比快速提升，从 10%～15% 提升至 20%～30% 区间，一年期资产增速明显快于总资产增速。中国人寿和中国平安一年期资产占比在 2013 年分别为 13.6% 和 18.0%，截至 2016 年半年报，这一数据分别为 29.2% 和 23.7%，发生大幅提升。从品种来看，其中存款和债权类资产占比约为 60%①，是一年内到期资产中的主要品种。从期限结构上来看，2012 年监管政策迭出，拓宽投资渠道，放开保险资金在基础设施债权计划、不动产等投资限制，其中 5 年期占比较高；同时期配置的大量协议存款也面临陆续到期的问题。利率市场化导致银行存款收益率已经出现明显下调，资产期限的自动滚动效应使得保险资金遭逢再配置难题。

低利率下国际险企的应对经验

2008 年金融危机爆发，全球低利率时代到来。受全球性金融危机影响，世界各国经济均进入下行周期，为此各国央行都相继采取了积极宽松的政策。全球主要经济体（如美国、日本、英国、中国等）的十年期国债收益率大多出现下滑现象。目前全球已有欧元区、日本、瑞士、丹麦和瑞典五个经济体实行负利率。2015 年，全球实际国内生产总值增长 2.5%，同比下滑 0.2%，而据

① 参照 2016 年半年报数据，中国人寿 1 年内到期债权型投资占比为 8.76%，1 年内到期定期存款占比为 8.61%。中国太保 1 年内到期定期存款占比为 6.33%；中国平安 1 年内到期定期存款占比为 4.39%。

美国经济分析局发布的美国 2016 年 GDP 数据统计，与上年同期相比增速仅 1.6%。欧洲地区与日本 GDP 年度增速 1.7%，德国 GPD 年度增速 1.2%。经济迅猛发展的势头不再，投资回报处于低处，从投资端而言，国际保险业依旧面临巨大的挑战。发达国家比我国更早进入低利率市场，美国除 2008 年全球金融危机中少数保险公司经营环境恶化外，未出现严重的系统性经营危机；而日本在上世纪末和本世纪初连续出现多家著名保险公司破产倒闭。国际险企面对新的利率环境时的应对措施和经验，对于我国具有非常重要的借鉴意义。

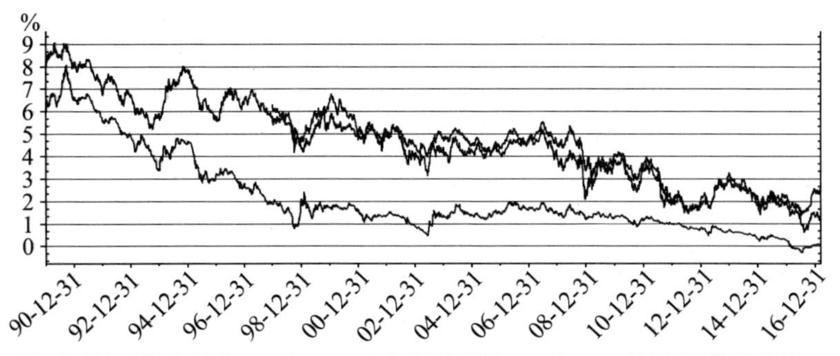

图 15-15　主要国家国债收益率

资料来源：课题组，Wind 资讯。

美国有三个主要的低利率阶段，30 年代大萧条、90 年代滞胀至 21 世界初互联网泡沫破灭期间以及 2008 年后的美国“零利率”时代。2007 年美国爆发的次贷危机，伴随着“婴儿潮”、“移民潮”的人口红利的过去，美联储在近 20 年内的低利率基础上，再次调低了利率水平，在较长一段时期内维持着“零利率”水平。持续的低利率导致美国寿险资金投资收益率持续下降，寿险公司投资收益率下滑幅度一度达到 1%，此后 2009—2014 年间，美国寿险公司投资收益率仅维持在 4.2% 左右，2014 年年末，寿险公司投资收益率达到 4.6%，同比提升了约 0.4%。

日本自 20 世纪 90 年代以来经济泡沫破裂后，日本利率水平出现了一次断崖式的下降，此后一直呈下行趋势。期间日本寿险资金投资收益率出现了显著下降，由 1990 年时 6% 的水平，下降至 2000 年前后 2% 左右的水平。1997

年日产生命保险公司破产，这是日本二战后首家破产的寿险公司。此后，低利率和日本寿险行业众多内外部因素的持续影响，导致 2000 年前后日本寿险行业出现了破产高峰。2011 年日本大地震的发生加剧了日本经济危机，大地震造成的经济损失占全球经济损失的 57%，国债收益率更是一路下跌，经济形势遭受严重打击。目前经济仍处在恢复中。

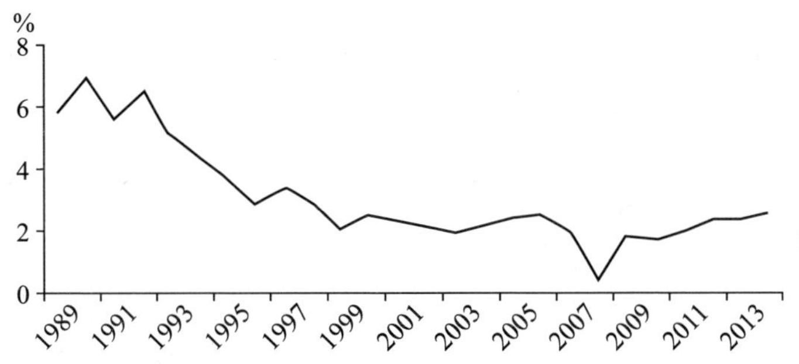

图 15-16　日本寿险公司投资收益率

资料来源：课题组，Wind 资讯。

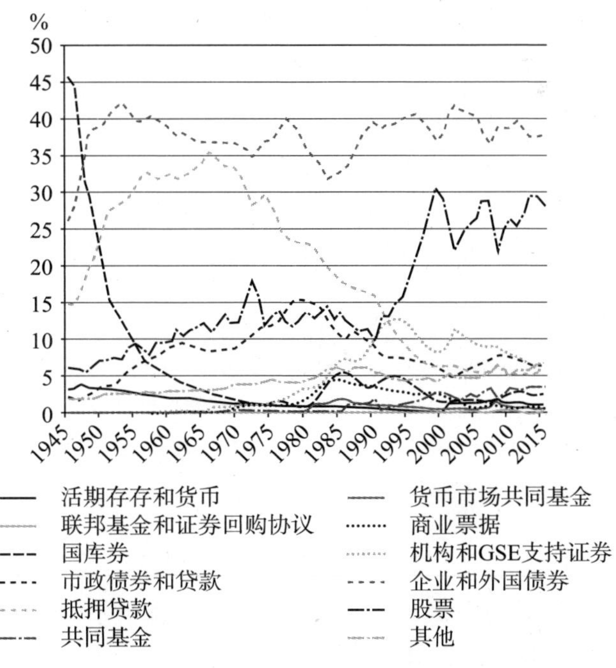

图 15-17　美国保险公司资产配置比例变化（1945—2015）

1. 美国：股票加剧收益波动，另类占比提升

次贷危机后，美国股票市场迎来了又一波的繁荣，但是美国寿险投资资产在固定收益类资产配置较高，低利率水平下美国寿险行业投资收益率总体水平依旧向下调整，下降幅度并未因美国股票市场的持续上升而得到有效缓解。在利率下行阶段，美国保险在固定收益类的比例是逐步的下降，取而代之的是大量资金配置在权益上，从 20 世纪 90 年代之后对于权益的投资由 10% 提升至 30% 左右。由于投资资产在股票上配置比例的增加而导致投资收益波动进一步加大，且投资收益与标普 500 指数走势一致性加强。

保险资金具有长久期的特性，美国险资资产配置一向注重长期投资，2014 年，较为短期的投资金额为 884 亿美元，占比仅为 1.8%；而长期性投资占比则达到 48.5%。在注意资负久期匹配的同时，为控制风险敞口，寻找安全收益资产，险资日益追求多元化配置，另类投资占比不断提升，而与此同时贷款在资产配置中比例大幅下跌，仅占约 5%。美国险企转向海外投资以及新兴行业，实现投资收益的多元化。

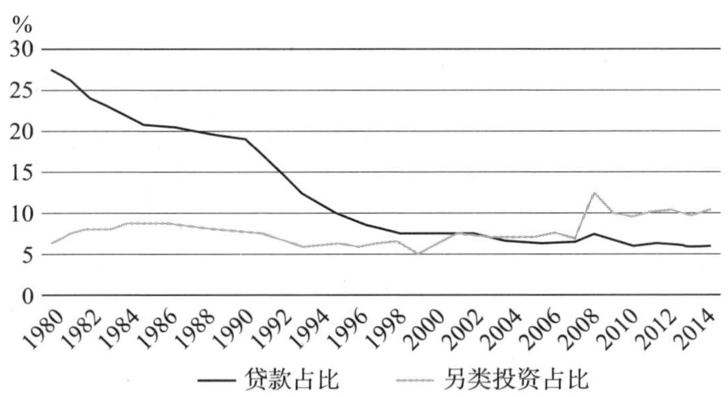

图 15-18　美国险资投资贷款占比和另类投资占比（%）

资料来源：课题组，Wind 资讯。

2. 日本：增配有价证券和非标，风格保守稳健

日本险资在近年利率不断下行的环境下，债券占比却逐年上升，2015 年债券投资比重为 69%；股票占比大幅下降，从 2006 年 25% 左右跌至 2014 年

的不足 10%。在资本市场持续低迷的时期，日本险资的配置以保持稳健性为首要目的，风险偏好低迷，倾向于配置低风险的政府债券（尤其是国债），注重资产负债久期匹配。但是其资产配比最高的国债表现不佳，2014 年收益率仅为 1.88%，而配置占比较少的外国债券收益率远高于国债，达到 5.5%；地方债券收益率为 5.31%。而对外国证券（包括股票和债券）的投资占比超过 20%，远高于对日本地方政府和企业债的合计投资，投资端实现了对负债端的覆盖和风险匹配。

表 15-8　日本保险公司资产配置比例变化（2006—2014 年）

指标名称	国债	地方债券	公司债券	股票	外国证券	其他
2006	28.00%	3.30%	12.20%	23.80%	24.40%	8.30%
2007	30.20%	3.40%	13.10%	18.50%	26.00%	8.80%
2008	51.20%	4.20%	12.50%	8.70%	17.90%	5.50%
2009	49.90%	4.30%	11.40%	9.80%	18.00%	6.60%
2010	51.20%	4.60%	10.60%	8.40%	18.80%	6.20%
2011	53.10%	4.90%	10.20%	7.40%	18.50%	5.90%
2012	51.90%	4.80%	9.30%	7.70%	20.30%	6.00%
2013	51.00%	4.70%	9.00%	8.10%	21.70%	5.60%
2014	48.10%	4.40%	8.40%	9.60%	24.50%	5.00%

同时，日本保险机构积极利用保险资金长久期特点，拉长配置期限，增加非标类资产的配置比重，大幅增加了对于 ABS 和 MBS 的配置比重。为剥离银行坏账盘活房地产市场、促进居民部门加杠杆，日本央行对 ABS 及 MBS 的发展持鼓励态度，其市场规模迅速扩张，导致保险机构顺势增大了对其配置的力度。

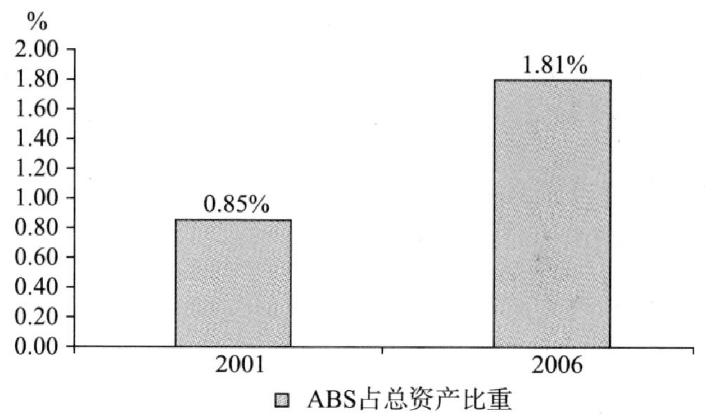

图 15-19　日本险资另类资产配置情况变化

资料来源：课题组、CEIC。

发展多元化，利率环境下的保险配置建议

保监会副主席陈文辉指出，目前我国经济运行总体平稳，新常态特征更加明显，经济由降转稳的基础不断巩固，但低利率环境仍将持续较长时间。自 2014 年 11 月以来，央行已先后 6 次降息、6 次降准，市场利率已经降至历史较低水平，我国资产收益下行态势明显。究其原因，一是经济走势呈“L”型，有效需求增长动力不足，实体经济发展仍面临较大困难，经济下行压力依然较大。二是中长期来看，我国已进入人口老龄化时期，人口红利已经渐行渐远，利率存在长期趋降的压力。三是加工贸易、房地产投资等传统产业增长乏力、产能过剩，而新兴产业虽前景广阔，但仍处于产业化初期，有的还依赖国家补贴，医疗、健康、养老等行业还需要体制改革突破，成规模的优质高收益资产已经很难找到。

鉴于我国当前所处的低利率环境下各大类资产风险收益的具体情况与国际保险机构应对低利率环境的经验，根据保险资金自身久期长、体量大的特点，重视风险特征匹配，进行多元化、分散化、全球化配置是国内保险机构可以采取的有效措施来应对低利率环境造成的挑战。

1. 重视提升组合投资能力

低利率环境下国际险企更加注重组合投资，积极进行大类资产配置。在新经济形势下，包括保险机构在内的资产管理机构，越来越重视大类资产配置能力的提升，关注低利率环境下不同资产类别收益率间的比价关系、收益风险配比情形、收益率间的相关性变化。一方面通过提升具体投资品种的风险偏好，配置强势资产类别获取绝对收益；另一方面使得投资组合多元化以分散投资对冲风险。同时，通过长期投资与分散化投资获取超额收益。相比于其他来源的资金，期限长、规模大是保险资金的比较优势。在利率下行初期，应加大长期资产的配置，锁定高收益，获取流动性溢价。发挥保险资金规模大的优势，拓展资产配置领域，通过分散投资降低投资风险。

2. 加大海外资产的配置力度

面对中国经济新常态及利率下行的周期性，泰康集团董事长陈东升表示，“我们一定要把大资管的概念延伸下去，拓展版图，进行国际资产配置。”在保险资金的大类资产配置中，海外投资部分正在发挥更大的作用。保监会副主席陈文辉指出，截至2016年12月月末，保险业在境外投资余额达492.1亿美元，占保险业上季度末总资产的2.33%，距离15%的监管比例有比较大的空间。

我国险资境外投资政策放开始于2004年，保险公司投资标的主要是金融等企业的股权，由于受到2008年金融危机的影响，之后几年的海外投资热情有所减弱。保监会自2012年起逐渐放宽险资境外投资的限制，目前规定投资种类涵盖货币市场类、固收类、权益类及不动产，投资余额不得超过上年末总资产的15%，投资区域包括45个国家或地区。同时，保险公司还需要在外汇管理局批准的额度范围内从事投资活动，但关于批准额度的具体标准等问题，尚没有明确标准。

“偿二代”下海外投资的资本占用不高。在保险机构第二代偿付能力监管制度体系中，对于发达国家的资产标的而言，投资长久期的固收类产品，与境内同久期相比，资本消耗较少；投资发达市场上市股票的资本消耗略小于境内沪深主板，非上市股权略大于境内非上市股权；投资境外不动产与投资境内不动产相比，资本要求仅有小幅上浮。而投资新兴市场资产对资本的消耗较大。

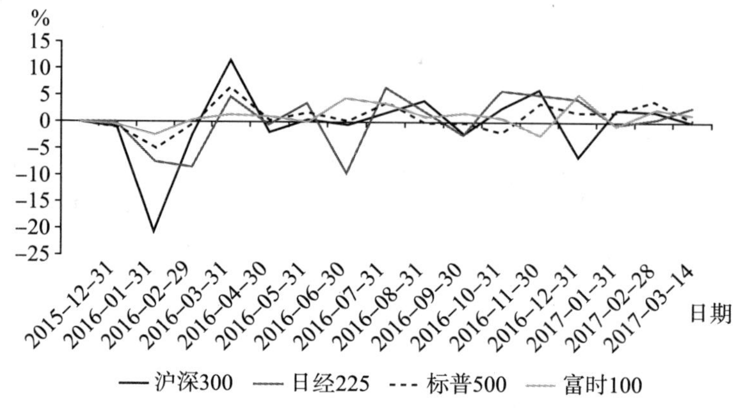

图 15-20　全球主要证交所指数涨跌不同

资料来源：课题组、Wind 资讯。

险资“出海”是应对低利率环境的解决办法之一。一方面，全球资产配置能分散投资单一市场带来的风险、提高投资收益率。历史数据表明，不同国家的股票涨跌幅存在很大差异，投资境外股票可以分散风险；从不动产租金回报率来看，投资海外不动产市场所获得的收益更高。另一方面，国际化投资可以对冲人民币汇率波动的影响。从 2015 年 8 月起，人民币开始进入贬值通道，境外资产的配置价值有所提高，进行适度的境外配置，可以减弱人民币贬值带来的不利影响。

再者，保险公司可以通过产品端和投资端，即通过承保和投资来共同推动“一带一路”战略的实施，保监会原副主席周延礼表示，“一带一路”企业海外投资是保险风险管理方案载体。“一带一路”企业海外投资是保险选择融资服务的目标。一系列政策的出台表明，我国开始逐步推进保险资产配置多元化和全球化进程，进一步提升保险资金境外投资能力建设水平。截至 2016 年末，保险资金在“一带一路”领域的投资规模已经达到 5 922.64 亿元。到 2020 年，亚洲基础设施的投资需求将达到 8 000 亿美元，而目前“一带一路”的资金平台最多能提供 2 400 亿美元，需要从更多的投资渠道、民间资本中获得资金支持，其中基础设施建设的融资需求恰与保险资金相契合。

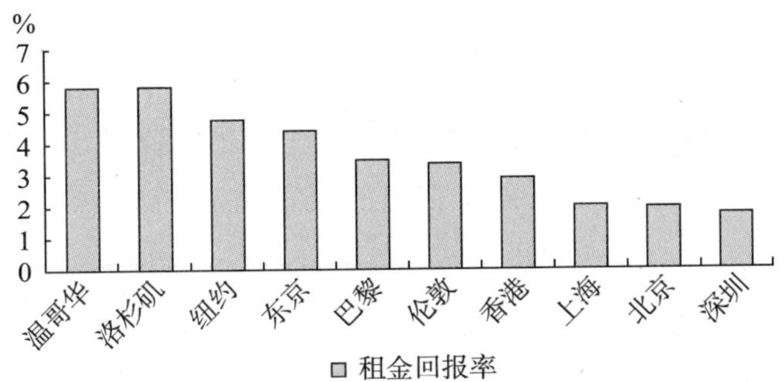

图 15-21 全球部分城市租金收益率（2015 年）

资料来源：课题组、Wind 资讯。

在保监会放开保险资金可投资沪港通下，选择 AH 倒挂的港股也是一种海外投资选择。自 2016 年初开始，市场已经看到大量保险资金通过沪港通投资港股。2016 年 9 月 9 日中国保监会发出《关于保险资金参与“沪港通“试点的监管口径》文件，对国内保险公司投资香港的股市的要求给出正式肯定。监管放松是希望在新的资本市场环境下保险机构有更多投资标的可选择，全面缓解资产配置压力；鼓励保险公司借助境外市场，优化资产配置结构，防范和化解投资风险，从而有效提升国内保险公司的投资收益。

3. 注重股权投资，强化监管互动

面对“资产荒”的可能未来，经过央行的多轮降息，优质固收类资产稀缺，大类资产配置面临较大的挑战，增加权益类资产配置是投资的有效方向，过去的两年险资频频举牌。一是因为长期股权投资可以助力险资实现业务协同效应，拓宽上下游渠道，完善产业链布局。二是长期股权投资按权益法记账有利于规避股价波动风险，计入“长期股权投资”科目，避免了短期股价波动对险企的净资产和投资收益的不良影响，实现了投资收益的平滑。三是在“偿二代”下，上市普通股票投资所对应的最低资本基础因子要远大于长期股权投资提升长期股权投资规模将有助于提升公司偿付能力。保险资金具有期限较长的特征，积极开展战略举牌，加大适用于权益法并表的优质股权资产的投资力度，可以为账户整体提供长期稳定的高收益来源。

从海外经验来看，股权投资是英国保险公司资金运用的第一大渠道，英国保险公司监管较为宽松，股权投资占比较高，十年来英国险资国内外股权投资占比维持在 30% 左右的水平。受益于较为宽松的监管环境、较为完善的金融市场，英国最大化的分散了投资风险，一定程度上保证了英国保险公司较为稳定的收益。

监管称要“灵活运用‘技术监管’和‘监管干预’多种方式，对于风险抓早抓小”，充分完善监管将会给保险企业参与股权投资创造长期健康的环境。保监会 2017 年年初发布了《关于进一步加强保险资金股票投资监管有关事项的通知》，实行股票投资分层监管，立足于保险资金股票投资监管，规范保险资金举牌和重大股票投资行为，规范公司激进投资行为和集中度风险；明晰保险资金和自有资金使用权限，树立险资“财务投资为主，战略投资为辅”理念。

4. 优选长期性资产，扩大另类投资需求

当市场利率下行时，资金会追求相对高收益、安全性好的资产进行配置。而另类投资的高收益并不一定依赖于承担高风险获得，而更多地依赖于稀缺资源的获取能力、投后管理的增值能力和跨越市场的套利能力。另类投资还具有进入门槛高、退出期限灵活性低等显著特点，与保险资金的长久期性、追求长期、安全的投资回报具有天然的契合性。[①]

我国当前情况与美国的情况类似，根据美国经验，险资另类投资占比将持续提升。目前，保险公司的另类投资主要集中在基础设施建设、房地产行业以及大型机构担保的部分债权计划、信托、理财产品等。保险公司资金限长、金额大，可以通过债权计划 PPP、股权投资和委托建设相结合等方式，对地方性基础设施建设或旧城改造项目进行融资；也可借助自身的资金实力和保险业务的系统优势，通过并购、股权投资等方式布局养老、医疗产业、较高收益率持有性物业。这些产业具有稳定现金流、适度回报率以及较低风险，适合保险投资端的需要。

---

① 巴曙松、朱晓，中国保险资管境外配置渐成趋势，第一财经，2017-02-26

访谈手记二

Fintech，重塑保险价值链

科技创新出现以来，改变了众多行业。当金融遇到新科技，让大数据、人工智能、区块链等技术更好地优化金融服务。Fintech（金融科技）也逐渐改变了消费者对保险的印象：科技带来了更多线上场景，随之延伸出了更为多元化的需求，保险从渠道的互联网化，到创新场景险迭出，再到现在更具社交属性的保险，可以说科技让保险有了温度。同时金融科技冲击下险企面临哪些挑战呢？华夏保险又采取怎样的战略来应对呢？为此，本课题通过巴曙松研究员搭建的“全球市场与中国连线”平台专访了华夏人寿副总裁——刘冬先生。

一、科技驱动金融服务业的重构

1. 互联网金融和金融科技的区别

Fintech 是从外向内升级金融服务行业。与“互联网金融”相比，Fintech 是范围更大的概念。互联网金融主要指互联网 / 移动互联网技术对传统金融服务的改变，而 Fintech 不是简单的“互联网上做金融”，应用的技术不仅仅是互联网 / 移动互联网，大数据、智能数据分析、人工智能、区块链的前沿技术均是 Fintech 的应用基础。依据基础技术与金融的融合变迁来划分 Fintech 的发展阶段，可以清晰地看出 Fintech 的概念与应用范围。刘冬先生认为，互联网金融是科技与金融相互融合的初始阶段及形态，即 Fintech1.0 阶段。目前，Fintech 已完成了从 1.0 阶段至 2.0 阶段的过渡。但是保险业还在接受和消化互联网金融，还处于 FinTech 1.0 阶段。

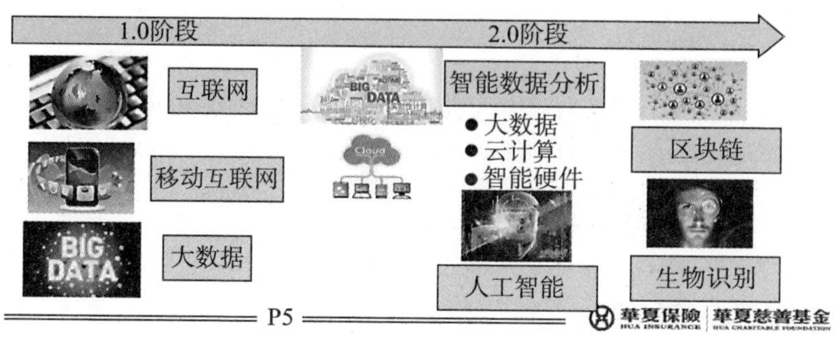

图 15-22　Fintech 进程

2. 技术在金融行业扮演的角色

过去，金融科技公司帮助金融机构优化服务，抗衡竞争对手；现在，金融科技公司在金融服务领域中更加积极，亲自上阵，推动金融服务领域的颠覆式创新与重塑。主要从以下三个方面做了重塑：一是改变玩法，将移动装置、社交媒介、分布式分类账系统等新技术和新方法应用于金融服务领域。二是挑战中介，运用新技术和新工具，旨在通过金融脱媒，提高客户独立性。三是改良赋能，帮助金融机构克服传统的结构性障碍和工作流程挑战。总结来说，改变玩法型企业将成为颠覆式创新的重要组成力量；颠覆式创新的业务模式将逐渐成为金融机构核心业务模式的重要推动因素。

技术使保险行业价值链悄然变化。在保险传统价值链中，设计、销售、理赔等流程形式固定，而伴随近几年科技对金融领域的逐步渗透，保险行业价值链悄然变化。在产品设计环节，保险产品要素“保险责任、保险赔付、保险期间、保险费用”在互联网科技时代不断精细化。产品设计形式从 B2C 延伸出 C2B 的形式，即从保险公司设计变为用户有需求驱动保险公司进行设计，“定制化”趋势兴起覆盖小众长尾人群。以华夏保险的“娱乐宝”为例，这款产品可看作从 B2C 延伸出 C2B 的典型体现。另一款高端产品“空中一号”也是抓住了小众长尾人群的需求，从微信端实现购买理赔。上述两款产品体现了在产品设计环节市场反响的要求和改变。在产品销售环节上，互联网提高销售效率，降低费用率；在理赔服务环节，借助大数据与机器学习，使鉴别骗保降低欺诈风险成为可能，同时保险公司借助各类工具反向影响用户行为，回归保险本源；在客服环节，提高了对话的精准度。

二、金融科技冲击下险企面临的挑战

挑战 1：海量指尖敲击的须臾瞬间

传统保险业务中，业务高峰一般在“开门红”、“月末冲刺”等，业务以“天”为单位迅速进入，运营随之日以继夜支持响应，在不少公司是常见的景观。而互联网环境类似“双十一”这样的业务高峰，交易峰值达每秒 12 万笔！通过海量获客转化为承保客户层，这些客户的保险合同量大、费用低廉。而高峰时期的海量业务也意味着不同时期业务波动量较大，如何在有效应对短期海量业务的同时均衡配置不同时期的服务资源，是对运营服务模式适应性的考验。

挑战 2：层出不穷的花样玩法

互联网保险从早期的业务信息化演进至今日纷繁多样的互联网玩法，根据客户、场景、主题活动不同玩法也各异。同一产品在不同渠道、时间运用不同的活动规则，每个月内的活动可多达数十种，这对运营服务端准确识别客户、有效管理服务信息的精细化管理提出了要求。

挑战 3：有效客户数据获取的两难

传统大型保险公司的营销团队经过十余年的线下推广，积蓄和培养了海量线下存量客户数据。比如阳光保险目前拥有 1 亿量级的投保人数据，安邦人寿拥有 500 万投保人数据，中国太平拥有 3 000 万个。但是如此庞大的客户存量应该借助何种平台高效地转移至线上呢？

挑战 4：如何加强客户黏性

互联网运营是实现社交媒体与会员对话的有效途径。微信月活跃用户达 8.06 亿，同时在线用户高达 2.17 亿，通过微信等社交媒体与潜在客户对话无疑能够快速高效地加强黏性，但保险公司如何获取社交媒体入口，加强粘性呢？

挑战 5：利润越来越低的销售模式

目前，传统保险产品线上化是主流，第三方电商平台分走某些险种一半以上收入，保险公司该如何运作自主电商，跳过中介直达客户呢？

三、华夏保险“数字化”战略

华夏保险的“数字化”主要分为三步。第一步是通过“互联华夏”搭建移动应用平台，搭建“小华 e 家”服务平台、搭建综合生活平台来实现互联网化；第二步是实现“智慧华夏”：在人工智能、云平台、大数据上加大投入、超前布局、实现公司智慧决策、智慧销售、智慧运营和智慧服务。第三步是“数字华夏”，中远期的目标是全面利用“金融科技”（大数据、人工智能、区块链、云计算、物联网、移动互联）等下一代信息技术，实现公司经营管理的全面数字化。区块链、AR 等与目前的底层数据、应用场景还有所脱节，保险业经营暂时可能还未跟上数字化经营的需求，这些技术的运用还需要一些时间。

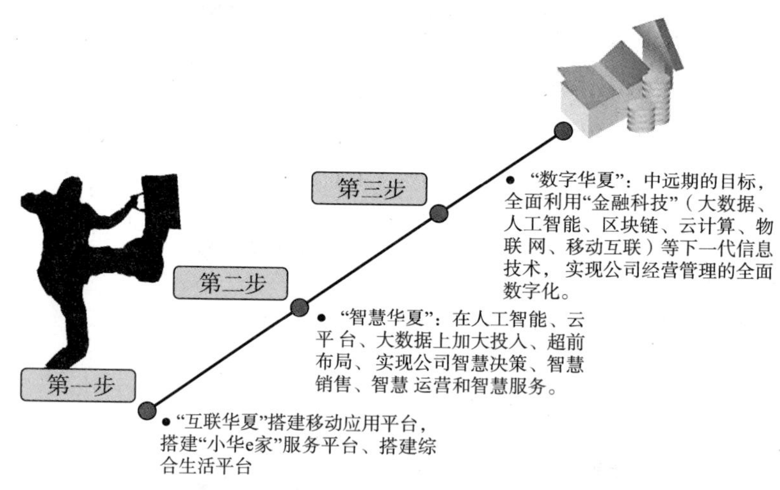

图 15-23　华夏保险“数字化”战略路径

华夏“数字化”战略的举措主要有以下几方面：

一是加大人工智能投入。在渠道方面、营销过程中以及在承保和理赔方面，在核保、承保和理赔过程中，互联网改进了传统代理人经营效率和获客方式，利用智能机器人对保险中介的替代可以在一定程度上降低渠道费用、提高营销团队专业性、降低投保人退保率，降低运营成本，加快环节流转，提高正确率，减少保险欺诈。

二是建立智能分析系统。目标是增强应对需求变化的能力，满足前线部门、总公司各部门对于数据分析的时效性和多功能要求。

三是加快大数据和云计算建设。通过使用大数据技术，保险人可以对客户进行类型细分，精准定位客户需求，实现差异化定价和差异化产品。同时使得公司保险产品的潜在客户更容易被识别，使得公司可以将资金有计划、有重点地进行投放，效用最大化地提升服务质量，识别保险欺诈案例。

四是通过移动互联应用群整合生态圈。围绕“风险管理、消费管理、健康管理、财富管理”等方面的多场景，建立移动互联应用群。

四、全球金融科技保险业案例

2017 年 6 月 27 日，北京南四环外汽车园，又一场“人机大战”正在上演：一台计算机，一边是六位资深定损核赔。PK 的内容，是“车险定损的速度和准确度”。从 100 个定损案子中，随机抽出 12 件赔案，1 台计算机和 6 位定损员同时开始定损作业。确率方面，人机打成平手。计算机的总体效率达到了人工的 67 倍！平均准确率达到 98% 以上，相当于 10 年以上老行家，而处理速度则能够同时处理万级的案件量，不受时间和空间的限制。这台胜出的计算机上的应用，叫做“定损宝”，是蚂蚁金服保险团队推出的。快到“极速”的理赔，需要“调度→查勘取证→人工定损→核赔→赔付结案”五个步骤。采用“车主自助 + AI 图像识别”后，变为“上传证照和车损照片→ AI 图像定损→核赔→赔付结案”四个环节。对于车主而言，报案后的调度和派工、定损环节统统消失。查勘定损这些以前需要人工来做的工作，现在都由计算机来做了。确切地说，是“图像识别 + AI”来做了。

公司及投资额		概述
Discovery Health	n.a.	以行为为本的寿险和健康险生态系统。采集并分析各种类型的海量数据（包括客户个人数据），通过忠诚度计划，奖励健康生活方式。
clover	2.95亿美元	利用数据分析技术，为老龄消费者提供健康险服务。运用技术手段，识别患者何时需要接受治疗，由此干预其医护方案，为患者和保险公司都节省资金。
Zocdoc	5.08亿美元	开发并运行一个在线门户网站，让患者可以在网络内寻找就近医生资源并预约就诊。该公司的服务可帮助患者阅读经过验证的患者评估报告、提醒患者近期就诊预约，进行预防性体检，用户还可通过ZocDoc.com在线填写表格。该公司还未苹果手机和安卓手机用户提供免费的应用客户端。
TELADOC	1.03亿美元	通过移动装置、互联网、视频、电话等渠道，为美国境内的客户、用户提供远程医疗服务。该公司的解决方案有助于消费者找到处理过大量同类病例的医生和行为健康学专家。
ZENEFITS	5.98亿美元	Zenefits开发并推出一款免费的在线人力资源（HR)平台，尤其适合小公司使用。公司还提供工资福利、时间管理、人才管理和合规解决方案。公司的主要盈利模式是，企业用户使用其产品来购买健康保险，或通过该公司的平台，选择一家代发工资服务供应商或选用其他服务（相当于经纪机构）。

图 15-24　健康领域特色保险创业公司

公司及投资额		概述
cuvva	5.86亿美元	该公司开发了一款安卓应用，帮助用户随时按需购买车险。这款应用主要用于有年付保单的租赁车。
trōv	0.13亿美元	该公司开发了一款应用和一个按需购买保险的平台，有助于采集用户个人财产信息从中获益。用户可以参考收据及信息，跟踪个人财务市场价值。信息存放云端，用户可通过移动设备私密读取。
e代驾	1.25亿美元	设计并开发多款手机应用，可帮助用户在需要时预约制定司机。服务还包括司机筛选和保险购买。
TURO	1.16亿美元	公司经营一个在线汽车租赁平台，帮助本地车主挂牌车辆，供外地游客租用并在当地提车，同事还提供市内送车和送机服务、Turo为用户车辆提供承保额高达100万美元的责任险，为车主在因车辆事故导致的人身伤害及财产损失法律诉讼中提供赔付保障。
URGENT.LY	0.12亿美元	提供移动按需定制平台，帮助有需要的用户联网寻找最近的道路救援服务供应机构。提供智能手机网络应用，让消费者在需要时可就近寻求紧急道路援助。可取代保险公司的产品和服务，在危机时刻为用户提供保障和服务。
metromile	0.14亿美元	提供按里程收费的车险产品和服务。支持按里程定价，每月按照实际行驶里程数计算用户的保费。

图 15-25　车险领域特色保险创业公司

公司及投资额		概述
nutmeg how investing should be	0.39亿美元	提供在线投资管理服务，为客户创建并办理投资组合。公司协助客户完成各类与股票、公司债、国债、以及黄金产品的投资决策。
	1.30亿美元	开创全新的自动化投资服务项目，帮助人们重新定义投资方式。为新一代投资者实现理财目标铺平了道路。
	1.82亿美元	为投资者提供财富管理服务。公司的软件可实现一屏监控所有投资收益、支出和绩效，还可以分析公募基金的表现。提供投资检查工具、个性化财务计划工具、风险评估工具以及其他相关工具；
	0.74亿美元	公司拥有并经营着一个面向女性消费者的个人金融和生活风尚网站。网站有丰富的内容、工具、支持服务以及财务规划服务，帮助女性消费者处理自己的财务事务。为订阅者提供精打细算的理财建议和生活建议。
Wobi	n.a.	提供保险类产品比较服务，重点是寿险业务和养老金业务。

图 15-26　寿险、养老金、储蓄领域特色保险创业公司

总结来说，互联网应用正由支持工具向综合平台转变、由销售产品向经营客户转变、由单一行业向复合生态转变，打造“大平台”，搭建“富生态”。过去，我们一直说，人生中有七张保单，如今社会虚拟化进程不断深化，科技将给保险重新赋能，让保险时刻为我们的生活“保障风险”。

16

高端财富管理：多元化与综合化发展

中国是一个年轻的经济体，改革开放 30 多年，中国人通过勤劳和聪明才智创造了巨大的财富。处于财富金字塔顶端的高净值人群，不论是人数还是拥有的财富规模，都增长迅猛，并已位居世界前列。中国也因此成为全球最重要的高端财富管理市场之一，未来中国的高净值人群数量和拥有的财富规模在全球会占据更大的比重。

在过去的十多年，中国高净值人群的财富管理需求经历了从只关注财富如何保值增值，到将财富增长、财富保障与传承并重的变化；他们的财富管理理念也经历了从炒股炒房到购买理财产品、从追逐收益到兼顾风险、从集中投资到多元资产配置的变化。伴随于此的是，中国的高端财富管理机构的业务模式与组织结构在不断进步和改变，以应对客户需求变化带来的挑战与机遇。

财富管理是关于财富增长、保障与传承的整体规划

财富管理是一个整体的概念。以往人们谈及最多的是如何实现财富的增

长，而这只是财富管理内涵的一部分。就绝大多数人的实际需求而言，财富管理的目标是实现财富增长与跨代传承。为了实现这一目标，财富增长、财富保障与财富传承需要通盘考虑，局部服务于整体。如果只考虑财富增长，就只是资产管理或投资，而不是真正意义上的财富管理。

财富管理的整体性特征正被越来越多的高净值人士所理解和认同。这体现在高净值人群的财富保障与传承的需求日益凸显。

国外对高净值人士财富管理生命周期的研究显示，高净值人士在年轻的时候，对投资的需求更大；随着年龄的增长，投资需求的增长开始放缓，传承需求则显著增长，最终传承需求超过投资需求。中国同样如此。

过去很长一段时期，中国的高净值人群总体比较年轻，财富管理的需求主要集中在财富增值，这正是很多人将财富管理等同于投资的主要原因。随着越来越多的高净值人士年龄增长到一定阶段，财富保障与传承需求逐渐出现。同时，传承需求也促使高净值人士对财富增值的关注从短期变得长期。

财富管理的整体性特征正被越来越多的国内高净值人士所理解和认同，这体现在高净值人群的财富保障与传承的需求日益凸显。诺亚财富的调研[①]显示，目前中国的高净值人群中46岁以上的已经占到一半，50.9%的高净值人士有财富保障与传承的需求。

虽然财富保值增值依然是最主要的财富管理需求，但财富保障与传承、家族企业管理与传承等的需求在显著上升。相比新兴行业，传统行业的高净值人群整体年龄更大、企业家占比更高，也因此体现出了对财富保障与传承、家族企业管理与传承的更多需求，以及相对较低的财富保值增值需求。

高净值人群的综合财富管理需求给高端财富管理机构带来挑战与机遇，除了传统的金融资产配置服务，也要为高净值人群提供家族财富管理、保险、慈善、信托等更加综合化的财富管理服务。

---

① 每年年底，诺亚财富会对数千名可投资金融资产在1 000万以上的高净值客户进行调研。本报告关于高净值人群的统计数据均来自于此，以下不再赘述。

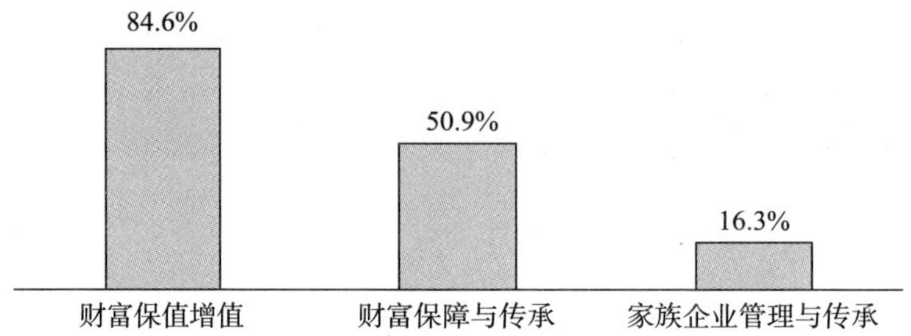

图 16-1　2016 年高净值人群的财富保障与传承需求在增长

保险过去更多被当做保障型工具，现在保险的传承功能被越来越多的高净值人士重视，有接近一半的高净值人士看重保险的传承功能。60 岁以上的高净值人士，还表现出对通过保险来获取高端医疗服务的较大需求。

越来越多的高净值人士对信托从陌生到熟悉，尤其是在家族财富管理服务中，信托的重要性已毋庸置疑。接近一半的高净值人士需要中国家族信托服务，34% 的高净值人士需要海外家族信托服务。

移民需求方面，超过 20% 的高净值人士考虑取得海外身份或者已经取得。接近 60% 的高净值人士仍在观望或还未做决定。促使高净值人士移民的主要原因仍然是子女教育（41%），但已不再是唯一重要原因，生活环境（29%）和资产安全（21%）也占有不小的比重。

高净值人群特征与需求的多元化

在提供财富管理服务时，了解客户是至关重要的开始。高净值人群的定义只是基于可投资资产规模，这并不足以体现高净值人士之间的需求差异。客户的财富管理目标、风险偏好、行为偏好、约束条件、生命周期资产负债表、税负、慈善与传承需求等，才真正决定了财富管理方案的制订、执行、监督与调整。

调研显示，中国的高净值人群的构成越来越丰富，财富的来源更加多元化。一方面是行业的多元化。传统行业仍是财富最集中的地方，但财富正在向新兴行业转移。传统行业的创富能力更强，新兴行业的创富速度更快；另一方面是职业的多元化。企业家的创富能力更强，自由职业者和专业人士的创富速度更快。在传统行业创业更易创富，在新兴行业各种职业机会均等。

高净值人群特征的变化反映了中国经济的成长，也带来了更加多元化的财富管理需求。

年龄结构的变化

不同于欧美拥有历史悠久的财富管理市场，以及一些传承多代的高净值人群，中国是一个年轻的经济体，高净值人群基本是在改革开放之后才逐渐出现的，所以相对比较年轻，60 岁以上的高净值人士仅占 5.6%。可以说，中国的高净值人群整体来看年富力强，未来具有较强的创富能力，这也表明中国的高端财富管理市场仍将维持高速增长，空间巨大。

中国高净值人群的年龄结构有两个显著变化。一是青年的占比在增加，30 岁以下的高净值人士占比已经升至 8%。其主要原因是近年来在新经济领域创业的蓬勃兴起，以及部分第一代企业家交班给第二代。二是老年群体开始增长。虽然老年群体占比还较低，但改革开放至今近 40 年，46~59 岁的高净值人士占比高达 43.5%，这部分高净值人士将在未来若干年逐渐步入老年阶段。

以上两个趋势预计在未来若干年还将持续。年龄结构的变化一方面要求服务方式的多元化，例如青年群体的增加使得线上交流与服务正越来越受到欢迎；更重要的是带来了基于整体生命周期的财富管理的需求。青年群体可能更关注财富的增值，老年群体则需要高端财富管理机构提供更多的财富保值与传承方面的服务，例如家族财富管理、保险、慈善、信托等。

财富来源的变化

传统行业是改革开放以来中国经济的主力军，因此是高净值人士最早和最主要的来源，尤其是制造、贸易、房地产等行业。

近年来，随着传统经济的放缓、新经济的崛起，来自新兴行业的高净值人士在增加，而且越年轻的高净值人群中来自新兴行业的越多。随着这一趋势的延续，新兴行业的高净值人士占比会越来越高，尤其是文化教育传媒、医疗健康、TMT 等行业。

目前来自传统行业的高净值人士占比已降至 64.6%，来自新兴行业的高净值人士占比已升至 35.4%。预计未来新兴行业的高净值人士占比会越来越高。

结合年龄结构来看，越年轻的高净值人士，来自新兴行业的越多。30 岁以下的高净值人士中，新兴行业占比为 51.9%；31~45 岁、46~59 岁和 60 岁以上的这个占比则分别递减为 39.2%、30.5% 和 18%。

传统行业的创富能力更强，新兴行业的创富速度更快。财富需要时间的积累。年龄越大的高净值人士，来自传统行业的越多，因此从可投资金融资产规模各层次来看，都是传统行业的高净值人士占多数。虽然新兴行业的高净值人群拥有的财富规模不如传统行业，但前者创富的速度快于后者。这体现在新兴行业的高净值人群更年轻。不论是 30 岁以下，还是 45 岁以下，新兴行业的高净值人士占比都高于传统行业。

财富来源的变化使得高净值人群，不论是来自传统行业还是新兴行业，都意识到只有积极投资新经济，才能充分享受到中国经济未来发展的红利，这带动了对私募股权投资的兴起，这一点在后面详述。

创富方式的变化

财富的来源在变，创富的方式也在变。过去很长一段时期，创业是创富的最主要方式。近些年，随着社会的发展与开放，创富的方式更加多样化，自由职业者、专业人士、职业经理人等群体中出现越来越多的高净值人士。

目前企业家和自由职业者占比相对较大，分别为 35.8% 和 27.1%；专业人士和职业经理人占比相对较少，分别为 18.5% 和 17.4%。

传统行业创业更易创富，新兴行业机会均等。传统行业的高净值人士接近一半是企业家，新兴行业各职业高净值人士的比重差别不大。这表明，在传统行业通过创业来创富的机会更大。在新兴行业，各种方式机会差别不大。

尽管创富方式多样，但企业家的创富能力更强，而自由职业者和专业人士创富速度更快。超高净值人群（资产规模 1 亿以上）、资产规模 0.3 亿 ~1 亿的高净值人群中分别有 63% 和 50.2% 是企业家；在年轻的高净值人群中，自由职业者和专业人士的占比更高。尤其是 30 岁以下的高净值人群中，自由职业者和专业人士的占比均高于企业家。

财富的来源和方式影响高净值人士的财富管理需求，这需要高端财富管理机构理解不同群体客户的个性化需求，提供差异化的服务。

三、资产配置需求的综合化

财富的增长仍然是高净值人群最主要的财富管理需求，根据资产配置目标（来自于财富管理目标）进行合理的多元资产配置是满足这一需求的最好方式。

中国高净值人群的资产配置目标总体来看比较稳健，在具体的资产配置上愈加着眼于财富长期稳健增长与市场长期趋势，这是一个显著的进步。

目前高净值人群配置相对较多的是固定收益类产品，其次是房地产类资产（包括实物房产和房地产基金）、私募股权基金和股票基金，海外资产配置相对比较少。

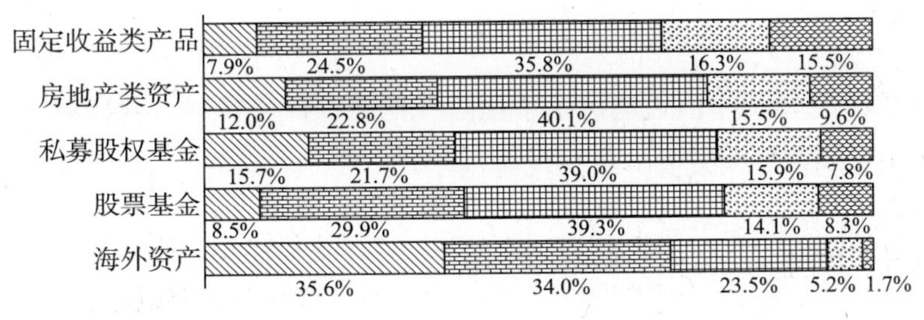

注：图中比例为人数占比。

图 16-2　高净值人群在各类资产上的配置比例

在未来的配置计划上，高净值人士最青睐私募股权资产和海外资产，对股票类资产和固定收益类资产的需求在上升，对房地产类资产的态度从悲观变为中性。

在经济转型、增速放缓、新旧动力转换的宏观背景下，跨周期、主要投资新经济的私募股权资产受到高净值人群青睐；全球经济分化、资产轮动、汇率变化，促使高净值人群增加原先匮乏的海外资产，资产配置更加全球化；高净值人群对股票类资产的配置价值、方式与时机的认识在变得成熟。虽然市场震荡，却愈加乐观；高净值人群逐渐接受固定收益类资产预期回报下降的现实，加之其风险相对较低、具有可预期的收入，高净值人群的需求在上升；房地产市场在分化中孕育新的投资机会，高净值人群维持并优化房地产类资产的配置。

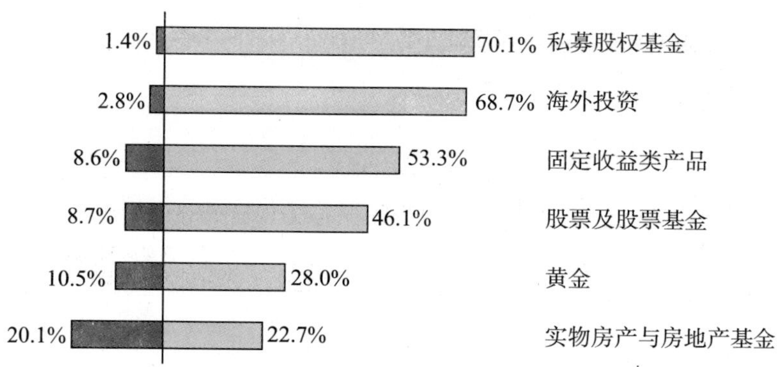

图 16-3　高净值人群未来的资产配置计划

总体来看，高净值人群的资产配置在向着兼顾跨区域、跨币种、跨周期和跨类别的均衡方向发展，减少现金与存款，增加金融资产，维持优化房地产类资产。

对各类资产的配置需求的变化实质上反映了高净值人群对财富的核心维度——收益、风险与流动性的需求变化。确切地说，从过去过于关注收益这个维度，变为综合化地兼顾收益、风险与流动性等多维度。

财富管理中的资产配置方法

前面提到，虽然市场波动日益增大，但高净值人群的资产配置选择却少了一些“追涨杀跌”，多了一些着眼长远目标和趋势。越来越多的高净值人士认识到，固定收益类资产可以带来相对稳定的收入，私募股权资产、股票类资产和房地产股权类资产等可以强化资产组合的长期增长，对冲策略基金、FOF等可以降低资产组合的风险。高净值人群的资产配置在向着跨区域、跨币种、跨周期和跨类别的均衡方向发展。

这些变化源自高净值人群的资产配置理念与行为日臻成熟，即财富管理中的资产配置不同于资产管理或投资。

在财富管理中，资产配置的核心是客户的目标。根据目标形成投资框架，在投资框架的基础上形成配置战略（大类资产配置），每年制定具体的投资战术（具体资产的选择），并定期评估资产组合的表现是否符合目标，并据此调整投资框架。这是一个循环的过程。

客户的目标包括收益和风险两个子目标，并且二者是匹配的。高于风险承受力的收益要求是不切实际的，低于风险承受力的收益要求是低效的。可能影响客户目标的因素包括客户的资产与负债情况、收入或现金流需求、风险容忍度和承受能力（注意，二者是不同的），以及心理状况等。

配置战略类似于资产管理中的战略资产配置。在财富管理中，这个配置的时间尺度应该至少在5年以上。

投资战术类似于资产管理中的战术资产配置。在财富管理中，这个配置的时间尺度往往在6—12个月，是基于风险和投资机会的变化来调整与设定。投资战术一般涵盖半年度或年度的资产配置方案。在具体资产的配置方案里，以股票类基金为例，涵盖投资方式的选择（主动管理还是指数化投资）、投资风格的选择，以及投资管理人和基金经理的选择。

财富的安全是首要需求

大多数（76.5%）的高净值人士的资产配置目标是财富的长期稳健增值，并愿意为此承担一定的风险。保守（本金绝对安全）和激进（为了大幅获利可以承担较高的风险）的资产配置目标的占比相对较低，分别占 19.2% 和 4.3%。

虽然高净值人群的资产配置目标是偏稳健的，但这并非指的是依靠保本产品或低风险低收益的资产。只配置这些产品，虽然获得了本金的确定性，但却很可能导致财富的购买力逐渐损失，最终无法实现财富配置目标。

实现财富稳健增值的科学方式是多资产配置，构建充分分散化（跨区域、跨币种、跨周期和跨类别）的资产组合（包括配置 FOF 产品）。

高净值人士的资产配置目标随着年龄的增长而趋于稳健。这体现在年龄段越大的高净值人士，资产配置目标是“为了大幅获利可以承担较高的风险”的占比越小。

从职业来看，自由职业者的资产配置目标更趋保守。这体现在自由职业者将“本金绝对安全”作为资产配置目标的比重更大。企业家的资产配置目标为保守的占比相对最低。这可能与职业与收入的稳定性有关。

关注财富稳健，固收需求止跌回升

2014 年之后，在“资产荒”、流动性充裕、市场利率下行的背景下，固定收益类资产（不论是非标产品还是银行理财产品）的预期收益率持续下降。加之 2014、2015 年股市表现较好，使得不少高净值人士降低了固定收益类资产的配置比例。

2016 年伊始，虽然固定收益类资产的预期回报继续下行，但在市场利率下行、投资与信用风险增加的背景下，高净值人群对风险较低的固定收益类资产的需求开始“止跌回升”。计划增配的人数占比大幅上升，计划减配的人数占比大幅下降。

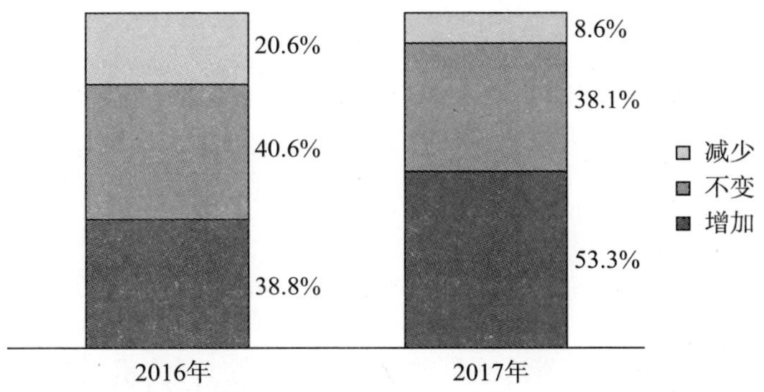

图 16-4　高净值人群对固定收益类资产需求上升

年龄较大的高净值人士，对固定收益类资产的配置需求更大。年龄越大的高净值人士，目前配置固定收益类资产的比例越大，配置较多的情况更为常见，未来计划减配的比例越小。

资产规模较大的高净值人士，对固定收益类资产的配置需求更大。资产规模越大的高净值人士，目前配置固定收益类资产的比例越大，配置较多的情况更为常见，未来计划增配的比例越大。

全球分散降低风险，海外资产配置上升

中国已成为全球主要的离岸财富来源地之一。2015 年年底的调研显示大多数高净值人士计划在 2016 年增配海外资产，2016 年确实如此。并且配置比例总体来看在上升。

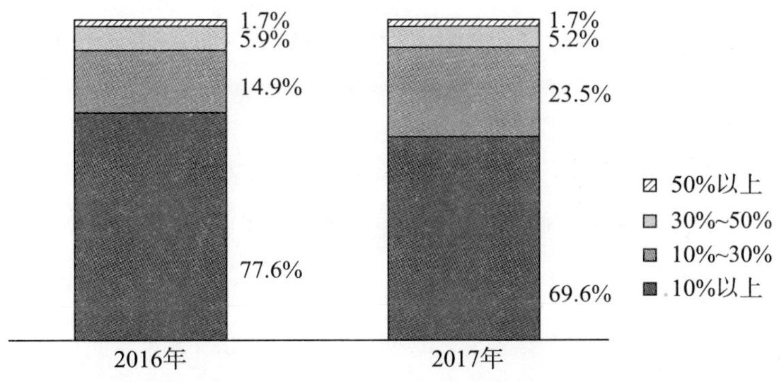

图 16-5　高净值人群的海外资产配置仍有很大增长空间

高净值人群配置海外资产的主要原因是分散和降低风险。包括全球大类资产价格轮动带来的市场风险，资产组合集中度风险，以及汇率风险等。因此，海外资产在高净值人士资产配置中占比上升的趋势并不因汇率的涨跌而改变，人民币兑美元汇率在2016年的阶段性下跌只是促使高净值人士更加关注海外资产配置，而非根本原因。

虽然高净值人群已经开始增加海外资产配置，但依然有35.6%的高净值人士尚未配置海外资产。考虑到目前海外资产在高净值人群的资产配置中总体占比不高，并且高净值人群对海外资产的配置热情依然高涨，68.7%的高净值人士计划在未来增加海外资产的配置比例，未来海外资产配置还有较大的提升空间。

除了配置比例在上升，相比以往，目前高净值人群的各类海外资产配置更加均衡合理。这体现在，高净值人群对各类海外资产的需求均有显著增长，差距在缩小。私募股权基金依然是高净值人群海外资产的首选，固定收益类产品在高净值人群的海外资产中占比显著上升。

总体来看，年龄段越大的高净值人士，对海外资产的配置需求越强。这可能与前面提到的高净值人士的资产配置目标随着年龄的增长而趋于稳健有关，资产的全球分散配置有助于降低风险。

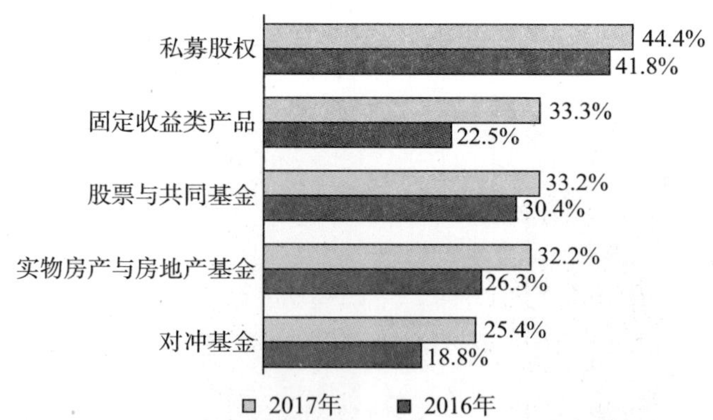

注：图中数字表示有多大比例的高净值人士配置了此类资产。

图16-6 高净值人群更加均衡地配置海外资产

资产规模越大的高净值人士，配置海外资产的比例越高，并且未来继续增配的意愿也更大。这可能是因为资产规模越大，越需要通过全球分散配置来降低集中投资的风险。

流动性需求上升，金融资产配置加码

2016 年全球市场动荡加剧，黑天鹅事件频发，市场预期多次落空。人民币兑美元中间价从年初的 6.50 一路跌至年末的 6.95；A 股在年初经历熔断和千股跌停，2 月至 11 月虽然上证综指涨幅超过 20%，但仍未回到 2015 年底的高点；债市一波三折，经历了上半年的震荡下跌和三季度的震荡上涨之后，在四季度经历了暴跌；房地产市场在价格上涨较长时间之后迎来政策收紧，销量下降、价格环比涨幅回落；由于资金宽裕，固定收益类资产的预期收益率在 2016 年继续下行趋势。

虽然市场波动和投资难度加大，但高净值人群对金融资产的配置需求持续上升。这一方面反映了高净值人群的财富管理和投资的理念愈加成熟，愈加着眼于财富长期稳健增长与长期市场趋势，而非市场短期波动。

另一方面反映了高净值人群对财富的流动性需求的上升。高净值人群传统上配置最多的是房地产实物资产，随着房地产市场结束传统发展方式，实物房产的风险收益比下降，实物房产的流动性趋弱，重配实物房产的弊端显现，高净值人群对流动性更好的金融资产的配置需求上升。

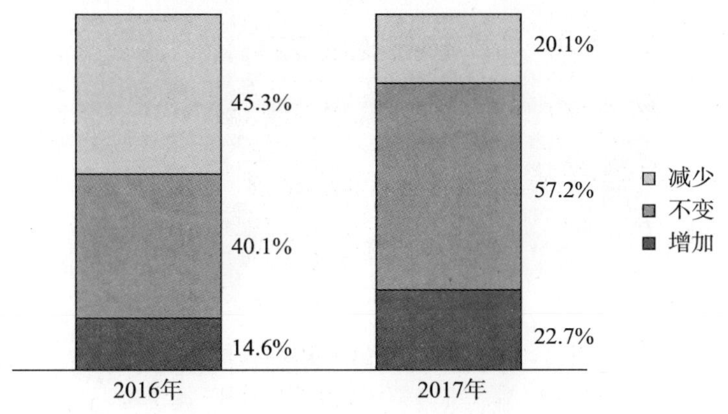

图 16-7　高净值人群优化调整房地产资产

提到房地产资产。房地产市场在 2016 年先后经历了量价齐涨和量缩价缓两个阶段，相比 2015 年更多高净值人士计划减配房地产类资产，2016 年更多是维持配置比例不变，计划增配的在增加，计划减配的在减少。

这表明高净值人群对房地产类资产已经不再悲观，主要原因是房地产市场正在分化中转型，并孕育出新的投资机会。

重视资产收益，积极看待股票基金

在各类资产中，私募股权基金和股票基金是实现财富中长期增长的主力军。前面我们看到私募股权资产的配置需求持续上升，而股票基金虽然市场短期波动较大，但高净值人群对其正变得越来越乐观。

A 股在经历 2016 年初的大跌之后，上证综指从 2 月初的 2 600 多点震荡上涨至 11 月底的 3 200 多点，涨幅超过 20%。12 月初开始 A 股迎来一波下跌，到年底上证综指仍未回到 2015 年底的高点。

虽然 62.7% 的高净值人士认为 A 股将区间震荡，35.4% 的认为将上涨，但高净值人群对股票类资产更加乐观。一方面，计划增配股票类资产的高净值人士在增加，计划减配的在减少；另一方面，计划增配股票类资产的高净值人士比认为 2017 年 A 股上涨的要多。

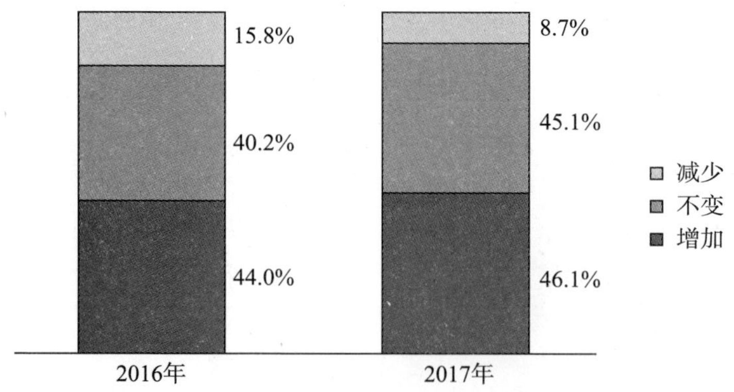

图 16-8　高净值人群对股票基金的悲观情绪下降

产生这一现象的主要原因可能是两点。首先，经过长期的投资者教育，高净值人群的投资理念在变得成熟，更加能从中长期财富增长和资产相关性的视角来看待各类资产的配置价值。例如，相比直接投资股票，优秀的股票基金的中长期收益更好、风险更低，一些策略与基础资产之间、策略与策略之间的相关性较低。

其次，股指区间震荡或下跌，不代表主动管理的股票基金收益不佳。例如，截至 2016 年 11 月月底，沪深 300 指数下跌 6%，中证 500 指数下跌 15%，而股票策略私募基金平均仅下跌 4.4%，相对价值、宏观策略分别上涨 1.3% 和 6.8%。

目前股票类资产配置比例在 10%~30% 的高净值人士占比最高。

资产规模越大的高净值人士，对 A 股 2017 年的走势越乐观，增配股票类资产的意愿也更大。

年龄越大的高净值人士，对 A 股 2017 年的走势越乐观。但因为年龄较大的高净值人士目前已经配置了较多的股票类资产（配置比例在 30% 以上），因此反而是年龄较小的高净值人士计划增配更多的股票类资产。

高净值人士绝大多数并非投资专业人士，不适合直接投资个股，更多是通过公募和私募基金来配置股票类资产。高净值人士在投资基金时，最主要依据专家及理财师的推荐，其次是根据基金历史业绩。此外，超过一半的高净值人士最希望得到基金投资组合建议。

关注财富长期增长，私募股权持续增配

私募股权（包括天使、VC、PE、并购等）因为具有跨周期、长期回报较高的特点，受到越来越多的高净值人群的青睐，并且正在从另类走向主流，目前 80% 以上的高净值人士都配置了私募股权基金。

私募股权的投资回报跟所投资领域未来的发展有很大关系。在经济转型、增速放缓、新旧动力转换的宏观背景下，主要投资于新经济的私募股权基金更

具配置价值。

高净值人士对私募股权基金的配置价值相比以往更加乐观。计划增配的人数占比维持不变，计划减配的人数占比下降。

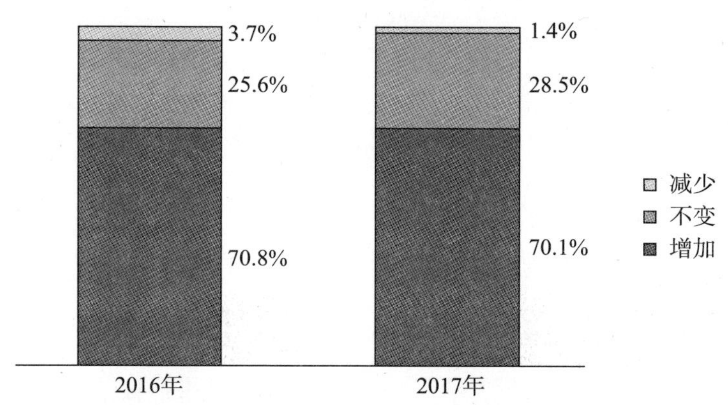

图 16-9 高净值人群持续增配私募股权资产

高净值人群正普遍将私募股权资产作为重要配置，以往配置比较少的高净值人士会更多地增配。越年轻的高净值人士，私募股权基金在其目前资产配置中的占比越低，但未来计划增配的比重也越大。

私募股权基金主要投资于新经济，因此来自传统行业的高净值人士对它的配置需求更大。相比新兴行业，目前没有配置私募股权基金的传统行业高净值人士比重更低（13.1%），未来增配的比重更大（71%）。

企业家通过创业创造财富，对私募股权投资的特点和价值更能感同身受，因此对私募股权基金的配置需求相对更大。相比其他职业，企业家目前配置和未来计划增配私募股权资产的比例都是最高的。

前面提到过高净值人群对投资新经济越来越热衷。具体来看，随着老龄化和人们对健康的愈加重视，医疗健康领域未来前景广阔，并且具有抗周期的特点，服务、技术机会多样，最被高净值人群看好。80.2%的高净值人士看好医疗健康领域的投资机会。

伴随着人们闲暇时间增多、消费升级、付费娱乐习惯的逐渐养成，文化教育传媒产业进入高速增长期。43.3% 的高净值人士看好文化教育传媒领域的投资机会。

环境问题已成为近年来人们面临的最严峻问题，环保和新能源在国家政策推动下近年来发展迅速。42.3% 的高净值人士看好环保新能源领域的投资机会。

随着人们的收入增长，对消费和服务出现新的需求，对于商品和服务的品质、品牌和个性化提出了更高的要求。39.1% 的高净值人士看好消费服务领域的投资机会。

互联网金融行业正在逐步规范，科技正成为行业重要的推动力。32.8% 的高净值人士看好互联网金融领域的投资机会。

TMT 在高速发展后进入新常态，竞争将更加激烈，新技术、新应用带来的机会也更多。32.6% 的高净值人士看好 TMT 领域的投资机会。

先进制造是典型的传统行业采用新科技实现升级的领域，即传统制造向智能制造蜕变。26.1% 的高净值人士看好先进制造领域的投资机会。

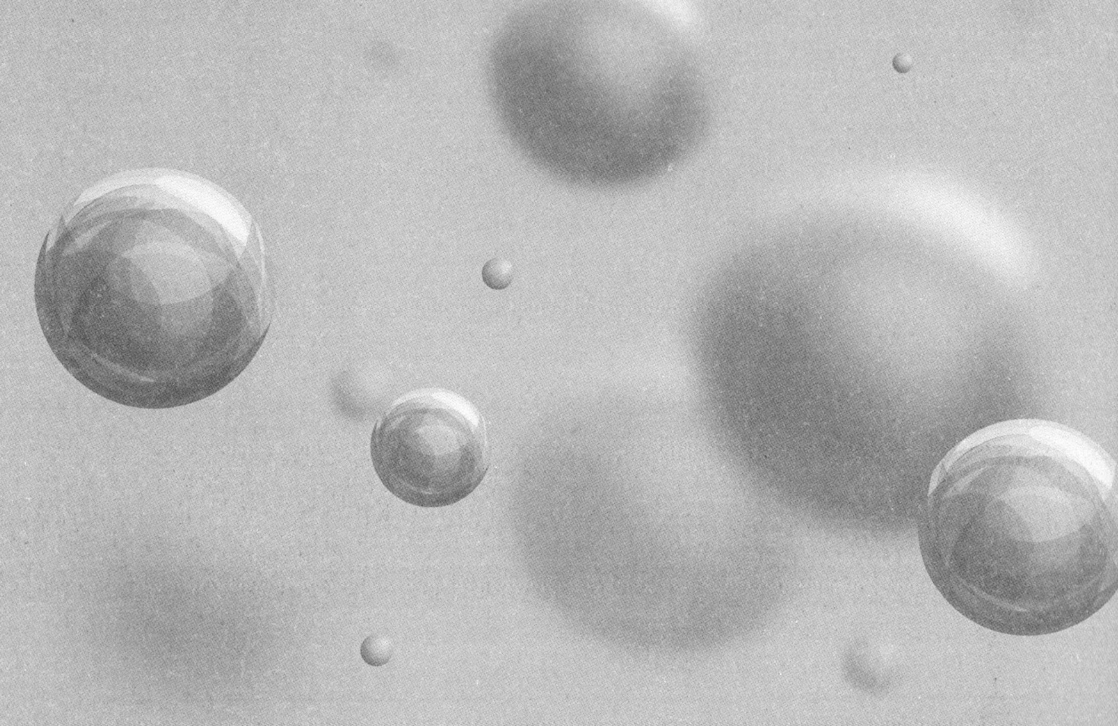

◎美国资产管理行业在全球资管行业中居于领导地位，并且在过去数年中经历了稳健的增长。国民财富的不断增长带来的理财需求增长、人口老龄化以及退休金体系的不断完善和发展是促进该行业蓬勃发展的重要原因。

◎在低利率环境下，一方面，得益于欧洲经济增速的回暖，欧洲上市公司的盈利状况得到了改善，使得股票类资产配置价值上升，另一方面，尽管欧元区基准利率在持续下行，但利率水平已经接近零，利率继续下行的空间极其有限 ，这就大大降低了配置债券类资产的吸引力，这都使得欧洲共同基金加大对股票资产的配置。

2017

PART 3

全球资产管理篇

17

美国资管行业发展现状及趋势

美国资产管理行业在全球资管行业中居于领导地位，并且在过去数年中经历了稳健的增长。国民财富的不断增长带来的理财需求增长、人口老龄化以及退休金体系的不断完善和发展是促使该行业蓬勃发展的重要原因。

注册投资公司[①]是在美国资产管理行业的主体。截至2016年年底[②]，美国注册投资公司管理的资产总额达到19.2万亿美元，相比于2015年增加1.1万亿美元，这些资产背后代表着超过9 500万名投资者的利益。这一增长背后的原因有二：一方面，美国股市2016年的投资收益增加，并且以美元计价的国际股票市场[③]仍然呈现出增长态势；另一方面，美元走强导致以美元计价的资产价值增加，这也带来了美国投资公司资产管理规模的上升。

2016年美国投资公司的发展呈现出一些新的特点和趋势：

---

① 指US-registered investment companies。主要包括共同基金、封闭基金、ETF以及单位投资信托（UIT）。

② 数据来自美国投资协会（ICI）发布的《2017 investment company fact book》，即《2017年美国基金业年鉴》。

③ 这里的收益通过MSCI全球各国综合投资收益指数（MSCI All Country World Daily ex-US Gross Total Return Index）来衡量。

第一，共同基金资金净流出，其他投资公司资金净流入。2016 年美国共同基金共录得 2 290 亿美元的资金净流出，而封闭基金、ETF 和单位投资信托（UITs）则表现为净流入。长期共同基金净赎回达到 1 990 亿美元；货币市场基金同样出现了 300 亿美元的净赎回。2016 年 ETF 的市场需求依然旺盛，净发行规模为 2 840 亿美元；单位投资信托（UIT）新增规模 490 亿美元，较 2015 年稍有减少；封闭式基金发行规模净增 9.22 亿美元。

第二，基金发起人数量有所下降。2016 年共有 850 家基金发起人在美国市场提供资产管理服务，这一数据相比于 2015 年减少了 23 家。这主要是由相关机构的经营决策所造成的，比如大基金收购小基金、基金清算以及部分大型基金出售投顾业务。但从近年的趋势看来，由于美国经济逐渐从金融危机中走向复苏，美国金融市场基金发行人的数量不断增加。2009 年以后共有 500 家进入市场，退出机构为 332 家，净增加 168 家。

第三，行业集中度继续提升。从 2005 年到 2016 年，美国规模最大的五家基金管理公司管理的资产比例由 36% 上升到 47%，规模排名前十的基金公司管理的资产比例则由 47% 上升到 58%。行业集中度的提高主要有以下两方面原因：其一，近年来指数基金越来越受投资者青睐，而绝大部分指数基金均由前十大基金公司所管理。其二，债券基金在过去的十余年中出现了巨大的资金净流入，而债券基金的产品数量以及基金发起人较少，因此能够提供债券基金产品的大型公司资产份额得到了显著的提升。

第四，基金费率持续下降。共同基金主要产生运营费用和营销费用，近年来投资者投资共同基金的费用已经显著下降。股票型基金的平均费率由 2000 年的 0.99% 下降至 2016 年的 0.63%，降幅达 36%。同期，混合型基金和债券型基金的费率也分别下降了 17% 和 33%。通常情况下，基金费率和基金规模成反比，平均费率会随着基金规模的增长而逐步降低，基金规模的不断扩大以及行业集中度的提升带来的规模经济效应，是导致费率下降的一个原因。此外，同业竞争的加剧和潜在进入者的威胁等因素也导致共同基金费率不断下降。

从全球范围来看，2016 年年底全球开放式基金资产总额为 40.4 万亿美元，美国共同基金和 ETF 市场的资产管理总额 18.9 万亿美元，占比 47%，美国依然是全球规模最大的开放式基金市场。2016 年美国共同基金资产总额 16.3 万亿美元，国内市场占比 81%。ETF 延续了近年发展较热的势头，资产总额 2.5 万亿美元，国内市场占比达到 10%，相比较 2015 年上升了 1%。而 UCITS 基金（Undertakings for Collective Investment in Transferable Securities，可转让证券集合投资计划）、封闭式基金以及单位投资信托虽然在资产总额上各有增加，但市场份额占比则依旧保持不变，分别为 8%、1% 和 1%。

近年来，美国投资者的风险偏好已经发生较大改变，虽然共同基金仍然居于主导地位，但另类投资产品（如 ETF、私募股权基金等）发展势头迅猛。伴随着投资者需求变化的是资产管理产品的变化和创新，越来越多的资产管理机构不断推出新的产品来迎合投资者的需求。

美国共同基金市场概述

市场概况

截至 2016 年年底，美国共同基金依旧以 16.3 万亿美元的资产总额维持全球第一的地位。在美国金融市场上，美国家庭是共同基金投资的主体，在整个共同基金市场份额中持有占比达到 89%，在长期基金中的持有占比更是高达 95%。共同基金是否有能力协助投资者实现财务目标是影响其需求的重要因素。比如美国家庭通过投资股权、债券和混合型共同基金，来为退休、教育以及应急事件筹集资金；企业等机构投资者则利用货币市场基金来进行现金管理，这是由于货币市场基金具有较高的流动性以及短期收益率。

从美国共同基金的资产比例来看，大部分市场份额仍然为长期基金所占有。其中，权益类基金占整个市场规模的 52% 左右，占比第二位的是债券类基金为 22% 左右，货币市场基金占比 17% 左右，混合型基金占比 8% 左右。

资金流动状况

2016 年美国共同基金资金流失加剧。权益类基金、混合类基金以及货币市场基金均呈现资金净流出的状况，仅债券基金录得资金净流入，共同基金市场全年资金净流出 2 290 亿美元，而 2015 年共同基金市场资金净流出为 1 010 亿美元。具体来看，投资者从长期基金中赎回了 1 990 亿美元，从货币市场基金赎回了 300 亿美元。

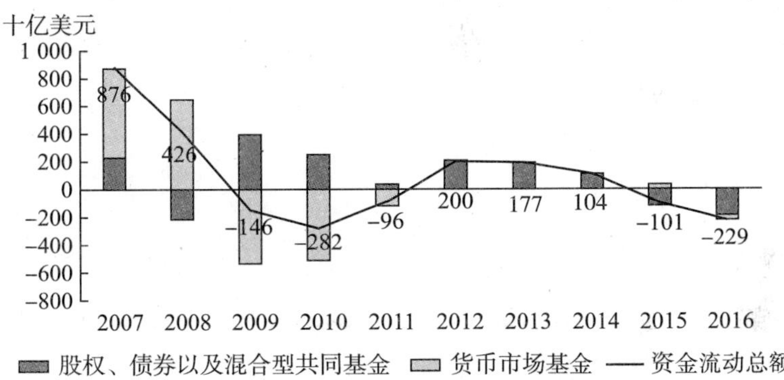

图 17-1 近年来美国共同基金市场资金流动状况

资料来源：ICI。

股票型基金的资金流动往往随着股价涨落，2016 年 MSCI 全球每日总回报率指数（MSCI All Country World Daily Gross Total Return Index）上涨了 8.5%，同时美股指数创历史新高，但全球股票型基金净流出 260 亿美元，美国境内股票类共同基金净流出 2350 亿美元。从芝加哥期权交易所波动指数[①]（VIX）来看，市场波动似乎并不是资金流出的主要原因。净流出的主要原因还是在于投资者偏好的改变：由权益类共同基金的偏好转为交易型开放基金（ETF）。ETF 的需求在近年来都表现得非常强劲，在 2016 年的前两个月，权益类共同基金和权益类 ETF 都表现为资金净流出的状况，但在随后的十个月中，股权 ETF 共录得资金净流入 1 900 亿美元，而股权共同基金则继续产生了 2 170 亿美元的资金净流出。

债券类基金的资金变动状况与美国利率环境变化紧密相关。2016 年上半年美国长期利率下降约 80bp，第三季度开始有所回升，随后在美国总统大选

① 芝加哥期权交易所波动指数（VIX）通过跟踪标准普尔 500 指数的波动幅度来度量市场风险。该指数大于 30 的价值通常反映了投资者的高度恐惧，而低于 20 则反映市场较为平静。2016 年期间，美国每日 VIX 平均值为 16，最高值为 28 出现在 2 月份。

后继续上涨，年底利率较年初上升大约 20Bp，利率走势导致全年债券回报曲线呈现出先上升后下降的态势。2016 年全年美国债券共同基金净流入 1 070 亿美元，与 2015 年净流出 250 亿美元相比发生了显著的逆转。具体来看，应税债券基金全年资金净流入 840 亿美元，市政债券基金全年资金净流入 220 亿美元，但应税债券中的全球债券基金发生资金净流出 400 亿美元，这主要是由于美元走强所致，美元升值降低了以外币计价的债券回报，并使得外国公司以美元计价偿还债务更为昂贵。

目前来看，仍然有许多因素有助于维持对债券共同基金的需求，这主要表现在：其一，美国人口特征因素影响着对债券共同基金的需求。新罕布什尔大学 2016 年 12 月的研究报告显示，美国白人人口正在呈加速下降趋势，且老龄化问题严重。年长的投资者往往拥有较多的资金，过去十年中“婴儿潮（babyboom）”一代的老龄化推动了债券基金的资金净流入。同时，随着年龄的增加，投资者的风险承担能力往往是下降的，这也使得其倾向于投资固定收益产品；其二，目标日期共同基金[①]的快速发展也使得大量资金流入债券基金。在过去十年中，目标日期共同基金资产总额增长 5 090 亿美元。2016 年目标日期共同基金的净流入量为 650 亿美元，年底总资产为 8 870 亿美元。投资者往往通过各种养老固定缴款计划（Defined Contribution Plan）来投资此类基金。此外，2006 年养老金保护法案通过后，越来越多的管理人开始采用目标日期基金作为 DC 计划的默认投资。

2016 年美国货币市场基金发生资金净流出 300 亿美元，这主要与监管环境的变化有关。2014 年 7 月，美国证监会出台了货币市场基金监管框架的改革方案，涉及压力测试、信息披露、浮动净值、流动性费用以及赎回限制五个方面，其中有关浮动净值、流动性费用以及赎回限制的监管规则于 2016 年 10 月 14 日开始正式实施。这些新规则一方面抑制了投资者对货币市场基金的需求，另一方面在货币基金市场内部推动投资者的偏好由主流货币市场基金转变为政府货币市场基金。

---

① 目标日期共同基金（Target Date Funds）投资于各种股票和固定收益投资中。当基金接近其目标日期时，基金逐渐重新分配其资产，从股票转向固定收益投资。目标日期共同基金通常通过基金中的基金（FOF）进行投资，这意味其主要持有其他股票和债券共同基金份额。

美国资产管理行业（一）

共同基金投资者的特征

共同基金在美国家庭的投资理财计划中占有重要的地位，从美国投资公司协会（ICI）2016 年年中发布的《年度共同基金持有人跟踪调查》[①]来看，占比 43.6%、共计 5 490 万户[②]美国家庭持有共同基金。作为共同基金一类最重要且最典型的投资者，这些美国家庭具有一些共同特征：

（1）年龄分布及受教育水平

共同基金持有人所处的年龄段及受教育水平差异较大。从 2016 年的调查来看，共同基金持有人的受教育程度往往较高，并且持有者以青壮年为主，年龄的中位数和平均数均为 51 岁。

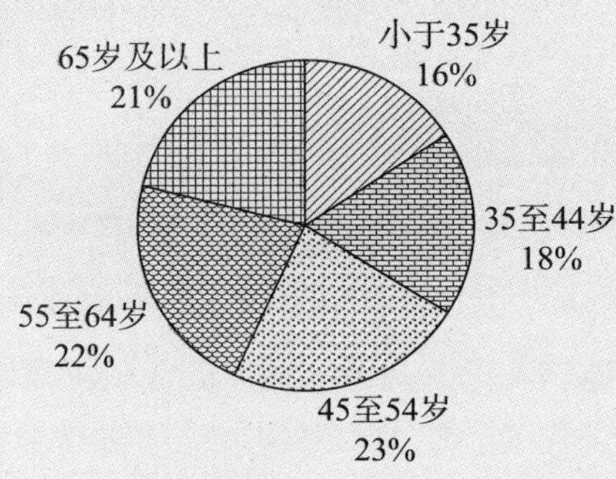

图 17-2　共同基金持有家庭年龄段分布

---

① 引自 Investment Company Institute Annual Mutual Fund Shareholder Tracking Survey。

② 截至 2016 年年底，美国投资共同基金家庭的数量为 5 500 万户。

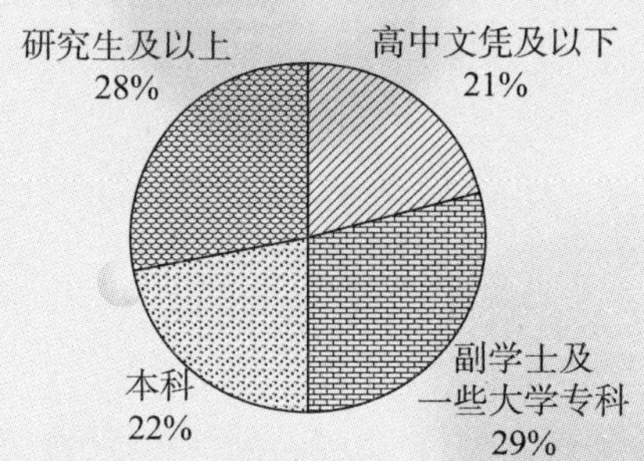

图 17-3　共同基金持有家庭受教育程度

资料来源：ICI。

具体来看，持有共同基金的家庭中，大多数（63%）位于 35 至 64 岁这个年龄段，35 岁以下的年龄段仅占比 16%，而年龄在 65 岁及以上的则占比 21%。从受教育程度来看，高中文化程度及以下的仅占比 21%，学历至少达到本科及以上的则占据了 50%，总体来看，这些持有人的文化程度较高，自身具备一定的投资能力。

（2）就业状况及收入状况

在持有共同基金的美国家庭中，大部分成员均有工作，收入以适中居多，兼有小部分低收入家庭，这表明共同基金吸引了较多的美国中产阶级家庭。其中，76% 的家庭拥有全职工作或兼职工作，而另外 24% 的家庭没有工作，在这 24% 未就业的人群中，退休人员占据了 79%。而从整体数据来看，24% 的持有共同基金的家庭个体是退休人员。

从收入状况来看，2016 年美国持有共同基金家庭收入的平均数为 121 600 美元，中位数为 94 300 美元。其中，收入低于 50 000 美元的家庭占比 17%，18% 的家庭收入位于 50 000 美元到 74 999 美元这个区间，16% 的家庭收入位于

75 000 美元和 99 999 美元之间，收入为 100 000 美元及以上的占比 49%。

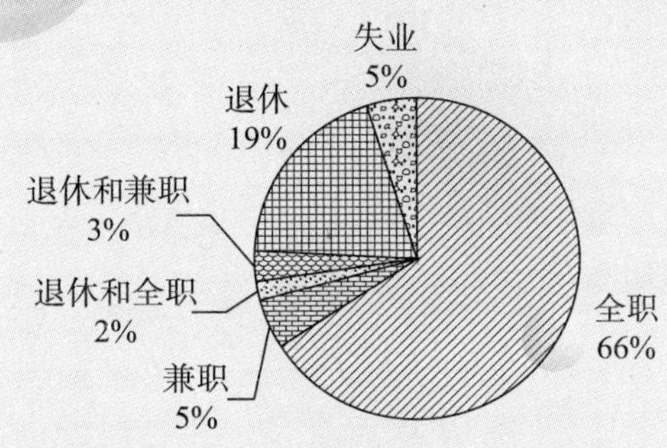

图 17-4　共同基金持有家庭就业状况

注：家庭中不同成员的就业状况可能存在差异，因此"退休和全职"表明一位成员退休，而另一位有全职工作，其他类似。

资料来源：ICI。

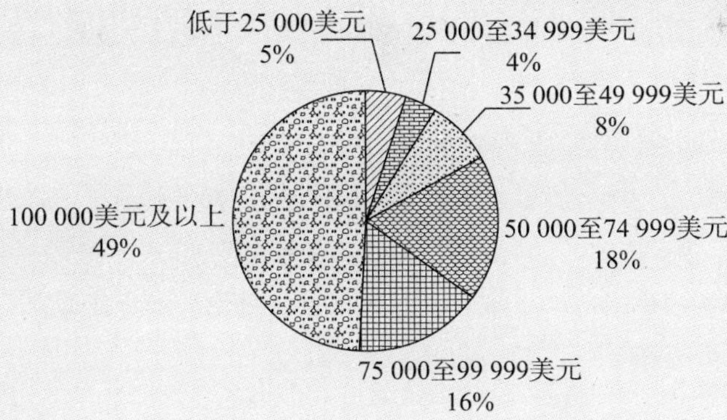

图 17-5　共同基金持有家庭收入状况

资料来源：ICI。

（3）投资产品及投资组合

出于投资和储蓄的目的，持有共同基金的家庭往往还持有其他类型的金融资产，同时共同基金在其投资组合中占有重要的地位。在这些家庭中，42% 同时持有个股，27% 持有美国储蓄债券，同时也有 27% 的家庭投资了房地产，持有固定或可变年金的家庭占比 26%，拥有定期存款的家庭占比 23%。除此之类，这些家庭投资于个别债券（储蓄债券除外）、ETF 以及封闭式基金的比例分别为 12%、10% 和 4%。从这一投资产品的特征来看，反映出美国家庭资产管理的多样化和分散化，这也得益于美国发达的金融体系和金融市场。

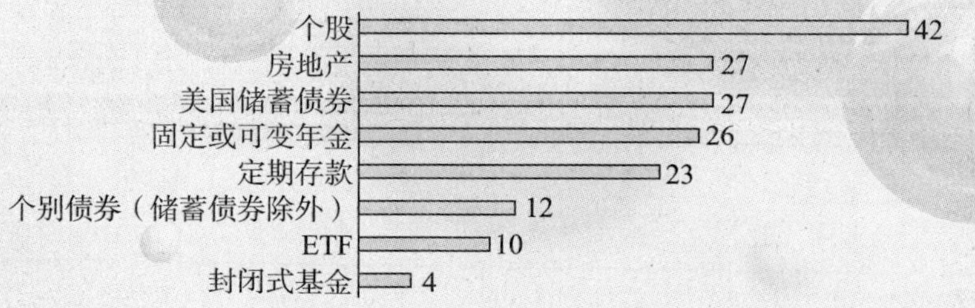

图 17-6　共同基金持有家庭收入状况（单位：美元）

资料来源：ICI。

从不同类型共同基金持有比例来看，股票基金是持有比例最高的基金，共有 86% 的家庭持有股票基金；其次是货币市场基金，持有比例为 55%；平衡基金和债券基金分别有 35% 和 46% 的家庭持有；最后，还有 3% 的家庭持有其他类型的共同基金。

更进一步地，这些家庭往往持有不止一只共同基金，持有共同基金的平均数为 8 只，中位数为 4 只。其中，48% 的家庭持有 3 只或以下数目的共同基金，而持有 4 只或更多共同基金的家庭占比 52%，更有 14% 的家庭持有 11 只或以上数目的共同基金。另一个反映共同基金在美国家庭理财重要地位的指标是共同基金占家庭金融资产比例。从这个指标来看，在持有共同基金的家庭中，共同基金在家庭金融资产中比重超过一半的家庭占 64%，另外还

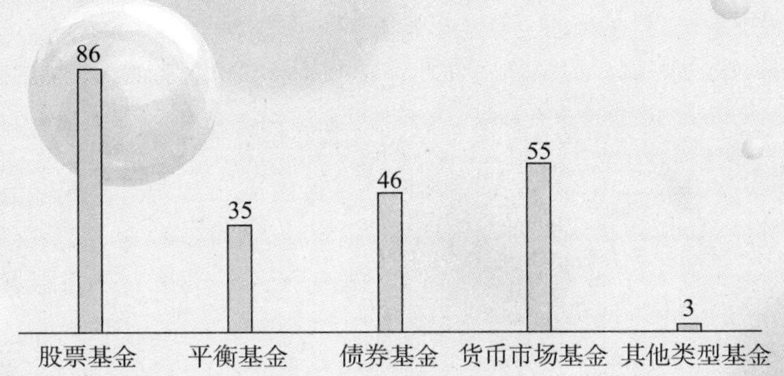

图 17-7　不同类型共同基金持有比例（单位：%）

资料来源：ICI。

有 20% 的家庭共同基金占金融资产的比重为 26% 至 50%。

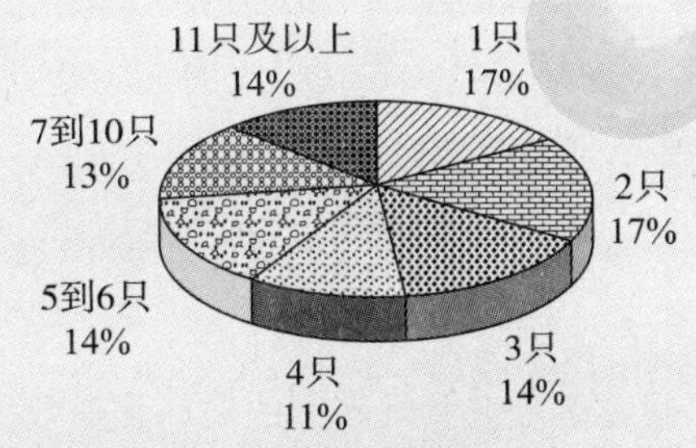

图 17-8　共同基金持有支数

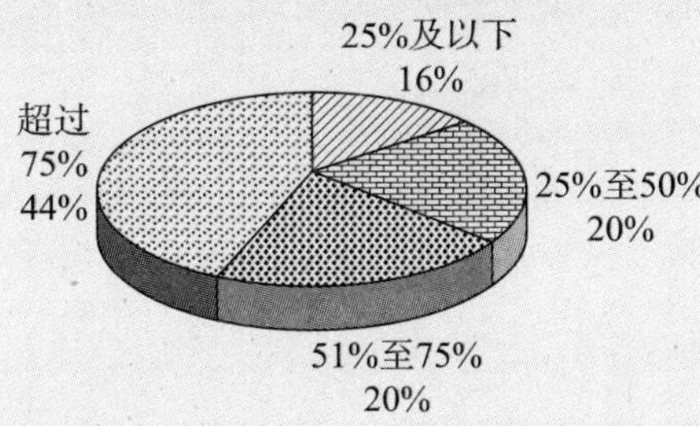

图 17-9　共同基金占家庭金融资产比例

资料来源：ICI。

（4）投资目的及投资渠道

在持有共同基金的家庭中，为退休积攒储蓄是其主要和首要的投资目的；此外，投资专家的建议起到了重要的推动作用。92% 的家庭投资共同基金的目的包括为退休做打算，积攒退休金也是 74% 的家庭进行共同基金投资的首要目标；除此之外，46% 的家庭的投资目的是为了预防紧急事件的发生，另外还有 22% 的家庭为储备教育基金而投资共同基金。

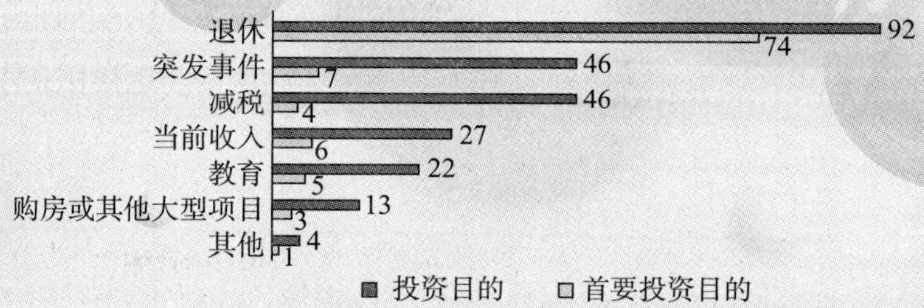

图 17-10 投资共同基金的目的及首要目的（单位：%）

资料来源：ICI。

37% 的美国家庭投资共同基金的唯一渠道就是雇主赞助退休计划，这包括固定缴款（DC）计划和雇主承担个人退休账户（IRAs），而 19% 的美国家庭则仅仅通过退休计划之外的其他渠道来进行共同基金投资，兼顾退休计划和其他投资渠道的家庭则占比 44%。总的看来，通过雇主赞助退休计划来进行共同基金投资的占比 81%，不通过这一渠道的则占 63%。

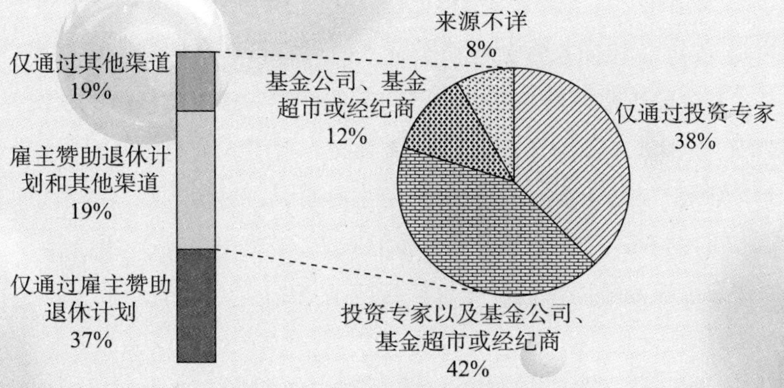

图 17-11　共同基金投资渠道

注：雇主赞助退休计划包括两类：固定缴款（DC）计划，比如410（k）计划、403（b）计划或457计划；以及雇主承担个人退休账户（IRAs），比如SEP IRAs、SAR-SEPIRAs和SIMPLE IRAs。投资专家包括注册投资顾问、全服务型券商、独立财务顾问、银行和储蓄机构代表、保险代理人以及会计人员。

资料来源：ICI。

同时，在两种渠道兼顾的44%的家庭中，有80%的家庭是在投资专家的建议下持有共同基金的，未通过投资专家渠道的仅占比20%，投资专家的理财建议在美国家庭投资共同基金的过程中起到了重要的推动作用。

美国封闭式基金市场概述

市场概况

封闭式基金是 1940 年美国投资公司协会成立时进行投资的四种主要资产类型之一，封闭式基金的价格波动与其他公开交易的证券一样由市场供求状况来决定。截至 2016 年年末，美国资产管理市场共拥有封闭式基金 530 只，资产总额为 2 620 亿美元。由于并购、清算以及转化等原因，封闭式基金的数量由 2007 年年末最高时的 662 只经历了较大程度的减少，当然相比较于 2015 年，封闭式基金的数量有小幅的增加，但资产总额相比于 2015 年反而有所减少。

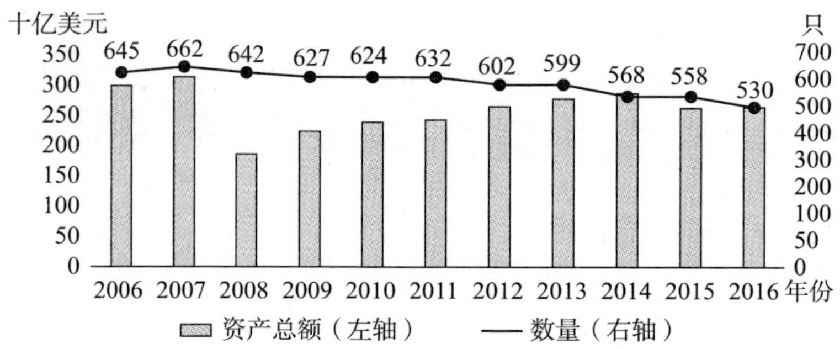

图 17-12　美国封闭式基金数量及资产总额

资料来源：ICI。

近年来，主要有以下几点原因限制了封闭式基金在数量和资产总额上的增长：第一、现存封闭式基金市场持续且普遍存在的折扣导致发行人发行新基金的动力不足；第二、部分封闭式基金在过去几年通过投标报价进行了份额回购，这就减少了在外流通的份额以及管理的资产规模；第三、少数封闭式基金每年均进行清算，同时还有一些转化成为了开放式基金或者 ETF ；最后、2008 年金融危机以来封闭式基金的优先股资产有所减少。

投资特征

1. 债券类基金转投股票类基金

从资产类别上来看，债券型基金是封闭式基金中最大的一类，常年来占据最多的数量和最大的资产份额，其次是股票型基金。

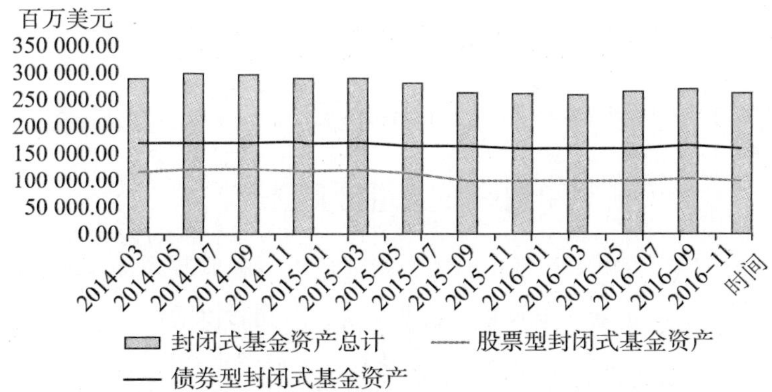

图 17-13　近年来股票型基金与债券型基金资产总额变化

资料来源：ICI、Wind。

但是近年来投资者的投资模式已经有所变更，即从债券类基金开始转投股票类基金。就资产份额占比，各类债券基金（市政债券、应税债券以及国际债券）在 2000 年占据封闭式基金资产总额的 85%，而到 2016 年时这一份额已经下降到 61%。这其中的主要原因在于这一时间段内美国股票年化的总回报率要高于债券的回报率，从而进一步导致股票类基金的回报率要高于债券类基金。

2. 投资者特征

截至 2015 年年中，美国大约有 340 万户家庭持有封闭式基金，这其中包括了许多高净值的客户。总的来看，在持有封闭式基金的家庭中，92% 同时也直接地或间接通过股票共同基金、可变年金等方式持有股权；72% 的封闭式基金持有家庭同时也持有债券、债券共同基金或者可变年金。此外，51% 的封闭式基金持有家庭也投资于房地产。

对比来看，封闭式基金投资者与开放式基金投资者的特征具有一些异同点：相同之处在于，由于很多封闭式基金投资者同时也持有股权以及共同基金，因此他们与股票以及共同基金持有者之间的一些特征是相似的，比如受教育程度一般较高以及家庭收入高于全国平均水平；而不同之处在于封闭式基金持有者的年龄要略高于股权以及共同基金投资者。封闭式基金持有者年龄的中位数为

53 岁，而后两者分别为 52 和 51 岁。此外，封闭式基金投资者所拥有的家庭金融资产数量要更高，40% 的封闭式基金投资者为退休人员，这一比例也要高于股权和共同基金投资者。

封闭式基金的杠杆

在严格的监管和限制之下，封闭式基金可以在其投资策略中使用杠杆，杠杆的使用可使得基金获得较高的长期受益，但同时也增加了价格和风险波动的可能性。封闭式基金的杠杆分为结构化杠杆和投资组合杠杆两种。2016 年末，占比 64% 的 338 只基金至少运用了一种杠杆。

结构化杠杆通过增加组合资产而改变基金的资本结构，是封闭式基金最常用的杠杆，其主要实现方式包括借款、发行债务、发行优先份额等。2016 年末，297 只基金的结构化杠杆规模为 498 亿美元，其中半数以上是通过发行优先份额获得。使用结构化杠杆的封闭式基金平均杠杆率为 26.6%，其中债券型基金的杠杆率 28.4% 要高于股票型基金的 21.2%。投资组合杠杆通过投资于某些特殊的金融工具而获得，如投资特定类型的衍生品、逆回购、含选择权债券等。2016 年末，美国市场共有 159 只封闭式基金持有 180 亿美元的逆回购协议和含选择权债券。

美国 ETF 市场概述

市场概况

作为美国资产管理行业的新星，ETF 在近年来一直保持较为迅猛的发展势头，无论是在数量上还是在资产规模上均取得了较为快速的增长（如图 17-14）。自 2005 年以来，美国 ETF 在数量上一直保持着较为稳定的增长，2016 年 ETF 总数达到 1 705 只，相比较于 2015 年的 1 568 只增加了 8.7%。而在资产规模方面而言，除 2008 年受金融危机影响 ETF 资产规模有所下降以外，其余年份均保持净增长的态势，并且增长幅度较大。2016 年全年 ETF 的资产规模总量达到 2.465 万亿美元，这一数据相比较于 2015 年更是增加了近 20%。美国 ETF 市场目前仍然具有相当可观的增长潜力，其产品的多样性、策略的灵活性很好地迎合了市场投资者需求的变化，同时许多资产管理机构还不断开发利基产品来吸引小众投资者。因而可以说，ETF 在可预见的未来仍然将保持较为快速和稳定的增长。

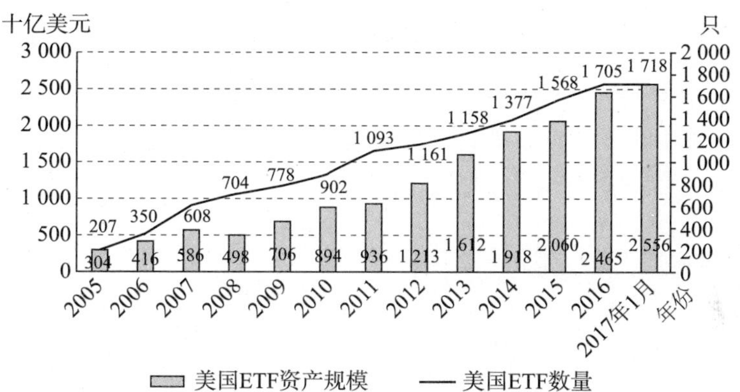

图 17-14　美国 ETF 资产规模及数量变化

资料来源：ETFGI。

从全球范围来看，美国依然在全球 ETF 市场中居于领导地位，资产份额占据全球的七成（见图 17-15）。2016 年美国 ETF 数量 1 705 只，全球占比 35.4%。相比之下，在全球 ETF 市场占据次席的欧洲市场，2016 年尽管拥有与美国市场数量相当的 1 560 只 ETF，但其资产总额为 0.542 万亿美元，仅为美国的 22%。

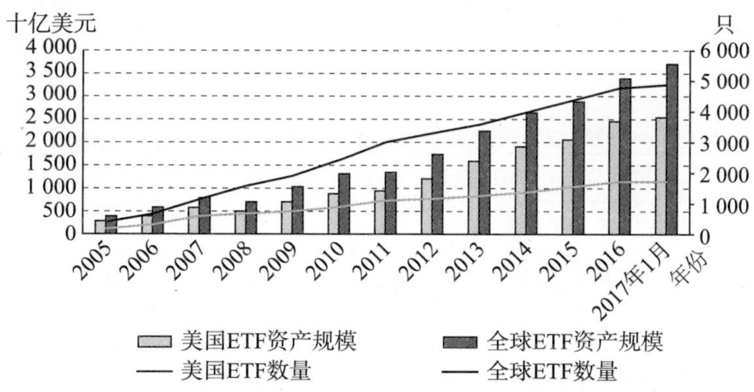

图 17-15　全球及美国 ETF 资产规模和数量对比

资料来源：ETFGI。

发展趋势

1. 行业分化趋势显著，资金多流入行业巨头，投资者依然青睐传统指数产品

美国 ETF 行业“赢者通吃”现象明显，几乎每年规模最大的基金均吸引了最多的资金流入，2016 年也不例外。同时，行业资产管理巨头优势显著，资金流入前十的 ETF 中，有四只是隶属于贝莱德的 iShares，领航也有四只 ETF 上榜，另外两支则来自道富集团。

根据 FaceSet 的数据，截至 2016 年 12 月，美国 ETF 全年共吸引了 2 250 亿美元的资金净流入，排名前十的十只 ETF 共录得 871 亿美元的净流入，占据了整个行业的近 40%。相比较于其他基金，ETF 在 2016 年的资金净流入十分可观，其快速增长一方面是由于传统的指数型 ETF 等仍然有大批忠实的客户，另一方面，许多资产管理机构在产品方面不断推陈出新，迎合了投资者变化的需求，这些新产品在一定程度也吸引了资金的流入。

从年度流入资金前十的 ETF 来看，投资者依然青睐指数 ETF。标准普尔 500 指数相关的 ETF 仍然是年度最受欢迎的 ETF，榜单中前四名有三只是跟踪标准普尔 500 指数的基金。同时，资金净流入第三位的是跟踪美国债市指数的一支 ETF——iShares Core U.S. Aggregate Bond ETF（AGG），榜单上的其他几只 ETF 也多与股票指数、债市指数以及黄金指数相关，这表明美国的投资者依然青睐于传统的功能较为单一的指数型 ETF。

表 17-1　　2016 年美国年度流入资金排名前十的 ETF

代码	基金	资金净流入（百万美元）
SPY	SPDR S&P 500 ETF	11 329.80
IVV	iShares Core S&P 500 ETF	11 250.62
AGG	iShares Core U.S. Aggregate Bond ETF	10 910.56
VOO	Vanguard S&P 500 Index Fund	10 743.41
GLD	SPDR Gold Trust	9 076.08

续前表

代码	基金	资金净流入（百万美元）
VEA	Vanguard FTSE Developed Markets ETF	8 814.22
VWO	Vanguard FTSE Emerging Markets ETF	6 698.77
TIP	iShares TIPS Bond ETF	6 562.40
IEMG	iShares Core MSCI Emerging Markets ETF	6 498.14
VTI	Vanguard Total Stock Market Index Fund	5 236.37

资料来源：FaceSet、ETF.com。

2. 创新产品反响一般，创新策略仍待发展

尽管 2016 年美国 ETF 市场在数量和资产份额上均取得了较大的增长，但新产品对这一数据的贡献并不大。2016 年美国 ETF 市场共发行新的基金 223 只，其中只有 11 只资产总额超过了 1 亿美元。在这 11 只 ETF 中，真正谈得上创新的只有 SPDR SSGA 性别多样化指数 ETF（SHE），其他的 10 只基金基本都是遵循 ETF 市场既定的投资策略。创新产品在 2016 年的市场反响一般，销量上也没有取得决定性的增长。创新产品若想得到更多投资者资金的流入，仍然需要在产品策略和投资者需求上下功夫。

3. 主动被动投资之间的界限进一步模糊

在美国的 ETF 市场，只有占比 8.23% 的基金为主动管理型，剩下的 91.76% 的 ETF 均为被动管理型，同时主动型 ETF 资产总额占比不到 10%。目前美国资产管理机构更加注重两种投资策略之间的组合，比如一些 ETF 主要跟踪指数来进行资产分配，但同时也通过投资美国政府债券、公司债券等来追求超额收益。最终来看，跟踪商品指数的收益仍然在该基金的总收益中占据主导地位。界限的进一步模糊带来的是产品组合和产品策略的多样性，同时也体现了 ETF 市场在广度和深度上的一个延伸。

4. ESG ETF 迎来发展契机

ESG 指的是环境、社会以及政府治理（即 environmental，social &governance），其包含主题范围非常广泛，是一类带有社会良知的投资，该类产品近年来才吸引到主流投资者的注意力。截至到 2014 年，ESG 相关的投资已经达到总计 6.57 万美亿，相比于 2012 年增长了 76%[①]。但在 ETF.com 的数据库中，仅有 23 只 ETF 与社会责任相关，这其中十一只是在 2016 年才进入市场的。这 23 只 ETF 的资产总额仅为 19.3 亿美元。ESG ETF 目前仍是一个利基市场[②]，但其增长潜力是非常巨大的。其主要存在于两点：第一是投资者的热情。美国信托（U.S. Trust）最近的一项调查显示，资产总额在 1 000 万美元以上的高净值客户对 ESG 的投资热情正在提升，2016 年一些投资者对 ESG 进行的投资翻了一倍；第二是养老金、银行及其他大型机构投资者的参与。这些大型机构近年来表现出对环境友好型以及城市治理型公司的兴趣，它们的入场为 ESG ETF 的发展带来了丰厚的资金来源。

美国私募基金行业的发展

私募基金行业整体趋势

1. 2016 年美国私募基金维持稳定增长

受益于美国经济的强势复苏和资本市场的持续走强，美国私募基金行业延续了增长态势，整体净资产规模和私募基金数量达到了近年来的最高水平。如图 17-16 展示了近两年美国私募基金行业的整体发展态势。

从私募基金的规模而言，截至 2016 年第二季度，共有 2 816 家私募基金管理人，管理私募基金数量达到 26 899 只，相比 2015 年第二季度分别增长 3.45% 和 7.24%；总资产规模为 10.52 万亿美元，净资产规模 6.98 万亿美元，相比 2015 年同期分别增长 2.59% 和 1.09%；单只基金净资产规模 2.59 亿美元，平均每个基金管理人管理的私募基金资产规模为 37.35 亿美元、平均管理数量

---

① 数据来自 USSIF 的 Forum for Sustainable and Responsible Investment，并且已经是最新数据。

② 音译自“niche market”，指向那些被市场中的统治者忽略的某些细分市场或者小众市场。

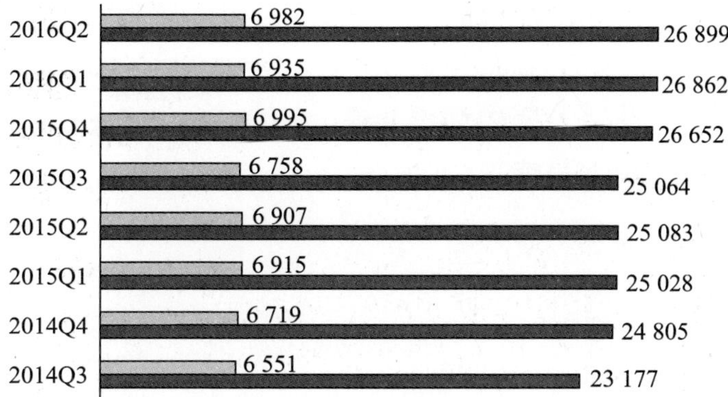

图 17-16 美国私募基金发展概况

资料来源：SEC。

为 9.55 只。与之相对应的是，截至 2016 年年末，我国在基金业协会登记的私募基金管理人为 17 433 家，相比 2015 年年末下降 15.85%；备案私募基金 46 505 只，2015 年末为 24 054 只，增长达 93.36%，首次超过了美国；实缴规模 7.89 万亿元（以当期汇率换算为 1.14 万亿美元），仅为美国私募基金净资产总额的 16.33%，2015 年末为 4.05 万亿元，增长 94.81%。从以上数据的比较可以看出，美国私募基金行业已经步入了稳定增长的成熟阶段；相比之下，中国私募基金行业管理资产规模依然偏小，目前仍处于资产和数量高速扩张的初级阶段。

2. 私募基金呈现分化态势，对冲基金发展渐缓

虽然整体规模保持了稳健的增长态势，但是不同类型的私募基金的发展态势则不尽相同。从管理资产规模来看，对冲基金在美国私募基金市场中扮演着举足轻重的角色，管理总资产规模达到 6.33 万亿美元，占据美国私募基金管理规模的 60.2%（2015 年同期为 61.96%），净资产总额达到了 3.441 万亿美元，占比 49.28%（2015 年同期为 52.07%）；其次是私募股权基金，总资产规模 2.06 万亿美元，占比 19.56%（2015 年同期为 18.46%）；净资产总额 1.88 万亿美元，占比 26.94%（2015 年同期为 25.35%）。从数量来看，2015 年第四

季度私募股权基金的数量首次超过对冲基金，截至 2016 年第二季度达到 9 686 只，同比增长 16.12%；对冲基金的数量为 8 922 只，同比增长 0.6%。统计数据表明，对冲基金行业整体发展陷入停滞，而私募股权基金增长迅速，正在逐步蚕食对冲基金的市场份额。

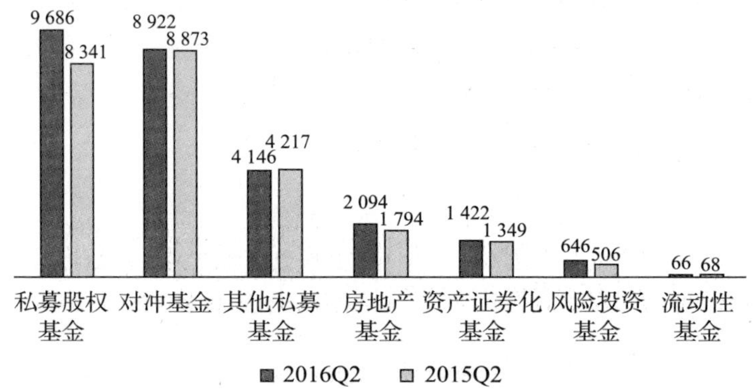

图 17-17 美国私募基金的数量分布（只）

资料来源：SEC。

3. 投资者结构维持稳定，政府养老金计划成为最大投资人

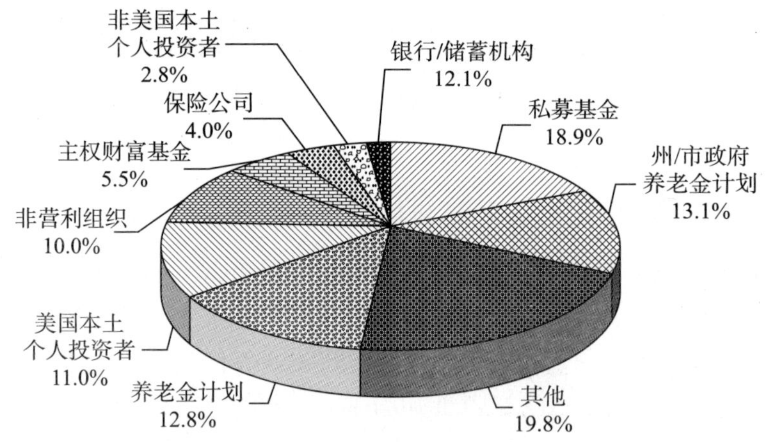

图 17-18 美国私募基金受益所有权分布

资料来源：SEC。

美国私募基金的所有权结构始终维持在相对稳定的水平，但是相对排名则出现了微妙的变化：自 2015 年以来，州 / 市政府养老金计划持有私募基金的比例稳定上升，截至 2016 年第二季度已经达到 13.1% 的比例，取代养老金计划成为私募基金的最大投资人。除部分私募基金自身以持有其他私募基金份额作为自身投资策略持有 18.9% 的权益外，州 / 市政府养老金计划、养老金计划、美国本土个人投资者和非营利组织是私募基金份额的主要持有者。此外，保险基金、主权财富基金、商业银行及海外个人也是美国私募股权投资的参与者，其持有份额所占比例整体上保持稳定。

美国对冲基金的发展与趋势

1. 美国对冲基金行业的发展现状：绩效表现不佳，客户压力加码

回顾 2016 年，虽然标普 500 指数达到 2 238.83 点，年度涨幅达到 9.54%，但是对冲基金行业整体业绩表现平庸。根据对冲基金研究公司（Hedge Fund Research，HFR）的统计数据，2016 年北美地区对冲基金平均投资回报率仅为 8.8%。实际上，自 2009 年以来，美国对冲基金的投资回报率始终未能跑赢大盘，在此期间标普 500 累计上涨 147.87%，而对冲基金指数仅上涨 76.85%，这构成了对冲基金发展停滞的关键因素。图 17-19 展示了 2009 年以来美国对冲基金的投资回报。

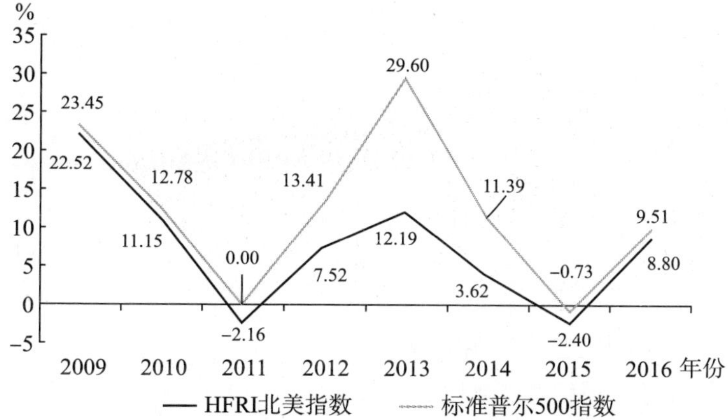

图 17-19　美国对冲基金的平均投资回报率 vs 标准普尔 500 指数

资料来源：HFR。

对冲基金过去8年来的投资回报难以令人满意，导致以养老金和高净值人群为代表的传统客户的流失。以机构投资者为例，美国两大著名养老金管理机构——加利福尼亚州公务员退休基金和纽约州公务员退休基金分别于2014年9月和2016年4月宣布清空其持有的对冲基金头寸；代表了美国大型机构投资者对于对冲基金的消极态度。在高净值个人投资者方面，根据UBS对家族办公室的调查分析（见《UBS全球家族办公室调查报告2016》），考虑到对冲基金较低的投资回报和较高的收费，高净值投资者对对冲基金的配置比例已经由2015年的9%进一步下降至2016年8.1%。此外，随着客户、尤其是机构客户的成熟度提高，客户需求呈现多样化的趋势，不仅需要更理想的风险-收益匹配，也需要完善的投资咨询服务、多样化的投资策略以及更好的信息透明度，客户要求的不断提升显著增加了对冲基金的运营成本。在这些因素的驱动下，美国对冲基金市场格局正在发生变化，开始逐渐转向机构投资者和高净值客户主导的买方市场。

对冲基金资金来源端面临的压力，集中体现在其议价能力的变化。相当部分对冲基金已经不再施行传统的“2%+20%”收费准则（Management Fee）——截至2016年对冲基金的平均管理费用仅为1.46%，平均收益分成为17.16%，2009年至2015年间呈现持续下降的趋势。随着对冲基金市场增速的持续下降，行业内部竞争将趋于激烈，大型机构投资者亦将进一步对对冲基金行业的资金端施加压力，因此未来管理费率将可能进一步下滑。在新的市场格局下，由于机构投资者多样化的需求，对冲基金正在转向更加结构化的、有针对性的、满足客户差异化需求的个性化收费模式，例如强调收益提成激励的“1%+30%”收费准则、随AUM递减的管理费率（Declining Management Fees as AUM Grows）、收益提成门槛约定（Incentive Fee Hurdles）、收益提成回拨（Clawbacks on Incentive Fees）和忠实客户折扣费率（Discount for Loyalty）等。

2. 美国对冲基金的主要策略分析

对冲基金是美国私募基金中最具市场影响力的组成部分。根据SEC对于美国对冲基金的划分，按照对冲基金采用的投资策略标准，主要可以分为以下四类：

图 17-20　美国对冲基金的收费整体呈下降趋势

股权投资策略。股权投资策略是基于权益资产的对冲基金投资策略，其占美国对冲基金风险敞口的比例达到 32%。与单纯的组合投资不同，对冲基金通常采用同时做多、做空的方式平衡持有头寸的风险，获取超额收益。股权投资策略又可以进一步细分为多空策略、市场中性策略、看多策略和看空策略。

相对价值策略。该策略利用多种可交易证券之间的错误定价获利。可采用多种方式分析证券的定价差异并捕捉套利机会，包括数学模型、技术分析或基本面分析等。相对价值投资策略具有多种细分策略，例如固定收益套利、可转债套利、资产抵押结构债券套利、统计套利、波动性套利、风险套利等。相对价值策略的风险敞口约占整个行业的 18%。

宏观对冲策略。对冲基金根据预期发生的宏观经济事件和趋势在股权、利率、债券、大宗商品及外汇市场上寻找机会，并通过加杠杆、持有衍生品等手段建立较大的风险敞口，以获取风险调整后的超额回报。宏观策略通常相对灵活，杠杆使用普遍，在多个区域市场，多种资产类别建立风险敞口，以流动性强的交易所产品和外汇产品为主。目前，宏观策略对冲基金的风险敞口约占整个行业的 13%，且近年来占比有逐渐提高的趋势。

事件驱动投资策略。该策略利用与某一特定事件有关的风险来寻求投资机会，如公司重组、兼并、增发股权或债券融资、破产和清算等，利用在特定事件发生前后资产估值的不一致性建立风险敞口，获取超额回报率。近年来，事件驱动策略在美国对冲基金行业的应用正在逐渐减少，目前风险敞口占行业总体的 7%。

上述主要类型的对冲基金策略外，信用策略、商品交易策略及其他对冲基金策略等合计占比约 30%。

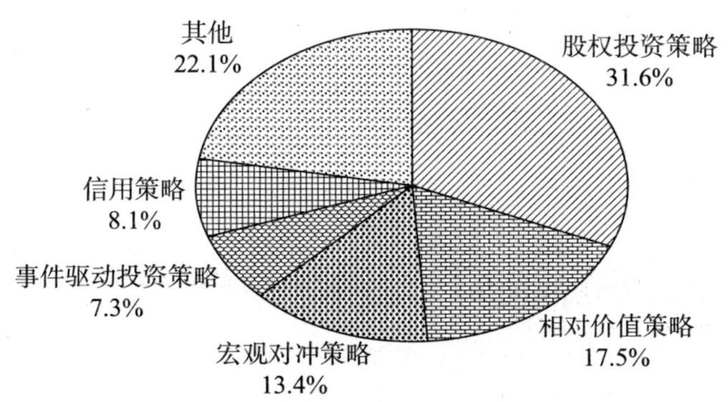

图 17-21　美国对冲基金应用的主要策略及占比

资料来源：SEC。

3. 美国对冲基金行业的发展趋势

在整体增速放缓的背景下，对冲基金市场内外部正在发生变化。目前，美国对冲基金行业正呈现三大发展趋势：

第一，对冲基金的边界正在变得模糊化。对冲基金正在和其他类型的资产管理机构在更广泛的客户群体和业务领域开展竞争。从资金来源端的角度看，对冲基金最主要的客户群体——主权财富基金和养老基金，其使用的投资工具和投资策略经过长期的演变和发展，目前已经与对冲基金呈现趋同化的态势，传统客户向产业链下游的延伸直接导致了对冲基金客户群体的流失。另一方面，越来越多的资产管理机构采用“类对冲基金”的管理模式，构成了对冲基金的竞争压力。例如，目前美国私募股权基金约 15% 的 AUM 正在应用类对冲基金的管理模式；美国公募基金也在推出采用类对冲基金的多空策略产品：多空混合型基金（130/30 投资策略互惠基金）。在此背景下，部分传统对冲基金的客户开始寻求更多样化的、可替代的资产配置方式，而这在一定程度上导致了私募股权基金和房地产基金的显著增长。

第二，对冲基金正在广泛运用最新的科技手段。随着对冲基金资产规模的快速扩张，资产配置的难度不断加大，通过差异化策略获取超额收益变得越发困难。为了保持领先优势，部分对冲基金开始在资料来源、数据分析和决策支持等方面应用领先的科技手段。目前，美国领先的对冲基金如肖氏基金（D.E. Shaw）、文艺复兴科技（Renaissance Technologie）和 Two Sigma 等已经成为将前沿的数据与分析技术应用于投资领域的先行者。2015 年，世界上最大的对冲基金——桥水基金建立起专门的人工智能团队，开始将人工智能技术应用于基金的招聘、决策和绩效评价等日常运营；在未来 5 年内，人工智能技术将逐步取代管理人员，接管桥水基金超过 3/4 的日常工作。但是，对冲基金的这一行业趋势依然面临重重困难：随着移动互联、人工智能和金融科技等细分领域的高速发展，硅谷正在掀起新的科技创新和创业热潮，吸引了大量的顶尖科技人才，对冲基金传统的科技人才来源正在面临被分流的压力。

第三，对冲基金市场集中度不断提升。对冲基金的投资者越来越青睐声誉卓著、具有优秀历史表现的著名对冲基金，以获取更佳的资产安全性，这导致对冲基金市场格局进一步趋于集中。此外，市场波动性的显著增大加剧了对冲基金的业绩分化，业绩表现较差的基金不断淘汰清盘，一定程度上助推了行业集中趋势。统计数据显示，规模小于 5 000 万美元的小型对冲基金占比已经明显下降，而规模在 1 亿美元以上的中型、大型对冲基金 2016 年占比达到了 43%，相比 2011 年提高 4%。

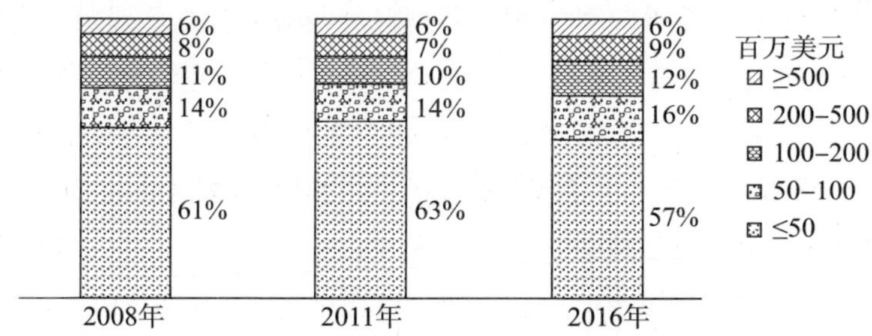

图 17-22　小规模对冲基金占比明显下降

资料来源：Eurekahedge 数据库。

访谈手记三

2016 年海外对冲基金的现状与发展

2016 年，海外对冲基金业绩表现一般，股票型基金的表现平庸，由于股票型对冲基金在对冲基金总量中占据 30% 之多，把对冲基金整体的表现拉下来了。对冲基金表现一般的原因及对冲基金的资金流向情况如何？对冲基金面临的问题及挑战以及应该如何去进行调整呢？为此，本课题通过巴曙松研究员搭建的“连线华尔街”平台专访了黑石集团纽约总部另类资产管理公司的董事总经理——刘新禹先生。

一、对冲基金的业绩现状

2016 年至今，海外对冲基金的业绩表现非常一般。媒体也不断报道对冲基金 2015 年、2016 年这两年的回报率相当平庸。单就对冲基金的指数来看，例如 HFRI index 指数截至 2016 年 8 月份仅上涨 1%，瑞银的对冲基金指数下跌了 0.5%。这种指数的表现与标普 2016 年上涨 8% 形成了鲜明对比。因此市场上对于对冲基金，特别是大型对冲基金存在很多的质疑，质疑其收取管理费过高，但是业绩却表现一般。通过仔细观察对冲基金业绩中各种具体分策略的表现，可以发现 2016 年表现最差的对冲基金是股票型策略：截至 2016 年 8 月份股票中性策略（HFRI EQUITY NEUTRAL）损失 3.5% 左右，股票基本面多空的基金回报率（HFRI EQUITY）损失 1.6% 左右，这些是表现不好的策略。表现好的策略包括一些 CTA 量化趋势型的策略、大宗商品型的策略、新兴市场债券型的策略，还有一些发达国家的信用债券以及宏观利率策略。这些策略表现属于正向表现的范围之内，表现水平维持在 5% 上下的水平。由于股票型对冲基金在总体对冲基金总量中占据 30% 之多，因此股票型基金的表现拉低了对冲基金的整体表现。

2016 年股票型对冲基金出现如此表现的原因主要有以下几个方面：

第一个原因是 2016 年年初股票型基金的长仓与短仓的头寸非常拥挤，尤其是一些大型的股票基金。

第二个原因是在股票做空的一端，2016 年拥挤的情况特别严重。

第三个原因就是 2016 年股票市场中有一些因子也发生了回转，比如股票趋势型因子和增长性因子。

上述三点原因造成了基本面股票对冲基金表现欠佳。除此以外，还有一些宏观因素在其中，比如各国的中央银行的大量干预，目前的负利率、低增长这些宏观的因素一直都在影响着全球资产的走向，但是因为这些宏观因素自 2008 年金融危机之后每一年都在影响整个资本市场，所以宏观因素虽然是影响 2016 年股票市场表现的其中一个因素，但不是一个重要的因素。

在这样的业绩表现下，对冲基金行业的资金流向表现为：2016 年年初的时候，全球对冲基金的管理规模大约在 3 万亿美元水平，预估到年底，可能会缩减至 2.9 万亿美元。整体上来讲，赎回的规模大约在 1 000 亿美元左右。截至 2016 年 8 月，对冲基金近几个月都是净赎回的情况，但是每个月净赎回的量并不是很大。尤其是相比 2008 年年底以及 2009 年第一季度，2016 年的赎回情况并不是很严重，赎回的基金往往都是集中于表现不佳的股票型多空仓的基金。而其他方面的基金，特别是 CTA、商品以及新兴市场的基金、债券基金宏观基金，这些基金都有净资金流入。因此并不能说是一种单向的资金流出，也并不是系统性地要将对冲基金全部卖掉。

二、对冲基金面临的问题与挑战

整个对冲基金行业所面临的问题可以分为两个部分，一部分是内部的问题，另一部分是外部竞争的问题。内部的结构性问题主要是：

第一，对冲基金定价上存在问题，对冲基金的收费，比如管理费、业绩费没有统一的收费标准。

第二，其收取的费用中业绩费占市场的 β 升值的业绩费的比例问题。对于一些股票型基金来讲，股票上涨，股票基金赚钱，因此经理人收取了很多的业绩费。但是业绩费很大一部分是跟股票市场的业绩相关，那么基金经理人是否应该在股票大势中收业绩费呢?

第三，基金经理人的费前收益分配是否合理? 在整个市场没有什么收益，或者无风险利率很低的情况下，GP 以及 LP 的收益分配问题应该如何进行分配，是媒体和公众最为关注的一个问题。

第四，一个基金从起步到成熟，到正常运作，随着规模不断增大，基金承担的风险不断下降，限制了基金挣钱的能力。

第五，很多对冲基金过于重视短期效应。基金经理会尽量将每个月的净值做高，可以从账面上看上去更好，吸引更多的资金流入，但是市场是否会只提供一些限于短期的投资机会呢。

对冲基金目前面临的外在挑战表现为：目前很多对冲基金策略面临的很大的竞争，来自于智能，尤其是一些比较常见的对冲基金的策略。例如做长短仓股票策略，如果简单使用销售股指卖空期权来复制它，可以达到 90% 的相关性和 70% 的 β，而这么做的费用可能只有 50 个基准点左右。很多普通的做股票的对冲基金都会被智能 β 的因子投资所取代。现在越来越多的投资者在考虑如何使用智能 β 来做一个投资组合去替代一些比较普通的对冲基金策略。

三、对冲基金行业的调整及发展

虽然对冲基金业绩不佳，资金进进出出，还存在一些自身的弱点，但是对冲基金的前景不会如想象中那般差，主要是由于以下一些基本的原因：

第一，对冲基金有非常清晰的激励机制。尤其是与传统投资相比，比如说收取一定的管理费，业绩费可以吸引有能力的基金经理最大限度地追求投资收益。

第二，对冲基金策略灵活、收益来源多元化，与传统投资的相关性低。有一些机会是传统的二级市场买不到的，需要用私募基金、对冲基金的形式来实现价值，这些多元化的回报为传统的基金提供了互补性。

第三，从长时间角度上来看，对冲基金的确为投资者提供了有吸引力的风险调整收益，并提供了一个下行保护。

因此基于以上的三点原因，对冲基金这一行业，虽然面临一定的难关，但是只要调整好自身发展策略，发展前景依旧乐观。关于改进调整，一方面是基金经理人的自身利益的调整，另外一方面是投资人怎样去使用对冲基金的调整，双方合作才能将对冲基金这一投资方式变得更为合理。

四、对冲基金经理人以及投资人的改进与提升

1. 基金经理的提升。

第一，基金经理人需要考虑 GP 与 LP 的利益是否保持一致。

第二，基金经理人应该向客户证明自己有持续创造 α 的能力，这一点相当重要。

第三，对冲基金经理人的业务，应该以客户需求为导向。

2. 对冲基金投资人使用对冲基金的调整。

第一，对冲基金的投资人在做出选择之后，应该采取长线的观点，形成一种长期的合作关系。

第二，学会扬长避短。

第三，机构投资者在看对冲基金的时候，要区分清楚其回报率中有多少是 β 的，又有多少是 α 的。

美国资产管理行业（二）

智能型资管

技术的发展始终在金融服务创新中扮演重要的角色。随着量化投资的发展和人工智能、大数据技术的成熟与应用，数字化财富管理开始逐渐崛起为一股不可忽视的力量。“智能投顾”（Robo-Advise,国内也译作“机器人投顾”）这一概念于2002年首次被提出，其雏形为金融机构用于辅助用户画像、准备销售材料的技术系统；按照美国金融业管理局（FINRA）的定义，智能投顾是指具有人工智能的计算机程序系统根据客户自身的理财需求，通过算法和产品搭建数据模型，来完成传统上由人工提供的理财顾问服务。“智能投顾”的概念2014年被引入中国，得到业界的广泛关注并快速发展。

从定义的角度，国内外“智能投顾”的概念有一定的区别，需要加以明确。由于不同国家智能资产型资管发展程度与法律规定的不同，“智能投顾”能够提供的服务层次也有所区别，进而导致“智能投顾”概念的不同。从服务的形式和层次而言，目前的智能投顾可被划分为三类：第一类服务形式单一，仅通过数据分析提供一般性的投资建议和品种推荐，由投资者按照投资偏好自行选择；第二类根据被服务者的具体情况给出个性化的投资建议，但不提供交易功能，由投资者根据投顾建议自主交易；第三类是在提供第二类服务的基础上进一步提供交易和账户管理服务。在美国，由于投资顾问可以提供资产管理服务，因而其“智能投顾”通常指的是第二类和第三类；但是在我国，一方面由于智能投顾的发展尚处于起步阶段，且《证券、期货投资咨询管理暂行办法》

明确规定投资顾问不得从事资产管理业务，因而国内智能投顾更多指的是第一类和第二类。

一、美国智能型资管的发展现状

美国智能投顾的服务对象主要是个人投资者。管理的账户类别较为丰富，包括个人一般账户、退休账户、连接账户、信托账户、传统联合账户、有限责任公司应税账户等，其中前三种占据主流。从投资工具的选择来看，由于美国智能投顾以被动投资为核心理念，主要品种包括ETF和共同基金等，兼顾资产配置的分散化和低费用。在费用方面，智能平台收取的费用多在15Bp至35Bp之间，远低于人工投顾平均100Bp的收费水平，且投资门槛通常极低，构成了智能投顾平台在中低端财富管理市场的重要优势。

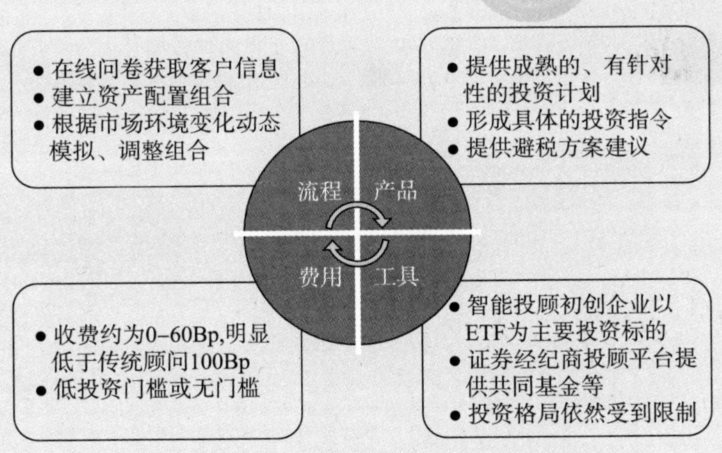

图 17-23　美国智能投顾的发展现状

经过近10年的发展，美国智能投顾行业已经发展出了成熟的业务流程。一般而言，智能投顾平台需要首先获取投资者的个人信息，了解客户的投资目标，如现金流需求、回报率需求、风险偏好、避税要求等；其次，智能投顾根据这些输入的信息资料，计算出客户的风险承担能力和风险承担意愿分值，构成为用户构建个性化投资组合的参数基础；再次，利用智能投顾的资产配置模型生成客户的个性化投资组合，给出投资组合建议；最后，将对投资组合进行后续管理，包括资产再平衡、节税优化、收益追踪等。以 Vanguard's Personal Advisor Services 为例，图 17-24 展示了其智能投顾平台的业务流程：

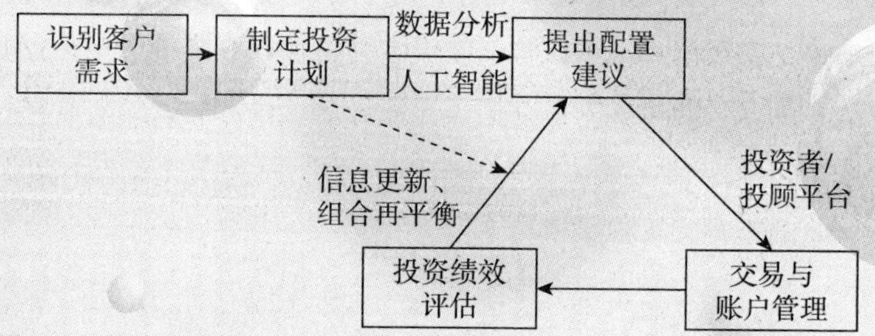

图 17-24　Vanguard 智能投顾平台的业务流程

目前，美国智能投顾市场的主要参与者包括两大类：第一类是以 Betterment、Wealthfront 等为代表的纯（Pure-play）智能投顾类，这类投顾在美国证券交易委员会注册为投资咨询机构（Registered Investment Advisor，RIA），主要业务模式为提供独立的在线投资咨询、资产管理服务，不提供线下人工咨询服务。第二种是混合型（hybid）智能投顾，该类型智能投顾以传统资产管理机构为代表，如 Vanguard's Personal Advisor Service、Fidelity 等。这类投顾依托自身在资产管理行业的丰富经验，通过结合最新的人工智能技术开发专门的智能投顾平台，从而在线上和线下均提供投资者咨询和资产管理服务，有效覆盖从低端到高端不同层次的用户群体。目前，传统资产管理机构与智能投顾结合的混合模式取得了领先优势，其管理资产（AUM）规模保持了高速增长的态势。

表 17-2　美国市场主流智能投顾平台比较（截至2016 年第三季度）

智能投顾平台	AUM（十亿美元）	收费（Bp）	最低投资限额	AUM 同比增长率
Vanguard's Personal Advisor Services	41	30	$50 000	141%
Schwab Intelligent Portfolios	10.2	-	$5 000	149%
Betterment	5.1	15-35	N/A	96%
Wealthfront	4	25	$500	54%
Personal Capital	2.9	49 ~ 89	$25 000	88%
Future Advisor（BLK）	0.8	50	$10 000	248%
Asset Builder	0.7	35	$50 000	–2%
Rebalance IRA	0.4	50	$10 000	64%
SigFig	0.1	25	$10 000	34%

资料来源：根据公开资料整理。

相对于传统的人工投顾，智能投顾具有以下特点：服务费用低廉、投资门槛极低或无门槛，小额资产投资者也可以享受到高质量的服务，智能投顾的年咨询费率通常为管理资产的 0.6% 以内，而传统人工投顾收取的费用比率在 1% 左右，且通常设置了较高的投资门槛；资产配置信息透明度高，在智能投顾服务模式下，所有资产配置建议都能够通过互联网平台进行查询；现有的智能投顾平台已经能够通过人工智能实现了一定程度的个性化，根据投资者的年龄、风险厌恶程度和现金流偏好设计差别化的投资组合；此外，智能投顾给出的投资建议不包含人们固有的行为偏差，也能够一定程度上避免客户和理财顾问之间可能的利益冲突和道德风险问题，因而能够提供更加客观中立的投资建议。

但是另一方面，目前智能投顾还存在明显的局限性。首先，完全基于线上平台的纯智能投顾并不能完全识别投资者的需求；基于美国投资者的调查显示，“理解自己的需求和目标”、“研究自己的整体财务情况”和“清楚易懂的分析”是投资者对于投资顾问最重要的三大需求。目前，主流的智能投顾均以在线问卷的方式获取客户的偏好以资产配置为核心功能的智能投顾并不足以充分获取和识别投资者的需求，资产管理机构依然需要依靠经验丰富的人工投顾以充分明确其客户的真实财务状况和理财目标。其次，智能投顾的资产配置建议受到信息可得性和自身决策模型的限制，目前主要投资品种依然为 ETF 和共同基金，暂时不能有效覆盖如房地产、艺术品、私募基金等缺乏公开市场交易、信息披露规范化程度低的另类投资品种，其投资绩效亦高度依赖于平台算法。再次，部分智能投顾平台可能向投资者推荐特定基金公司提供的投资品种，或者与特定的商业银行、证券经纪商及其他金融机构进行绑定，从而带来了潜在的利益冲突问题。

二、美国智能投顾的发展趋势：传统资产管理与智能投顾融合趋势渐趋显露

人工智能技术在金融行业的广泛应用开始引发了一系列关于金融专业人士应扮演的角色、金融机构与客户之间关系的探讨。作为人工智能技术在资产管理行业的前沿应用，智能投顾的发展将如何影响资产管理行业的未来发展，智能投顾将在资产行业掀起一场革命、抑或与传统资管模式逐步融合并为客户提供更优质

的服务，智能投顾在美国市场的发展为我国提供了有益的借鉴。

目前，美国智能投顾平台与传统资产管理模式正呈现出优势互补、逐步融合的趋势。长期业务发展积累的品牌声誉、深厚的客户基础、完善的营销网络和专业化的投资体系始终是传统资产管理机构相比新型智能投顾平台的重要优势。智能投顾在快速发展中亦逐渐暴露出一些问题，例如现有的基于在线问卷的人机交互模式无法充分识别客户需求、投资工具受到限制等固有缺陷也为其与传统资产管理模式的结合留下空间。纯智能投顾应用平台能够通过借助传统金融机构的渠道降低获客成本，并借助更低的投顾服务费用扩大客户群体和业务规模；其次，智能投顾平台可以提升人工投顾的服务效率，使人工投顾能够专注于提供财务规划、制定预算和未来计划等高度定制化和个性化服务。对于传统金融机构而言，这种双赢合作能够进一步拓展自身的线上理财业务，与已有的业务和渠道形成互补；此外，对于智能平台，通过依托传统金融机构在资产配置、投资管理的经验和积累，进一步改进其智能模型和算法，为客户提供更精确可靠的投顾服务。因此，智能投顾和传统资管模式的融合能够为不同客户群体提供全方位的服务，纯数字智能投顾、智能人工混合型和纯人工服务将构成智能投顾与传统机构的典型合作模式，满足不同层次客户的理财需求。

混合智能投顾模式的快速发展，一定程度上印证了智能投顾与传统资管模式的融合趋势；传统资产管理机构正在快速布局智能投顾，其构建混合智能投顾平台相比纯智能平台优势明显。面对智能投顾初创企业的挑战，2015 年以来，Vanguard 和 Charles Schwab 等传统资产管理机构纷纷建立起自有的智能投顾平台，与 Betterment 、Wealthfront 和 Personal Capital 为代表的纯智能投顾应用商开展竞争。目前，混合型智能投顾平台已经显示出强大的竞争力，在推出 2 年后管理资产规模就达到了合计 600 亿美元；相比之下，以 Betterment 和 Wealthfront 为代表的纯智能投顾平台在推出 5 年后管理资产总规模也仅达到了 100 亿美元；混合平台的快速发展，说明传统资产管理机构拥有的品牌声誉和客户资源在智能化时代依然具有强大的推动力，传统资产管理模式与智能投顾平台的结合相比单一平台具有显著的优势。

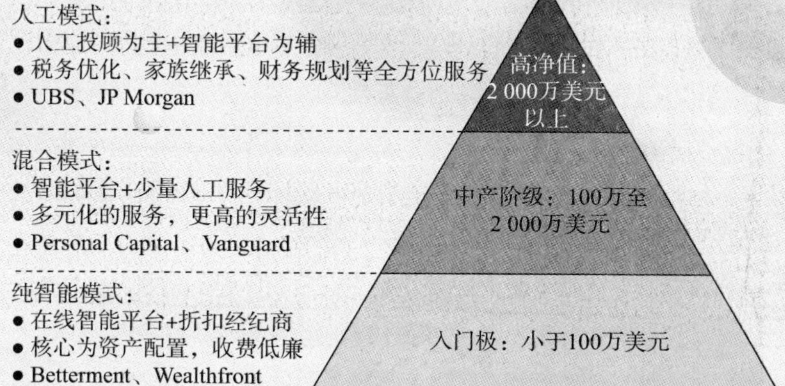

图 17-25　智能投顾与资产管理机构合作，覆盖全客户类型

三、美国智能投顾的监管

在美国，智能投顾主要受美国证监会（以下简称“SEC”）监管，无论管理资产规模大小，都必须成为 SEC 的注册投资顾问（Register Investment Advisor），例如 Wealthfront 和 Betterment 均为在 SEC 下注册的投资顾问。此外，作为美国最大的证券业自律监管机构，美国金融业监管局（以下简称“FINRA”）对智能型投顾工具监管政策的研究亦具有指导意义。

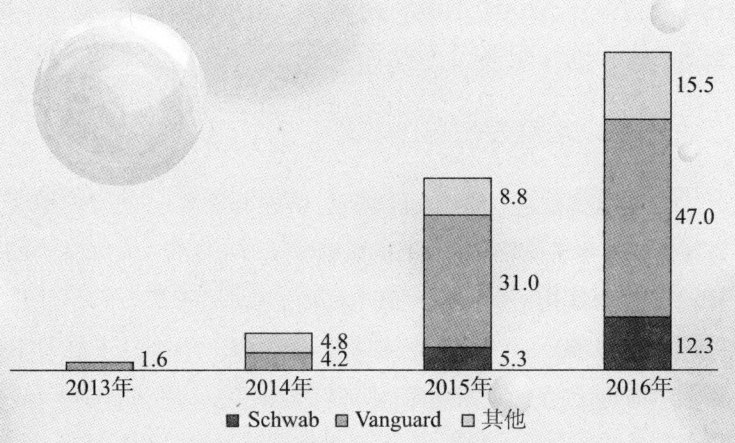

图 17-26　混合型智能平台发展迅速，引领行业

资料来源：公司公告，SEC。

作为人工智能技术与资产管理行业相结合的产物，智能投顾的运作模式与 1940 年法律中对投资顾问的定义已有一定的差别，因而美国现行的法律体系对于智能投顾的界定和监管仍有待完善。自智能投顾出现以来，监管当局即密切跟踪这一资产管理模式的发展及其可能的风险，相关的监管思路和监管措施亦不断完善。2015 年 5 月 8 日，SEC 和 FINRA 联合发布关于包括智能投顾在内的“自动投资工具”（Automated Investment Tools）的声明，警示投资者在投资之前应当了解产品的相关条款、技术局限、关键假设、个人信息保密性等，并充分意识到投资工具可能由于潜在的局限而提供不适当的投资建议。2016 年 3 月，FINRA 发布报告“Report on Digital Investment Advice”（以下简称“DIA 报告”），作为 FINRA 发布的首个针对人工智能投顾的研究报告，其对智能投顾行业的发展和监管具有前瞻性指引的作用。2016 年 11 月，SEC 举办的金融科技论坛对智能投顾的监管问题进行了专门探讨。SEC 指出，目前智能投顾服务提供商对投资者教育仍然不足，应对智能投顾在产品设计、用户服务、监管合规等方面提出更高的要求，并于 2017 年发布了智能投顾的监管准则。

1. SEC 对智能投顾的监管要求

自智能投顾这一模式出现以来，美国证监会（SEC）持续关注智能投顾平台是否符合现有的监管框架，其主要依据是《1940 年投资顾问法案》（Investment Advisers Act of 1940，以下简称"投资顾问法案"）。《投资顾问法案》对投资顾问提出了五方面的要求，包括：（1）对客户的诚信义务（Fiduciary Duties to Clients）；（2）重要的禁止行为和要求；（3）合同要求；（4）记录要求；（5）监管要求。美国证监会指出，智能投顾和其他投资顾问服务一样，应按照投资顾问法案的规定，遵循信息披露的持续性和受托责任原则。2017 年 2 月，SEC 发布了针对智能投顾监管的最新规定及规则解读。由于智能投顾特殊的商业模式和运营模式，SEC 指出，智能投顾服务提供商在满足"投资顾问法案"的要求时，应重点关注以下三个方面的监管要求：

第一，是否持续向投资者披露智能投顾及其投资顾问服务的相关信息。由于智能投顾和投资者的互动方式相对有限，信息披露的渠道局限于电子邮件、网站、手机应用或其他电子媒介。另一方面，由于智能投顾依赖于相对复杂的投顾算法和互联网技术，服务提供商应采用恰当的方式向客户披露智能投顾服务可能存在的局限性和风险。具体而言，SEC 认为智能投顾平台的信息披露应满足以下条件：使投资者了解智能投顾算法的基本功能及其原理、基本假设和局限性、通过算法进行账户管理的风险、服务过程中所有直接或间接的费用、可能的特殊情形及具体应对方式，等等。

第二，是否持续获得投资者的最新信息，从而为其提供适当的投资建议。目前，主流的智能投顾服务提供商通过客户在线填写问卷的方式获取客户的基本信息，但是不同的智能投顾服务提供商问卷设计差异较大，例如部分投顾平台要求投资者提供年龄、收入和财务信息，另外一些平台则主要收集客户的投资期限、风险厌恶程度和日常开支；部分平台未要求客户提供额外的个人信息，亦没有对投资者填写问卷的过程进行辅助和指导。SEC 指出，考虑到智能平台与投资者之间相对有限的互动，应重点关注智能投顾平台能否通过交互界面获取足够的客户信息，以及是否对客户填写问卷的过程进行了有效的引导。

第三，是否采用了有效的措施应对智能投顾服务的潜在问题。《投资顾问法案》条款 206（4）-7 要求所有注册投资顾问均需建立有效的内控机制，并每年度报告公司为防止违反《投资顾问法案》而制定的相关政策和具体流程措施。考虑到智能投顾平台以计算机算法与人机交互作为其投顾模式的基础，相应的需要报告以下内部信息：投顾算法的开发、测试和回顾测试过程；可能对投资绩效产生影响的投顾算法调整披露是否充分；是否存在对投顾算法拥有所有权、管理权的第三方及其适当性；能否有效应对潜在的互联网安全威胁；是否对客户的账务信息、投顾平台的算法采取了必要的保护措施，等等。

2. FINRA 针对智能投顾的监管思路

2016 年 3 月 15 日，FINRA 发布 DIA 报告，在报告中首次使用了“数字化投顾工具”（“Digital Investment Advice Tool”）这一概念，其定义为可支持以下一项或多项资产管理价值链的过程：客户分析、大类资产配置、投资组合分析与选择、交易执行、投

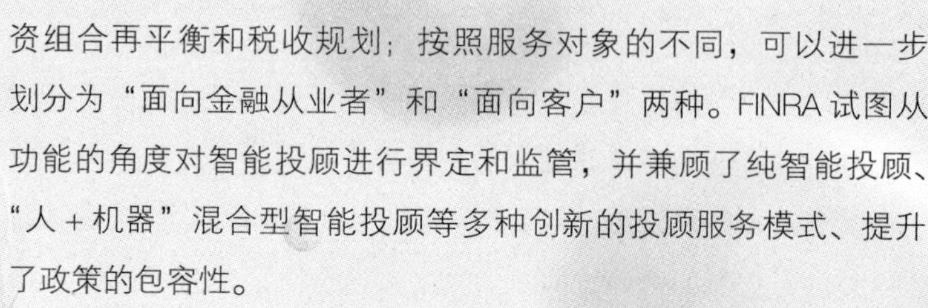

资组合再平衡和税收规划；按照服务对象的不同，可以进一步划分为“面向金融从业者”和“面向客户”两种。FINRA试图从功能的角度对智能投顾进行界定和监管，并兼顾了纯智能投顾、“人+机器”混合型智能投顾等多种创新的投顾服务模式、提升了政策的包容性。

投顾行业的监管一直以来都是FINRA的核心工作。对于智能投顾而言，FINRA认为对其监管的核心应包括智能投顾平台算法、投资者适当性分析、构建投资组合与利益冲突等问题。

平台算法是智能投顾的核心。FINRA认为，智能投顾服务提供商首先应有效监管支持其价值链各环节的算法，确保算法与其投资分析框架一致、不存在设计不合理或编程不正确等问题。此外，服务商应当对其所使用的算法的假设条件及其适用环境、在不同场景下可能存在的偏差进行充分评估。有效的治理和监督框架应包括对数字化投资顾问工具的初步审查和持续审查环节，前者应充分评估数字化投资顾问工具所采用的方法、算法的数据输入并分析其输出和公司的预期是否一致，而后者应能够识别和评估数字化投资顾问工具在不断变化的市场中是否能够正常运行并产生合理输出。

投资者适当性分析应能够准确、全面、动态地反映投资者的风险承受意愿和能力。FINRA认为，数字化投顾工具的投资者适当性评估应包括以下方面：必要且足够的信息，包括个人信息、财务信息、投资目标、时间跨度与风险承受能力，并确保相应信息更新的及时性（参考FINRA2090与FINRA2111号规定）。其次，数字化投顾工具应能够识别和处理客户分析问卷中矛盾的回答，准确判断投资者的多样化需求。最后，风险承受能力评估算法应包含在不同情形下该算法是否适用的说明，并应采用独立的第三方测试以确保风险承受能力评估的准确性。

投资组合的构建应当与投资者的风险承受能力特征相符；同时，投资组合构建是利益冲突的主要来源。FINRA 指出，智能投顾服务提供商应对数字化投顾工具建立监督管理的流程和体系，一方面能够识别投资组合的预期收益率、投资品种、信用风险和流动性风险与投资者类型是否相符，另一方面应能够通过充分的信息披露减轻潜在的利益冲突问题。

3. 比较与借鉴

从 SEC 和 FINRA 对智能投顾行业的监管规则及指引而言，两者的共同点是强调监管的“技术中性”原则，对智能投顾采用的信息获取方式、算法等技术手段无偏好性指引；另一方面，监管的侧重点均强调投资者适当性、投顾算法以及防范利益冲突等方面。两者的不同之处在于，SEC 将智能投顾纳入了现有的《1940 年投资顾问法案》的监管框架，始终强调信息披露在智能投顾监管中的重要作用；而 FINRA 采用了“数字化投顾工具”这一概念，充分体现了政策的包容性和扩展性，且将投资者保护作为监管的核心所在。目前，中国已相继出台《证券期货市场程序化交易管理办法（征求意见稿）》《账户管理业务规则（征求意见稿）》等相关监管规定，美国在智能投顾监管领域的经验将为中国的智能投顾及智能型资管行业的发展和监管提供了政策指引。

18

欧洲资管行业发展现状及趋势

全球资管行业增速放缓，欧洲资管规模增速由高速增长转为中高速增长

从全球来看，在总量上，全球资管行业在经历了高速增长后2015年的总体规模达71.4万亿美元，欧洲地区的资管规模也接近20万亿美元。在结构上，近年，北美、欧洲、日本和澳大利亚等发达地区增速下降，而拉丁美洲和亚太则保持较高速度的增长，使得亚太地区资管规模占比迅速上升，全球占比达7.3%，而欧洲地区的占比则有2002年的34.1%下降至27.5%。必须指出，从2002年到2015年的14年间，北美和欧洲地区的资管规模全球占比均接近甚至超过80%，北美和欧洲地区资管行业绝对的领导地位在短期内难以动摇，但这两个地区的规模占比均呈下降趋势，北美和欧洲地区的全球占比均下降了6.7%。

特别地，在2009—2014年间（除2011年），欧洲资管规模的增速均达10%以上，而在2015年和2016年，增速降至6%左右，这显示欧洲资管行业正从高速增长转向中高速增长。至2016年年底，欧洲资管规模达22.8万亿欧元，其占GDP的比重为138%。

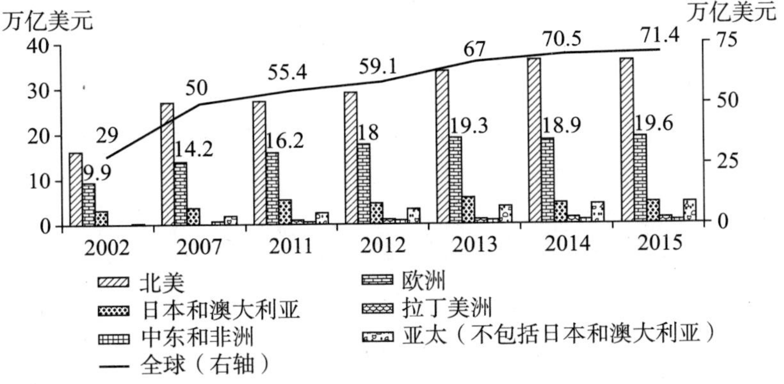

图 18-1　全球各地区资管规模变化

注：其中欧洲 = 奥地利、比利时、捷克共和国、丹麦、芬兰、法国、德国、希腊、匈牙利、爱尔兰、意大利、卢森堡、荷兰、挪威、波兰、葡萄牙、俄罗斯、西班牙、瑞典、瑞士、土耳其、英国

资料来源：由 BCG 资料整理。

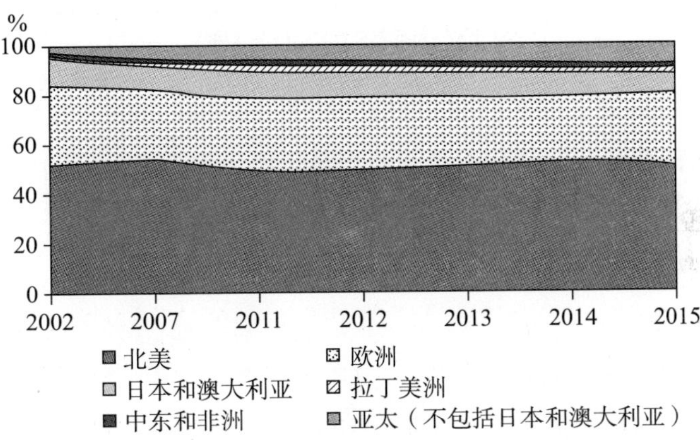

图 18-2　全球各地区资管规模占比

注：其中欧洲 = 奥地利、比利时、捷克共和国、丹麦、芬兰、法国、德国、希腊、匈牙利、爱尔兰、意大利、卢森堡、荷兰、挪威、波兰、葡萄牙、俄罗斯、西班牙、瑞典、瑞士、土耳其、英国

资料来源：由 BCG 资料整理。

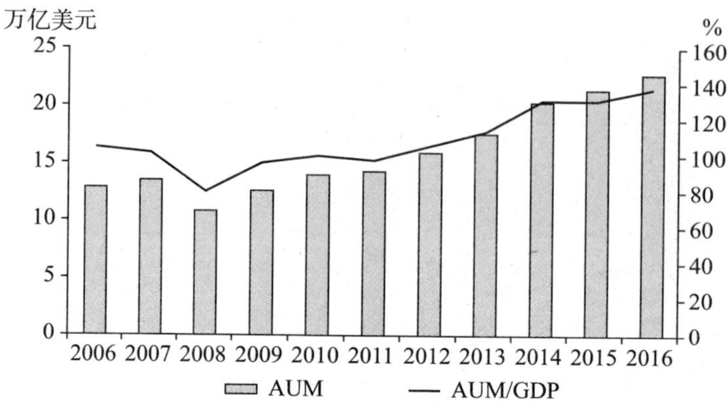

图 18-3 欧洲资管规模及其 GDP 占比

注：欧洲 =24 个欧盟成员国、列支敦士登、挪威、瑞士、土耳其

资料来源：EFAMA。

低利率环境下的欧洲共同基金增大了对股票资产的配置

如表 18-1 所示，深灰的部分为债券类资产的配置策略，浅灰部分为股票类资产的配置策略。2012 年，欧洲共同基金净销售额最大前十大策略中，前六大策略均为债券配置策略，而在 2015 年，前十大策略中只有后三大策略为债券配置策略，而股票及混合型策略则变得更受欢迎。

表 18-1 按净销售额计算的历年共同基金十大策略（十亿美元）

	保守混合型	另类	平衡混合型	欧洲股票（被动）	灵活配置混合型	货币市场	欧洲股票	绝对收益全球债券	全球债券	欧洲债券（被动）
2015	73	66	60	57	57	52	50	41	26	20
	欧洲债券	全球债券	保守混合型	混合平衡	灵活配置混合型	另类	北美股票	目标到期日	全球股票	绝对收益
2014	128	68	66	56	52	40	34	25	22	20

续前表

	全球债券	灵活配置混合型	欧洲股票	全球股票	高收益债券	绝对收益	混合平衡	北美股票	保守混合型	亚太股票
2013	60	54	53	53	49	44	43	28	25	18
	高收益债券	新兴市场债券	全球债券	美元债券	灵活型综合债券	欧洲欧元债券	全球股票	美元货币	市场多资产绝对收益	新兴市场股票
2012	73	61	44	39	29	25	25	24	23	22

资料来源：由 BCG 资料整理。

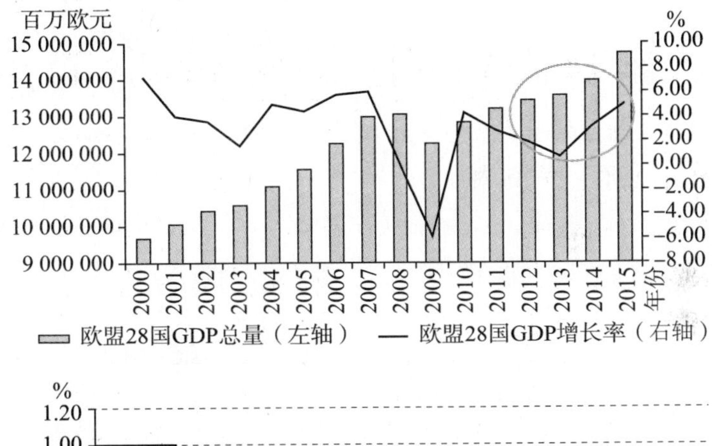

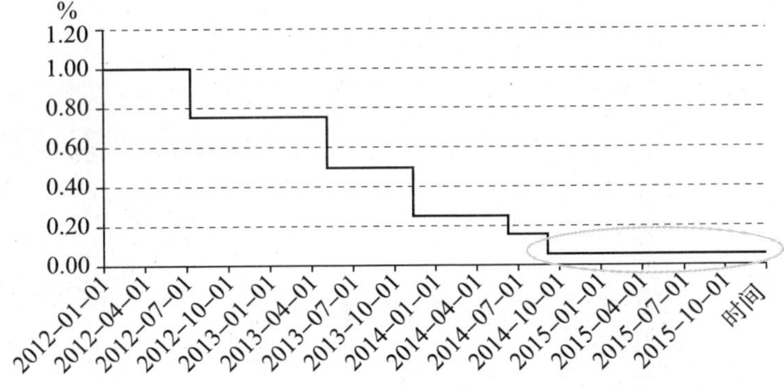

图 18-4 欧盟 28 国 GDP 增长率及欧元区基准利率

资料来源：Eurostat，Wind 资讯。

一方面，得益于欧洲经济增速的回暖，欧洲上市公司的盈利状况得到改善，使得股票类资产配置价值上升，另一方面，尽管欧元区基准利率在持续下行，但利率水平已接近零（2014年9月10日基准利率为0.05%），利率继续下行的空间极其有限，这就大大降低了配置债券类资产的吸引力，这都使得欧洲共同基金加大对股票资产的配置。

值得注意的是，自2014年开始，另类产品开始进入净销售额前十的共同基金策略榜单，在2015年，另类产品的净销售额甚至达到了660亿美元的规模，排名第二。

另类产品走俏很大程度可以归因于近年来金融市场环境的变化。一方面，近年来金融市场"黑天鹅"现象频发使得金融市场波动增大，另一方面利率的连续下行使得原有资产组合的回报率下降，原来处于有效边界上的投资组合回落至有效边界内部，促使投资者寻求新的资产配置品种，使得新的投资组合在波动增大的环境下依旧处于有效边界上。另类产品由于其不同于股票和债券等传统产品的风险收益特征能有效地改善原有资产组合的配置效率，这就使得投资者对另类产品的投资需求增加。

欧洲投资基金销售遇冷，总体规模增速大幅回落

净销售额大幅下降，投资基金总体规模增速同步大幅回落

在欧盟，投资基金分为两类：第一类是集合投资基金，指根据1985年欧《可转让证券集合投资计划指令（UCITS）》规定的投资基金类别，它是经核准于欧盟境内向公众发售的开放式证券投资基金。第二类是指未被《可转让证券集合投资计划指令（UCITS）》所涵盖的所有的非集合投资基金，统称为"另类投资基金"（Alternative Investment Fund，AIF），一般是封闭式基金，主要包括对冲基金、私募股权基金、商品基金、房地产基金，这些基金由于风险大，不适合一般个人投资者，因此只局限于专业和机构投资者。

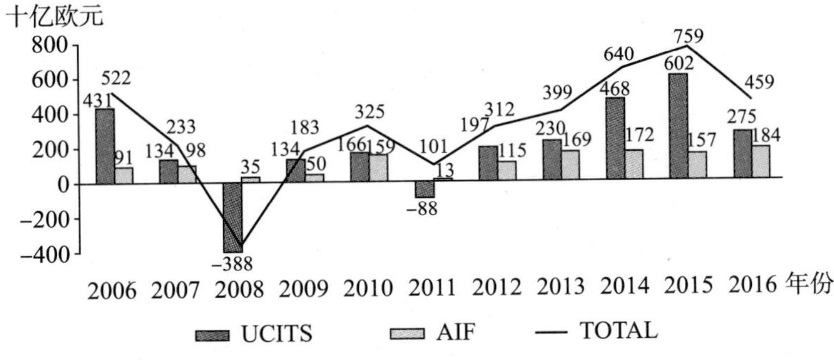

图 18-5　UCITS 和 AIF 历年的净销售额

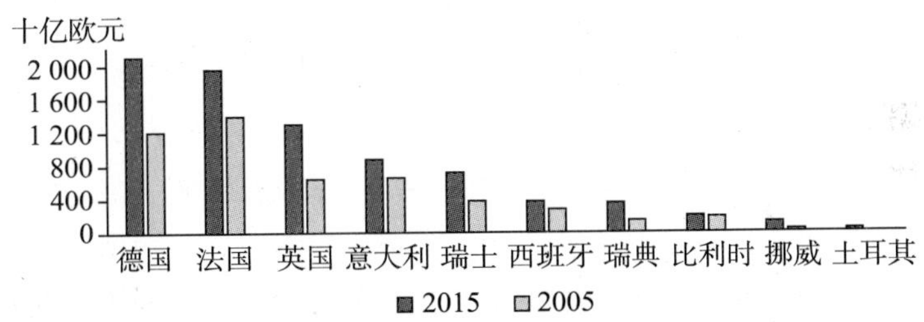

图 18-6　欧洲前 10 大投资基金申购国

资料来源：EFAMA。

从 2006 年到 2015 年投资基金的净销售额数据看，投资基金的净销售额仅在 2007 年、2008 年全球金融危机及 2011 年欧债危机期间出现过不同程度的下滑，其余年份均保持稳步增长。从 2016 年的情况来看，UCITS 的净销售出现了至 2012 年来首次下滑，相比 2015 年，2016 年 UCITS 全年的净销售同比下滑幅度超过 50%，AIF 的净销售额保持缓慢上涨。不难发现，UCITS 的净销售额数据波动较大，而 AIF 则相对稳定。从投资基金的申购国家来看，德国、法国、英国、意大利和瑞士申购了绝大多数的投资基金，此外，德国由 2005 年的第二大申购国变为 2015 年第一大申购国。

与销售数据一致，在 2006 年到 2015 年间，欧洲投资基金规模除在 2008 年全球金融危机时期出现显著下降及 2011 年欧债危机期间出现轻微的下降外，其余年份均呈现较高速度的增长。但在 2016 年，投资基金的总体增速下降至 6.1%，为 2011 年欧债危机以来的最低增速。值得注意的是，和 2008 年全球金融危机及 2011 年欧债危机期间不同，虽然 2016 年“黑天鹅”频频出现——英国退欧、特朗普新政等，但欧洲投资基金的总体规模没有像以往的那样出现萎缩，而是依旧保持一定的正增长速度，这在一定程度表明投资者对欧洲市场的发展依旧保持谨慎乐观的态度。

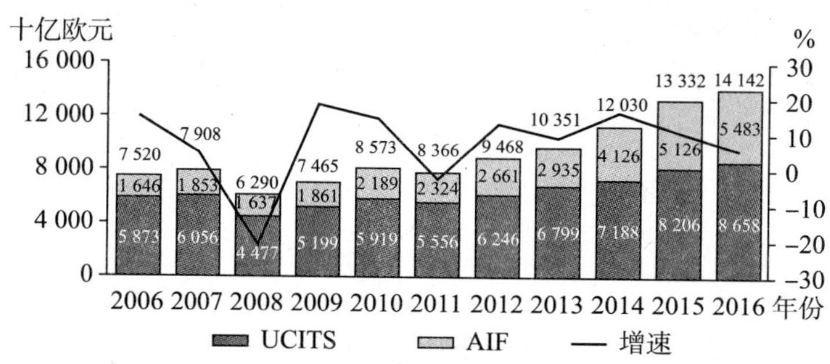

图 18-7　欧洲历年投资基金规模及其增速

资料来源：EFAMA。

欧洲前五大投资基金所在国份额超过四分之三，但份额有所下降

欧洲投资基金市场的国家集中度较大，卢森堡作为欧洲第一大的投资基金管理中心，占据欧洲投资基金行业超过四分之一的市场份额，欧洲前五大投资基金所在国的份额更是超过四分之三。有趣的是，欧洲前五大的投资基金所在国在 2016 年都出现了一定程度的市场份额下滑，伴随着欧洲投资基金行业规模的上涨，行业的国别集中度存在一定程度的下降。

需要指出的是，卢森堡和爱尔兰都不是传统意义上的欧洲经济大国，截至 2016 年年底的数据，卢森堡的经济总量更是不到欧盟经济总量的 1%，但其投资基金规模占比却达 26.2% 和 14.7%。一方面来自于其特有的税收优势，除了缴付一定的注册费用和每年的认购税以外，在卢森堡注册的基金享受收入和资本所得免税优惠，而爱尔兰也对基金和投资者不征税，确保了基金效率和投资者收益的税务环境，另一方面是卢森堡提供了进入欧盟 28 国市场的便利通道，在卢森堡注册的 UCITS 基金产品还可以在亚洲市场（中国香港、中国台湾、新加坡）以及智利、秘鲁等拉美地区销售。

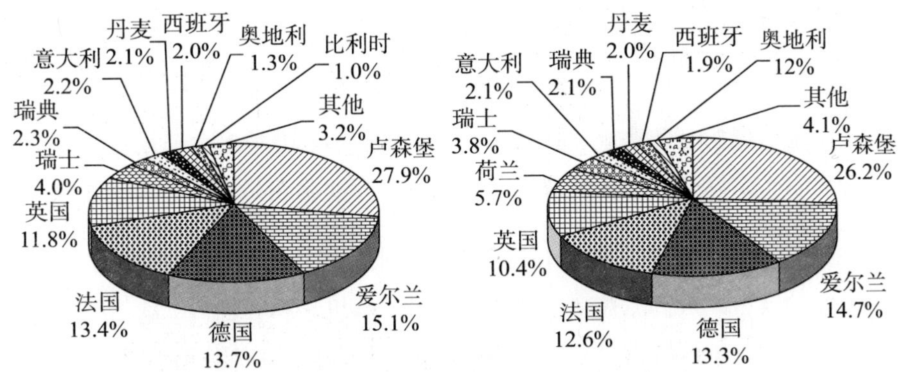

图 18-8 欧洲各国的投资基金净资产占总体的份额

资料来源：EFAMA（左图是 2015 年年末的数据，右图是 2016 年年末的数据）。

欧洲的投资基金规模全球第二，规模接近美国的 70%

从国际比较来看，欧洲在全球 6 个投资基金规模最大的国家或地区中排名第二，截至 2016 年年末，欧洲投资基金的规模为 13.7 万亿欧元，是美国的 69.7%，是排在第三位的澳大利亚投资基金规模的近 9 倍，欧美合计占比达 82%。

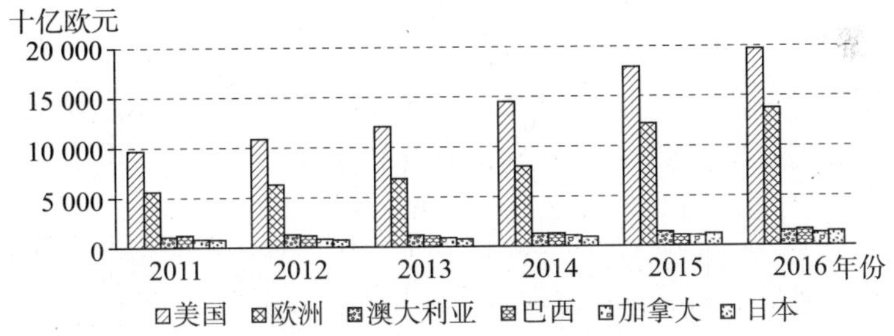

图 18-9 规模最大的 6 个国家或地区历年的投资基金规模

资料来源：EFAMA。

欧洲监管新动态

从总体来看，欧洲基金行业监管分为三级，第一级为欧盟指令和规定，第二级为实施方法，第三级为指引和建议。[①]

2017 年，欧盟关于资产管理行业共有 20 项议程，涉及资本市场联盟、欧盟金融工具市场指令和法规、投资者教育、税收、职业养老金、反洗钱、业绩基准等内容。围绕这些监管新议程，欧洲资管行业重点关注以下四个内容。

一是跨境销售壁垒。虽然目前投资基金已经可以实现跨境投资，但欧盟成员国间的销售渠道仍然存在壁垒，主要需要解决的问题包括：法律要求的不确定性，欧盟成员国各自设立的额外壁垒，一些国家的市场缺乏规则信息，以及税收壁垒等。

二是泛欧洲个人养老金体系（PEPP）。目前欧元区 42% 的居民金融财富存于银行储蓄账户内，PEPP 能够形成规模效应，从而降低投资费用，提高投资回报。而 PEPP 能否推广主要取决于税收激励政策。PEPP 将与资本市场联盟合作，推动养老储蓄通过 PEPP 进行长期投资，这将有利于促进养老金的发展，进而破除商业融资瓶颈，促进欧盟整体经济增长。

三是欧盟金融工具市场指令和法规。欧盟将通过欧盟金融工具市场指令和法规（MiFID II 和 MiFIR）规范金融产品生产方和销售对成本和费率的数据标准，建立 MiFID 数据模板，从而建立标准化的数据口径，更好地推动欧洲资产管理业的融合。

四是第三国对等认可。欧盟委员会可以在 AIFMD、MiFIDII 等法规项下对第三国进行对等认可。来自对等认可第三国的公司可以在欧盟内开展业务，与欧盟内的公司享有同等待遇。欧盟在此项审批上有较大自由裁量权：只有欧盟委员会和欧盟成员国发起申请，欧洲证券及市场监管局和欧盟委员会有权决定是否接受该申请，以及何时批准该申请；每项对等认可的流程、要求都有所区别。目前，中国已与欧盟在 10 项法规下实现对等认可，包括 GAAP、IFRS 会计准则，审计框架，货币和公共债务管理活动豁免，以及资本要求法规项下的所有对等认可。

---

① 本部分由 EFAMA 总干事 Peter De Proft 先生在中国基金业协会的专家论坛上的发言内容整理。

并购基金是绝对主体，私募股权基金投资规模稳步回升

基金募集数量和规模小幅下降

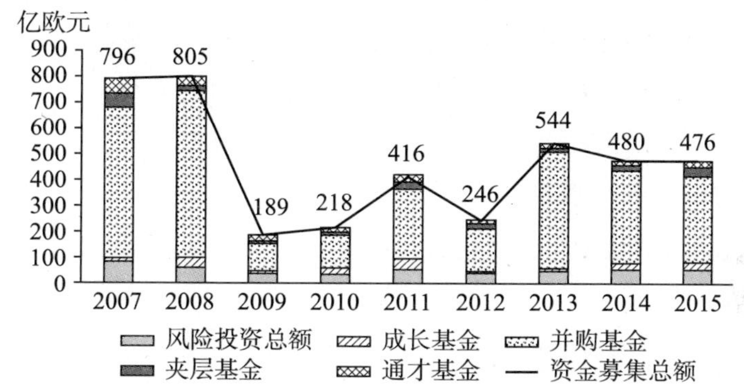

图 18-10　欧洲私募股权基金募集规模

资料来源：由 INVEST EUROPE 数据整理。

从私募股权基金的募集规模来看，欧洲私募股权投资基金的募集规模在2008年达到近9年来的最大值，规模超过800亿欧元，其中并购基金占比超过80%，达648.2亿欧元。并在随后的2009年中急剧下降，并处于缓慢地增长当中，直到2015年，私募股权基金的募集规模才恢复到峰值的60%。

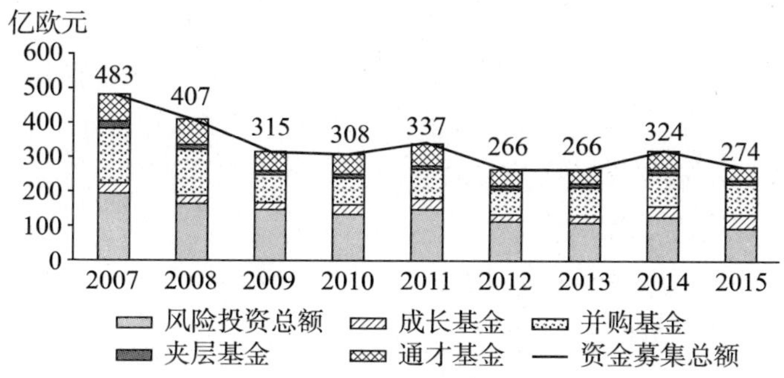

图 18-11　欧洲私募股权基金募集数量

资料来源：由 INVEST EUROPE 数据整理。

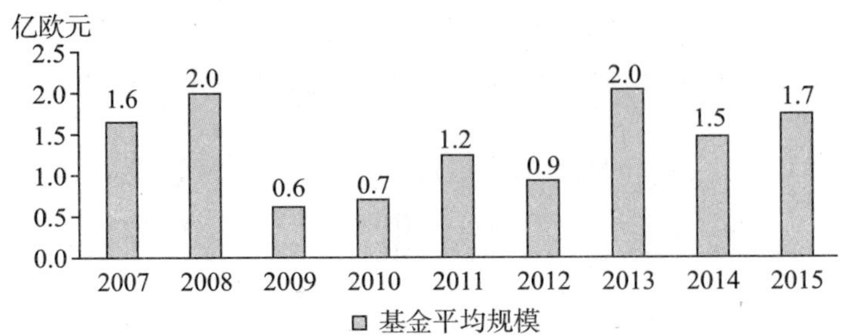

图 18-12　欧洲私募股权基金平均募集规模

资料来源：由资管课题组整理。

从基金的募集数量来看，从 2007 年开始，私募股权基金募集总数一直在下降，但新募集基金的平均规模的变化趋势和私募股权基金的总体募集规模变化趋势一致，2009 年至 2015 年间，基金的平均募集规模在缓慢回升。

基金投资规模缓慢回升，公开募集逐渐成为重要的退出方式

2007—2015 年期间，私募股权基金的投资规模与募集规模变化并不完全一致，虽然 2008 年的募集规模最高，但投资规模最高的年份是 2007 年，投资规模达 728.6 亿欧元，2013—2015 年，虽然基金的募集规模下降，但投资规模上升。有趣的是，无论是募集规模还是投资规模，欧洲私募股权基金的“最低点”都比欧洲投资基金晚一年，如欧洲投资基金的规模在 2008 年及 2011 年处取得极小值，私募股权基金的募集和投资规模都在 2009 年及 2012 年取得极小值，反映了私募股权投资相对于证券投资的更长的投资周期，滞后时间为 1 年左右。

从高科技投资的项目数量来看，其项目占比均高于 20%，并且有下降的趋势。从高科技投资的规模来看，其在总投资中的占比一直位于 10% 左右，并且有上升的趋势，即即使高科技领域的投资数量较大，但其投资的项目平均规模较小，为总体项目投资平均规模的一半。

从退出方式来看，欧洲私募股权最重要的三种退出方式是出售给其他私募股权投资人、公开募集、出售股权，需要指出的是，近 4 年通过公开募集方

式退出变得越来越重要。

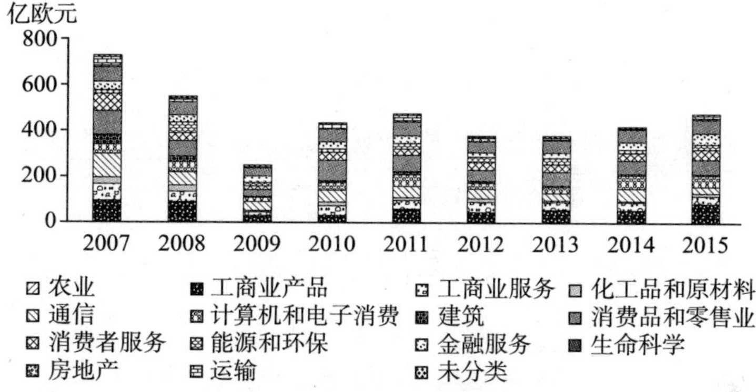

图 18-13　历年各领域私募股权投资规模

资料来源：由 INVEST EUROPE 数据整理。

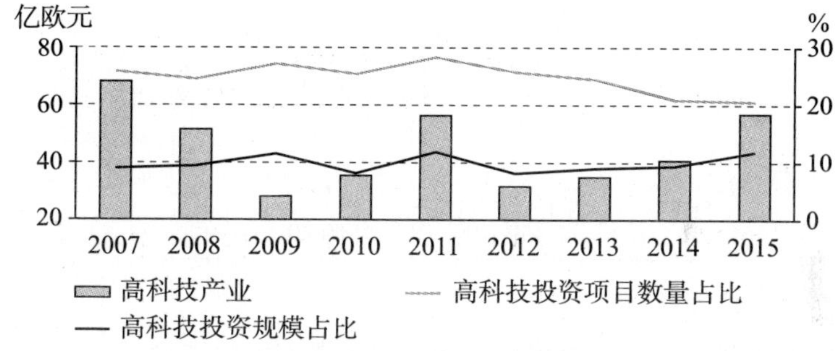

图 18-14　历年高科技领域私募股权投资规模及规模、项目数量占比

资料来源：由 INVEST EUROPE 数据整理。

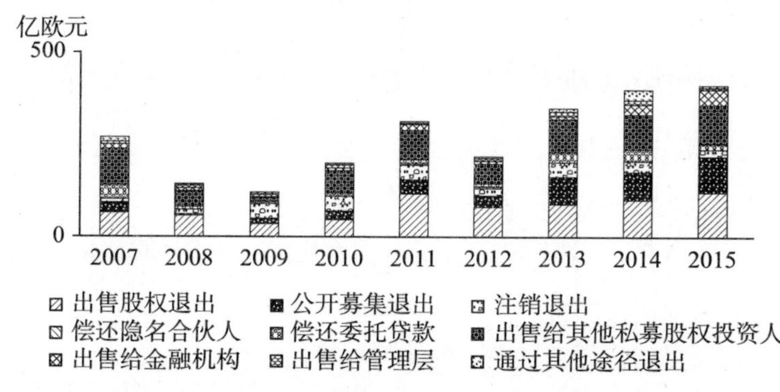

图 18-15　历年私募股权基金各种方式退出的规模

资料来源：由 INVEST EUROPE 数据整理。

以英国为例探究欧洲资管行业的发展路径

英国是欧洲资管行业的规模最大的国家，占比超过三分之一

表 18-2　欧洲各国资产管理规模、市场份额及 AUM/GDP（2015 年底）

	资管行业规模（十亿欧元）	市场份额（%）	AUM/GDP（%）
英国	7 791	36.3	320
法国	3 787	17.6	174
德国	2 026	9.4	67
瑞士	1 466	6.8	242
荷兰	1 244	5.8	184
意大利	1 156	5.4	70
丹麦	367	1.7	135
比利时	279	1.3	68
其他国家	3 353	15.7	67
总和	21 469	100.0	132

资料来源：EFAMA

截至 2015 年年底，欧洲的资管行业总规模达 214 690 亿欧元，其中英国的资管行业规模达 77 910 亿欧元，市场份额超过三分之一，超过第二名法国的两倍，以下以英国为例探究欧洲资管行业的发展路径。

（二）英国资管规模持续上涨，规模超过 GDP 的三倍

从 2004 年到 2015 年，英国的资管规模由 1.99 万亿英镑上升至 5.74 万亿英镑，上涨了 188%。英国资管规模与其 GDP 的比值也由 153% 上升至 320%。根据 EFAMA 的数据，2013 年底欧洲的资管规模与 GDP 的比值为 114%，相对而言，资管行业对英国的重要程度远高于欧洲其他国家，显示其强大的资产管理能力，与英国的世界金融中心的地位相符。

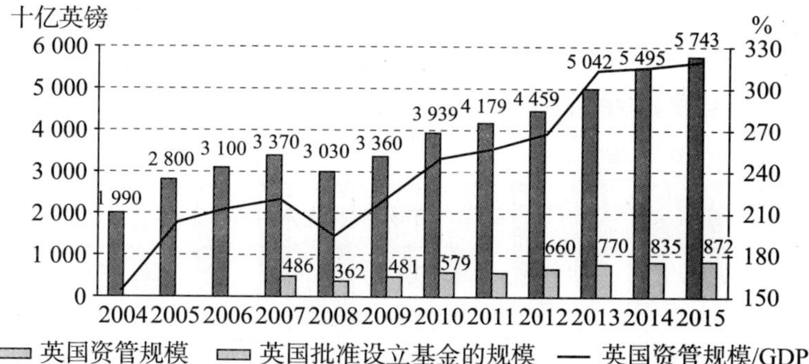

图 18-16　英国的资管规模及其与 GDP 的比值

资料来源：英国投资协会（1. 这里的资管规模仅为英国投资者协会会员的资管规模。2. 2004 年至 2012 年英国资管规模 /GDP 的比值根据当年英国资管规模与英国名义 GDP 的比值计算，2004 年至 2006 年英国批准设立的基金规模数据缺失）。

表 18-3　　英国资管真实规模估计

	英国投资者协会会员的资管规模	对冲基金	私募股权基金	商业地产管理	自由裁量的私人客户管理	其他	英国的资管规模（估计）	占比
2015	5.7	0.245	0.210	0.480	0.417	-	6.9	82.61%
2014	5.5	0.214	0.202	0.430	0.395	-	6.6	83.33%
2013	5.0	0.188	0.190	0.359	0.347	-	6.0	83.33%
2012	4.5	0.180	0.170	0.232	0.309	-	5.2	86.54%

资料来源：根据英国投资协会内整理计算，单位为万亿英镑。

因为缺乏英国资管规模的整体统计数据，表 18-3 为英国投资者协会对英国真实资管规模的估计，它将未包括在协会成员的资管资产分为对冲基金、私募股权基金、商业地产管理、自由裁量的私人客户管理及其他不在这几个分类的资管资产。在最近 4 年，英国投资者协会会员的资管资产占总资管资产的比例估计值超过 80%，因此，以下的讨论均在英国投资者协会的口径中进行。

英国资管行业的客户特征

1. 机构客户主导，养老基金是第一大客户

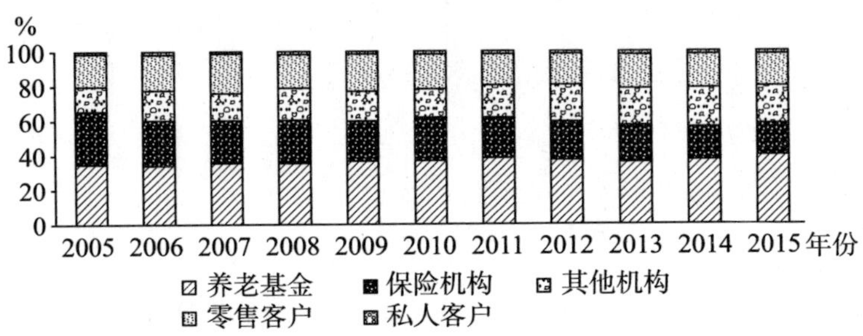

图 18-17　英国资管行业的各类客户占比变化

资料来源：英国投资协会。

2005 年至 2015 年，来自养老基金的资管资产稳步上涨，在 2015 年年底来自养老基金的资管资产在总资管资产的比重超过 40%，在此期间，保险机构的比重由 30.9% 下降至 18.1%。而零售及私人客户的比重则保持相对稳定。

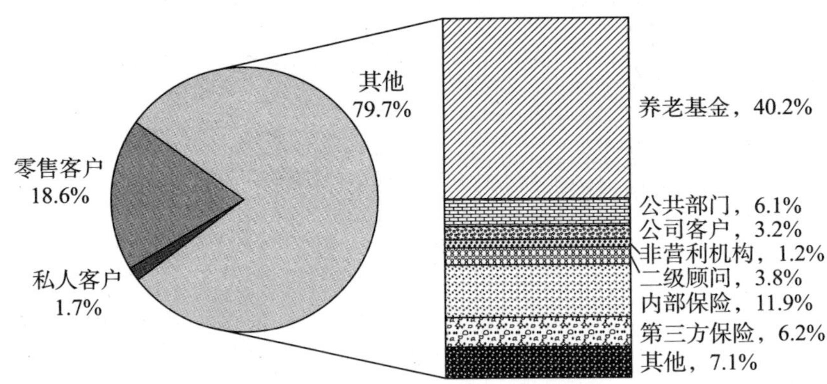

图 18-18　2015 年英国资管行业的各类客户占比

资料来源：英国投资协会。

图 18-18 显示，机构客户是英国资管行业最大的客户，占比接近 80%，养老基金是最大的机构客户，占比为 40.2%。

2. 公司养老金计划是第一大机构客户

公司养老金计划是英国资管行业的第一大客户，其规模由 2010 年的 9354 亿英镑上升至 2015 年的 15 543 亿英镑，涨幅达 66.2%。内部保险是资管行业的第二大客户，其在 2015 年底的规模为 6 357 亿英镑。来自第一和第二大客户的资管资产占比超过 60%。图 18-19 显示来自公司养老金计划的比例稳定增长，而来自内部保险的比例则稳步下降。

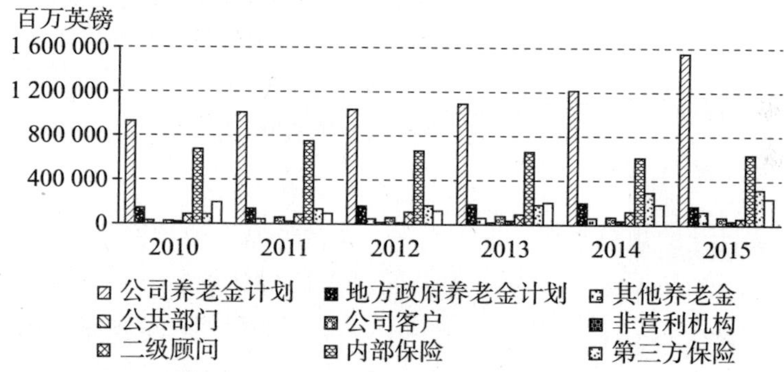

图 18-19　英国资管行业的各类机构客户的资产规模及变化

资料来源：英国投资协会。

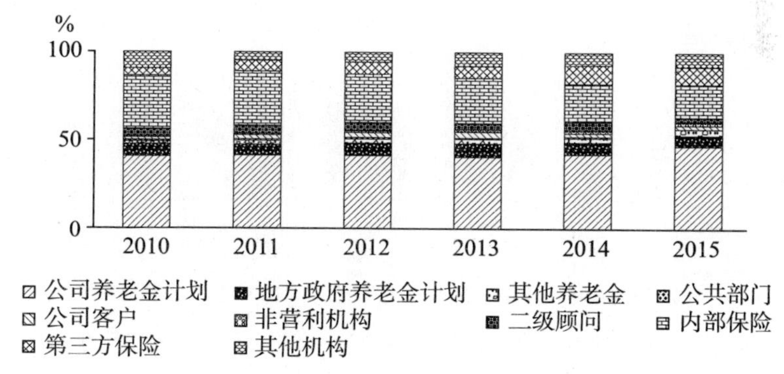

图 18-20　英国资管行业的各类机构客户的占比及变化

资料来源：英国投资协会。

3. 退欧增加不确定性，基金投资者增配低风险资产

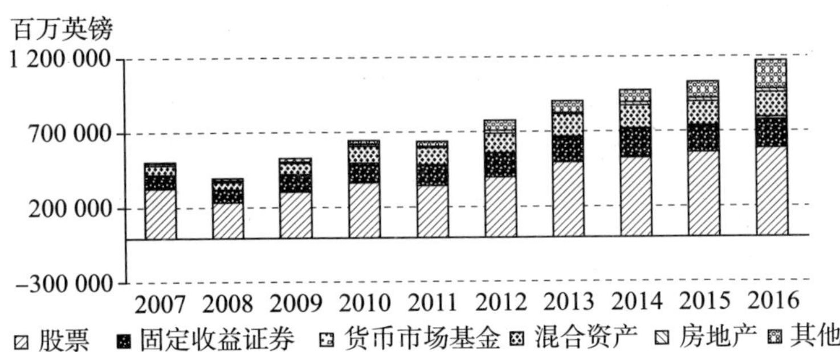

图 18-21 英国近 10 年各类基金规模及变化
（以上数据存在对 FOF 的重复计算）

资料来源：英国投资协会。

从基金行业的规模来看，近十年来，英国的基金业规模除在 2008 年出现剧烈下跌及 2011 年微幅下降外，其余年份均保持稳步上涨。股票及固定收益证券基金是基金的主体，2016 年其占比超过 66%，值得注意的是，其他资产基金规模增长迅速，由 2007 年的 79.8 亿英镑上升至 2016 年的 1 818 亿英镑，上涨了近 22 倍。

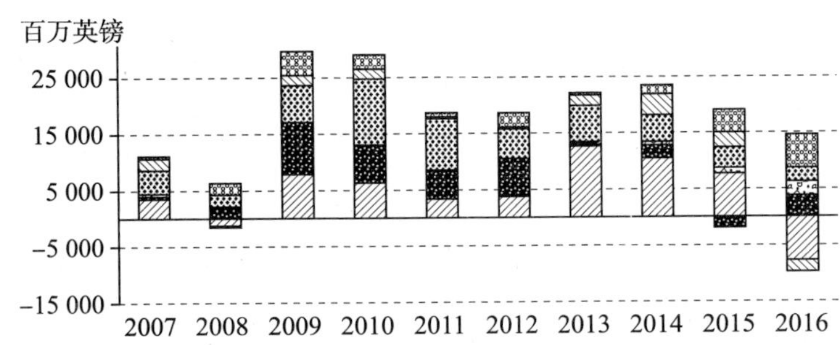

图 18-22 英国近 10 年各类基金的净零售额（包括单位信托及开放式投资公司，以上数据存在对 FOF 的重复计算）

资料来源：英国投资协会 .

从基金的净零售额来看，股票基金及房地产基金在 2016 年经历了近 10 年最大规模的赎回，赎回金额分别为 78.98 亿英镑、19.8 亿英镑，合计接近

100 亿英镑。从近 8 个季度的销售数据来看，基金的净赎回集中在 2016 年的 2、3 季度，与英国脱欧公投的时间一致。不难发现，投资者在 2016 年 2、3 季度抛售了风险较大的股票和房地产基金，转而增配了风险较小的固定收益证券，以规避高风险资产未来的不确定性。

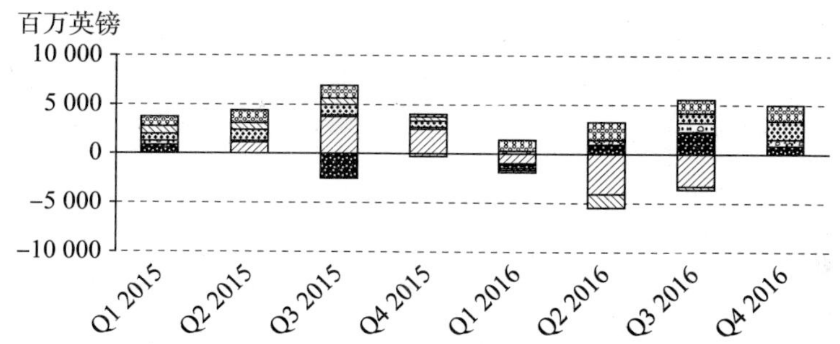

图 18-23 英国近 8 个季度各类基金的净零售额（包括单位信托及开放式投资公司，以上数据存在对 FOF 的重复计算）

资料来源：英国投资协会。

英国资管行业的资产配置

1. 传统资产配置比例下降，其他资产崛起

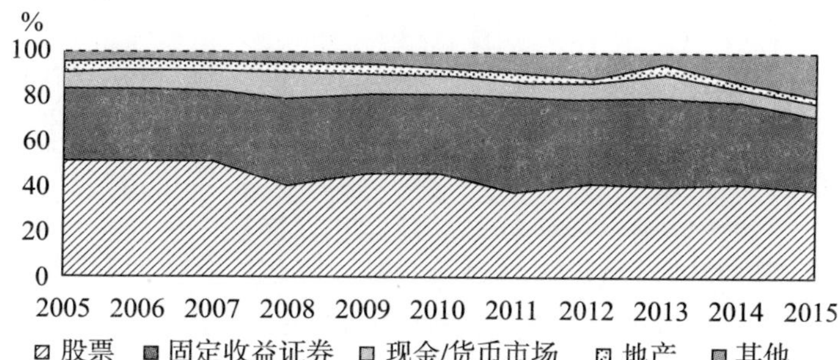

图 18-24 英国资管行业的各类配置比例

资料来源：英国投资协会。

近 10 年英国资管行业的配置的股票及房地产资产的比例在稳步下降，股票的比例由 2005 年的 51.4% 下降至 39.3%，房地产的比例由 4.8% 下降至

2.6%，而其他资产的配置比例则在逐步上涨，英国资管行业的资产配置趋于多元化。

2. 主动型产品规模持续萎缩

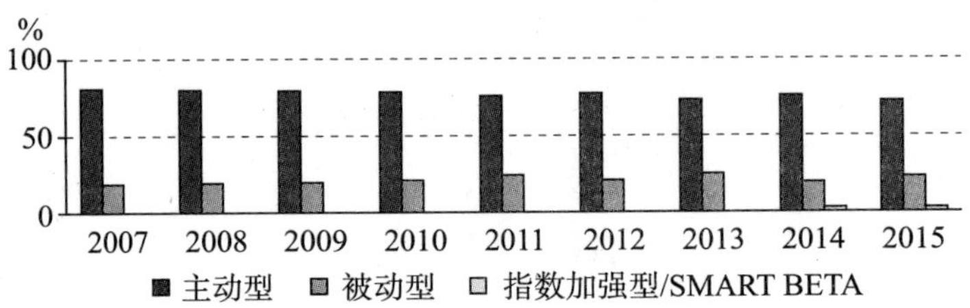

图 18-25　英国资管行业的资产配置风格

资料来源：英国投资协会。

2007 年至 2015 年，英国资管行业的主动型资产的配置比例在逐年下降，由 2007 年的 81.2% 下降至 73.7%，被动型及指数加强型的配置比例则在逐年上升。大量数据表明，绝大多数基金经理的主动管理收益无法超越指数的收益率，通过配置更大比例的被动型资产以降低管理费用来提高收益成为未来资管行业的发展方向。

英国资管行业的成本收益分析

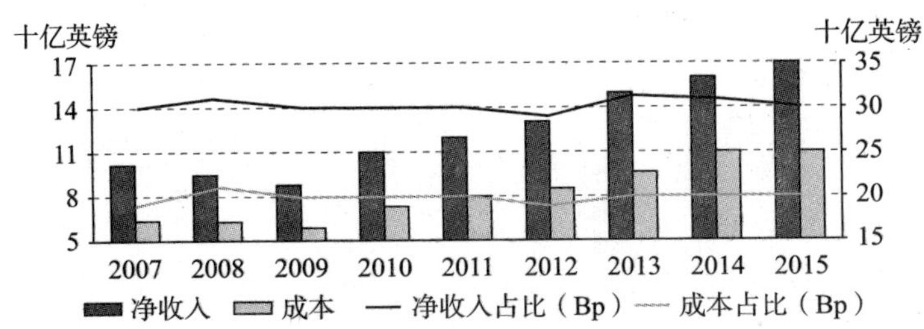

图 18-26　英国资管行业的成本和收入[①]

资料来源：英国投资协会。

① 净收入为扣除分销成本的管理费用，成本是总营运成本，净收入和成本的单位都为 10 亿英镑，净收入占比和成本占比分别为净收入占管理资产额的百分比和成本占管理资产额的百分比，两者都用基点表示

英国的资管行业无论是成本端还是收益端都相当稳定，净收入占管理资产额的比例长期维持在 30Bp 附近，成本占管理资产额的比例在 20Bp 附近，这样，净收入和成本总额则伴随资管资产规模的上涨而同步上涨，净收入和成本由 2007 年的 102 亿和 65 亿英镑上涨至 170 亿和 110 亿英镑。

资管行业行业集中度分析

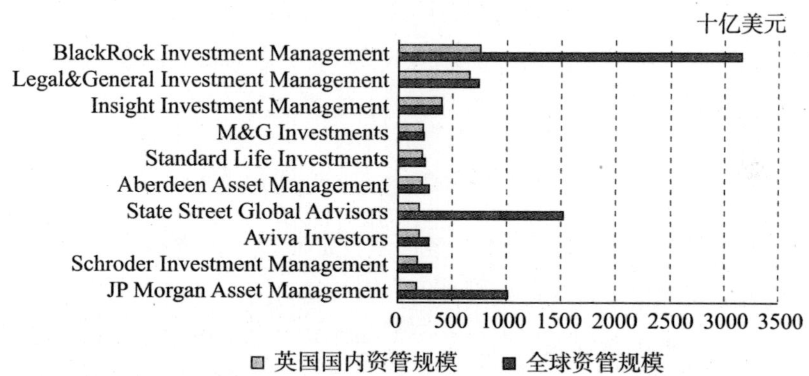

图 18-27 英国资管行业资管规模前十的机构名单及其资管规模

资料来源：英国投资协会。

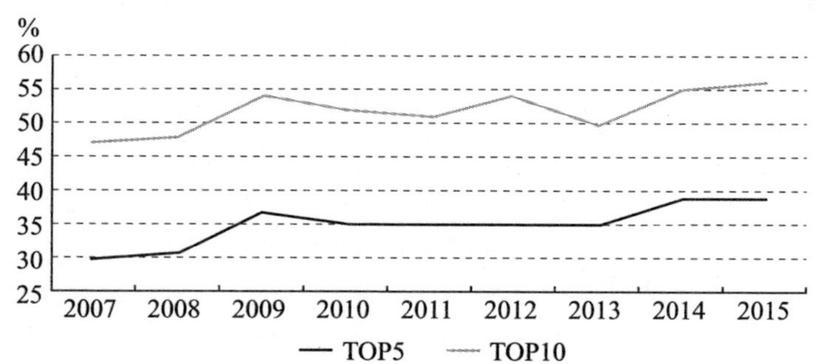

图 18-28 英国前 5 大及前 10 大资管机构的资管规模占比

资料来源：英国投资协会。

从近几年的数据看，无论是看前 5 大还是前 10 大资管机构的资管规模占比，行业集中度都有所上升，但上升幅度不大，“强者越强”的现象并不显著，前十大机构的资管规模占比大约稳定在 50% 到 55% 之间。

欧洲资管行业发展趋势

资管行业规模增速放缓，行业利润的增长将更加依赖成本端的管理

一方面，随着欧洲的资管规模的增速由高速转为中高速增长，行业的高增长红利将逐渐消失，单纯通过扩张资产管理规模带来的利润增长的粗放的发展模式不可持续。另一方面，被动型产品对主动型产品的侵蚀带来了产品平均管理费率的下降。显然，这两方面都预示着资管行业难以在收益端的扩张有所作为，行业利润的增长将更加依赖对成本端的管控。

另类投资的崛起是大势所趋

从风险分散的角度来看，相对于传统投资而言，另类投资最大的优势是能让投资者获得非公开市场的资产类别，由于其与传统投资的相关性较弱，在投资组合中加入另类投资能实现投资组合的多元化，有效地降低投资组合的整体风险。从拓展收益来源的角度来看，另类投资具有独特的管理收费模式，盈利性较好，具有明显的吸引力，尤其是在传统公开投资被动化、管理费率下降的背景下，发展另类投资成为拓展盈利的重要来源。从 2014 年起，另类产品开始进入按净销售额计算的欧洲共同基金的十大策略，甚至在 2015 年排名第二，这是在传统产品波动率上升，收益率下降背景下投资者通过投资另类产品降低风险、提高收益的必然表现。

19

中国香港地区资管行业发展现状及趋势

香港资管行业的发展

香港金融市场发展历程

中国香港作为全球国际金融中心之一，具有多元化的投资者结构、合理的资产价格，资本的跨境流动更加自由，成熟发达的资本市场，深受境内外投资者的青睐。香港金融市场的发展主要经历了三个阶段。第一阶段是在90年代，中国内地的经济开始进入快速发展车道，大量的国内企业急需资金来扩大生产经营，香港抓住机会，将国际资本投资需求与国内筹资需求连接起来，从一个区域中心跃升成为国际金融中心。第二阶段是2001年至2010年，内地资本市场开始发展，国企进行股权分置改革。第三个阶段是人民币国际化时代，在人民币国际化的推动下，人民币的贸易结算功能得到重视，香港作为最大的人民币离岸市场，形成人民币资产定价中心。目前深港通的启动，与沪港通形成的互联互通机制为香港资本市场发展提供新的动力，一方面可以使海外投资者通过香港投资于内地市场，另一方面可以满足内地投资者通过香港进行海外投资的需求，进一步巩固香港国际金融中心的地位，强化香港的财富管理功能。

沪港通、深港通

沪港通于 2014 年 11 月 17 日正式推出，是内地市场与香港市场之间第一个正式的市场互联互通机制，首次为中国内地投资者投资海外市场、海外投资者投资中国内地市场提供全新渠道。2016 年 12 月 5 日，深港通在各方的努力筹备下正式启动。深港通是沪港通在交易体制上的延伸，是沪港通的“升级版”。香港交易所通过与深圳证券交易所、上海证券交易所的互联互通，共同搭建起一个总市值 70 万亿人民币的庞大市场，为内地和海外投资者进行资产配置提供了更多选择。

表 19-1　　沪港通、深港通互联互通交易机制

	沪港通	深港通
北向	港股交易通	
		深股交易通
南向	沪港通下的	深港通下的
	港股交易通	港股交易通

2016 年底推出的深港通与沪港通在交易上存在着一定的区别。首先，深港通的交易机制更加便利。深港通取消了总额度的限制，免除了机构投资者在进行交易时额度不足的问题，这一举措将鼓励更多的机构投资者参与沪港通和深港通。其次，降低了投资者的进入门槛限制。然后，投资标的更加丰富。2016 年底推出的深港通包含了很多具有高成长性的企业，深股通包含了大约 880 只深圳市场的股票，很好地补充了沪股通下投资标的的不足。而深港通下的港股通涵盖了 417 只港股，相比沪港通下的港股通新增了大约 100 只小盘股，扩容了投资标的。最后，未来深港通可能纳入 ETF（交易所买卖基金）。目前内地投资者对于海外投资需求日益上涨，香港的股票市场还不能吸引所有的海外公司到香港上市，但是如果将来深港通纳入了各国的 ETF 产品，那么内地投资者可以通过这些 ETF 产品来投资全球不同类型的股票。下表总结了沪港通跟深港通的特点：

表 19-2　沪港通与深港通的主要特点

<table>
<tr><th>特点</th><th>沪港通</th><th colspan="2">深港通</th></tr>
<tr><td rowspan="4">沪 / 深港通合资格证券</td><td>上证 180 指数的成分股及上证 380 指数的成分股</td><td colspan="2">深圳成分指数和深圳中小创新指数成分股是指在人民币 60 亿元或以上的成分股</td></tr>
<tr><td>有相关 H 股同时在联交所上市的上交所上市 A 股</td><td colspan="2">有相关 H 股同时在联交所上市的深交所上市 A 股</td></tr>
<tr><td colspan="3">不包括被实施风险警示的 A 股及不以人民币交易的 A 股</td></tr>
<tr><td>合资格可买可卖的股票共 568 只</td><td colspan="2">880 只股票（主板：270 只；中小板：410 只；创业板：200 只）</td></tr>
<tr><td rowspan="6">港股通合资格证券</td><td colspan="3">恒生综合大型股指数（HSLI）成分股</td></tr>
<tr><td colspan="3">恒生综合中型股指数（HMLI）成分股</td></tr>
<tr><td rowspan="2">有相关 A 股在上交所上市的 H 股</td><td colspan="2">市值 50 亿港元或以上的恒生综合小型股指数（HSSI）成分股</td></tr>
<tr><td colspan="2">有 A 股在上交所或深交所上市的 H 股</td></tr>
<tr><td colspan="3">不包括其相应 A 股被实施风险警示的 H 股及不以港币交易的港股</td></tr>
<tr><td>312 只股票</td><td colspan="2">417 只股票（较沪港通下的港股通股票多出约 100 只）</td></tr>
<tr><td rowspan="2">沪 / 港股通合资格投资者</td><td rowspan="2">所有香港及海外投资者（个人及机构）</td><td colspan="2">创业板合资格股票：初期仅限于专业机构投资者</td></tr>
<tr><td colspan="2">其他合资格股票：所有香港及海外投资者（个人及机构）</td></tr>
<tr><td>港股通合资格投资者</td><td colspan="3">内地机构投资者及持有证券账户及资金账户余额合计≧ 50 万元的个人投资者</td></tr>
<tr><td rowspan="2">每日额度</td><td colspan="3">北向：130 亿元</td></tr>
<tr><td colspan="3">南向：105 亿元</td></tr>
<tr><td>总额度</td><td colspan="3">没有</td></tr>
<tr><td>北向交易、结算及交收</td><td>按照上交所以及中国结算在上海市场的惯例</td><td colspan="2">按照深交所及中国结算在深圳市场的惯例</td></tr>
<tr><td>南向交易、结算及交收</td><td colspan="3">按照联交所及香港结算的市场惯例</td></tr>
</table>

互联互通迄今表现

沪港通、深港通互联互通机制的正式开通，互联互通的北向及南向交易随着市场环境的变化而有所不同。对整个互联互通机制进行观察，北向交易的日均成交额占内地 A 股市场日均成交额的比例基本维持在 1%—2% 之间，变动幅度较小。在 2015 年 6 月到达最高点之后，日均买卖总成交额开始趋于下跌，在 2015 年 11 月后跌势减缓，北向交易的买卖总成交额进入稳定阶段。南向交易在沪港通开始启动的前 9 个月，成交量涨跌互现。自 2015 年 9 月开始，南向交易日均成交额在联交所主板市场成交额的比例开始呈现上升趋势，从 2015 年 9 月的 2.1% 上升至 2016 年 9 月的 10.8%，其后稍有回落。南向交易成交额自 2015 年 4 月首次超过北向交易成交额之后，直至 2016 年 6 月才再次超过北向交易，不过截至 2016 年 12 月，南向交易的日均成交额已经数次超越北向交易。在 2016 年 12 月 5 日深港通正式开通至 2016 年底的 17 个交易日中，深港通北向交易占互联互通北向交易总成交额的 27%，占北向买盘总额的 40%，显示出国际投资者对深股具有浓厚的兴趣。

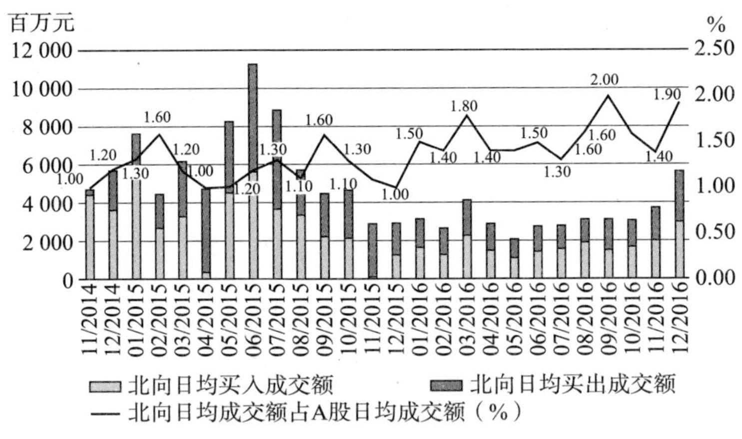

图 19-1　互联互通日均买卖成交额——北向交易

资料来源：HKEx（沪港通自 2014 年 11 月 17 日开通之日起计，深港通数据由 2016 年 12 月 5 日起计）。

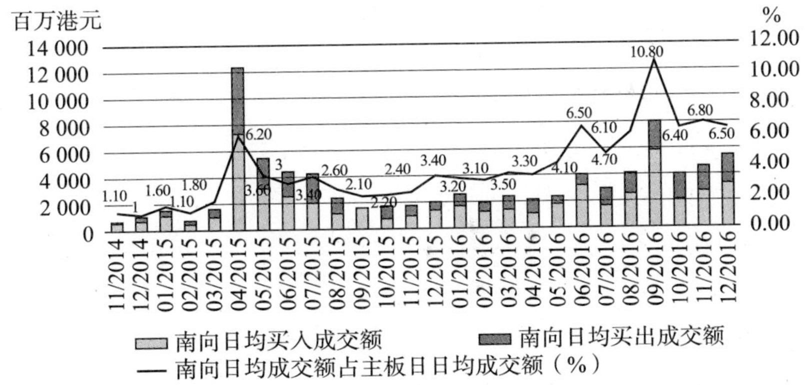

图 19-2 互联互通日均买卖成交额——南向交易

资料来源：HKEx（沪港通自 2014 年 11 月 17 日开通之日起计，深港通数据由 2016 年 12 月 5 日起计）。

从投资者角度看，在沪股通推出初期，全球投资者北向买卖以及持有的股票主要为上证 180 指数成分股，2014 年在互联互通总北向交易金额中占比 94%，总北向持股金额占比达 96%。上证 380 指数成分股交易金额比例由 2014 年的 6% 上升至 2016 年的 22%，持股金额由 2014 年 4% 迅速上升至 2015 年的 22%，不过在 2016 年下降至 16%。在 2016 年 12 月 5 日推出的深港通方面，全球投资者北向买卖以及持有的股票主要是深证成分股指数。

在南向交易的港股通中，内地投资者在沪港通下的港股通交易及持股金额主要以恒生综合型中型股指数成分股为主，2014 年在互联互通总南向交易金额中占比 57%，持股金额达 53%。不过在 2016 年期间，主要以恒生综合型大型股指数成分股为主，交易金额占比 55%，持股金额占比 61%。而恒生综合型中型股指数成分股交易金额占比下降至 39%，持股金额占比下降至 33%。

香港资管行业的现状

香港资产管理市场概述

香港证监会数据显示，香港金融市场从事资产管理的持牌法团数目于 2016 年底达到 1 300 家，相比 2015 年增加近 15%。根据《亚洲创业投资期刊》

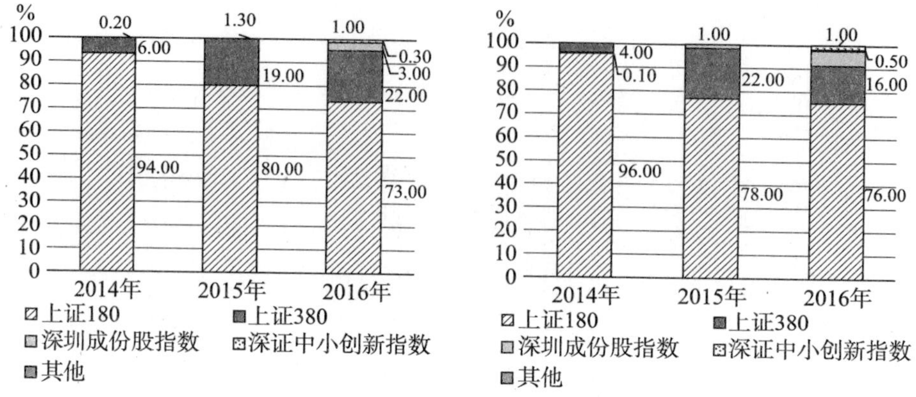

图 19-3 互联互通北向交易及持股

资料来源：HKEx（沪港通自 2014 年 11 月 17 日开通之日起计，深港通数据由 2016 年 12 月 5 日起计）。

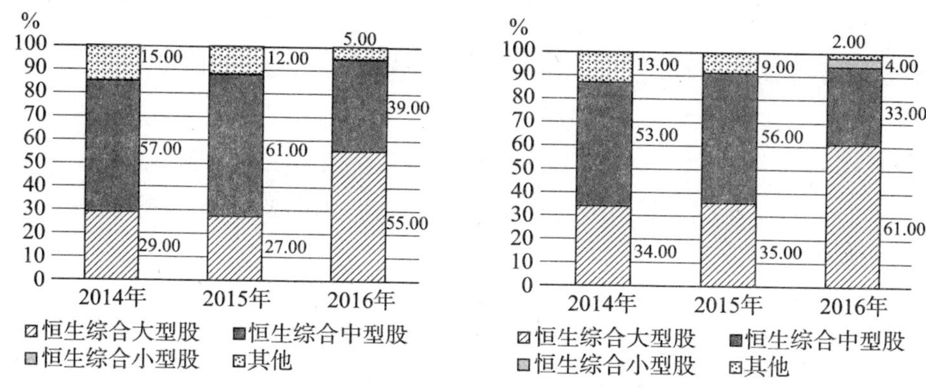

图 19-4 互联互通南向交易及持股

资料来源：HKEx（沪港通自 2014 年 11 月 17 日开通之日起计，深港通数据由 2016 年 12 月 5 日起计）。

数据显示，2016 年在香港的私人基金公司数目也增加 4.6% 至 431 家。全球百大资产管理公司中有接近 70 家，以及内地二十大互惠基金公司中的大多数，已经在香港设有业务部或者相关公司。

根据香港证券及期货事务监察委员会公布的《2015 年基金管理活动调查》，截至 2015 年年底，香港的基金管理业务合计资产达到 17.4 万亿港元，较 2014

年下降了 1.6%。香港的基金管理业务主要包括证监会持牌公司、银行、保险公司的资产管理业务，私人银行业务，以及证监会持牌公司的基金顾问业务。香港基金管理业务规模从 2011 年至 2015 年几乎翻了一倍，从 9 万亿港元增加到 17.4 万亿港元，相当于当年本地生产总值的 7.3 倍。在 2011 年至 2013 年期间，基金业务资产规模扩张迅速，基本保持了 30% 左右的增速，2014 年也增长了近 1.7 万亿港元的规模。2015 年总资产规模略微有所收缩，下跌 1.6%，此次下跌主要原因是资产价格下跌导致资产管理业务总值减少，以及基金经理对基金顾问业务的组织性调整。

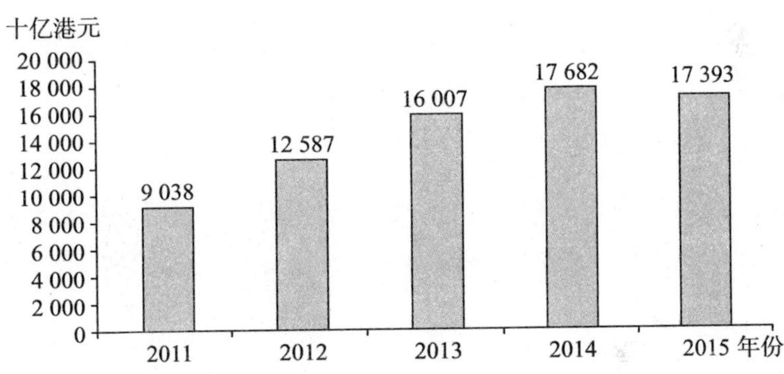

图 19-5　基金管理业务合计资产

资料来源：香港证监会。

从基金管理业务活动的性质看，资产管理业务在 2015 年管理的资产总值为 122 590 亿港元，较 2014 年下降 4.07%，总体规模并未有巨幅变动；私人银行业务为 36 660 亿港元，仍然保持了增长态势，较 2014 年增长 18.45%；而基金顾问业务为 12 680 亿港元，相比前三年都有所下降，较 2014 年下降 21.29%。

从资产管理业务的市场参与者看，2015 年资产管理业务规模总计 122 590 亿港元，相比 2014 年 127 700 亿港元，有所下降。其中持牌法团的资产管理业务较 2014 年微跌 4% 至 108 550 亿港元，占 2015 年资产管理业务规模的 88.55%；注册机构的资产管理业务较 2014 年下跌 7.2% 至 9 360 亿港元，占

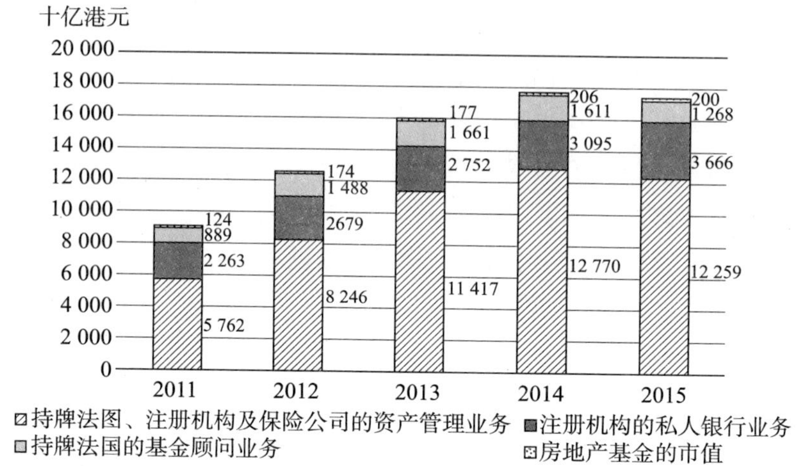

图 19-6　基金管理业务合计资产

资料来源：香港证监会。

2015 年资产管理业务规模的 7.64%；保险公司的资产管理业务总值为 4 680 亿港元，较 2014 年上升 3.5%，主要是由于传统寿险业务及退休计划业务有所增长所致。

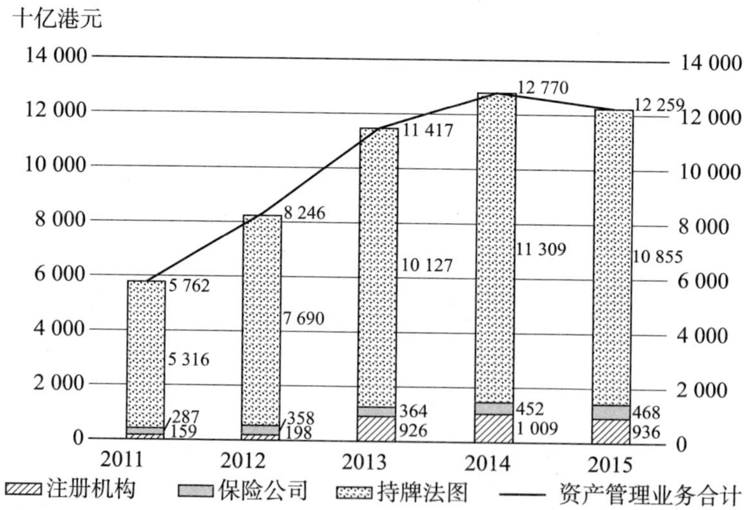

图 19-7　资产管理业务——按市场参与者性质分

资料来源：香港证监会。

从投资者角度看，海外投资者持续成为香港资产管理业务的主要资金来源，占比达到68.50%。香港作为全球国际金融中心之一，具有创新的产品、稳健的监管制度、可靠的司法制度，以及简单且透明的税制，对于海外投资者具有吸引力，不断推动香港成为国际资产管理中心。在香港管理的资产管理业务占比相比于过去三年持续上升，2015年达55.7%，相关的资金额由2014年的68 560亿港元按年微跌0.5%至68 230亿港元。

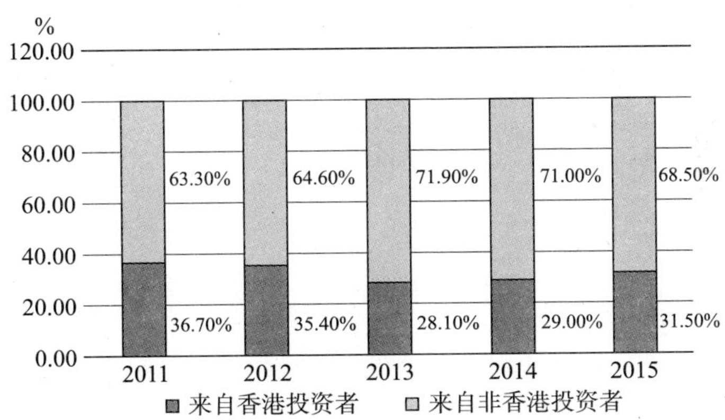

图 19-8 资产管理业务——按资金来源划分

资料来源：香港证监会。

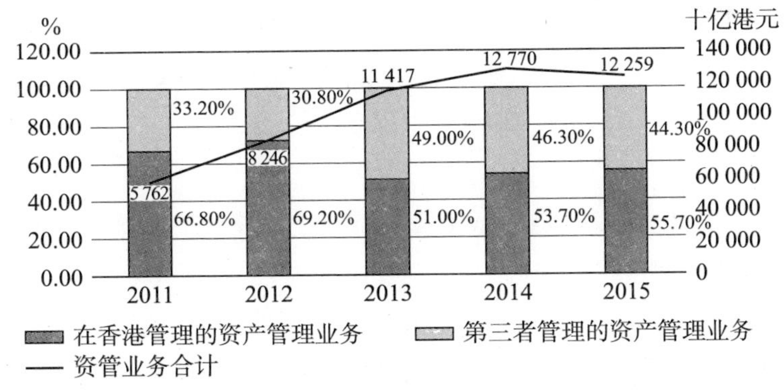

图 19-9 资产管理业务——按管理地区划分

资料来源：香港证监会。

2015年，在香港管理的资产管理业务有超过70%的部分投资于亚太地区，其中内地和香港仍然是在香港管理的资产管理业务首选投资地区。2015 年，投资在这两个市场的资产达 34 270 亿港元，占在香港管理的资产总值的 50.2%。进一步分散投资在亚太地区以外地区主要为欧美市场，相比于 2014 年资产投资由 18 820 亿港元增加 3.2% 至 19 420 亿港元。

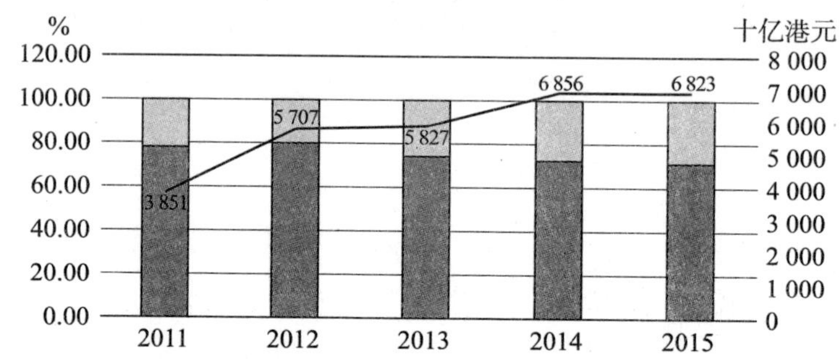

图 19-10　在香港管理的资产——按投资地区划分

资料来源：香港证监会。

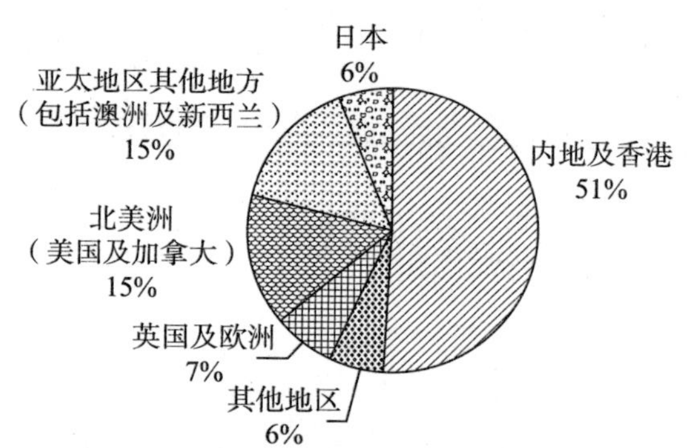

图 19-11　2015 年在香港管理的资产——按投资地区划分

资料来源：香港证监会。

从资产管理业务投资产品看，2015 年在香港管理的资产投资于股票资产额占 58.4%，香港首次公开招股所筹集的资金合计总 2 613 亿港元，加上沪港通股票市场的交易互联互通机制，吸引了更多的资产管理公司投资于股票市场。在香港管理的资产投资于债券达 19.3%，投资于另类投资的占比最小，仅为 2.4%。

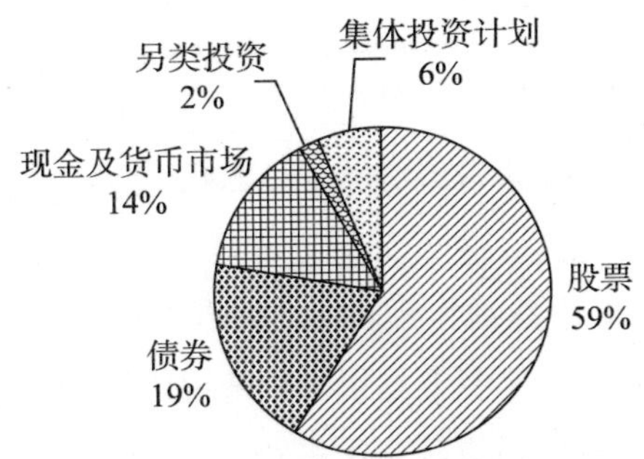

图 19-12 在香港管理的资产——按投资资产类别划分

资料来源：香港证监会。

香港基金业蓬勃发展

近年香港证监会认可的单位信托及互惠基金总数维持在 2000 只左右，这些基金种类繁多，主要包括债券基金、股票基金、多元化基金、货币市场基金、基金的基金（FOF）、指数基金、保证基金、对冲基金、其他特别基金和伞形结构基金，其他专门性基金包括期货及期权基金、结构性基金、投资于衍生工具的基金。截至 2016 年 12 月，共有 2 196 只基金受到证监会监管。其中股票基金共 1 028 只，占比 46.81%；债券基金 425 只，占基金总数的 19.35%；货币市场基金数目较少，仅占 2%。

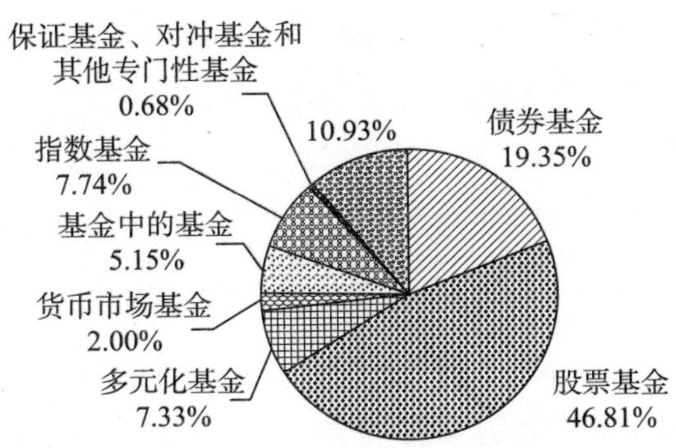

图 19-13 2016 年 12 月按类别划分的基金数目

资料来源：香港证监会。

香港是一个重要的基金分销中心，从事基金产品分销或相关服务工作的从业人员众多。根据基金管理活动调查显示，2016年基金业员工超过34 000人，其中超过70%涉及产品销售和营销。2005年至2007年，零售基金总销售额及净销售额均保持增长。由于受到金融危机影响，居民投资热情削弱并赎回大量基金份额，2008年总销售额骤减，净销售额更是跌至负数。随着经济回暖，2010年至2014年零售基金总销售额持续增长，2014年达到峰值777亿美元。2014年至2016年的销售额略微下跌，截至2016年12月，香港零售基金总销售额达659亿美元，净销售额为31亿美元。

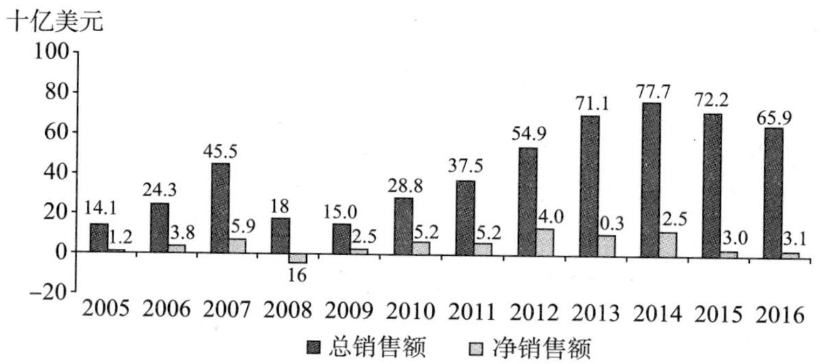

图19-14 香港零售基金总销售额及净销售额

资料来源：香港投资基金公会。

在所有的基金类别中，股票基金、债券基金和平衡基金销售额在总销售额中占比很大，其他基金销售额占比较小。近两年来，平衡基金销售额占比变动不大，基本维持在10%至20%之间。债券基金和股票基金有较大变化，从2015年第二季度到2016年第三季度，股票基金销售额占比不断下降，从70.9%跌至19.9%；债券基金占比则从11.6%上升至58.3%。

中国证监会与香港证监会于2015年5月22日签署了《关于内地与香港基金互认安排的监管合作备忘录》，规定了基金互认的基本政策和要求，形成了初步的体系框架，于2015年7月1日开始实施。内地与香港基金互认是指内地基金经香港证监会认可后在香港地区发行及销售，和香港基金经中国证监会注册后在内地发行及销售。2015年11月，中国人民银行、国家外汇管理局发布了《内地与香港证券投资基金跨境发行销售资金管理操作指引》（以下简

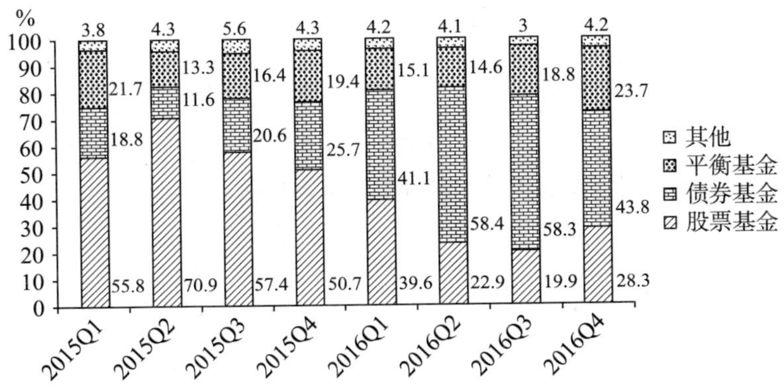

图 19-15　按基金类别划分的季度总销售额占比

称《指引》)，标志着两地基金互认正式启动。基金互认在促进两地金融市场发展的同时，一般投资者都有机会参与对方市场进行产品投资。另外，基金互认是两地资产管理行业的交流互动活动，在促进业内竞争的同时也提高行业整体竞争力，激发各类资产管理机构的发展潜力。

2015 年 12 月，香港证监会首批 4 只内地基金在香港销售，中国证监会首批 3 只香港基金在内地市场销售。截至 2017 年 4 月 10 日，共有 44 只内地基金南下在港销售，6 只香港基金北上在内地销售，6 只香港基金中包括恒生中国 H 股指数基金、行健宏扬中国基金、摩根亚洲总收益债券基金、建银国际国策主导基金、摩根太平洋证券基金和中银香港全天候中国高息债券基金。

截至 2017 年 1 月，内地基金香港发行销售资金累计汇入 15782.75 万元，净汇入 9387.21 万元，香港基金境内发行销售资金累计汇出 103.12 亿元，净汇出 74.86 亿元。2016 年 1 月至 2016 年 11 月，内地互认基金每月销售额波动较大，赎回较稳定。2016 年 12 月和 2017 年 1 月更是连续两个月出现基金净赎回的情况，2017 年 1 月当月净赎回 238.42 万元。2016 年 8 月，香港互认基金销售猛增，当月总销售额超过 40 亿元，由于摩根基金对其最热销的亚洲总收益债券基金在 8 月末主动实行限购政策，9 月的销售额跌破 10 亿元，恢复了之前的销售水平。

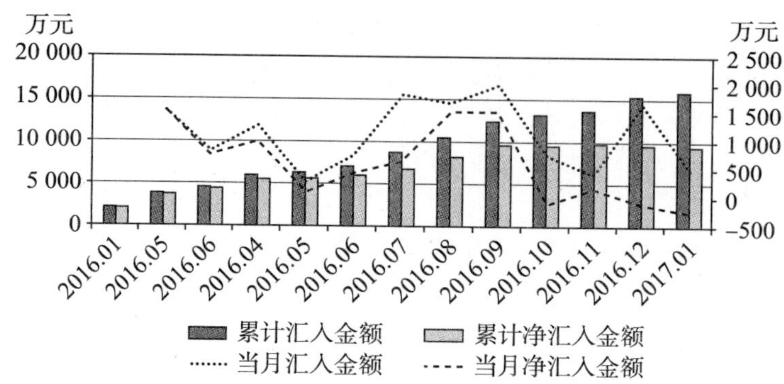

图 19-16 内地基金香港发行销售资金汇出入情况

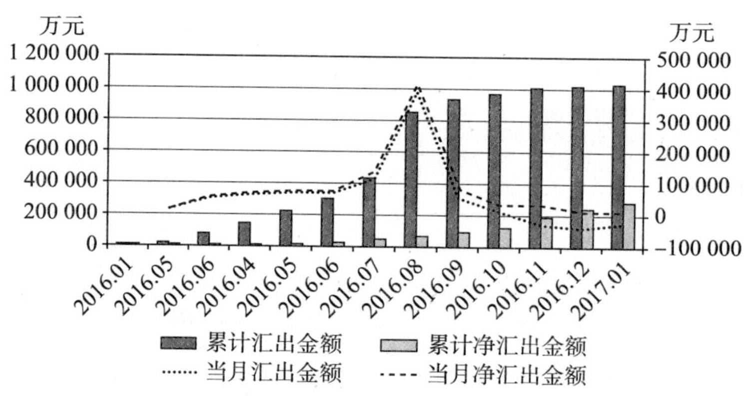

图 19-17 香港基金境内发行销售资金汇出入情况表

互认基金的初始投资额度为资金进出各 3 000 亿元，但截至 2017 年 1 月，累计销售额离该额度相距甚远。作为内地与香港的第一次互联互通试水，互认基金规模有限，主要有以下五点原因。第一，在互认基金的安排下，内地基金公司和香港基金公司不能直接在对方市场上进行销售活动，投资者只能通过基金代理人及其指定销售机构来认购基金产品。这一安排虽然为基金互通提供了便利，但渠道上的局限性限制了销售规模的发展。第二，基金互认机制推出时间较短，而两地投资者熟悉对方市场需要一段时间，由此带来的谨慎投资也对销售额造成一定影响。第三，南下基金的需求有限。由于历史原因，外资对大陆基金的兴趣不大，香港本地居民是南下基金的主要购买者。而香港只有 700 万人口，其资产规模有限。第四，内地机构在港设立基金的动力不强。一方面，其投资者规模有限；另一方面，香港的信息披露成本和销售成本较高，如法律文件的高要求带来较高的律师费，受香港投资和关注的纸媒营销费用较高。第五，北上基金数量有限。在内地销售的基金仍需在香港注册，其总数只有6只，产品线不丰富影响了规模发展。

在有限的总规模下，北上基金累计销售额为南下基金总累计销售额的65倍，主要是由于北上基金的需求更大。第一，内地人口众多，近年来资产管理机构发展迅速，内地市场拥有较广泛的投资者基础。第二，北上基金有其独特优势。由于在香港注册的基金广泛投资于中国香港、中国台湾、日韩等多个国家和地区，其风险分散效应比投资受限的内地基金更强。再加上内地投资者海外资产配置意愿越来越强烈，北上基金作为美元计价产品受到投资者青睐。

资管机构快速发展

根据香港《证券及期货条例》相关规定，任何人士进行受规管活动，必须向香港证监会申领牌照。第9号牌照为第9类受规管业务资格牌照，即资产管理牌照。公司在获得牌照后，可以为境内外机构提供股票、基金、债券等投资组合管理服务。从2005年开始，香港证监会监管的机构数目不断增长，其中9号牌持牌机构数目增长显著。2016年共有165家机构获得了9号牌资格，为2006年以来新增机构数最多的一年，增速更是达到了14.54%。截至2016年底，共有1300家机构获得了资产管理资格牌照。

香港资产管理市场吸引了大量的国际性资产管理公司，主要包括公募基金、私募股权基金、投行资管业务和对冲基金四大类型的资产管理公司。由于内地投资者海外资产配置需求持续上升，中企国际化发展引发的海外融资、并购、投资需求持续增强，一带一路和人民币国际化为香港金融业发展带来重要机遇，中资券商在香港市场上迎来发展机遇，积极拓展业务。在港中资券商主要分为银行系、券商系两大类，另有基金、期货经纪、保险资管。

表19-3　四大类资产管理公司及其代表

类型背景	公募基金	私募股权基金	投行资管业务	对冲基金
国际性资产管理公司	富达、安本、邓普顿、景顺	软库、华平、黑石	高盛、大摩、美林、花旗、瑞银	量子基金、Citadel

资料来源：香港证监会，浦银国际。

表 19-4 中资机构分类及其代表

类型背景	国有资产管理公司	银行系资产管理公司	券商系资产管理公司	基金系资产管理公司	保险系资产管理公司
中资资产管理公司	长城、东方、信达、华融	中银国际、建银国际、工银国际	海通、中信、国信、广发	南方、华夏、博时、富国	平安、太平、国寿

资料来源：香港证监会，浦银国际。

中资机构在香港积极争取9号牌，在2017年2月新增的19家9号牌持牌机构中，就有东兴证券（香港）资产管理有限公司、展博投资（香港）管理有限公司、中国新华资本（香港）有限公司等中资机构。近年来，内地私募机构发展迅速，客户海外资产配置需求旺盛，越来越多的私募机构想进入香港市场。由于申请9号牌成本较高且排队时间较长，所以许多私募机构选择与有牌照的资管机构合作拓展海外业务。中资机构主要通过设立子公司的方式参与到香港资管市场。如交通银行设立交银国际，在港开展资产管理及顾问、证券经纪、投资及贷款等业务；广发证券设立广发资产管理（香港）有限公司，在港开展基金管理和专户投资等业务；南方基金与香港本地集团合资成立南方东英资产管理公司，开展基金业相关业务。

港股市场持续火热

2016年年底以来，香港市场表现亮眼，大量内地资金流入香港市场，港股开始进入持续火热阶段。2017年年初，恒生指数累计涨幅逾8%，领跑全球股市。港股估值相对A股而言较低，资金的持续流入以及全球经济稳定增长，使得港股表现亮眼。首先，港股估值低，近年来一直维持新兴市场PE水平较低的记录。人民币存在贬值预期，在香港上市的股票，超过60%都是内地企业，如果人民币贬值，则反映为港币的税后利润会下滑，所以投资者给港股的估值不高。然后，内地出现资产荒，投资收益下降，大量内地资金希望进行多元化的海外资产配置方式，但外汇管制政策收紧，港股通和QDII是少有的合法渠道。

香港保险市场又现投资热

近年来，内地经济进入新常态，利率低下，投资收益减少，保险资金对于进行海外资产配置的需求在升高。保险资金境外投资总额增速较快，2016年新增 53 家保险机构获准参与投资境外市场，投资总额达 445.79 亿美元，占总资产的 2.14%。随着对于保险资金运用限制的解除，未来保险资金境外配置仍然具有较大的发展空间。香港市场是保险资金进行境外资产配置的首要选择。因为香港资本市场更加成熟，资产类型更加多元化，资本的跨境流动更加自由。

近期，香港保险监理处公布了 2016 年香港保险业的临时统计数据，这一次并未公布内地客户赴港投保的有关数据。不过，根据 2016 年前三季度的增长情况，业内人士预计，2016 年这一数据可能达到 600 至 700 亿港元之间，同比 2015 年翻一番。2017 年 1 月 1 日香港正式实施 CRS（Common Reporting Standard），即金融账户涉税信息自动汇报标准，赴港投保的内地客户已经有所减少，但是内地资本赴港投资保险公司已经成为一种潮流，香港再次迎来保险热。

香港金融市场的优势

香港作为国际性的金融中心之一，资本市场开放，资金具有高度的自由流动性。香港的金融体系相对比较发达，监管制度较为完善，股票市场、债券市场、外汇市场十分活跃。香港股票市场容量较大，2016 年公众直接或间接从股票市场筹集的资金共 4 679.15 亿港元。港元发债金额连续 8 年保持增长，2016 年金额高达 3.05 万亿港元，比 2015 年增加 22%。截至 2016 年 4 月月末，香港外汇交易量总额排名全球第四位，平均每日成交额达 4 366 亿美元。发达的资本市场汇集了大量资金，为资产管理业务的开展提供了广阔空间。香港作为我国的特别行政区，具有一国两制带来的便利，具有其独特的区位优势。香港作为连接国际与内地的一座桥梁，对内为内地企业跨境投资提供一个全方位的金融服务平台，和更加贴身的金融服务；对外是吸引外资进入内地进行投资的合作伙伴。在经济高度全球化的时代，加强国际间的战略合作具有重要意义，香港经济的比较优势在于，香港具有更加成熟开放的资本市场，专业化的资产管理人才，多元化的投资产品以及更加全面的国际互动方式。而内地作为世界排名前列的经济体，具有更广阔的发展空间，丰富的物资资源，充足的劳动力供应，可以与香港经济形成优势互补，相互促进彼此的发展。

香港资管的发展趋势

从长期来看，随着国际性金融格局的进一步演进，区域经济发展存在不平衡现象，新加坡金融市场快速发展，全球国际性金融中心之间的合作竞争关系也在逐步变化，这对于香港保持国际金融中心的地位，提升资本市场竞争力是一个挑战。但是内地经济市场的改革开放和经济的持续增长，在一定程度上推动了香港资本市场的发展，内地市场与香港之间的互联互通、基金互认丰富了香港资本市场的投资产品，拓宽了资金来源渠道，有助于提升香港资本市场的国际竞争力，保证其不被边缘化。

随着 2016 年人民币正式加入 SDR，国际化进程向前迈进了一大步，中国的资本市场也迎来了双向开放的发展机遇，接下来中国汇率政策进一步市场化是人民币国际化的重要步骤。党中央提出的“一带一路”战略倡议已经正式进入了实施阶段，为中国打造了一个全方位对外开放的新格局。已经相继正式启动的沪港通、深港通对于香港金融市场意义重大，以后内地投资者可以直接通过深港通来投资海外，购买境外的投资产品；海外投资者可以通过深港通投资内地，参与内地经济的快速发展。2017 年正式推出的债券通，以及债券通合资公司的平稳运行，对于中国在岸和离岸债券市场的影响十分深远。

香港股票市场吸引众多公司上市，推动香港实现角色转变

自香港回归 20 年来，港股市值上涨幅度达到 7 倍多，上市公司数量增加了 2 倍多，日均交易额增长了 4 倍多。从当年的现场交易、电话下单发展到现在以电子交易为主的主要方式，科技进步给股民带来较多变化。1997 年以前，香港只是一个区域性市场，吸引了不大的国际资金来投资区域性资产。20 年以后，香港成为国际金融中心之一，吸引了大量国际资金，来投资内地资产。

尤其是过去10多年，香港也吸引了大量的内地资金。1997年年底，只有101家中资企业在香港上市，占所有上市公司数量的15%、占港股市值的20%。截至2016年年底，已有1002家内地企业来香港上市，占所有上市公司数量的51%，占港股市值的63%。过去二三十年间，香港为内地吸引了大量的资金，未来20年，内地资金会进一步加大在全世界的配置，香港将继续为内地改革开放发挥作用，同时实现自身角色转变，从以前为内地吸引资金，转变成为内地配置资产。同时未来20年香港将从内地的融资中心，转化为三个新中心：内地的全球财富管理中心、领先的离岸风险管理中心、内地的全球资产定价中心。

人民币国际化，推动香港离岸人民币市场建设

香港一直以来都是内地与世界各地贸易和投资的重要窗口，具备先进的国际金融中心设施，香港离岸人民币市场业务发展经历了三个阶段，第一阶段为2004—2007年，香港的银行开始为客户提供存款、兑换、汇款、支票和银行卡基本服务，并在2006年推出了人民币清算平台，为人民币融资创造必要条件。第二阶段为2007—2012年，2007年开始内地的金融机构可以在香港发行人民币债券，香港的人民币清算平台进一步发展成为一个人民币的即时支付系统；2009年推出了人民币跨境贸易结算试点，建立了人民币市场双向流动机制，而香港首只人民币股票亦于2011年顺利出台。第三阶段为2012年至今，确立全球重要离岸人民币中心的地位，人民币跨境和离岸业务取得可观发展，人民币贸易结算、融资和资产管理方面相互促进，使香港成为离岸人民币业务的国际枢纽。

中国人民银行在2010年就提出了人民币国际化战略，大力推动人民币在全球的接受度、认可度，人民币正式加入SDR是中国内地资本市场进一步开放的标志，人民币得到广泛认可，中国内地资本市场吸引了越来越多国际性资本的流入。从长期来看，以人民币计价的资产交易活动日益频繁，国民财富快速积累，投资者进行跨境资产配置的需求也在上涨，给香港的资产管理行业带来了新的发展机遇，也为香港离岸人民币市场带来新的发展空间和挑战。

首先是香港人民币存款规模快速增长。从图 19-18 中可以看出，从 2006 年到 2009 年，人民币存款增速比较缓慢，没有剧烈的变化。但是从 2010 年开始，香港的人民币存款总量大幅增加，尤其是在 2014 年的时候，一度达到了 10 035.6 亿元，相比 2010 年人民币存款总量增幅达到了 218.65%。在 2015 年 8 月 11 日中国央行进行了汇率制度改革，调低了人民币兑美元的汇率，大量香港企业与个人将存放于银行的人民币存款取出换成港元，使得 2015 年、2016 年人民币存款总量有所下降。

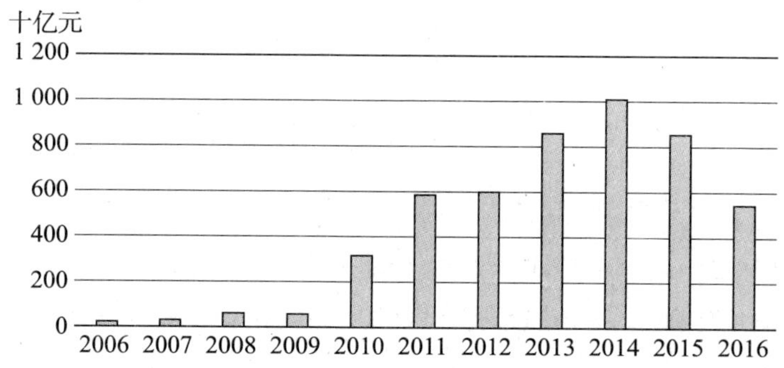

图 19-18　2006—2016 年香港人民币存款

资料来源：香港金融管理局。

其次是人民币金融产品逐步丰富，逐渐形成人民币资产管理中心。香港金融市场人民币产品涉及货币市场、债券市场、股票市场、外汇市场、衍生品市场、基金市场、保险市场，其中人民币债券发行量增长迅速，2007—2009 年只有内地银行和财政部发行 380 亿人民币，2010 发债总额达到了 357.6 亿元人民币，在 2011 发行人民币债券总额更是达到 1 520 亿元人民币。发债主体已经包括香港和国外企业、银行以及国际金融机构。另外除了人民币债券之外，还有人民币存款证、人民币基金、人民币保单、人民币利率互换、期权等衍生产品。

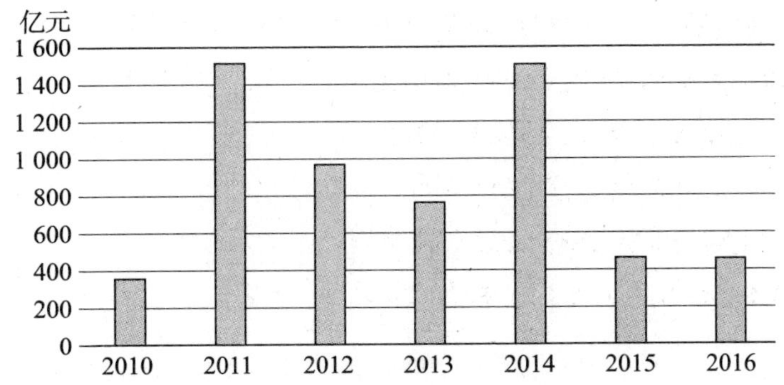

图 19-19　2006—2016 年境外人民币债券发行量

资料来源：Wind 资讯。

“一带一路”战略倡议继续推进，香港有望成为杠杆支点和权益转化器

“一带一路”是一项以基础设施互联互通为突破口、带动欧亚大陆经贸合作，从而实现互利互惠共同发展的重大国家发展战略。在当前发达经济体的逆全球化风潮下，“一带一路”实际上提出了一个在新的环境下推动全球化的大方向，香港具有一国两制的优势，在“一带一路”建设中可以大有作为。首先“一带一路”基础设施建设项目多以中国主导的亚投行和中国政策性银行提供贷款的形式启动先期投资。建设“一带一路”不单单是政府的事情，必须引导市场资金的投入，也不能单靠中国的一国之力，必须争取更多的国家和市场加入“一带一路”的建设。“一带一路”应该争取以尽量少的政府资金来撬动尽量多的市场资金，以尽量少的中国内地资金来撬动尽量多的国际资金。可以以香港作为资金的支点，撬动更多的国际资金参与到“一带一路”的建设中。其次，“一带一路”建设的资金是依靠杠杆撬动市场而来，也需要通过国际资本市场来进行市场收益回笼。资本市场是各种金融需求进行权益互换的场所，在“一带一路”中，应该让沿线有资源的经济体将其资源在一个国际公认的市场打包上市，形成有价证券，使其资源迅速形成可以利用的市场价值，弥补其欠缺的偿还能力。一国两制下的香港可以作为这样的转换器，“一国”决定了香港是中国内地信任的地方，“两制”下与国际接轨的法治和市场环境则为香港赢得

了海外投资者的信任，吸引来自全球的资金。

然后随着“一带一路”建设的推进，必然需要消耗更多的大宗商品，大宗商品价格的变动会造成较大影响，所以中国应该提前做好准备，提升对于国际大宗商品的定价权。“一带一路”建设横跨欧亚大陆，必然要使用具有国际影响力的基准价格，作为连接东方与西方的香港可以提供独特的优势。香港近几年已经开始大力发展大宗商品业务，通过海外并购与在岸建设，未来香港有望建设大宗商品的深港伦互联互通。在过去的二十年里，香港一直是连接内地与世界的转换器，在中国改革开放的大潮中，香港为内地企业筹集来自世界的资金，并成功转型为国际金融中心。在中国今天倡导的“一带一路”战略中，香港可以引领新一轮全球化进程，成为“一带一路”的新支点。

沪港通、深港通搭建香港与内地市场的桥梁

深港通的启动，与沪港通将深圳、上海、香港连接起来，形成了具有巨大市场潜力的共同市场，互联互通的不断延伸为香港资本市场的发展注入了新的动力。互联互通机制带来巨大的变化，过去中国内地企业为了吸引全球投资，到香港市场上市，世界各地的投资者通过香港这个投资平台可以购买到感兴趣内地“货”。现在香港通过互联互通的交易机制，将内地的“货”带到香港市场，世界的“钱”汇聚在香港进行购买，然后内地投资者也可以通过香港这一跳板，购买全世界的“货”，进行国际性资产配置，让内地人在家里就可以投世界。国内外的资金和金融产品都汇聚在香港，香港从过去中国的集资中心，发展成为国民财富资产管理配置中心。

债券通正式启动，创新金融市场发展

随着中国金融转型发展持续推进，债券市场在金融资源配置中发挥着越来越重要的作用，债券市场的开放也正在成为中国金融市场开放的重要推动力。香港与内地之间的债券通于 2017 年 7 月 2 日正式获批上线，3 日“北向通”上线试运行，首日成交金额超过 70 亿，交易活跃。中国境内的金融机构也可通过债券通与境外机构投资者产生更为密切的业务联系，为中国金融机构

下一步更深入地参与海外市场奠定了基础。假设中国债券市场未来几年增长率跟社会融资总量过去五年的合年增长率相同，即均为 14%，外资所持债券占比达 10%，那么 2020 年在这两个假定下外资所持中国债券将达 95 000 亿元，占 GDP 的 9.93%，可以更大程度地推动人民币真正实现国际化。债券市场作为主要由机构投资者参与的市场，其交易与金融衍生品交易和风险管理需求密切相关，也对评级等专业中介服务的需求直接相连。债券通的启动将带来利率风险管理产品、汇率风险管理产品等交易的活跃，以及与债券相关的评级、信息披露、违约的风险处理等方面的活跃，市场将构建起围绕债券通的交易和结算的生态圈，从而为金融市场的发展带来新的发展空间。

新兴市场国家资管行业发展现状及趋势

2016 年，全球局势风云变幻，黑天鹅事件此起彼伏。特朗普当选，英国脱欧，意大利公投失败，全球化进程正在面临严峻挑战。而地区局部持续动荡，大国间的角力逐渐升级，地缘政治格局也将面临重重考验，国际经济环境也将在潜流中艰难前行。总体上，2016 年全球经济增速在 3.1% 左右，和 2015 年相似。发达国家明显减速，从 2.1% 降到了 1.6%。发展中国家增速则有所回升，特别是巴西、俄罗斯这些国家。随着油价的反弹，增速有所提升，但是仍然有一些地区还是负增长，例如拉丁美洲。

新兴市场资本流向情况

新兴市场总体资本流向情况

2016 年如美国总统大选、大宗商品价格疲软以及经济贸易和货币政策的不确定性等因素的影响，新兴市场发展阻力重重。但从已有数据可知，新兴市场整体仍在 2016 年年底取得适度的资金净流入。虽说到 2017 年，美联储加息预期逐渐升温，但是新兴市场的资金流动并没有受到明显影响。尽管出现放慢迹象，但新兴市场仍在吸引新资金的流入。如图 20-1 所示，新兴亚洲、新兴欧洲、中东地区以及拉美地区的资金在 2016 年都逐渐开始减小外流的趋势，特别是中东地区还出现了一定的净流入。2016 年年底，新兴亚洲和拉美地区又出现了较大幅度的外流，但在 2017 年初这种大幅外流的趋势明显减小。

以股票基金为参照，2016 年 2 月底，虽然当时全球资金对中国经济和巴西政治问题担忧颇深，但新兴市场共同基金投资者仍然看好油价、铜价和铁矿石价格。新兴市场股票基金结束了连续 17 周的资金流出，出现了自 2015 年 11 月以来的首次资金流入。此后，美联储持续释放鸽派信号，全球资金对新兴市场的风险偏好强力回升，截止到 3 月 23 日当周，EPFR 全球追踪的新兴市场股票基金经历连续一个月的资金流入，也是自 2014 年三季度以来最长的资金流入。

然而，由于 4 月 27 日美联储再次议息会议的临近，全球资金风险偏好有所回落。从 3 月 30 日当周开始，新兴市场股票基金开始面临资金净流出。直至 2016 年 6 月初，才赢来了新的资金流入。彼时，油价价格持续上涨、市场对美联储加息的担忧有所减弱，新兴市场股票基金整体实现了自 4 月中旬以来的首次连续资金流入。到 6 月中旬，新兴市场股票基金结束了短暂的资金流入。

直至 7 月份初，由于英国脱欧事件的影响，新兴市场股票基金取得了温和的资金流入，这次资金的流入状况直接延续到 9 月中旬，实现了连续 11 周的资金流入。在经历短暂的流出之后，9 月底新兴市场股票基金市场再迎新流入，流入状况一直延续到 11 月初，这次资金流入状况延续了 5 周。

但是由于美国总统大选的不确定性所致，11 月开始，新兴市场资金开始流出，流出状况一直延续了 6 周。到 2016 年 12 月中旬，受益于俄罗斯油价上涨和低利率政策，新兴市场股票基金开始取得适度资金流入，但仅维持了一周，便又继续了其流出态势。到 2016 年底，新兴市场终于迎来了 9 月下旬之后的首次连续资金流入。

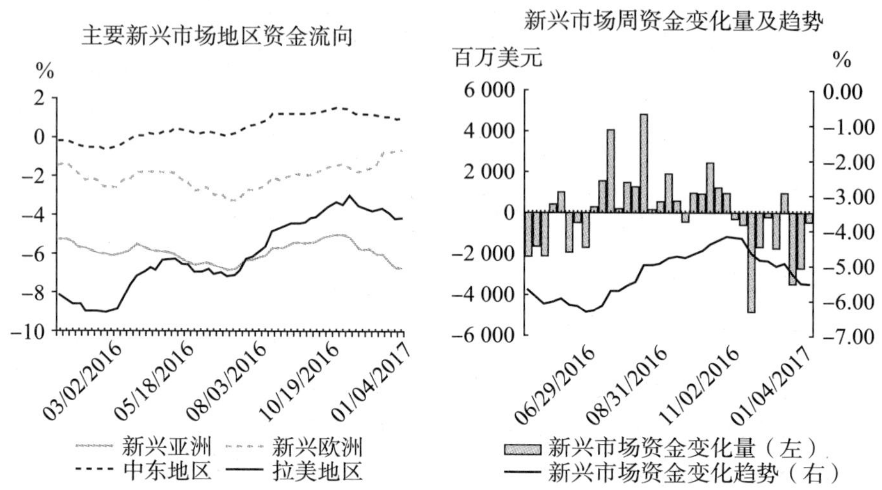

图 20-1　新兴市场整体资本流向

资料来源：EPFR、中国中投证券研究总部。

再看，新兴市场与发达市场的资金流向对比，如图 20-2 中可以所示。

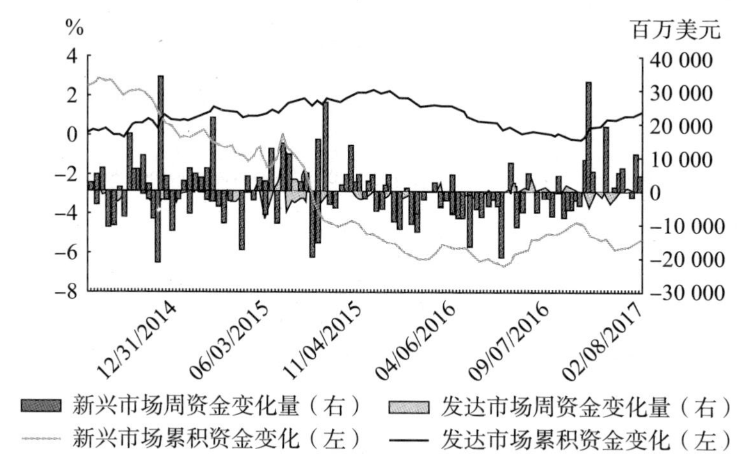

图 20-2　发达市场和新兴市场资金流向

资料来源：EPFR、中国中投证券研究总部。

新兴市场和发达市场的资金流向呈现出一个反向的状态。2015 年下半年开始新兴市场的整体资金就出现流出的态势，并且越来越严重，2016 年这一流出的状态仍然持续，但是变得趋稳甚至在下半年有所回升，发达市场的资金也正是在这一段时期出现资金持续流入的回落。总之，2016 年新兴市场资金流出状况整体来说比之前有所回升，但是 2017 年存在的不确定性仍然较多，相信对新兴市场的资金流向也会产生相应的影响。

主要新兴市场国家资本流向情况

1. 印度资本市场资金流向

2016 年开年，伴随美联储在过去九年中的首次加息，全球资金保持比较谨慎的态度，EPFR 全球追踪的新兴市场股票基金的流出速度有所放缓，但是新兴市场仍然面临着持续的资金流出。印度市场也没有例外，面临着持续的资金流出，资金流出量也多次触及高位。

这种现象一直持续到 3 月底,全球资金对新兴市场的风险偏好进一步抬升。新兴市场股票基金、新兴市场债券基金均出现资金流入态势，印度股票基金也实现了温和的资金流入。到 4 月底，美联储再次议息会议临近，全球资金风险偏好有所回落，于是印度股票市场停止了短暂的资金流入，再次面临资金流出状况。

到 7 月份，由于英国脱欧事件的影响，新兴市场股票基金取得了温和的资金流入，印度市场的资金流向也面临着小幅的流入，此后经历了小幅波动，直至 7 月下旬,印度资金流向趋于稳定,开始面临持续的资金流入。截至 9 月份，印度市场都经历着不同幅度的资金流入，其股票基金也是从 3 月份以来，除了日本之外亚洲股票基金中表现最好的。

但是到了 9 月底,印度开始面临大规模的资金流出,即使受益于雨季降雨,但三季度的经济增长仍然缺乏较强动力。到 10 月中旬，由于印度储备银行降息以及降雨季为农业部带来的积极影响,印度股票基金经历了短暂的资金流入，但马上就迎来了资本的加剧流出。

到 11 月初，特朗普胜选美国总统，亚洲国家基金集团中，中国和印度股票基金均经历大规模的资金流出。印度政府为削弱国家的“黑色经济”临时决定取消 500 和 1 000 面值的卢比，但这一定程度上也阻碍了国家的发展，再加上对美国保护主义的态度的担忧，印度的资金流出量加剧，全球资金试图回避由于政府取消大面额钞票所带来的不确定性，印度股票基金连续 3 周经历超过 1 亿美元的资金流出。于是印度政府积极缩减大面额钞票的影响，减少非正规经济，资金虽然仍在经历流出但是速度明显放缓。

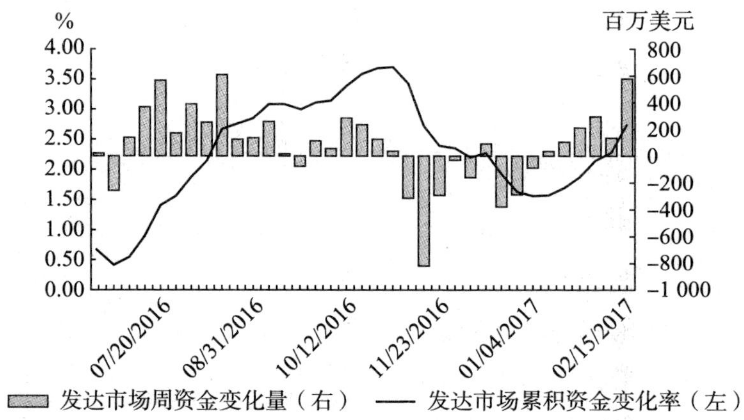

图 20-3 印度地区资本流向

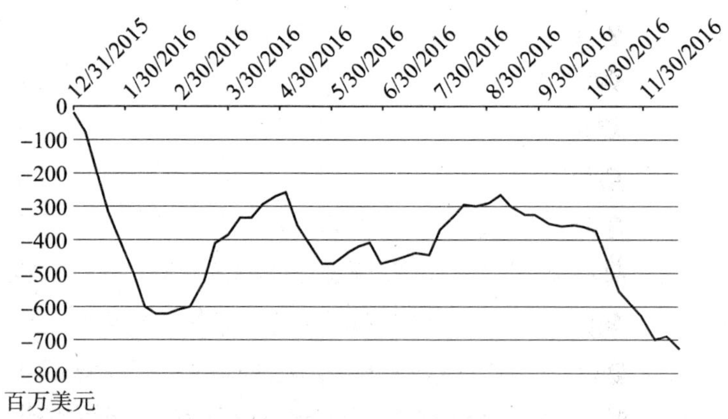

图 20-4 印度地区股市资金流向

资料来源：EPFR、中国中投证券研究总部。

总体来说，2016 年印度的经济增长位于全球首列，但是印度总理的改革措施造成了投资者的恐慌情绪。从资金面来讲，自2016年年初开始，资金一直处于净流入状态，但是资金的流出速度在不同时期出现了不同的状况。进入10月份，缩减大面额钞票政策的实施使得资金流出速度加剧。但是政府也对该政策的不利影响采取了相应措施，未来资金如何流动有待观察。

2. 俄罗斯资本市场资金流向

2016年伊始，俄罗斯就面临着比较温和的资金流入。到3月份，由于新兴市场共同基金投资者仍然看好油价、铜矿和铁矿石价格，新兴市场面临着短暂的资金流入，俄罗斯的资金流入也在此时获得剧烈的增加。

但是，短暂的资金流入在3月之后迅速失去动力，到4月中旬，由于美联储议息会议的临近，全球资金风险偏好有所回落，新兴市场资金面临流出，俄罗斯股票基金市场资金开始流出。整个第二季度，由于土耳其、波兰和俄罗斯的政治转移、欧洲区经济复苏乏力、油价低迷等对全球资金的投资者情绪造成冲击，欧洲股票基金一直面临着较大的资金了流出，俄罗斯的股票基金市场在该段时间也一直面临着持续资金流出。

到7月份英国脱欧，新兴市场股票基金整体面临着大规模的资金流入，但仍然未改变俄罗斯资金流出的事实。进入8月份，油价的下降更是增加了俄罗斯这一主要能源生产国股票基金市场的压力，资金仍然面临着持续的流出状况。直至10月份，油价的上涨提振了全球资金对新兴市场的投资热情，再加上俄罗斯的政治环境比较稳定，俄罗斯股票基金的资金流入攀升。但是这波资金流入并没有持续很久，资金流向呈现出一定的波动型。由于对石油价格的悲观预期以及俄罗斯在叙利亚平民轰炸中扮演的角色，均削弱了全球资金对俄罗斯投资的兴趣，于是俄罗斯短暂的资金流入结束，全球资金又从俄罗斯撤出。

到11月份，由于美国新总统上任，这件事对于遭受重创的俄罗斯经济是一个新的机会，全球资金对俄罗斯的投资信心有所改善，俄罗斯资金流入骤增。自11初之后，美元和欧元就开始流入俄罗斯股票基金。市场预期更高的能源价格能够增加俄罗斯的公共财政，并增强卢布的竞争力，同时降低进口商品价格增加消费者购买力，给俄罗斯央行更低的利率政策空间，可缓解俄罗斯的输入型通胀，在此市场预期下，俄罗斯迎来了持续的资金流入。从11月美国总统大选到2016年结束，俄罗斯股票基金实现了超过14亿美元的资金流入。

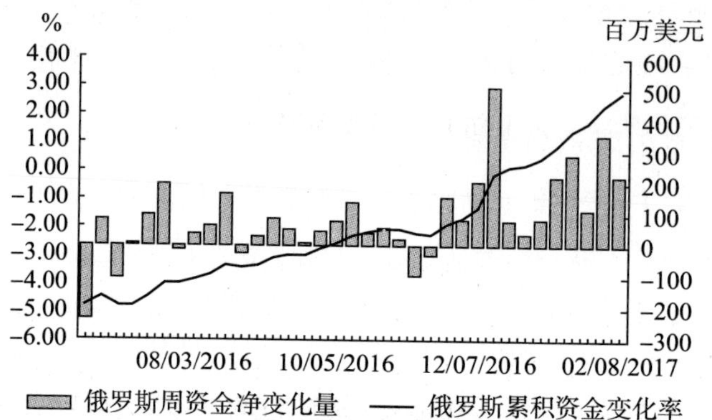

图20-5 俄罗斯地区资金流向

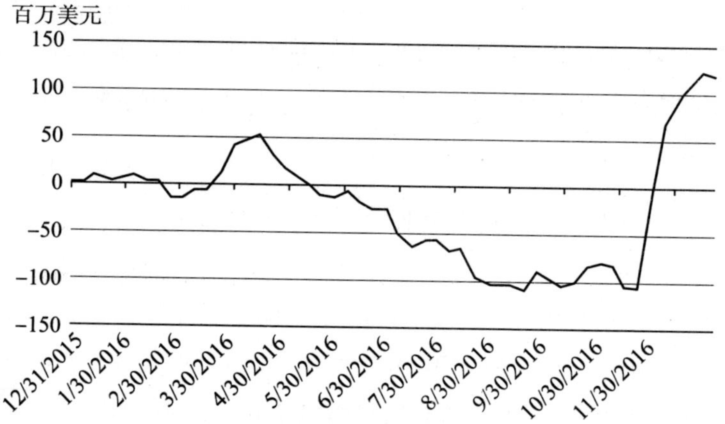

图20-6 俄罗斯股市资金流向

资料来源：EPFR、中国中投证券研究总部。

总体来说，2016年俄罗斯股市的表现全球最佳。石油价格的触底上升造就了俄罗斯经济走出U型上升。特朗普当选美国总统增加了市场对美俄关系改善的期待，而美俄关系改善将有助于西方社会对俄罗斯经济制裁的消除，这也是全球资金在第四季度之后大量流入俄罗斯股票基金市场的原因。

3. 拉美新兴市场资金流向

（1）巴西资本市场资金流向

2016 年伊始，鉴于巴西 2015 年动荡的政治和经济环境的诸多问题，巴西资本市场面临着资金的流出。尽管如此，鉴于全球资金对新兴市场的乐观期待，巴西资本市场仍然在 1 月上旬迎来了温和资金流入，虽然持续时间不是很长，但流入状况也持续了几周。

但好景不长，由于巴西政治风暴的来临，全球资金开始撤离巴西资本市场。此后到三月中旬，由于美联储宣布联邦利率不变导致全球资本风向偏好被释放，使得巴西迎来了非常短暂的资金流入，但仍然改变不了全球资本对巴西经济情况和政治风险的担忧。因此这次的资金流入持续时间非常短，马上就继续呈流出态势。

到 4 月初，巴西总统罗塞夫成功弹劾，巴西股票基金实现短暂的资金流入，但这依旧改变不了巴西糟糕的经济表现。资金流向很快回归正常，全球资金继续撤离巴西市场。

资金流出状况在 7 月初英国脱欧事件之后稍有改变，迎来了久违的资金流入，但持续时间仍然非常短暂。到九月初，全球资金对前总统罗塞夫的弹劾做出反应，众多投资者认为已有迹象表明巴西最严重的经济衰退时期可能已经过去，巴西资本市场也领来了新的资金流入，但是此次资金流入持续的时间极短。此后，全球资金开始继续从巴西撤离，该状况一直延续到年末。

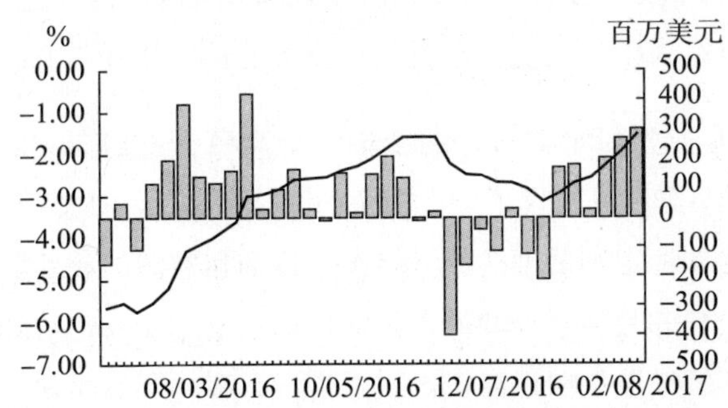

图 20-7 巴西资本流向

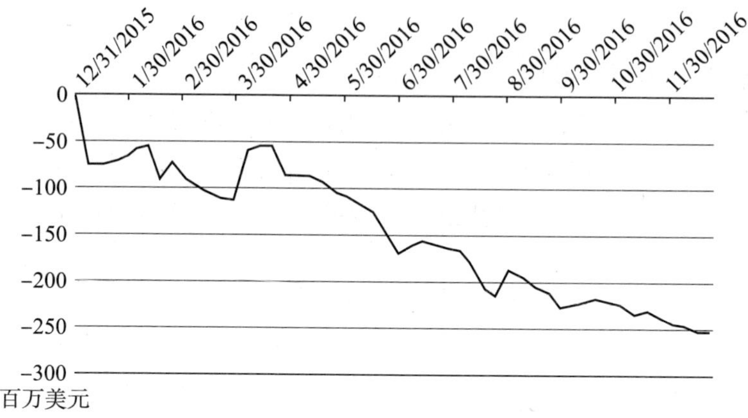

图 20-8　巴西地区股市资金流向

资料来源：EPFR、中国中投证券研究总部。

整体来讲，虽然 2016 年全球资本市场充满了动荡，但仍然没有办法改变 2016 全年巴西资金流出的趋势。这与巴西这一年动荡的政治环境和并不稳定的经济有关。而接下来巴西资管行业的发展或许要寄希望于该国的经济以及政治环境的改善。

（2）墨西哥资本市场资金流向

拉丁美洲资本市场在 2016 年开年之际表现良好，尤其是墨西哥资本市场，在第一季度绝大多数时间一直保持着资金流入状况，成为新兴市场中的重点投资对象。

到 4 月份，全球投资者趋于谨慎，整个新兴市场面临着资金的流出，拉丁美洲资本市场也结束了长期的资本流入，经历了长期的资本流出。

到 7 月初，由于英国脱欧事件的影响，全球资金持续从欧洲市场撤离，新兴市场形势好转，墨西哥实现了非常短暂的资金流入，并马上恢复流出态势。到八月份，鉴于美国稳定和适度的经济增长、日本和欧洲的放松财政刺激措施将加强对出口原材料和其他市场的需求帮助，以及全球新一轮的降息趋势，都促使新兴市场股市基准股指取得高位。墨西哥资本市场开始反弹，迎来资金较为持续的流入。

但是到九月份，鉴于美国总统候选人特朗普对墨西哥的强硬态度，以及随后财政部长路易斯·比德加赖·卡索的辞职，墨西哥的股票基金再度赢来暴跌。可以说 9～11 月份，墨西哥股票基金状况与特朗普的支持率展现着密切的关系，表现出了一定的起伏动荡。到 11 月 8 日美国总统大选结果揭晓，特朗普得以胜任之后，墨西哥股票基金在短暂的资金流入之后开始面临流出。

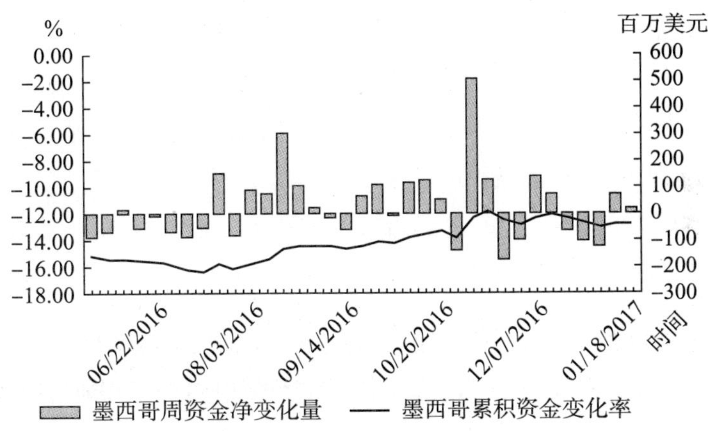

图 20-9　墨西哥地区资金流向

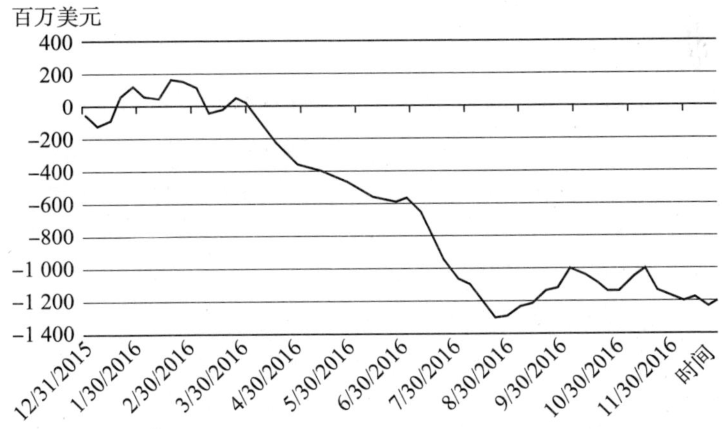

图 20-10　墨西哥股市资金流向

资料来源：EPFR、中国中投证券研究总部。

整体来讲，在拉美国家中，墨西哥的经济相对稳定，但是其资本市场在

2016 年来说波动仍然巨大。在上半年取得不错表现之后，下半年随着美国大选的临近，墨西哥比索成为了特朗普获胜概率的指标，而当特朗普当选之后，墨西哥比索更是遭到了巨大的抛售，资金外流严重。而接下来墨西哥资本市场的发展仍然与特朗普政策的实施密切相关。

4. 中国资本市场资金流向

2016 年第一周，全球股市惨遭血洗，A 股熊冠全球、两次提前休市后被迫暂停熔断,人民币汇率大幅贬值。中国股票基金结束了连续 9 周的资金流出，取得小幅资金流入。此后，由于 1 月份以来大宗商品价格的下滑、对美国进一步加息的担忧以及对中国是否可以保持人民币汇率稳定的怀疑。中国股票基金结束前一周短暂的资金流入后，开始出现小幅资金流出，此后虽然资金偶有流入，但整体来看一直保持流出状态。

这个现象在三月初，即整个新兴市场资金状况向好的时候有所改善，中国也面临着温和的资金流入。但是从第一季度整体来看，中国股票基金受益于国内投资者的支持，取得了超过 20 亿美元的国内资金流入，但也经历了超过 17 亿美元的国外资金流出。

而第二季度，中国资本市场资金流出状况也一直延续，直到 8 月初，中国当局宣布深港通即将开通，中国资本市场开始迎来资金流入。虽然之后面临着资本再次流出的状况，但得益于中国比较稳定的经济有所反映，9 月份资本开始回流中国市场，且香港股票基金也呈资金流入的态势。此次资金流入从九月中旬开始，延续了一月之久。

但 2016 年大部分时间全球资金对中国经济的健康都持担心态度，因此 10 月中旬，资金再次流出，此次流出也一直持续到年末，中国资金流出量到 2016 年年底突破 80 亿美元。

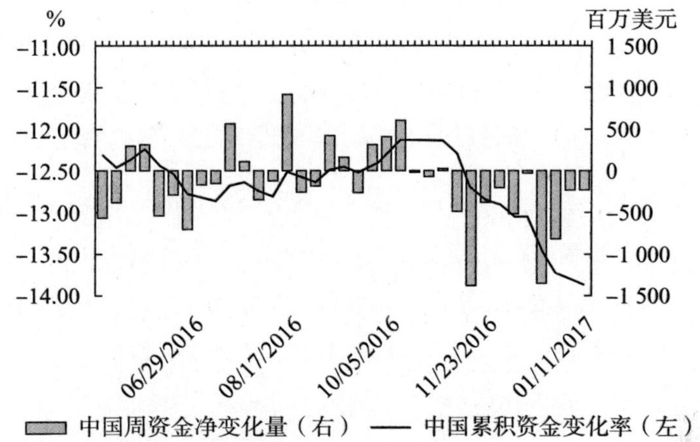

图 20-11 中国地区资金流向

资料来源：EPFR、中国中投证券研究总部。

可以说全球资金对中国 GDP 的增长情况存疑，再加上对政策的担忧，使得中国在 2016 年度经历了大量的资金净流出。

非金融企业加剧新兴市场金融体系脆弱性

资本流动在新兴市场经济体金融周期中的作用日臻重要，并会加强金融繁荣（衰退）的程度，全球金融危机后，资本大量流入新兴市场国家，使之积累了大量债务。尤其是一些新兴市场的非金融企业，近年来这类企业的借贷规模迅速扩张，使企业的金融脆弱性加剧，也会改变母国的金融条件。此外投向居民的信贷也成为新兴市场国家金融周期中不可或缺的部分。这些都使新兴市场经济体在经历资本外流时变得脆弱。

全球金融危机前夕，欧洲全球银行作为金融中介立于金融脆弱性舞台中央，而如今新兴市场的非金融企业（NFCs，Non-Financial Corporates）在债券市场上作为金融中介显得举足轻重。根据 BIS 的债务统计数据看，主要新兴市场经济体非金融企业部门的债务水平从 2006 年低于 GDP 的 60% 的水平，在 9 年内上升至 2015 年底 GDP 的 110%（图 20-12，左）。尽管各国的存量和趋势各异（图 20-12，右）。这些高债务水平的经济体则处于金融过热阶段，未来有发生金融危机的风险。

从企业样本数据入手，研究表明无论是可贸易部门还是不可贸易部门的杠杆率上升且信用风险攀升（图 20-13）。同时，企业的盈利能力却在不断恶化（图 20-14）。BIS 认为当经济增长放缓及或资产价格大幅逆转时，这些企业发生违约的可能性会增加。

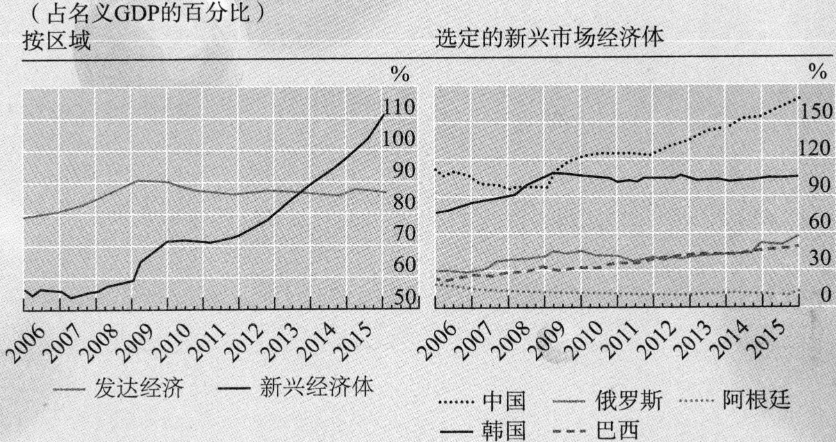

图 20-12　新兴市场经济体非金融企业不断上升且存量可观的债务

资料来源：EPFR。

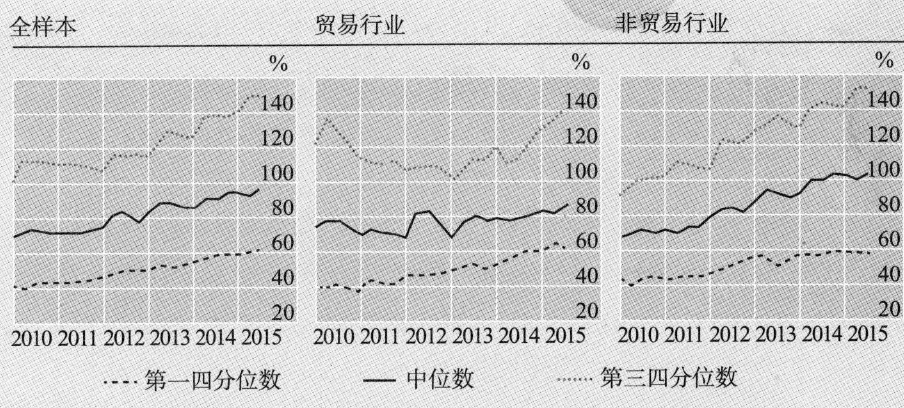

图 20-13　发行国际债券的新兴市场经济体非金融企业攀升的杠杆率（总债务股本比）

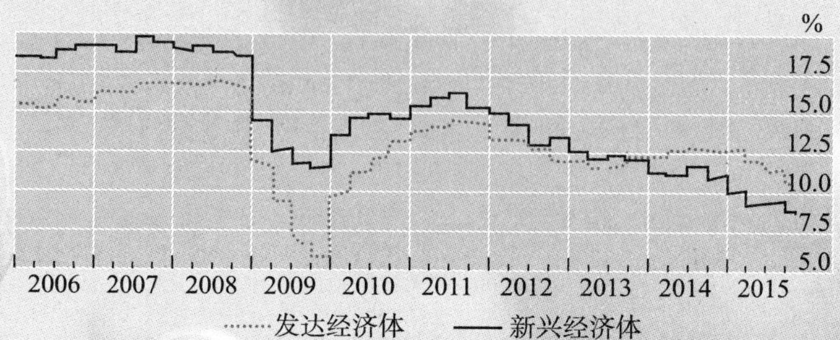

图 20-14　新兴市场经济体非金融企业羸弱且不断恶化的盈利能力

资料来源：EPFR。

考虑到 2010 年是这类企业的债权发行潮，发行时债权期限较长且多以美元计价，过去三年企业的偿付压力不大。但根据 BIS 测算，2016—2018 年间有总计 3 400 亿美元的资金需要偿付，较过去三年的（年化）偿付规模增长了 40%，如果未来美元继续升值，那么对这些企业而言将是严峻挑战。

从统计数据看，截至 2015 年底，主要新兴市场经济体的非金融企业中有将近一半的企业通过其海外子公司在国际债券市场融资；分国别看，在中国该类企业 93% 的国际债券融资是通过海外子公司融资的，在巴西和俄罗斯该比例为 53% 和 45%（图 20-15）。此外，如图 20-13 所示，新兴市场经济体发行国际债券的企业中来自不可贸易部门的非金融企业自 2010 年起也大举加杠杆。

中国和印度等新兴市场经济体的非金融企业境外子公司可能作为金融中介，将它们在海外债券市场获得的融资转给母公司或其他非金融企业或政府或作为跨境存款放在银行，新兴市场经济体非金融企业作为金融中介的影响日趋扩大。

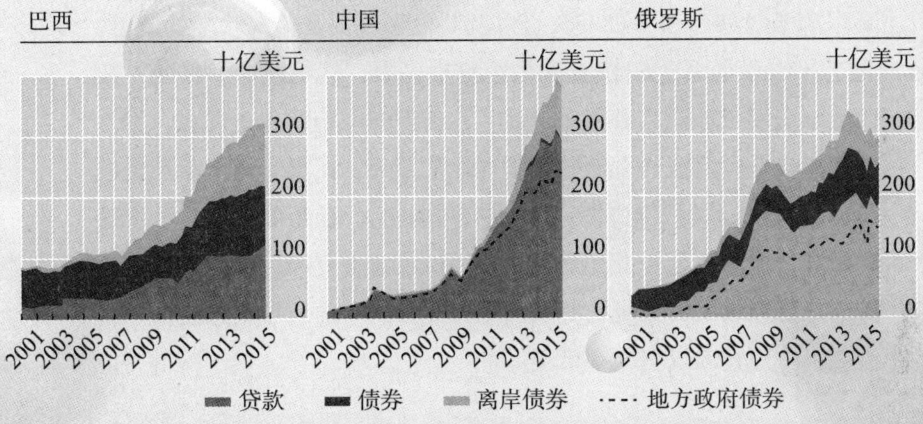

图 20-15 部分新兴市场经济体非金融企业的美元信贷增长迅猛

资料来源：EPFR。

此外，当债务人的资产及现金流的计价货币与其背负债务的计价货币不一致时，就会涉及货币错配问题，假如双边汇率出现大幅波动本币贬值时，债务人可能出现无力偿还以外币计价债务的窘境。

综上所述，在目前全球资本流动尤其是新兴市场的不稳定局面下，那些通过离岸渠道进行债券融资的非金融企业是否向银行贷款，贷款的货币分类，贷款规模是需要把握宏观风险所注意的，以及企业在货币错配的情况下是否有套保对冲行为，还有一些较少被关注的非上市公司的确有在国际资本市场融资，但相关的财务报表并不可得。

新兴市场资管行业发展情况

在经历了 2016 年初的市场动荡后，新兴市场非居民资本的流入状况出现了好转。主要来源于股票和债务投资资金以及其他形式资金流入状况的改善，在国际金融协会（IIF）每月投资组合流量跟踪报告中，其中包含了巴西、智力、中国、印度、印度尼西亚、墨西哥、波兰、俄罗斯、南非和土耳其，第三季度的股票及债务投资资金流入总额突破了 550 亿美元，而最后两个季度也成为 2015 年以来资金流入状况最好的 6 个月（图 20-16）。近几个月来，虽然股票投资也有所回升，但是资金主要还是流向了固定收益类资产，因为英国脱欧公投后各国的央行都释放出将在更长时期内维持更低利率的信号。这使得一些投资者为了避免风险而转向投资新兴市场。

同时，伴随着美元走强以及后续的加息预期，2016 年第四季度的债券和股票投资资金流入量会有所下降。南非财政部长戈尔丹（Pravin Gordhan）受到指控以及泰国国王普密蓬 · 阿杜德伊（Bhumibol Adulyadej）的死亡等突发事件也给新兴市场资本流入带来了一定的压力。与 9 月份的资金流入的激增形成鲜明对比，一些新兴经济体债券市场在 10 月份出现了大量资金的外流。

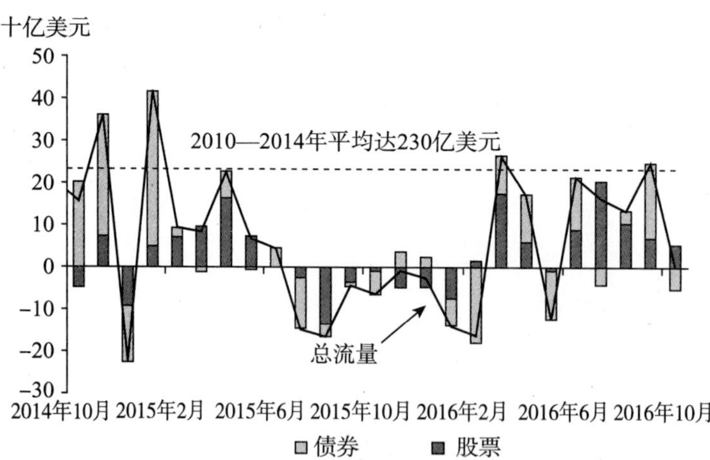

图 20-16　投资组合流向新兴市场

资料来源：国际金融协会。

新兴市场估值：估值有所上升，但仍远低于成熟经济体的水平

2016 年全球股票价格大幅上涨，考虑到对盈利状况的保守估计，成熟和新兴市场的估值水平有了大幅上升（图 20-17）。在美国市场上涨的带动下，成熟市场的预期市盈率接近 2002 年以来的最高水平（超过 20 倍）。新兴市场的估值回到了 2010 年的水平，而实际 GDP 增长维持在 6% ~ 7% 之间。全球范围内的低利率预期显然是估值上升的基础，虽然新兴市场的盈利在 2015 年随着大宗商品价格的下跌而大幅下降，但是未来盈利已经趋于稳定。如图 20-17 所示，虽然新兴市场股票市场估值在过去几年都相对较高，但与成熟市场仍然相差约 20%。这个差距不如 2014—2015 年大宗商品价格下跌期间那么大，但仍比 2010—2012 年大得多，而当时新兴市场经济增长更为强劲。如果市场走势良好，随着新兴市场和成熟市场增长差距扩大，新兴市场中的股票资产对于成熟市场的相对评级可能会出现相应的调整，但这将取决于投资者所预期的较高盈利是否能够实现。

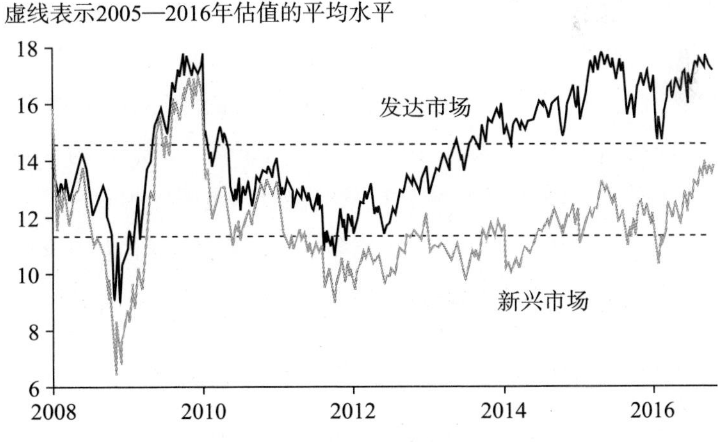

图 20-17　发达市场和新兴市场估值

资料来源：彭博、国际金融协会。

从投资者在全球债券和股权的配置情况来看，如图 20-18 所示包括了共同基金与 ETF 的配置权重，可以看出投资者对新兴市场资产的配置比例仍然很

低。这种低配在股票资产中特别明显（相比 2008—2016 年全球平均超过 15% 的股票资产配置比例，新兴市场股票资产配置比例仅为 12%），债券资产的配置状况稍微好些（略低于 2008—2016 年间全球债权资产 11.5% 的平均配置比例）。

图 20-18　新兴市场和发达市场基金组合权重

资料来源：EPFR、国际金融协会。

2017 年 1 月份新兴市场股市表现良好。除了印尼微跌 0.05%，其他国家和地区全线上涨。阿根廷 12.68% 涨幅领涨，巴西、新加坡涨幅均超过 5%，分别为 7.38%、6.18% 和 5.76%。印度涨幅为 4.59%，墨西哥为 2.98%，其他新兴国家涨幅也均在 1% 以上。年初以来新兴市场表现依然多数是上升的，俄罗斯以 50% 的涨幅领跑新兴市场。阿根廷、巴西股指最后为 40.36%、35.4%。中国市场跌幅仍然最大，为 12.2%。

新兴市场债券需求持续旺盛

最近几年对新兴市场债券估值有所回调。尽管硬通货利差已经从 2016 年年初最高的 500 多 Bp 有所收窄，但仍维持在高位。相比之下，2016 年以来尽管资本仍持续流入新兴市场追逐高收益，本地货币利差收窄的幅度却很小，这反映了投资者对新兴市场国家可能存在的货币风险所持的谨慎态度。

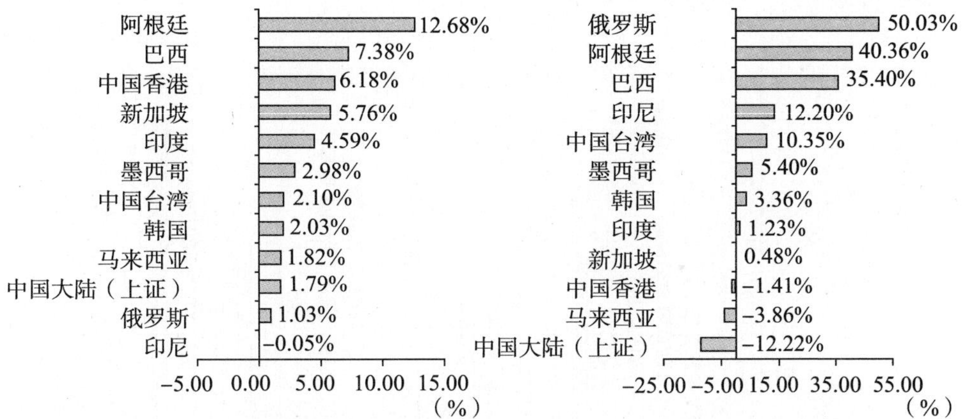

图 20-19（a） 2017 年 1 月份新兴市场表现　图 20-19（b） 2016 年全年新兴市场表现

资料来源：Bloomberg。

由于对新兴市场债券的需求旺盛，2016 年新兴市场的债券发行量激增。除了中国地方政府大规模发行债券之外（中国债券发行量接近 9 750 亿美元，占总共发行量 2.4 万亿美元的 40%），如图 20-21 所示，从 2016 年年初到 10 月份期间全球新兴市场债券的发行总量仍几乎是 2015 年一年发行总量的两倍，甚至已经占据 2015 年发行总量的 70% 以上。预计到 2020 年，新兴市场的国家和公司债券发行量将近 3 万亿美元，这意味着偿还风险将会上升（图 20-20），如果新兴市场的增长率低于预期或者全球利率出现上升的趋势，这将使新兴市场债券的债务再融资更具挑战性。

在 2015 年动荡不安之后，组合投资的资本流入量在 2016 年有所增加，虽然仍然远低于 2012—2014 年的水平，但在 2017 年将继续复苏。根据统计的非居民组合投资总量（股票和债券），从 2015 年的 1 000 亿美元攀升至 2016 年的 1 570 亿美元，预计将在 2017 年达到约 2 080 亿美元（见图 20-21）。股票和债券投资比例应继续保持平衡，即债券投资约占组合投资的一半，这一占比低于 2012—2014 年债券投资占组合投资三分之二的比例。债券投资占组合投资比的这一转变，部分反映出了美联储加息的周期。

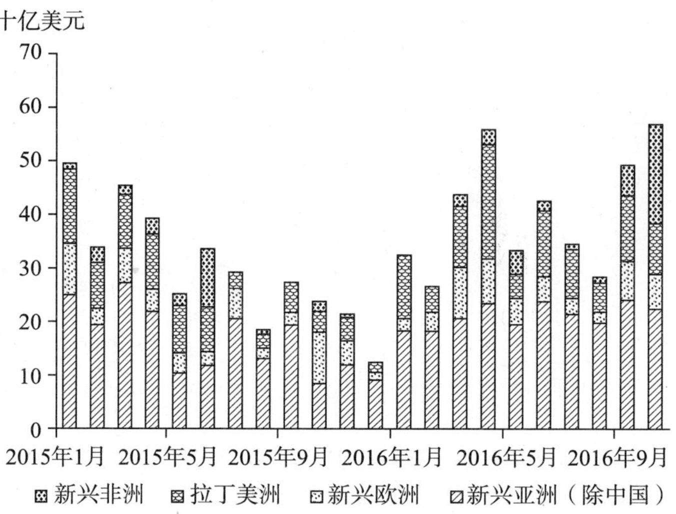

图 20-20（a） 新兴市场国家和公司债券的发行总量

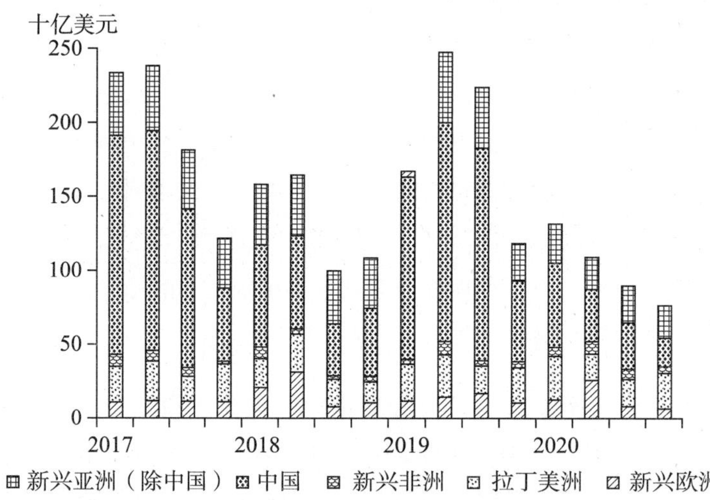

图 20-20（b） 新兴市场国家和公司债券到期债务组合

资料来源：汤森路透数据库国际金融协会。

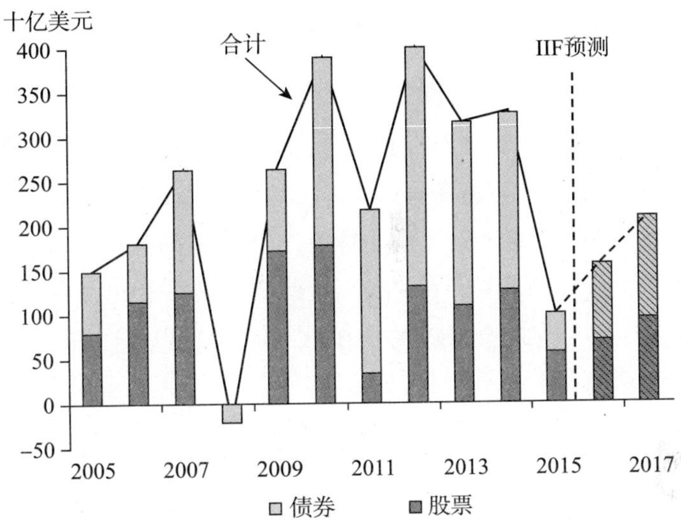

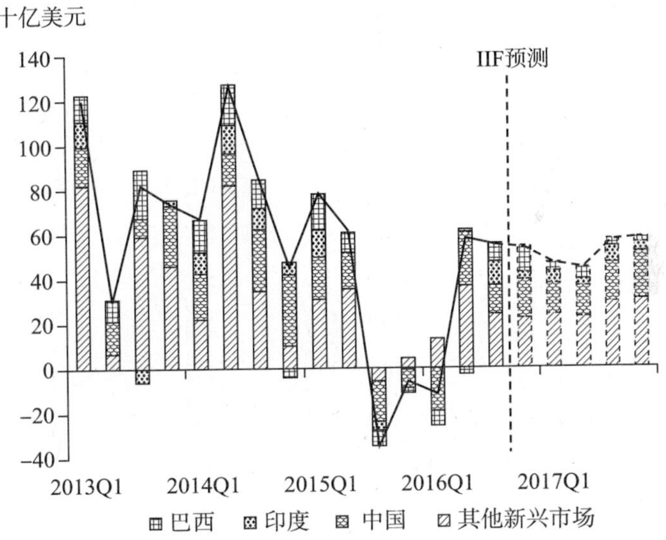

图 20-21　非居民新兴市场组合投资（包括股票 + 债券）

资料来源：国际金融协会。

新兴市场基金发展现状

1. 2015 新兴市场股票基金资金净流出，2016 年取得适度资金净流入

新兴市场股票基金 2015 年，EPFR 全球追踪的新兴市场股票基金经历资金净流出。尽管 2016 年也遭受大量阻力，如美国总统大选、大宗商品价格疲软以及经济贸易和货币政策的不确定性等，但新兴市场股票基金仍在 2016 年年底取得适度的资金净流入。拉丁美洲股票基金取得自 2010 年以来的首次全年资金净流入，多样化的全球新兴市场（GEM）股票基金也取得自 2012 年以来的累计资金净流入。

表 20-1　2016 年新兴市场股票基金的资金流向　　单位：百万美元

主要新兴市场股票基金	2016 年四季度净流入（流出）	2016 年净流入（流出）	2015 年净流入（流出）
巴西	（147）	221	（1 148）
俄罗斯	1 614	1 138	208
印度	1 544	2 370	11 309
中国	（2 284）	（9 036）	（17 588）
韩国	（2 209）	（1 596）	（2 474）
墨西哥	636	（586）	（2 193）
非洲	（59）	（201）	（415）
新兴欧洲	274	112	（1 639）
新兴市场国家组合			
金砖五国	（249）	（1 047）	（1 599）
前沿市场	（338）	（1 567）	（2 422）
灵猫六国	（202）	（17）	（595）
迷雾四国	855	（2 423）	（3 024）

注：加括号表示负数

资料来源：EPFR、中国中投证券研究总部。

全球资金仍对中国 GDP 的增长存疑，加之对政策的担忧，使得 2016 年中国经历大量的资金净流出，中国股票基金已连续第 9 周资金流出。然而，2016 年四季度对中国地区的资金配比达到近 11 个月内最高点。国内投资者在 2016 年下半年的人民币资金流入也已超过 20 亿美元。

在欧洲、中东及非洲（EMEA）国家基金集团中，俄罗斯股票基金在 2016 年底暴涨，取得 9 500 万美元的资金流入，预计 2017 年在低利率下出口商品价格将上涨，且美国和欧洲将解除对其制裁。欧洲、中东及非洲（EMEA）股票基金中，对于能源和材料的资金配比在四季度有触底迹象，重点投资于房地产和多元化的金融行业。

拉丁美洲股票基金在 2016 年初强烈寄希望于巴西和阿根廷的经济改革。墨西哥在 2016 年 12 月第五次提高利率，未来该国可能将面临一段时间的不确定性，同时等待美国新总统特朗普的最新外交政策。2017 年第 1 周，巴西股票基金取得近 8 个月以来的最大资金流入。

2. 新兴市场债券基金 2017 年初反弹

2016 年四季度，EPFR 全球追踪的债券基金经历自 2015 年四季度以来的最大季度资金流出，主要是由于美国升息的预期、特朗普的通货再膨胀政策以及日本和欧元区中央银行的政策信号。新兴市场也不例外，新兴市场债券基金自 2016 年 10 月初以后出现了持续的净流出。2017 年初，新兴市场债券基金出现反弹，取得自 10 月初以来的首次超过 10 亿美元的资金流入。在国家层面，印度债券基金在年底实现超过 140 亿美元的资金流入，主要是由于国内利率下降和印度公司强大的发行能力。新兴市场企业债券基金取得坚实资金流入，其中拉丁美洲企业基金占总年度资产管理的五分之一。泰国债券基金取得强劲资金流入，俄罗斯债券基金延续自 11 月初以来的资金流入态势，全球新兴市场债券基金对于俄罗斯的资金配比有所减弱。

表 20-2　固定收益基金（根据地区划分）的资金流向　单位：百万美元

主要债券基金类别（按地区）	2016 年四季度净流入（流出）	2016 年净流入（流出）	2015 年净流入（流出）
新兴市场债券基金	（1 542）	39 192	（37 154）
硬通货债券基金	4 237	18 954	（14 055）
当地货币债券基金	（5 803）	20 111	（16 867）
全球债券基金	（5 782）	（24 963）	（32 255）
欧洲债券基金	（10 025）	2 904	14 099
美国债券基金	1 420	211 108	29 191
亚洲 – 太平洋债券基金	（311）	（3 691）	1 650
全部债券基金	（16 851）	234 647	（13 469）

注：加括号表示负数

资料来源：EPFR、中国中投证券研究总部。

新兴市场银行和保险业发展状况

1. 新兴市场银行业发展缓慢

此前受到大宗商品价格重挫而造成的伤害尚未复原，以及货币贬值的冲击，而且还有部分国家的政治风险升高，使得 2016 年整体新兴市场银行的信用与评等均面临压力。截至 2016 年 9 月月底，信评机构惠誉指出，新兴市场有 118 家银行的信评展望为“负向”，比例为 33%，比 2009 年第 2 季度末金融海啸最高峰时期的 32% 还高，并且预期金融业的处境不会迅速好转。仅土耳其，就有 18 家银行的信评展望被列为“负向”，巴西有 15 家，沙特阿拉伯 11 家，哥伦比亚 6 家，阿曼有 6 家。国际金融协会（IIF）对新兴市场银行业的前景表示出担心。一是经济增长疲软，银行业与本地经济的关系密切；二是新兴市场企业的负债大增，目前负债占国内生产总值（GDP）的比例超过 100%，比发达国家还高，而 2009 年时仅 70%。IIF 的数据显示，匈牙利、新加坡、马来西亚及土耳其的外汇债务占 GDP 的比例最高。另外，许多承担巨额外汇及本地货币债务的企业都是银行的新客户，因此一旦经济恶化，银行业将受到重创。此外，新兴市场银行面临的挑战也越来越多，它们在发达市场的竞争对手正渐渐恢复元气，并加大放贷。

新兴市场银行在放贷方面变得越来越谨慎。如图 20-22 所示，新兴市场银行跨境信贷整体趋势相似，2015 年以来都呈现出大幅回落，但具体到不同的地区又存在不同，其中亚太新兴市场跨境银行信贷流动变化最大，在 2013 年到 2014 年之间出现大量的流人，而在 2015 年后一直呈现流出的状态，到了 2016 年流出状态逐渐减小。拉丁美洲的信贷整体流向较为平稳，中非地区的整体信贷呈现出逐渐流入的状态，新兴欧洲市场整体信贷呈现出流出状态。

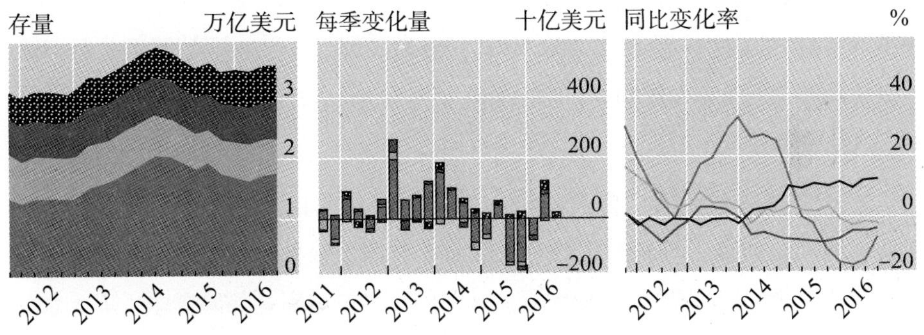

图 20-22　新兴市场银行跨境信贷流向

资料来源：EPFR。

由于不稳定性的增加，新兴市场银行监管当局正进行进一步强化谨慎性监管，如图 20-23 所示，新兴市场银行跨境负债流向整体趋势也相似，都是出现了整体的上升趋势，但是仍然是亚太新兴市场波动最大，新兴欧洲市场与亚太市场出现了一定程度上的反向变动。

2. 新兴市场需求推动保险业增长

尽管美国预期将逐步加息，未来两年的货币政策仍将保持宽松。其他央行将维持政策利率及量化宽松政策不变。经济增长的温和，各个市场的承保能力等因素使得保险市场的定价环境变得困难。但是随着经济的逐步复苏，以及保险深度的增加，发达市场和新兴市场的保费将会持续增长，尤其是对于新兴市场而言。

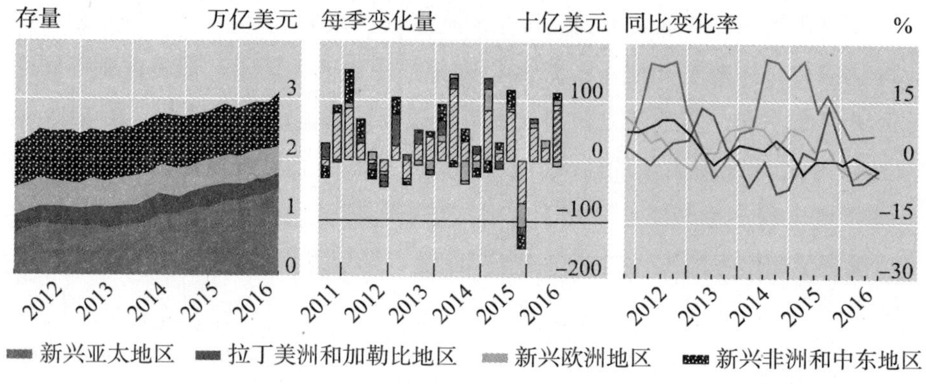

图 20-23 报告银行新兴市场跨境负债

资料来源：EPFR。

对于非寿险业，大宗商品价格回升及经济复苏将会刺激新兴市场的保险需求增加。亚洲新兴市场的非寿险保费增幅有望最强劲，其中一个促进因素是中国的“一带一路”规划带来的投资机会，这将推动商业保险需求上升。如下表中可以看到，新兴市场在近年来的保费实际增长率明显高于发达市场以及全球水平，并有望维持。

表 20-3　　　　非寿险直接保费实际增长率

国家 / 地区	2014 年	2015 年	2016 年估计	2017 年预测	2018 年预测
发达市场	1.8%	2.5%	1.7%	1.3%	1.9%
新兴市场	6.4%	4.9%	5.3%	5.7%	6.7%
全球	2.7%	3.0%	2.4%	2.2%	3.0%

* 发达市场包括北美、西欧、以色列、大洋洲、日本、韩国、香港、新加坡和台湾

资料来源：瑞士再保险经济研究及咨询库

寿险业的保费增长率将显著优于非寿险业。而新兴市场将再度成为增长的主要动力。经济增长企稳、人口增长、城镇化和中产阶级日益壮大等，都使得新兴市场发展前景被看好。得益于储蓄型产品的强劲增长，尤其是亚洲新兴市场的良好表现，其中，中国将为此做出重要贡献，因为中国政府的目标是将保险深度从 2014 年的 3% 提高至 2020 年的 5%。从保险深度和密度来看，中国与亚洲和世界平均来比，仍相对较低；此外中国还面临着很大的死亡保障缺口、自然灾害保障缺口以及财产风险保障缺口。

表 20-4　　寿险有效业务保费实际增长率

国家 / 地区	2014 年	2015 年	2016 年估计	2017 年预测	2018 年预测
发达市场	4.0%	3.4%	2.0%	2.1%	2.1%
新兴市场	7.8%	13.2%	20.1%	14.9%	10.9%
全球	4.7%	5.0%	5.4%	4.8%	4.2%

注：本表只提供寿险业务的增长率（不包括医疗险）

资料来源：瑞士再保险经济研究及咨询库。

从中长期看，中国和一些新兴市场国家一样，正处于准备实现快速起飞的阶段，中等收入家庭的数量迅速增加、城市化进程中带动的基础设施建设增加以及生活方式的转变、老龄化社会对医疗保健以及养老产品的需求上升以及政策层面的支持等这些因素将会促使保险业在其中大有作为。

投资者行为分析

图 20-24 显示了新兴市场国债基金、货币基金以及公司债券基金的投资者行为，可以发现四类基金的投资者在投资或赎回基金的选择上面都具有很强的方向性运动，那些投资新兴市场债券基金的投资者，尤其是新兴市场本币政府债券基金和公司债券基金，比发达市场债券基金更加频繁的变动。

图 20-24 还说明了站在资金数量角度来看的每一类基金投资者的聚集程度（即片面性）高于站在基金数量角度时的程度。此外，投资者倾向于突然从现有的流入方转向流出方，并且是经常持续几个月或十几个月大量赎回突然转变为相对资金流入大于流出状态。同时，基金基础资产的流动性越差投资者的时点聚集程度就越高。特别是在最后可以发现，美国的债券基金与其他的债券基金相比较少的出现投资者聚集的情况，发达市场的债券基金比新兴市场债券基金具有更少的投资者聚级情况，即发达市场的投资者行为更加分散。

这一情况也说明了共同基金投资者倾向于在两个地区之间交替，在一个地区，所有的投资者都投入资金，在另一个地区他们都赎回。从图 20-24 中我们还可以发现，在四类基金当中，全球发达市场债券基金无疑具有最小的投资者聚类性，而新兴市场的本币政府债券基金和公司债券基金都具有较大的投资者聚集性。换句话说，投资者切换到基金运行的更高层次的基本面，导致投资者聚类的可能性更高。新兴市场的投资者比发达市场投资者具有更加相似的投资行为，这种行为聚集就会直接导致新兴市场比发达市场具有更加的不稳定与波动性。

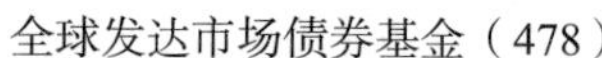

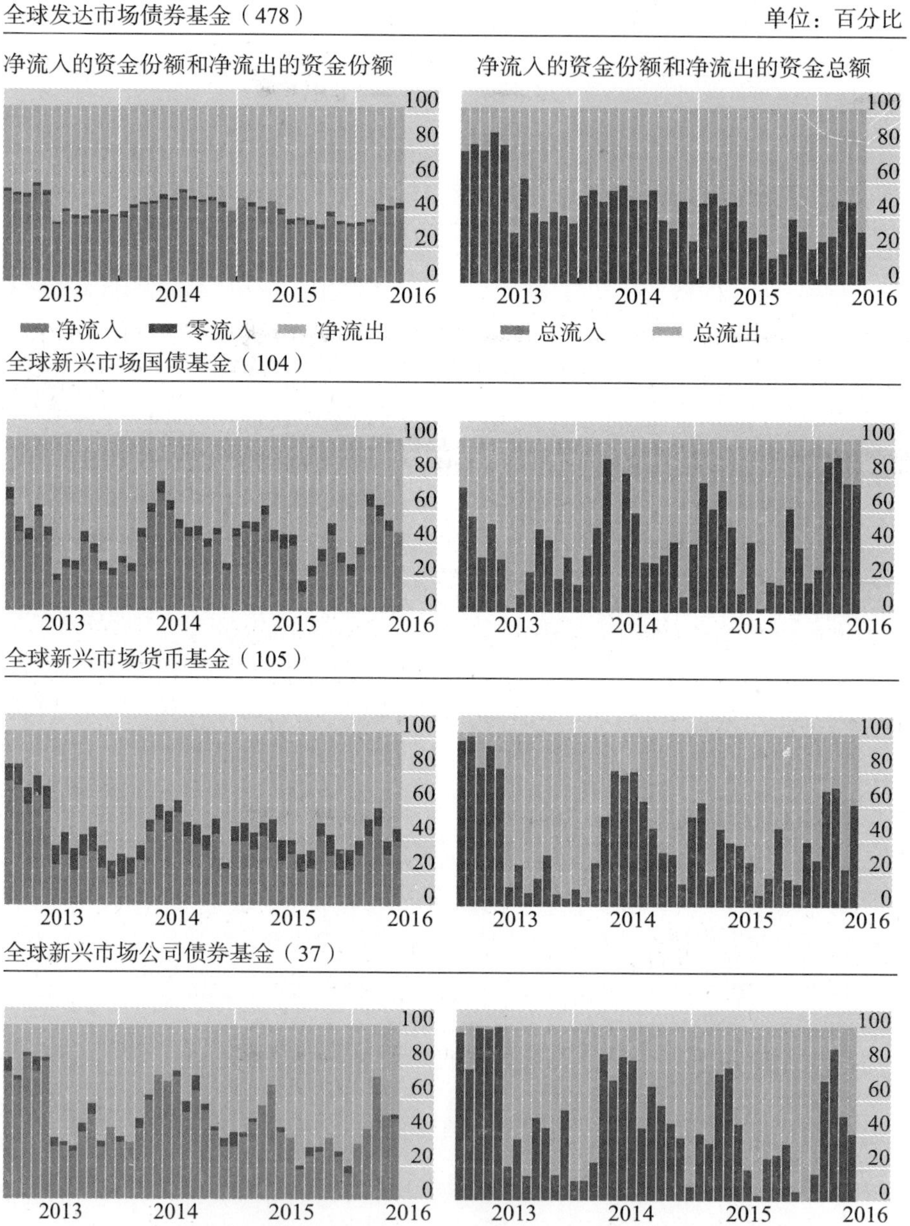

全球发达市场债券基金（478）
单位：百分比
净流入的资金份额和净流出的资金份额
净流入的资金份额和净流出的资金总额
净流入
零流入
净流出
总流入
总流出
全球新兴市场国债基金（104）
全球新兴市场货币基金（105）
全球新兴市场公司债券基金（37）
2013
2014
2015
2016
0
20
40
60
80
100

图 20-24　新兴市场国债基金、货币基金以及公司债券基金的投资者行为

资料来源：EPFR。

“夏虫不语冰”，不经历完整的周期，难以说对于行业有完整和深入的认知。在对资产管理行业持续观察的这些年里，我们虽也记录了行业的几度变革起伏，但伴随着经济的发展和制度红利的释放，行业总体还是处于蓬勃发展和快速创新的状态。

近几年，伴随着经济周期的变化，行业逐步迈入了更深层次的周期式的调整过程。2017 年，监管层面系统性地对于资产管理行业进行总结和调整，更是试图对于行业此前发展过程中所积累的体系和制度方面的障碍和存在的问题进行全面的梳理。这个过程不仅加深了我们对于行业发展的认知，更是帮助我们回头看，对于行业过去的发展历程有了更深刻的了解。

这一次，我们看到，监管层并没有期待发展中所遇到的问题在发展中自然解决，而是以更为积极主动的姿态去应对行业发展过程中所遇到的问题并化解其中可能存在的风险。在进行 2016 年的研究的同时，我们一方面立足于行业发展与变化的事实基础，从高度受关注的资产管理行业监管革新的过程和引发的讨论中汲取养分；另外一方面也深刻感受到，面对此前快速发展的资产管理行业，对其的总结和理论的升华还远远不足，更为理论化地研究和探索资产管理行业的边际和发展逻辑，不仅是行业进一步健康发展不可或缺的支持，更是我们需要进一步努力的方向。

经济金融周期中蕴含了人性的张弛，站在历史长河的角度，资产管理行业未来必然还将面临着诸多周期的起伏。我们应该做的，应当是从此次难得的周期经历中尽量多地提炼和萃取养分，为读者们尽力提供一些视角、奉献一些思考；在漫长的资产管理行业观察记录的生涯中，我们一起前行。

未来，属于终身学习者

我这辈子遇到的聪明人（来自各行各业的聪明人）没有不每天阅读的——没有，一个都没有。巴菲特读书之多，我读书之多，可能会让你感到吃惊。孩子们都笑话我。他们觉得我是一本长了两条腿的书。

——查理·芒格

互联网改变了信息连接的方式；指数型技术在迅速颠覆着现有的商业世界；人工智能已经开始抢占人类的工作岗位……

未来，到底需要什么样的人才?

改变命运唯一的策略是你要变成终身学习者。未来世界将不再需要单一的技能型人才，而是需要具备完善的知识结构、极强逻辑思考力和高感知力的复合型人才。优秀的人往往通过阅读建立足够强大的抽象思维能力，获得异于众人的思考和整合能力。未来，将属于终身学习者！而阅读必定和终身学习形影不离。

很多人读书，追求的是干货，寻求的是立刻行之有效的解决方案。其实这是一种留在舒适区的阅读方法。在这个充满不确定性的年代，答案不会简单地出现在书里，因为生活根本就没有标准确切的答案，你也不能期望过去的经验能解决未来的问题。

湛庐阅读APP：与最聪明的人共同进化

有人常常把成本支出的焦点放在书价上，把读完一本书当做阅读的终结。其实不然。

时间是读者付出的最大阅读成本
怎么读是读者面临的最大阅读障碍
“读书破万卷”不仅仅在“万”，更重要的是在“破”！

现在，我们构建了全新的“湛庐阅读”APP。它将成为你“破万卷”的新居所。在这里：

- 不用考虑读什么，你可以便捷找到纸书、有声书和各种声音产品；
- 你可以学会怎么读，你将发现集泛读、通读、精读于一体的阅读解决方案；
- 你会与作者、译者、专家、推荐人和阅读教练相遇，他们是优质思想的发源地；
- 你会与优秀的读者和终身学习者为伍，他们对阅读和学习有着持久的热情和源源不绝的内驱力。

从单一到复合，从知道到精通，从理解到创造，湛庐希望建立一个“与最聪明的人共同进化”的社区，成为人类先进思想交汇的聚集地，共同迎接未来。

与此同时，我们希望能够重新定义你的学习场景，让你随时随地收获有内容、有价值的思想，通过阅读实现终身学习。这是我们的使命和价值。

湛庐阅读APP玩转指南

湛庐阅读APP结构图：

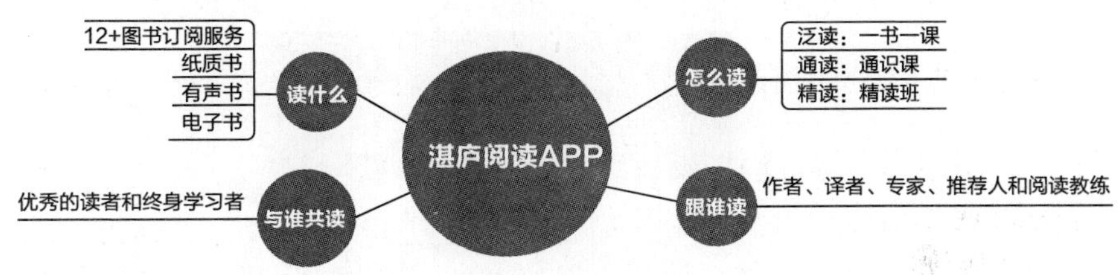

三步玩转湛庐阅读APP：

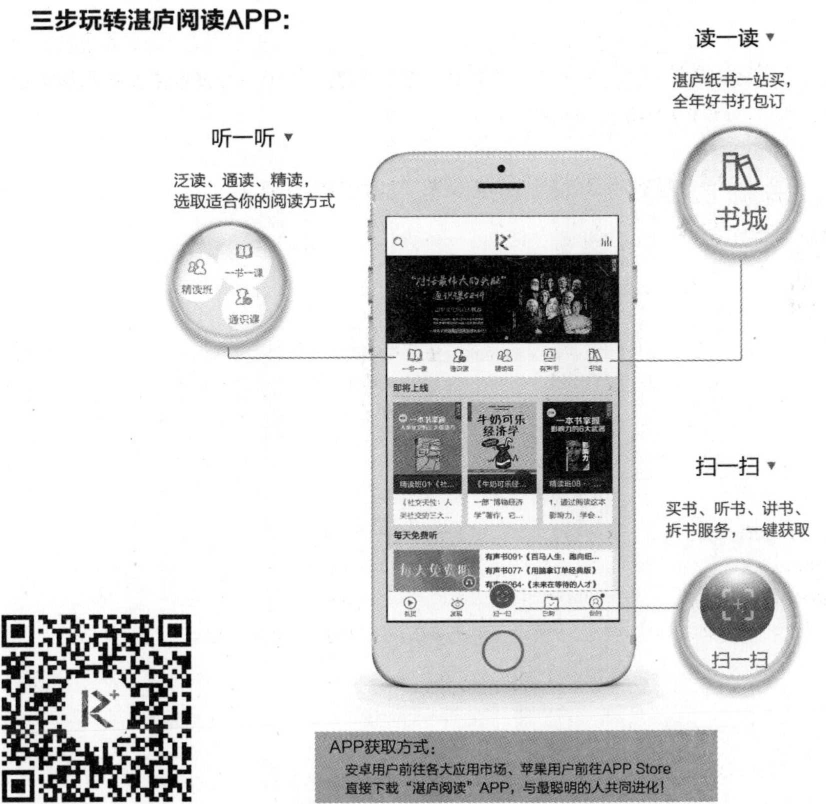

APP获取方式：
安卓用户前往各大应用市场、苹果用户前往APP Store
直接下载"湛庐阅读"APP，与最聪明的人共同进化！

使用APP扫一扫功能，遇见书里书外更大的世界！

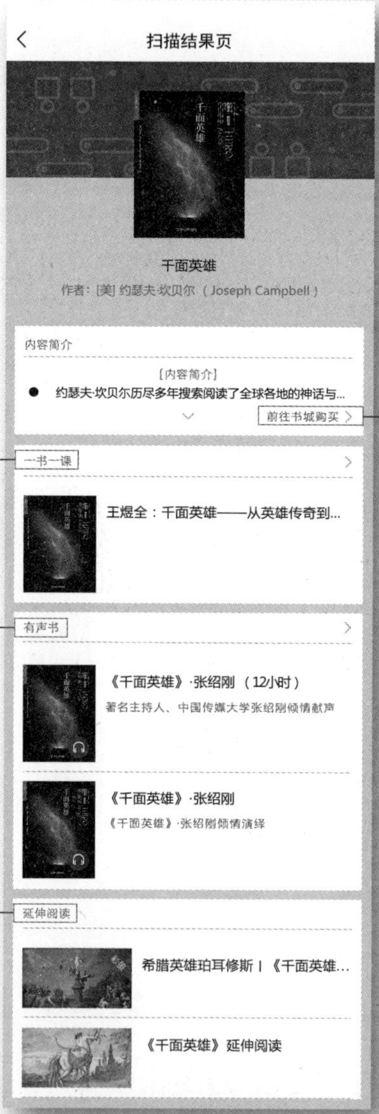

扫描结果页

千面英雄

作者：[美] 约瑟夫·坎贝尔（Joseph Campbell）

内容简介

［内容简介］

● 约瑟夫·坎贝尔历尽多年搜索阅读了全球各地的神话与...

前往书城购买 >

快速了解本书内容，
湛庐千册图书一键购买！

一书一课

王煜全：千面英雄——从英雄传奇到...

大咖优质课、
献声朗读全本一键了解，
为你读书、讲书、拆书！

有声书

《千面英雄》·张绍刚（12小时）

著名主持人、中国传媒大学张绍刚倾情献声

《千面英雄》·张绍刚

《千面英雄》·张绍刚倾情演绎

延伸阅读

希腊英雄珀耳修斯 | 《千面英雄...

《千面英雄》延伸阅读

你想知道的彩蛋
和本书更多知识、资讯，
尽在延伸阅读！

延伸阅读

《炼金术士》

◎《炼金术士》以清晰且富有启发性的方式描述了中央银行的前世今生。

◎ 与《大而不倒》《金融之王》《当音乐停止之后》并称“洞察金融危机必读书”。

◎ 将全球最有权势的三大央行行长置于“炼金术士”的历史隐喻之下，该书的视野已远远超越了单纯的金融市场范畴。

◎ 中国银行业协会首席经济学家巴曙松领衔翻译。广发基金总经理林传辉作序推荐。畅销书《当音乐停止之后》作者艾伦·布林德倾情推荐。

《资本之王》(经典版)

◎ 全球私募之王黑石集团成长史。

◎ 唯一一部透视黑石集团运作内幕的权威巨著。

◎ 首度展现黑石创始人史蒂夫·施瓦茨曼叱咤风云的私募传奇。

《金融之王》

◎ 描述自世界大战后到大萧条时期国际金融史的权威著作，是一部视野宏大、极具震撼力的作品。

◎《经济学人》评价这本书对当今世界依然具有参考价值，而且开创了深入系统地研究中央银行家的先河。

◎《纽约时报》评价这本书充满了对历史的精准预言，是一本非常有价值的世界金融史著作。

《巴塞尔资本协议Ⅲ的实施》

◎ 巴塞尔资本协议Ⅲ是金融监管框架调整的代表性成果，因此这一课题是包括中国金融界和美国金融界在内的全球金融市场共同关注的重要课题。

◎ 本书既对巴塞尔Ⅲ的政策修订进行了跟踪和解读，又从金融结构的视角对巴塞尔Ⅲ的国际实施进展进行比较分析，提出在中国实施巴塞尔Ⅲ的建议。

图书在版编目（CIP）数据

2017年中国资产管理行业发展报告 / 巴曙松等著 .
—杭州：浙江人民出版社，2017.11

ISBN 978-7-213-08445-4

Ⅰ . ① 2… Ⅱ . ①巴… Ⅲ . ①证券投资—基金—研究
报告—中国—2017 Ⅳ . ① F832.51

中国版本图书馆 CIP 数据核字（2017）第 267307 号

上架指导：资产管理 / 金融投资

2017 年中国资产管理行业发展报告

巴曙松 杨 倞 等 著

出版发行：浙江人民出版社（杭州体育场路 347 号 邮编 310006）
市场部电话：（0571）85061682 85176516
集团网址：浙江出版联合集团 http://www.zjcb.com
责任编辑：朱丽芳 尚 婧
责任校对：杨 帆 戴文英
印 刷：石家庄继文印刷有限公司
开 本：720mm × 965mm 1/16 印 张：36.5
字 数：586 千字 插 页：1
版 次：2017 年 11 月第 1 版 印 次：2017 年 11 月第 1 次印刷
书 号：ISBN 978-7-213-08445-4
定 价：109.90 元

如发现印装质量问题，影响阅读，请与市场部联系调换。